U0928225

# 长三角
# 教育建筑纵横
# （三）

Study on the Campus Architecture and Infrastructure of Yangtze River Delta

主编　褚子育

ZHEJIANG UNIVERSITY PRESS
浙江大学出版社

**图书在版编目（CIP）数据**

长三角教育建筑纵横. 3 / 褚子育主编. —杭州：浙江大学出版社，2011.8
ISBN 978-7-308-08980-7

Ⅰ.①长… Ⅱ.①褚… Ⅲ.①校园规划—华东地区—文集 ②教育建筑—华东地区—文集 Ⅳ.①G48-53②TU244-53

中国版本图书馆 CIP 数据核字（2011）第 159298 号

**长三角教育建筑纵横(三)**

褚子育　主编

**责任编辑**　张　琛(zerozc@zju.edu.cn)
**封面设计**　联合视务
**出版发行**　浙江大学出版社
（杭州市天目山路 148 号　邮政编码 310007）
（网址：http://www.zjupress.com）
**排　　版**　杭州中大图文设计有限公司
**印　　刷**　杭州富春印务有限公司
**开　　本**　710mm×1000mm　1/16
**印　　张**　40
**字　　数**　750 千
**版 印 次**　2011 年 8 月第 1 版　2011 年 8 月第 1 次印刷
**书　　号**　ISBN 978-7-308-08980-7
**定　　价**　80.00 元

长三角教育建筑纵横（三）

# 编委会

# 序

教育是民族振兴、社会进步的基石，是提高国民素质、促进人的全面发展的根本途径，寄托着亿万家庭对美好生活的期盼。新中国成立以来，特别是改革开放以来，长三角地区广大教育工作者解放思想，开拓进取，教育事业欣欣向荣，成绩全国瞩目。随着全国教育工作会议的胜利召开和《国家中长期教育改革和发展规划纲要(2010—2020年)》的发布，长三角地区教育事业发展迎来了又一个春天。站在新的历史起点上，教育基本建设面临着良好机遇与挑战。

教育基本建设既是教育改革和发展的重要保障，又是彰显事业发展的显著标识。拓展办学空间，建设优美校园，不仅为人才培养提供了必要的硬件保障，而且其本身就蕴含着强大的育人功能。各具特色的校园亭台、雕塑、花园、草坪、人文景观，就是培育学生的第二课堂；优秀的校园建筑，就是文化传播、道德培育的生动教科书。

经过多年的建设，长三角地区各级各类学校面貌发生了巨大的变化。在城市、在农村，教育建筑成为了一道道亮丽风景线，凝聚着教育基建工作者的艰辛和汗水。教育基建战线上广大同志在繁重的工作之余，结合工作实践和事业需要，从多角度进行工作研究和学术探索。本论文集在已有2辑的基础上，再次汇集了沪、苏、浙教育基建战线上同志们近两年的智慧。它不仅是长三角地区教育基建交流的平台，也是奉献社会的集锦。本论文集的研究选题涉及面广，研究相当有深度，将与教育建筑相关联的技术、管理、经济、文化、育人功能等范畴均纳入了研究视野，并有一定的创新和突破。通过这样的探索和交流，必将进一步深化长三角地区教育基建同志们的合作，推动长三角教育基建事业的发展，并为祖国教育事业做出更大的贡献。

2011年6月

# 目　　录

## 第一篇　校园建设与管理研究

## 第二篇　校园规划与建筑设计

# 第三篇 工程管理



# 第四篇 工程技术

## 第五篇 建筑节能与防震减灾

# 第六篇　建筑经济

# 第一篇　校园建设与管理研究

# 艰苦奋斗六十年　江苏高校展新颜

## ——江苏高校建设60年回顾

江苏省教育基建学会　冒瑞林　孔庆高

2009年是伟大的中华人民共和国成立60周年。建国60周年，特别是改革开放30年来，江苏的高等教育事业在中国共产党的正确领导下，在各级人民政府的关怀支持下，得到了快速发展，取得了辉煌成就。全省普通高校从新中国成立之初的15所发展到现在的122所，在校生人数从新中国成立之初的0.72万人发展到现在的167.74万人，高等教育的毛入学率从新中国成立之初的不足0.1%增加到现在的38%左右，高等教育从精英教育实现了大众化，高校数和在校生数位居全国第一，奠定了教育大省的地位。

江苏高校60年的发展历程令人感慨万分。特别是长期从事高校基本建设的同志，经历了风风雨雨的磨炼，克服了重重叠叠的困难，付出了辛辛苦苦的劳动，获得了实实在在的成果，感受尤为深刻。

新中国成立以来，江苏高等教育与全国高等教育同步发展。

1949年，中华人民共和国成立，江苏只有普通高等学校15所，在校生7177人。

1952年起，教育部根据"以培养工业建设人才和师资为重点，发展专门学院，整顿和加强综合大学"的方针，在全国范围内进行了高等学校院系调整。到1965年底，江苏普通高等学校增加到29所，在校生3.92万人。

1966年开始了"文化大革命"，高等教育首当其冲成为重灾区，广大知识分子受到严重冲击。普通高校基本上停止了发展，高考被取消。

1977年，以邓小平同志亲自做出恢复高考及对外派遣留学生的重大决策为起点，中国的高等教育迈出了改革开放的历史性步伐。经国务院批准，全国各地新建、恢复了一批普通高等学校。到1978年，江苏有普通高校35所，在校生6.05万人。

改革开放之前，高校在计划经济模式下，实行部门办学，条块管理，基本建设投资渠道比较单一，基本上依靠国家预算投资，江苏省大部分高校办学规模小、条件差、速度慢、效益低。特别是省属高校，由于数量多、投资少，有人曾形象喻之为"多子女、吃不饱、饿不死、长不大"。生均用地面积和生均建筑面积均低于原高等教育部1964年5月修订的《一般高等学校规划面积定额》。

改革开放之后，江苏的高等教育得到较快的发展，各高校的办学规模不断扩大，到1998年，江苏普通高校发展到66所，在校生达28.85万人。改革开放初期，虽然高校基建投资逐年增长，但由于受长期形成的计划经济管理模式的影响，高校的基本建设发展速度低于办学规模发展速度，单一的投资渠道依然制约着高校的建设与发展。

1994年以后，江苏和全国一样，通过体制改革，高等教育实现了跨越式发展，逐步形成了政府办学为主、社会参与办学相结合的新体制。一方面，政府加大了高校基建投资力度，同时批准了部分高校实行"贴息贷款"，鼓励高校通过创办校办产业创收以增加自筹资金用于学校的基本建设。另一方面，在政府的指导下部分高校实行合并，并多方位寻求合作办学，在互惠互利的条件下，地方高校与中央部委联合办学、省属高校与当地政府联合办学、高校与大中型企业联合办学，在招生政策方面实行"双轨制"，多渠道利用社会资源，改善办学条件，同时积极鼓励创建民办高校。大变革带来了大发展，很多高校抓住机遇，在原有校区建设用地趋于饱和的情况下，不再满足于在老校区填平补缺、拆旧翻新，不再满足于向周边厂企租用闲置楼房改造为临时学生宿舍、食堂浴室，开始在近郊扩征建设用地，建设新校区，逐步形成了一批大学城、高教园区，高校的基本建设出现急剧膨胀的发展势头，各高校的办学规模不断扩大。特别是1999年中央作出扩招的决定后，连续四年投入国债资金120多亿元，带动地方投入和部门投入教育150亿元左右，支持高校的扩招和发展，高校的基本建设由此进入了高潮。

1999年至2008年，是江苏高等教育快速发展的10年。2008年年底，全省有普通高校120所，独立学院26所，成人高校13所，民办二级学院16所。普通高等教育在校生167.74万人，其中研究生10.47万人，普通本、专科生157.26万人。全省普通高校（不含成人高校，下同）校园用地面积达到11753.35万平方米（折合17.63万亩），生均用地面积为70平方米；校舍总建筑面积达到4543.09万平方米，生均建筑面积为27平方米。各校的生均用地面积和生均建筑面积均达到或接近《普通高等学校建筑规划面积指标》。

在大规模扩建高校的同时，高校教职工住房建设也取得了令人瞩目的辉煌成就。20世纪90年代初期，教职工住房困难成为制约高校发展的瓶颈。据1990年底统计，30所省属高校无房户3000多户，拥挤户4200多户，按照当时的教职工住房标准，缺房总面积达30万平方米。为解决教师住房建设资金，在大胆改革、开展试点基础上，省教委正式提出了解决住房建设资金的"六个一点"实施办法，即：省预算内统筹投资中安排一点，省高校教师住房专项经费补

助一点，省知识分子住房专项经费中争取一点，学校预算外创收资金中拿出一点，教职工配偶单位支持一点，教职工个人筹集一点。经过几年的努力，到1995年底，教职工住房建设初见成效：省属高校教职工人均居住面积达到7.2平方米，住房成套率76.2%；部委属高校教职工人均居住面积达到6.31平方米，住房成套率74.4%。自1994年起，国务院办公厅连续四年召开全国教职工住房建设工作经验交流会，在全国范围内掀起了教师住房建设的热潮。经过7年的努力，全省高校教职工住房困难得到彻底缓解。到2001年底，全省高校完成教职工住房建设投资近30亿元，建成教师住房近200万平方米，人均居住面积达到10.62平方米，住房成套率达到92.04%。为深化城镇住房制度改革，逐步实行住房分配货币化，实行住房商品化、市场化打下了坚实的基础。高校教职工住房建设不仅疏通了高校发展的瓶颈，解决了高校教职工住房困难，使广大教职工安居乐业，而且对高校大量引进人才，充实师资队伍，对后来的高校急剧扩张，均提供了良好的物质条件。

江苏高校基本建设取得辉煌成就，离不开党中央、国务院的正确领导和英明决策，离不开各级党委和政府的亲切关怀和大力支持，离不开各级政府有关部门的通力合作和无私援助，离不开高校领导和基建部门几代人的艰苦奋斗和顽强拼搏。

在历经几十年的高校基建工作中，省教育厅和各高校做了大量深入细致的工作，采取了许多行之有效的措施，积累了一些值得汲取的经验，归结起来，大致有以下几个方面。

## 一、坚持科学发展，实行规划先行，严格科学论证

江苏省委、省政府始终坚持把科教强省、人才强省作为江苏发展的主战略，率先发展，优先发展，加快发展，科学发展，实现教育又好又快地发展，实现教育大省向教育强省的转变。为了加快人才培养，推动江苏的经济建设和社会繁荣，江苏必须率先发展高等教育，建设一批高等教育精品课程、重点学科、重点实验室，重点建设一批本科院校，大力发展高等职业教育，高等教育的毛入学率要达到40%。要实现这一目标，必须认真开展调研，科学规划高校布局、发展定位、专业设置和办学规模，加强高校基本建设的宏观管理。

做好规划是贯彻科学发展观的第一位的关键性的工作。多年来，省教育厅始终坚持规划先行，注重把握高校校园规划的前瞻性、科学性、整体性、民主性和法定性，注重贯彻以人为本的设计理念，注重历史文化的传承与现代文明的有机结合，注重人与环境、人与自然的和谐，注重规划注重体现高校的个性和特色，力避四个“盲目”：不要盲目地比规模，不要盲目地比标准，不要盲目地盖高

楼，不要盲目地求洋。在制订高校校园规划过程中，要求各高校规范招标程序，广泛征求意见，严格科学论证，反复修改，好中选优。

## 二、按照基建程序，建立工作流程，加强宏观管理

基本建设有一系列严格的工作程序。江苏省对高校基建的前期工作主要有以下的管理程序：项目建议书，可行性研究报告，校园总体规划，单体建筑方案设计、初步设计、施工图设计等。

在高校基建管理工作中，省教育厅和省发改委及有关部门密切配合，建立了科学高效的工作流程，确定了各司其职的审批权限。其主要内容有：

1.省教育厅会同省发改委共同审批高校新校区建设项目建议书、可行性研究报告；

2.省教育厅会同省发改委组织专家论证高校的校园总体规划、标志性主体建筑的设计方案。其后省教育厅领导召开专题会议审核批准；

3.省教育厅会同省发改委审核批准建筑面积超过1万平方米或总投资超过1000万元的教学实验用房项目的初步设计和概算；

4.省教育厅审批一般教学实验用房和学生生活用房的设计方案；

5.省建设厅或高校属地的审图中心审查批准施工图。考虑高校基本建设的特殊性和紧迫性，上述部分程序可以适当搭接，但不可逾越。

2004年上半年，国家审计署对江苏省大学城建设进行了专项审计，最后的结论是：江苏省高校新校区建设是按程序做的，没有违规现象。

## 三、转变管理职能，增强服务意识，提高办事效率

在计划经济管理模式下，高校基建投资渠道单一、建设规模较小、在建项目不多，省教育厅对省属高校的基本建设实行项目管理，从项目申报到竣工结算实行全过程管理，管得比较细。

自20世纪90年代中期，高校开始了大规模的基本建设，省教育厅开始转变管理职能，由项目管理转向宏观管理，加强对高校基建工作的指导，积极为学校服务，努力提高办事效率，重点抓好以下几个方面的工作：

1.坚持全过程的制度管理

2003年省教育厅制定了《关于进一步加强全省高校校园总体规划和学校标志性建筑设计方案的论证审核的通知》，明确规定了省直属高校和事业单位的基本建设的程序。在省教育厅的指导下，各高校依据国家和地方政府的法律、法规、规定，结合本校的实际，制定了一整套基建管理制度，从项目申报、规划报批、图纸审查、施工招标、监理招标、合同签订到施工过程中的现场管理、设计变

更、现场签证、设备采购、材料检测、竣工验收、结算审核、资金管理、工程款支付、档案管理等等，涵盖了基建工作的方方面面。

2. 坚持全过程的质量管理

省教育厅始终要求高校把工程质量管理放在基建管理工作的首要位置，要求学校负责基建管理的同志一要树立高度的事业心和责任感，二要努力成为基本建设工作的行家里手，三要扎实深入施工现场及时发现问题、解决问题。各高校在校园建设管理过程中，逐步形成了完善的质量管理体系，自身的质量跟踪如影相随，不离不弃，依靠监理但不依赖监理，努力与监理形成合力。近十多年来，在高校基建部门与相关的设计单位、施工单位、监理单位共同努力下，全省高校基建工程的质量得到有效控制，未发生重大质量事故，先后有数百项工程被评定为国家、省、市优质工程，荣获“鲁班奖”、“扬子杯”奖等奖项。

3. 坚持全过程跟踪审计管理

建设工程审计由事后的工程结算审计发展到事前、事中的跟踪审计，是加强基本建设管理的一个重要举措。省教育厅在总结多年工程结算审计工作经验的基础上，对高校基建提出了实行全过程跟踪审计的要求，由省教育厅审计部门负责督查高校基建跟踪审计的实施情况。经过多年的实践，很多高校尝到了全过程跟踪审计的甜头，提高了实行全过程跟踪审计的自觉性。从项目审计到跟踪审计，10 多年来，在建设单位和审计单位的共同努力下，全省高校共审计核减了数亿元建设资金，不仅获得了巨大的经济效益，而且产生了巨大的社会效益。

4. 坚持全过程节约管理

高校的校园建设必须坚定不移地贯彻“节约优先”的原则，把节约的理念落实到基本建设的每一个环节，精打细算，使有限的投入发挥最大的效益。

省教育厅重点抓了三项工作：一是倡导资源共享，走集约化发展之路，江苏省的一些大学城和高教园区的规划建设过程中，作了许多有益的探索。二是在高校启动新校区建设之前，省教育厅主动与地方政府签订征地框架协议，明确主要优惠条款，各项优惠条款为入驻该大学城的高校共享，各高校在此框架协议的基础上再与地方政府签订具体的实施协议，不仅减少了失误和扯皮，而且为高校征地和建设节省了一大笔费用。三是控制建设标准，不搞华而不实“花架子”工程，有些高校在制订新校区规划时往往流露出打造“一流校园”的想法，教育厅在审核校园总体规划过程中，注意从节约的角度正确引导高校从实际出发，根据学校的发展准确定位，不盲目攀高，避免浪费建设资金，帮助学校把好关。

## 四、扩大投资渠道，规范老校置换，及时化解债务

改革开放之前，高校基建资金的主渠道是政府投资。随着改革开放的逐步深入，高校基本建设的投资渠道不断扩大，除了国家预算投资外，还有国家和地方政府的专项资金、国债资金、地方政府及境内外企业的合作办学资金、社会名流的捐助资金、学校“三产”创收资金、银行贷款资金等，给高校的建设和发展提供了较为雄厚的物质支撑。

但由于高校在建设新校区过程中，摊子都铺得很大，省财政一下子拿不出那么多的资金，而多数高校通过其他渠道获得的建设资金又十分有限。江苏省政府决定将高校的基建拨款改为贴息贷款，即由高校向银行申请贷款并偿还本金，政府承担贷款利息，自“九五计划”末至“十五计划”初，省财政每年安排了5000多万元贷款贴息资金。2004年江苏省政府决定从省财政和教育费附加中安排4亿元补助高校建设。随着高校新校区建设的全面铺开，仅靠政府的贴息贷款是远远不够的，不少高校在发展中身负重债，有的高校不得不暂停新校区建设。为了化解高校在新校区建设中的债务，江苏省委、省政府在调查摸底的基础上，于2007年做出了化解高校债务的重要决策，按照各高校的扩招规模，从省财政中拿出122亿元拨付给建设新校区的省属高校，用于偿还部分贷款，在一定程度上化解了高校的部分债务。

为了科学、合理地盘活存量资源，进一步优化资源配置，降低办学成本，化解高校在新校区建设中的债务，江苏省政府于2005年出台了关于开展高校老校区土地置换工作的文件，成立了由省政府分管省长任组长、省有关部门负责同志参加的省属高校老校区置换工作领导小组。经过两年多艰苦细致的工作，在地方政府的支持下，先后有15所高校成功进行了19个老校区2224.85亩土地的置换，共筹集资金27.05亿元，置换所得的资金全部交给学校，用于新校区建设。

## 五、依靠地方政府，提供优惠政策，完善配套设施

江苏省委、省政府和各地市委、市政府对高校的基本建设一直给予高度重视和关心，把高等教育事业的发展作为当地社会事业发展的重要组成部分，在高校征地、拆迁及建设规费减免等方面尽可能给予优惠照顾。在当时高校基建投资比较匮乏的情况下，减轻了高校的负担，使有限的基建投资实现了效益最大化。

在高校新校区建设中，相关地方政府进一步加大了对高校建设的支持力度，帮助高校分担了许多责任，承担了许多义务。常州大学城是全国第一个以

高等职业教育为显著特色的大学城，由教育厅与常州市政府共同建设。该大学城建设由常州市政府牵头负责，贯彻“省市主导，学校主体，统一规划，市场运作”的建设方针，采用“联合共建，统筹管理，内外开放，充分共享”的开发模式，充分发挥了省、市、区、校有机联动的优势，多方筹集建设资金30多亿元，减免规费近2亿元，市、区政府直接投资1.1亿元用于大学城的道路和隧道建设，大学城内的商业区由大学城管委会组建的常州大学城教育发展有限公司按照市场化运作进行开发建设，实现大学城与社会共享。

在高校老校区土地置换过程中，学校属地政府从支持高等教育的大局出发，给予了不少优惠政策，如：常州、苏州和淮安市政府决定，高校土地拍卖的所得款全部给学校用于新校区建设，地方政府不留成；无锡市政府将沿街的土地与高校的土地捆绑拍卖，使学校的土地大幅度增值。

由于各地政府的重视和关心，各地城市规划、国土资源、施工图审查、招投标、质量监督、人防、消防、电力、供水、燃气、电信、邮政、公交、有线电视等部门，在高校基本建设特别是新校区建设中也都给予了积极的支持和配合，确保各高校新校区按时开工建设，各项配套设施与新校区建设同步完工，新校区建成后能够立即投入使用。

## 六、注重生态保护，推进节能减排，倡导勤俭办学

高校新校区大都建在市郊，选址定点时一般都注意选择丘陵地区，尽量少占用耕地。许多高校在编制校园总体规划时十分珍惜并注重保护、开发、利用天然丘陵山地资源和水资源，委托园林景观设计单位进行专项设计，力争减少对原生态的破坏，加强生态保护，精心打造山水校园。省教育厅在组织专家评审高校新校区总体规划时，坚持把生态保护作为一个重要因素，对那些严重破坏地形地貌、大面积开山平地或大面积挖地造湖的方案坚决予以否定。

节能减排是我国重要的基本国策，各高校在新校区规划建设时都相当重视这项基本国策贯彻落实。除了按照国家现行设计标准和建筑节能要求进行设计、施工外，在选择空调、锅炉等大型耗能设备时，都能够组织专家进行细致的比较和充分的论证，确定选用耗能少、投资省、运行成本低、符合环保要求的设备。高校新校区建设中，十分重视污水处理回用，减少污水的直接排放。省教育厅为推进节能减排工作，多次会同省教育基建学会组织专家开设专题讲座、开展专题培训、进行专题研讨，并及时推广一些高校的先进经验。

高校的节水、节电工作也取得明显的成效。省教育厅会同省水利厅从2000年起在全省高校中开展了“节水型高校”创建活动，在检查评审的基础上，对成绩显著的高校进行了表彰和奖励，到目前为止，已有多所高校被评定为“节水型高

校”。

## 七、重视队伍建设，加强信息交流，开展理论研讨

搞好高校基本建设，需要建立一支政治上坚定、技术上精良、作风上过硬、纪律上严明、勤政廉洁、特别能战斗、特别能吃苦、特别能经得起考验的基本建设工作队伍。各高校都比较重视基建部门管理干部的配备和技术力量的补充，许多同志长期从事高校基建工作，兢兢业业，任劳任怨，克己奉公，艰苦奋斗，为高校的建设与发展做出了不可磨灭的贡献，立下了汗马功劳。但也有少数干部经不住金钱物质的诱惑，经不起考验，被糖衣炮弹所击中，受到法律制裁，教训极为深刻。省教育厅在高校建设新校区过程中，多次召开分管基建工作的院校长和基建部门负责人会议，开展反腐倡廉教育，组织高校的基建处长到监狱参观，听取服刑人员的现身说法，进行警示教育，建立教育、制度、惩处三位一体的廉政制度体系。在实际工作中，省教育厅要求各高校注意处理好几个重要环节：一是招标投标环节；二是工程变更和现场签证环节；三是设备材料采购环节；四是工程款拨付环节；五是工程跟踪审计和决算环节；六是人情环节。在抓质量、抓进度的同时，要确保三个安全：一是工程质量的安全，决不能出现“豆腐渣”工程；二是资金运作的安全，决不能出现资金风险问题；三是基建队伍的安全，决不能出现不廉洁问题。省教育厅还多次组织高校基建管理干部参加技术业务培训、观摩交流、理论研讨，学习新标准、新规范、新技术、新工艺，提高管理水平和技术水平。

搞好高校基本建设，还需要加强信息交流，开展理论研讨，汲取先进经验，相互取长补短。1987 年省教委计财处牵头组建成立了江苏省高校基建研究会，作为省高教学会辖属的二级学会，围绕高校基建工作开展了信息交流、业务培训、理论研讨等一系列活动，对高校的基建工作发挥了促进和推动作用。2002 年底，经省民政厅批准，江苏省高校基建研究会与江苏省教育基建研究会合并新组建了江苏省教育基建学会。学会成立以来，紧紧围绕省教育厅的中心工作开展活动。7 年来，编辑出版了《江苏省教育基建学会简讯》89 期，会刊《江苏教育基建》24 期，举办各种专题培训班、研讨班和专题讲座 20 多次。学会自 2004 年起，与上海、浙江两省市的教育基建学会建立了协作关系，每年召开一次长三角教育基建协作会议，相互交流信息，利用江苏省学会的《简讯》平台编印《长三角教育基建资讯》15 辑，三省市学会联合编辑出版论文集《长三角教育建筑纵横》两集。学会还多次组织高校及普教基建部门负责同志到兄弟省市及有关高校考察学习交流，拓宽视野。学会下属的各协作片在学会的指导下，坚持每年开展活动，相互观摩学习，交流心得体会。学会下属的各专业委员会也多次举

行研讨、考察活动。2007 年，学会申报了省教育厅高校哲学社会科学基金立项的研究课题（项目），并确定了学会资助项目，目前大部分课题（项目）已经完成。上述活动不仅促进了高校的基建工作，也提高了基建管理人员的管理水平和理论水平。

## 八、推动后勤改革，利用社会资源，努力增收节支

高校的基建工作与高校的后勤改革密切相关，后勤改革不仅给高校的校舍面积指标、建设标准调整等带来新课题，而且也给高校的基建管理模式、建设资金筹集等带来新思路。在高校建设发展过程中，有些高校充分利用社会资源，以共建、托建的方式建设学生宿舍；有些学校利用周边厂企闲置楼房改造为临时学生宿舍、食堂浴室等生活设施。在一定程度上缓解因扩招带来的校舍紧张的困难，减少学校的资金压力。高校在后勤改革中努力增收节支，为基本建设筹集了相当可观的建设资金。

江苏高校建设取得的辉煌成就，为江苏高教事业的改革发展提供了强大的物质支撑和精神支撑，也为江苏高等教育今后 50 年的发展奠定了丰厚的物质基础。

# 政府重视　更新观念　创新模式　十年巨变

## ——江苏省教职工住房建设黄金时段回顾

江苏省教育基建学会　冒瑞林

在纪念改革开放30年、迎接新中国成立60年之际，回首江苏省教职工住房建设的历程，尤其是20世纪90年代教职工住房建设的黄金时段，我为自己担任省教委副主任分管教育基建工作期间适逢其时而欣慰。我之所以把20世纪90年代，即“八五”、“九五”期间称为教职工住房建设的黄金时段，是因为这10年是江苏省教职工住房大改革、大发展、大改善的时段，我们经历了多渠道筹措建房资金、加快教师住房建设、深化住房制度改革、实现住房商品化的艰难探索创新历程，取得了改善教职工居住条件的历史性突破，创造了与江苏省和江苏省教育事业在全国的多个率先相匹配的辉煌业绩。

### 一、加快建房　疏通瓶颈

党的十一届三中全会以后，教师住房有所改善。但由于历史欠账太多，投资渠道单一，加上教育事业快速发展，十分有限的建设投资只能首先用于教学科研和学生生活用房的建设，教工住房紧缺的状况仍然相当严峻。

据1990年底统计，按照当时规定的教职工住房面积定额标准，30所省属高校应有88.8万平方米，而实际只有60万平方米，其中危房3万余平方米，尚有无房户3000多户，拥挤户4200多户，缺房总面积达30万平方米。考虑到“八五”期间高校招生人数以8%的速度递增，以及正值教职工离退休高峰期需要增补的人员，住房缺口将进一步增大。中小学教师住房紧缺的状况更为突出。据统计，“七五”期末，江苏省城市（含县级市）中小学教职工户均建筑面积只有44.35平方米，人均居住面积7.21平方米，普遍低于当地居民人均居住面积。

住房的严重短缺，当时已经成了制约教育事业发展、制约科教兴省战略推进的瓶颈问题，影响到学校正常的教学、科研工作，影响到学校的安定团结和师资队伍的稳定。有一所医学院校，包括党委书记、院长在内的100多户教职工长期居住在用旧料石棉瓦搭建的简易平房内。有一所农学院校，70多户教职工长期居住在经改造的50年代建造的猪舍、牛舍和简易厂房内。这些房屋结构简陋，通风、采光条件都很差，每逢夏季，室内温度高达40多度，教职工及家属

只好露天过宿。由于住房严重紧缺,仅有四五个平方米的楼梯间或没有窗户的小仓库,也成了当时抢手的房源。有的教职工已经是大龄青年,却因为无房而结不了婚;有的结了婚,夫妻仍然分居在集体宿舍里,周末相聚,同室者只好四处借宿;有的教职工结婚多年,有了孩子,却仍然没有独用居室,一家三口挤在筒子楼等集体宿舍里。本来就不宽敞的走廊成了公共厨房,邻里之间为了走道使用的矛盾时有发生。老教师一家三代挤在三四十平方米住房内的情况也相当普遍。其结果是,学校领导常年被住房问题困扰。中青年教职工因住房问题请求调出的占调出人数的80%以上,更别说引进教学、科研人才了。

在调查研究的基础上,我们分析了教职工住房困难的原因,大致有四个方面:一是历史上欠账太多。“文化大革命”十年,广大知识分子被视为批判改造的对象,教职工住房建设得不到重视。“文化大革命”结束后,党中央拨乱反正,在落实知识分子政策过程中,一批在历次政治运动中受到迫害、下放农村的中老年知识分子回到学校,只能临时安置在集体宿舍、简易平房内。20世纪七八十年代虽然建了一些住宅,但杯水车薪,大部分教职工仍只能排在长长的分房队伍里焦急地等待。二是投资渠道单一。在计划经济的模式下,教职工住房作为校舍的一部分全部依靠政府投资建设,在拨乱反正、百废待兴的年代,政府要办的事情太多,基建经费相当紧张,每年安排的教育基建经费很有限,省属30所高校每年基建投资也就2000万元左右,规模小的学校只能分到二三十万元,能用于住房建设的资金十分有限。三是建房成本不断上升。80年代中后期,由于物价调整,建筑材料价格成倍增长,各种建设规费越来越多,教职工住房年竣工面积出现逐年下降趋势。四是住房分配是福利的传统观念根深蒂固。新中国成立以来,城市住房长期实行政府或单位包建包分,并实行低租金的政策,住房是所有福利中最大的一种福利,学校也不例外。这种福利分房的政策形成了“等、靠、要”的思维定势,死死吊在一棵树上。

国家振兴急需人才,人才培养急需发展教育,发展教育急需师资队伍的稳定和提高,师资队伍的稳定和提高急需改善教职工住房条件——安居才能乐业,安居才能乐教。“安得广厦千万间,大庇天下寒士俱欢颜”!教职工住房困难成为推进科教兴省战略的瓶颈,必须花大力气予以疏通扩张。责任所系,每每使我们夜不能寐。

## 二、改革探索 初见成效

教职工住房建设与科教兴国、科教兴省战略同步推进,在20世纪90年代初开始加速。

根据党中央、国务院关于教职工住房建设的一系列文件精神,江苏省委、省政府制定了加大住房建设投资等解决教职工住房困难的优惠政策和具体措施。决定“八五”期间省财政每年拨出专款，补助省属高校和部分市县中小学的住房建设。这给我们教职工住房建设提供了决策依据和经费保障。

加快教职工住房建设，必须从观念更新起步，经创新模式提速。大家意识到，要打通这个瓶颈，关键是制度、政策和资金来源：住房制度必须改革、投资机制必须转换、资金来源必须扩大，国家、集体、个人共同负担的原则势在必行。90 年代初，住房制度改革起步不久，“集资建房”的观念还没有被广泛接受，教职工的经济和心理承受能力还是个未知数，改革住房体制首先需要的是胆量和勇气，需要有第一个吃螃蟹的人。

第一个吃螃蟹的人终于出现了。1990 年下半年，镇江师范专科学校在全省率先开展了集资建（购）房的试点工作。学校领导研究决定拟购置 20 套商品房，并报请市政府减免了有关费用，分配给住房特别困难的教职工，同时将配偶单位和个人集资作为申请分房的必要条件。制定这一政策的依据只有两条：中央提出的“坚持国家、集体、个人共同负担”和社会上开始推行的“夫妻双方所在单位共同分担”的原则。新的建（购）房、分房草案一出台，反响十分强烈。在讲清房改形势及其走向的基础上，校领导将决策权交给教职工，摆问题、议困难、找出路。经过上上下下、反反复复的讨论，原则确定了，方向明确了，办法通过了。最终符合分房条件且集资款到位的有 11 户。虽然只有 11 户，但对于高校住房改革来说，是迈出了更新观念、创新模式的第一步。省教委领导对此极为重视，充分肯定了学校的做法，拨出专项资金 35 万元，支持这一新生事物。1992 年学校开展第二次集资建（购）房、分房时，原计划建 40 套住房，实际有 47 户符合分房条件的教职工将集资款筹集到位。这一办法终于打破了投资渠道单一的坚冰，为广大教职工所接受，并从中享受到了改革的成果。

在镇江师专试点成功和省教委的推动下，集资建（购）房、分房先后在扬州大学师范学院、苏州大学、苏州蚕桑专科学校、徐州医学院等省属高校展开。

1993 年 3 月，省教委召开省属高校住房建设工作座谈会，进一步推广集资建（购）房的做法，要求高校领导把实现省政府提出的住房建设目标作为各院校的重点工作抓紧抓实，抓出成效。会后，省属高校掀起了集资建房的热潮。到 1993 年 7 月，江苏实行集资建房的院校有 26 所，占省属院校的 87%。这一年省属高校的住房施工面积达 77151 平方米，竣工面积达 41658 平方米，超过 1991 年和 1992 两年的总和，圆满完成了省政府年初提出的工作目标。

1994 年初，省教委再次召开省属高校住房建设工作座谈会，进一步总结交流经验，提出新的目标——“保四争五”。会上正式提出了解决住房建设资金的“六个一点”：省预算投资挤一点，省财政支持一点，省教委专项经费安排一点，

学校计划外资金投入一点，教职工配偶单位筹集一点，教职工个人拿出一点。

在江苏省高校最为集中的南京，集资建房的初步成效更为显著。南京当时有部委属及省市属高校30余所，由于大多数地处城区，周边无发展余地，住宅建设用地趋于饱和。为解决在宁高校教职工住房困难和住房建设用地问题，省教委在多次调研论证的基础上，于1993年向省政府提出了在近郊划拨一块土地建设高校教师新村的设想。江苏省委、省政府领导十分重视，并于1994年4月作了重要批示。王荣炳副省长召集省教委、南京市政府、市建委、市规划局的同志勘察选址，研究建设方案，决定在紧邻主城区的中保村征地52.72亩，建设教师住房及附属配套用房10万平方米，其中4幢高层住宅896套计8.6万平方米，总投资约2.4亿元，省财政出资4000万元补贴建房费用。9月，省计经委正式下达计划书，省教委牵头组建了筹建班子。1995年9月10日，在我国第11个教师节，江苏省委、省政府为南京高校教师公寓举行了隆重的奠基仪式，省委书记、省长、省人大常委会主任、省政协主席等领导同志亲自奠基。

通过住房制度改革，教职工在住房和消费方面的观念有了显著变化。一是行为主体意识的转变。住房由学校包办，教职工是这一行为的客体；实行集资建房后，教职工成为这一行为的主体。二是价值取向的转变。免费分房时，为了个人利益，“窝里斗”现象较严重；实行集资建房后，房源公开，教职工把解决住房的注意力集中于积极筹集资金，以体现自身价值。三是序化准则的转变。在计划经济体制下实行了几十年的序化准则，主要依据是资历、辈分；改革后把集资作为分房的必要条件，体现了市场经济体制下必然的序化准则。四是消费观念的转变。当住房是一项福利时，一有职务、职称晋升，就会提出扩大住房面积的要求；实行集资建房的办法，适度抑制了住房需求的膨胀，住房消费逐步成为家庭生活消费的一个重要组成部分。

作为住房建设的实施单位，各高校基本上做到了“五个落实”、“五个公开”。即目标落实，制度落实，资金落实，组织落实，责任落实；集资款额公开，住房标准公开，选房顺序公开，分配结果公开，归还个人集资款情况公开。“集资建房是加快住房建设、缓解住房紧张状况的有效途径，是一项利国、利校、利民的造福工程，是一项顺民意、得民心的安居工程。”逐步成为广大教职工的共识。如南京中医药大学1994年建设住房时，有10户教职工须搬迁，从动员到搬迁完毕仅用了两个星期，就是顺民意、得民心的典型事例之一。

经过几年的努力，到1995年底，江苏省教职工住房建设初见成效：中小学教师人均居住面积达到9.07平方米，住房成套率52.2%；省属高校教职工人均居住面积达到7.2平方米，住房成套率76.2%；部委属高校教职工人均居住面积达到6.31平方米，住房成套率74.4%。

## 三、坚持不懈　再创辉煌

江苏省加快教职工住房建设从1996年开始进入取得历史性突破的新阶段。

1994年底，国务院办公厅在大连召开了全国教职工住房建设工作经验交流会，并在1995年3月转发了国家教委等部门《关于加快解决教职工住房问题的意见》，在全国进一步掀起了教职工住房建设的热潮。为贯彻落实国务院文件和大连会议精神，江苏省委、省政府确定了“九五”期间全省教职工住房建设的奋斗目标和任务：全省建成教师住房700万平方米；到2000年，教师住房水平达到家庭人均居住面积11平方米以上，每个家庭都拥有一处成套的住房，并不断改善教师的居住环境。

为加强对全省教职工住房建设的组织领导，确保实现上述目标，江苏省委、省政府成立了由省委副书记挂帅，南京市政府、省教委、省计经委、省建委、省财政厅等部门负责人为成员的省教师住房建设工作领导小组，办公室设在省教委，我兼任办公室主任。

1996年3月19日，省政府在苏州召开了全省教职工住房建设工作会议，省长助理王珉传达了在昆明召开的第二次全国教职工住房建设工作经验交流会精神，副省长陈必亭作了重要讲话，省教委主任王湛作了《加大改革力度，加快建设步伐，坚持不懈搞好教师住房建设》的报告。南京市、苏州市、南京理工大学、苏州大学等10个市、县及高校的负责人在会上作了交流发言。3月21日，王珉代表省政府与全省11个市的分管市长分别签订了《教职工住房建设目标责任书》。省委副书记顾浩在大会闭幕式上作了重要讲话。会后，省教委与省属高校签订了《省属高校教职工住房建设目标责任书》，把住房建设任务分解落实到每一所院校。李岚清副总理从新华社《国内动态清样》上得知苏州会议情况后批示：“江苏省进一步重视解决教师住房困难的问题很好，不少地方的经验证明，只要各级领导统一认识，提到议事日程，抓住不放，扎扎实实地抓若干年，这个问题是可以逐步解决的。这对教师队伍的稳定和建设大有好处。”

1996年9—10月，省教师住房建设工作领导小组副组长王珉率省教委、计经委、建委、财政厅等部门的负责同志在苏北、苏南、苏中分片召开了各市教师住房建设工作领导小组组长会议。他在会上强调：全省新建中小学教师住房100万平方米、建成省属高校教师住房10万平方米，已列入省政府1996年着重办好的22件实事之一，这个目标必须如期完成，绝不可以动摇。

这两个会议所传达的国家和省政府对教职工住房建设的高度重视，落实的目标和措施，化成了全省上上下下、方方面面的共同努力。江苏省教职工住房建设以前所未有的速度、广度展开：1996年，全省完成教职工住房建设投资

11.9 亿元，开工建设总面积 209 万平方米，竣工 134 万平方米，建成住房 1.72 万套，超额完成了省政府的年度工作任务。

根据省教师住房办调查，到 1996 年，20 所在宁部委属高校的教职工人均居住面积 6.61 平方米，远低于南京市人均居住面积 8.34 平方米的水平，缺房情况相当突出：无房户 2621 户，困难户 3411 户，等房结婚的大龄青年教职工达 2588 人。按照省政府制定的“2000 年全省教师住房水平达到家庭人均居住面积 11 平方米”的目标，至少需建房 102.77 万平方米。为此，省教委 1997 年 3 月 14 日在东南大学召开了在江苏省的部委属高校教职工住房建设工作预备会议，成立了“江苏省中央部委属高校教职工住房建设工作办公室”，并决定在南京市再次集中建设高校教师公寓。

1997 年 9 月 10 日，省、市政府在南京龙江花园城隆重举行了高校教师住宅试桩开工典礼，标志着在阳光广场和月光广场周围兴建 10 幢高层教师住宅楼工程全面启动。这一项目由南京市政府和省教委负责实施，南京城市建设开发集团总公司代建。该项目享受国家安居工程和经济适用房的各项优惠政策，造价控制在 2500 元/平方米以内，省政府补贴 500 元/平方米，其余由参建高校主管部门、学校和教职工个人共同承担。根据南京市住房制度改革要求，实行新房新制度，教职工个人出资应占建房费用的 40%～60%，对个人出资确有困难的，南京市可提供按揭贷款。为及时协调解决工程建设中的有关问题，成立了龙江花园城高校教师公寓建设工作协调小组，由时任省政府副秘书长、后来担任省教育厅厅长的王斌泰同志任组长，我和南京市政府周学柏副市长任副组长。11 月 21 日，省教委主任陈万年主持的龙江花园城高校教师公寓委建、代建协议签字仪式在宁隆重举行。该项目建筑总面积 27.4 万平方米，总投资 6.85 亿元，省政府补贴 1.37 亿元，是江苏教育史上最大的安居工程。南京市兴建全国最大的高教住宅区的消息登上了国务院办公厅简报，李岚清副总理阅后，在批示中对江苏省、南京市为广大教师办的这件实事给予了充分肯定。为了搞好这项浩大的工程，省教委和南京市等有关部门先后召开了 40 多次办公会、协调会。同月 29 日，10 万平方米的中保村高校教师公寓封顶。这一年，全省完成教职工住房建设投资 14.31 亿元，开工建设总面积 229 万平方米，竣工 188 万平方米，建成住房 23206 套，四项指标均创历史最好纪录。

江苏教职工住房建设的历史性突破迎来了 1998 年 1 月 12 日在南京召开的第四次全国教职工住房建设工作经验交流会。中共中央政治局常委、国务院副总理李岚清，国家教委等八部委的负责人，各省、自治区、直辖市和江苏省委、省政府的领导出席了会议。与会领导和 400 多名代表听取了王珉副省长介绍江苏省教职工住房建设的情况、经验和体会。此后分苏南、苏中、苏北三路，全面考察和参观了江苏省教职工住房建设情况和“两个文明”建设所取得的丰硕成果。李岚清副总理继前两次批示之后，在讲话中对江苏加快教职工住房建设再次给予了高度评价。

我们没有因为获得中央和兄弟省市的肯定与赞誉而忘乎所以、故步自封，而是把肯定当做鼓励，把赞誉当做鞭策。

1998年7月国务院下发《关于进一步深化城镇住房制度改革，加快住房建设的通知》、国务院办公厅转发教育部、财政部、国家计委《关于加快普通高等学校筒子楼改造，改善青年教师住房条件意见的通知》后，我们又一如既往、扎扎实实地打了两大攻坚战：一是从1998年下半年开始停止住房实物分配，逐步实行住房分配货币化，为建立和完善以经济适用住房为主的住房供应体系架桥铺路，顺利向2000年起城镇住房建设的主体由开发商承担，教职工所在单位从住房建设的主体中淡出，教职工住房与城镇居民住房一道逐步实行商品化、市场化新体制。二是在党中央、国务院实施科教兴国战略的又一项以人为本的重大举措——筒子楼改造工程中，用国家投资把为停止住房实物分配后暂时无力买房的青年教师提供一定时期的周转房的实事办实、办好。江苏省25所中央部委属高校筒子楼改造建筑面积共16万平方米，改造资金1.2867亿元，其中国家计委、财政部补助投资9650万元，学校自筹3217万元。

与此同时，江苏省教职工住房建设借第四次全国教职工住房建设工作经验交流会的东风，把历史性突破推向新层面、新高度。以1999年竣工并交付使用的南京龙江花园城10幢高层教工住宅为标志。1998—2000年，全省完成教职工住房建设投资55.55亿元，开工建设总面积555.2万平方米，竣工521.5万平方米，建成住房58249套，四项指标再创历史最好纪录。2000年，全省教职工人均居住面积达到11平方米以上，住房成套率达到92%。圆满并超额完成了省政府提出的“九五”的奋斗目标。

江苏省教职工住房建设1991—2000年10年的历史性突破，不但为“九五”期末高校数量和高校隶属关系的重大变化——部分中央部委属高校陆续划转为省属，部分高校被合并或并入其他高校，一批中专校升格为职业技术学院——创造了前提条件，而且为20世纪末、21世纪初的高校新校区建设和大学城建设提供了惯性和空间。

回首往事，感慨万分。江苏省教育基建战线上的同志们化忧虑为探索，化压力为动力，在艰难中起步，在风雨中拼搏，极大改善了教职工的居住条件，圆满完成了省委、省政府交给的光荣而艰巨的任务，值得引以为荣。但更应该看到，江苏省教职工住房建设的历史性突破，是科教兴国、科教兴省战略不断推进的产物，是以江苏跨越式的经济和社会发展成就为后盾的，是江苏率先实现教育现代化的必然要求。与江苏科教兴省的历史进程之“时”俱进，为江苏实现教育现代化提供了可持续发展的后勤保障。

# 我们的校园

## ——上海戏剧学院华山路校园改造回顾

上海戏剧学院基建规划处　范和生

1990 年 9 月 24 日清晨，时任学院院长的余秋雨教授在办公室窗前杂乱的树丛中，闻到一缕浓郁的桂花香，他感慨学院还有美还有花香。

此时的上戏校园已经不知不觉被一间间临时搭建的建筑和随处可见的垃圾吞噬，因为挖防空洞，校园大部分树木都壅塞在他眼前。余秋雨疾呼，要为柔弱的戏剧女神争夺一席净土，呼吁学院上下达成默契，首先把校园气氛引向文明、健全、欢快、有魅力、值得今后回忆的境地。

1955 年戏剧教育家、学院的首任院长熊佛西先生从陈毅市长手里得到了上海西区这一片幽静的绿地，55 岁的熊院长像孩子一样高兴，这位享誉海内外的戏剧家第一个找来的是花匠，谋划的是栽树种草……

这位毕业于美国哥伦比亚大学的教育家，深知戏剧学子的精神架构是以校园为基础而熔铸，精神仪式必须百倍地注重环境气氛，因此他如哨兵一样守护着一院花香。几乎每天早晨他都要来校园散步，一圈圈地围着院子转，他执意要让学院的每天都从湿漉漉、滋润润的花草间开始，直到 1965 年离开人世。

上戏华山路 630 号校园，在 20 世纪 20 年代曾经是侨居上海的德国商人和侨民的乡村俱乐部和台尔蒙法国球场旧址。

1945 年抗战胜利后，成了从大后方回到上海的“中央电影制片厂”工作场地和演职员宿舍。乡村俱乐部的舞厅和电影院成了制片厂的放映间和录音棚，30 年代上海的著名影人费穆、沈浮、金焰、赵丹、谢添、蓝马、蔡楚生、汤晓丹、陶金、项坤、魏鹤龄、顾而已经常在这里工作，指挥家黄贻钧一直在这里录制电影配乐，音乐人陈歌辛、严华，歌星周璇在这里配歌配乐，著名文化人孙瑜、陈鲤庭、魏鹤龄、关宏达、吴祖光、刘厚生曾安家在这个院子里。

1949 年 5 月 27 日熊佛西带领剧专师生从这里出发，融入欢迎上海解放的队伍。1955 年起这里成了青年戏剧学子的摇篮，当下著名的话剧艺术家、电影演员焦晃、祝希娟、杨在葆、娄际成、李家耀等都是在这个院子里启蒙。

这个院子不仅是历届上戏人共同的家园，同时也是上海城市的一个重要文化旧址。这里累积了太多的故事，汇聚了无数人的奋斗记忆，大学的精神融合在校园、景观和风貌之中，大学的魅力、城市的魅力来自对历史文脉的延续。

上戏校园的建筑、景观是长期慢慢地自然形成的，由于历史的原因和限制，使得校园内各种风格样式的建筑混杂，有20世纪二三十年代的老洋房，20世纪五六十年代的大屋顶，20世纪七八十年代的火柴盒马赛克，建筑样式混杂。由于“文化大革命”，校园和建筑年久失修且疏于管理，各种功能掺杂相互干扰，缺乏整体布局和规划，教学和实验场地少有完好的设备和配套设施，绿化树木栽植随意不讲章法，当年熊佛西院长精心构思的花园、曲径早已荡然无存。

2000年上海市教委的高校布局结构调整是上戏华山路校区改造的一个很重要的契机。学院历届的党政领导对校园规划和建设保持高度一致，主要领导亲自带队申请经费争取上级支持，学校预算果断划出自筹资金部分用于校园建设，院长、书记经常在一起审看、讨论设计，现场指点，许多院领导将在国外大学拍摄的校园照片提供给设计者，指派有专业背景的干部担任校园建设顾问，专业干部也将自己的发展放在一边，大家齐心协力全力投入，为着一个共同的目标，要还戏剧女神几许空间，还年轻的生命一片绿地。

学院对校园改造规划的思路和理念体现了戏剧学院悠久的历史传统与独特的文化魅力。新建、改建、改扩建并重，强调多元与共生，通过有序组织产生内在的联系获得整体的协调。整合建筑风格，协调并改善新旧建筑的群体关系，延续历史积淀的风貌，折射上戏曲折发展的过程。规划特别注意保护校园中不可再生和再造的历史资源，并赋予新的生机和活力。

## 一、拆破拆违，营造新环境先做减法

校园很小，空间有限不能容纳太多太杂的东西，2000年的校园改造开始的第一步是拆除校园内所有无美感无价值的破烂房子、临时搭建建筑。所有无用多余的装饰，角角落落所有破败的花棚花架、彩钢板、玻璃钢、石棉瓦、油毛毡等粗陋的材料一扫而空，不留一个死角。疏理一批过密的乔灌树种，一棵棵年久失修的高大乔木逐一进行了修枝和造型，将散落在各点的腊梅、桂花、黄杨、棕榈等植物集成片进行组合，甚至寻找出当年熊佛西校长亲手栽培的樱花、桃树、黄杨、盘槐，亲自谋划的曲径遗迹。

然后建设小巧优雅清新花园小景，通过曲径树木花丛而小中见大，绿化造型构思注意变化、疏朗密集、明朗幽暗相互衬托。步行道曲折迂回交叉变化，在材质上多利用旧建筑拆迁的青砖瓦，与石板、石块、鹅卵石组成丰富的图案路面，营造宜人的令人赏心悦目的艺术感。有意识地对植物的季相特征进行选择，使校园景色时时变，季季新，春天有金黄的迎春，粉色的桃花、樱花、海棠、茶花，夏天有紫薇，秋天则是红枫、悬铃木、银杏一片金黄，冬有腊梅。

在校园里营造尽可能多的非常规上课空间，以适应学院教学方式的创新，许多课程师生都乐于在校园寻找教与学的空间，室内外读书、交谈交流、排练的小空间。向阳的平台、阳台、屋檐下、紫藤架、围廊、大树下经常会有师生在那里拍摄、排练、写生。

有序规范管理宣传广告及信息空间，经整治后校园不再出现布质横幅标语，在各种空间场合设立不同用途的布告栏广告栏，既有经过设计的正规的布告、通告、广告，又给学生相对自由发布信息、自由发挥想象力的随意性的位置。

学院的环境景观、绿化和建筑改造同步进行，一块块做然后一块块组合，最后拼接成一个大整体，10 年里没有对正常教学构成大的干扰。绿化花木则多就地取材搬迁、移植、组合，道路铺设利用废旧建材，大大节约建设成本。

树立主教学楼、上戏剧院、贵宾楼、端钧剧场为校园几个中心，形成主次扬抑的格局，对校园各个时期风格混杂的建筑作优化融合，模糊新老界线，新的要有老的元素，老的有新的元素，新老相互融合但不破坏各自的特征，有的用建筑语言融合，有的依靠围廊花架连接延伸。

## 二、老房子精心修复注重细节

上戏校园位于上海西区，校园内的 20 世纪二三十年代的老房子，老洋房和戏剧学院一起度过漫长的过去，它们成了戏剧师生的教学、办公、学术研究、写作、演出排练的地方，几十年政治风云变幻，老房子承载着多少悲喜交集的上戏故事。老房子有它独特的魅力和美感，亲切的体量、舒适的空间、人性化的尺度形态及它独有的沧桑美。推倒了不过一堆砖瓦和一方小小的地块，而与之相连接的情感、记忆将无可挽回地永远失去，修好则给蓬勃向前的学校增添了历史的厚度。老房子的外形、轮廓、色泽、材质、平面的高低、虚实、凹凸面、纹饰、图案乃至环境都经过当年设计师们的一番苦心营造，并经过了几十年时间的考验。石块、鹅卵石、清水砖、水泥等外墙都显示出建筑独特的材质美、肌理美。

上戏的熊佛西楼和新空间(原演出科仓库、形体房)，是目前上海地区稀有的早期围廊建筑，因此，我们对它采取维修、复原，并根据功能需求进行小部分改建、增建。

第一步是对建筑结构进行检测，根据检测结果对建筑着手进行结构加固，拆除后来增加的许多装修和搭建，剥离原来的粉饰，恢复原来的立面，紧接着消灭白蚁、修复防潮层、恢复原来的循环通风系统。

在外观修复上尽最大可能保护和修复她的原貌。我们不对外墙做简单的涂料涂抹，也不任意简化细节。如果一般化简单涂饰处理，而颜色材质又不依照原物，真的变成假的，虚假如同布景。美消失了，生机也结束了。

建筑表面上的某些缺损，是时光带来的痕迹，具有一种难以复制的残缺美。因此修老房子就要像修古董文物一般小心翼翼。其实对于好的老建筑有时简单做减法就行了，去掉后加的附属物和花花绿绿的装潢，清洗立面污垢，把产生污垢的破损修好就可以了。

对于功能性需求的添加更要小心，例如常常碰到的空调安装，我们动脑筋想办法，沿用旧建筑原热水汀管道的走向来设计新的空调管道，而为不破坏室内的整体效果，将空调出风口放在卫生间上方，而卫生间里做吊顶无伤大雅，这样所有的大房间都能保持原有的的装饰，避免整个空间因空调而受到的破坏，也避免了几十个房间几十台空调外机。有些建筑物条件不足的，我们严格选择空调机型，外观形状一定要和建筑风格相协调，安装上对外机要求横平竖直严格对称，并喷色或做适当封闭。

在改造过程中，对彩绘玻璃、壁炉、地砖门窗等美的细节加以保护，没有损坏的都严格使用旧物，破损的找到相应的替代或做局部修理，木门窗用料甚至使用同时期同种的旧木材，避免新料变形开裂。建筑内的五金件，很多经过几十年使用还是很灵活，我们先将其全部拆下进行清洗抛光，配成若干套完整的用于主要的房间，那些老的把手、插销、窗钩经过处理继续使用，增加了老建筑原真效果。2004 年经修复的熊佛西楼被上海市政府列为第四批优秀历史保护建筑。细节决定成败，我们对所有细节都不掉以轻心。

## 三、校园文脉的传承及品质提升

我们在建设中注意延续校园空间文脉，保护沉淀在空间的文化记号，使之持续不断唤醒大家的历史记忆。

红楼，是上戏的主教学楼，1955 年由熊佛西先生主持，仿造北京大学沙滩红楼的样式而建，她寄托了老一辈教育家五四新文化运动的理想和抱负，上戏近万名学子都通过上戏红楼走向社会，走向成功。上戏红楼的东排练厅、西排练厅、208 大教室，都联系着上戏学院派戏剧和上戏自由开放包容的学术品格。

红楼已经成为上戏师生的情感的纽带。许多校友希望，到红楼无奈老去时，学校盖新楼的时候，新楼一定要融入 1955 红楼的一片墙或几块红砖。红楼，二十年间经两次装修，都保留了红砖墙，只是外部进行了钢构加固，利用钢构加木线屏蔽了几十个空调外机。有名的西排练厅改造成一个自由的演剧空间——黑匣子，成为了上海实验话剧青年的圣地，与之并排的是传统镜框式舞台的东排练厅，延续传统的学院风，两者相映成趣。208 教室安装了多媒体设备，成为吸引更多中外名家的先锋论坛。在外观上增加了五个老虎窗和大厅、门廊，使之更接近北京大学的红楼。

实验小剧场，1956年由食堂改建而成，貌不惊人。但是剧场的12个电风扇和12个壁灯是由京剧大师梅兰芳赠送的，30多年里几乎上戏所有著名的演出都从这里面世。当年《曙光照耀莫斯科》、《决裂》、《无事生非》、《阴谋与爱情》、《桃花扇》、《大雷雨》、《甲午海战》、《上海屋檐下》、《雷雨》都从小小的舞台走出，这里还上演出"文化大革命"风暴、造反闹剧。在舞台南侧低矮楼梯下的一段粉墙上至少留着上百位当今演艺界的名人的手迹，实验小剧场有个传统，每次新戏演完告别舞台，主要的演职人员都会在这堵墙上留下名字或者特别的记忆符号。现经"拆落地"改造，成为校园中心的景观，入夜灯光灿亮，人来人往，像校园一颗明珠，现在命名为端钧剧场，以纪念教育大家、导演大师朱端钧先生。

图书馆和实验剧院是同时期建造的马赛克建筑，由于经费投入的限制和其他的规定，使得这两个学院重要的建筑留下许多遗憾和缺失。改造依据新的建设规范和法规完善安全功能设施。改造立面使之与校园毗邻其他建筑进行整合对接，增加立面凹凸，形成内外新的视觉感受。有意识保留马赛克外墙的这一历史特征，仅在调换钢窗时破坏部分和自然损坏部分配以同色小方面砖进行修补，既经济又形成一种新的镶拼建筑语言，用很少的钱达到很好的效果。此外，我们还打开东面墙面，引入自然光线和相邻的花园景观。

实验剧院是我院演出区域的一个主体建筑，在改造中扩建了公共共享空间，设会议、新闻发布、排练、展示、贵宾室、教学实习等功能。沿华山路增建了新结构保护老结构，迎面增建一个高大戏剧之门，这门既是青年学子的戏剧启蒙之门又是上戏的开放之门。剧院区域分割注重演出、实验、实践、展示功能相互融合穿插，注意保持强大的戏剧性格特征和气场，开放的教学和实习的空间系统，让每个戏剧学子都能体会戏剧创造的动态流程，让台前台后戏里戏外同样精彩吸引人。扩建的戏剧广场，拆掉围墙，和街道社区融为一体。

## 四、几点无奈

空间和发展的矛盾，新学科新课程由于空间不足受到发展制约，由于办学经费短缺，许多空间不能为教学所使用，机动车数量的激增，人车矛盾，破坏了校园的宁静和优美。

# 同舟共济　重建新篇

上海市教育基建管理中心　郭　磊

## 前　言

汶川大地震后，根据中央指示精神，上海市对口援建都江堰重灾区，市领导提出了援建目标，成立对口援建指挥部具体负责实施该项工作。从全市各部门选派的各路精英，以最快的速度来到都江堰。满载着黄浦江两岸 1900 万父老乡亲对灾区人民的深爱，指挥部自 2008 年 7 月 3 日进驻都江堰玉景园后，快速制定援建实施计划，确定相应管理程序，精选了管理、设计、监理和施工单位近万人参与建设。上海市委、市政府派出了副秘书长沙海林担当援建总指挥。历经三个月前期准备，将前期规划和各学校建设标准确定，从上海选来的教育建设管理部门和设计院相关人员夜以继日地开展工作，由上海援建的 22 所学校项目分三批于 2008 年年底陆续开工。此后的岁月里，由于工作原因，沙海林副秘书长回沪另有重任，市政府派出了副秘书长薛潮同志担任援建总指挥。薛总指挥在这特殊的战场上运筹帷幄，带领指挥部 34 名援建干部克服困难，勇挑重担，充分调动所有参建人员积极性，在新春之后开始了艰难的攻坚之战。在教育项目建设的关键时期，薛总指挥几乎每一天都要跑学校工地，对学校建设的每一个环节都亲自把关。在薛总的直接领导下，指挥部各团队分工合作，紧密配合，对口援建教育项目于 2009 年 8 月全面竣工并交付使用。

2009 年 9 月 1 日，上海援建都江堰的 22 所学校与成都市援建的另外 25 所学校一起迎来了灾区告别板房学校的学生们。那一天，在都江堰北街小学，彩旗飘飘，锣鼓喧天，都江堰中小学的师生代表身着崭新的校服，戴着鲜艳的红领巾聚集在北街小学的运动场上，与来自教育部、上海市、四川省和成都市的领导及各界爱心人士一起见证这个难忘的历史时刻。灾后的都江堰如凤凰涅槃般的重生，孩子们的笑脸和歌声驱散了灾区上空的阴霾，大地震后的都江堰终于又绽开了幸福的笑脸。

为了记录下那些难忘的时光，感人的事迹和援建者为教育项目所做的相关工作，我以一个参与了都江堰教育项目灾后重建的教育基建工作者身份，记下

我一年多来的感受和那些艰苦的岁月。今天要谈的是教育专项规划阶段的一些做法和成果。

## 一、科学规划教育先行 合理布局重建校园

——上海对口援建都江堰教育项目解读之教育专项篇

灾后援建是一项突发性的极具政治性的国家行动，当地震后紧张的救人场面过去之后，坚强的灾区人民在全国人民的援助下开始了重建家园行动。清理废墟，搭建板房，安置灾民，都江堰百废待兴，城市新的规划尚在审批过程中。在这种情况下，根据中央领导指示精神结合当地特点，上海确定了都江堰灾后重建教育规划的原则："科学持续，引领城规"，即在充分了解和尊重都江堰城市重建规划前提下，率先协助教育和规划部门完成都江堰灾后重建教育专项规划，并引领城市发展规划。

根据这一原则，应都江堰教育局要求，上海市教委于2008年7月派出了以上海市教育基建管理中心、上海教育建设管理咨询有限公司、上海高等教育建筑设计院及上海高校监理工程公司相关人员组成的技术咨询小组，直接参与了都江堰市灾后重建教育专项规划。

2008年7月下旬到8月上旬，技术咨询组人员在指挥部社会工作组的带领下，考察了成都七中、树德中学、美视国际学校和胥家小学、玉垒中学、光亚学校，对都江堰和成都地区的中小学情况进行了初步了解。同时对都江堰的向峨、龙池、虹口、天马、胥家、驾虹、翠月湖、柳街、大观、安龙、聚源、青城山、石羊、玉堂等地进行了实地考察，了解了都江堰的城市规划情况，为制订教育专项规划奠定了基础。同时，技术咨询组根据都江堰教育局的要求，迅速开展工作，及时与都江堰规划局相关人员沟通，为灾后重建教育专项规划做了大量具体工作。

8月中旬，技术咨询组专程前往唐山市进行考察，给指挥部和教育局提交了专题报告，提出了都江堰学校灾后重建中应该注意的重要原则：唐山市根据日本的经验和国际惯例，规划中一般考虑将中小学与公园、集中绿地和广场等公共场所综合安排，有些幼儿园就直接建在公园内。一方面有利于学校的未来发展和扩建需要，更重要的是能够发挥地震时群众紧急避难场所的作用。此外，在统一规划前提下，新校建设时结合校区周边公共设施由政府统一考虑学校人防、交通等设施，使学校成为重大意外灾害的应急避难场所。

在唐山市有部分学校主要建筑的二楼采用连廊将各建筑之间和屋顶连接相通，既发挥了内部交通组织的作用，又能发挥运动活动的功能，提高了土地利用率，设计思路也有所创新。有一所学校的地下人防兼做学生自行车停车库并

直接与人行地下通道连通，由政府投资建设。

针对各学校规划方案设计存在的共性问题，结合城市和农村普通中小学相关建设标准及选址规定，确定了以下基本原则：

1. 学校布局

应以小学生、初中生就近入学、高中相对集中为原则，根据“规模”办学和学校住宿条件等因素确定。

2. 校址选择

新建普通中小学校选址应在交通方便、地势平坦开阔、阳光充足、排水畅通、环境适宜、具备必要基础设施、远离污染源的地段。应避开地震断裂带、山丘地区的滑坡段、河湾及泥石流地区、水坝泄洪区等不安全地带。应尽量避免学生跨越公路干线。架空高压输电线、高压电缆及通航河道不得穿越校区。

3. 规划设计

(1)校园总体规划设计应因地制宜，合理利用地形、地貌，并根据需要适当预留发展余地。

(2)总平面设计宜按教学、体育运动、生活等不同功能进行分区，合理布局。各区之间要联系方便、互不干扰。教学、图书及实验用房应布置在校园的静区，并保证良好的建筑朝向。

(3)校园、校舍应整体性强，建筑组合应紧凑、集中，建筑形式和建筑风格要力求体现教育建筑的文化内涵和时代特色。校园绿化、美化应结合建筑景观统一规划设计和建设，以形成优美的校园环境和人文景观。

(4)学校主要出入口的位置，应有利于人流迅速疏散，不宜紧靠城市主干道，校门外侧应留有缓冲地带。

地震前的都江堰市有92所中小学，灾后规划时根据“小学到村，初中到镇，高中合理布局”的原则归并为60所。由于我们在进行教育专项规划之时都江堰市的城市总体规划尚未完成，所以教育规划就成了引领城市规划的坐标体系和参照系。我们在充分尊重都江堰教育发展与改革的前提下，注意处理好教育改革和灾后重建的关系问题，与当地相关部门共同完成了都江堰市灾后重建的教育专项规划。

现在看来，都江堰的教育专项规划与城市总体规划的衔接还是理性有序的。以聚源镇的3所学校为例，职业高中、高级中学和初级中学组成的教育园区已经成为了该地区发展的参照，因为这3所学校的建设均具有一定的规模和特色，对城市未来的发展定位就起了决定性作用。可以预见，这里一定是新城的中心要地，其周边的房产和商办用房一定会成为该区域最热销的，这一点随着聚源新城的不断发展将会体现得更加明显。

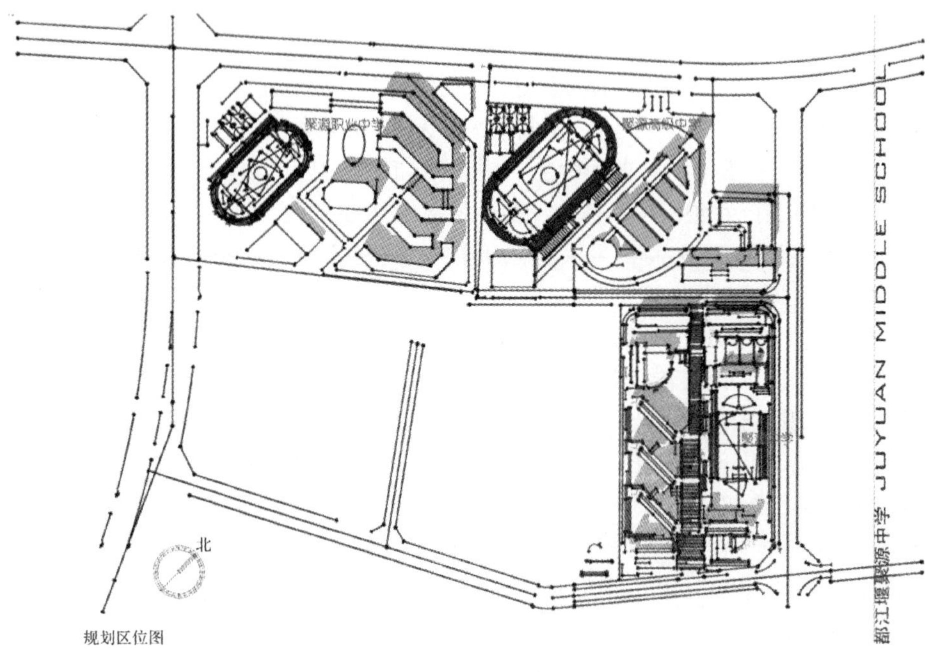


图 1　规划设计

## 二、以人为本注重细节　传承历史延续文化

——上海对口支援都江堰教育项目解读之校园环境与文化篇

上海援建都江堰是双方的历史机遇，作为在经济建设中先行得益的沿海较发达城市，上海援建者希望将自己最好的理念移植到都江堰的学校建设中，但必须尊重当地的文化特色和建筑风格。既要正确处理好当地特色，又要体现上海元素，建设符合巴蜀风格与自然环境及周边建筑和谐适用的校园才是我们的至高追求。

自 2008 年 7 月 28 日始，根据都江堰教育局要求，上海市教委派出的教育项目技术咨询组对援建的第一批教育项目的调整方案与设计单位逐个进行了讨论，提出了具体的改进意见，并与设计单位沟通后达成共识，基本确定总平面布局。期间指挥部社会工作组张伟令主任召集都江堰市政府各有关职能部门、各设计单位以及咨询组集体研讨，传达了韩正市长、胡延照副市长视察都江堰市援建项目时的指示精神，并根据设计存在的问题及改进方向，做了高度概括，对设计单位具体提出了“安全第一、功能至上、朴实耐用、巴蜀特色、学校特征、校园特点、山水和谐、师生满意”的要求，要求设计人员认真领会各级领导的指示精神，在领会精神的基础上，充分发挥自己的创作热情，进一步做好设计方案的调整和深化。

根据32字原则，咨询组与都江堰市教育局项目组同志一起编制了新的设计任务书，强调在设计中，始终坚持“以人为本，注重细节”的原则，除了一般的功能满足之外，还特别要求为学生们提供诸如打扫卫生用具及杂物储藏室等空间，让学生们在劳动中提高素质。设计任务书还要求设计院在方案设计中要注重对巴蜀文化的理解，将巴蜀文化融于方案中；建筑外立面必须服从于功能，体现功能至上原则；绿化设计要体现校园文化，结合自然，注重环境育人。因为地震，都江堰的校园几乎被切断了曾经的历史，在校园环境的营造中，上海指挥部始终重视校园文化的传承，在校园的建筑立面，绿化美化等方面尤为重视。指挥部领导特别强调要将上海的先进理念引入校园建设中，注重品质，提高品位，注意对历史的传承。要求对于原址重建或改扩建的学校，必须保留一到两处遗址，用铭牌记录；对于异地重建的学校，建议收集震后保留的有代表性实物，通过一块砖、一面墙、一棵树等传承校园历史及文化，成为对学生进行生命教育的教材。譬如在踏勘胥家小学原址时，我们看到校园内除一幢教学楼外，一片废墟；但在运动场旁有一个爬满青藤的长廊，三株紫藤的蔓叶铺满廊顶，紫藤边几株雪松、一排紫荆、罗汉松及榕树，在灾后的废墟中显示着一派勃勃生机；长廊内悬挂着历代教书育人的名句，大震后安然无恙，向人们展示着生命的顽强，记载着学校文明的痕迹和源远流长的文化史，大家被紫藤长廊强烈的生命力所感动，强烈建议保留此处景观。

经过设计师的精心研究和辛苦工作，在上海援建的22所学校，都形成了各自的特点和亮点：通过一片绿化传承翠月湖的校园文化，通过楠木诗廊延续柳街诗情，通过紫藤长廊留住胥家画意，通过荷花衔接大观学校与道家文化；通过石文化将虹口小学打造成中国山区小学之样板；我们有别墅般的木结构的向峨小学，建筑与环境的友好相处会让学生们产生对艺术的追求和对自然的热爱；奎光小学位于古堰区，这里曾经因为奎光塔而闻名遐迩，如今的奎光小学的电教楼塔楼与奎光塔相映生辉，为都江堰市民又增加了一份新的希望；友爱小学是一所残疾孩子可以自由活动的校园，畅通的无障碍设施连接了学校的每一栋建筑，可以为学生们提供良好的环境，学校处处体现了人文关怀和以人为本的理念，这里已成为全国残疾学校的典范。

曾经令人心痛的聚源中学而今已经凤凰涅槃，凝聚了党员爱心的新校园记载着“一大”精神，传递着党的期望；“聚八方之爱，汇力量之源”，由上海油雕院艺术家担纲设计的“聚源”雕塑体现了全国人民对灾区孩子的关怀，今日的聚源中学注定承载着党的大爱和祖国的希望。

在上海援建的学校中，北街小学和北区中学是必须一提的，北街小学有60个班，是我们国家少有的大型小学。这所学校，上海的领导特别关注：冯国勤主席亲自参加方案评审，周太彤副主席亲临现场视察并多次利用中餐时间与管理人员及同济大学的设计师讨论方案。已实施的方案里融进了上海十几位政协委员的智慧，其中的功能分区和连廊设计在艺术的基础上实用超前，为都江堰的教育改革奠定了基础；北街小学和北区中学共享食堂，集于一体又相对独立，节约投资，提高了利用率，并引入了上海松江大学城的资源共享理念。

细节决定成败，为了将上海人民的爱心充分体现出来，援建指挥部始终坚持“以人为本，注重细节”、“传承历史，延续文化”的原则，在建设过程中校园建筑尽可能考虑学生的使用和管理，如用房内部、走廊处考虑设置瓷砖墙裙，建筑内地面宜采用水磨石，校园道路宜采用黑色沥青路面等。如今已经交付使用的22所学校基本满足了各项使用功能，得到了当地教育部门和师生的认可。

作为援建教育项目咨询和实施者之一，我最担心的还是学生们的使用情况，希望都江堰的孩子们在新校园中能够感觉使用方便，在老师的辛勤培育下取得优良成绩。

## 三、严格把关确定标准　着眼未来有利发展

——上海对口援建都江堰教育项目解读之建设标准篇

面对地震带来的巨大灾难，都江堰百废待兴，如何解决目前“有没有”和今后可持续发展的关系问题是确定建设标准时最大的难题。在“5·12”汶川大地震后，成都市为适应中小学灾后重建的需要，加强中小学重建工作的科学管理，改善灾区中小学校的办学条件，促进教育事业的发展，创造适合学生德智体全面发展的学校环境而制订了《成都市中小学校灾后重建项目建设标准》。

标准为了照顾不同地区的特殊性，特别提出重建工程项目除执行本建设标准外，尚应符合国家及省市现行有关标准和规范的规定；其中校园用地面积指标分为下限指标和上限指标二档，各区（市）、县在执行本建设标准时，要结合本地区的实际情况，视需要和可能制订学校建设规划及实施方案。另外，标准要求中小学的建设，应坚持先规划后建设、可一次规划分期建设的原则，改扩建项目的建设应充分利用原有设施。

因为是灾后重建，成都市的标准在用地和建设标准上都采取了国家相应标准的下限。作为灾后重建的特殊情况，成都市的标准控制是符合实际的，在当时情况下，各路爱心人士纷纷慷慨解囊捐助学校建设，有些学校的建设标准明显偏高，这使得援建的标准问题变得比较敏感。我们认为灾后重建的标准是影响政府和党的形象的重要指标，合理确定标准对于都江堰及其他灾区重建都有

重要的影响。上海市教委援建都江堰教育项目技术咨询组到达时，都江堰教育局专门成立了灾后重建项目组，张庆局长亲自挂帅，王蜀勤副局长精心策划，张平科长具体落实。他们在抢建板房，快速复课的紧张情况下兼顾了灾后重建的长期规划和新校园的设计等工作，并根据成都市灾后重建中小学标准编制了首批原址重建和加固改造的学校校舍建设设计任务书。从 2008 年 7 月开始，我们在都江堰教育局同行提供的各项工作成果基础上开始了建设标准的确定和新项目设计任务书编写等工作。

经过一段时间努力，都江堰教育局领导和同仁对我们的工作给予了充分肯定，也得到了上海市对口援建都江堰灾后重建指挥部的认可，2008 年 8 月 5 日，指挥部是明芳副总指挥特别批示："请伟令同志代我向教委援建都江堰教育项目技术咨询组的老师们表示衷心感谢，今后援建学校建设的前期工作都要请咨询组老师参与，并充分尊重他们的意见"。领导和同仁的肯定让大家很受鼓舞。此后，咨询小组深入调研，与都江堰部分中小学校长和教师代表进行了充分讨论，并专程前往唐山进行了考察，在此基础上向教育局提出了建设标准方面的具体意见：

——根据国家学校建设标准，不同规模的学校均应配相应的体育活动室，经过首批项目的评审，我们建议在学校总体规划时，在可能的条件下，预留学校的发展用地；

——学生宿舍应在面积控制的前提下，满足设计任务书所规定的学生人数。注意男女生宿舍的合理分配，尤其是九年制学校，还需考虑中小学生的合理分割；

——为了项目建设进展顺利，各功能房间及内部布置应明确，以便配套设备及水、电（强电、弱电）、气等专业设计的衔接工作；

——为了让不同援建单位建设的学校和标准能够基本统一，我们将各学校可行性研究报告中投资估算内容统一汇总列表，以便为援建单位及捐赠人等提供参考依据。

我们对唐山的考察对都江堰灾后重建的中小学建设标准有较大影响，1976 年底，利用国家拨付资金和材料，唐山市首先在古冶、开平等地建起了第一批平房校舍。从 1979 年后，随着唐山重建规划的深入，逐步进入大规模震后重建工作，唐山市中小学也进入建设阶段。市教育局为此成立了专门负责学校重建的基建办公室，全面督导全市校舍建设工作。根据教育事业发展规划和震后实际情况，由省市计划部门下达任务，经过征求各方意见，统筹学校布局，统一组织实施。

唐山大地震时，各项工作布置还处在计划经济时期，在震后的 10 年间，唐

山市新建及改造中小学校舍近500所，新建学校建筑面积170万平方米，全市用于学校重建的资金5.4亿元，其中国家拨付2.2亿元，由群众集资3.2亿元，基本没有利用兄弟省市和国际友人在资金上的援助，同时因重建资金紧张，影响了重建质量和重建进度。在重建的过程中，按照“恢复震前标准”和有关学校建设标准的规定，按每一万人建一个小区进行规划，每个小区配一所小学，中学也按小区分设，规划中对教学、生源和学制等方面并没有进行充分的预测。限于当时的条件，唐山的灾后重建标准较低，学校之间出现规划建筑雷同和规模与所在社区人口不相匹配的问题。按照河北省“统一设计、统一标准、统一建设”的要求，唐山的学校重建设计方案主要采用北京、唐山和内蒙古设计院提供的标准图进行建设，设计方案大都为“U”字形和“L”字形的建筑形式。

考虑抗震和建设标准的要求，部分建筑抗震设计烈度超出了重建标准，达到了9度，重建校舍质量十分好。在功能上维持了震前建设标准，教室走廊采用内廊的方式，没有设计宿舍、食堂、实验室等。部分高中设计了400米跑道，初中设计了300米跑道。此外均未考虑残疾人设施、防雷、黑板朝向、通风、绿化、地震遗址和校园文化、交通组织、会议室、接待室等功能。

唐山地震时期正是我国改革开放前夕，国家百废待兴，人民群众的生活还十分困难，在遭受惊天动地的磨难后，在党和国家、全国人民的关心支持下，唐山人民凭借“公而忘私、患难与共、百折不挠、勇往直前”的唐山抗震救灾精神，在无数人失去亲人、许多人饱受残疾之苦、财产遭受巨大损失的情况下，凭借勤劳的双手、自强不息的精神和感恩之心缔造了唐山新的历史，谱写了一曲可歌可泣的英雄人民壮丽诗篇。这种境界和精神，正是后人需要发扬和代代相传的巨大精神财富。

我们在敬佩唐山人的自强不息精神之时，要冷静地看到存在的问题，由于当时缺乏前瞻性，随着人口的增长，对学校的需求也一再增加，政府不得不花更多的资金去完成动拆迁和新征地等工作。为了在都江堰的灾后重建中不再发生类似问题，综合了各种因素之后，上海援建指挥部确定了上海援建的中小学校建设“按国标规划设计，体现上海品质，分期实施到位”的基本原则。在土地指标上必须考虑未来达标的需要，如预留风雨操场建设用地等。把最好的校园和建筑献给灾区孩子是上海爱心人士的最大心愿。地震之前，都江堰的许多学校都使用煤渣跑道的运动场地，有些山区学校甚至没有操场，如何既体现援建爱心又不会造成过度超前带来的浪费，援建指挥部高度重视这项标准的确定。薛潮总指挥与社会工作组张伟令及经济计划组金国军、工程组柳亚东等组长亲自参加调研，邀请相关专家进行了多次讨论，最终确定了上海援建的22所学校运动场均采用塑胶跑道，城市学校足球场采用人工草坪，农村学校足球场采用天然草坪。为了让灾区孩子享受到与上海学生同样的教育资源，通过网络将教育资源与都江堰实施共享；为每一间教室配备了与上海新建中小学同样的灯光设备。另外，上海援建的学校均建设食堂，结束了学生们在教室吃饭的历史。

2008年9月2日，温家宝总理在映秀考察时强调指出："对民用住房建设，我们要求安全、适用、经济、省地，对学校还要加一个条件，就是要让学校成为家长最放心，老师最放心，社会最放心的地方。"如同西方国家最好的建筑是教堂一样，承载着教育后代，培育未来，学校应该是一个地区里最好的建筑，这不仅是爱心的体现，也是社会制度优越的体现。把学校建设的标准提高到应有的高度，让我们的孩子享受到优质的教育资源，这正是我们党全心为民的具体体现。在灾后援建的时刻，让都江堰的学校建设实现新的跨越是援建者的心愿，也一定会得到全国爱心人士的理解。

## 四、精心施工品质优良　严格控制程序科学

——上海对口援建都江堰教育项目解读之质量与投资控制篇

都江堰在大地震中失去生命的学生主要是被倒塌的建筑墙体和楼板砸埋而亡，建筑的坚固性问题曾一度引起社会各界的格外关注。从工程建设角度讲，做到坚固耐用并不很难，但在如此紧张的工期条件下做到品质优良却并非易事。上海援建指挥部为了给灾区人民建设品质优良的学校，根据市领导指示精神，确定了"坚固耐用，品质优良"的工程管理目标。

为了确保上海援建学校的建筑质量并切实做好建设过程的投资控制，同时也为了不给灾区增加负担，上海援建指挥部从上海选派了专业化的项目管理、建筑设计、工程监理和施工单位，这些具有丰富学校建设经验的建筑行业正规军满怀爱心从上海来到都江堰，他们把在上海建设学校的经验带到都江堰，无论是设计标准还是施工工艺都有上海的印记。

项目管理是上海近几年已经普遍推行的管理模式，在都江堰援建过程中，为了提高效率，节约成本，援建指挥部采用了监管合一的管理模式，由上海建科院有限公司承担大部分项目的管理和监理工作；同时为了将上海的管理经验带到都江堰，指挥部又邀请了教育项目管理的专业单位上海教育建设管理咨询有限公司和上海高校工程监理有限公司负责第三批教育项目的建设管理和监理工作。

设计是建筑的灵魂，能否把上海的品质和理念带到都江堰，设计是关键。在国内外久负盛名的同济大学建筑设计研究院应邀承担了北街小学和北区中学的规划及建筑设计，曾经设计了同济大学嘉定校区、上海理工大学图书馆、上海工程技术大学图书馆和艺术中心、上海海事大学大礼堂等校园建筑的青年设

计师王文胜院长助理亲自操刀，主持这个项目的规划设计；上海现代设计集团派出了华东设计院、上海建筑设计院、华盖设计院等设计团队，承担了援建都江堰的教育和卫生等项目的规划设计任务，为了做好项目设计及现场服务工作，现代设计集团派出了以资深设计师刘云为首的现场设计小组。在一年多的援建过程中，刘云先生倾心投入，在聚源职业中学、胥家九年制学校和安龙九年制学校的设计及施工配合上得到了大家的一致赞扬，为上海援建工程立下汗马功劳；上海高校建筑设计研究院把自己在上海设计学校的经验带到灾区，出色完成了蒲阳中学和大观九年制学校的设计任务；参加援建的设计单位还有建科设计院、绿地设计院、城建设计院等，他们在接受任务后高度重视，为灾区孩子设计了坚固美观、功能适用的校舍；由特殊党费援建的聚源中学因其独有的政治意义引起了社会各界高度重视，经过三轮方案比选最终选定了华东城建设计集团，他们在上海先后承担了华东政法大学、复旦大学江湾校区、上海海洋大学和上海应用技术学院江湾校区的规划设计工作，接到这项政治任务后总经理罗凯先生亲赴灾区考察现场，组织相关人员认真研究，设计了让人耳目一新的七一聚源中学。

在施工阶段，援建工程遇到的第一个问题就是建筑的坚固性问题，除了设计抗震标准提高之外，还有管理过程中如何进行质量控制问题。为了保证建设工程质量，指挥部经过慎重考虑，通过特事特办的方式选择了在地震灾后建设板房的上海建工、城建、绿地、农工商、中铁建、中建等八大施工企业集团参与都江堰灾后重建的学校建设，施工过程中严格质量控制，取得了满意的成果。上海建工四公司派出了具有丰富教育建设经验的项目经理陆华林亲自负责北街小学和北区中学的建设工作，曾经在上海音乐学院改造工程中荣立功绩的陆先生以其敬业精神出色完成了援建任务，2009 年 9 月被上海市授予“建设功臣”荣誉称号。

为了聚源中学的灾后重建，许多援建者付出了巨大的牺牲，项目管理方和施工方的项目经理周宁和王选锦双双推迟婚期，全力奉献灾后重建。2009 年 3 月 22 日，上海教育建设管理咨询公司和市政二公司在聚源中学为他们举行了结婚典礼，上海市政府副秘书长、援建指挥部总指挥薛潮和成都市市长助理、都江堰市市委书记刘俊林亲自出席并分别担任证婚人和主婚人。幸福的两对新人在新婚的第二天就送走了各自的新娘，全身心投入到了聚源中学的建设之中。2009 年 8 月 22 日这所第三批最晚开工的项目顺利通过验收。9 月 1 日，这所美丽庄重凝聚了全国党员爱心的学校迎来了 2000 多名师生，他们将在这里开始新的教学生活。目前，该项目正在申请国家级的质量金奖——鲁班奖。截至目前，上海援建的 22 所学校质量均达到优良，分别获得了上海“白玉兰”和四川省、成都市的不同奖项。

援建过程中遇到的另一个问题就是如何做好投资控制问题，在不低于上海水平的标准下完成建设任务，同时希望能够有比较低的造价，这是一个非常难以实现的目标。在满足优质的前提下，希望能够尽量节约成本，使得建筑造价合理较低是我们追求的目标。上海援建的项目在人工、施工工艺、材料选用等方面的费用都会高于当地，管理成本显然高于当地。同时，上海的管理程序和环节也比当地复杂一些，管理人员和施工人员在这样的状况下付出的努力要远远大于在上海做同样的工程。为了做好建筑基础，设计师们谨小慎微，在基础设计时严格控制，反复论证，有些设计师甚至出现过分谨慎的情况。在大观学校的基础设计中就是因为过分谨慎开了好几次基础设计论证会，根据当地专家意见把原来的桩基基础改为独立基础，没想到开挖后出现了局部地质条件极差、淤泥清理十分困难的情况，为了处理这些问题花去的代价和费用超过了桩基基础，给施工带来了较大困难。这说明在紧张状态下，专家的意见往往会过于保守，在工期非常紧张的情况下有时选择的保守方案未必科学合理，在这种时候应该冷静分析，进一步收集资料，以实现科学决策。

地震作为一种严重的自然灾害，带给我们的困难远远超出预料，在上海很便捷的运输问题到了灾后的都江堰有时就成了工程进度的关键制约因素。虹口小学是上海援建的一所山区学校，这所学校的建设过程中最大的困难是交通不畅，地震后第七天这里才与外界沟通，唯一的一条道路经常出现塌方，现场的材料运输和施工设备运输十分困难。管理人员和施工人员上下山很难，有一次项目管理人员和设计人员以及质监人员上去检查时道路被封，他们冒着危险步行 6 公里赶到现场。在虹口小学的建设中，仅材料运输一项就产生了几百万的费用，此后这里还发生了泥石流灾害，真的是雪上加霜，给投资控制产生了极大的负面影响。

在如此艰难的环境下，援建者利用管理优势，系统考虑，采用“宏观上总量控制，微观上标准把关”的投资控制原则，在具体操作上遵循“超前谋划，严格控制，程序科学”的准则，以服务现场为宗旨，确保每一笔资金都用在建设必须之上；各参建单位为灾区所急，爱心奉献，在合同和资金暂不到位时带资上岗，确保了项目的进度和质量。

“上海最好的学校在都江堰”，2009 年 9 月 1 日，当上海爱心人士代表团参观了上海援建都江堰的 22 所学校后发出了这样的感叹。的确，援建者们通过一年的努力，把上海人民的深情厚谊留在了都江堰，我们衷心希望都江堰学生能与上海学生享受到同样的教育。

# 改革　发展　开拓　创新

## ——南京大学建国60年校园基本建设回顾

南京大学　尹三洪　朱自力

2009年7月1日，对南京大学来讲，是一个不寻常的日子；这一天，具有百年历史的南京大学成功完成了自新中国成立以来规模最大的一次历史性搬迁，南大仙林国际化新校区随之启用，南京大学的发展从此将翻开新的一页。

抚今追昔，在一个多世纪的办学历程中，南京大学及其前身与时代同呼吸、与民族共命运，谋国家之强盛、求科学之进步，为国家的富强和民族的振兴做出了重要的贡献。尤其是改革开放以来，作为教育部直属的重点综合性大学，南京大学在崭新的历史机遇中焕发出新的生机，在教学、科研和社会服务等各个领域保持良好的发展态势，各项办学指标和综合实力均位居全国高校前列。作为学校奋进发展的见证者和亲历者，南京大学基本建设战线追随着学校发展的步伐，脚踏实地，艰苦奋斗，抢抓机遇，不断进取，为保障学校的教学科研和事业发展默默奉献着自己的力量。

### 一、新中国成立赋予南京大学新的生命

南京大学的前身三江师范学堂成立于1902年，此后历经两江师范学堂、南京高等师范学校、国立东南大学、第四中山大学、国立中央大学、国立南京大学等历史时期，到新中国成立之初，学校虽已有近50年的历史，但在过去那个军阀割据、时局动荡、国力衰落、民不聊生的年代里，中国的高等教育与其他民族事业一样难以获得迅速的发展。1952年全国高校院系大调整后，南京大学校址从四牌楼迁至鼓楼金陵大学原址时仅存校舍2万余平方米，占地不过数百亩。然而，就是以这方寸之地为基础，南京大学在中国共产党的正确领导下，抖落历史的尘埃，摆脱了过去颠沛流离的岁月，开始了自己重新创业的历程。

自新中国成立至改革开放之初的1978年，是南京大学历史上的恢复、调整时期。与此相适应，学校基本建设工作主要是在原有校舍基础上，在维修改造老校舍的同时，根据教学科研的需要，适当开展新校舍建设，30年中鼓楼校区新建校舍约11.5万平方米，其中教师家属宿舍2.7万平方米。

这一时期所建设的最具代表性的建筑是由著名建筑大师杨廷宝先生主持

设计的东南楼、西南楼，以及南园学生宿舍 8 舍、9 舍、10 舍、11 舍、12 舍建筑群。东南楼、西南楼高三层，各 7700 平方米，以扩建后的南京大学鼓楼校区中央大道为轴线，东西对称分布；采用仿古大屋顶砖混结构设计，翘角飞檐，汉玉踏道，气势恢宏，古朴大方，造型上与金陵大学旧址建筑群一脉相承，相映生辉，凸显南京大学这一中国高等教育东南重镇的人文气息和金陵古都钟灵毓秀、虎踞龙盘的王者之气。南园学生宿舍 8 舍、9 舍、10 舍、11 舍、12 舍建筑群位于校园最南端，坐镇校园主轴线上，以 8 舍为中心，9 舍、10 舍、11 舍、12 舍左右对称分布于四角，形成檐牙高啄、钩心斗角之势；同样采取仿古大屋顶砖混结构设计，其中 8 舍主楼高五层，两翼高四层，8 舍、9 舍、10 舍、11 舍、12 舍各高三层，使整个建筑群由内而外呈现三个错落层次，大气、庄重，又不失灵秀；建筑群巧妙借助鼓楼山冈南麓北高南低的台地地势，给从南校门进入校园的人以扑面而来的凝重气息。虽然由于后期资金不足，最后建设的 11 舍、12 舍不得不取消大屋顶而改用单檐大瓦，但以清水砖砌就的墙体与周围建筑相互映衬，依然透显出古朴深邃的校园气息。如今，东南楼、西南楼，以及南园学生宿舍 9 舍、10 舍均已被列入“南京近现代优秀建筑保护名录”，受到学校和地方政府的妥善保护。

这一时期里，南京大学还顺应国家的需要，先后在湖南、溧阳等地建立分校，学校建设战线的同志作为先行军在这些分校共建设了数十万平方米的校舍。可惜后来因形势发展而全部移交当地政府管理，未能在学校的事业发展中发挥应有的作用。

## 二、改革开放使南京大学焕发出新的生机

党的十一届三中全会以后，南京大学发挥自身在教学、科研、国际交流等方面的优势，再次焕发出勃勃生机。适应学校事业发展需要，南京大学基本建设开始进入快车道，并在以后的日子里始终保持快速发展的势头，不断为学校发展做出新的贡献。1978 年至 1988 年，学校新建校舍 22 万平方米，基本包括中国第一个专门用于太阳黑子研究的科研机构——太阳塔，当时国内高校第一幢化学化工教学科研楼——化学楼，国内高校第一幢高级别声学研究楼——声学楼等。于 1983 年开始动工，并于 1986 年建成的南京大学—霍普金斯大学中美文化研究中心是中国改革开放以后最早实施的高等教育国际合作长期项目，也是中美交流史上第一个非政府学术文化交流机构，该机构成立 20 多年来，为中美文化交流事业培养了众多骨干人才，当时被誉为“不出国的留学园地”，成为中外在教育学术领域合作的成功范例，受到中美两国领导人的重视和称赞，在海内外产生了巨大的影响。

改革开放之初的10年里，南京大学坚持贯彻党中央拨乱反正、科学技术是第一生产力的方针政策，努力克服建设资金不足、建材供应不足等重重困难，想尽一切办法、采取一切手段，下大力气落实党的知识分子政策，共建设教师住房9.5万平方米，占同期学校校舍建设总量的43%，为稳定人才、稳定教师队伍发挥了积极的作用，为南京大学今后取得更大发展奠定了坚实的基础。

## 三、浦口校区建设为南京大学发展带来了新的希望

随着南京大学事业的逐步起飞，办学空间不足的矛盾变得越来越突出。1988年，南京大学抓住第一批国家级高新技术开发区之一的南京高新技术开发区即将在浦口开工建设的契机，毅然决定建设南京大学浦口校区。截止1998年底，南京大学在紧邻南京高新技术开发区北侧的浦口区沿江镇分两期共征地2812亩，已建成教学设施7.6万平方米；自1993年开始，南京大学3年级以下本科教学全部在浦口校区进行。

浦口校区的建设暂时缓解了南京大学办学空间紧张的矛盾，为进一步提升学校教学科研综合实力提供了可能。在国家及省、市政府的大力支持下，在全校师生员工的共同努力了下，1994年，南京大学被确定为国家“211工程”重点支持的大学；1999年，南京大学进入国家“985工程”首批重点建设的高水平大学行列。1989—1998年的10年里，南京大学鼓楼校区新增校舍14.8万平方米，其中教职工住宅8.2万平方米，分别占鼓楼校区和全校同期校舍建设总量的55%和37%，教师生活居住条件得到进一步改善，南京大学对高层次人才的吸引力得到进一步提高。

## 四、科教兴国战略实施为南京大学发展提供了新的机遇

新中国成立后，经过30年的休养生息，又经过改革开放后20年的韬光养晦，南京大学发展的基础逐渐打牢，教学科研综合实力得到了有效的恢复，随着国家科教兴国战略的全面实施，南京大学开始腾飞，进入有史以来发展得最好、最快时期。

1999—2008年的10年里，南京大学在鼓楼、浦口两校区共新建各类校舍70.8万平方米，超过了新中国成立50年来校舍建设的总和；其中，浦口校区新增各类校舍23.2万平方米，包括建筑面积3万平方米的思源图书馆，8810平方米的科学会堂，以及总建筑面积3.1万平方米的玉辉楼（基础实验室）建筑群等；鼓楼校区新增各类校舍47.6万平方米，包括总面积4.3万平方米、被誉为“江苏高校第一楼”的科技大楼建筑群，总面积4.1万平方米的微结构国家实验室建筑群，总面积4.8万平方米、鼓楼校区最大的单体建筑教学科研综合楼，南

京大学—霍普金斯大学中美文化研究中心二期建设项目、总面积 1.3 万平方米的国际学术交流大厦，以及使南京大学广大教师生活居住条件得到较大改善的总建筑面积 5513 平方米的院士楼（32 套）、总建筑面积 8.8 万平方米的龙江住宅小区、总建筑面积 6.2 万平方米的港龙园住宅小区等。

以办学条件有效改善为基础，南京大学的教学科研综合实力得到了有效的提升。2006 年，教育部和江苏省再次签订重点共建南京大学的协议，共同支持南京大学建设具有鲜明特色和重要国际影响的世界一流大学。截至 2008 年年底，南京大学已建有 23 个学院、65 个系，共有全日制学生 2.76 万名。全校设本科专业 82 个，专业硕士学位授权点 9 个，硕士学位授权点 213 个，博士学位授权一级学科点 23 个，博士后流动站 23 个，并有一级学科国家重点学科 8 个，二级学科国家重点学科 13 个；共有国家实验室（筹）1 个，国家重点实验室 6 个，国家基础学科人才培养基地 12 个，国家生命科学与技术人才培养基地 1 个，教育部人文社会科学重点研究基地 4 个。高素质的师资队伍得到了有效的巩固，在全校 2080 名专任教师中，共有教授 716 人，其中中国科学院院士 29 人，中国工程院院士 4 人，第三世界科学院院士 4 人，俄罗斯科学院外籍院士 1 人，“973 计划”和重大科学研究计划项目首席科学家 9 人，国家级有突出贡献的中青年科学、技术、管理专家 17 人，国家杰出青年基金获得者 76 人，海外和港澳学者合作研究基金获得者 26 人，教育部“长江学者奖励计划”特聘教授、讲座教授 59 人，教育部“新世纪优秀人才支持计划”获得者 96 人，国家级教学名师 7 人。2000 年以来，南京大学共获国家级和省部级奖励 800 余项，其中国家自然科学奖、国家科技进步奖、国家发明奖 40 余项，包括国家自然科学一等奖 1 项，二等奖 10 项。

## 五、建设仙林国际化校区掀开了南京大学办学事业新篇章

到 20 世纪末，南京大学鼓楼、浦口两校区共有教学用地 3410 亩，根据教育部、建设部有关文化要求，基本可以满足学校的办学需要。然而，本世纪初，南京市根据经济与社会发展需要，对城市发展总体规划作出了重大调整，江北地区，特别是南京高新技术开发区周边地区全部规划为工业用地。根据这一调整后的规划，南京大学浦口校区今后将成为工业园区中的一个孤岛，环境条件、交通条件、人居条件等均对学校的事业发展极为不利；加之受南京市江北地区规划的限制，浦口校区周边文化和社区支撑条件发展缓慢，始终不适宜教师居住，使南京大学江南、江北两校区长期处于本科生与研究生分离、教师与学生分离、教学与科研分离的状态，无法形成教学相长、比翼齐飞的良性发展环境，不利于学校创建世界一流大学目标的实现。

国际化一直是南京大学三大发展战略目标之一。为了积极争取事业更大发展，实现创建世界一流大学的目标，经综合分析、审慎抉择，南京大学决定抓住江苏省“十一五”期间重点建设南京仙林国际高教园区这一难得机遇，以校园置换的方式在南京市仙林地区建设南京大学国际化校区。根据规划，南京仙林国际高教园区位于南京仙林大学城仙林大道以北、九乡河湿地公园以东地块，占地 530.204 公顷；其中，南京大学仙林国际化新校区占地 200 公顷。2006 年 11 月 22 日，时任江苏省委书记的李源潮同志、省长梁保华同志等江苏省和南京市领导亲往仙林为南京大学仙林国际化新校区开工奠基，也标志着南京仙林国际高教园区建设从此拉开序幕。

2006 年 9 月，由南京市规划委员会牵头，南京大学、江苏省教育厅、仙林大学城管委会、南京市规划局四个单位组成仙林国际高教园区规划领导小组，并组织国内众多知名专家组成技术专家组，在仙林大学城管委会会议厅对“南京仙林国际高教园区总体规划设计方案”进行了国际招标评选。此次参加投标的单位有：同济大学城市规划设计研究院、美国 RTKL、瑞士 LEMAN、澳大利亚 LAB 和南京大学建筑设计研究院。根据方案设计征集书的规定要求，这次评选分技术专家组和行政领导组同时分别进行了评选，经仙林国际高教园区领导小组审议后，最终确定：美国 RTKL 方案获得一等奖，南京大学建筑设计研究院方案获得二等奖。作为南京仙林国际高教园区核心元素的南京大学仙林国际化校区总体规划方案由此确定。

根据已确定的总体规划方案，学校委托南京大学建筑设计研究院负责南京大学仙林国际化校区控制性详细规划的编制工作。仙林校区校园规划充分体现了“资源共享、环境共生、组团布局、空间开放”的原则和“开放、多元、理性、互动、聚焦、宜人”的大学校园特色，空间布局合理，自然景观与人文有机结合；园区氛围、自然村落、庭院建筑的规划理念蕴含着温馨的生活气息，充分依托校区自然地貌而设计水系、路网简约、明快，交通组织有效、便捷；由体育场、综合体育馆、大学生活动中心共同构成的核心共享区为生活、工作在其中的广大师生提供了可以无限组合、利用的交流、共享空间和平台；教学区、科研区、行政区、生活区等以此为中心沿东西、南北两条轴线延展开去，教师、学生的任何一次教学科研活动空间转换都不会超过 10 分钟的路程，充分体现了以人为本的设计和建设理念；在有效整合的同时，校区中原有的山体、水带被最大限度地保留和利用，原有的植被得到最大限度的保护，使园区的人文气息和多元文化得到了最好的诠释；各功能区既边界清晰又相互呼应，既具有良好的识别性，又方便文化和信息的交融；采取半开放、庭院式设计的各学生生活组团在构成相对独立的共享空间的同时，又由于其围合性给人以可靠的安全感。相信在不久的将来，仙林校区一定可以成为南京大学及周边高校师生生活、学习、工作、创新、交流、运动、休闲的最佳场所。

经过近3年的建设，南京大学仙林校区一期建设工程已建成各类基础教学设施共计42万平方米，种植并成活各种大型乔木8000余株，各种小乔木和花灌木80余万株，培植草坪14万余平方米。2009年7月1—2日，在南京市政府的大力支持下，南京大学浦口校区6688名二、三年级本科生全部搬迁到仙林校区学习和生活；同年9月，仙林校区又迎来了3600余名2009级本科新生和400名专业硕士生，至此，南京大学仙林国际化新校区正式启用。此外，由南京市政府负责轻轨、供配电等主要市政配套建设的南京大学历史上最大的民生工程——共计66余幢、2774套、32余万平方米的仙林校区教职工住宅工程也于2010年全部投入使用，教学相长、生活配套设施齐全的教学环境已初步形成。

目前，南京大学仙林国际化新校区二期建设已经启动。根据校园规划，到2012年，该校区还将建成各类院系教学、科研、办公用房约40万平方米。届时，将有生命科学、环境科学、工程管理科学、工科、天文学、地学、化学化工、文学、历史学、哲学、信息管理、外国评议文学及文科基础教育学院、国际学院、先进技术研究院等学科和有关院系迁入该校区；南京大学与加拿大滑铁卢大学合作的“中加滑铁卢大学”、南京大学与美国纽约州立大学理工分校合作的“创新创业学院”等新型国际化办学项目也将落户于此，面向现代化、面向世界、面向未来、文化氛围浓厚、科教产业发达、服务体系完善、生态环境优美、优秀人才积聚、国内一流、在国际上具有较大影响力的江苏省高等教育中心将初步形成。仙林校区从此将成为南京大学新的主校区，并将在此隆重举办南京大学110周年校庆典礼。困扰学校多年的办学空间不足的矛盾将基本得到解决，南京大学这百年名校从此将焕发出新的活力，跨入事业发展的新时期，掀开事业发展的新篇章，迈着坚实的步伐向着建设世界一流大学的目标前进。

# 实事求是　与时俱进　把基建工作推向新高度

## ——记河海大学基本建设改革开放30年

河海大学基建处　庞　斌

高等学校的基本建设工作是学校基础性工作之一，它为高等学校的教学、科研发展提供了强有力的支撑与保障，同时也为学校的各项事业发展奠定了坚实的基础。高等学校的基本建设作为学校事业发展的基础条件，要根据学校特点和发展规划，做到统筹兼顾，适度发展，既要满足教学、办公、学习和生活需要，又要为改善生活条件和生活环境提供必需的物质基础。改革开放30年来，我校基建工作者解放思想，实事求是，紧跟时代步伐，与时俱进，取得了可喜的成绩。

### 一、紧跟时代节拍，基建工作完成了改革的"两次飞跃"

学校的基建处是学校的一个职能部门。我校基建处成立30年来，基建处的同志们努力改变旧的工作模式，积极探索基建工作的新思路。回顾我校近30年来的基建工作，主要经历了三个改革发展阶段，完成了两次质的"飞跃"。

第一个阶段为1979—1994年，这一阶段，主要是以计划经济为主。建设资金有限，社会物资短缺，学校基本建设资金及主要材料设备供应都是依赖于国家计划分配。基建主要材料设备的运转方式是申报计划——组织采购、运输——库房仓储——调拨工程使用。其缺点是供应周期长，浪费人力、物力、财力。基建工作重点有相当一部分放在基建材料设备的供应方面。

第二阶段为1995—1999年，这是我校基建工作的第一次"飞跃"。在这一阶段中，主要体现以"小机关，多实体，大服务"的高校后勤管理改革。随着国家经济体制改革的深入，社会物资日益丰富，学校基建任务不断加重，为调动基建工作人员的积极性，为积极适应"小机关，多实体，大服务"的高校后勤管理改革，基建处参照半企业化管理的模式，打破大锅饭，实行工作人员奖金与经济绩效挂钩，加强了设计、施工、设备安装及施工监理工作，既为学校节省了开支，职工个人的收入也有增加。

第三阶段是2000年开始的，以高校后勤社会化为核心内容的体制改革的第二次"飞跃"。随着高校后勤社会化的改革，我校基建管理中甲乙方关系不明晰的弊病日益暴露，严重阻碍了后勤社会化的改革进程，不利于新形势下工程建设的管理模式及学校事业的发展。为全面理顺关系，提高基建工作的效率及透明度，规范基本建设招投标工作，充分体现“公开、公平、公正”和诚实信用原则，按照学校要求及时改革了基建管理模式，剥离了基建设计、监理等企业职能，强化了基建处对项目的投资、控制管理及对工程的招投标、施工管理职能，使得工程质量有了进一步提高。

## 二、30年来基本建设成绩显著，硕果累累

30年来，在水利部、教育部的关心和支持下，在历届校党委、校领导的正确领导下，在兄弟部门的大力支持下，学校的基本建设取得了飞速发展，校园环境焕然一新，办学条件得到很大改善，基本建设的成果为学校加快发展奠定了良好的基础。

1. 校园建设规划日趋合理

校园规划是学校基本建设的龙头。好的校园规划有利于创造良好的育人环境，有利于统筹兼顾当前建设与可持续发展，有利于整体规划和配套建设，避免盲目投资与重复建设。改革开放以来，我校先后几次编制、修订了校园规划，尤其是近10年来，我校根据教育部关于制订三项规划的有关要求，本着解放思想、实事求是、与时俱进的指导思想，分别在1999年、2003年、2007年、2008年完成了《河海大学校园规划》的编制和修订工作。我校新修订的《河海大学校园规划》论证充分、决策民主，既尊重专家的设计思路，又广泛听取师生员工的意见。《河海大学校园规划》着眼于学校的全局和长远发展的战略需要，对校区重新进行了功能定位，对学校办学用房资源进行了布局调整，是学校今后一个时期基本建设的指导性文件。

新修订的校园规划充分吸收了国内外一些好的做法，在总结了我校以往经验教训的基础上，立足于具体的国情和校情，密切结合我校今后一个时期的学科建设、人才培养和科研工作新要求，具有一定的前瞻性。同时能注重建筑风格的多样性和适用性，较好地处理了眼前与长远、需要与可能、美观与实用的关系。该规划进一步优化了学校现有资源的配置，校园的整体布局体现了校园整体的和谐、大方、庄重和人文内涵。

2. 进一步拓展了学校的发展空间

随着我国加入WTO和实施“科教兴国”伟大战略的全面推进，中国走向世界大舞台的新局面的到来，社会对高素质人才的需求和公众对高等教育的需求激增，政府鼓励有条件的高等院校扩大办学规模，以适应我国高等教育从英才教育向大众教育发展的形势。自1999年起，我校响应国家号召，大幅度增加招

生规模，全日制在校生人数迅速突破 1.5 万人，办学空间不足成为制约学校发展的一大“瓶颈”，拓展学校的办学空间势在必行。在水利部、教育部及地方政府的大力支持下，我校抓住机遇，坚持合理扩大办学用地，先后在校本部和常州校区两块办学用地的基础上，新征了江宁校区 863 亩（不含社会化学生生活区 134 亩），江宁校区西区 563 亩。

1999 年我校开始了江宁校区建设规划工作。为充分利用这一有限的资源，我校还紧紧抓住高校后勤社会化改革的契机，决定利用社会力量办后勤，与南京江宁区房产开发公司共同征地 134 亩，兴办学生生活服务区。

江宁校区的投入使用，对学校当前和今后一段时期的事业发展具有重大的意义。已经完成的一、二期工程包括整个校区的地下管网、道路基础设施和学生公寓、教学楼、实验楼、食堂、图书馆、体育训练馆等共 16.8 万平方米的地面建筑，还有近 2 万平方米的运动场。江宁校区的启用，大大缓解了我校办学用地不足的困难，使我校校园面积达到了教育部规定的生均标准，标志着我校事业发展进入了一个新的阶段。

2004 年，为整合我校办学资源，我校决定扩建江宁校区，在江宁校区西区征地 563 亩，以解决我校办学用地严重不足的难题。扩建江宁校区对我校重新编制校园整体规划，使校园更加分区合理、功能齐全，更能充分体现我校的文化内涵和办学特色、增加校园文化底蕴具有深远意义。为实现学校持续、稳定、健康发展打下坚实的基础。“十一五”期间，学校以江宁校区启用为契机，坚持“节约型校园”、和谐发展理念、科学管理理念，牢牢把握发展这个第一要务，大力加强学科建设、教育教学、科学研究、人才队伍建设和文化环境建设，全面提高师资队伍水平和人才培养质量，全面提高学术水平和学校管理水平，全面实现创建国内高水平大学的奋斗目标。

3.明显改善了我校的硬件办学条件

校舍条件是学校事业发展的物质保证，直接关系到学校的生存与发展。要提高教育质量，必须注重改善校舍等硬件办学条件，随着我校教育事业的发展，我校的校舍建设也取得了令人骄傲的成绩，不但建成了一大批学校教学、科研所急需的各类校舍，而且其中还涌现了一批学校的标志性建筑，诸如本部的闻天馆、江宁校区的图书馆、膜结构看台等。

经 30 年的建设，我校整体硬件办学条件有了翻天覆地的变化。学校的校舍建设、生活环境、校园布局看起来令人舒坦兴奋。1978 年，学校管理的各类用房建筑物仅 66 幢，建筑面积不到 8 万平方米。而经过改革开放 30 年以来的建设发展，截至 2008 年年底，学校管理的各类用房建筑物达 256 幢，校舍建筑面积达 95.5 万平方米。其中教学及辅助用房 25 万多平方米；行政办公用房 6 万多平方米；生活用房30多万平方米；教工住宅20万多平方米。

4.教职工住房条件的改善令人欣喜

能不能解决好教职工住房问题，事关教师队伍的稳定，事关学校事业发展的大局。为了加速解决教职工住房问题，我校因地制宜，采取措施，增加投入，加快了教职工住房建设，使教职工住房困难得到了一定程度的缓解。30年来，学校经多方努力，筹措资金，加快建设教工住宅，较好地解决了我校教职工住房问题。尤其是1989—1999年期间，虎踞路86号、河海大厦、龙江小区月光广场1、3号等住宅楼的建成使教职工居住条件得到了很好的改善。我校教职工住房面积人均从1978年不足7平方米，发展到现在人均已达到28平方米，住房面积翻了4翻。

自1995年住房制度改革以来，学校根据国家及省、市的有关房改政策，相继出台了一系列公有住房出售的办法。截至2008年年底，学校完成了1742套公有住房的出售。2000年住房分配货币化制度实行，学校完成了离退休人员2300万元住房补贴的发放，离退休人员住房均已达到南京市住房制度改革规定的标准。

30年来，我校除筹措资金新建教师住房外，还积极采取各种方式改善教师的住房条件。

(1)改造加固旧住宅，稳定中老年教师的居住环境

我校有一部分教师住宅建设于20世纪80年代，住宅面积偏小，质量差、结构设计不合理，而居住在内的大部分是年过半百的中老年教师，为了改善他们的居住条件，学校决定对他们居住的住房进行加固改造。在1993—1998年间，学校共加固改造了16幢住宅。加固改造后，使得每户增加建筑面积约30多平方米，800余户教师的住房条件得到明显改善。

(2)改造筒子楼，改善青年教师的居住条件

青年教师是学校事业发展的未来。如何在继续普遍改善全体教师住房条件的同时，又快又好又省地妥善解决青年教职工的住宿条件问题，使他们真正“居有所，安于职，乐于教”，直接关系到学校教育改革发展的全局。1998—2000年，我校为改善青年教工的住房，先后改造了4幢筒子楼，使得近400户青年教师圆了住房梦。

(3)委托房地产开发商建房，改善全校教师的住房条件

1999年后，随着南京市住房制度改革的深入，南京市不允许单位自建住房。面临着教职工住房紧缺的现状，学校坚持住房制度的改革方向，改革教职工住房建设投资体制，切实改变过去单纯由学校包揽建设的做法，鼓励教职工个人筹资购房，建立起国家、地方、学校、教职工个人共同负担教职工住房的投资新

机制。新的住房机制要求通过市场机制多渠道寻找开拓房源。在这种状况下，为了同住房分配货币化政策相衔接，本着"少花钱，办实事"的原则，转变思想观念，通过市场机制积极开拓、寻求新的房源。我校利用新建江宁校区的机会，与房产开发商寻求合作，由开发商在江宁校区周边代我校征地建房，以成本价向教职工出售。在2001—2005年间，开发商共向我校教职工出售了380余套住房。

5.创建优质工程，提高学校品位

高校基建工程质量关系到学校的长远发展，关系到全校师生员工的切身利益，是百年大计。多年来，我基建部门的工作人员坚持以服务求支持，以贡献求发展，清醒地认识到只有提高工程质量，才能适应加快学校改革和发展的需要。在高效益，高水平的完成学校基本建设任务过程中，特别重视在提高工程质量上下工夫，通过精心设计、精心施工、精心管理，团结拼搏，克服重重困难，创造出一批具有现代高校特点的优质精品工程。自2000年来，仅就江宁校区而言已交付使用的工程项目中已有江苏省十佳工程1项，江苏省优质工程8项。

6.建成节水型校园

我校是一所以水利为特色的高校，学校领导对节水工作高度重视，多次召开有关主管部门会议，强调节水、节能的重要性，提高师生对节约用水重要性的认识。2008年2月我校通过了江苏省教育厅和水利厅组织的"节水型"高校验收，荣获"节水型"高校的光荣称号。

在建设"节水型"高校校园工作中，结合我校特色，利用我校新建江宁校区的机遇，在江宁校区建成雨水汇集利用系统。汇集系统包括一湖、一潭、一地下水库，不但可以将整个江宁校区的雨水汇集起来，还可以将校区北部将军山南麓的雨水通过管道拦截汇聚过来。每逢下雨，雨水先汇集到东湖，东湖与东潭有地下管道相连，当东湖与东潭水满时，湖水通过雨水汇集管道溢流进地下水库。地下水库水满后，雨水溢流至校区外的市政雨水管道。雨水汇集利用系统建成后主要用于整个校区的绿化灌溉、道路冲洗和消防储备，每年至少可为学校节约水10多万立方米。江宁校区"节水型"校园建设的成功经验将对我校即将开工建设的江宁校区西区的新校园的建设有着重要的指导作用。

## 三、未来基建工作的发展与展望

1.要以科学发展观为指导，合理规划校园建设

规划是贯彻科学发展观的第一位的关键性的工作。抓规划实际上是思想观念和工作方式方法的重大转变，是我们由原来注重项目管理转向宏观管理，落实科学发展观的具体体现。

基建工作是学校整体工作中十分重要的部分，校园的建设要根据学校现有的规模，进行长远性和合理化的发展。即在三个校区基础上，根据校园的现状并结合学校的发展远景制定出科学合理、切实可行，而且具有一定超前意识的校园建设的总体规划且有步骤地实施。避免校园建设的随意性和盲目性，减少浪费，节省资金。

2.要认真贯彻科学发展观，加强监督，提高工程质量

高校基建工程质量关系到学校的发展和师生的切身利益。因此，要提高工程质量意识，加强工程质量管理，进一步完善管理制度，使工程质量管理规范化、制度化、科学化。基建管理人员要贯彻科学发展观，严格规范学校的基本建设管理，高质量、高效益、高水平地完成学校的基本建设任务，尤其要在提高工程质量和建筑功能上狠下工夫，创造出具有现代高校特色的优质工程和优美的校园环境，以满足学校教学、科研工作和师生生活的需要。

3.要按照科学发展观的要求，努力学习，提升业务素质

培养高水平、高素质的基建管理人才，是保证工程质量的重要途径之一。高校基建管理人员，不仅应当具有较高的思想觉悟和敬业奉献精神，而且应当具有较强的创新意识和良好的专业技术素质及解决实际问题的能力。高校基建工作是一个专业性很强的工作，基建工作人员应该系统学习国家的有关法规、学习专业知识，以适应新形势下基建工作的需要。

# 励精图治求发展　校园建设谱新篇

## ——南京农业大学复校30年校园建设工作回顾

南京农业大学基建处　陈理柱

南京农业大学前身是私立金陵大学农学院和国立中央大学农学院。1952年院系调整时，上述两院以及浙江大学农学院部分系科合并，成立南京农学院，校址位于南京市丁家桥(位于原南京铁道医学院校址)。1957年由丁家桥迁入紫金山南麓的卫岗办学。1972年搬迁至扬州，与当时的苏北农学院合并成立江苏农学院，1979年迁回南京卫岗原址，恢复为南京农学院，1984年更名为南京农业大学。

1979年7月复校以来，经过30年建设，校舍建筑面积增长了10.6倍，基础设施条件得到了彻底的改善，校园面貌发生了巨大的变化，为保证学校事业发展目标的实现做出了积极的贡献。

### 一、从解决复校急需到基本满足发展需求，校舍建设成绩颇丰

1979年2月，国家批准我校在卫岗原址复校。由于学校历经7年异地合并办学，当7月学校从扬州搬回南京时，校园内仅有20世纪50年代建设的五幢教学楼，建筑面积仅2万平方米，连同学生宿舍、学生生活设施用房、教师住宅，共有校舍5.98万平方米，其中，近一半校舍被外单位占用，教学、科研用房、师生员工生活用房严重缺乏，道路破损，排水、供水、供电等基础设施严重不足，校园建设面临时间紧、任务重、压力大的局面。

1.复校初期6年建设，校舍规模初步改善

为确保学校搬迁后尽快恢复正常的教学科研工作及满足师生员工日常生活需求，复校初期校园建设以整修维修原有校舍、基础设施及新校舍建设两个方面为工作重点。

在维修方面，除对原有校舍分期分批进行全面维修外，为解决复校初期教学用房及教职工生活用房严重不足的困难，新建临时简易房屋近1.6万平方米，还新建及维修篮球场、运动场等一批体育场地和体育设施。

在校舍建设方面，根据学校1985年在校生规模4000～5000人为规划依据，以优先保障基本教学设施及师生员工生活需要为原则，编制校园基本建设

规划及分年度建设计划。在上级有关部门的关心和支持下，经过学校各方面的积极努力，通过分期分批建设，至1985年底，学校共建设各类校舍7.34万平方米，初步缓解了复校初期校舍紧张的状况。

在此期间，学校通过积极争取，先后收回了卫岗原实验牧场、江浦原实验农场（部分）、浦口原农机分院（部分）等校址，到1985年，学校形成了卫岗校区、浦口校区、江浦实验农场三地办学的格局。

2.10年建设稳步发展，校舍规模不断扩大

在复校初期快速建设的基础上，为适应学校教育事业不断发展的要求，根据学校“八五”、“九五”时期教育事业发展对各类校舍及基础设施的要求，优先满足人才培养及师资队伍建设需求，研究确立了学校10年建设计划，逐步分批分期建设。

自1986年至1995年的10年间，在校舍建设方面，共建设各类校舍8.6万平方米，在校园环境及基础设施建设方面，整修改造校园道路、美化绿化校园环境、修建整治实验基地。通过建设，校舍面积不断扩大，校园条件得到了有效改善。

3.不断满足发展需要，加快校园建设步伐

为满足学校“211工程”建设及加强学科建设、提高人才培养质量、实施人才强校战略的需要，从1996年起，学校加快了校园建设的步伐，在校舍建设、校园环境整治、校园基础设施建设等方面取得了快速发展。

1996年至2008年，学校共投入7.86亿元，新建各类校舍48.2万平方米，是复校时校舍总面积的8倍，其中，图书馆2.24万平方米，实验室12.03万平方米，学生宿舍12.73万平方米，教职工宿舍8万平方米。

在完成新校舍建设的同时，学校先后对教学主楼、学生宿舍1、2、3舍等一批复校前的老建筑及实验楼等一批复校初期的建筑进行了全面的维修改造，并调整校园道路网络，加强校园道路建设，合理布局校园景点，加强环境建设，绿化美化校园。

经过30年的建设，学校校舍由复校初期的不到6万平方米，到2008年的69.52万平方米，校舍增长10.6倍，办学基础条件得到了明显改善。

## 二、以服务人才培养为中心，不断完善校园规划，加强校园环境建设

在完成卫岗校区占用单位迁出及江浦实验农场、浦口校区回收工作的基础上，不断完善校园规划，校园环境得到了彻底改变。

1.合理利用空间，强化功能分区，校园布局服务人才培养

在校区定位上，根据学校校区分布及既有资源状况确定办学功能，满足人

才培养及知识创新需求。卫岗校区以教学科研功能为主，是学校主校区，浦口校区以教学功能为主，主要安排农业工程及相关工科人才培养，珠江校区以满足我校教学科研实验实习功能为主。

在校园空间布局上，延续轴线对称的传统格局，简化附属功能，着重处理好教学实验区、体育运动区、学生生活区三大主要功能之间的相互关系，以利于学生学习、活动和生活。

2. 延续建筑文脉，实现新老协调，建筑形式服务教育功能

根据发展需要，在新建校舍的同时，保留部分20世纪五六十年代学校早期建筑，体现继承与发展的结合，复校以来至90年代中期，主要强调经济性与使用功能的结合，90年代后期，特别是"十五"时期以来，在建筑造型和色彩上与老建筑保持延续与呼应，充分体现现代校园发展的历史要素和时代特征。如今校园建筑的整体格局和建筑风格，既体现我校深厚的历史底蕴，又呈现出创新的勃勃生机。

3. 提倡人文精神，珍惜生态资源，以优美环境陶冶学生心灵

在环境规划建设过程中，始终坚持"以人为本，环境育人"的宗旨，坚持尊重传统、珍惜生态资源的理念，提倡人文精神、建筑文化与生态环境的密切联系。

以主干道联结广场、建筑，其间点缀着水景、长廊，形成环境优美的教学区，以小径串联绿地和林木，自然分隔出学生生活区与体育运动区，通过点、线、面的有机结合，构成了大小不同、形体各异的多层次空间。

经过多年的规划实施，形成了花园式群落布局，为师生营造出了一个优美、宁静、健康、舒适的工作、学习、生活校园环境。

## 三、加强管理，克服困难，努力打造精品工程

复校30年来，学校基建工作认真贯彻国家有关政策法规和学校各项规章制度，树立为教学科研服务的意识，紧紧围绕学校建设目标，根据"总体规划，分步实施，重点突出，持续发展"的指导思想，牢固树立"百年大计，质量第一"的建设方针，克服人员少、任务重、工期紧等困难，加强对设计、施工及材料招标等环节管理，团结拼搏，重点加强基础设施、教学用房、学生宿舍及生活设施、校园环境建设，完成了不同阶段学校基本建设任务，为确保学校教育教学工作顺利开展作出了应有的贡献。

近年来，通过加强管理，突出质量，全力打造"精品工程"，建设了一批优质精品工程和标志性建筑。学校多幢建筑获得建筑设计、施工质量奖励，分别获得建设部优秀勘察设计二等奖一项、江苏省优秀勘察设计一等奖、二等奖各一项，获江苏省"扬子杯"优质工程奖两项，获南京市"金陵杯"优质工程奖三项，获

教育部邵氏基金赠款项目二等奖一项。校园环境建设取得了明显的进步，先后多次获得江苏省园林单位、南京市城市绿化先进单位、南京市绿色社区单位称号。

通过30年的不断建设，校园面貌发生了巨大的变化，各类校舍建筑基本满足了现阶段的发展需求，但是，对比学校研究型大学建设目标的需求，我校在实验室、学生宿舍、教师公寓、体育活动场馆等方面还有一定差距，校区协调发展也给校园基本建设提出了更高的要求，我们相信，在学校党委、行政的正确领导下，通过“十一五”时期后两年及“十二五”期间的建设，学校的办学条件将得到进一步改善，学校基建工作在研究型大学建设进程中将发挥更大的作用。

# 拓展完善的办学空间

## ——中国药科大学基本建设工作发展概况

中国药科大学基建处

中国药科大学是教育部直属的全国重点大学，是我国第一所独立设置的高等药学院校。中国药科大学的前身是国立药学专科学校(四年制)，始建于1936年9月，是中国历史上第一所由国家创办的高等药学学府。新中国成立后，高等药学教育得到党和政府的关怀和重视，1950年学校更名为华东药学专科学校。1952年11月，齐鲁大学药学系和东吴大学药学专修科并入，成立华东药学院。1953年，武汉中南卫生专科学校药剂专科班并入，1956年更名为南京药学院。1986年与筹建中的南京中药学院合并，成立中国药科大学。1996年进入国家"211工程"重点建设的百所高校行列。2000年2月整建划转教育部直属管理，揭开中国药科大学发展史上新的一页。经过近70年的励精图治和锐意进取，学校已发展成为以药学为特色，理、工、经、管、文等多学科协调发展，专科、本科、硕士、博士等多层次教育的高水平、多科性、研究型大学。学校坐落于风景秀丽的六朝古都——南京市，现有玄武门、江宁两个校区，占地2638亩。

1999年党中央、国务院作出了扩大高校招生规模的重大决策，我校认真贯彻落实。而扩大招生规模面临的主要矛盾，就是办学空间不足，而且这是长期困扰我校发展的一个重要因素。原本我校办学用地就非常紧缺，再加上扩大招生规模带来的办学规模迅速发展，若不解决发展空间问题，肯定是难以为继的。为解决这一问题，必须扩大校园，建设新校区。在新校区选址问题上，我校选择了江宁大学城，因为江宁大学城依托了江宁开发园区的政策优势，给予了我校开发园区的待遇与最优惠的政策支持。新校区位于江宁大学城东南部，东临宁杭高速公路，西靠前进河，北依104国道和南京二环路等主干道，西侧遥对方山美景。校区东西最宽处1300米，南北最长处1730米，占地2039亩(不包括教职工住宅区)。新校区使得我校的发展空间得到了前所未有的拓展。

在新校区选址确定后，校区征地以及建设所需的资金问题已成为困扰我校发展的一个重要因素。对此，我校进行了积极的探索，一是与银行签订了长期融资贷款协议；二是积极争取中央财政和政府支持，通过投融资体制改革，使新校区基本建设资金得到保证。

在新校区选址和资金问题解决后，校园规划成为学校建设的重大任务。校园规划是学校基建的基础。校园如同一座城市，需要一个好的规划思路和整体建设蓝图。为了新校区规划合理科学，我校广泛发动群众，认真听取了专家意见，确保校园规划做到论证充分，决策民主；为确保规划的前瞻性，我校坚持以人为本，持续发展，适当超前，留有余地的理念，吸收了国内外的一些先进经验并结合我校自身发展的需要，立足于国情和校情，密切结合了我校今后的学科建设、人才培养和科研工作的需求，做到了高起点、高标准精心组织规划设计。通过设计的前瞻性、功能性、先进性等时代特色的运用，体现了数字化、园林化、生态化、社会化的特点。

根据我校的发展战略规划，江宁校区的建设目标是将新校区建设成为设计先进，布局合理，设施完善，功能齐备，环境优美，富有特色，现代化的大学校园。新校区规划充分利用了江宁大学城优越的自然环境，合理利用了现有水系，体现了江南水乡环境特征和人文、建筑特色。将建筑美与环境美融为一体，塑造了大学校园高品位的建筑艺术形象。校园建筑的设置适应了现代高等教育发展的新趋势，顺应药学教育内涵发展的变化，充分考虑了药学、生命科学等学科特点。建筑组群布局力求合理，使用功能明确，各项公用和服务设施齐全，交通网络科学便捷，建筑设计先进美观，形成了具有凝聚力的校园中心。

为贯彻以人为本、方便师生的原则，我校将江宁校区划分为以下几个功能区：

1. 教学区：教室楼群、图书馆、基础课实验楼群、经管文楼（包括现代教育技术中心）。

2. 学院教学科研区：专业课实验教学楼群、科研楼群（药学楼群、生命科学楼群、中药学楼群）。

3. 行政楼与国际交流与会议中心：行政办公楼、礼堂、学术报告厅、接待室等。

4. 生活区：(1)学生生活区，含学生宿舍、食堂、商业服务中心、大学生活动中心；(2)青年教师生活区和教职工活动中心；(3)外国专家和留学生生活区。

5. 后勤保障区：中心变电所、配电房、锅炉房、库房、医务所、印刷厂、后勤集团公司办公用房、安保用房、邮局、超市、银行等。

6. 体育运动区：田径场、球类运动场、体育活动中心、游泳池等。

为实现经济、社会、环境效应的综合优化，以及功能合理、投资经济，整个校区建设一次设计，分期建设，逐步成型。江宁校区按照学生规模2万人（其中本科生1.5万人，研究生5000人）进行设计，暂定按两期建设。建筑物的布局充分考虑了避免因分期建设施工造成的相互干扰。

在建筑风格选择上充分考虑了高校和药学学科的双重特点，以油画灰作为建筑物的基调，简洁的外观，富有江南特色的外形，少了绚丽和修饰，显得更为高雅。各建筑物既有统一风格，又有鲜明个性，把建筑物与其内外部环境融为一体，营造出了生态化、人文化的交互空间，体现了以人为本的理念。校园内建筑错落有致，各单体建筑考虑了多功能的要求，增强了通用互换性，除了图书馆等少量标志性建筑物为小高层外，其余建筑物均为多层，且充分考虑了自然采光、通风和隔音，对化学、药理学实验室的设置和结构更充分地考虑了当地气象条件、环保以及其他建筑物的影响。

主校门设在龙眠大道上，另设次校门等多个出入口，以方便师生，便于整个校区的交通组织和疏散安全。校区周边采取了护校河的形式，既维护校园安全，又优化校园周边的环境。在布置交通道路系统时结合了环境设计，在设计道路交通时注意了景观性视觉效果，避免了单纯的交通功能，人车分流，人行优先，适度穿越，保障了校内安全，避免了车辆对教学环境的影响。

在校区绿化、景观与环境设计上，一是考虑了多层次绿化，通过绿化、景观造型，将校园与绿化环境融为了一体；二是在原有地形地貌的基础上设置了两大景观湖以及南北走向贯穿整个校区的景观河，体现了江南水乡的特色，同时与校外水系相连，形成了活水系统，实现了建筑与园景相融，体现了人与自然的和谐。

在公共配套设施设置上力求考虑周全、便于维护、设计科学和方便管理，给水管采取了多路入口，并相互环通，采取变频供水；排水雨污分流，雨水管接入了护校河，污水管接入大学城区管网。

之前我校的基建工作主要由基建后勤处来承担。但随着新校区的开工建设，基本建设规模的扩大使得学校基建班子也在相应扩大。新校区的建设有一定的时间性，随着建设任务的完成，基建的使命也就完成了。为组织一个业务精、能力强的建设班子来完成学校的基本建设任务，又能做到建设完成后妥善安置参加基建的工程技术人员，我校的决策机构采用了成立建设指挥部的基建管理模式，即从学校各部门抽调干部与基建后勤处员工，再加上从校外聘用的专业技术管理人员组成江宁校区建设指挥部，承担江宁校区建设的全部管理工作，包括：征地、勘察、规划、采购、单体建设、基础设施及环境景观的施工管理及相关的各项辅助工作。在各项工程建设中，我校按照基本建设程序办事，建立起了严格的建设行政领导负责制和目标考核制，形成了各级计划、财政、金融、公安、税务、城建、国土资源等部门大力协同并与地方密切配合的局面，严格实行了基本建设程序和市场准入制度，全面推行了项目法人责任制、工程招投标制、工程监理制和合同管理制，加强了工程管理，确保了工程质量，加快了工程进度。

建设好江宁校区是我校发展史上具有里程碑意义的重大工程。这是一项复杂的系统工程。在江宁校区建设过程中，指挥部全体人员坚持团结协作、吃苦耐劳、艰苦奋斗以及实事求是的精神，围绕新生入住新校区就读人数的目标，指挥部采取了倒排工期的方式，全面加快建设步伐，强化基本建设管理，已建成了江宁校区大量的教学、科研和生活设施，取得了令人瞩目的成绩。

在全体指挥部成员以及相关方面的共同努力下，一期工程（2005 年 7 月至 2006 年 9 月）已经完毕，包括教学楼（60880 平方米）、基础课实验楼与经管文楼（41549 平方米）、一期学生公寓楼（101619 平方米）、第一食堂（11000 平方米）、学生服务综合楼（2885 平方米）、中心变电站、体育场以及一期基础设施，为 2006 年 9 月第一批新生入住提供了良好的生活设施和学习场所。二期工程（2006 年年底年至今）包括专业课实验楼（40890 平方米，已建），第二食堂（10360 平方米，已建），二期学生公寓楼（42466 平方米，已建），研究生公寓楼（38368.83 平方米，已建），游泳池（654 平方米，已建）、二期基础设施（已建）、体育运动场地（在建）、国际学术交流中心与行政楼（15020 平方米，在建），图书馆（27455 平方米，在建），同位素楼（800 平方米，在建），实训楼（10741.21 平方米，在建），体育活动中心（10181.53 平方米，在建）。

随着江宁校区一期和二期部分工程的竣工，教学、生活设施等整体硬性办学条件有了翻天覆地的变化。无论教学条件、校舍建设、科研设施，还是生活环境、校园布局等，看起来都是那么的赏心悦目。近 4 年来，我校总计完成建筑面积 32.6882 万平方米，另外还有 10.3717 万平方米的工程在建。这表明，扩大招生以来我校做到了建设同步，甚至超前于规模的发展，为我校全面、协调、可持续发展，提供了强有力的基础设施后勤保障。

我校在基建方面另一个重要的成就就是教职工的住房条件有了令人欣喜的变化。教职工住房问题曾是长期困扰我校的一个老大难问题，尤其是广大中青年教师住房状况更为紧张，这势必对教师队伍的稳定、事业的持续发展造成不利的影响。为解决这一问题，我校在江宁校区校园西侧参加竞拍获得土地 400 亩，用于建设教职工住房。住宅区包括联排、小高层、农贸市场、幼儿园以及人防地下室，建筑面积总计 20.5363 万平方米。学校本着“控制成本，不谋利润，服务职工”的原则，组建了南京药大房地产开发有限公司，以降低住宅建设成本并确保教职工购房能取得《房屋所有权证》和《国有土地使用权证》，积极为教职工创造了贷款条件。南京药大房地产开发有限公司由校方（事业法人）和校工会（社团法人）组成。公司成立由有关部门负责人和教师代表组成的董事会和监事会，负责住宅建设的组织规划、管理与民主监督。教职工住宅区的建设，很大程度上改善了教职工的住房条件，方便了教职工工作和生活，有利于教学科研任务的完成，有利于在校学生的培养，有利于引进优秀人才。

新中国成立 60 年来，在中央和地方各级政府的大力支持下，我校教育事业得到了前所未有的发展，完成了从扩招到扩校的突破，新校区基础设施的不断完善，为我校教育事业的可持续发展提供了坚强的基础后勤保障。

# 铺就残疾学生光明灿烂的人生之路

## ——南京盲人教育事业60年翻天覆地变化纪实

南京市盲人学校

中华人民共和国成立60周年，南京市的盲人教育事业一路高歌，取得了长足的发展。南京市盲人学校从盲聋合校，到单独建校，实现了从无到有，从小到大的大变革、大发展、大跨越。特别是改革开放30年来，在党和政府的正确领导下，社会各界的关心支持下，在城南一条几米宽、交通十分不便的剪子巷内，乘城市开发建设的东风征地扩建，由市政府投资4000万元原址征地扩建盲校，2004年8月竣工。一所周边马路宽阔平坦、交通便捷、具有明清仿古建筑特色的现代化盲人学校，矗立在古城南京中华门城堡东侧、美丽的秦淮河畔，让人耳目一新，使具有80多年历史、中国政府办的第一所公立盲人学校，成为我国特教界的一颗古色古香、光彩夺目的璀璨明珠，江苏省特教园地的一朵奇葩，南京市特教事业的一张多姿多彩的特殊名片。

### 一、办学体制，逐步健全；教育规模，不断扩大

伟大的社会变革，不断给盲人教育注入新观念。盲人同健全人一样，具有受教育的权利，教育改变命运，知识改变人生，成为全社会的共识。实施免费义务教育，保障残疾儿童少年平等受教育权利，成为时代的历史责任。

旧社会盲人教育成为摆设，南京新中国成立前只有少数盲童入学，1927年建校时有6名学生，经过缓慢发展，到1949年有20～30名学生。新中国成立后党和国家重视特殊教育事业，学校有了迅速发展，到1980年有学生61人，班级7个，开设了初中教育。改革开放以来，随着《义务教育法》的实施，带来了盲教事业的春天。适应了盲人青少年迫切要求用文化和专业技术知识，改变命运，实现自强、自尊、自爱、自立的人生理想。学校从1984年起办起了盲人高中中医针灸推拿职业班，解决盲人青年多年就业难的问题。1986年春全校教职员工利用寒假时间行程4000多里，深入五县四郊18个乡镇，40多户盲童家庭，动员适龄盲童入学，在全市范围内实现了普及盲童教育，《中国教育报》在第一版作了报道，使南京成为全国普及盲童教育的先进地区之一。为了适应盲人教育事业发展的需要，经市政府批准，1987年，南京市盲童学校更名为南京市盲人学

校。1990 年开办三年制针灸推拿专业职业中专；1993 年与南京中医药大学联办三年制针灸推拿大专班，成为全国第一个开设盲人高等职业教育的盲人学校。1999 年南京市低视力学校挂牌。2004 年在全国率先开办了盲童幼儿学前教育和多重残疾教育；同年，学校挂牌南京市盲人职业技能培训中心，开展面向社会的盲人保健推拿、电脑等专业培训。2008 年，经国家教育部正式批准，设立盲人康复治疗技术高职高专专业，使得盲人高等职业教育走上更为规范发展的道路。

南京盲校逐步从只有小学的盲童学校，形成学前、义务、中高等职业教育和社会培训，融教育、康复和职业训练为一体的较为科学完善的盲人教育体系，使南京、江苏的盲人教育事业，走在全国盲人教育的前列。

盲童教育的普及化，盲人教育的大众化，促使南京市盲人学校的办学规模逐步扩大。从新中国成立初聋哑学校内附设几个盲班，在剪子巷 17 号明德堂的几间老式民房中教学，到改革开放初，为适应广大盲人青少年求学的需要，市教育局决定盲哑分校，单独建立盲童学校，在剪子巷 49 号原盲哑学校哑部四幢小平房中过渡，再到 1980—1982 年拨款几十万元改建一座建筑面积约 4000 平方米，能容纳 80 多名学生的南京市盲童学校，学校的办学条件已经有了很大的改善。学校由隔年招生改为每年招生，生源从南京本地扩大到沪宁沿线；高中针灸推拿职业班、中专班面向全省招生；1986 年试行全盲和低视力学生分类教学，满足了低视生充分发挥剩余视力作用的需要，使全盲生和低视生各有所学；1987 年学校在校生人数是改革开放前的两倍多。经过 80 多年的发展，学校现有学前一年制 1 个班，小学六年制 8 个班，初中三年制 3 个班，中专三年制 5 个班，大专三年制 4 个班，总共有教学班 21 个，在校学生 228 名，教职工 74 名。目前是南京盲校发展史上，规模最大、学制最全、在校生和教职员工最多、学校事业发展最快的时期。

2004 年，在香港盲人辅导会、亚洲防盲基金会的支持下，学校成立了江苏省盲人教育资源中心，这是全国第一家以盲校为主体的省级盲人教育资源中心。中心分别在南京、盐城、宿迁、淮安等市建立了四个随班就读办学指导点，先后为在普通学校随班就读的 84 名视力残疾学生提供教育支持和服务，为他们进行视力检查与评估，提供放大教材、助视设备，定期进行巡回辅导和师资培训，取得了显著的成绩，学校的办学功能得到进一步拓展。

## 二、校舍设施，快速提升；教学设备，趋于完善

每所学校都应当有其独特的文化内涵；同时学校所处的地域往往也有一定的文化特色。因此，在校舍的建筑形式和风格上必须充分兼顾并着力渗透这些

文化特点，并不断赋予新的时代气息，形成颇具个性特色的校舍建筑。南京市盲人学校是一所具有80多年悠久历史的中国第一所特殊教育学校，同时学校地处南京城南秦淮河畔的夫子庙，基于这样的特殊历史和特定位置等因素，学校的建筑设计就采用了马头墙、四合院的形式，使用了灰瓦、白墙的色彩，具有较为典型的秦淮夫子庙地区明清特色，古朴典雅，风格独特，同时“融花园、学园、乐园于一园，集自然美、社会美、艺术美为一体”。这一地方特色，是随着盲人教育事业发展的需要逐步形成的。

改革开放后，学校逐渐从小学、中学向两端延伸，校舍从平房，到普通楼房，到仿明清式古建筑群；从解放初的几百平方米平房，教室宿舍各有数间，几乎没有什么教具、学具，老师基本就是靠一本书、一块盲字板、一支盲字笔完成教学任务，到1982年改扩建至4000平方米，拥有教室14个，专用教室3个，老师办公室5个，学生宿舍20间，能满足80名左右学生的学习生活。随着教学的需要招生人数越来越多，教室越来越拥挤，学生宿舍用床从单层变成了双层，远不能满足盲人教育事业发展的需要。

2002年市教育局决定，抓住城市基本建设大发展的契机原地征地扩建，拆迁20多户居民，由原占地面积4000平方米，扩大到7200多平方米，建筑面积增至10054平方米，学校的建筑面积比改革开放前增加了几十倍，是1982年扩建后的2.5倍。学校校舍的功能区域划分清晰，布局合理，由南向北依次为教学区、活动区、行政办公区和生活区。学生人均用地面积36.67平方米，人均占有建筑面积56平方米，绿地率达到25%。教学及辅助用房、行政用房和生活用房设施齐全，满足了教育教学的需要。

学校现有普通教室21个。教室四面墙上安装电源插座，配有课桌椅、多媒体设备、广播、墙报、地柜、电水瓶等基本设施。操场设直跑道，铺设塑胶，建有沙坑、篮球场、室外运动器械，临近操场的地下室有体育器材室、定向行走训练场、乒乓球室、练功房、形体训练室等，四楼建有符合国际标准的门球训练场；设有器乐室3个，分别为民族器乐室、西洋器乐室和钢琴房，有独立的声乐室、小琴房若干间，方便教师进行个别化教学和训练，满足了不同程度学生练习乐器的需要。

学校从只有课桌椅这样的比较落后教学条件，过渡到具有先进的、现代化的、优良的教学设备，为盲生创造了一个良好的教育教学环境。为了保障教学工作的正常进行，学校加强了图书阅览室、电脑室、电子阅览室、家政室、美工室、心理咨询室、校史室、视功能训练室、康复训练室、手法练习室、有声读物制作室、直观教具室、理化与科学实验室、语音室、教材制作室等专用教室与教学设施的建设，添置了电脑、刻印机、点显器、电子助视器、录音制作等大量现代化

设备，大大改善了学校的办学条件。

尤其值得一提的是，为了让盲人成为自食其力的劳动者，自立于社会，学校加强职业技术教育，加大这方面的投入，学校设有解剖室1个、针灸和推拿练习专用教室3个，配备48张床位，供学生学习推拿手法、临床练习治疗操作使用。学校对外开办针灸推拿诊所，配有数名针灸推拿医生为病人服务，有专业按摩床12张和足疗室，供盲人针灸推拿学生学习针灸推拿专业技术和临床实习使用。

为了克服目前我国盲文出版物存在的报刊、杂志、图书少，价格贵的缺憾，学校设立了电子阅览室，开通校园网，配备盲人专用的阳光读屏软件和点显器，为盲人阅读提供快捷的服务，电子阅览室配备多台CCTV(读书放大器)，使低视生通过放大书籍进行阅读。校史室安装语音系统播放解说词，辅以盲文标志，让盲生通过聆听和触摸便能"看"到学校的大变革、大发展、大跨越。学校利用有声读物制作室的优势，定期录制有声读物，丰富了电子阅览室的资源；积极参与中外信息技术与课程整合项目，加强网络学习室建设；南京盲人图书馆定期上门服务，为本校盲生办理借阅有声磁带服务，学校还组织学生周日去南京图书馆阅读和借书，发动社会各界参与有声读物的制作，丰富了图书资源。

## 三、学生生活，日益改善；育人成效，显著提高

视力残疾学生大多住校，原有学生宿舍设施简陋，条件艰苦。1982年改建后有了一定的改善，但布局不合理，盲生生活不方便。为了使学生生活得更加方便舒适，现在宿舍6人一间，每间宿舍设有独立的居室、盥洗室、卫生间，配齐全新的单人床铺、桌子、毛巾架、脸盆架、晾衣竿、存物柜、广播、日光灯、电风扇等生活设施，宿舍楼内有符合保健要求的饮水设施，配有生活教师24小时值班。学前班寄宿幼儿有独立设置宿舍区，所有设施按照幼儿教育的规范要求设置。食堂操作间和餐厅设置符合食品卫生法的要求，装有防蝇、蚊、鼠、蟑螂等设施设备，通风照明好。现在学校内的学生生活设施健全，卫生条件好，生活方便，盲生普遍认同有"家"的感觉，在学校生活和在家生活几乎一样，与同龄人在一起生活甚至比在家里还快乐。

为了保障盲生的安全，校园内安装有消防栓，教学区、活动区、生活区、办公区，每层楼配备灭火器，宿舍楼每层配备安全应急灯；在各楼层和周界配备红外报警及视频监控系统，在重要场所安装了防盗门窗及红外报警系统；室内外铺设盲道，安装扶手、触感标志、盲文标志等无障碍设施，根据低视力学生的视力状况，配备台灯、放大镜、助视器等设备，在楼道等显著位置有黄色标志，保证充足的照明，适应了部分低视生对照明的特殊需要，就连校园绿化也避免种植有

刺的植物，而种植有香味的、色彩鲜艳的植物，最大限度地实现校园环境无障碍化。学校教室、楼道墙壁上，贴有美工课学生自己制作的剪纸、撕纸等艺术作品，用于美化学校环境；学生制作的泥工、编织品等在不同的场所展出，营造出了浓浓的校园文化氛围。

近年来，学校坚持"为每个学生一生的幸福奠基"的教育理念，本着"承认差距，缩小差异"的原则，制定了"人格健全、素质全面、学有所长、现代公民"的育人目标；以"自尊、自信、自强、自立"为校训，着眼于视障学生的身心和谐发展，大力推进高质量素质教育，教育教学工作取得了可喜的成绩：连续多年本市适龄盲童入学率100%，大、中专毕业生供不应求，就业率始终保持100%；全面普及了十二年盲人教育；1994年以来学校运动员在"残疾人奥运会"、"远南运动会"等国家级以上重大残疾人体育比赛中，共获金牌127枚；学生在各类艺术竞赛中屡屡获奖，3名学生入选中国残疾人艺术团。学校涌现出了一批知名校友，有全国政协委员、中国残联副主席甘柏林；有全国自强模范、江苏省盲协主席、手佳医疗保健公司董事长金民选；有被美国哈佛等6所大学争相录取的自强不息的吴晶；有出版了诗集《我听见花开的声音》的少年诗人肖毅；有新中国第一代盲人声乐大学生李梦吾；有多次在国际级比赛中夺得金牌的运动员吴祥、祁顺、孙新等。

### 四、对外交流，日渐频繁；社会声誉，愈加美好

南京盲校扩建后，校园环境优美、教学设备先进、师生情绪高涨，中外宾客纷至沓来，频频来校访问、参观、学习、交流，奏响了一曲曲社会主义人道主义的颂歌。联合国教科文组织、各国慈善组织、残疾人组织、特教专家、社会名流，经常来学校访问，亲眼目睹、亲耳聆听新中国盲人青少年的幸福学习生活。如美籍华裔、诺贝尔奖获得者、现任美国能源部长朱棣文，前些年作为著名学者访问本校看望大专班学生，给盲人针灸推拿大专班的优秀学生颁发了朱棣文奖学金；美国柏金斯、费城等国际知名盲校专家来本校参观指导，本校部分领导和教师到国外参观学习，先后就学前教育、多重残疾教育、低视力教学、信息化教育等科研项目达成了协议，并进行数年研究，取得了初步成果，同时也学到了国际有关残疾人教育的"一体化教育"、"全纳性教育"等全新教育理念。2008年8月，台湾花莲教育大学特殊教育访问团参观南京盲校后感慨道："都说台湾特殊教育发展得好，看了南京盲校后，我们感到汗颜！"

学校还与北京、上海、浙江、广东等国内多所盲校建立友好交流关系，认真学习国内盲校的先进办学经验；为西藏、新疆、贵州等西部省份盲校培训教学骨干和师资；在省内组织全省盲教育研讨活动，起到示范引领的作用。

改革开放以来尤其是近几年，南京市盲人学校基本建设的快速推进，带动了办学水平的整体提升，学校先后获得全国残疾人体育先进单位、全国少年儿童消防教育示范学校、全国无障碍设施建设示范城市先进单位、江苏省特殊教育现代化示范学校、江苏省文明学校、南京市文明单位等一系列荣誉称号。

残疾人教育是建立在人权平等基础上的教育，是一个国家、一个地区文明程度的重要标志。盲校的发展与巨变，只是南京教育科学发展的一个缩影，透过这所学校的发展轨迹，我们分明感受到在“博爱之都”南京，残疾儿童平等享有优质教育的权利得到了最大的保障，南京教育已经显现出最大的均衡与公平。随着时代的发展，残疾人作为社会的弱势群体，必将得到更多的关注，必将享有更优质的教育，因此，我们有理由坚信：残疾人未来的道路必将更加光明灿烂！

# 改革开放　铸就辉煌

## ——江苏省新海高级中学校园建设之变迁

连云港市教育局计财处

新海高级中学经过了近80年历史风雨的洗礼，在改革开放的春风吹拂下，一所老校焕发青春光彩。

### 一、历史演变

新海高级中学于2001年9月，在市教育布局调整下，由江苏省新海中学高中部与连云港市新浦中学高中部合并成立江苏省新海高级中学，属于八校联动整合方案中的重要组成部分。

而江苏省新海中学前身，则是在1948年11月新浦、海州、连云港地区解放的时候，由新海连特区政府组织成立的山东省立新海中学。山东省立新海中学由当时新浦地区的普爱中学、东海县立初级中学、新民中学三校合并而成。1949年春，启新中学并入山东省立连云中学，8月，山东省立连云中学并入山东省立新海中学。新浦中学前身是1957年9月成立的新海连市新浦初级中学。

追根溯源，江苏省新海高级中学的发展史实际上就是连云港市的中等教育发展史。学校的前身是1924年建立的普爱学校，1930年秋，普爱学校增设初中班，普爱中学建立。校董会聘沭阳人司柳溪任校长，原校长沈克强为小学部主任。这是新浦地区中学教育的起点。1931年普爱中学继续招生办班。后因种种原因及抗战爆发，普爱中学停办，而普爱学校历经周折，仍坚持办学。1945年日本投降，普爱中学恢复招生，校长颜振流，校址即现在新浦区建国路小学。

江苏省立连云中学源于1942年3月抗战时期在安徽太和县创建的苏鲁豫皖四省边区中学，9月，边区中学更名为国立第21中学。日本投降后，国立第21中学迁回徐州，在时任江苏省民政厅长王公玙的努力下，学校更名为江苏省立连云中学，王还极力争取将此校迁回连云港，恰逢此时“日华酒精厂”(日本开办)停办，省立连云中学校址有了着落，这样，暂驻徐州的省立连云中学便搬迁墟沟，利用其厂址建校招生办学。到新中国成立前夕，位于墟沟的省立连云中学，全校已有9个班，约400名学生，是一所完全中学，校长李简斋。新中国成立后，新海连特区政府任命连云市委书记李葵元兼任连云中学校长。1949年

春，因革命形势需要，高中部学生全部进入新海连特区建国学校学习。是年秋，新海连特区政府决定将连云中学并入新海中学。

东海县立初级中学建于1943年(1944年初至日本投降期间，日伪曾将东海县改为海州市，校名一度更改为海州市立初级中学)，首任校长为东北人蔡玉隆。1945年日本投降，校名复为东海县立初级中学，校长倪爱棠，半年后，校长为杨维衡。校址即老新海中学大院，现在为连云港市职业技术教育中心。

新民中学建于1947年，校长朱祥符，校址即原教育局大院，现在为连云港市职业技术教育中心东校区。

启新中学建于1947年，校长张杰元。1949年春季，并入省立连云中学，后又随连云中学并入新海中学。校址即今朝阳中学所在地。

追溯五校历史，我们可以看出，建校时间最早、历史最悠久者为普爱学校中学部，即普爱中学。据此，我们认定，江苏省新海高级中学的源头，就是新浦普爱平民义务学校在1930年秋建立的初中班，即诞生于此时的普爱中学。尽管该班仅仅是小学里的戴帽初中班，但却是从新浦往东直至海边广大地区唯一的一个初中班，是该地区中等教育的起点，1930年，就是江苏省新海高级中学的起始时间。

在新世纪，江苏省新海高级中学再次扩展。2004年9月，连云港市东方中学，在市委、市政府东部战略的部署中重组，整体融入江苏省新海高级中学，成为江苏省新海高级中学东方分校。该校前身为建于1956年9月的新海连市墟沟初级中学。

几十年的发展变化显示，江苏省新海高级中学由涓涓细流汇成了滔滔大河。她众川汇聚，九派归一，她是一个名副其实的大家庭。新海高级中学发展的历史，就是不断融合和共建的历史，也是连云港市教育发展史的一个缩影。

## 二、新建校区

进入21世纪，江苏省新海高级中学肩负着更为光荣，更为艰巨的历史使命。

由于学校的不断发展，学校的运动区集中到了学校的南面，考虑到师生活动的方便与安全，学校在解放路架设了一座过街天桥。

我校2001年迁建现址，地处市行政文化教育中心，东依国家4A景区花果山，西傍东盐河，南毗市委、市政府行政中心和市艺术中心，北邻淮海工学院等高等校区，交通顺畅便捷，地理位置优越，文化气息浓厚。

新校区总体建设规划由同济大学担纲设计。学校占地面积310.224亩(206816平方米)，生均占地面积44.61平方米。

学校布局体现了现代教育理念的和谐性、科学性、实用性和教育性。校园的规划布局、功能分区合理，建筑朝向合理，区间联系方便。校内各建筑之间、与校外相邻建筑之间的间距符合日照、防火、卫生防护等规定。学校分为校前区、行政区、教学区、运动区及生活区五个部分。校前区位于校园的北侧中部，由中心主体建筑综合楼同东西两侧的艺体馆和图书馆围合而成，扇形行政综合楼是标志性建筑，造型独特、气势恢宏，犹如张开的臂膀，把校前广场拥入怀中，被评为“省精品建筑”。四块大型浮雕镶嵌在综合楼正面，主题分别是“路漫漫其修远兮”（象征中华文明源远流长，博大精深）、“吾将上下而求索”（象征莘莘学子循着先人足迹，刻苦钻研，勤奋学习）、“春华秋实”（象征现代科技蓬勃发展、成果丰硕）、“青春华彩”（象征现代中学生朝气勃发），意蕴深厚。

校前区巨大的广场间以香樟树点缀，配上两块绿地，形成既开阔又富于变化的绿化景观。在举行全校集会时，广场能较好地承担起快速集结、快速疏散的任务。

教学区位于校园中后部，由三栋教学楼组成，每栋教学楼围合成各年级的活动庭院，通过形似一个大问号的求知广场与综合楼相连，学生采用高架和与地面垂直的立体交通系统进出教学楼。所有车辆均停放在地下车库。

运动区位于校园东侧，建有环形塑胶跑道和绿茵足球场，北接艺体馆。运动区、球场区围护着由隔离绿地、周边自由绿地等构成的绿地系统。

生活区位于校园西南侧，主要建有学生宿舍楼、师生餐厅、浴室及校园超市。生活区北侧还建成了精致典雅的园林景观，这里亭榭、楼阁、紫藤长廊环绕其间，园内树木四季常绿，各色花卉常年飘香，池塘内锦鲤游弋，成为学校的标志性景点之一。

学校聘请专业的园林绿化设计公司对校园做出整体设计规划，校园绿化面积 95135 平方米，绿化覆盖率 46%，生均拥有 20.52 平方米，现已建造了梅园、梨园、桃园、桂花园、香樟园、女贞园、怡园、悟园、山石园等特色景点。整个校园绿化疏密得当、错落有致、移步换景、水体齐备，园内均有草坪覆盖，做到了“春有花、夏有荫、秋有果、冬有绿”。整个校园乔木、灌木、花草错落有致，小桥流水、曲径奇石相映成趣，展现出自然景观的无穷魅力，处处都是读书学习的好地方。学校 2005 年被评为省级园林式校园，2008 年被评为连云港市“百佳校园”，目前正积极向国家级花园式校园迈进。

学校重视人文环境建设，营造良好的育人环境和氛围，有校徽、校歌、校训、校标、班旗、校报、校刊，设计均体现学校“为每一位学生终身发展奠基”的办学理念，彰显了 80 年的办学历史所孕育出的“行健”校训和“三新”（科学办学新思路、教育教学新模式、规范管理新机制）、“三特”（学生发展特长化、教师教学风

格独特化、学校办学特色化）、“三高”（教师队伍高素质、办学绩效高质量、校园文化高品位）办学特色。

校徽形状由两个椭圆形构成。内圆中部是学校主楼——行政综合楼正面视图，因为该楼是新海高中的标志性建筑之一，整体轮廓恰似一个展翅欲飞的鲲鹏，给人一种奋进向上的力量，寓意新海高级中学面向21世纪的腾飞；展开的两翼又似张开的臂膀，欢迎着进入新海高中的学子；综合楼造型气势恢弘、沉稳庄重，展示着新海高级中学博大宽阔的胸襟、悠久的历史、厚重的文化积淀和人才培养、教学研究的深厚根基。校徽上方为四颗星，表明新海高中是四星级学校；下方为“1930”字样和花草，表明新海高中建校的年份，花草寓意学生的青春活力和积极奋发向上的精神；外圆中上方为由何振梁先生书写的“江苏省新海高级中学”字样，下方为英文“江苏省新海高级中学”字样，表明新海高级中学是一所向国际化接轨的中学。校徽采用蓝色基调，给人以典雅、沉静、深邃、博大、平和、宽厚的感觉，使人们联想到浩瀚广博、能量无限的大海；学校地处依山傍海的海滨城市，本身名字中又嵌有“海”字，学校又是引领学生在知识的海洋中遨游的地方。

回良玉、李源潮等国家领导人到学校视察，对学校的校园建设都给予高度评价，称之为现代化学校，是连云港教育面貌发生巨大变化的标志。至今已有数十批省内外党政、教育参观团和美国、英国、日本、新西兰、澳大利亚等国际友人来校参观，学校优美的景色和人性化的设计给他们留下了美好的印象。

我校2005年被评为省级园林式单位；2006年被评为省级园林单位，被市政府评为重点单位消防先进集体；2007年被市政府评为重点单位治安先进集体，重点单位消防先进集体，市消防局授予我校消防标准化重点单位称号；2008年荣立全市重点单位治安保卫工作集体三等功，被评为连云港市“百佳校园”。现在，我校正积极向国家级园林式校园迈进。

学校校舍总面积93367平方米，教学及教辅、办公、生活服务等用房面积、数量及种类均达省现代化标准要求，不仅满足教育教学的需求，更为学校及学生个性发展提供支撑。我校校舍建设质量好、标准高，楼房由具备相应资质的单位设计，多项工程被评为“省优”和“市优”。其中综合楼2002年被省建设厅评为“扬子杯”优质工程奖。校舍及墙壁、门窗、桌椅等每年暑假都进行一次大的环保维修、粉刷、油漆，确保新学年的正常使用。

2000年新校区建设时，因我校图书馆建筑面积1.6万平方米，规模宏大，服从连云港市发展需要，市图书馆设在我校馆内，与我校一直共享资源。校图书馆有管理计算机8台，藏书总量达346599册，其中电子图书4万册。年生均借书26.28册，生均藏书74.76册，近三年年生均购书7.04册，报纸杂志459种，工具书 700 种，教参 219 种；阅览室座位 680 座，与学生数之比为 1∶6.8。计算机教室 7 间，有学生用机 500 台，生机比为 9.3∶1；高标准电子阅览 180 座。所有房间均与网络中心百兆光纤连接，完全满足日常教学需要。与现行教材配套的录音带 4000 盒，录像带 2100 盒，光盘、软件 1300 种，涉及 14 类学科，种类齐全，数量充足，内容丰富。天文馆 743 平方米。建有数字资源库、新课程主题资源库，资源总量 800G 以上。

卫生室面积 93 平方米，内设诊治室、观察室等，医务人员 8 人，按照城市中学标准配齐设备。学生餐厅 7951 平方米，共有 4 个餐厅，座位数 2800 座，餐位数为就餐师生数的 100％。学生宿舍 10748 平方米，住校生 1223 人，生均宿舍建筑面积 8.78 平方米，各宿舍有卫生间、空调、消防等设施，安全、实用、卫生、方便。

学校设有 400 米 8 道高标准环形塑胶跑道、5000 余座位的看台及带有自动喷灌的标准足球场；艺体馆建筑面积 1.01 万平方米，内有标准的室内篮球场 2 个、排球场 2 个和 3000 座位的电动伸缩看台。塑胶跑道和体育馆之间有篮球场 9 个、羽毛球场 12 个、排球场 10 个、沙排场 2 个、标准网球场 2 个，为师生开展各项体育运动提供了得天独厚的条件。体育馆内有专业美术教室 3 间，画室 3 间；音乐教室 2 间，合唱室 1 间、琴房 1 间；舞蹈教室 1 间，健美操房 1 间，均按省一类标准配备。

理、化、生实验室配备符合省一类标准，符合实施新课程的需要。现有物理实验室 10 间（包括 3 间物理探究实验室），化学、生物实验室各 8 间，并分别有配套使用的仪器室、准备室、工作室、药品室、标本室，实验室面积达标，演示实验器、分组实验仪器均符合标准，教师演示实验与学生分组实验开出率达 100％。此外，还有 2 间通用技术教室。

学校各类教育技术装备齐全。共有可容纳 600 人的报告厅 1 座，容纳 400 人的报告厅 1 座，容纳 150 人的报告厅 4 座，均连通校园网，配有多媒体教学系统；全校 3 个年级教学楼内全部建成多媒体教室，每班均有多媒体教学系统。校园网与市教育城域网相连，在共享市教育城域网资源的同时，也充分发挥了我校作为连云港龙头学校的作用。学校建有闭路电视系统、校园广播系统等，可按照需要全局或分区进行教育活动。我校专任教师每人配备笔记本电脑 1 台，可通过校内无线网与校园网连接，随时随地访问互联网。

整个校园网，拥有三层核心交换机 1 台、二层楼宇交换机 9 台、二层交换机 8 台、其他各类普通交换机 15 台、终端无线路由器 20 台，形成 1 个千兆光纤骨干、百兆到桌面、教学办公区内无线漫游的高速校园网，现有网络信息点 1200 点，终端数量 850，可同时在线访问互联网，与学生数之比为 1∶5.4。

我校有效利用网络的软硬件资源，新建了网上阅卷系统，有阅卷专用服务器6台，三层千兆交换机1台，可供420人同时进行网上阅卷。

学校吸收和运用现代化管理方法、管理手段，对学校的教职工信息、学生学籍、教学、教科研、人事、财务、校产、图书管理、档案、教育资源库、备课平台等资料全部实现数字化管理。学校还建有广播自动播放系统、闭路电视系统；通过校园网，我校已实现图书、后勤管理、学生宿舍管理系统一卡通；通过电信平台，我校通过手机、小灵通等实现家校互动；所有教室全部建有校园网信息点，教师人均拥有计算机1.1台；学校从2004年起即建有网上办公系统，现已升级为相当完备的办公自动化平台。

进入新世纪后，特别是高初中分离后，学校领导班子抓住机遇，反思历史，总结经验，制定规划，早在20世纪90年代初，认真总结半个世纪的办学经验，形成了新"三风"："团结进取，文明创新"的校风，"科学严谨，高效出新"的教风，"勤学多思，探索求新"的学风。这"三风"从工作要求、学习态度、队伍建设、思想引领、精神面貌、工作境界等方面对新中精神作了提炼涵盖，成为新中精神的构成因子，达到认识与实践、理论与实际的统一。"三风"的着眼点集中在一个"新"字上，就是求新、创新，就是与时俱进，就是可持续发展。这体现我校教育哲学的"三风"，对新中教师的专业发展，对新中学子的健康成长和素质提升产生巨大影响。

## 三、全面发展

2004年，新一届领导班子根据学校传统，提炼出学校教育理念和校训。教育理念是"为每一位学生终身发展奠定基础"。先进教育理念的核心在于坚持育人为本，全面推进素质教育。在学校，教师的发展、职工的发展都是为了学生的发展。"每一位"就是面向全体学生，对每一个学生负责。"终身"就是"一生"，不仅是时间长度，更是一种生活状态："生活"、"成长"和"发展"的总和，足见教育的责任。"奠定基础"是我们教育行为的目的，为学生打下知识基础和素质基础。

2008年9月，省新课程视导组评价学校："校级领导理念新，能够率先垂范；一线教师观念好，能够开拓进取；全体学生进步快，发展全面。"

# 加强重点工程建设　改善学校办学条件

## ——建国 60 年盐城教育基本建设取得显著成就

盐城市教育局　戈　群　朱智军

1949 年，盐城市只有中学 7 所 1646 名学生，小学 2948 所 125191 名学生。这些学校的校舍除部分是土墙草盖的简易校舍外，大部分是利用庙宇、祠堂和民房改建，普遍存在房屋破旧，光线暗弱，数量不足等问题。伴随着共和国前进的步伐，全市教育事业得到迅速发展，办学条件得到极大改善，到 2008 年，全市有中学 312 所，在校学生 390868 名；小学 616 所，在校学生 367707 名。中小学共有校舍 6978531 平方米，固定资产总值达 610733.65 万元。在 1980 年，根据国务院《关于普及小学教育若干问题的决定》，该市提出尽快实现“校校无危房，班班有教室，学生人人有课桌椅”的要求，通过市、县、乡层层签订实现“一无两有”责任书，每年都进行检查、验收和评比。到 1987 年，全市基本实现“一无两有”的目标。90 年代以后，特别是“十五”时期以来，该市着力改善办学条件，先后组织实施了危房改造、布局调整、“三新一亮”、“六有”、“校校通”、“四项配套”和农村教育“两项工程”等七大工程，总投资近 27 亿元，学校的校舍和内部设施有了翻天覆地的变化。

### 一、高标准、高质量地实施危房改造工程

盐城受经济因素制约，“十五”时期以前的校舍建设特别是农村学校校舍建设的标准普遍偏低，危房结存量大。2001 年和 2002 年，该市根据国家和省统一部署，积极组织实施了危房改造工程，先后四次召开农村中小学危房改造工作专门会议，强势推进农村中小学危房改造工作进程。该市在危房改造中，通过“学校自查、乡镇复查、县(市、区)核查”三轮检查，摸清危房底账，坚持从实际出发，对将要撤并学校出现的危房一律只拆不修；定点学校的 D、C 级危房一经发现，立即拆除；少数过渡性质的 C 级危房经批准大修达到 A 级校舍标准后可继续使用；B 级危房通过全面彻底检查，抓紧修复，确保师生安全。两年内该市共拆除中小学危房 80 万平方米，并以大市为单位率先一次性通过省危改办验收。该市在拆除大量危房的同时，重点抓好了农村中小学校舍的建设和维修，全市两年内共新建校舍 29 万平方米，维修出新校舍 50 万平方米。在危房改造过程

中，该市还将危房改造工作与学校的布局调整结合起来，与窗口学校建设和教育现代化建设结合起来，努力提高了资金使用效益。

## 二、高标准、高质量地实施布局调整工程

由于历史原因，90年代初，该市共有小学4156所，初中724所，面广量大、布点分散，办学条件难以改善，学科教学难以配套，教学教研活动难以开展，教育教学质量难以提高。为从根本上改观这一状况，该市根据人口出生变化情况、地方经济发展情况和交通条件改善情况等，分别于“八五”期初和“十五”期初开展了两轮中小学布局调整。“八五”期初，该市针对学校布点过度分散、教育投资效益不高、普遍存在教育经费不足又浪费的问题，以优化资源配置、提高投资效益和教育质量为中心，重点开展了第一轮中小学布局调整和乡镇教育管理人员精简工作。到1993年底，全市共清退乡（镇）、村聘用的临时代课教师近3000人，精简乡镇教育管理人员893人，撤并初中98所，小学114所，撤并小学20人以下班级837个。“十五”期初，该市又在充分调研、科学论证的基础上，适时开展了第二轮中小学布局调整，专门编印了《2001—2005年盐城市中小学布局调整规划》白皮书，使中小学布局调整工作有目标、考核有依据。到2003年年底，提前两年完成布局调整规划目标，共撤并初中230所，小学2221所，新建小学160所，初中22所。

## 三、高标准、高质量地实施“三新一亮”工程

农村中小学危房改造后，由于农村学校基础条件差，经费短缺，很多农村学校教室仍然存在破课桌、破板凳、破讲台、光线暗等“三破一暗”的现象，为此，在危房改造基本结束、农村中小学布局调整基本到位的基础上，该市在农村中小学全面实施了以新桌子、新凳子、新讲台、电灯亮为内容的“三新一亮”工程。在工程实施过程中，该市各县（市、区）都及时成立了农村中小学“三新一亮”工程领导小组，明确专门的处室和人员负责此项工作，层层签订责任状，多方筹集配套资金，建立了质量监控机制和长效机制。到2004年8月底，全市共更新课桌椅716797套，更新讲台14103张，通电教室1.57万间。2004年，省教育厅专门在该市射阳县召开了全省中小学布局调整与“三新一亮”工程建设现场会。

## 四、高标准、高质量地实施“六有”工程

农村中小学布局调整之后，定点学校的办学规模和效益有了一定的提高，但由于近几年该市处于生源入学高峰，住校生急剧增加，定点学校特别是乡镇中心学校学生生活设施严重不足，从2004年开始，该市在全市农村中小学开展

“六有”工程建设（即有整洁的校园、有满足师生就餐需要的卫生食堂、有冷热饮用水、有水冲式厕所、有安全宿舍、寄宿生一人有一张床）。两年内投入资金4.46亿元，新建、改扩建卫生食堂18.55万平方米，新建、改扩建学生宿舍29.7万平方米，新建、改扩建水冲式厕所9.69万平方米，添置学生双人床6.52万张，完成校园整治投资11166.37万元，在冷热饮用水方面投入538.62万元。为提高“六有”工程建设的质量和档次，发挥此项工程的综合效益，该市还把“六有”工程建设与创建农村中小学基本办学条件合格学校结合起来，和创建“百佳校园”结合起来。在省“六有”工程实施标准的基础上，制定了农村中小学基本办学条件合格学校验收办法和验收标准，将省“六有”工程标准中的整洁校园以及常规管理等进一步细化，全面提高农村学校管理水平。通过创建“百佳校园”，在全市建设了100所规划起点高、建设质量好、配套设施全、管理水平优的样板学校，对全市面上学校建设管理起到辐射、带动、示范作用。“六有”工程的实施，使该市广大农村中小学的办学条件，特别是学校的生活服务设施有了很大的改善，使学生在校学习、生活更舒心，家长将子女送到学校更放心。

## 五、高标准、高质量地实施“校校通”工程

为了加快改善农村中小学办学条件步伐，促进城乡教育均衡发展，使面广量大的农村中小学能与城市学校共享优质教育资源，本着实事求是、量力而行的原则，既注重硬件建设，又注重软件建设，在经费十分紧张的情况下，从2004年开始将中小学“校校通”工程建设列为重点工作之一。在实际工作中，从中小学教育教学发展的实际出发，即不一味追求网络设备的先进性，也不机械地套用大学校园网模式，在强调建设的同时，更强调应用。该市在“校校通”工程实施过程中共完成了855所农村中小学的27990台计算机和383台套多媒体设备的系统集成工作，在全省率先实现了“校校通”，并首家通过了省级验收。目前，该市中小学生计算机拥有量已由过去的1台/29人上升到1台/7人。

## 六、高标准、高质量地实施“四项配套”工程

该市在前面已经实施的“五大工程”基础上，又适时推出了农村中小学合格学校建设工程，实施的重点，是对全市农村中小学按省定标准配齐配足理化生实验设备、体育器材、艺术器材和图书资料等（简称“四项配套工程”）。在近两年的中小学“四配套工程”建设中，该市222所农村初中和585所农村小学累计接受了1亿多元的仪器设备和图书资料。通过实施“四项配套工程”，从根本上改变了该市农村中小学教育装备匮乏的局面，满足了开齐、开足、开好各类实验课程的基本要求，为全面实施素质教育，全面提高教育质量提供了基本的物质保障。

## 七、高标准、高质量地实施农村教育“两项工程”

2008年以来，该市按照省政府的统一部署，全面实施农村教育“两项工程”，努力开展农村初中食宿条件和乡镇中心合格幼儿园建设，推进教育均衡，精心打造人民满意的教育。该市农村教育“两项工程”建设涉及项目学校（幼儿园）232所，总投入1.77亿元，其中农村初中食宿条件改善工程共涉及项目学校87所，工程项目110个，新建或改造学生宿舍、食堂等生活服务设施9.1万平方米，总投资9277.7万元，解决了新增留守少年儿童住宿数15253人、就餐数10805人；农村合格幼儿园建设工程涉及项目幼儿园145所，新建（含维修）园舍16.15万平方米，总投资8407.34万元。在农村教育“两项工程”实施过程中，该市政府与各县（市、区）签订目标责任书，在经费十分紧张的情况下，安排450万元专款用于对工程建设的奖励。

回顾艰辛而扎实的60年，盐城教育取得了长足的发展，特别是教育基本建设取得了巨大成就，学校已由过去的校园破旧、危房处处、缺凳少椅发展到今天的环境幽雅、高楼林立、学具时新，为教育教学质量的稳步提高提供了有力的物质保障，深得盐阜人民的赞誉。

# 徐州中小学校舍基本建设60年回顾和展望

徐州市教育局　孟　玮

60年以来，在以毛泽东、邓小平、江泽民、胡锦涛为核心的历代中国共产党领导集体的领导下，神州大地发生了翻天覆地的变化，取得了举世瞩目的成就。在徐州这片古老而又神奇的土地上，教育事业随着共和国的成长阔步前进，取得了非凡的业绩。在庆祝建国60周年的时候，回顾60年来徐州教育基本建设发展的光辉历程，展望明天徐州教育基本建设的光辉前景，对于激励广大教育基建管理工作者，具有重要的现实意义和深远的历史意义。

## 一、60年中小学校舍基本建设的光辉历程

1948年12月1日，在淮海战役的硝烟中，徐州解放，开辟了徐州历史的新纪元。次日，华东军区徐州特别军事管制委员会成立15个部接管徐州，刘昆为军管会文教部副部长。12月9日，徐州市人民政府成立，市长周林任命李迪生为市教育局首任局长。文教部、教育局派员按照先大后小、先公立后私立、中学分组小学分区的精神接管学校，合并调整中学，使小学相继复课。并采取开办夜校、冬校，提倡私人办学，更新教材，提倡启发式教育等措施，兴办平民教育事业，揭开了徐州教育发展史新的一页。

新中国成立之初，徐州市委、市政府认真贯彻党和国家过渡时期的总路线和新中国教育工作总方针，坚持“教育向工农开门”的方向，加强思想教育，着手改革学制，调整教育结构和布局，加强课程和教材建设，积极贯彻知识分子政策，建立新型教师队伍，逐步实现了从新民主主义教育到社会主义教育的过渡，逐步确立社会主义教育制度。到1956年底，市区小学在校学生已达70100人，比1949年增长89%，学龄儿童入学率到63.5%；中学在校学生15836人，为1949年的2.4倍。县区小学在校学生36.24万人，为1949年的3.4倍；中学在校学生14442人，为1949年的10.7倍。当时的办学条件较差。据1953年徐州专区文教科《徐州专区小学整顿中的几个问题》所述：全专区大部分学校利用庙宇、祠堂作为校舍进行教学，很多学校没有时钟，看太阳上课；土坯架木板当课桌，学生自带板凳，学制不统一，学生成绩参差不齐等等。

由于“文化大革命”期间学校忙于“开门办学”，搞所谓“学工、学农、学军”，

“读书无用论”盛行，造成学校办学质量和办学条件低下。当时全市农村 80%的中小学校没有围墙。许多学校的校舍残破不堪，土墙和腐梁已不堪重负，危旧房屋竟占 90%，其中危房约占 30%。砖瓦结构的平房，属好房，仅占 10%，还大都无窗无门。当时学生缺双人课桌 494304 张，缺双人凳 549699 只，不少桌凳都是学生自带的。“黑屋子、土台子、坐着一群泥孩子”的现象司空见惯。校舍坍塌伤人事件屡有发生。

党的十一届三中全会后，党中央提出抓好科技教育，各级领导逐步确立了“百年大计，教育为本”的战略思想。中共中央、国务院为普及初等教育和加强农村教育，先后下发了中发〔1981〕84 号、国发〔1981〕46 号、中发〔1983〕16 号文件，要求中小学做到“校校无危房，班班有教室，学生人人有课桌凳”(简称“一无两有”)，限两三年或稍长一点时间实现这一目标。徐州市和所属各县广大干部、群众、中小学教职工认真学习、贯彻中央有关文件精神，决心确保“一无两有”目标的实现。1981 年徐州市制定出“两年发动，三年全面开花，五年实现”的规划。实现“一无两有”工作，当时无具体规章可循，全靠在摸索中大胆尝试。所履行的程序是由乡“人大”通过决议，决定集资办学，动员群众捐资助学。各级领导将实现“一无两有”列入党委和政府的议事日程，并作为“重中之重”对待。1981 年，徐州地、市分管教育的领导——副专员杨玉生、副市长刘希伦组织政府有关部门负责人，赴山东省泗水县考察，认为该县是一个在穷县里带头实现“一无两有”的好典型，很有说服力。通过参观学习先进典型，广大干部的积极性得到了激发。铜山县在实现“一无两有”过程中注意解决小学、初中布点分设。利用教学设备厂生产梁架、课桌凳等，降低成本，1983 年率先实现“一无两有”。沛县县委书记李鸿民带领县委、政府一班人亲自到乡、校实际调查，制订工作方案，并亲自带头检查督促，取得了较好的成绩。1983 年省教育厅、财政厅在沛县召开全省第二次校舍改造先进现场会，受到与会代表的一致赞扬。

在当年财政非常困难的时候，依靠群众，坚持“两条腿走路”的方针，充分调动乡、村集体、群众等各方面的积极性。群众并不富裕，但为了下一代，他们不惜钱物不惜人力，将家里的东西尽量拿出来，除正常捐助外，有的用卖粮、卖菜、卖鸡蛋的钱捐助，有的卖掉备用寿材，有的捐出嫁妆钱，有的捐出家中的砖、瓦、木材，有的出义工帮助学校备料、建房、打桌椅门窗、运土石、垫操场、填沟。集资办学牵动海外赤子之心，不少人慷慨解囊，捐资助学。广大师生利用业余时间积极参战，开展义务劳动。真是“有钱出钱，有物出物，有力出力，八仙过海，各显神通”出现了“千军万马战犹酣”的动人场面。打这场“一无两有”的人民战争。体现了“穷国办大教育”的国情特点，老百姓用心血和汗水铸就了这座教育的丰碑。

实现“一无两有”，学校告别了“黑屋子、土台子、泥孩子”的历史，使全市中小学具备了最基本的办学条件。各级党政和教育主管部门在此基础上，继续改善办学条件，建设“四室（图书室、阅览室、仪器室、实验室）一场（体育场）”和中心中学、小学、幼儿园等。教育事业取得了较大发展。

1986 年，徐州市中小学校舍总面积为 335.93 万平方米，市重点中学校舍基本达到国家教育部规定的标准。

《中华人民共和国义务教育法》颁布之后，随着普及九年义务教育的实施，徐州市中小学校舍建设经历了快速发展的时期。按照省教育厅会同省建委制订颁发的《江苏省县、镇及农村一般中小学校舍规划面积定额（试行）》，各县（市）、区在实施普及九年义务教育的过程中多方筹集资金，加大投资力度，按照省“定额”规定的不同规模的中小学教学用房、行政用房、生活用房的使用面积及建筑标准，加快校舍建设。至 1996 年全市普及九年义务教育时，中小学校舍总面积增加到 617.70 万平方米，比 1986 年增加 83.90%。从 1986 到 1996 年的 10 年间，全市逐年改造大修旧校舍计 318.77 万平方米，调整后的中小学校舍普遍改造一遍，大多数学校建起了图书室、阅览室、仪器室、实验室、体育场，教学用房面积大大增加，校舍质量明显提高。

随着教育事业的发展和办学规模的扩大，徐州市各级政府对教育的投入逐年增加，政策性招生收费逐年增长，为 1997 年以后全市“两基”巩固和高中教育普及奠定了物质基础。1996 年至 2001 年，全市继续改造危旧校舍 78.57 万平方米，大修校舍 91.85 万平方米，新建扩建校舍 162.57 万平方米，全市中小学校舍总面积增加到 774.06 万平方米，以每年 30 余万平方米的幅度递增。为扩大优质教育资源，徐州市一大批国家级示范高中、省重点中学在各级政府的大力支持下，多方筹集资金，纷纷扩建新校区。徐州一中新校区建设 1998 年列入徐州市政府 18 项重点工程之一，总投资 1.1 亿元，建筑面积 6.4 万平方米，2000 年 8 月建成投入使用。沛县中学、丰县中学、睢宁中学、运河中学、新沂一中等学校也相继易地扩建新校区，扩大招生规模。市直属二中、三中、徐高中、五中、八中、九中、十中、十二中、王杰中学、十九中、科技中学、三十一中、西苑中学、运河师范学校、徐州师范学校、公园巷幼儿园等学校先后建成教学楼、综合楼、实验楼、图书楼、体育馆等，其中五中、八中、十中、王杰中学、西苑中学等学校在市区土地十分紧张的情况下，新征地扩建校园，大大改善了办学条件。

2000 年，徐州市制订 2000—2002 年三年中小学改造危旧校舍规划。2000 年当年修建改造校舍 47.39 万平方米，投资 9369 万元；2001 年改造危旧校舍 78.93 万平方米，其中拆除 10.64 万平方米，大修 23.02 万平方米，改扩建 45.27 万平方米，总投资 2.3 亿元；2002 年是全市农村中小学改造危旧校舍决

战的一年，市教育局下发了《关于年内彻底消除中小学C、D级危房的紧急通知》，至年底，全市布局调整后保留学校，消除危房81万平方米，拆除C、D级危房56万平方米，新建项目开工128万平方米，竣工119万平方米，投入资金4.3亿元。2002年12月，全市完成了农村中小学危房改造任务，顺利通过省验收。自2000年以来，全市共消除危房173万平方米，新建校舍158万平方米，总投资7.54亿元。

按照省教育厅的要求，2003年8月开始，徐州市突出抓好"三新一亮"工程的实施和农村中小学布局调整，2004年10月，"三新一亮"工程和农村中小学布局调整工作全面完成省教育厅规定的任务。2004年下半年，全面启动"六有"工程建设，铜山县为省"六有"工程试点县，新沂市、邳州市为市"六有"工程试点单位，丰县、沛县、睢宁县各确定两个乡镇为试点单位，贾汪区自加压力，全面启动"六有"工程建设。至2005年底，全市基本完成农村中小学"六有"工程建设任务。在实施农村中小学布局调整、危房改造、"三新一亮"、"六有"工程中，全市改造危房304万平方米，新建校舍305万平方米，改造薄弱学校639所，撤并中小学2300所，维修、新添课桌椅226万套、讲台2.3万张，通电教室2.8万间，新建、改建学生宿舍24.68万平方米、食堂15.5万平方米、厕所17.1万平方米，购置饮水机2.24万台，硬化道路50.13万平方米，修建排水系统8.1万米，购置双人床5.09万张。

至2008年，全市中小学、幼儿园、职业学校、特教学校1926所，占地面积3965万平方米，学校产权建筑面积1145万平方米。校舍建筑已经成为当地的亮点。

## 二、徐州中小学基本建设发展的前景

徐州中小学校舍建设60年，变化是巨大的，成就是辉煌的！历经60年的艰苦实践，一代代的中小学校舍建设者付出了辛勤的劳动，总结了丰富的经验，给当代工作者留下了宝贵的财富。随着国家政治、经济、文化、社会等事业的快速发展，教育优先发展的任务更加艰巨繁重。

从徐州中小学校舍建设的总体情况来看，中小学校经过整合改造后，校舍条件得到明显改善，资源的生均占有量也有一定提高。但发展不均衡的现象比较明显，城乡之间、小学与中学之间在办学条件上存在较大差距。城市学校区域分布不均衡的问题比较突出。中心城区中小学相对密集而新城区、新建的大型居民区和城乡结合部地区教育资源特别是优质教育资源相对短缺。一批新建和改建的学校，重视了整体规划设计，校园布局合理、功能配置齐全，成为校园建设的亮点。但相当一部分学校低水平建设、粗放式管理的现象比较突出，校园功能分区、文化景点建设的整体水平不高。从总体上看，全市中小学校舍在正常使用状态下、安全状况是有保障的。但汶川地震后暴露出中小学校舍存在着抗震设防标准低、抗震能力差的严重问题，中小学校舍符合新《建筑抗震设计规范》要求的比例不高，有相当部分的校舍需要进行抗震加固或重建。

展望未来，我们任重道远。要对城乡学校科学、动态地实施布局调整、资源整合和学校建设工程。对农村学校而言，要根据社会主义农村建设要求，依据人口数量和办学条件标准，做好新一轮学校的布局调整，以人为本，合理配置。对于城镇学校，要结合老城区改造和新城区建设，推进学校标准化建设与薄弱学校改造结合起来，重组、合并和撤销一些规模小、条件差、效益低的学校，对保留下来的学校一律按照新的办学条件标准进行再装备，进一步提高学校的办学质量和办学效益。

随着城市化进程和农村劳动力转移步伐的加快，大量农村劳动力向非农产业和城镇转移，农村“留守少年儿童”数量不断增加。农村“留守少年儿童”的生活条件的改善日益成为党和政府、人民群众关心的问题。省委、省政府明确提出“加强农村寄宿制学校建设，新建一批学生食堂和宿舍，大力改善农村留守少年儿童寄宿生食宿条件”的要求，并把此项工作列入省委、省政府深入学习实践科学发展观中要着力抓好的 10 件实事之一。为提高苏北、苏中农村地区幼儿园建设和发展水平，省委、省政府提出重点改善农村公办幼儿园的办学条件，2010 年前完成所有公办幼儿园建设任务，把“支持经济薄弱地区 1000 所农村公办幼儿园改善基本办学条件”作为省委、省政府深入学习实践科学发展观活动中为民办的 10 件实事之一。目前上述两项工程试点工作已经完成，农村小学、幼儿园办学条件得到进一步改善。城市中小学基本建设按照科学、动态的原则，稳妥做好学校设置规划，继续加大学校布局调整力度，盘活闲置资源，增加教育投入。结合城市改造和新农村建设，着力加强配套学校规划建设，把中小学校建设成为优美、现代、安全、实用的育人场所。

2009 年 4 月，国务院常务会议决定正式启动全国中小学校舍安全工程以来，从中央到地方都高度重视这项工作。5 月 8 日，国务院召开全国电视电话会议，刘延东国务委员传达了胡锦涛总书记、温家宝总理的重要指示精神，阐明了实施校舍安全工程是贯彻落实科学发展观、推动教育事业科学发展的一项重大决策，是坚持教育优先发展、办人民满意教育的战略举措，是贯彻落实《防震减灾法》、依法履行政府责任的具体行动，提出了从今年起用 3 年时间，对所有中小学存在安全隐患的校舍进行抗震性能鉴定、抗震加固、迁移避险，消除安全隐患，提高综合防灾能力的工作要求。徐州市各级党委、政府充分认识做好这项工作的重要意义，从科学发展、以人为本、维护人民群众根本利益的高度，增强工作的责任感和使命感。相信通过做好中小学校舍安全工程,中小学校舍基本建设会发生质的变化,校园环境一定会更加美好更加安全。

当我们回顾历史走向未来的时候,现实又将变为历史。建国60年的中小学基本建设成就,激励着我们当代校舍基本建设和管理工作者要正视现实,创造未来。今后的任务更加艰巨而光荣,任重而道远。我们要增强责任感和使命感,促进学校基本建设又好又快的发展,为徐州教育的全面发展提供有力的后勤保障和硬件支撑,创造中小学基本建设更加辉煌的明天。

# 携手共进　合作交流　优势互补　联动发展
# 努力开创苏浙沪教育基建工作新局面

## ——在 2010 年苏浙沪教育基建工作交流研讨会上的讲话

江苏省教育厅　倪道潜

今天，我们苏浙沪教育基建部门和基建学会（研究会）的同志齐聚苏州，交流研讨教育基建工作。借此机会，我代表江苏省教育厅、江苏省教育基建学会向来自上海、浙江的各位代表表示热烈的欢迎，向参加本次会议的各位同志表示亲切的问候！

下面，我想结合学习贯彻《国家中长期教育改革和发展规划纲要（2010—2020 年）》，讲以下五个方面的情况和认识，供同志们参考。

### 一、共享优质资源，共谋率先发展，是苏浙沪教育事业发展的内在需求和必然趋势

苏浙沪是我国综合实力最强的区域之一，教育资源较丰富，教育发展水平走在全国前列，已经具备加快建设和率先实现教育现代化的基础。苏浙沪教育发展现状、所面临的矛盾和困难有很多相同点，发展交流合作有着很好的认知条件。同时，三省市教育又各具特点，发展交流合作有着很好的优势互补性。通过教育综合改革，加强交流合作，共享优质资源，共破教育难题，共谋率先发展，这是苏浙沪三省市教育部门的共识，也是苏浙沪教育事业发展的内在需求和必然趋势。

2009 年 3 月底，苏浙沪三省市教育部门在南京召开了第一届苏浙沪教育联动发展研讨会，正式建立苏浙沪教育联动发展机制。2010 年 3 月底在浙江召开的第二届苏浙沪教育联动发展研讨会上，三省市教育厅、教委的负责人就进一步加强教育合作展开研讨，确定了联合培训中小学名师名校长、合作建设数字教育资源等合作内容。苏浙沪教育联动发展机制的建立，标志着三省市教育领域全面合作迈上了一个新台阶。三省市教育部门将树立新的合作发展理念、确定新的合作发展需求、构筑新的合作发展优势，不断推动苏浙沪教育事业率先发展、科学发展、和谐发展、联动发展，努力把苏浙沪打造成教育综合改革的试验区、教育协同发展的示范区、引领中西部地区教育科学发展的辐射区。

苏浙沪教育联动发展机制，涉及教育领域的多层面的合作与交流。三省市教育基建部门在工作中积累了许多经验和体会，遇到了许多矛盾和困难，需要有一个交流合作的平台，共同探讨教育基建的规律，共同破解教育基建的难题。苏浙沪教育基建工作协作交流起步较早。自 2004 年在江苏召开第一次协作交流会以来，三省市教育基建部门和教育基建学会开展了密切的合作和交流活动，每年一次的交流研讨会使我们江苏的同志拓宽了视野、获取了信息、学到了上海和浙江的很多宝贵的经验；以江苏省教育基建学会《简讯》为载体的《长三角教育基建资讯》至今已编印了 17 辑，上海和浙江有关教育基建工作的重要举措给了我们很多有益的启发；三省市联合编辑的《长三角教育建筑纵横》已经出版了两集，从多层面、多角度反映了苏浙沪教育基建的工作成果和科研成果，促进了教育基建工作科学化、制度化、规范化管理。6 年来的实践告诉我们，加强区域间的交流与合作，实现信息互通、资源共享、优势互补、联动发展，对促进各地各级各类学校的规划和建设，促进教育公平和基础教育高位均衡发展，促进教育基建管理水平的提高，促进教育基建管理队伍的建设，是十分有益的。今后我们要进一步利用和开发苏浙沪教育基建工作协作交流会这个平台，扩大交流合作的广度和深度，相互学习、相互促进、共同发展、共同提高。

## 二、江苏教育事业实现了跨越式发展，取得了历史性成就

党的十七大以来，江苏省委、省政府深入贯彻落实科学发展观，大力实施科教兴省、人才强省战略，坚持教育优先发展，积极推进教育公平，全省教育事业实现了跨越式发展，取得了历史性成就。根据《2009 年江苏省教育事业发展统计公报》，全省各级各类教育概况如下：

1. 高等教育

全省共有普通高等学校 124 所，独立学院 26 所，成人高校 12 所。在学研究生达到 11.39 万人，普通高等教育本专科在校生达到 165.34 万人，成人高等教育本专科在校生达到 37.17 万人，高等教育毛入学率达到 40%。

2. 义务教育

全省共有小学 5013 所，在校生 396.02 万人，小学学龄儿童入学率达到 99.94%。初级中学 2181 所，在校生 256.22 万人，初中在校生年巩固率 98.56%，初中三年保留率 97.55%，初中毕业生升学率达 97.30%。义务教育阶段学校办学条件进一步改善。小学校舍建筑总面积 2778.37 万平方米，生均校舍建筑面积 7.02 平方米；初中校舍建筑总面积 2681.23 万平方米，生均校舍建筑面积 10.46 平方米。

3.高中阶段教育

全省高中阶段教育共有学校1097所，在校生247.04万人。其中普通高中710所，在校生142.22万人；中等职业教育共有学校387所，在校生104.82万人。高中阶段毛入学率达到95%，高中阶段教育普及水平进一步提高。

4.学前教育

全省有幼儿园4110所，在园幼儿193.22万人。学前3年教育普及率达95.6%。

5.特殊教育

全省共有特殊教育学校113所，在校残疾儿童30925人，其中在特殊教育学校就读的残疾儿童13018人，占42.10%；在普通学校随班就读和附设特教班就读的残疾儿童17907人，占57.90%。

6.职业技术培训及成人基础教育

全省共有职业技术培训机构7725个。成人基础教育学校518所，在校生2.85万人。

7.民办教育

全省共有各级各类民办学校2203所。其中幼儿园1560所，在园幼儿52.39万人；普通小学152所，在校生25.72万人；普通初中234所，在校生49.02万人；普通高中156所，在校生22.17万人；中等职业学校51所，在校生9.93万人；普通高校24所，在校生13.80万人；独立学院26所，在校生21.05万人。

## 三、加大教育经费投入，实施重点工程建设，改善学校办学条件，是江苏教育实现跨越式发展的重要保障

江苏省委、省政府高度重视教育事业，不断加大教育经费投入，强化教育经费管理，统筹各级各类教育事业的科学发展。2009年，江苏省各级政府认真贯彻落实国家关于教育投入的规定，不断完善投入增长机制，教育投入的总规模和生均支出水平都实现了新的增长。全省教育总收入1208.03亿元，比上年增长10.88%，其中：地方教育经费总收入1105.49亿元，比上年增长10.95%；财政性教育经费740.48亿元，比上年增长14.19%。

为改善农村中学办学条件，省政府自2008年起实施“农村初中留守少年儿童食宿条件改善工程”，帮扶苏北、苏中经济薄弱地区39个县（市、区）449所农村中学新建、改扩建学生宿舍、学生食堂项目550个，建筑面积64.8万平方米，新增11.5万名留守儿童住宿和8.2万名留守儿童就餐条件，为留守儿童创造了较好的生活、学习环境。该项工程总投入6.8亿元，其中省财政安排专项经费3.5亿元。工程建设的项目数、竣工面积数和改善食宿条件的人数等均超出

原定计划。

为扭转农村幼儿教育的滞后局面，省政府自2008年起实施“农村合格幼儿园建设工程”，帮扶56个县（市、区）的980所公办乡镇中心幼儿园建成合格幼儿园，共新增园舍建筑面积68.5万平方米，增加和扩大项目园场地121.5万平方米。该项工程总投入12.7亿元，其中地方各级政府用于园舍及基础设施建设改造投入11.1亿元，省财政安排1.6亿元为972所幼儿园配送了保教设备设施。该项工程的实施有效改善了农村幼儿园的办学条件，惠及近25万名农村儿童。

为加强中小学校舍安全建设，省政府按照国务院和教育部的要求，启动实施中小学校舍安全工程。今年以来，江苏省认真贯彻全国校安工程领导小组第二次会议和全国校安办工作部署会议精神，将校舍安全工作作为当前和今后一段时期全省基础教育工作的重点工作之一。最近，省政府召开了校安工程推进会，与各市政府签订了工作目标责任书。

为增强职业教育基础能力，全省自2007年起共投入专项资金8.5亿多元，支持建设了439个国家级、省级职业技术院校实训基地（其中高职106个，中职333个）；投入4.7亿元，用于91所省级示范中职校、13所示范高职院和7所国家级示范高职院的建设。同时，狠抓职业教育课程改革和示范专业建设，已建成205个课改实验点、47所课改实验学校和353个中职示范专业、65个五年制高职示范专业。良好的实训条件为江苏省职业院校学生的技能水平提高奠定了坚实的基础，在2009年的全国职业院校技能大赛中，江苏省代表团中职组、高职组均夺得大赛组第一名。

为改善民工子弟学校和民族中小学办学条件，2009年中央和省财政投入1.45亿元，扶持各地学校接受外来务工人员子女接受义务教育，并扶持20所民工子弟学校建设。

为化解省属高校基本建设债务，省政府连续3年安排专项经费122亿元，减轻了高校的债务负担。经过10多年的艰苦奋斗，省属高校新校区建设基本完成。各校的生均用地面积和生均建筑面积均达到或接近《普通高等学校建筑规划面积指标》。

## 四、全面贯彻落实《国家中长期教育改革和发展规划纲要》，努力实现由教育大省向教育强省的转变

在2010年年初召开的全省教育工作会议上，省政府要求全省教育工作要紧紧围绕“一个主题”，切实做到“五个注重”，着力解决“两个不适应”的问题，即：紧紧围绕提高教育现代化水平这一主题；更加注重谋划长远，更加注重教育

公平，更加注重优化结构，更加注重改革创新，更加注重提升内涵；着力解决教育与经济社会发展要求不够适应、与人才培养要求不够适应的问题，推动教育事业在新的历史起点上实现新跨越。

为此，省教育厅确定了今年全省教育改革发展的七项重点工作，即：进一步统筹各级各类教育事业科学发展，进一步推进基础教育高位均衡发展，进一步提高职业教育整体发展水平，进一步加强高等教育内涵建设，进一步提高教师队伍的整体素质，进一步做好群众关心的教育热点难点工作，进一步增强服务地方经济社会发展能力，进一步抓好学校党的建设和安全稳定工作。

5月初，国务院常务会议审议并通过了《国家中长期教育改革和发展规划纲要(2010—2020年)》。《纲要》从现代化建设的全局出发，确定了到2020年的战略目标，提出了“优先发展、育人为本、改革创新、促进公平、提高质量”的工作方针，把坚持以人为本、推进素质教育作为教育改革发展的战略主题。根据《国家中长期教育改革和发展规划纲要》和江苏省委、省政府的工作部署，江苏从2008年开始制定《江苏省中长期教育改革和发展规划纲要》，经过20多次讨论修改，形成了征求意见稿第十六稿。近期将在教育系统内部广泛征求意见和建议的基础上再作修改完善，形成征求意见稿第十七稿，召开新闻发布会，向社会各界公开征求意见和建议。

今年是全面完成“十一五”规划目标的最后一年，也是取得应对国际金融危机全面胜利的关键一年。江苏教育改革发展任重道远，全面贯彻落实《国家中长期教育改革和发展规划纲要(2010—2020年)》，努力实现由教育大省向教育强省的根本性改变，我们还有很多工作要做。今后一段时期，江苏要以研究制定和实施《江苏省中长期教育改革和发展规划纲要》以及“十二五”时期教育发展规划为引领，以改革为动力，立足江苏，联动“长三角”地区，在坚持优质发展9年义务教育，高水平普及15年基础教育的基础上，用5～10年时间着力加快学前教育发展；要在基础教育优质均衡发展、职业教育优化发展、基础教育教学改革以及中考制度改革等方面积极进行试点；要积极争取教育部与江苏省共建全国高等教育省级综合改革试验区，选择不同类型的高校建立有中国特色的现代大学制度，增强服务经济社会发展的能力，从而带动整体办学水平的提高。省政府在支持省属高校化解债务之后，每年将拿出10亿元投入高等教育，准备连续投入10年，使江苏高等教育的优势学科和创新平台建设水平能有一个大幅度的提高。

为贯彻落实《纲要》提出的“基本普及学前教育”和“把职业教育放在更加突出的位置”的要求，完善各级各类学校建设标准体系，教育部把编制《幼儿园建设标准》和《中等职业学校建设标准》列为今年的重要工作，并委托江苏省教育

厅承担“两项标准”编制的具体工作。3 月中旬，教育部在南京召开了“两项标准”编制启动工作会议。江苏省教育厅成立了“两项标准”编制组，制定了编制工作方案，目前已开始在省内外开展调研。此外，由江苏省教育厅承担编制的《特殊教育学校建设标准》在广泛征求意见的基础上，已形成送审稿，即将报国家发展和改革委员会、住房和城乡建设部审批。在编制《特殊教育学校建设标准》过程中，得到了包括上海、浙江在内的各省、自治区、直辖市教育部门的大力支持和热情帮助。我们恳切希望大家一如既往，对“两项标准”的编制工作继续给予支持和帮助，使我们能够保质保量按时完成教育部下达的任务。

## 五、进一步加强区域间的合作交流，努力开创苏浙沪教育基建工作的新局面

教育基建工作是教育改革发展重要基础和物质支撑，各级各类学校的建设、发展和完善，苏浙沪三省市各级教育基建部门作出了不可磨灭的贡献，三省市的教育基建学会（研究会）在教育跨越式发展中发挥了积极作用。苏浙沪教育联动发展机制的建立，为三省市教育基建工作开展合作交流提供了更加广阔的前景和更加广泛的课题。我受沈健厅长推荐，担任江苏省教育基建学会名誉会长，将与大家共同努力，力争把教育基建工作和教育基建学会工作提上一个新台阶，为江苏乃至苏浙沪的教育改革发展作出应有的贡献。同时，也恳切希望上海和浙江的同志们对江苏的教育基建工作给予更多的指导和帮助。

苏浙沪教育工作合作交流在同志们的共同努力下，已经形成良好的氛围和基础，今后我们要进一步扩大区域间的交流与合作，同时充分发挥三省市教育基建学会（研究会）在教育基建工作中的政策宣传、信息交流、技术咨询、业务培训、战略研讨、学术研究和成果推广等作用，充分发挥三省市教育基建学会（研究会）的桥梁、纽带和参谋作用，团结广大教育基建管理部门和各级各类学校的基建工作者，认真学习贯彻《国家中长期教育改革和发展规划纲要》，进一步增强教育基建工作的光荣感、责任感、使命感，精心规划、精心建设、精心管理好每一座校园，用我们的聪敏才智和辛勤劳动，努力开创苏浙沪教育基建工作的新局面。

让我们携起手来，加强合作交流，实现优势互补，共谋联动发展，努力开创苏浙沪教育基建工作的新局面，为加快推进教育现代化、为苏浙沪教育事业实现新的跨越式发展做出新的贡献！

# 高校基建若干问题的探讨

华东理工大学基建处　黄　樑　陈礼平

随着高等教育大众化的到来，高校原有的规模和设施远远满足不了广大人民群众接受高等教育的需求，所以高校都在不同程度地扩大规模，以满足社会的需要。由于规模的扩大，设施的增加，原有的校址无法满足急剧膨胀的需要，新校区的建立便应运而生。建设一个规划合理、建筑新颖、设施齐全、特色鲜明、环境幽雅、可持续发展的新校区，是一项复杂的系统工程，抓住新校区建设的前期规划和建设期间的管理是高校基本建设的关键。笔者根据华东理工大学新校区的建设，对规划和基建管理作以下探讨。

## 一、校园规划前期的探讨

### 1.校园规划的重要性

校园总体规划，作为高校基建工作的第一步，对高校发展起着举足轻重的作用。在布局中要充分体现可持续发展的原则。校园总体规划既是高校事业发展规划的具体落实和学校实现发展规模的物质保证，同时也是建筑单体建设任务立项的前提。校园规划设计方案更是校园建设的法规性文件，是校园内基建工程的依据。在建设实施过程中必须尊重规划的原则，服从规划的要求，分期有序地组织建设。校园总体规划还对校园建设管理等进行了设定与规范，如校园各种线网的控制、管网的布置、道路的走向、绿化的范围、容积率的多少、密度的大小等等，都要按照校园总体规划设计方案的要求进行科学有序地运行和管理。规划设计方案还应考虑学校今后发展的余地，实现校园空间可持续性生长，有利于分期实施，而各部分又相对完整，是校园可持续发展的保证。校园总体规划方案经报主管部门审定、批复，方可生效执行，这是抑制盲目建设、各行其是的重要一环，也是对独断专行的一种约束。

### 2.校园规划遵循的原则

规划须适应教育理念的发展要求：尊重“以人为本”的规划设计理念，充分重视校园环境的育人作用；以院落空间为主题，创造出宜人的室内与室外交融空间，建筑体量适度，室内外空间有层次、有变化，尺度适宜。要充分重视空间的多样化，能结合高校的教与学、师生交流活动等特点，使师生能体验到各具特

色的建筑与环境共生的空间感受。为人创造环境，体现尊重人、理解人、关怀人，同时，还要充分考虑校园空间与城市景观的结合，为城市创造良好的临街景观，此外，还要充分重视校园环境的育人作用。高校培养创新人才的关键之一在于营造创新人才成长的环境，而营造和优化创新人才成长的学校环境是大学建设的责任。

3. 生态校园建设的内容

生态校园包括绿地、草坪、树木、花鸟等自然生态系统的建设，以及绿色建筑、人造山石、人工水面、人工雕塑、人文景观等人工生态系统的建设；既包括校内污水处理、垃圾处理等生态环境的建设，也包括校内生态系统与校外生态系统良性作用的内容；还有新的生态系统的建设和原有生态系统的保护和改良等。

## 二、校园总体规划特点

1. 创造宜人的校园环境

华东理工大学奉贤新校区的空间组织特色集中体现校园"勤奋、求实"的人文精神。主要表现为"一心两带多轴"外加水体及外围绿化带的多层次景观绿化结构。"一心"即以图文信息中心为主体结合水体的核心绿化区；"两带"为"绿色中心"南北两侧的生态景观绿化带；"多轴"是由核心区向外辐射，分别向南向主入口、公共教学区、各院系实验区、生活宿舍区及北向次入口延伸空间景观轴线。"一心两带多轴"把各功能有机地串在一起，形成了校园的主体景观框架，在这个景观框架里布置了人行步道、景观长廊、广场、水池喷泉、小品等丰富的景观元素，形成了优美的环境。各学科院系等功能单元内部布置有宜人的小尺度庭院空间，而建筑群体围合成的组团也设计了如勤奋园、求实苑等特色鲜明的主题广场，形成具有文化氛围的特定场所。在学生宿舍区设计了生活街，把各组团联结成一体。这样多层次的景观相互交融渗透，形成了丰富而有机的景观、绿化系统。

校园外围内侧宜设宽阔的景观绿化带，它是城市噪声等不利因素的有效屏障，也使校园的绿化景观环境更加完整统一。而在建筑形体方面强调实体与空间的有机呼应，宿舍区与公共教学区依据日照朝向自然地转动到正南北向，形成了对中心景观绿化的围合。

校园规划对原有的水系进行了整合，研究了基地外围条件，确定了引水口的位置，使校内水体形成活水。水体蜿蜒回转，串联了校园各主要功能区，沿途形成了幽静的实验楼水景、开阔的图文信息中心前广场水面、沿道路的线性景观河道以及自然的军事打靶场等丰富景观空间，为华东理工大学严谨的学术氛围增添了几分诗情画意。

2.校园交通体系和功能区分布要与时俱进

校园交通组织系统设计要遵循“以人为本”的设计理念，作为校园的主要车行路，在减少过境交通干扰的同时，必须保持在各方向与城市道路的连接。其主要车行路不应穿越各功能区，使各个功能区相对独立、完整，同时将功能区串联起来，形成有机的路网结构，交通系统应便捷、顺畅。校园道路应人车分流。车行和步行系统应自成体系，既互不干扰，又紧密结合，最好在人流量大的区域内能形成步行区，并要妥善安排停车设施，营造出安全、安静、安逸的校园交通环境。

华东理工大学主校门设在城市主干道海思路上，充分展示校园的新形象，形成奉贤旅游开发区景观带上的又一个新的亮点。在海浪路和环城东路延伸段上分别设有一个次校门，考虑东北侧学生生活区及各院系实验区与外界的便捷联系。校区对道路网进行了适度划分，车行主干道宽 20 米，呈环行，简洁又方便，联系着校园内各功能区。与此同时，还设置了一条机动车次干道，车辆可以便捷地到达各建筑单体。在此基础上采取人车分流，内部倡导步行。相应设计了庭院、广场、小街、亲水的滨河步道、步行景观长廊等多种特色空间，提高了环境品质。

从学校师生实际使用出发，结合不同功能组团的需要，合理布置各类机动、非机动停车场地。在各校门入口处及建筑群外围结合绿化设置机动车停车场和自行车停放点；在人流密集且大量使用自行车的宿舍区、公共教学区等设置地下、半地下非机动车库。同时，采用就近停放原则，依托校园主干道，在各功能区设置部分地面机动车停车场地，从而保证中心步行景观区不受车流干扰。

3.校园规划应充分考虑建筑单体功能特征

校园总体规划设计能为学院形成独特的、具有本土文化特点的校园氛围创造硬件基础。良好的校园文化是本土文化的继承、延续和发展，应在规划设计中充分给予考虑。校园结构可走模数式化设计道路，如对图书馆、教学楼、实验楼、计算中心、办公楼的建筑设计均能进行这方面的探索与实践。这种设计的优点是可以创造灵活性、适应性强的建筑空间，其结构合理、经济。华东理工大学整个校区以图文信息中心为核心，公共教学楼、各院系实验楼分别布置在图文中心的北、东、西方向；外语学院、信息学院(公共性较强，学生使用频繁)的系馆，与公共教学区毗邻，强化公共核心的作用；为了减少对校区的污染，化工类实验区及危险品仓库等位于基地下风向；学生、教师生活区布置在校区东北向，与公共教学区和院系实验区都有着便捷的联系；体育区、后勤区和学生活动中心也临近宿舍生活区布置，并设计了“生活商业一条街”，最大限度地提高资源

利用率，方便学生生活；学生活动中心位于校园南侧，形成窗口形象。

由于各学院使用功能不同，要求充分考虑建筑单体的规划。一旦建筑单体规划设计完成，则尽量不再改变使用功能。某实验楼在建设已完成三分之二的情况下，突然调整使用方，使用功能发生较大改变，导致该楼需重新调整结构进行加固改造，在投资、进度方面都受一定影响。另一单体已完成竣工图，但又是因为使用方的改变，导致设计重新调整，从而延误开工日期。这样的问题在校园总体规划和建筑单体设计时须引起重视，避免在以后的建设中再发生。

## 三、校园建设过程管理的探讨

1.优化组织机构

建立一个结构合理、功能完备、精简高效、统一协调、权威性强的规划与建设机构，是高校校园规划与建设方案顺利实施的组织保证。建立这样一个优化的组织机构，需要组织由学校主要领导牵头负责和由学校相关职能部门参加的工作班子；让校领导参与到校园规划与建设工作中来。这样，一方面可以充分体现学校领导对校园规划与建设工作的高度重视；另一方面由于校领导全程参与，他们便能及时了解项目进展情况，把握规划与建设工作的客观规律，及时作出科学合理的决策。同时，这个工作班子可以及时协调各职能部门，解决建设中出现的问题，提高决策的权威性，减少具体工作的阻力。

2.基建管理模式

目前国内工程管理模式及其特性见表1。

华东理工大学成立了奉贤校区建设指挥部，由主管基建的副校长为总指挥长，与本校基建处、后勤保障处、实验室装备处、审计处、财务处、纪委监察处领导组成了指挥部较强的领导班子。指挥部成员主要由原来基建处的工作人员组成，基建处编制为23人，处领导班子都是副高以上职称，科级以上均为工程师以上职称并为专业技术人员，其中高级工程师3名，工程师6名。项目管理采用矩阵制组织结构，基建管理部门设办公室、计划科、财务科、材料科、工程技术科，每一单体工程为一个项目，每个项目设一个甲方代表和专业工程师，成立了较完善的管理机构。在建设新校区之前，我校老校区已陆续建成和改造了多栋房屋，基建班组各专业人员也积累了较多经验，因此为新校区的建设提供了重要的人力资源。但随着建设的推进，由于退休及工作调动等原因，基建班组人员特别是工程技术科人员不断减少，班组力量明显不够。在这种情况下，指挥部逐步调整管理模式，通过招标，聘请具有管理大学建设经验的项目管理公司，学校委派一名基建工作人员出任甲方代表，双方对工程现场采取共同管理方式。

表1 基建管理模式

| 模　式 | 聘请项目管理公司的管理模式 | 职能制管理模式 | 项目管理模式 | 矩阵管理模式 |
|---|---|---|---|---|
| 运作特征 | 委托管理，决策权集中，职能部门少，适宜基建规模小的高校 | 不同业务分属不同部门，适宜基建管理环境比较稳定的高校，通常决策比较分散 | 业务归属项目，适宜基建管理环境动态变化的高校，决策较分散 | 既有项目部，又保留财务等职能部门，适宜基建管理环境动态变化的高校，决策较分散 |
| 优　点 | 高校人员投入少，市场化和专业化程度高，信息纵向流通强，关键问题决策和响应快 | 职能单一，强化专业性，易于集中控制 | 决策和响应快，项目管理者责任重，有利于培养综合型人才和发挥人力资源管理的灵活性，问题解决能力强，横向信息交流通畅 | 灵活性大，强调业务特征，鼓励部门之间协作，问题解决能力较强，项目目标清晰，有效地利用人力资源，纵向和横向信息交流比较通畅 |
| 缺　点 | 委托管理成本高，存在对项目投资和质量失去控制的潜在危险 | 信息纵向流通慢，响应慢，缺乏弹性和目标问题的解决能力，不利于综合型人才的培养 | 限制了员工在项目之间的流动，增加了综合型人才的培养成本，限制了纵向信息流通，易导致高层管理失控 | 运营成本高，职能部门和项目负责人之间发生潜在冲突的可能性增大，员工内部交流不畅 |

3.紧抓三大要素，加强管理制度建设

基建管理有三大要素：投资控制、进度控制和质量控制。要控制好这三大要素，就必须加强管理制度。

基建管理制度有学校内部与外部的例会制度、工程项目招投标制度、合同管理制度、工程质量监理制度、工程结算审计制度、工程项目各环节的签字制度等。这些管理制度的制定和执行，是做好学校基建工作的保证。

## 四、结　语

截至2009年12月，新校区已完成单体建筑38栋，总面积约26万平方米；道路约10万平方米；标准田径场1个，其他体育场地5个，面积约2万多平方米；给水管道1.7万米，排水管道1.9万米，校园基础设施配套基本到位。目前在建的工程有图文信息中心，已完成招投标；待建工程有体育馆、学生二食堂、教学二楼、学生公寓二期等项目。经过几年的新校区建设，指挥部积累了较为丰富的建设经验，采用了比较科学合理的管理制度，新校区基础建设取得了良好的效果。随着新校区建设的继续推进，指挥部在总结经验的同时，也将与时俱进，用科学发展观来武装自己，为学校的发展做出更大的贡献。

# 业主管理方法在高校基建领域中的研究

上海交通大学基建处　张　明

## 引　言

当前，在国家"科教兴国"的战略指引下，我国高校正处于高速发展时期，大规模新校区建设在全国展开。高校的基建项目服务于教学和科研，项目既要保证使用功能，又要确保质量、节约投资；项目功能的差异性导致项目管理难度加大；项目还要受到开学等硬性时间条件的限制，因此对项目整体管理水平要求较高。

大规模的校园建设对高校基建项目管理水平提出了严格的要求，在高校项目管理力量不足的情况下，势必借助各种工程咨询机构的力量协助并优化基建管理工作。目前常见的工程咨询机构有项目管理公司、工程监理、投资监理、财务监理等。作为项目总控制者和集成者的业主，如何加强对各种工程咨询机构的管理问题值得关注。本人作为上海交通大学基建处一位工程管理人员，以我校闵行校区二期建设为蓝本对本课题进行分析、研究和总结。

上海交通大学闵行校区二期，在全国高校新校区建设中，是具有代表性的大型基建工程。建设总投资为38亿人民币，总基地面积为205万平方米，总建筑面积为76万平方米，从2004年9月到2009年3月历时5年。

## 一、高校基建的特点

高校的建设项目，与一般建设项目相比具有自己的特点，这些特点决定了高校基建项目的管理也具有独特的一面。高校基建的特性有三点：

1.特殊性

高校是培养造就各类高级人才的重要场所，其中心任务是教学和科研，高校的基本建设要为其创造条件。高校新校区建设是个复杂的系统过程，由于发展规划、办学模式、专业设置的不同，对基本建设要求也不一样。例如：教室、宿舍、食堂、图书馆、计算中心及各种实验室等具有各自独特的使用功能，需进行各自不同的外观造型设计、结构设计、电气设计、给排水设计、暖通设计等以适应教学、食宿、实验的需要。且目前高校新校区的投资额往往达到10多亿人民币，建设规模巨大。高校新校区建设工程具有建设规模大、投资量大、建设周期长、技术复杂、参与单位多、风险大、组织实施困难等特点，这些为高校基建的项目管理增添了难度。

2. 社会性

高校的基本建设具有广泛的社会性，涉及设计、施工、材料供应及质量监督，建设管理，投资审核等方面，整个项目实施的全过程完全依附于社会，由社会力量来完成。

3. 规范性

基本建设工作是规范性很强的工作。每个项目实施过程必须遵循国家基本建设工作的各项方针和法律法规。

## 二、高校基建项目管理中存在的问题

高校基建一般由校领导领导下的基建处代表业主进行管理，基建处在高校基建中往往发挥着巨大的作用，但也存在一些问题。一方面，部分高校基建处人员相对较少，实力较弱，虽有具有丰富建设经验的人员担任组织者，但面对高校基建的特殊性及复杂的项目目标控制，较难胜任项目总控制者和总集成者的角色。如对设计管理较弱，存在导致项目投资大大超出预算，在招投标阶段不熟悉相关流程，在施工阶段对质量监理不能到位等问题，因此业主方仍亟须工程建设咨询单位辅助进行项目管理，以协助和支持项目的组织和决策。另一方面，部分高校聘请了各种咨询机构，如代建制单位、投资监理、工程监理等，但效果并不明显，存在诸如众多咨询机构失控、在工程建设中未发挥应有作用、各咨询机构之间责任界定不清、咨询机构众多导致的信息沟通缓慢、周转流程过多等问题。如何加强对咨询机构的管理，是高校业主迫切需要解决的问题。

## 三、高校基建咨询的组织机构与职能

高校基建的业主既是项目的投资者，又是项目实施的组织者和总集成者。因此，业主对项目建设的控制能力（包括较强的大型项目的组织能力、综合管理能力和总体协调能力）是项目建设成败的关键。无论设计成果如何优秀、施工力量如何强大、设备和材料如何先进，如不进行强有力的组织和协调，将很难创造出令人满意的建筑产品，实现预定的目标。大量工程项目建设实践证明：业主的集成和控制能力是项目建设成败的关键。利用咨询机构加强对整个项目的管理，同时对咨询机构的合理化管理是业主集成和控制能力的反映。

为了加快闵行校区二期建设，保证建设质量，学校决定成立上海交通大学

闵行二期建设领导小组为决策系统，并下设监控系统、咨询系统、现场指挥部（执行系统）及办公室。闵行二期建设领导小组在校党委常委会领导下，行使对闵行二期建设的领导。

决策系统分为党委常委会和闵行二期建设领导小组两个层次。党委常委会讨论和决定闵行二期建设规划、投资、建设进度、管理体制、机制等重大问题。

1.建设领导小组的主要职能

（1）审查校园建设总体规划方案；制定二期建设项目的总体规模、投资规模、建设周期、阶段目标；评审特大型项目如主楼、体育馆等项目建设方案等。并将以上内容提交党委常委会决策。

（2）制定二期建设资金筹措计划；审定年度资金使用计划；制定项目投资量和建设标准；明确建设进度。

（3）在经过项目立项论证和听取咨询意见的基础上，审定建设项目的功能、规模、选址及投资构成。

（4）经专家评审后，对景观、道路、桥梁、单体建筑形态、主要建材等建设方案提出实施原则。

（5）讨论现场指挥部提出需要决策的重大问题。对现场指挥部的工作进行检查评估，审议奖惩条例，划拨专项奖励资金。

（6）每两周召开一次例会。根据需要组长可召开临时或现场办公会议。

（7）适时向党委常委会和教职工代表大会汇报闵行二期建设进展情况。

（8）领导小组下设办公室，履行日常具体事务。

2.监控系统的主要职能

监控系统由领导小组成员负责、学校有关职能部门和专家组成。

（1）在投资控制、规划执行、立项报批、建设标准、招标投标、物资采购、工程质量、计划进度等方面，按照国家重点工程管理制度和学校相关规定进行过程监控。

（2）监督建设资金的筹措落实和使用情况。

3.咨询系统的主要职能

咨询系统由领导小组成员负责、聘请专家和学校有关职能部门负责人组成。

（1）按照建设领导小组的要求，对项目的立项、功能定位、规划、设计方案、建设标准等不同议题进行方案论证筛选，为领导小组决策提供多个可行方案。

（2）建立专家库，根据不同的决策任务，聘请各类专家，使方案论证科学化、合理化。

4.执行系统的主要职能

执行系统由现场指挥部(设总指挥、副总指挥)及下设若干办公室组成现场指挥部。

(1)贯彻领导小组决策意见，在第一线全面实施二期建设任务。及时向领导小组报告工程建设情况，提出需要决策的重大问题。

(2)对指挥部下设各部门的组成和负责人的聘任提出建议，全面领导下属各部门的工作；实行企业模式的奖惩制度；充分调动一线工作人员的积极性。

(3)按照工程进度计划，合理安排使用经领导小组批准的年度建设经费；设立专门账户，确保专款专用。

(4)严格遵照国家和学校相关规定，制定工程管理组织形态，组织招投标、工程设计、施工、监理、竣工验收、资料归档。

(5)在指挥部内部形成决策、咨询、执行、监督的管理链，对二期建设工程质量、安全、进度和投资控制实行全面负责。

(6)受领导小组委托，协调与二期建设工作相关的内外关系。

## 四、建设项目实施的管理

1.组织模式、承发包和合同结构的合理选择

工程项目的实施组织模式是通过研究工程项目的承发包模式，进而确定工程项目合同的结构，合同结构的确立也就解决了工程项目的管理组织，决定了参与工程项目各方的项目管理的工作和任务。确定承包模式和合同结构应综合考虑多种因素，如工程项目本身的特点、建筑企业组织机构、业主和承包商的意愿等。通常的承发包模式有平行承发包模式、设计/施工总承包、项目总承包等。目前高校基建建设规模较大，采取的往往是几种承发包模式的混合情况。

合同是建设项目管理的核心。合同将工期、成本、质量、目标统一起来，划分各方面的责任和权力，所以在项目管理中合同管理居于核心地位，作为一条主线贯穿始终。高校应签订公平的反映市场水平的合同价格；完备的，没有漏洞、二意性和矛盾的合同条件；合理且明确地分配项目的工作和工程责任，合理地分配风险，以保证项目工作能及时按质按量地完成的合同。

咨询机构在项目管理中的地位包括两种情况：一种是有执行权利的咨询机构，这种咨询机构可以直接对承包商、供应商有指令权；另一种是无执行权利的咨询机构，这种咨询机构没有发号指令权的能力，对业主有相应的建议权。高校采取何种形式，应根据具体情况决定。高校业主与咨询机构之间的关系由合同关系确定。需要注意的是，作为业主，要克服不放心心理导致的不敢放权的行为，特别是投资方面的不敢放权行为，同时业主应该培养和建立工程咨询单

位的权威，顺利推进咨询机构的管理，最终有利于业主的管理。

2. 咨询机构的合理选择与聘用

在确定组织架构的前提下，采取招标的形式选择某些咨询机构。在选择咨询机构时，需要考虑的条件包括咨询机构的企业概况、资质、人员素质、已完成工程情况等。从高校基建的背景出发，很重要的一点是要考虑咨询机构是否有承担过高校基建项目管理的经验。如选择设计单位时，要考虑设计单位是否具有教学楼、实验楼等丰富的设计经验，在选择工程监理企业时，也要考虑其是否从事过实验楼等较复杂的项目的监理经验。在通过招标确定中标单位后，要通过合同明确各个咨询机构的主要任务和职能范围，合理地分配风险。

3. 咨询单位之间的工作职能和流程应清晰

业主聘请多个咨询单位，如工程监理、投资监理、代建制单位、项目管理公司时，往往会由于对各个咨询机构之间的定位和界面没有划分清楚，或者业主在工作过程中对各咨询机构的定位不清，易导致工作界面模糊，流程混乱，从而出现责任互相推诿和事务无人管理的情况。为此，业主在签订合同时应全面考虑并清晰地划分各咨询机构的工作界面及工作的相关流程，在工作过程中注重严格遵循流程及合同规定行事。

4. 项目实施期间的有效控制机制的建立

工程项目的控制是管理者为实现项目目标，通过有效的监督手段及项目受控后的动态效应，不断改变项目控制状态以保证项目目标实现的综合管理过程。包括制定控制标准；对实际执行情况的检查、测量并与计划标准作比较；找出偏差，分析偏差产生的原因，纠偏或重新修订计划三个基本步骤。高校首先应制定对咨询机构管理的制度，同时应加强过程中对咨询机构的控制，建立良好的循环控制机制。

5. 做好各咨询单位之间的协调沟通工作

工程项目的协调是项目管理者为实现项目的特定目标，通过联合沟通方式，调动相关组织的力量和活动，以提高其组织效率的综合管理过程。高校业主作为项目管理的龙头，应协调各种关系，建立包括各个咨询机构及承包单位的沟通平台，建立以业主为中心的、各个咨询机构围绕业主工作的模式，并建立协调联络系统，为项目目标服务。

6. 有效的激励约束机制建立

要使咨询机构在项目建设中发挥更大的作用，合理的激励约束机制必不可少。如高校新校区建设规模较大，往往涉及多家工程监理企业。业主可以采取评比、组织互相学习等形式来调动各监理单位的积极性，调动各自的品牌创建的热情。在新开工的项目中可择优选取已合作过的监理企业，一方面减少业主与监理企业的磨合期，另一方面可提高监理工作的积极性。此外，在合同中可确定一定的物质奖励的机制。在约束机制方面，可以通过制定一定的规章制度等进行防范咨询机构的不合法行为。

7.项目文化的培养

项目参与各方与业主均是短期合同关系，项目文化有助于克服传统建设模式中各参与单位及项目参与各方内部的矛盾。项目文化通过共同价值观和理念的培育，强化各方的合作与信任，在共同的项目利益基础上，形成巨大的凝聚力。业主方在整个项目管理中处于核心地位，尤其要利用众多的咨询机构来加强项目的管理，必须建立一定的项目文化。如构建项目组织所遵循的核心价值观念，“项目利益高于一切”。并促使项目组织的各参与方按共有的行为标准进行项目实施。项目文化培养的具体措施包括宣传、会议讨论等形式。

8.重视项目管理不同阶段对咨询机构管理的侧重点

项目的管理阶段分为投资决策阶段、设计阶段、招投标阶段、施工阶段、竣工验收阶段等。项目的不同阶段各咨询机构参与管理内容及工作的侧重点不同，对咨询机构管理也应具有一定的侧重点。

以对影响项目投资最大的勘察设计阶段为例，此阶段参与的咨询机构主要是勘察设计单位，业主加强对设计单位的管理对节省工程投资具有重大作用。应对设计单位“项目利益高于一切”理念的培育引起足够的重视。在签订设计合同时应注意平衡业主与设计单位的利益关系，让设计单位充分调动主观能动性和积极性，把该项目作为一项富有挑战和激情的伟大作品来完成。在设计过程中应充分发挥规划师和建筑师的创新性，专业工程师应充分考虑价值工程的运用，在保证项目功能的前提下，尽可能节约投资。

同时，在对设计单位进行管理时要注意：要和设计单位充分交流，反映学校的建设意图，跟踪整个设计过程，并强调集成化设计思想的运用；组织协调各勘察设计单位之间以及与物资供应、设备制造和施工等单位之间的工作配合；配合设计单位编制设计概、预算，并做好概、预算的管理工作。组织设计、施工单位进行设计交底，会审施工图纸等工作。

## 五、对建设项目管理的建议

1.聘请项目总控单位

由于高校基建工程建设的特点是参与单位众多，产生的信息量很大，传统的信息采集、加工、传输、存储手段落后，项目决策者和实施者所需信息不能及时提供，实施各单位之间信息的传递严重不畅，给业主方及时、准确的决策造成了很大的困难；若高校被缠身于繁杂的事务性、实施性工作中，将缺乏项目实施

的整体规划，无暇顾及某些项目建设重大问题的思考，缺乏对项目进展过程中战略性、宏观性和总体性问题的思考。

项目总控单位属于咨询单位，是以现代信息技术为手段，对大型建设工程进行信息的收集、加工和传输，用经过处理的信息流指导和控制项目建设的物质流，支持项目最高决策者进行策划、协调和控制的管理组织模式。它是一个运用现代化手段集中存贮和处理信息的“信息处理中心”。项目总控单位对承包单位不具有指令权，对业主具有建议决策权。负责综合性的目标信息组织工作，不参与项目具体实施工作，如主持施工协调会等。工作性质具有宏观性和指导性。

目前我国在一些大型项目中正在推广项目总控模式的应用。相对于项目管理比较薄弱的高校而言，采取项目总控模式是一种比较合理的管理模式。

2.项目管理信息系统与信息平台的建立

随着信息技术的发展及其与工程项目管理思想、方法的不断互动，近年来，建设工程信息系统的功能也在不断发生变化，在建设工程信息管理系统中也发挥出巨大的作用。采用建设工程信息系统作为建设工程的基本手段，不仅提高了信息处理的效率，在一定程度上也起到了规范管理工程流程、增强项目管理工作效率和目标控制工作有效性的目的。由于高校基建项目较多，涉及单位也多，信息量大，建立信息管理平台有助于各参与单位的协调沟通，有助于信息的集成，有助于文档的流通和管理，会在项目管理中起到巨大的作用。通过项目管理的信息化可以实现业主方内部、业主方和项目参与各方，以及项目参与各方之间的信息交流、协同工作和文档管理。

## 结　语

作为管理力量相对薄弱的高校基建的业主，在工程建设中，通过聘请各咨询机构辅助进行项目管理，可有助于项目管理目标的实现。作为高校基建的业主，是建设工程项目生产过程的总集成者，是业主方项目管理的核心，应通过从组织架构、承发包模式和合同结构的合理选择、咨询单位的合理选聘、项目实施期间的有效控制、做好协调沟通工作、有效的激励约束机制建立、项目文化的培养、重视项目管理不同阶段对咨询机构管理的侧重点等方面加强对咨询机构的管理，有利于整个项目管理目标的实现。

交通大学近5年的闵行校区二期建设，有经验也有教训，有收获也有代价。通过我校建设者的辛勤付出和努力，二期建设取得巨大成功，获得广泛好评，希望能够经过这次总结研究，给国内各兄弟院校提供高校建设的建议和参考。

# 关于做好高校基本建设工作的思考

浙江工业大学　何　兴

随着高等教育规模的不断扩大，高校基本建设进入了一个全新的发展时期。由于基建工作的周期长、投资大、专业性很强，与社会的联系紧密而又广泛，所以，在许多高校，都设置有专门负责校园建设的职能部门，其工作职能一般包括负责学校规划与建设、按照国家及地方的相关法律法规代表学校合理利用各类建设资金、具体负责建设项目的实施和征地拆迁等工作。从工作职能可以看出，涉及的工作任务不仅需要各类专业技术人才，还需要具备一定统筹和管理能力的管理人员。校园建设部门的工作水平和工作能力直接影响到学校的发展。如何提高校园建设的综合实力，是值得深入思考的问题。

## 一、高校基本建设工作的特点

1. 专业技术要求高

随着高等教育的发展，高校校园建设也向更高的台阶迈进。校园建筑不仅是满足教学科研、日常办公生活的需要的场所，更多的时候是一种文化、一种精神的体现，甚至可以成为一个学校办学精神的象征。为此，一个建设项目从立项到设计再到施工到最后投入使用无不体现着文化的元素，作为设计师和工程人员要想达到这样的水平、具备这样的能力，专业知识是必不可少的。

2. 资金使用要求高

如何代表学校合理利用各类建设资金（包括国家基本建设拨款、学校自筹资金、国内贷款和赠款等）组织开展校园基本建设项目的实施，有效控制工程材料造价和招标投资也是校园建设工作的主要工作内容之一。面对着大额资金，如何科学、合法、合理、有效地使用也体现着校园建设处同志的水平和能力。

3. 项目管理要求高

在项目实施过程中，因为每个项目的基础和要求不一样，工作中不确定因素多，对管理的要求往往比较高。比如发包方式有总包、分包的，对总包单位和分包单位的管理重点就不一样。同时，如何在管理中使资金投入、质量控制、进度控制达到和谐统一也对工程管理人员提出了更高的要求。

## 二、对策与建议

为适应高校基建管理工作的要求，提高校园建设综合实力，可以从以下方面着手：

1. 加强专业化学习

学习的内容包括：

(1)专业技术知识。校园建设处作为一个技术性强的职能部门，从事建设工作的同志必须具备扎实的工程专业知识，包括建筑学、土木工程、城市规划、建筑设计等等，只有自己懂技术才能更好地管理施工单位。根据工程特点，从工程的立项到投入使用，都必须掌握全过程的专业知识，包括工程招投标、工程造价、施工管理、施工验收，还必须掌握必要的技术标准和施工规范。

(2)法律知识。随着依法治国进程的推进，依法建校也是我们必须遵循的原则。面对情况复杂的工程建设项目，面对各类建设参与方，如何最大限度地避免建设纠纷，防止不必要的经济损失，增强法律观念，提高法律意识是最好的途径。现在施工单位法律意识都很强，谈判经常带着法律顾问来，所有施工资料也都有法律顾问把关。作为工程管理的一方来说，除了规避施工合同纠纷的风险，处于校园建设第一线的同志还要具备拒腐防变的能力，抵御各种诱惑。目前，基建领域也是职务犯罪的多发领域，在这样的社会环境下，如何把握原则性和灵活性，做一个经得起检验和考验的建设者，学习相关的法律知识是必不可少的。

(3)管理知识。校园建设处作为代表学校从事校园建设的职能部门往往承担着对所有建设项目管理的职能。工作中代表着学校既包括项目的管理也包括对勘察设计单位、施工单位、监理单位的管理工作。项目管理作为建设工程重要的环节对建设项目的投资、质量、进度起着至关重要的作用。作为工程管理人员必须具备过硬的管理能力。

工程领域的学习必须理论联系实际，带着问题学习，带着任务学习。我们的学习就是为了适应新技术、新材料、新工艺的应用和新的管理模式。建设处的同志应该利用平时的闲暇时间广泛阅读相关书籍，利用在高校工作的优势多听相关的报告，比较系统地学习相关专业知识。同时，要利用各种载体和各种机会参加专业培训，通过培训掌握系统的知识，提升整体的工作能力和工作实力。有条件的单位还可以选派优秀的工程管理人员去高校或大型建设企业脱产进修，提高层次。

2. 建立一支职业化的队伍

(1)以职业资格为导向。校园建设工作专业性强是其自身的重要特点之一。对于从事建设工作的同志来说，以国家颁布的职业标准来要求自己，才能真正做到专业化和职业化。目前，建设工程领域涉及的职业资格考试包括：造价师、一、二级建造师、建筑师、招标师、结构工程师等类别。对于从事造价编制和控制的同志来说就应该把通过造价师资格考试作为衡量自己学习结果的标准，同样从事招投标的同志应该以招标师，从事设计的同志应该以结构工程师、建筑师，从事工程管理的同志应该以建造师为标准要求自己。

(2)以具备大中型工程建设组织能力为目标。校园建设学科分类广是其自身的另一重要特点。建设工程涉及项目报批、项目设计、施工管理、项目验收等阶段，每一阶段涉及多工种的交叉和工序的交叉。作为建设单位，对每一环节都需要具备相应的能力，应该以是否具备组织大中型工程项目建设能力为标准。

3. 增强综合保障能力

校园基本建设尤其是新校区建设往往周期长、环节多、任务重。对工程建设来说又是专业性很强的工作，很多工作需要统筹的安排和规划。为了提高工作效率，创造良好的建设环境，应采取全方位的保障措施：

(1)加强组织保障

组织是建设目标能否实现的决定性因素，为实现项目的建设目标，建议成立以当地政府为主导的建设领导小组，成员可以由发改部门、财政部门、教育部门、规划部门、国土部门等政府职能部门及学校组成。

(2)加强管理保障

建议实施过程审计工作。过程审计对于工程造价控制、规范执行、反腐倡廉等都是很好的监督和促进。可以聘请工程建设和征地拆迁方面的法律顾问和工程专家，对征地拆迁和施工合同的签订和履行从法律角度和专业角度进行全面把关，避免和减少法律纠纷。同时加强队伍的工作能力，参照建造师、监理师、造价师和招标师的标准培养建设队伍。

(3)加强资金保障

建设工程涉及资金需求计划、资金供求计划、资金供应的条件和经济激励措施等，对于高校来说应该对校园基本建设的资金进行总体规划，按阶段、分步骤具体实施。

# 浅谈如何做好高校基建管理工作

中国计量学院　冯时林　杨德胜

近年来，随着高校招生规模的不断扩大，高校掀起建设新校区的热潮。新校区建设一般由学校基建部门专门负责，每一个独立的工程项目都由基建部门代表学校进行现场管理。如何做好高校基建管理工作值得共同探讨。

## 一、牢固树立大局意识，全心全意为教学科研服务

第一，树立大局意识，提高工作效能。各校应形成分管校领导统一指挥，基建部门整体协调，各部门各负其责、同力协作的建设指挥系统。参与工作的人员必须具备大局意识，认真梳理基建工作的各个环节，积极应对工作中遇到的各种困难，决不相互推诿，互相扯皮，以只争朝夕的精神加快工作进度。

第二，深入研讨，充分准备。按照“按需建设、量入为出、统筹兼顾、贷款适度、持续发展”的基本建设总体思路，各校应成立由基建、财务、监察、后勤产业管理等部门组成的基建领导小组，对建设项目的规模、投资风险、环境评价做深入研讨，认真选好委托代理单位。完成施工图设计的招投标、开工建设的审批手续及资金的筹措等各项前期准备工作。

第三，广泛征求使用单位或用户的意见和建议。不管是教学、科研、办公用房，还是教职工生活用房，我们都必须始终坚持用户第一的原则，一切以满足用户的需要为出发点。从图纸设计开始，就要与使用单位或用户紧密联系，认真听取他们的意见和建议，尽可能在使用功能上满足用户的需要。在此基础上，向设计单位提供书面设计要求。在施工过程中，特别是在主体工程完成之后、内外装饰开始之前，要再次征求使用单位或用户的意见。

## 二、牢固树立“质量第一”的思想，全方位把好工程质量关

基建工作是学校发展的基础和保障，工作质量是否过关，关系到学生、教职工的切身利益，关系到校园的和谐稳定，关系到学校发展的大局，因此，抓好工程质量是基建现场管理工作的重点。抓好工程质量，要做好以下工作：

第一，全面提升质量意识，增强质量工作的使命感和责任感，坚持“百年大计、质量第一”的方针，把工程质量作为管理的中心环节。要落实质量责任制，

严把质量监督关，要全面落实施工、监理和建设单位的质量责任制，做到分层管理，逐级负责。加强过程控制，由重质量结果评定转变为重过程监督，由重工程实体质量检查转变为质量行为监督与工程实体质量监督并重。

第二，加大监理力度，提高监理工作水平。监理单位必须严格执行国家法律、法规、技术标准、规范，切实履行监理合同。监理单位要按监理规定及合同要求设立相应监理机构，配备符合资质要求的人员和检测设备，对工程的重点部位和关键工艺（工序）要制定严格的质量保证措施，严格按照监理程序和质量标准核验工程质量。基建部门要与监理单位形成合力，确保工程质量。

第三，加强对施工单位的管理，确保施工质量与安全。对工程质量而言，施工单位是关键。施工单位必须建立健全工程质量保证体系、安全生产管理体系，编制、落实可行的施工进度计划。基建部门要加强对施工单位的管理，负责检查施工进度计划完成情况。

## 三、提高基建管理工作水平，统筹处理好各种关系

基建管理人员要正确把握学校提出的建设目标，在实际工作中，协调各方面的关系，调动各方面的力量，加快工程进度，确保工程质量。提高基建管理工作水平主要是统筹兼顾，处理好以下几种关系：

第一，统筹处理好进度、造价与质量的关系，进度要科学，造价要合理，质量是核心。

第二，统筹处理好五大建设主体单位的关系，勘察、设计是基础，监理是保障，施工是关键，业主是主角。

第三，统筹处理好单个工程与整个校区系统建设的关系，单个工程的施工虽然是独立完成的，但它的风格、功能则要完全融入到校区系统建设中去。

第四，统筹处理好工程的前期、中期、后期的关系，工程的前期要善于谋划，工程的中期要善于科学管理，工程的后期要善于动态跟踪管理。

第五，统筹处理好施工的气候条件和工程进度的关系，要尊重客观现实，制订应急预案、采取预防措施和安全防护措施，在确保工程质量和施工安全的前提下科学组织施工。

第六，统筹处理好安全生产与工程进度的关系，要把安全生产放到事关基本建设是能否按期完成的高度上来，以“责任重于泰山”的强烈使命感，筑牢安全施工的第一防线，落实安全施工管理体系的运行，时时检查、处处注意现场施工是否符合安全施工标准的要求；同时开展教育和培训，提高施工人员自我防范技能和意识，真正把加快基建建设进程放在安全可控范围内。

第七，统筹处理好自检、专检与巡检的关系。要督促施工单位务必做好每

道工序的自检工作；对节能、钢材、混凝土、桩、沉降等专项试验检验，要选择好专检单位，确保结果的客观性。要加强施工现场的巡检。工程施工当中的质量管理工作，大量的是在施工现场，应加强现场的质量管理、质量监督工作。只有这样，才能及时发现施工存在的质量问题并及时解决，把质量问题消灭在萌芽状态。

第八，统筹处理好建设方与施工方的关系，建设方的目标是按要求扎实完成工程，施工方的目标是按要求完成工程并获得报酬。目标上存在差异性就可能发生不和谐状况。只有强化管理人员对招标文件、合同等文件的学习，准确把握要点，真正理解要义，才能有的放矢地协调解决建设方与施工方的矛盾和冲突。

第九，统筹处理好人情与廉政的关系。建设方要与施工方建立良好的合作关系，这是开展工作的基础。同时，基建管理人员要加强廉政制度的学习，增强自我控制力，时刻绷紧廉政这根弦，做到送礼不收，吃请不到。君子之交淡如水，常在河边走，就是不湿鞋，自警、自律、自重、自强。这样，才能得到施工单位的尊重，确保把工程建设成为党政放心工程、质量优质工程、师生满意工程。

## 四、切实加强基建经费的管理，使有限的经费发挥最大的效益

基建经费来之不易。因此，必须高度重视经费管理工作，教育干部职工要在节约经费上多动脑筋、多想办法、狠下工夫，尽量做到少花钱多办事，千方百计为学校节约经费。为了严格控制工程造价，要做好以下几点：

第一，对每个项目从设计阶段就开始做好资金控制。合理地确定建筑标准，做到突出重点，兼顾一般；同时做好结构设计的方案论证工作。特别是基础结构形式的选择，在保证安全的前提下，进行经济分析和对比，选择安全、经济的方案。

第二，从招标文件的编制、图纸答疑和会审纪要，到正式合同的签订都要做到慎之又慎，组织有关人员在一起反复研究，力求使其内容前后一致，用语准确、严谨、无误，便于在实际执行中有所遵循，保证大额资金不流失。

第三，实行工程技术变更单会签制度，完善技术变更的程序和手续，保证技术变更的可行性和合理性。

第四，主要电器设备与装饰材料通过招标选定供应厂家，杜绝假冒伪劣商品。

第五，严把拨款和预决算审核关，实行预付备料款加月进度拨款的办法。施工单位将工程报监理公司审定，然后报甲方工程主管人员认可，再转计财审核，最后处长签字报分管副校长或校长批准。财务执行严防独断专行，要加强

集体讨论，保证财务正常运作不出纰漏。

高校基建工作关系到学校的发展和师生的切身利益。因此，必须提高工程质量意识，加强工程质量管理，进一步完善管理制度，使工程质量管理规范化、制度化、科学化。基建管理人员要高质量、高效益、高水平地完成学校的基本建设任务，尤其要在提高工程质量和建筑功能上狠下工夫，通过精心规划、精心施工、精心管理，造就具有现代高校特色的优质工程和优美的校园环境。

# 探索校园卡在高校中的深入应用

上海海事大学　王海威

近几年来，全国高校掀起了全面建设校园一卡通的高潮，许多学校纷纷抛弃了以解决后勤餐饮等消费功能为主的传统校园卡系统，转而建立全局性的校园一卡通，校园卡应用的内涵和外延都发生了本质的变化。校园卡在高校中的应用已经从金融消费、身份识别扩展到了学校的教学、科研、生活、管理的各个领域，成为为师生服务的重要媒介和手段。

结合上海海事大学几年来在校园一卡通建设中的经验，本文对校园卡在高校中的深入应用进行了思考，并对未来的发展趋势作了展望。

## 一、校园卡应用的发展和现状分析

校园卡在高校中的应用经历了三个阶段：部门功能卡应用阶段、校园一卡通建设阶段、全局性深入应用阶段，这充分反映了校园卡在高校中从分散到集中的发展规律。

### 1. 部门功能卡应用阶段

自20世纪90年代以来，国内许多大中专院校从食堂消费等后勤服务入手，引入了校园卡早期的雏形——食堂就餐卡，随后逐渐出现其他用途的多种卡，比如图书卡、体锻卡、医疗卡等。由于缺乏学校统一的规划和建设，每种卡片都由学校内部各部门独立建设和管理，各自卡的系统也只局限于某一范围使用，与校园卡相关的系统数量多、应用范围窄，系统应用效率低，建设及维护成本高，给师生的使用带来了极大的不便。目前，我国还有相当数量高校的校园卡应用仍处于第一阶段。

### 2. 校园一卡通建设阶段

随着高校为师生服务项目增加和要求的提高，原有的校园卡已经难以满足越来越多、越来越复杂的应用需求和扩展。近几年，各大高校在信息基础设施基本完善的情况下，逐渐意识到建立全校性一卡通系统的必要性和重要性，纷纷开始建立统一的校园一卡通平台，用一张校园卡替代原来的各种证卡，实现了“一卡在手，走遍校园”，极大地方便了师生的使用，但其功能仍然主要局限在金融消费和身份识别这两大传统领域。

3. 全局性深入应用阶段

少数高校在完成了校园一卡通建设的基础上，开始尝试将校园卡应用扩展到学校的教学、科研、管理和服务的各个领域，最大限度地发挥校园卡的作用，成为真正的“一卡通”。

可以看出，校园卡应用的第二阶段建设是最关键的，它既克服了第一阶段存在的问题，又为第三阶段的发展打下基础，如何建设一个高效稳定、功能全面、扩展灵活、管理方便的校园一卡通平台，是校园卡应用的核心问题。

## 二、全局性校园一卡通的目标

校园一卡通作为高校信息化建设内容的一部分，是最能体现信息化建设成果的一个项目，同时对学校的管理和服务水平的提升也有很大的促进作用。

综合第二、三两个阶段的要求，一个功能完善的校园一卡通平台应该实现如下目标：

1. 实现证卡统一，为师生提供金融消费、身份识别等校园卡核心服务

校园一卡通的主要服务对象是全校师生员工，以实现“一卡在手，走遍校园”为目标。因此，一卡通首先要做到的是高效、稳定、便捷地为师生提供其核心功能，即金融消费服务和身份识别服务。

校园卡应实现身份识别一卡通。校园卡可代替以前的学生证、工作证、借书证、食堂就餐卡、上机证、医疗证等各种证件，起到以卡代证的作用，应用于需要身份验证的所有场所，如：办公楼、图书馆、实验室、校门等。

校园卡应实现金融服务一卡通。校园卡可作为电子钱包使用，持卡人可以在各个校区的任意消费网点以卡代币进行消费结算。应用于校园的各个消费场所。如：食堂、餐厅、澡堂、洗衣房、超市、小卖部、机房、收费服务点等。并与财务、银行对接，实现自动结算、圈存、校内代缴代扣、消费查询等金融服务功能。

2. 实现流程整合，支持基于校园卡的扩展应用

与数字化校园的其他应用系统进行集成，实现与学校的教学、科研、人事、财务等各应用系统的业务和流程整合，简化、优化各业务部门为师生服务的流程，实现信息资源共享和业务协同，提供更全面的扩展应用。

3. 建立完善的运营管理体系，实现集中、便捷的系统运行维护和保障

形成完善的、多层次的运营管理体系，为一卡通运营管理人员的日常运营管理提供支持。同时，建立集中管理监控体系，使技术人员能方便地监控整个系统所有硬件设备的运行情况，及时发现和解决故障。

4. 利用数据资源，为学校领导和各级管理人员提供决策支持

充分利用一卡通核心数据库中积累的大量历史数据，进行科学的分析和挖

掘，形成图形化的分析结果，为学校领导和各级管理人员的决策提供信息支持。

## 三、校园一卡通深入应用的经验和探索

上海海事大学校园一卡通建设从2006年启动，经过近三年的建设，目前已经基本形成了一个完善的、全校级的一卡通平台，校园卡应用已经遍及学校的各个方面，为广大师生的学习和生活带来了极大的方便，也得到了师生的一致好评。可以说，海事大学校园一卡通建设达到了我们预期的目标。

"一卡多用、一卡通用、一卡在手、走遍校园"的建设目标是从用户体验的角度出发的，但在建设过程中，应该充分地体现"以人为本"的指导思想，校园一卡通的建设不仅要考虑使用者，还要考虑系统维护者以及学校领导层、财务人员、信息办人员等不同角色人员的需求，这样才能真正体现全面的"以人为本"，才能满足更广泛的需求。

结合上海海事大学的经验，我们认为校园一卡通建设重点要考虑如下因素：

### 1. 高起点的系统规划

为了避免传统的校园卡系统所出现的问题，我们在系统建设初期进行了全面的整体规划，从学校全局出发，调研了各个相关部门并收集详尽的系统需求，充分考虑未来的发展趋势，形成完整的系统规划，用于指导未来几年内的系统建设和拓展。

同时，为了防止出现新的信息孤岛，我们不仅仅将校园一卡通作为一个应用系统来看待，而是将其定位为学校的IT基础设施之一，重点分析了校园一卡通系统与学校其他应用系统和各个部门之间的业务关联和数据交互，为校园卡发挥更大的作用创造条件。

### 2. 全面梳理和优化业务流程

校园一卡通建设不仅仅是IT系统的实施，同时也是对学校管理和服务水平的促进。借一卡通系统建设的契机，我们对学校各个部门的相关业务，特别是为师生服务的业务流程进行了全面地梳理，对某些业务流程进行了再造，通过引入校园卡来优化流程，这些措施有效地提高了管理效率和服务水平。

### 3. 确保一卡通核心功能的正常运行

校园一卡通系统涉及面广、用户多、影响面大，因此，建立安全稳定的技术平台、保证师生用卡便捷至关重要。我们要首先保证校园一卡通的基础功能的正常运行，特别是面向师生的金融消费和身份识别服务。这些基础功能如果能正常运行，一卡通项目就能立于不败之地，也为系统未来的功能扩展打下良好的基础。

上海海事大学校园一卡通构建了一个功能强大的核心平台，为一卡通管理人员提供用户管理、商户管理、卡务管理、资金结算和系统监控等核心功能，为广大师生提供餐饮消费、浴室消费、用电消费、补贴发放、医疗消费以及考勤、会议签到、门禁等金融消费和身份识别服务，基本覆盖了校园生活的方方面面。

同时，我们也充分认识到一卡通系统运行维护管理的重要性，由于用户多，任何一个微小的错误都可能带来巨大的影响。因此，我们每年都拨出专门的维护费用，与供应商一起成立了专业的维护队伍，建立了严格的系统运行维护制度，利用图形化的实时监控和报警系统，密切监视系统运行状态，及时排除故障，保证了系统的正常运行。

4.深入分析和发掘校园卡的扩展应用

要最大限度地发挥校园卡的作用，仅仅确保一卡通核心功能的建设是不够的。我们在系统规划时重点对基于校园卡的应用进行发掘，深入分析校园卡在学校教学、科研、管理、服务等各个领域的应用，针对不同领域和不同用户，规划出多个扩展应用，并且根据学校的实际情况，实现了部分建设条件成熟的应用，如将校园卡应用于迎新、离校、注册、考试报名、补贴发放等业务。

这里举一个典型的校园卡拓展应用的例子。我校新校区由于地理位置远离市区，学校对到新校区上课的老师按次数发放补贴。在这个补贴计算和发放的业务流程中，我们充分利用了校园卡这个有效的工具。老师到新校区上班时，先在遍布校园的考勤点打卡考勤，系统将考勤记录传给人事处，人事处根据考勤记录和预先规定的补贴政策，计算应发放的补贴金额，月底时将补贴金额传给财务处，财务处进行账务处理后再传给一卡通系统，由一卡通系统将补贴金额发送到具体持卡人账户上，当教师下次在某个一卡通终端上消费时，补贴将自动写入卡片上。

上述业务流程中，从教师打卡考勤到最终补贴进卡的整个过程基本上自动完成，业务涉及一卡通管理中心、人事处、财务处三个部门，通过数据交换平台在不同的系统中进行实时数据传递，而教师基本上感觉不到后台的数据处理和流转。

我们认为，大力深化和发掘校园卡在学校各个领域的应用，不仅能为师生带来极大地方便，而且能更好地理顺业务流程，使学校的管理和服务上一个新台阶。

## 四、对校园一卡通未来发展的展望

随着广大师生对学校的管理和服务水平的要求越来越高，校园卡的应用也将日益广泛，这必然会推动校园一卡通建设的不断深入。上海海事大学将根据学校的实际情况，继续深入拓展校园卡的各种应用，使其发挥更大的作用。

我们规划的校园卡应用主要有如下几个方面：

1. 发掘校园卡应用，实现流程整合

继续深入挖掘校园卡在校园中各个领域的潜在应用，充分利用学校信息化建设的成果，通过系统整合来支持业务流程的整合和优化，使校园卡应用能扩展到学校管理和服务的各个领域。

2. 引入手机一卡通，提高用户体验

手机一卡通是目前市场上比较新的一种应用，是基于IC卡的一卡通系统的扩展。手机作为一种可视化的信息终端，将手机卡和IC卡绑定，当用户持卡进行消费或其他操作时，手机就可以马上反映出操作结果及账户情况，极大地丰富了用户体验。同时，学校可以建立手机门户，为师生建立一个新的信息发布和在线服务的渠道。

3. 探索跨校一卡通，共享学校资源

上海海事大学与上海海洋大学等几所高校都建于上海临港新城的新校区，相互之间的教学、生活、科研设施是可以共享的。如果在保证账户安全的前提下，师生持一所学校的校园卡能在其他几所学校使用，就能方便师生使用其他学校的资源，形成良好的校际沟通和跨校资源共享。目前我们正在探索这样的跨校一卡通方案，相信对其他学校也有借鉴意义。

4. 利用一卡通数据，支持辅助决策

海事大学校园一卡通迄今已经运行了近3年，积累了大量的数据，对这些数据进行加工和利用，可以提炼出很多有用的信息，为学校领导和各级负责人的日常决策提供支持。比如：分析学生的消费数据能为学生处评定贫困生助学金提供支持，分析一卡通设备（如多媒体终端、圈存机等）的使用率可以帮助学校采购和部署这些设备提供支持、利用门禁数据可以分析学校的各种教学，科研资源以及生活设施（如实验室、多媒体教室、体锻中心等）的资源利用率等。一卡通可以使这些信息能更好地帮助科学决策。

## 五、总　结

校园一卡通项目是高校信息化建设的重要内容，也是一个非常复杂的系统工程，在技术上跨越了网络、计算机硬件、系统软件、一卡通专用设备、应用软件等多个领域，在业务上覆盖了几乎学校的所有部门，不能仅仅把校园一卡通作为一个简单的应用系统来看待，而要站在学校未来发展的高度，在学校信息化总体战略的指导下，进行统一的系统规划建设，还要配合科学的项目计划、严格的执行力以及良好的沟通合作，只有这样才能有效地规避系统建设和运营管理中的风险，保证校园卡应用的顺利运行和不断深入。

## 参考文献

[1]高山，吴小明，谢慧芳等. 高校校园卡系统建设相关策略研究. 中国教育信息化，2008(6)：25－26.

[2]郑琦，袁新辉，林强等. 校园卡系统的投入与回报. 中国教育信息化，2007(5)：70－76.

[3]袁新辉，武坤，蒋新华等. 校园卡系统建设的危机及对策. 中国高等教育学会教育信息化分会第九次学术年会论文集，2008：63－65.

[4]蒋东兴，王进展，袁芳等. 数字校园校级统一信息系统建设研究与实践. 中国高等教育学会教育信息化分会第九次学术年会论文集，2008：15－21.

# 东南大学基本建设的全面快速发展为建设高水平一流大学奠定了坚实基础

东南大学　于宁庆

东南大学是教育部直属、国家“985 工程”和“211 工程”重点建设高校。学校坐落在历史文化名城南京，占地面积 6348 亩，建有四牌楼、九龙湖、丁家桥等校区，其中四牌楼校区作为“中央大学旧址”被国务院列为全国重点文物保护单位。

1952 年全国院系调整，以原中央大学工学院为主体，在中央大学原址建立了南京工学院，成为我国工程技术教育和研究的重镇，为新中国的科技、教育和建设事业做出了重要贡献。1988 年 5 月，学校复更名为东南大学。2000 年 4 月，原南京铁道医学院、南京交通高等专科学校、南京地质学校三所院校与东南大学合并办学，组建了新的东南大学。

百年东大，名师荟萃；东大百年，英才辈出。

回顾东南大学新中国成立以来的发展历程，尤其是改革开放后 20 年来，学校不断加大基本建设投资，积极改善办学条件，为今后东南大学的百年腾飞奠定了坚实的基础。

## 一、改革开放前的基础设施

1952 年初建的南京工学院的名称是学校百年历史中使用时间最长的一个，达 36 年。在这 36 年中，学校办学规模几经扩大，在学科建设和科学研究方面，开辟了自己的道路，形成了自己的优势和特色；作为教育部直属的重点多科性工科大学，南京工学院为后来新的东南大学的快速发展，奠定了坚实的基础。

建院初期，在校学生 1944 人，校舍面积仅 8.77 万平方米，共和国百废待兴，人才匮乏，学校办学规模迅速扩大，为新中国输送了大批建设人才，学校迎来第一次飞跃，与之相适应，同期学校基本建设也有了长足发展，建设了诸如五四楼、五五楼、动力楼等一批在教学和科研上发挥重要作用的建筑，至“文化大革命”前的 1965 年，校舍面积达到 23 万平方米，是建院初期的 2.6 倍。这一时期的基本建设，为我校的发展提供了重要的支撑作用。

## 二、改革开放30年的基础设施建设

学校的第二次发展源于30年前的改革开放，在历史转折的关键时刻，邓小平同志果断做出恢复高考的重大决策，这是中国改革开放的拓路先声，也改变了千百万年轻人的命运，1978年，党的十一届三中全会确立了改革开放的基本国策，中国的发展从此踏上了日新月异的征程，中国教育也经历了大变革、大发展、大跨越，在这场伟大变革中，中国现代高等教育的发源地之一——东南大学，学校规模迅速扩大，各项事业蒸蒸日上，取得了历史性成就。

1982—1987年，学校建设了一批迄今仍在四牌楼校区发挥重要作用的建筑——1982年建成的中心楼，1983年改建的东南院、中山院，1985年落成的四牌楼新图书馆，1987年落成（改建）的前工院、专家楼、留学生楼等，到80年代末期，学校用地500余亩，其中包括教职工住宅用地，校舍总建筑面积346963平方米，其中危房面积达26923平方米，占校舍总建筑面积的7.76%。图书馆面积12141平方米，学生宿舍42495平方米，学生食堂6185平方米。校园规模的局限，限制了学校的发展，学校从1977年恢复高考后，每年招生规模不断扩大，但学校的基本建设投资渠道单一，基础设施缺口很大。学生宿生每8人一间，还是公用洗漱间；教室利用率居高不下，晚上常常被排满课，学生常常为找自习地方东奔西走；院系用房紧张，为满足教学、实验用房，一间办公室10余名教师共用，二位教师共用一张办公桌的情况不是个别现象；体育场有风灰满天，有雨泥一身，不仅影响正常的教学秩序，还对周围环境产生影响。10余年来，学校的建设用房无法根本改善师生的教学、生活条件，更无法为学校的今后发展制造基础条件。

为拓展办学空间，学校越江北上，在浦口征地647亩，加上与南京建筑工程学校换地213亩，共计校园建设面积为860亩。四校合并后浦口校区占地1200亩，经过十几年的建设，浦口校区成为建筑面积达22万平方米的教学设施齐全的本科教学基地，缓解了办学中的场地困难。

## 三、九龙湖新校区的建成成为东南大学发展的新里程碑

2002年学校投入近16.8亿，在江宁区建设了九龙湖校区。九龙湖校区位于江宁经济技术开发区南部，双龙大道以西，苏源大道以东，吉印大道以南，东南大学路以北的范围内，交通便利，环境优美，新校区的建筑规划以东南大学的历史文脉为依据，采取公共核心教学组团加专业教学族群组团相结合的校园建筑形态，形成中西合璧、绿色开放的森林之城和活力之城。一期工程于2002年开始筹建，包括教学区、行政区、本科生生活区、研究生生活区，后勤保卫区和体

育设施以及基础设施建设。目前我校新校区已建成的一期建筑为58.8万平方米。

建设九龙湖校区是东南大学新百年的基业工程，是东南大学发展史上的又一个重要里程碑。学校成立了以校党委书记、校长为组长，分管纪检、后勤基建工作的党委副书记、副校长为副组长的新校区建设工作领导小组，定期召开工作会议，决定新校区建设中的重大问题。领导小组下设新校区建筑指挥部、监察审计部、财务部、专家咨询系统，汇集了全校基建、审计、监察、财务等方面的精兵强将，最多时有65人。九龙湖校区一期工程建设量巨大，学校的投入也是巨大的，参与的工程队数量多，材料供应商也众多，在这种情况下，按质、按时、安全、廉洁、绿色环保的建设是工程管理的目标，学校从以下几方面开展了工作：

1. 加强思想教育、树立奉献精神

新校区建设是学校新百年发展的新起点，时间紧、任务重、质量标准高。为保证2006年6月30日竣工，学校一是从思想上加强教育，正确处理人生观、价值观，深刻认识新校区建设的重要意义和自己的责任，正确处理大家与小家，个人与集体、公与私的关系，通过教育，大家都能以积极的态度，全身心地投入工作。

2. 坚持党风建设，保持廉洁作风

为保持清正廉洁的工作作风，防止腐败案件发生，一是经常进行有关廉政建设方面的教育，结合实际案例，要求大家从思想上引起重视，自觉抵制各种不正之风。二是健全完善各种规章制度，增加工作透明度，工作中坚持公开、公平、公正。像确定投标入围队伍、中标单位和确定零星工程任务施工单位等比较敏感的事情都放在指挥部办公会上讨论，不搞暗箱操作。三是坚持工作中重大事件、重大决策集体决定的原则，遇事召集有关部门、监察、审计和财务共同讨论。四是坚持与施工单位和供货商签订廉政协议，自觉做到不收礼、不吃请，推托不掉的礼品一律上交。

3. 集中力量支持建设

建筑、土建是东南大学的优势学科之一，所以这方面的专家多、人才多。指挥部为了加强工程管理，为每个土建标段配备了业务精、施工经验丰富的业主代表(有土建的、也有水电的)，他们是监理的监理。指挥部要求作业面施工到哪一层，业主代表就应检查到哪一层。施工单位没有星期六、星期日、寒暑假和节假日，业主代表也没有周末、寒暑假和节假日。业主代表参加所有的工地例会，对所负责的工程质量负责。指挥部对业主代表要求严，同时也关心和爱护业主代表，业主代表们的职称、住房、孩子上学、工作待遇以及家庭矛盾，指挥部都会主动关心，积极帮助，解除他们的后顾之忧，调动他们的积极性，努力做好本职工作。

4.对监理队伍严格的管理

在九龙湖校区施工现场，仅土建工程我们就招标了6支甲级监理队伍和3支乙级监理队伍。严格管理监理队伍主要采取了以下措施：业主代表加强对监理平时的监督、检查；不定期举行监理队伍间的检查、评比和表彰；对差的监理队伍清退出场。建立夜间总值班制度，加强夜间工地巡视检查。

白天施工由业主代表和监理负责监督，夜间施工业主代表下班了，监理也容易脱岗。针对这个问题，指挥部每天晚上都有指挥部领导带班、业主代表值班，加强夜间工地巡视检查。要求各业主代表必须将本标段夜间浇筑混凝土的施工情况下班前报告指挥部。夜间混凝土施工时，哪怕是夜里2～3点钟，值班人员肯定会出现在施工现场。经常性地组织九龙湖校区土建单位的工地安全和施工质量检查、评比和表彰，督促和激励施工单位严把质量关。参加检查评比的人员有指挥部领导、指挥部邀请的专家、业主代表、监理单位和施工单位。

5.公开透明，严把工程材料和设备招标关

新校区建设的材料供应大部分集中在某个时间段，因此招标工作量非常之大，为保证工程进度、质量和造价。我们一是和招标办共同协商规范了招标程序：要求大家按章办事；二是把好资格预审关：投标单位必须在校招标办和指挥部同时报名，指挥部办公会研究确定入围名单；三是加强招标工作透明度：做到招标项目、投标单位、报价和中标单位公开；四是监审部和校招标监督小组全程参与，严格把关和接受投诉。五是加强沟通，采取灵活的招标方式：对工程急需、数量较小、时间间隔较短和不适宜招标的项目采取议标或直接发包的办法，既保证了时间，又保证了质量，同时还降低了造价。投标单位普遍反映东南大学的招标还是公平合理的，因此投诉率也是低的，较好地保证了招标质量。

6.坚持原则，严格把好合同关

合同是工程施工和决算的重要依据，是对双方的约束。为了维护合同的合法性和严肃性，我们一是及时签订合同：不管工程大小、资金多少，都要签订合同。二是注重合同的严谨性：对每份合同，指挥部都认真审核，仔细推敲，涉及关键条款除双方多次洽谈外，还请学校法律顾问把关，最大程度的维护学校利益。三是认真履行合同，在施工中严格按合同办事，不随意更改合同条款，维护合同的严肃性。四是依据合同，由于受材料涨价的影响，多家材料供应商为了自身的利益，要求调整价格，否则不予供货或推迟供货，致使工地一度出现停工待料状态。我们根据实际情况制定了应对措施：对表现好的适当给予补贴；对无理要求拒不供货的材料商及时发了律师函；对极不配合的单位给予终止合同

并列入"黑名单"。虽说工程受到一定影响，但最终还是保证了工程的需要。由于考虑充分，在合同方面未出现大的纠纷。五是按合同条款控制造价，有效的实现投资控制目标，提高建设资金的使用效果。

7.认真做好档案资料的整理归档

随着工程建设的即将竣工，各种手续办理及档案资料的整理也就越来越重要。指挥部除积极办理地方政府有关部门的各种手续外，还要求档案管理人员、项目负责人、监理单位和施工单位认真、及时整理档案资料，要求做到工程结束，资料备齐，为日后的管理和备案打好基础。

在大家的共同努力下，新校区指挥部圆满完成了九龙湖新校区的一期建设，其中九龙湖图书馆工程 5.4 万平方米，被评为中国建筑最高奖——鲁班奖。2006 年 8 月 8 日第一批学生正式入住，机关、院系以及 2006 年新生分别在 2006 年 9 月 5 日前陆续入住。

## 四、现在的基础设施

东南大学 1995 年进入国家"211 工程"重点建设大学的行列，2001 年成为国家"985 工程"重点建设的大学。学校抓住"211 工程"、"985 工程"建设，四校合并，特别是部省共建契机，乘改革开放，举国抓教育之机，加大改革力度，增加基本建设投入，使学校的基础设施更上一层楼。

基本建设资金的投入，基础设施的不断完善，使师生员工的教学、科研、生活条件大大改善。在我校九龙湖新校区，本科生四人一间，研究生二人一间，单独洗漱间；教室、图书馆里座位充分满足学生需求，学生自习可以在宿舍、教室、图书馆中选择；院系用房缓解，教授一人一间办公室，其他二人一间。

目前学校占地 6438 亩，64 个本科专业，210 个硕士点，96 个博士点，20 个博士后流动站，3 个国家重点实验室，2 个国家工程研究中心，院士 11 人。在校学生总数 41087 人，其中博士研究生 2832 人，硕士研究生 8406 人，本科生 16175 人，其他为成人本、专科生，网络本、专科生，留学生等。校舍总建设面积达到 180.9 万平方米，其中图书馆面积 6.6 万多平方米，学生宿生 34.46 万平方米，学生食堂 12.1 万平方米，百名学生配备座位数达 122 个，生均运动场馆面积达 6.22 平方米，百名学生配备教学用计算机占数达 68 台。学校建有训练馆、田径馆、足球场、篮球场、排球场(含沙排)、网球场、手球场、健身馆、乒乓房，拓展场地等体育设施。另花费 1500 多万元将老校区的田径场全部翻建成塑胶场地。我校规划建筑面积 2.2 万平方米的多功能九龙湖校区体育馆和附馆在年内即将动工。

我校在加紧九龙湖校区建设的同时，近年来对老校区内部分老建筑既不实用又没有历史价值的，个别违章建筑加大了拆旧建新的力度，消除安全隐患，还校园建筑原来的风貌，适时调整各老校区功能，将基本建筑和校园环境改造与整治相结合，大大改善了师生学生、生活、工作条件、环境。四牌楼校区拆除旧的会堂，30 年代的平房、部门自建的违章建筑等 2 万多平方米，恢复了一些老建筑物的历史风貌，开辟了绿化地，改善校园环境，打通消防通道，确保安全；近年来我校在四牌楼校区又新建 1.4 万平方米的研究生高层公寓和 2.9 万平方米的科研大楼；拆除原两层医务室，原地翻建一幢 5 层建筑面积近 5500 平方米的校区医院，不仅满足四牌楼校区师生的就医需求，还为附近居民提供医疗服务。

## 五、20 年来教职工住房状况的变化

在长期的办学实践中，学校党政领导深深感到，学科建筑是学校的一项综合性、长远性的工作，是全面提高人才培养质量，提高学校学术水平和整体水平的根本和基础，一流的学科需要一流的人才，一流的人才需一流的支撑。

1989 年东南大学教职工住宅面积共 132289 平方米，其中危房面积达 14393 平方米，占总面积的 10.88%。当时学校青年教师结婚要排队申请才可能入住 12～18 平方米的单间房，学校把施工队遗留下来的工棚也作为过渡房给青年教师结婚后居住，入住到建筑面积 50 平方米的二居室套房是许多教师的梦想，往往要等几十年。三代人居住在一起、二代人同住一室，大龄异性子女不能分室居住、没有独立厨卫、住房年久失修等等现象随处可见。多少年来，学校基本建筑规模一直徘徊不前，每年投入的基建资金不到 1000 万元，基建规模约在 1 万平方米上下，又要建宿舍又要建教室、学生用房，这对于偌大的高等学府，几乎是杯水车薪。学校各级领导投入相当精力协调、解决住房矛盾，真是遇到分房就是吵，吵完分完再建房，住房问题已经成为制约学校事业发展的瓶颈，引起国家的重视。高校后勤体制改革是我国高等教育事业改革的重要部分，我校的后勤服务在从计划经济时代向市场经济时间转变的今天，始终坚持以为教学服务、为科研服务、为师生员工服务为宗旨，乘改革之风。不断加大改革力度，推进后勤社会代改革步伐，增加基本建设投入，依靠地方政府支持，逐步改善了教职工的居住条件。

我校先后完成了太平北路住宅区内筒子楼改造、高层住宅楼、院士楼、中堡村高层住宅楼、龙江阳光广场高层住宅楼以及将军路翠屏东南小区等教职工住宅的建筑，现有教工住宅 68 万平方米。建筑方式从最初的旧房改造、不成套房改造，发展到参与南京市经济适用房的建设，最后到集资建设独立的住宅小区；建设规模从最初 60 户人家，共 5000 多平方米的独幢建筑，发展到 512 户人家，5 万多平方米的龙江阳光广场，最后到 2000 余户，31 万平方米的翠屏东南住宅

小区。建设资金来源从单一投资转为多方投资，不再单纯依靠上级的常规拨款，实现了国拨资金、地方政府支持、个人集资的多元化筹资方式。使教职工的居住水平从“有房住”到“有套房”，部分教职工达到有宽敞住房的目标。

同时近几年学校投资3000余万元，设立专项资金，分批分期改造老的住宅小区，将水、电由自管改为南京市供电公司、自来水公司直供，缓解了供需矛盾；对老住宅小区的环境逐步进行整治，提升居住条件；新建住宅实行物业服务的同时，有计划地推进老住宅区的物业服务，逐步使住房问题社会化。

新中国成立60周年以来，我校的高等教育事业发展迅速，规模大幅扩大，尤其是高层次人才培养对后勤保障工作提出了新的要求，基本建设工作取得了突出成绩，学校各类用房大幅增加，近5年的建成面积比过去几十年的建成面积还要大，校园面貌也焕然一新，办学条件明显改善，产生了显著的教学效益和社会效益，为东南大学事业平稳、健康发展提供了良好的条件保障，为学校事业长远发展奠定了坚实的基础。

# 秉承传统　开拓创新　再建东方最美丽的校园

## ——记南京师范大学新校区建设

南京师范大学　葛曹君

南京师范大学是国家“211 工程”重点建设的江苏省属重点大学，学校已有百年历史，主源可追溯到 1902 年创办的三江师范学堂，现有仙林、随园、紫金三个校区，占地面积 3000 多亩，建筑总面积 80 多万平方米。随园校区作为学校校园的起源地，是在金陵女子文理学院的院址上建立起来的，其发展史已近 90 年；仙林校区作为国家“211 工程”项目建设中的标志性成果之一，于 1998 年 4 月正式动工兴建，现已完成规划建设，是学校现在的教学科研、行政发展中心；原南京动力高等专科学校于 2000 年 4 月并入南京师范大学后，改称紫金校区，校园发展也近 60 年。

### 一、老校区建设简况

随园校区是南京师范大学的老校区，位于南京市清凉山麓，宁海路西与汉口西路南地段，校园占地面积 400 多亩，现建筑面积约 21 万平方米。

随园校区的中心校园建筑呈仿古格局，在“文化大革命”前就基本形成：在 1923 年至 1937 年南京沦陷前，原金陵女子文理学院共相继建成现 100 号至 700 号、华夏馆、小礼堂等 9 幢两层宫殿式大屋顶建筑组成的仿古建筑群；在新中国成立后的 50 年代，原南京师范学院又分别建造了延续校园建筑风格的南北对称的三层仿古大屋顶教学楼，即南大楼、北大楼和位于中轴线顶的“T”形的中大楼，形成整个校园中心主体建筑呈对称仿古建筑设计格局。80 年代现南京师范大学在仿古建筑群中轴线两侧相继建成幼教楼、外文楼、音乐楼和计算机楼等两层或三层仿古大屋顶建筑，对称位于仿古建筑群，至此完成了现在的仿古建筑群格局，形成了被誉为东方最美丽的大学校园的标志建筑群。

学校建设的以上仿古对称的校园建筑共 3.2 万多平方米，新中国成立后至 2002 年通过拆建，又相继建成现在的新大楼、南山专家楼、新图书馆、物理楼、化学楼、逸夫馆、田家炳教育书院等共计 5 万平方米的教学、实验楼，同时先后建设计 3.7 万多平方米的学生宿舍楼共 12 栋和 2.7 万平方米的 20 层研究生楼和 6700 多平方米的新留学生楼，同时学校又建成配套的计 2 万平方米的食堂、锅

炉浴室、医院、幼儿园和8000多平方米的体育教学楼、风雨操场等。为解决教工的住宅问题，学校克服了资金不足的困难，通过多种途径筹集资金，加快教工住宅的建设，先后建设了校内大小西山住宅群、校外五台山、宁海路等不成片住宅和翻建北东瓜市、扬州路旧住宅计5.5万多平方米，以及新建苏州路教工住宅、龙江小区芳草园高层住宅楼、中保高教新村、月光广场、龙凤住宅小区等共6.5万多平方米的教工住宅。

紫金校区位于板仓街78号，占地面积208亩，现建筑面积约10万余平方米。校区现有4.8万多平方米的教学、实验楼和图书馆以及1.5万平方米的学生宿舍和3.7万平方米的教工住宅，同时有8000多平方米的食堂等附属设施及近9000平方米的产业建筑。

## 二、新校区建设

南京师范大学作为一所具有悠久历史的百年老校，在历史的河流中，一代代南师大人薪火相传，创造了无数辉煌，为江苏省乃至全国的社会经济文化发展，特别是教育事业的发展，作出了重要贡献；在校园建筑格局（随园校区）上，也留下了一笔宝贵的财富。但是，历史上形成的校园即随园校区面积狭小却始终是南师大人心中的遗憾，尽管改革开放以来，随着全国科教事业的迅猛发展，老校区的建设取得了较快的发展，但300多亩（指教学区）的校园面积越发成为制约学校事业发展的“瓶颈”，建设新校区，这个几代南师大人苦苦追索的梦想成为必须解决的紧迫问题。时光流转到20世纪末，南师大人终于等来、并毫不犹豫地抓住了机遇，仅仅利用10年时间就建设了一个崭新的现代化校区——仙林校区。

### 1. 校区立项

1995年，经过几年的酝酿，由国务院批准，国家计委、原国家教委、财政部发布《“211工程”总体建设规划》，将“211工程”作为教育战线唯一的国家重点建设项目列入“九五”计划，并拨出专项资金实施建设。江苏省委、省政府积极响应国家号召，提出“科教兴省”战略并决定依托国家“211工程”重点建设一批省属重点大学。我校以悠久的办学历史和雄厚的办学基础以及在师范教育领域的突出地位成为江苏省确定重点建设的高校之一。

当时学校在还靠“财政吃饭”的情况下，敏锐地体察到我国高等教育即将有大发展的前景，迅速捕捉住百年一现的机遇，果断决策建设新校区。此举为学校在世纪之交率先全力构筑了发展空间，为21世纪的战略发展争取了主动，体现了南师大人和当时领导层的远见卓识。与本世纪初出现的全国高校纷纷建设新区的热潮相比，这一决策为南师大至少提前争取了5年的发展时间。

从1995年7月开始，在江苏省政府的领导和支持下，我校为建设新校区展开了艰苦细致的各项准备工作。至12月底，省计经委批复同意南师大新校区建设项目建议书，下达了80公顷(1200亩)的南师大新校区建设用地计划。我校接受“211工程”部门预审的条件基本具备。1996年4月，我校顺利通过江苏省政府组织的部门预审，9月开始编制“211工程”建设项目可行性研究报告，为立项审核作准备，同时新校区选址论证工作同步展开。11月，我校完成“‘211工程’建设项目可行性研究报告”，其中新校区建设作为独立的一个板块专列。12月，江苏省政府分别正式批复同意南师大选址南京仙林农牧场建设新校区，同时省计经委从我校仙林新校区的现状和未来发展出发，再次下达了20公顷(300亩)用地计划，新校区面积增加到100公顷(实际为1538.97亩)。为适应将来发展需要，1999年11月我校经省计经委、省教委(教育厅)和省国土局批准，再次征拨了867亩土地，作为二次发展用地。新征土地与原1500多亩土地接壤，这样，我校新校区建设面积超过2400亩。

1997年4月，我校顺利通过了“211工程”立项审核。9月，江苏省政府在“关于南京师范大学苏州大学‘211工程’重点建设项目立项的批复”中明确南京师范大学“211工程”建设的主要内容为重点学科建设、教育教学条件的建设、公共服务体系建设以及包括新校区在内的基础设施建设，至此，我校新校区建设作为国家“211工程”建设的重要组成部分和江苏省“九五”时期重点建设工程，开始进入规划和实施阶段。

2.校区规划

1997年4月，我校根据省委、省政府的指示精神，向省计经委和省教委申报了“新校区建设总体设计任务书”，设计任务书中明确新校区“一次规划，分期建设”，即“九五”(1996—2000年)期间为第一期建设，达到3000人规模，投资15000万元；“十五”(2001—2005年)期间为第二期建设，达到7000人规模，需投入25000万元；“十一五”(2006—2010年)期间为第三期建设，要完成计划内的所有项目，达到1万人的最终规模，需投入20000万元。12月，省计经委、省教委联合下文正式批复同意“南师大新校区总体规划设计方案”；核定新校区占地100.25公顷，规划总建筑面积为31万平方米。

仙林校区总体规划采用设计方案竞选的方式，邀请国内外8家单位进行精心设计，然后由来自各地的11位专家进行评审。对选出的方案又吸取各家之长，数易其稿，最终成为新校区建设的实施方案。这项工作历时8个月，耗资100万元，体现了南师大人对学校未来发展的高度负责精神。

最终定稿的仙林校区总体规划充分体现了现代化、有特色、以人为本和人与自然和谐相处的设计理念。首先，它在主轴线两侧继承了随园校区的对称式

布局，但又以开敞的空间、宽阔的广场、依山傍水的错落布置和现代建筑群营造出宏大的气势，既秉承历史文脉，又充分体现了时代气息。其次，在功能区域安排上，它以教学科研区为中心，将学生生活区和体育运动区各分为A、B两处，环顾左右，形成犄角之势，使学生的学习、锻炼、生活都非常方便，减少了远距离的奔波。规划中还设计了便捷的交通，主干道净宽18米，并铺设遍布地下的管网，便于将互联网和通信、电视网接通到每间宿舍和办公室，为教学的现代化和生活的丰富性提供现代技术的支撑。另外，规划保留了数百亩的山体、绿地和水面，意在保护和发展校园内的生物多样性，同时为师生提供亲近自然的空间，营造出人与自然和谐相处的美好景观，校园下水管网设计实行了雨污分流，并专门设置了污水处理站，体现出注重环保的现代观念。

仙林校区总体规划为今后建设绘制的蓝图成为新校区建设成功的基本保证。今天，在仙林校区基本建成之后，它气势宏大、环境优美、方便合理的规划布局得到了众多来访者的肯定。

3.实施阶段

1998年3月，正当我校新校区建设准备按规划正式启动时，又依据省委、省政府根据全省经济文化发展的需要所作出的指示，即要求我校加快新校区建设步伐，我校及时调整了新校区建设内容和进程，其中新校区建设项目的建设内容有了重大变化：一是建设周期不再限定为三个五年计划；二是建成后在校生规模不再局限于1万（超过1万）；三是一期工程（“九五”期间）建设目标扩大为到本世纪末接纳6000名学生就读；四是强调了逐步实行后勤社会化，吸引外单位投资兴建生活服务设施。

为了坚决执行省委、省政府的指示精神，圆满完成校党委、校行政下达的建设任务，校规划办、基建处等参建部门齐心协力，积极挑战，克服任务重、时间紧、要求高、人手少、资金缺、难点多、条件差的不利情况，分秒必争，夜以继日，全力以赴，义无反顾地去完成这一具有历史意义的伟大任务。在建设中，坚持统一思想认识、强化组织系统、理顺运行机制的工作思路，通过积极改善工作条件、争取内外支持、积极筹措资金，经过严把质量关和经费控制关，终于利用10年时间完成了新校区52万多平方米的既定建设任务。

(1)教学用房建设

校区的教学用房建设是按规划要求进行的。1998年6月，开工建设新校区第1幢13573平方米的教学楼J3楼，1999年9月竣工，同时竣工的是建筑面积12118平方米、集教学和办公一体的S3楼。1999年下半年起相继开工，2000年8月竣工的有J1教学楼（11597平方米）、S4实验楼（11845平方米）、J2教学楼（14900平方米），2001年4月，校区标志性工程——建筑面积达20880平方米的敬文图书馆竣工。2000年下半年开工建设、2001年8月竣工的是：S1、S2实验楼(17409平方米)、B1行政楼(13521平方米)、J5美术楼(11150平方米)、J6音乐楼(9930平方米)。为完成学校建设北区的任务，2002年底开工建设17727平方米的北区教学楼，2006年下半年，先后完成了21571平方米的地科楼和25299平方米的北区生科楼建设。2008年初，又在主校区开工建设两幢分别为19436平方米的文科和21501平方米的理科综合楼。

(2)生活用房建设

学生宿舍：为积极满足仙林校区招生住宿需求，1998年底至1999年8月建成西区学生公寓第11、12、15幢，总建筑面积2万平方米，1999年底至2000年8月在西区又建设完成第13、14、16幢学生公寓，共2万平方米，同期建设完成了南区第21、22、24幢共1.95万平方米的学生公寓楼，2000年底至2001年8月再次建设完成了东区01～06幢的学生公寓楼，总建筑面积达48725平方米。2002年12月至2003年8月在短短的时间内克服诸多困难，于北区教学楼等同期又一次建设完成北区31～36幢共40273平方米的学生公寓楼，2006年8月完成北区37幢6600平方米的学生公寓。

后勤服务用房：为配套解决校区学生生活需求，1998年下半年至1999年8月建设完成西区食堂及浴室、锅炉房、水泵房、中心配电房，总建筑面积7000平方米；1999年下半年至2000年8月建设完成南区食堂组团(含锅炉房、开水房、配电房等)，建筑面积为5000平方米；同期完成2020平方米的教工餐厅；2000年下半年至2001年8月建设完成8000平方米的东区食堂，同期建成东区变电所。2003年完成北区共9000多平方米的食堂、锅炉房、配电房等建设。

此外，还建设完成了4000多平方米的大学生活动中心(含医院)、4500平方米的东区大活中心、近5000平方米的北区素质楼，建成教学广场及两个喷泉水池、两个污水处理站、4个学生宿舍超市等设施，利用全校师生员工、校友、校董捐款建造了2448平方米的“校友之家”等。

教工住宅：1998年下半年开工建设了3713平方米的“教师之家”楼，解决当时教工临时住宿需要(现改为招待所性质)。为解决学校教职工住宿困难，在建设仙林校区的同时，学校也专门规划了一块地，建设了茶苑教工住宅区近7万平方米的教工住宅楼。1999年开工建设了01～06幢教工住宅楼，总建筑面积为1.9万平方米；2001年下半年又开工建设了07、08、09、10、11、12、15、16计8幢教工住宅楼，建筑面积共25974平方米；2002年建设8800平方米的教工单身公寓；2004年完成13、14、17、18、19、20计6幢共1.6万平方米的三期教工住宅楼建设。

(3)体育设施建设

1999年建成400米标准塑胶跑道的田径场，同期完成10个篮球场、5个排

球场和两个网球场的建设;2000年建设风雨球场,2001年底建设完成了23430平方米的体育中心大楼,该建筑是一幢集标准室内游泳馆、篮球馆、排球馆、羽毛球馆、武术馆、壁球馆以及健身房、保龄球馆于一体,含4000多观众座位的大型综合性体育活动场馆;同年建成了露天游泳池及附属设施,在东区完成8个篮球场、4个排球场、1个足球场、5个沙滩排球场、10个羽毛球场等设施的建设;2003年年底完成北区田径场和篮球场建设。

## 三、新校区建设的思考

南京师范大学仅仅用了10年时间完成了50多万平方米建筑面积的全新的现代化校园,细细分析,主要利益于以下几点:

一是省委、省政府的大力支持。在国家决定实施高等教育"211工程"建设的历史机遇下,我校依据悠久的办学历史和雄厚的办学基础以及在师范教育领域的突出地位得到江苏省委、省政府的青睐,被江苏省确定作为"211"重点建设的高校,并在以后的校区选址、校区立项规划、财政等方面给予了大力支持,为学校的全力发展建设提供了坚强的保证。

二是学校党委、行政的有力领导。学校将校区建设列入校五年发展规划和每年的校重点工作计划进行重点支持,学校党委会、校务会经常研究决策重大建设问题,学校还成立专门的建设指挥部,由分管校领导担当指挥。组织参加指挥部例会,商讨决定建设问题,并经常带领指挥部成员亲临现场指挥和协调。

三是参建单位、参建人员的全力奉献。校规划办、基建处等参建部门齐心协力,各参建人员积极挑战,克服重重困难,分秒必争,全力以赴地去完成这一具有历史意义的伟大任务。在建设中,坚持统一思想认识、强化组织系统、理顺运行机制的工作思路,通过深入一线狠抓工程质量监管、建立例会商讨机制强调协商和协调意识、严格工程经费使用与控制等措施,按实保质地完成建设任务。

## 四、校园规划建设展望

改革开放30年来,我校的基本设施建设有了长足的发展,原制约学校发展的空间问题得到了基本解决,各类教学、科研所需的办学基础条件有了很大的缓解,一校三区的办学模式也初步形成。但随着社会及高等教育的发展,我校的事业又有了跨越式发展,现有的基础设施与需求又存在新的缺口。基础设施建设作为学校"十一五"时期发展规划的重要组成部分,还需进一步加强规划建设,整合资源,为学校的教学、科研提供有力的保障。

1.在省、市政府的大力支持下,2008年在与新校区接壤的地方新征土地

300余亩，建设中北学院独立校区，将现中北学院占用的部分资源还给学校，拓展办学空间。现中北学院独立校区正在紧锣密鼓的建设中，总建筑面积11万平方米，可容纳5000名学生就读，2008年年底前已开工建设，计划2010年前后基本建成。

2.适时启动随园校区、紫金校区相关教学、实验用房、生活用房的改造或拆建。原来的部分教学用房已经不能适应教学、科研的需求，另有部分建于20世纪50—60年代的学生宿舍已成危房，原来的入住条件也相对较差，根据学校的工作安排，随园校区、紫金校区的规划均已进行了调整，学校将严格按照事业发展规划要求，认真执行校园建设规划，待时机成熟即启动两个老校区的部分教学、实验用房、生活用房的改造或拆建工程，进一步改善教学、科研、学习、工作和生活的条件。

3.进一步优化育人环境，科学合理地搞好校园环境规划，做好校园环境建设，将学校建成生态化、园林化、人文化的校园。

# 加快校园基本建设步伐
# 为学校跨越式发展提供物质保障

## ——扬州大学校园基本建设的思考

扬州大学　王宪良

校园基本建设是学校各项工作的重要物质保障，是学校一项重要的基础性工作，高校必须根据办学目标，制定校园基本建设规划，加快校园基本建设步伐，以适应时代对高等教育发展的需要。扬州大学要实行实质性的合并，实现跨越式发展，原有的校舍及各校区的校园规划已不适应学校发展的远景目标。因此，根据学校"联合—合并—调整—提高"的总体目标要求，按照基本建设的发展规律，经过10多年的努力，实现了校园总体规划目标。办学条件得到改善，办学规模逐年扩大，教育质量稳步提高，科技水平明显提升，被中央领导同志誉为"高校改革的一面旗帜"。

### 一、围绕目标，精心设计，做好校园基本建设总体规划

高校校园规划在高等学校基本建设中起着统揽全局、展示未来，并指导学校各阶段建设行为的重要作用，是高质量推进校园基本建设和完成学校建设总体目标的基础。高校如能围绕学校改革发展目标，广泛充分地调研，制定出长远的校园建设规划，就可以有条不紊地进行建设，促进学校的科学有序发展；反之，如果盲目上马，急用先上，则往往导致严重后果。校园基本建设规划的总体目标是使各类校舍设施得到合理、经济、有效地配置和规划。

扬州大学是江苏省重点综合性大学，是全国率先进行合并办学的高校，1992年由扬州师范学院、江苏农学院、扬州工学院、扬州医学院、江苏水利工程专科学校、江苏商业专科学校等6所高校合并组建而成，其前身可追溯到1902年由近代著名实业家、教育家张謇先生创建的通州师范学校和通海农学堂。历经百年的发展原各校区已有一定办学特色和实力，六校合并伊始，六校区共占地约2294亩，教学用房、行政用房、学生生活用房及其他用房(不含教工住宅)合计40多万平方米，且六校区布局分散，不利于资源共享，这样的基础设施条件无法适应改革发展的需要。围绕学校改革发展目标，从现有基础出发，广泛调研、精心设计、合理布局。明确校园规划的总体思路和基本原则是：根据学校

事业发展战略规划，适应学校规模发展需要，挖潜改造，拾遗补阙老校区，适度外延、规划建设新校区，建设一个规划科学、设施完备、功能超前、环境幽美，既秉承历史文脉，又具有时代气息的“大学城”。具体为：

1. 实事求是，因地制宜

“挖潜改造”老校区，规划建设新校区。统一规划、分步实施，规划符合高起点、高质量、可持续发展要求。

2. 科学合理，提高层次

在功能分区科学合理、道路交通通畅安全的基础上，注重绿化、线网、景观规划，使校园环境幽静优美，赋予足够的文化学术氛围。

3. 尊重历史，尊重自然

充分保留各校区原有特色，充分展示学校悠久的历史和深厚的文化底蕴。

4. 突出重点，兼顾一般

首先满足教学科研、学生生活用房的需要，再根据可能改（重）建和扩建其他用房。

5. 资源共享，相对独立

规划按各校区相对独立制订，同时尽可能考虑校区间的资源共享。

6. 立足长远，着眼当前

规划期限为中长期，规划新建项目的顺序安排上注意轻重缓急，便于分步实施。

扬州大学依据总体思路和基本原则先后设计制订了学生公寓建设（改造）规划和校园基本建设“九五”、“十五”及“十一五”时期计划与中长期发展规划。

## 二、突出重点，和谐建筑，全面加强校园基本建设

1. 建设内容上，突出三个重点，做到平衡发展

一是首先满足教学科研的需要，再根据可能改（重）建和扩建其他用房。高等学校教学区是高校进行课堂教学和实验的重要部分，要确保教学、科研实验的用房面积，建设好一个富有弹性的教学功能分区布局和一个开放性的教学空间。

二是注重环境建设。校园的建筑与环境，反映学校的历史发展，体现学校的品位与风格，对形成优秀的校园文化、对学生的教育与培养都有着重要的影响。建设一个理念领先、环境幽雅、建筑精美、生态环保的一流校园是每一个校园建设者的努力和追求，也是校园建设的又一重点。马克思在《德意志意识形态》中曾写到：“人创造环境，环境也创造人。”校园是育人的场所，校园环境对学生的培养起到潜移默化的影响，因此必须高度重视校园环境建设。

三是注重打造数字化校园。校园建设以“高起点、高质量、高水准地建设与新时期教育事业相适应的校园环境”为目标，其宗旨在于创造适应时代发展、适宜当代的育人环境，要高度重视弱电项目的建设工作，着力打造数字化校园。

2. 建设风貌上，做到新老结合，和谐建筑

“新老建筑结合”是目前设计界正在探索的一个课题，“建筑作品是历史的继承和时代精神的体现”[1]，高校经过较长时期的经营建设，各自形成了较为鲜明的校园建筑特色。例如，当人们走进清华大学校园时，会感受到校园建筑群落的宏大、雄浑与清新。学校校园建筑要在建设风貌上做到承“老”继“新”、古典与现代有机结合，保持各校园原有特色，在手法、风格上注重新老建筑有机的衔接，在形式、体量上做到与周围环境相协调。在改造扩建的单体建筑上，要注重新老建筑单体完美的结合，使新老建筑浑然一体。

和谐建筑，就是将校园建设成一个“和谐”的建筑群体。“和谐”是中国传统文化的核心理念和根本精神，和谐从《尚书》、《周礼》到《说文解字》，“和谐”两字都是指音乐的合拍与禾苗的成长，“和”即是“谐”，“谐”即是“和”，引申表示为两种事物有条不紊、井然有序和相互协调。在校园建设规划中要体现和谐建筑的建筑哲学思想，要把和谐的“建筑思想很好地贯穿到建筑设计之中，是建筑与建筑、建筑与人、建筑与自然达到自然相处的意境”[2]。

扬州大学为尽快改善校园基础设施和校园环境向国外有影响、国内有地位的综合性大学迈进。在基本建设方面，学校注意突出重点，和谐建筑，全面加强校园基本建设，并制定了以荷花池校区建设为龙头，实验农牧场、广陵学院新校区、扬子津校区建设为重点，全面启动老校区改造建设的工程建设计划，狠抓质量，抢抓工期，降低投资，取得了比较显著的成绩。1998—2009 年 10 多年间，完成征地 2097.77 亩，新建各单体项目共 156 项，计 100 多万平方米。七个校区首尾相接，形成了较大规模的“大学城”。荷花池校区为扬州大学党政管理中心所在地，是扬州市靓丽的人文景观；瘦西湖校区功能分区明确，布置合理，主要建筑沿中轴一一设置；文汇路校区建筑具有丰富的空间层次，完美的建筑与自然的结合，塑造了以人为中心的良好的环境形象；淮海路校区四周的多层建筑，环抱着中央的高层教学楼，如同众星捧月；江阳路北校区以院落、广场相结合的组织体，创造了融建筑、绿化及小品为一体的校园环境；江阳路南校区采用对景的建筑手法，体现了高等学府庄重典雅的宁静气派；盐阜路校区传统的古典园林手法，在空间上形成了不同地点不同的韵律感和节奏感；扬子津校区以河为界，以水为脉，“城的形象”、园林式建筑，创造了宁静、舒适、优美的学习生活环境。

## 三、全面启用，效果显著，为学校实现跨越式发展提供物质保障

只有高起点规划，高标准建设，高质量、高速度地建成投入使用的教学科研楼、行政办公楼、学生公寓及体育场馆等项目，才能大大改善学校教学科研条件、师生员工的生活条件和校园环境，大大提高学校的办学实力、办学水平及对外影响力。扬州大学创造了学校基本建设史上面积最大、投资最多、质量最好、速度最快的新纪录，为学校实现跨越式发展提供了物质保障。

1. 为"科教兴省"、"建设苏北"和"发展扬州经济"作出了贡献

各类项目工程的竣工启用，促进了扬州大学的教育改革，增强了办学实力，使学校在人才培养、科学研究、服务社会等方面发挥了更大作用，在扬州乃至苏北地区的经济建设和社会发展中取得了举足轻重的地位。

2. 为学校实现跨越式发展提供了物质保证

扬州大学在组建之初，由于底子薄弱，办学条件欠缺，加之是松散性联合，人力、财力、物力难以集中使用，办学水平和办学效益难以提高，自 1995 年实行实质性合并办学后，加大了经费投入力度，投资建成了荷花池校区、扬子津校区、实验农牧场，全面改造建设老校区，办学条件大为改观，推动和促进了合并办学的进程，使得学校能够集中财力、物力进行重点项目建设，促进了学校跨越式发展。办学条件的改善促进了重点实验室建设、学科建设和学位点建设。1992 年扬州大学只有 3 个部、省级重点实验室，现在已增加到 12 个；只有 2 个省级重点学科，现在已拥有 3 个国家级重点学科，11 个部省级重点学科；只有 1 个博士点，14 个硕士点，现在已拥有 32 个博士点，其中 3 个一级学科博士点，5 个博士后流动站，133 个硕士点。实验室、学科建设的成效促进了科研能力的提高，1992 年，全校科研经费只有 378 万元，现在已达 1.4 亿元，在研项目 900 多项，其中国家级在研项目 145 项。

3. 荷花池校区的建成，与其他五个校区首尾相连，形成较大规模的"大学城"

现在，荷花池校区已成为扬州大学的管理中心、科学研究中心、服务中心。获国优奖的教学主楼不仅是扬州大学的标志性工程，而且已成为扬州市靓丽的人文景观。

4. 对扬州市创建国家级卫生城市起到了积极作用

扬州大学根据苏教计〔1996〕171 号文件精神，加快农牧场建设步伐，按期保质完成农牧场的搬迁任务，在扬州市优化、美化城市环境，创建国家级卫生城市中，起到了积极作用，同时为扬州市的菜篮子工程作出了新的贡献。

5. 为公有民办学院的"三独立"起到了促进作用

引进民营企业投资 1.65 亿元，实行逐年返还的模式新建的广陵学院新校

区，于2002年8月份竣工交付使用，为落实苏教计〔1999〕265号文件精神，实现公有民办广陵学院的“三独立”，起到了促进作用。

6. 完成了省政府下达的扩招任务

为一批适龄社会青年提供了读大学的机会。为实现高等教育大众化作出了较大贡献。

7. 为实施“4·2·1”工程打下了良好基础

扬州大学为改变学生宿舍拥挤的状况，将学生公寓的建设作为重点，制定规划，多渠道筹措资金，加快建设步伐，“九五”时期以来共增建学生宿舍7.54多万平方米，改善了学生的学习生活条件，为实现学生宿舍本科生4人一间、研究生2人一间、博士生1人一间 的“4·2·1” 工程打下了良好基础。

## 参考文献

[1]周珉.燕京华侨大学校园规划和主教学楼的方案设计.建筑，2001(5).
[2]黄海峰，胡慕贤.包容、共生与和谐建筑——长谷川逸子建筑整理思想透析.建筑，2007(9).

# 校区建设中若干问题的思考

## ——以浙江理工大学校区建设为例

浙江理工大学　傅　军　周晓康

近些年来，在自身需求和政府的推动下，各个高校陆续开展了新校区搬迁、旧校区改造、大学城和科技园配套等各种建设。校区建设一般具有投资大、工期紧、质量高等特点，建设管理存在着特殊性和复杂性。本文结合浙江理工大学校区建设的实践，从基建管理角度对各个环节进行了总结和思考。

### 一、项目前期

1. 统筹考虑环境因素

校园园区规模大，但是相对独立，硬件和软件方面与外界联系并不是很频繁，这很容易形成一个资源和信息受限的小社会。在建设过程中，社会部门及当地政府所提供的资料和服务都在不断发生变化，对这些变化如不加以统筹关注，可能会带来信息的滞后性和资料的局限性。

(1)以校区水电总体建设为例

高校的给排水、供电设计与其他社会性设施区别较大，现实却受周边环境限制：只有一个进水口，一个排污口，雨水顺坡走，供电供气是专线。雨水排泄自身受地理高程、气象环境、排泄方式等因素的影响，还需考虑受相邻的其他单位的排泄影响，在相对平坦的地域地形下，敞开式地下室建筑的雨水排放需重视，否则容易导致灌水；污水排放受集中排污的要求限制，园区建筑的布局需统筹考虑此因素的影响。如不考虑周全，势必影响日后的基建项目和政府越来越严格的环保政策的限制；在高校建设中，因园区大而集中，故大都采取专线供电。专线供电可靠性高，管理方便，适用大学园区，但一次投资很大，因此，在确定总负荷容量时要求考虑周到，过高考虑会造成投资浪费。如果过低，增容扩建时更换供电专线和变配电设备时也会造成巨大的投资浪费。

(2)后勤管理社会化

事实证明虽然这是一种先进的管理方式，但是具体实施有一些难度，因为必须选择或者培育一支熟悉高校情况、不唯利是图、注重服务、内部管理规范有序的实体，选择对象中鼓励实体竞争但是又不能光考虑价格，而是要站在社会

稳定和师生利益的角度，这在市场经济环境下很难实现。当前学校的做法是由后勤部门负责，同时在运作、核算、保障等方面采用社会化方式加强管理。

2. 加强与校内各部门的横向联系

基建部门的对口联系单位主要是校外的相关建设管理部门，与校内其他学院、部门的工作联系相对较少，其他部门对基本建设的相关流程也不清楚。为了避免信息不畅带来的不便，基建部门需要制定相关的流程，例如申请建房的流程、申请技术服务的流程，以及申请借阅基建资料的流程等；学校基建部门还可以在技术支持、资源共享等方面加强联系，以浙江理工大学为例：基建部门与建工学院开展了广泛的合作：为建工学院的学生提供生产实习的场所，基建处选派有经验的工程师开展讲座、建工学院的教师也参与了学校部分工程的设计、评标以及专家论证等工作。

## 二、规划与设计

1. 做好个性化与实用化的规划

目前新校区建设的总体规划大都相似，由中轴线、标志性建筑、中心景观广场等组成，而建筑都是板块形式，由于园区和建筑体量都很大，行走者在低空并不能体会到对称的韵味，同时，这种过分图形化的校园规划，使得单纯追求有序、准确、简单的规划风格与复杂的校园功能存在着较大的矛盾。例如：无法解决课间、课后活动等阵发性人流问题；学生的往返运动使同一时段内大部分功能区使用率降低；学生的各项活动需长距离步行；缺少师生交流的随意场所等[1]。笔者建议采用基于生态理念的校园规划。生态校园的历史形成过程是复杂多样的，在这个过程中，代表不同时期校园文化和精神的不同艺术风格、不同体量、不同材料、不同结构的建筑、环境、小品交错拼贴在一起，较好地融入整个校园，建筑的复合多样才能显现出校园深厚的文化积淀和丰富的文化生态。

2. 做好合理化与精细化并存的设计

浙江理工大学校区建成使用后，总结设计方面还存在一些问题：部分用房没建多少时间就要改造。目前的建筑设计中，如教学楼，宿舍等建筑有现行的国家规范可依，但遇到稍有专业要求的房屋设计只能按使用人要求进行设计：一是使用人要求是否准确合理；二是个体的要求是否对其他房屋产生较大影响；三是学校的专业一直在变化中，但是房屋易建不易变，应考虑房屋的通用性。在设计过程中稍有考虑不周，只能未竣工就返工；道路和交通设计没有及时跟上，合理的行车路线和停车场地没有统筹考虑，缺乏便捷的校内步行系统设计；部分建筑的使用成本和利用率未考虑周全，如大型的地下车库、会馆等，其规模和消防、人防等级挂钩，一上规模等级，相关设施的要求非常之高，不仅要考虑到额外的投资影响还需要考虑今后的使用维护成本的影响。

优秀的设计本身不仅体现在建筑与结构的质量，还体现在建造所需要的合理投资上。应加强初步设计的评审、论证、优化，设计使用功能特殊的，要求使用部门和基建部门一起与设计院全面沟通，充分利用招标答疑和图纸会审解决存在疑问，同时严把图纸质量关，有条件的建设方应设立总工程师，如果基建部门的技术力量有限，可以外聘专家对设计图进行审查，必要时实行限额设计、优化经济指标。建设方选择设计单位时应注重拟派设计小组的资历，对已经有过新校区成功设计案例的设计单位要优先考虑。

## 三、招投标工作

工程招投标环节中，招标文件是基础。有的招标文件编制过于简单，使得评标过程中产生很多含义不明确的地方甚至产生歧义，这需要建设方或者中介机构强化责任意识，防止工程量清单漏项、漏算等。此外，一般的招标文件在施工单位的要求上停留在企业知名度广、牌子硬、规模大等表面现象上，使整个过程流于形式。应该选用一定的方式和措施，重点考察项目班子的组成和搭配情况。

工程招投标环节中，评标是核心。其中评委的技能非常重要。但是，实际操作中还存在着一些问题：有些评委对商务标的子项报价未着重审核，导致低价中标工程中存在着采购和工艺不平衡报价带来的不可行性；对于技术标部分，由于自身业务素质限制，部分评委的评审也非常粗糙，这样就难以保证评标工作的科学性和合理性。由于一般的评委是库选产生的，这使得建设方选派的评委代表非常重要，其具有的素质应该是全方位的，在评审的认真性和科学性方面起到表率作用。为了保证甲方评委产生的随机性和保密性，现在的做法有多种：有的地区和学校不再选派建设方代表作为评标专家，所有人员从专家库中抽选；在学校工程管理部门中的一批具有较高专业素质的人员中随机抽选。

## 四、实验室建设

实验室建设过程中智能化比重较高，这需要搞好实验室的规划，努力把实验室建设成为一个资源整合和共享的平台，为促进学科交叉和提高仪器设备使用率创造硬件条件。一般理工科院校的实验室种类多、内部配置较复杂。以浙江理工大学为例：建工学院结构专业的实验室一般要求大跨度、高空间、承重大、设备精度高；化学实验室内试验台多，水电配置要齐全；实验室的污水、废水、有毒害排泄物都需要单独处理；有的试验设备用电负荷较高且较为分散等。设备一般由使用部门采购，但是购置的设备一般存在着布管、布线、预埋等安装问题，建议做好前期的调研、明确实验室建设的目标，组织实验室主任和设备专家一起参与设计方案论证，以便在设计阶段综合考虑，在建筑施工过程中跟进。

“十二五”期间，浙江理工大学校园建设的总体思想是：以“服务师生”为宗旨，努力打造“生态型、节约型、优美型”的和谐校园，建设要沿着“高效、节俭、健康”的思路顺利进行。为实现目标，今后需要努力和改进的方面还有很多，基建工作仍将任重道远。

# 论新时期高校基建管理者职业形象的塑造

浙江工业大学　倪智明

## 一、形象及职业形象的内涵

所谓形象，按《现代汉语词典》的解释是“能引起人的思想或感情活动的具体形状或姿态”。也就是说，形象既是主观的，又是客观的。其主观性在于人的思想和情感活动是主观的，是人对事物的具体形状或姿态的印象、认识、反映及评价；其客观性在于形象是事物本身的形状或姿态，是事物的客观存在，是不以人的主观评价为转移的。

从心理学的角度来看，形象就是人们通过视觉、听觉、触觉、味觉等各种感觉器官在大脑中形成的关于某种事物的整体印象，简言之是知觉，即各种感觉的再现。有一点认识非常重要：形象不是事物本身，而是人们对事物的感知，不同的人对同一事物的感知不会完全相同，因而其正确性受到人的意识和认知过程的影响。由于意识具有主观能动性，因此事物在人们头脑中形成的不同形象会对人的行为产生不同的影响。

所谓职业形象，就是指个人在职业场合表现出来的与其职业相适应的、能反映其内在气质和职业特点的外在形象及言谈举止。职业形象并不是一个简单的外表长相和穿衣打扮的概念，而是一个人全面素质的展现，是一个秀外慧中的、整体的、动态的印象。它包括多种因素：外表形象、知识结构、品德修养、专业能力等等。职业形象的内容可分为两个大类：外在方面，包括仪容仪表、语言表达、职业习惯、书面沟通等其他行为；内在方面，包括业务知识、技能、素质（又称软技能，包括沟通能力、领导能力、组织规划能力、战略思考能力、全局把握能力等）、个性、品格、职业道德、文化修养、价值观等等。

因此，良好的职业形象能够展示出个体的自信、尊严、力量、专业水平、能力和职业精神，是事业成功的必备素质。它不仅反映在给他人的视觉效果中，它还让一个人对自己的言行有了更高的要求，能立刻唤起自己内在沉积的优良素质，通过一举一动、一言一行，让个体散发出独特的魅力。

## 二、塑造良好职业形象之重要性

在当代社会竞争中，形象已成为重要因素之一，国外流行这么一句话："60年代讲化妆，70年代讲香水，80年代讲健美，90年代讲美容，21世纪讲形象。"形象的价值在当今社会已占据了重要地位，有时候，形象甚至比智慧和知识还重要。

一个人的职业形象标志着一个人的文化素质，它不仅是个人行为，而且直接与所在组织的形象息息相关，紧密相连，甚至直接关系到一个组织乃至国家的形象和声誉。反过来，也就直接关系到个人的前程和命运。

曾有国外专家指出，形象是当今社会的核心元素之一。良好的职业形象不仅能够提升个人品牌价值，而且还能提高自己的职业自信心。

首先，职业形象能真实地体现一个人的教养和品位。如果一个人不懂得个人修养，或者违反一些惯例，就会有损个人形象，并且会使人感到他缺乏教养，品位不高。

其次，职业形象能客观地反映一个人的精神风貌与工作态度。在日常工作和生活里，假如一个人总是蓬头垢面，衣冠不整，不修边幅，整天无精打采，办事拖拉，别人恐怕很难认为他热爱工作和生活。

第三，职业形象能如实展现对工作和交往对象的重视程度。一般而言，一个人对自我形象的重视程度，与对工作和交往对象的重视程度成正比。换言之，在工作中很重视自己的职业形象的人肯定也会对工作要求很高，努力做到精益求精；在人际交往中，若是对自我形象毫不修饰，不但难言对交往对象的尊重，而且亦属失礼行为。

第四，职业形象是其所在组织的整体形象的有机组成部分。在某种意义上讲，一个人的职业形象通常会被人们直接视为所在单位形象的化身。

第五，在国际交往中职业形象还往往代表着所属国家、民族的形象。在涉外交往中，一般外国人对中国的了解和看法，主要来自他接触到的某些中国人。因此，在对外交往中，如果不注意维护自身的形象，从某种程度上讲就是可能会损害中国的国际形象和整个中华民族的形象。

## 三、如何塑造新时期高校基建管理者的职业形象

20世纪90年代起国家大力推进教育市场化，高等教育事业发展迅速，许多高校在较短时间内，兴土木扩建校舍、发展新校区。同时，因缺乏监督，高校基建也已成为腐败案件高发的领域之一，高校基建管理者在社会公众的形象也因此受到影响，他们的工作和心理压力也逐渐加大。如何教育基建管理者洁身自

好，提高自身素质和工作能力，塑造新时期高校基建管理者清正廉洁、务实高效的职业形象，已成为热门的话题，笔者从重塑形象的角度，提出高校基建管理者必须树立以下职业形象，以此来提高新时期高校基建管理者的整体素质。

一是要树立廉洁自律的职业形象。高校校园基本建设是一项高危工作，从事这个工作的每个人要始终保持清正廉洁的品行，时刻保持谨慎的态度、保持清醒的头脑、保持强烈的廉政意识，防微杜渐，防腐拒变，做到不该吃的饭坚决不吃，不该拿的东西坚决不拿。牢记“不值得、不应该”，对自己负责、对家庭负责、对事业负责，在工作中做到既要与施工单位有良好的配合，又要与他们保持一定的距离，既要对施工单位热情相待，又要秉公办事，既要勇敢面对各种诱惑，又要毫不动摇地经得住诱惑，宁可伤感情，也不能做违反原则的事。真正做到自重、自省、自警、自励，慎言、慎微、慎欲、慎独，警钟长鸣，守得住清苦，耐得住寂寞，抵得住诱惑，保持基建管理者的浩然正气。

二是要树立不断学习的职业形象。高校基建工作业务能力要求很高，专业规范更新很快，这就要求基建管理者不断加强专业学习，提高自身的业务水平，平时在工作中注重带着问题去学习，带着研究去学习，边工作边思考，边思考边研究，努力提高自己解决问题的能力。

三是要树立干部模范带头的职业形象。高校基建工作既辛苦又艰苦，往往工作任务重，时间紧，工作条件差，这就需要发挥党员干部应有的影响力和感召力，随时随地要成为群众的榜样，敢于说出“向我看齐”的口号，切实把党员干部的先进性体现到日常的工作和生活中。不管是哪个工种，哪个岗位，对于工作不能满足于“过得去”，而必须是“过得硬”。

四是要树立服务意识强的职业形象。管理就是服务。基建管理者在严格管理工程项目的同时也要树立较强的服务意识，主要有两个方面的服务要做好：一要为使用单位服务。在项目规划、功能定位、工程质量保修等方面要主动、充分征求使用单位意见，急用户所急、想用户所想，要有换位思考的意识，在不影响总体工作和工程造价的前提下，尽量满足使用单位的要求；同时，要有为施工单位服务的意识。虽然我们管理者是甲方，施工单位是乙方，甲方监督、指挥乙方是天经地义的，但甲乙方一旦签订了合同，双方是平等的。施工和管理是一个合作的关系，是一个互动的过程，必然有一个交流、沟通的过程，也会有一个相互配合、服务的过程，因为双方的目标是一致的。如甲方可以及时提供一些资料和数据等，及时发现施工中存在的问题，及时为对方解决一些问题，帮助乙方加强现场协调，为施工过程出谋划策，加快工程进度。

五是要树立务实肯干的职业形象。一方面要深入现场，勤下工地，善于发现一些施工中存在的问题，及时指导，帮助乙方改进。百年大计，质量第一，工

程管理一定要有高度的责任感和使命感，发扬艰苦奋斗的优良传统，不怕脏、不怕累、不怕苦，把时间和精力放在抓工作落实上，放在追求工作效率和质量上，拿出看得见的工作成效。另一方面要勤于走访使用部门，听取他们对工程使用的意见和建议，虚心接受他们对质量保修工作提出的批评意见，并积极落实整改。

六是要树立工作干劲高昂的职业形象。校园基本建设是一项特殊的工作，需要有高涨的工作热情、高昂的工作激情和斗志、饱满的工作精神，因此基建管理者在工作中要有工作干劲，雷厉风行，决不能给人一种拖拉、无精打采的感觉。

七是要树立团结协作的职业形象。校园基本建设是一个系统工程，需要内外部门的协作配合。从外部来讲，一个工程从立项起，就要经过"需、建、装、管、用"五个环节，涉及学校的很多部门。从建设部门内部看，一个工程又是一个多工种紧密联系、协作配合的过程；这就要求基建管理者必须精诚团结、配合协作，工作上要互相配合、相互提醒，密切合作，热心帮助别人，即使不是分内工作，也要一起出主意、想办法，要讲团结、讲正气。

新时期高校基建管理者职业形象的塑造不是一蹴而就的，需要一个过程。高校基建管理者从每一件小事做起，注意每一个细节，认真对照上述七个职业形象的要求，踏踏实实地履行自己的工作职责，必然会塑造出高校基建管理者群体清正廉洁、务实高效的新形象。

# 高校基层党组织在基建领域预防职务犯罪中的作用研究

浙江工业大学　倪智明　何　兴　张兴才

近几年来，高等教育事业蓬勃发展，高校招生规模不断扩大，与之而来的是大规模征地、校园扩建、新建校区等校园基本建设高潮。在这过程中，由于缺少制度的监督，少数基建管理人员在基建工程招投标、施工管理及验收等过程中利用职务之便收受、索要贿赂，为自己或亲朋好友谋取私利等，发生了严重的职务犯罪现象。针对这些现象，笔者认为，基层党组织应在高校基建领域预防职务犯罪中发挥重要的作用，诸如通过思想教育、责任书保障、党内外监督等积极措施，可以最大限度地预防高校基建领域职务犯罪现象的发生。

## 一、高校基建领域职务犯罪的特点

随着我国高等教育事业的蓬勃发展，各高校为了改善教育环境和办学条件，加大了对学校基本设施的建设和修缮。然而，高校迎来基建高潮的同时，也迎来了高校基建腐败现象的频频发生。

通过分析近几年高校基建领域发生的违法违纪案件，高校基建领域的职务犯罪有其自身的特点，比较突出的表现有：

第一，与建筑承包行业的“潜规则”息息相关，一些高校干部和管理人员借工程承包大发横财。清华大学建设管理系工程管理研究所副所长邓晓梅指出：“高校基建腐败与其他的基建腐败存在着80%的共性，即在基建的各个环节都存在腐败的可能。”①一方面，建筑行业内部固有流传的“行规”恶习侵扰着高校基建工作。为了获得高额利润，部分建筑行业通过各种途径拉拢、腐蚀高校基建管理人员和工作人员以取得工程承包，从中的“公关”、好处、回扣不在少数。另一方面，工程建设的程序繁多，各个环节都有可能存在职务犯罪的可能，从前期的项目决策、勘察和工程招投标，中期的材料采购、质量验收，再到后期的现场签证、工程款支付和工程结算都存在着可能。

---

① 参见网络报道“百起高校基建腐败案调查：多发生于体制改革之际”，http://www.sina.com.cn.2009年10月21日11:53.

第二，腐败潜入校园，校园神圣的光环受到冲击，社会危害性和负面影响尤为严重。一直以来，校园作为培育人才、传授知识的殿堂，其神圣性和纯洁性为人们所尊崇。然而高校基建领域内的职务犯罪所造成的基建腐败，其危害性更甚于其他腐败案件。首先，基建领域的腐败往往存在偷工减料、以次充好的情况，工程质量大打折扣，威胁到人们的财产和安全；其次，校园腐败损害了高校的名誉，影响了教育事业的健康发展；最后，基建腐败导致支援校园建设和教育事业的资金流入腐败人员和不法商人的腰包，浪费了建设资金，严重影响了校园基本建设。

第三，设立多种名目行贿赂之实，作案手段隐蔽。在高校基建领域的腐败案件中，不法者巧借劳务费、业务介绍费、业务咨询费等项目直接贿赂相关人员；或者假借节日礼仪、红白喜事等时机，以朋友名义大送“红包”；又或者假借买卖、借贷、借用关系来掩盖行贿受贿的实质等等。各种形式的贿赂都掩盖不了权钱交易的事实，相关人员凭借自身的职务优势，实现不正当的交易，最终肥了个人、损了国家。

第四，涉案金额大，涉及范围广。高校基建涉及众多庞大的工程建设，校区的扩建修缮、土地的征用规划、场地建设设计等等几十个项目，基建投资动则上亿元甚至十几亿元。巨额的投资往往存在巨大的潜在利益，诱惑不法者进行活动，受贿行贿的金额也数目惊人。另外，高校的基建项目往往影响深远，关系到高校所在省市乃至国家的建设布局，无论是高校的相关干部、工作人员，还是建筑行业的投标企业，抑或是政府行政主管的相关单位都有可能涉及其中，可以说高校职务犯罪涉及人员多、涉及单位多、涉及范围广。

## 二、高校基建领域职务犯罪高发的原因分析

第一，根本原因在于体制的缺陷。我国社会主义市场经济体制正处于不断完善的发展阶段，存在着市场调节资源配置滞后性的缺陷。经济迅速发展，制度、法律的滞后给了许多不法分子钻体制缺陷空子、大发横财的机会。高校基建领域也不例外，高校基础设施需求的膨胀推动了基建事业的飞速发展，然而市场经济体制和高校基建工作体制机制的不健全，使得高校部分领导干部利用职权伙同不法商人牟取私利愈演愈烈。

第二，权力滥用是导致高校职务犯罪高发的直接原因。政府主管部门和高校部分领导干部权力过于集中，他们在基建工程的审批、规划、承包、投标等方面有着直接、间接的权力和举足轻重的影响，个人往往能够左右重大事项的决定。他们因为手中的职权，很容易吸引成为众多不法商人实行贿赂。

第三，客观原因在于基建管理机制存在漏洞，同时缺少有效的监督机制。

基建工程规模浩大,管理机制的滞后往往体现在招标投标准入机制不健全、施工管理存在诸多问题、财务审计管理混乱等方面,不科学、不规范、不透明的管理使得基建领域漏洞百出。而监督的缺位使得不法分子有恃无恐,主要体现在:管理人员缺乏工程建设的专业知识,无法有效实施专业监督;内部人员阻止的监督流于形式;权力滥用和高校自我保护意识压制监督,使监督发挥不出真正作用;监督机构责任意识模糊等等。

第四,主观原因在于不法分子的人生观、价值观的转变,导致腐败的滋生。一方面,高校基建领域存在着巨大的金钱诱惑,而作案手段隐蔽、不宜曝光,侥幸心理使得不法分子为牟取暴利铤而走险;另一方面,政府相关部门和高校的干部、基建管理者思想道德素质降低、法律意识淡薄、面对诱惑缺少有力的自我约束,深陷泥潭不能自拔。

## 三、基层党组织在高校基建领域预防职务犯罪中的作用发挥

高校基建领域的职务犯罪有着巨大的危害和负面影响,针对高校基建领域出现的腐败问题,国家和高校应当采取有效的措施加以规制和预防。笔者认为,在诸多预防基建领域职务犯罪的对策之中,基层党组织应当发挥其积极的作用。

第一,加强高校基建干部队伍的建设,增强思想道德素质和政治素养教育,强化党的组织领导、政治领导和思想领导的权威,保证党内的纪律性、组织性和廉洁性。高校基层党组织应当通过党内干部选拔、考察机制、党内民主生活会,党风建设、思想教育等方式不断加强高校各级干部特别是基建管理部门干部队伍的思想、政治、道德、品质、法制教育,不断提高干部队伍的素质,构筑思想道德防线,从根源上抵御腐败的侵蚀。要求高校党员干部将日常工作尤其是基建工程管理工作同党的思想建设、组织建设和作风建设结合起来,用党的先进性来指引和规制高校领导干部的工作。

第二,签订党风廉政建设责任书,通过明确高校基建工作的责任范围、内容和要求,具体防范高校基建中职务犯罪。“坚持标本兼治、综合治理、惩防并举、注重预防,抓紧建立健全与社会主义市场经济体制相适应的教育、制度、监督并重的惩治和预防腐败体系。认真落实党风廉政建设责任制。”[①]党的既定方针、政策要求将责任制引入党风建设和反腐败斗争当中,在防范高校基建领域职务犯罪的工作中,我们应当重视党风廉政建设责任书的作用,需要做到以下几点:

明确基建工作的责任范围。做好基建工作的分工,将规划、管理、监督、结

① 参见党的十六届四中全会《中共中央关于加强党的执政能力建设的决定》。

算、决策等各项工作具体落实到各个部门，将工作责任落实到各部门具体负责人和主要管理者身上。责任范围的具体划分，一方面将工作权限做了明确界定，防治权限不明造成的权力滥用；另一方面，责任划分预设的风险承担使得各部门在高校基建过程中能更好地完成工作。

明确基建工作的责任内容。在明确责任范围之下，进一步明确高校基建的工作分工和责任内容，各部门领导干部和管理者除了应当明晰现行的各项规章制度、工作方针政策、工作进程，顺利完成具体工作任务之外，还应当了解违反党纪国法的各种行为以及所要受到的法律制裁和党内处分。从正反两方面明确基建工作的责任内容，既有利于高校基建工作的完成，也有利于高校腐败的预防。

明确基建工作的责任要求。将高校从事基建工作的相关领导和管理者的严谨工作、认真考查、负责监督的要求以及玩忽职守、收受贿赂、以权谋私等违纪违法的具体处罚写入党风廉政建设责任书之中，体现党内纪律和工作方针对基建工作相关干部和管理者的直接约束，直面高校基建工作的质量和对抗高校职务犯罪的效率。

第三，加强党内监督，重视基层党组织和群众的密切联系，保持党组织与审计、纪检部门的联系，从党内外监督高校基建工作。高校基层党组织对于高校基建工作的监督，首先要做到党内的有效监督，实现党务政务公开制度，同时杜绝党内人员权力滥用的行为，加强基建干部的选任和考察，筑牢思想道德和党纪国法两道防线，监督和抵制腐败的侵蚀；其次，要重视社会监督的力量，采取多种渠道发现和收集高校腐败的线索，认真受理群众的举报和信访；最后，有效配合审计、纪检组织的审查监督工作，采取过程审计和事前事后双重监督的方式，绝不姑息任何违纪违法行为。

第四，严厉处理违反党纪国法的责任者，追究其应负的责任，将反腐败进行到底。高校基建领域的反腐败应以预防教育和惩治预警相结合，在预防犯罪的同时，对于玩忽职守、以权谋私的职务犯罪行为，一经查实，就要严格按照党的纪律和国家法律严格处理，党员犯法应当更加严肃处理。另外，组织基建工作人员参观廉政教育基地和参加廉政教育讲座，利用高校基建领域内已查明的腐败案件进行反面教育，让基建工作人员透过职务犯罪违法违纪的事实，吸取教训，警示自身。

第五，高校基建领域实施廉政风险管理。廉政风险是指在执行公务或日常生活中发生腐败行为的可能性。高校基建领域作为高危行业客观地存在着发生腐败行为的风险，因而将预防腐败具体化为防范廉政风险。

廉政风险管理就是运用企业风险管理理论，结合高校基建领域的工作实际，根据“思想道德、制度机制、岗位职责”等三类风险的界定，从本科室、本岗位的具体工作中查找“风险点”，有针对性地制定具体措施、防控办法进行预防，最大限度地降低腐败行为发生的可能性。

廉政风险管理主要分三个环节，即前期预警——未雨绸缪，立足岗位找风险；中期防控——全面防范，严格管理防风险；后期考核——完善措施，源头治理化解风险。前期预警主要是通过查找高校基建领域各岗位、各工作环节的廉政风险点，根据风险内容的不同给予相应的预警，明确各岗位的责任人，进而建立相应的防范机制；中期防控就是根据廉政风险点，建立相应的防范措施，提出风险防范目标，健全和完善规章制度，加强管理和监控，查缺补漏，及时纠正不当行为，避免苗头性、倾向性问题演变为违纪违法行为，最大限度地减少腐败发生的机会，保护好每位同志，形成预防腐败工作的长效机制；后期考核就是按照不同的风险内容，通过自查与阶段性检查相结合、动态考核与综合评估相结合的方式，制定廉政风险管理的考核标准，对廉政风险管理的各项措施进行全面、系统的综合评估。根据考核结果，纠正存在问题，针对暴露出的不规范行为，实行诫勉警示，及时纠正偏差，中止其错误行为继续发展。

近几年，高校基本建设不断推进，但是由于体制的滞后、社会风气的侵蚀以及高校内部管理机制和监督机制的缺陷等原因，基建领域的职务犯罪现象时有发生。预防职务犯罪，教育是基础、监督是关键、惩治是保证。[①] 基层党组织对高校基建领域的反腐败斗争和党风廉政建设应发挥其应有的积极的作用，以提高基建干部队伍的思想素质和政治素养为根本目的，围绕党风廉政建设责任书，通过实施廉政风险管理，加强党内外的有效监督，把预防与惩治有机结合，建立起针对职务犯罪、党内腐败行之有效的预防体系和长效机制。

---

① 参见何秉松著：《职务犯罪的预防与惩治》，中国方正出版社 1999 年版。

# 加强基建管理　规范制度建设

南京信息工程大学　王生明　杨光友

“办好中国的事情，关键在我们党，要结合形势的发展，紧紧围绕党的中心任务，不断加强党的建设。”在我们这样一个有着56个民族、13亿人口的发展中大国，要把人民的力量凝聚起来，朝着社会主义现代化目标迈进，实现中华民族的伟大复兴，必须有中国共产党的坚强领导。这是总结近代以来中国发展的历程得出的结论，也是分析许多国家发展的经验教训得出的结论。

联系到我们南京信息工程大学新校区建设工作实际，基建处党支部全体党员深有感悟。邓小平同志说过“发展才是硬道理”，近年来，我校党委与时俱进，坚持科学发展观，凝聚全校人心和力量，为积极适应新的教育市场的需要，大力推进江苏高等教育大众化的进程，把学校做大做强，高瞻远瞩，审时度势，于2000年和2002年分两期总共新征地1667亩用于建设新校区，计划于2007年前投资8.46亿元新建各类校舍43万平方米和一大批基础配套设施。

在新校区建设中，基建处党支部积极主动发挥党员先锋模范带头作用，带领全处同志特别是全处党员同志，在学校党委的正确领导下，坚持以邓小平理论和“三个代表”重要思想为指导，加强基建管理，规范制度建设，始终坚持一手抓新校区建设，一手抓勤政廉政建设，聚精会神搞建设，一心一意谋发展，取得了良好的成绩。

## 一、充实基建队伍，全面增强人员素质

“科学技术是第一生产力”，要想搞好新校区建设，必须拥有一支政治素质好、技术过硬的基建队伍。学校党委从2001年基建处成立以来，逐步从校内外有关部门抽调技术好、素质高的管理和专业技术人才。学校党委要求党员同志必须以《党章》为准则，认真学习两个条例，树立高度责任感和使命感，加强勤政和廉政建设，团结全处同志，加强与施工单位沟通和协调，维护学校利益，做到内强素质，外树形象。

## 二、建章立制，完善管理系统

我党历来重视制度建设，好的制度能指导和规范人的行为向正确的方向发

展。我校新校区建设伊始。怎样建设新校区，建设什么样的新校区，这是摆在学校党委面前的一件大事。学校党委深知：搞新校区建设的目的就是为学校规模发展创造基础保障，为加强内涵建设提供先决条件。因此，新校区建设，首先要规范基建工作行为，完善工作程序。新校区建设正式开展以来，我校陆续制定了《招投标工程规范》、《合同谈判和审核规程》、《工程预决算审计规定》、《项目立项管理规定》、《基本建设财务管理暂行办法》、《关于新校区建设中党风廉政建设的规定》、《基建（维修）工程项目管理工作程序》、《采购管理工作程序》等多项规章制度，并编印成 20 多万字的《南京信息工程大学基本建设规章制度汇编》，要求全体党员同志带动全处同志严格遵守和执行。

## 三、坚持走群众路线，将科学民主原则贯穿于新校区建设全过程中

在新校区建设中，学校党委一直坚持走群众路线，将科学民主决策作为新区建设的原则之一，先后 7 次大范围地对总体规划、教学楼的设计、大门设计等项目工程，广泛听取群众意见，在此前提下形成设计任务书，方案评审前再次公开展出，发选票进行评议，甚至用汽车装上建筑物设计效果图到城里五个家属区进行展出，就地方便离退休教职工发表意见，投票评议。东大门和聚贤桥施工后部分师生有一些意见，我们又组织两次群众评议，集思广益，按照多数票决定取舍。300 多次校内招标评标会都邀请相关系（部）老师和有关部门同志当评委。

遇有重大问题，首先召开专题座谈会。听取意见。形成多个方案。再报校党委会或校长办公会。我校广大教职员工和学生十分关注新校区建设，经常在校园内走一走、看一看，甚至连哪条路哪一块地种植什么树都有很好的建议，对一些设计方案提出非常中肯的建议。所以。新校区建设得到了广大师生员工的普遍关心和支持，他们的精神也同样鼓舞着我们搞好新校区建设。

## 四、开拓工作思路，理清工作层次和程序

在新校区建设中，学校党委领导我们认真学习“十六大”文献，领会精神实质，解放思想，与时俱进，开拓思路，理清工作层次和程序。

### 1. 优化设计，确保领先

百年大计，设计领先。新校区建设要树精品工程、标志性工程，必须在规划、设计时有超前意识。为此，我们在立项审批、可行性研究报告起草、方案设计招标、扩充设计及审批、施工图设计和审查时，每一步都是按照规定程序，不断优化，少走弯路，少留遗憾，确保 20 年不落伍。

2. 规范权限，明确职责

大规模基本建设不是小作坊式的经营生产方式，必须精心组织，系统把握，最关键的是分清责任和权限。我校基建处处长、科长和专业技术人员，每个人都有明确的岗位职责，同时重叠了甲方代表职责。权限的分布从处长→高工→科长到甲方代表，互不干扰，层层负责，避免个人说了算的运作程序。

3. 认真做好“三坚持、四发挥”

“三坚持”：即坚持分层例会制度，坚持集体研究决策，坚持“四方”到场测定原则。“四发挥”：即发挥施工单位自检自纠作用，发挥工程监理现场检验、测量监控作用，发挥工程科及甲方代表工程施工全面责任实施，发挥技术组把关检查作用。

## 五、强化基建管理，规范工作程序

管理出质量，管理出效益，我校党委特别重视抓新校区建设中的基建管理工作，要求强化基建管理，锐意改革，完善工作程序，提高工作效率。在实际工作中。基建处探索出一套行之有效的管理办法和措施。

1. 立足改革，进一步完善工程和材料、设备采购招投标办法

加强对各项招投标的管理工作，严格规范程序，严明纪律，科学编写标书，对投标报名单位进行严格的筛选。在此基础上，从 2003 年起，学校党委会同纪律监察部门和我们基建处，对新校区建设各项校内招标评标办法进行了改革。改革的主要内容是：在校内建立评委专家库，评委从校内相关专业和学历的中级职称以上人员中产生，分管校、处领导和具体负责招投标管理工作的科室领导不再担任评委，转为主要负责组织、协调、审核、监督招投标工作，拟定评标办法，交评标小组充分讨论进行评标。每个基建项目的评委名单，在开标前 2 个小时内由监察审计处和基建处采取从评委专家库中随机抽签的方式产生，并组成评标小组，在最短的有效时间内通知被抽中的评委参加评标。采取此办法可以充分发扬民主，公开、公正、公平地把评标工作与招标管理业务分离开来，从而形成相互制约和回避的机制，更有利于向标准化评标方向推进。

2. 从程序入手，加强基建工程过程管理

(1)完善立项审批程序

把变更增加纳入微观控制之中强化立项报批制度，使 3 万元以上的子项目都置于学校党委的控制下。比如，在较大的工程招标后，对发生新的变更增加的子项目都要办理立项报批手续。

(2)规范经济合同谈判和合同审核程序，把好合同审签关

建设项目中标单位招投标中标确定后，就会立即组织起草合同，经过甲方

代表和审核员细致审核后，分别视合同金额大小，由处长或科长主持合同谈判，并请监察审计处和财务处等参加谈判，然后修改好合同，经处长审签报监察审计处审计签章后。按照合同金额的权限签字。

(3)层层把好财务关，严格付款审批程序

新校区建设以来。为了使基本建设良性循环、健康运作，核心问题就是财务管理。为加强和规范我校基本建设财务管理，提高投资效益，学校党委结合我校实际情况，指示我处会同财务处和检察审计处仔细研究酝酿，制定了学校基本建设财务管理若干规定。明确了各类经费的审批人，强化了审批手续的管理，实行民主理财、相互制约的管理机制。具体审批程序：乙方负责人→甲方代表→监理人员→跟踪审计→基建处工程管理科长（计划材料科长）→分管处长→分管基建的校长→分管财务的校长。这些财务管理规章为我们全面执行国家财会法律法规，进一步细化落实起到了重要作用。在工作实践中，不断地总结提炼，因此，具有很强的可操作性。通过这些财务管理制度的执行，理顺了关系。明确了责任和权限，避免了甲、乙双方的矛盾。也对节约资金，控制投资起到了不可替代的作用。

3. 加强审计监督跟踪工程全过程

学校党委为切实做好新校区各项工程的造价控制工作。加强对新校区建设项目的审计监督，堵塞漏洞，节约建设资金，取得最佳的投资效益，加快新校区建设步伐，决定新校区在建设中除了接受学校监察审计处的审计监督外，也邀请社会审计部门进行全过程跟踪审计。社会审计部门审计人员全过程跟踪新校区建设工程的每一个环节，加强与学校审计部门、基建部门和工程监理部门的联系，及时搜集资料，进行现场取证，为工程项目审计做好各项工作。对工程实施全过程跟踪审计，有利于及时掌握工程变更情况，节约基建投资，提高基建投资效益和工程项目质量，也进一步加强了基建处的廉政建设，使得新校区各项建设工程廉洁高效地按期完成。

## 六、加强廉政建设，做到警钟长鸣

学校党委明确指示：新校区建设要加强廉政建设，做到“新校区建设起来，干部培养锻炼起来，绝不能大楼树起来，干部倒下去”。为实现学校党委的廉政目标，做到防微杜渐，警钟长鸣，我校采取了如下措施并要求全面贯彻执行。

1. 制定廉政条款，并严格贯彻执行

我校监察审计处会同基建处制定了《廉政条款》，主要内容是：自觉遵守国家、江苏省及学校有关廉政建设的各项规定；保持与乙方的正常业务交往。不得接受乙方的礼金、有价证券和物品，不得在乙方报销任何应由个人支付的费

用;不得以任何形式向乙方索要和收受回扣等好处费;不得参加乙方组织的宴请、旅游和高档娱乐活动;不得要求或者接受乙方为其住房装修、婚丧嫁娶、家属和子女的工作安排及出国等提供方便;不得向乙方介绍家属或者亲友从事与甲方工程有关的材料设备供应、工程分包等经济活动;不得擅自与乙方人员就工程承包、工程费用、材料设备供应、工程变更、工程验收、工程质量等问题进行私下商谈;不得接受乙方购置或提供的通信工具、交通工具、家电、高档办公用品等;业主任何人不准在乙方(工程施工方、设计方、供货方等)兼职或领取报酬。违者将给予行政处分或依法惩处。要求基建处全体同志严格遵守和执行以上廉政条款,坚持互相监督,发现问题,及时向有关部门举报。

2. 加强教育和关心环节,树立勤政廉政思想

学校党委坚持用教育树立勤政廉政思想,要求全体基建管理人员自觉接受学校监察审计处的监督和教育。并把这方面教育作为制度,做到经常讲,警钟长鸣,切实贯彻到实际行动中去。学校党委要求全处同志树立正确的人生观、价值观、道德观,正确对待金钱、地位。处级、科级干部及党员同志要严于律己,自觉抵制各种诱惑,做到自律、自洁、自省。平时要加强政治理论的学习,加强廉政建设条款的学习,进行共产党员先进性教育,提高思想认识水平,时时算一算政治成本、经济成本、家庭成本这本人生账,牢固树立勤政廉政思想,为学校的基本建设作出贡献。

## 七、加强党内监督制度建设,打造阳光工程和放心工程

党内监督的实质是党从人民利益出发。按照从严治党的要求进行自我约束和自我完善。党内监督的主要内容是监督党的组织和党员是否正确地贯彻执行党的路线、方针、政策,是否正确地运用人民赋予的权力,是否严格地遵守民主集中制的各项制度和党纪国法。党内监督的核心,是将党的领导干部和领导机关行使权利的行为,置于广大党员群众的监督、督促和约束之下。防止权力发生腐化。

联系到我校新校区实际,我校新校区建设花钱很多,大部分投资都是自筹,是全校教职工的血汗钱,加之新校区建设是摆在全校师生员工眼皮底下的一件大事,在大家的眼里,基建处是学校的花钱大户,是学校的特权单位,基建处已成为大家监督的重点。为此,学校党委十分重视新校区建设党内党外民主监督制度的建设。要求基建处要认真贯彻党的十六大和十六届三中、四中全会精神,以邓小平理论和"三个代表"重要思想为指导,以发展社会主义民主政治、建设社会主义政治文明为目标,以推进决策的科学化、民主化、规范化、制度化和公正便民、勤政廉政为基本要求,增加决策的透明度和广大师生员工与社会的

参与度，强化对权力运行的制约和监督，提高行政管理效能，保证学校新校区建设的各项工作符合有关法律、法规和政策的规定，促进新校区建设的稳步推进。

1.按照学校党委要求，加强两个条例的学习，并严格贯彻执行

《中国共产党党内监督条例（试行）》和《中国共产党纪律处分条例》已由中共中央印发全党执行，这是健全和完善党内监督制约机制、切实加强党的纪律建设、全面推进党的建设新的伟大工程的重大举措。对于发展党内民主、加强党内监督，严明党的纪律和维护党的团结统一具有十分重大的意义，我处要求全体党员自学与组织学习、讨论相结合，逐条检查落实，并贯彻到工作中、行动上，起到共产党员的模范带头作用。

2.要情况公开和通报制度

凡是涉及新校区建设的有关重大事件，我们都及时在校园公告栏和校报、校园网上公布，让全校师生及时了解新校区建设的重大事件和进展情况。

3.述职述廉制度

每年我校所有中层领导干部都要在学校组织部和监察审计处的组织和监督下。举行述职述廉活动，将每人的一举一动时刻置于党组织的监督和控制之下。

4.民主生活会制度

作为党员同志，基建处党支部党员每年都要和学校机关第一党总支全体党员一起召开一次党员民主生活会，开展批评与自我批评，相互查找不足，及时整改。

5.舆论监督制度

自觉接受新闻媒体的舆论监督。对舆论监督不护短，不隐瞒。

6.信访处理制度

我校在行政楼内设有信访信箱，并在校园网上设有电子“纪委信箱”，主动接受人民来信来访，我校信访渠道畅通，对群众举报、投诉的问题都及时进行了调查处理。

另外，在监督对象上，加强上下级之间的监督，加强组织对个人的监督，加强个人对个人的监督，突出“一把手”这个重点，使“一把手”成监督重点；在监督内容上，突出决策这个重点；在监督时机上，突出事前监督，早打预防针。基建处每个人明确监督职责，权利与义务相对等，突出党内、党外监督相结合。

在学校党委的正确领导下。由于我校制度健全，措施有力，2004年，在宁部分高校在新校区建设过程中不同程度发生了“大楼竖起来，干部倒下去”的现象。而我校却未出现任何大的事件和问题，受到了上级部门和学校党委的一致好评。

综上所述，党的领导在基建工作中起到引航作用，党务工作则为基建工作保驾护航，确保我校新校区建设健康有序、顺利完成。

# 如何在我们的岗位上实现所希望的成就

泰州高等师范专科学校　姚德平

建构上述这一似乎有些古怪生涩、佶屈聱牙之命题的原因，并非出于吸引眼球、标新立异，而是在于最近读到的《朱镕基答记者问》一书。该书中说时任总理的朱镕基在回答丹麦记者问及的“你希望中国人民在你离任之后，最记得您的到底是哪个方面”时说：“我只希望在我卸任以后，全国人民能说一句，他是个清官，不是一个贪官，我就很满意了。如果他们再慷慨一点，说朱镕基还是办了一点实事，我就谢天谢地了。”一个国家领导人，能在世人面前坦陈自己人生最“满意”的事情就是“做清官，办实事”，这不仅表明了他的底气、勇气和自信，也表明了一个共产党员政治上的成熟和坚定，更表明了他的人生追求和人格魅力，委实让人感慨良多，故此命题，发表感言。

作为高等教育的学校基建干部，虽无总理统领九州、位高权重的影响力，但既不是普通员工，也不是就真的一点小权和作用都没有，不少时候甚至处于学校的“风口浪尖”、资产“借贷”的前沿阵地。那么，在离任、退役或某一基建项目画上休止符时，我们能否如总理所言的那样，既是一个清官，又是“办了一点实事”的呢？当然，判定一个人是否为清官，并不是由其本人表白，而是应由组织、师生员工和社会评定，由历史与时间的考证确定，由若干且无一遗漏的、其所从事的经济活动构成的事实证定。可见，做一名既干事、又“干净”的清官并非易事，尤其是腐败已在一定程度上演变或正演变成人们生存的一种方式、一种社会常态，且非一时可以杜绝、非一地可以求解，成为官场上一道“风景线”之时。不过，片面夸大腐败的“当量”或破坏力度都属偏激之词。其实，腐败如同H1N1流感，病毒来自于外界传播介质，着床于被感染者的肌体，“感染”与否决定于接触者的免疫水平。那么，作为高校基建战线上的“运动员”或“赛场教练”，如何处惊不乱或化险为夷，常在江边走就是不湿脚，且成就所希望的成就呢？笔者以为，不管其他因素多么重要和必要，最不可忽略且尤其须夯实、强化的，当属“三畏”、“三谨”、“三慎”，至少其可算是预防或抵御腐败这类似甲流感病毒的主治或辅助治疗的“土方草药”。

首先说说“三畏”。

孔子曾说过：“君子有三畏：畏天命，畏大人，畏圣人之言。小人不知天命而不畏也。”今天我们面临的条件和环境已经迥异于孔子语录所针对的时代，所以我们所讲的敬畏意识也不同于古代。但对于我们基建干部而言，这敬畏之处至少包括三个方面，即敬畏法纪制度、敬畏师生员工、敬畏岗位职责。基本建设队伍中，甚至我们身边的同事走上腐败或出错的境地，其原因固然比较复杂，但从内因来说，缺乏敬畏意识，恐怕是一个主要因素。从某种角度看，也许他们进入了一个认识误区：自己有所为，所以不必有所畏。从而，或陶醉于鲜花与掌声之中，产生居功自傲的心态，对工作和事业不再充满激情与动力；或认为自己位高权重，别人奈何不得，可以对他人发号施令、颐指气使；或认为业绩和功劳可以作为享受特权的“资本”与“筹码”，不思再受法制规章的“束缚”；或心存侥幸，以为你知我知，没人再知……久而久之，会不了了之，就丧失了应有的政治觉悟和法纪观念，直至走向堕落深渊。

事实说明，有所畏才能知道有所止，才会有廉洁自律之明、防腐防变之智，看得透、站得稳，才能有节制、会控制，进而集中精力有所作为；有所为或大有作为后更要有所畏，否则功亏一篑、棋输一作。

其次说说“三谨”。“三谨”，即“谨勤”（勤劳、勤奋）、“谨趣”（情趣爱好）、“谨功”（功业成就）。

就“谨勤”而言。自古天道酬勤。我们这些基建人若不勤于动脑，不勤于明辨，不勤于事必躬亲，则不被忽悠、不脱离实际、不失职者真算得上侥幸了。

就“谨趣”而言。反观大千世界，酒色财气是人之通欲，舞（跳舞唱歌）浴（桑拿、温泉浴）牌（玩牌赌博）妓（嫖娼狎妓）等自古就是上流社会或奢靡人群的常选或必不可少的生活内容。除此之外，我们基建人不时还会受声色犬马灯红酒绿的奢侈生活方式的引诱、各种无良之辈或不法之徒的觊觎、伤风败俗与官场潜规则的浸淫。如何大道不偏离，小节不丧失，耐得住寂寞、守得住清贫、经得住诱惑，这不仅需要制度层面的外力作用，更需要当事者的自我把握与控制。事实上，人不贪财，源于“取之有道”；人不贪色，方能心无旁骛；人不贪杯，方显酒品、人品高尚；人无不良嗜好，方能恪守本分，心安理得，身轻气舒。尤其我们基建人，不法商人或老板们的惯用伎俩就是投其所好、巧设圈套、诱“敌”深入，最终以牺牲“猎物”来换取高额回报。因此，从事学校基建工作或基建领导工作，必须谨慎地建构和处置自己的兴趣、爱好。唯此，才能求安、得福、葆功。

就“谨功”而言。“谨功”，即谨慎地对待功绩名誉。自古以来，贪功者或好为力不从心之事，体惫精疲，气泄神伤，甚至一蹶不振；或据人功绩，恬不知耻，谤诽同仁，奴役下属或群众，最终内外积怨，上下不睦，以瞬间的功名利禄，换取永远的孤独与失落，埋下怨恨的种子。名利还会使人心浮气躁、上火轻率。著名作家司汤达曾告诫我们说：“只要一轻率，人就会糊涂。”而“糊涂”的后果或代

价则难以估量。一位道学家曾这样劝诫有成就之人:“你千万不要骄傲自满,因为在吉星旁边,仍有不少凶星窥伺,意图在你得意忘形之时发动攻势,令你陷入破败之中。”这不失为“谨功”的箴言。

我们所从事的基建这一被俗称为“走钢丝”的工作,更需要将名看淡一点、将利看薄一点;不与人争“亮”,把“暗”留给自己,以求得彼此的安全;成绩或名誉让别人去说、去得,“好人”让上司或别人去做。

再说说“三慎”。“三慎”,即慎始、慎权、慎微。

一位哲人曾这样告诫世人说:“要非常清楚,你做任何一个决定,都要承担责任。所有的借口都是不对的,至少当初你可以选择不做或不为。”常言道:“欲善终,当慎始。”古时候有个轿夫穿了一双新鞋,开始小心翼翼地循着干净的路面走,后来一不小心,踏进泥水里,由此便不复顾惜,高一脚低一脚地踩走。生活中不也有这样的教训吗？有的人,起先在工作中兢兢业业、廉洁奉公,后来一不小心踩进“泥坑”,从此便不顾一切地大肆损公肥私、假公济或擅权营私,结果不能自拔。

现实中,这种不能“慎始”的现象比比皆是,不少人在各种因素的左右下,不小心跨出了第一步,此后便在侥幸中度日,有的对于组织的教育和提醒,只当耳旁风,最终落得个身败名裂的下场。

所谓“慎权”,顾名思义,即谨慎地使用手中的权力。英国著名历史学家约翰·阿克顿有一句名言,即“权力有腐败的趋势,绝对的权力,绝对地腐败”。它尖锐地揭示了权力同腐败的关系。武汉市委书记杨松最近有一段相关的较经典的论断,他说:“树立正确的权力观,对掌握的权力保持敬畏之心,做到如临深渊、如履薄冰,做到心有所畏、行有所止。要牢记掌握力的是有风险的,腐败常常发生在权力集中的地方。有人想利用你手中的权力去为自己捞取高额利润,就会给你一些有油水的地方,也是最容易摔倒的地方,也是摔倒后最不容易爬起来的地方。”这对我们基建干部也不失为一记告诫。事实上,在我们身边,有些同志手里有了一点权力,别人一忽悠就忘乎所以,以为自己有什么本事,朋友多,呼呼啦啦,其实都是奔那张被占着的“椅子”来的;跟你交朋友,不是因为你有什么本事,就是个傻子坐那里,别人也会跟他交朋友。因为这个职位有权力,并不是对你人格的尊重和折服。因此,“慎权”的最基本的前提必须是守住道德的防线、纪律的底线,不触及法律的高压线。

所谓“慎微”,即注重于小事、细节、小处。常言道:“祸患常积于忽微,智勇多困于所溺”;“千里之堤,溃于蚁穴”。一位人类行为学家也曾经指出:“一个谨慎的人未必就是一个有道德的人,但一个完全不谨慎的人将是一个极不负责任的人,从而不适于担任任何信赖的职位。”“慎微”不仅是令人尊敬的操守,也是职业戒律，更是做好基建管理工作的基本条件。因为学校基建工作本来就纷繁，干成、干好的难度极大，尤其随着人们物质文化生活水平的提高，师生们对学校硬件的设计标准、规格要求、质量水平也日益更为敏感，要求愈来愈高。这要求我们，必须牢牢把握建设过程中的每一个细节，并在细节中求效益、求效率、求成就。譬如，在每一项工程或施工项目付诸实施之前，应力求把困难设想多一些，把不确定因素设想充分一些，把克服困难的方案考虑仔细一些，把应对之策设想周全一些。只有这样，才能牢牢把握发展进程中的主动权。

上述所言，只是我们成就所希望的成就的部分要素，颇有挂一漏万之嫌，缺漏在所难免，谨此求教于专家、同仁。

# 高校新校区建设中的观念误区

苏州工艺美术职业技术学院　曹雪明

伴随着高等教育改革，和国家“科教兴国”战略的提出，20 世纪 90 年代后期高校开始不断扩大招生规模，引发了各地大学城和高校新校区建设热。应该看到这 10 多年的高校新校区建设改变了传统的高校分布格局，解决了高校基础设施严重不足和老化的历史问题，为我国实现高等教育大众化提供了有力的保障。但是，也应该看到在近几年的高校新校区建设中存在着一些观念误区，影响了高校新校区建设的投资效益和建设品位，甚至影响了高校今后的健康发展。

## 一、规模超大了，是不是学校就一流了

任何一所高校的新校区建设都着眼于学校未来的发展。新校区规划是一所高校在较长历史阶段内带有全局性的发展战略规划，它涵盖了学校的战略目标，办学理念及重要的战略举措，是一所高校悠久的办学传统，鲜明的办学特色，独特的人才培养模式，特色优势学科的综合体现。因此，高校在新校区规划建设中应依据学校自身的办学条件和特色，依据国家和所在地区经济建设和发展的需要，依据世界科学技术和高等教育发展的趋势，认真分析学校的前瞻目标，现实定位，坚持有所为有所不为的质量战略和特色战略，制定科学合理的新校区建设规划。

然而，由于新校区建设的紧迫性，加上部分高校领导者急功近利的心态，这些发展目标和内容在新校区建设中并没有得到很好的研究、论证和体现。所谓“百年大计”、“世界一流”，落实到新校区建设规划上，只剩下办学规模和占地面积。动辄万人学生，千亩土地，盲目求大求全，一切让数字和指标说话。这种“唯发展主义”的发展观忽视了发展的前提，把发展本身当作了目的，把学校的发展简单地看成是一个无限增长的过程，片面地认为规模越大，学科越全，层次越高，办学水平就越高。受此观念影响，个别高校在新校区建设中追求利益的最大化，醉心于资源的获取和利益的追求，新校区建设也就成了大学办学者的政治竞技场。政府要政绩，银行要利益，学校要实惠，在这些多重因素作用下，形成了争先恐后、你追我赶的高校圈地运动、花钱运动，大学城成了地方政府的

政绩工程，大学建筑成了地方的标志性建筑，大学新校区建设成了各种利益团体投资的热土。

高校新校区建设中这种对规模的无止境的追求是以资源的消耗浪费，个体的被忽略，大学精神的异化为代价的。它忽视了学校的经济承受能力，忽视了自然资源的承受能力，忽视了教育主体人的内在需求，忽视了大学最神圣的精神使命。由此带来的最直接的后果是学校的过度负债经营，办学规模的不经济，人才培养质量的全面下降和大学精神的沦丧。1992 年我国高校生均建筑面积 46.7 平方米，1999 年下降到 24.3 平方米，但经过 7 年高投入建设，高校生均面积并没有上升，目前仍基本维持在生均 20～30 平方米左右。事实上，这几年高校新校区的建设始终伴随着院校合并综合化，学区建设城市化，连年扩招规模化，后勤改革社会化，学者身份货币化等高校改革和发展，在这些综合因素的作用下，现在的大学越来越像一个现代化管理的、高新技术装备的、公司化运作的、规模日益扩大的“养鸡场”，因为它讲究的不再是独特的口感，而是热门、规模和效益。

因此，如何确立自身的历史使命，明确自身的发展定位，以适应社会和人的发展的多样性，是高校新校区建设中首先必须解决的问题。教育谁首先意味着你是谁。还是那句名言，“大学之大，除了大楼之外，还有大师和大爱”。一流大学必须具备大楼、大师和大学精神三大要素。我们的高校领导一定要意识到大学之大，在于精神之立。在保障大学的高水平方面，大学精神比任何设施，任何组织更有效。

## 二、物质条件优越了，是不是校园文化就优秀了

建筑本身就是一种文化。教育建筑更是一种独特的建筑文化。它是大学建筑群体及其周围空间所体现出来的建筑形态、建筑风格、建筑价值及大学人对这些建筑的认同感。校园建筑的文化意义就在于它既为教学活动提供各种可能性和机会，又对使用它的人们的行为给予支持和限制，同时又暗合一种特定的思想理念。优秀的校园建筑文化是其校园文化的一部分，是校园文化、校园精神的载体。它既是物质文化，又是特殊的精神文化，能使人一踏进校园便可以明显地感觉到它的存在、影响和品味，生活其中能让人感受到大学的气氛，大学的使命甚至是大学的价值和精神。所以，物质环境并不等同于学校文化，物质建设并不等同于文化建设。物质只是符号和载体，物质的意义才是文化的内涵。当其意义指向与大学精神一致时，才可能获得文化的内涵，才称得上体现、构建了优秀的校园文化。

大学校园文化的核心应该是大学精神。用与时俱进的眼光来看，当今的大

学精神应包括平等的多元意识，科学的批判精神，自由的个性发展，终极的人文关怀以及非功利的价值追求。而现在的大学领导在多年的教育产业化的熏陶下，已习惯于用搞经济的手法来办教育，将大学“公司化”（视为产业和赚钱的机器），“技术工厂化”（美其名曰贴近社会，热衷于办热门专业，培养热门人才），“麦当劳化”（把可计算、可预测、技术取胜、效率至上的麦当劳式的管理看做是制胜的法宝），“高利贷化”（用放高利贷的形式刺激和规范各类学者的研究，各种规格的岗位和与之配套的金钱成了学者们奋斗的目标，而研究反倒成了一种手段）……这些都导致了大学的异化和大学精神的沦丧。物欲、利欲亵渎了大学的神圣和纯洁，津贴意识代替了职业意识，课题意识代替了问题意识。在这种背景下，出现学术腐败、官学勾结、钱权万能、批评无力等大学精神沦丧的现象也就不足为奇。这种商业主义、功利主义和形式主义的泛滥在大学的新校区建设上表现为讲究条件优越、设施齐全、享受超前，盲目追求建筑风格的新颖和前卫，大量使用商业建筑的材料和手法，过度热衷于建设象征地位权威的主体标志性建筑。钢结构，大挑檐，飘屋顶，玻璃幕墙，随处可见的电子屏幕，花岗岩贴面，观光电梯，音乐喷泉……这些过去大学建筑中很少见的建筑形态、风格、材料成了时下大学校园新的风景。如今的大学校园有着太多的形式，太多的色彩，太多的声音，太多的气息，太多的消费，太多的诱惑，已经很难让人气定神闲了。

大学精神决定大学文化，大学文化的特征决定了大学建筑的文化。大学建筑究竟应该有什么样的文化品质？

宽容：通过空间的多样性和空间功能的多样性，为各类个体的各种需要提供条件；重视外部空间，开放空间，中介空间的多样化配套融合，营造一种宽容、包容的空间文化气息，彰显高等教育的多元化、民主化、终身化。

典雅：建筑形式端庄内敛，建筑色彩朴实淡雅，体现大学建筑高雅、纯朴、自然的格调。既不要用夸张的形式去显示你的创新，也不要用绚丽的色彩去表现你的现代，更不需要用标志性的建筑来象征你的权威和地位。还是让那些轻松、纯朴、自然、舒适、开放的建筑空间和环境传达出平等民主的精神，散发出大学作为人类精神殿堂的尊贵气息。

人文：尺度要人文，就是要把握好空间的尺度，重视师生对建筑的识别性，营造人性化的空间结构和空间形态；场所要文化，就是要注重对历史文脉的传承，要让建筑说出学校历史上的特殊人物和特殊事件，营造一种特殊的精神氛围。

静谧：这不是简单意义上的“安静”，它对大学来说有着特殊的象征意义。这种“静”象征着大学的圣洁——不以直接追求物质功利为目的；象征着大学的平心静气——没有追求物质功利的商业浮躁；象征着大学的大气——不同的思想可以相互包容，都保持了缄默的风度；象征了大学的超然自守，宁静致远。

## 三、功能区分明确了，是不是就是“以人为本”了

《雅典宪章》以后，功能主义成为城市规划的经典理论。受此影响，我国的大学新校区建设也非常讲究校园功能的整体区分，并有一套成熟的理论，由此导致高校新校区建设惊人的趣同性：高大的校门，中轴的景观绿化带，中轴线顶端耸立的图书馆，一边长排的以长廊相连的教学楼，校园的一侧常常有一大片面积可观的体育场……整个校园被有机、规范地规划为几块，建成了一个整齐完整、功能圆满的空间。这种过分图形化的校园规划，一方面过度关注总平面的形式，把整个校园当成一个大的建筑加以设计，太过注重校园建筑序列及建筑布置的节奏与韵律，太过关注区域之间不同的性质和相对闭合；另一方面，一些围合面积达几公顷、几十公顷的大广场，又往往超出人的感知范围，从未考虑过使用者的具体感受。这种单纯追求有序、准确、简单的规划风格与复杂的校园功能存在着较大的矛盾。事实上，师生在学校的工作、学习、生活是一种有序与无序相伴，确定与随机统一，简单与复杂一致的过程。现在普遍流行的大学校园规划的主要弊端：一是无法解决阵发性人流问题；二是学生的钟摆式运动使同一时段内大部分功能区使用率降低；三是学生的各项活动需长距离步行；四是缺少师生交流的随意场所。这样的设计不是最大限度地满足人的需求，而是要求人去主动适应设计好的功能，人被建筑功能化了，这样的校园建筑当然也就谈不上舒适性、方便性、可辨性，也就根本谈不上“以人为本”。

从建筑设计手法来说，功能分区确实是定义场所秩序的有效手段，但这种功能分区过度关注区域间的不同性质和相对闭合的运行系统，把功能和用途混为一谈。考察国外的大学校园，有两点印象非常深刻。一是功能的混合——办公楼里的自助厨房，图书馆里的咖啡吧，掩映在绿树丛中半个篮球场（当然不为教学和比赛），餐厅并不仅仅只为吃饭，宿舍也不仅仅只为睡觉，还有一些说不出特定的功能却充满了无限用途的空间，它的空间的巨大性、模糊性、包容性常常让人惊叹。二是对泛教室，灰空间的追求——把建筑廊道、大台阶、楼顶平台，甚至是楼梯平台等细微建筑元素扩大成交流空间。这种交流空间的特点是尺度亲切、舒适、随意，在开放的同时又有一定的空间领域性，既有变化又有一种内在的秩序。这种空间追求切合了高等教育的时代特征。在知识经济，信息社会背景下，传统创新过程的线型模式已经被各种信息资源的相互作用的模式所取代，而交流正是促进重组和创新的关键。大学教学同样要体现这种集体智能的协作，强化不同专业的接触与交流。

回到建筑本身，从功能的角度而言，所谓空间，是人创造的有目的的环境。所谓“以人为本”，就是要让人在场所中舒适自由地活动，并以此来达到营造场所的目的。

## 四、没有围墙了，是不是学校就开放了

知识经济时代，大学由社会边缘成为社会中心。大学向社会开放，更好地发挥服务社会、服务地方、服务行业的功能，已成为必然的趋势。但大学的开放并不等于简单的把门打开，更不等于把围墙拆除，把校园变成社区景点、街道公园。

其实，所谓“开放”，是一种文化心态，是一种办学胸怀，是一种精神引领。这种开放基于大学对不同文化的尊重，对教育公平的守护，对社会责任的自省，对文化创新的自觉。

大学的开放首先表现在文化的融合。校园文化建设要和所在城市区域的文化建设相融合。大学文化应该是所在地区区域文化的一个部分。它深受该地域文化的影响，也必然是该地域文化的深刻表现，更是该地域文化创新的活力。

大学的开放还体现在大学和城市社区的功能互动。一方面大学可充分利用社会资源办自己不该办或办不好的事，如师生的食宿、商贸、交通等可利用城市服务系统。另一方面大学通过专业设置、校企合作、科技产品的转让、知识共创等方式服务于区域经济的发展，为政府和城市发展提供人才和智力支持，以服务求支持，以贡献求发展，营造大学和城市互动发展的新模式。

大学的开放还体现在精神引领。大学是社会的良心，是一个国家的精神平衡器，是所在城市的文化高地和精神标杆。它理应超越理念，在文化意识上具有先导性，自觉地以新思想、新文化引领社会前进。

所以说，所谓开放，和大学的校门和围墙并无关系。这就好像易中天先生在《读城记》中论述的中国城市和乡村的区别，城市是由城墙包围的，但它是开放的，因为它的文化是异质的；乡村是敞开的，但它是封闭的，因为它的文化是因宗亲血缘而趋同的。

在开放校园的建设中，我们应该关心的不是校园围墙的形式问题，而是校园开放平台的建设。一是学校的公共文化特色资源平台，如大学美术馆、图书馆、博物馆、科技馆等，这些设施或许不能产生经济效益，但却是开放校园必备的平台。大学的公共文化产品之所以吸引公众，是因为其较少功利色彩和商业气息。这是一种品质和风格，折射出的是一所大学深邃独特的校园文化。二是数字化校园平台建设，这是隐性的巨大投资，却决定着一所学校开放程度和服

务水平的高低。美国麻省理工学院第15任校长查尔斯·威斯特说麻省理工学院的雄心是“协助提高世界每个角落的高等教育质量”，而这种世界一流大学的开放心愿正是通过它的免费网络课程来实现的。

## 五、景观到位了，是不是校园就生态了

生态校园已经成为高校新校区建设的一种时尚。而生态校园最外化的体现就是山水校园。所以，各高校新校区建设在选址时尽量要选有山有水之地，没有这样自然条件的大学也要花巨资人工挖湖、堆山，种名贵花木，搞精致小品。

生态最早是一个生物学概念，后来渐渐演化成一个大的包罗万象的文化概念。生态校园既指物质的生态也指精神的生态，大处说它涉及学校的精神和理念，小处说它具体到校园的一草一木。就高校新校区建设而言，所谓的生态校园应该包含以下几个方面：

第一，生态是一种自然。这种自然主要包含三个方面。首先，它需要真实的生态系统。在新校区建设中我们应因地制宜，利用好自然景观，保持原有的真山真水，四季植栽和水域生物。其次是环保安全，防止有害污染源，有效减少有毒气体的排放，妥善存放各种有可能造成污染的教学物资。这里的污染还包括如今由各种喇叭、电子屏幕等形成的图像和声音的双重信息污染。再次是绿色节能，最大限度地利用自然能源，避免使用那些华而不实的高能耗、高污染建筑材料。

第二，生态是一种过程。生态校园应该是一个逐步生长的校园，其核心是人与环境的相互影响——相互适应、共同调整、一起成长。生态校园是一个有调适的长期的生长过程，它的建设是一个持续的、小规模的、灵活的过程，而不是传统的、终极的、静态的过程。现在的大学领导者急于求成，习惯于一次性规划，一次性建成。这些一次成型的校园普遍具有以下特征：大量夸张的建筑，巨大的外部空间，宽阔的柏油马路，兵营式宿舍，时尚的教学楼……这些校园统一而失之单调，豪华而失之粗俗。当师生对自己生活的校园缺乏影响力的时候，也就丧失了对校园的认同感。缺少师生认同的校园当然也就说不上是生态校园。

第三，生态是一种共生和共容。共生原是一个生物学概念，指把不同的生物密切地生活在一起。共生是几对合作者之间持久、稳定、亲密的组合关系。在新校区建设中我们习惯于追求形式的统一和协调。事实上，生态校园的历史形成过程是复杂多样的，在这个过程中，代表不同时期校园文化和精神的不同艺术风格、不同体量、不同材料、不同结构的建筑、环境、小品交错拼贴在一起，

较好地融入整个校园，这种复合多样才显现出校园深厚的文化积淀和丰富的文化生态，同时也折射出大学的精神和心态。

总之，当前高校新校区建设有着太多时代的选秀特征：崇尚技术、金钱、速度和数量，以校园的庞大和学校建筑的宏伟为成就指标。当我们在信息网络的刺激下变得越来越没有想象力和耐心的时候，变得越来越倾向于简单、实用和刺激的时候，也就在不知不觉中把我们的大学新校区变成了点缀时代的装饰品，并在不断的相互比较竞争中趋于低俗。因此，在高校新校区建设中如何落实科学发展观，坚守大学的精神使命，保持大学的可持续发展，仍然是一个很沉重的话题。

## 参考文献

[1]叶如海，方遥. 当今大学校园规划的评析. 南京工业大学学报，2005，27(1)：62—66.

[2]宋晟，张庆余. 中西方大学校园建筑文化比较. 南方建筑. 2004(6)：39—42.

[3]张立. 大学城建设："政策的失误"还是"建设管理的价值偏离"——大学城建设的公共政策分析. 现代城市研究. 2006(9)：72—80.

[4]甘阳，李猛. 中国大学改革之道. 上海：上海人民出版社，2004.

# 我国项目管理、工程总承包的发展战略研究

南京林业大学　蒋　瞻

改革开放以来，随着我国市场经济体制逐步建立，建设项目实施与管理领域先后引入了工程咨询、招标投标、工程监理、工程总承包等新模式。国务院以及建设部、国家发改委等政府部门，大力推动建设项目管理体制改革，陆续出台了一系列深化建筑业和基本建设管理体制改革的政策措施。2001 年我国加入 WTO，为了适应形势发展，建设部于 2003 年 3 月印发了《关于培育发展工程总承包和工程项目管理企业的指导意见》。在各级政府和主管部门的重视和领导下，各地项目管理、工程总承包模式的试点纷纷展开，至今已经取得了一定成绩。

但是，由于我国建设管理体制、相关法律法规、建筑市场机制等多方面的配套改革比较滞后，目前项目管理、工程总承包还未能得到广泛地应用和发展。为此，有必要分析我国项目管理、工程总承包发展中存在的问题及推进其进一步发展所需要的战略。

## 一、我国项目管理、工程总承包发展存在的问题

1. 社会认可程度低，市场发育不完善

目前大多数外资项目、许多民营项目的业主对项目管理、工程总承包模式比较能够接受，但是一些政府投资项目的业主没有充分认识到其在工程建设中所发挥的积极作用，甚至还有少数业主认为该种模式会限制自己的权力，不愿主动采纳。绝大多数政府投资项目仍然采取传统的平行发包模式。不少地方对于项目管理、工程总承包模式的实施，没有配套的管理程序，使企业在市场准入上遇到很多障碍，影响了项目管理、工程总承包市场的发展。

2. 配套政策仍未完善

突出表现在以下方面：①市场准入问题；②规范项目管理、工程总承包市场行为问题，目前还没有完整的项目管理、工程总承包招投标管理办法，各地在项目管理、工程总承包招投标过程中缺乏可供操作的政策依据；③发展工程总承包专业人才队伍不足；④缺乏配套的示范合同文本体系；⑤缺乏相应的企业信誉评估、银行担保、税收制度等政策。

3. 法律、法规配套不全

多年来，我国一直没有出台与项目管理、工程总承包配套的法律、法规和部门规章。《建筑法》、《招标投标法》和《建设工程质量管理条例》等对项目管理、工程总承包模式的定位、作用、职责等没有明确，相关的法律法规中还没有对应的规定。

4. 具备较强实力的项目管理、工程总承包企业数量不多

尽管不少企业在项目管理、工程总承包方面进行了尝试，但是总体来看，目前具备较强技术、管理实力的项目管理企业、工程总承包企业为数不多，具有国际化水准，能与国外知名项目管理、工程总承包公司充分竞争的就更加稀缺。项目管理、工程总承包方面的专业人才，也还比较紧缺。

## 二、项目管理、工程总承包的发展战略

我国项目管理、工程总承包发展中存在的各种问题是多方面因素造成的，包括政府层面、企业层面、协会层面。解决这些问题，实现项目管理、工程总承包的飞跃发展，必须从这些层面同时采取措施。另外，我国推行项目管理、工程总承包管理是在加入 WTO 后的新形势下提出的，这说明推行和发展项目管理、工程总承包是我国政府顺应 WTO 规则的要求，履行自己的承诺，为使我国建筑市场逐步与国际建筑市场接轨所采取的行动。

1. 政府部门的发展战略

项目管理、工程总承包模式是在西方市场化程度较高的背景下发展起来的建设项目组织实施模式。我国推行项目管理和工程总承包，从根本上来说是适应市场经济体制发展和完善的需要。从这个角度，推行项目管理和总承包，政府首先应当转变职能、制定规则、培育项目管理和工程总承包市场。具体如下：

(1)转变政府职能

要按照 WTO 原则，提高依法行政意识，规范行政权力，避免政府行政行为的主观性和随意性。进一步转变政府职能，强化宏观经济调控职能，弱化微观经济管理职能，实现政府职能与管理手段的战略性调整和转变，彻底改变政府直接参与企业经济管理的状况，将有关行业管理职能如资格、资质管理工作及行业统计信息工作等，逐步向协会和社会中介机构转移。同时，完善符合市场经济发展要求的竞争机制，保证各方主体在规范有序的市场中竞争，切实维护各方主体的合法权益；对工程建设程序依法监督，通过法律手段创造一个公平竞争的市场环境，保证各方主体按照法律规定的工程建设程序进行建设；对建设工程的质量、安全进行依法监督，对建设活动中的违规行为依法查处。

(2)加强建筑业法律法规建设

目前我国建筑业有关的法律、法规中，还存在很多与推行项目管理、工程总承包相违背的地方。在加入WTO的背景下，应当按照WTO的基本原则，对上述阻碍项目管理和工程总承包发展的环节进行修改和调整，为项目管理、工程总承包在中国的推行和发展，扫除法律层面上的障碍。

建筑业的法律、法规是一个自上而下的体系，因此上述法律法规的修改应当是一项系统的工程，即要保证法律、法规体系的一致性、连贯性，防止出现顾此失彼、相互矛盾的情况。

(3)建立并完善建筑市场机制

GATS的基本原则在于消除贸易壁垒，实行服务贸易自由化。但我国建筑市场的计划经济色彩十分浓厚，地方、部门保护主义严重。我国建筑法规在建筑业企业(包括勘查、设计、施工、监理、咨询等)跨地区跨部门的经营规定方面也和GATS基本精神相悖，也必须得到修改。入世后，将逐步取消外国服务提供者在服务地域上的限制，对中国的建筑业企业也应该同样取消经营地域上的限制，否则反而对外国企业有利，限制了中国企业的发展。因此，政府部门应采取有力措施，打破地方、部门条块分割、保护、封锁，加快建筑管理体制改革，逐步形成一个更加开放、公平竞争的市场。各地区各部门管辖的建筑市场在向外资建筑业企业开放的同时，更应该实现向国内建筑业企业开放。

(4)制定合理的市场准入条件

此处的市场准入包含两方面的含义：一是我国对本国企业进入建筑业相关领域的准入条件；二是我国对外国企业进入我国建筑市场的准入条件。

对于前者，我国应当改革目前建筑业企业的资质认证和管理体系，打破各个专业、各个工程类型之间的界限，允许和鼓励勘查、设计、监理、咨询、施工单位开拓和发展自己业务范围以外的其他业务，为项目管理、工程总承包模式的发展创造条件。

对于后者，根据GATS的原则，我国以发展中国家的身份加入WTO，有条件通过合理地制定市场准入条件，适当的对外国建筑业企业在我国开展业务进行制约，达到保护我国建筑业企业的目的。

(5)逐步建立工程咨询服务责任保险制度

逐步建立以工程咨询服务责任保险为主要内容的工程风险管理制度。有关合同示范文本中，要订立相应的责任保险条款；逐步开办工程设计、咨询机构的职业责任和意外伤害等保险，增强我国工程咨询服务企业抵抗风险的能力。

推行项目管理模式，必然使项目管理企业比以往的工程咨询企业承担更多的责任和风险，建立工程咨询服务责任保险制度，将使项目管理企业抵抗风险

的能力增强，同时也能提高业主对项目管理企业的信心。

2. 行业协会的发展战略

从发达国家建筑业的发展历史来看，行业的建设、积累、发展和自律，从业人员的培训、资质认证、继续教育、职业道德建设等一般都是由行业协会组织进行的。从世界贸易组织范围内的争端起诉实践来看，政府或单个企业作为起诉人的情况很少，而作为维护本行业权益的行业协会作为起诉人的案件占了绝大多数。行业协会对于行业的管理和发展，具有重要的作用。

目前我国建筑业行业协会多是从行政主管部门中分离出来部分职能和部分退休人员组建的，协会人员整体素质较差，具有较浓的官方、半官方色彩，有悖于行业协会是“民间团体”的本质。为推行和发展项目管理和工程总承包，行业协会应当重视以下方面的发展：

(1)把行业协会办成真正的“自律性的行业管理组织”

由于观念滞后，一些行业协会把自己视为“新婆婆”，不但要“领导”行业内大大小小的企业，对它们发号施令，还企图以自己定的“行规”约束其他市场主体和消费者。特别是个别“领导型企业”把持行会，用“行规”等手段限制竞争，不思进取而坐享既得利益，从根本上说也不利于行业的健康发展。

为了推进项目管理和工程总承包业的发展，相关行业协会必须建设成为非盈利“自律性的行业管理组织”，不能失去公正性，树立“为政府服务，为企业服务”的行业协会宗旨。否则，如果行业协会自己办企业，从事企业经营，就必然会为了自身的利益而影响行业协会的公正性，丧失协调能力。

(2)为政府服务

1)宣传政府政策。在我国加入 WTO，政府提出推行和发展工程项目管理、工程总承包的背景下，建筑业有关协会应加大对会员单位的宣传力度，教育会员单位从国家全局出发，顺应时代发展的要求，积极开展试点，及时总结经验，确保国家宏观调控政策得到落实。

2)在政府制定政策时提供信息，参与立法。作为政府与企业间的桥梁，行业协会应加强会员间的交流，了解企业在经营中遇到的问题，分析原因，提出建议，从而为政府制定政策提供信息。例如，在试点项目管理和工程总承包过程中，将企业遇到的各种实际问题、来自制度政策上的障碍及时反馈给政府主管部门，以便政府及时调整和制定有关政策；在参与制定有关法律政策时，应当从推动行业发展的角度，为政府部门提供意见和建议，维护行业协会会员的正当权益。

3)配合政府部门加强对本行业的企业经营活动进行监管制定并监督执行行规、行约；规范行业行为，维护公平竞争是行业协会义不容辞的责任。行业协会应当为推行和发展项目管理、工程总承包，创造一个公平竞争、规范服务的市场环境而努力。在面对国外同行激烈竞争的形势下，行业协会应配合政府部门加强对本行业中企业经营活动的监督管理，清理和整顿建筑市场秩序，对少数影响项目管理和工程总承包推行和发展的害群之马加以严惩。

(3)为企业服务

1)组织培训。项目管理、工程总承包是国际工程管理的先进方法和模式，对于国内的勘查、设计、监理和施工单位来说还比较陌生。面对日趋激烈的市场竞争和走向国际的大趋势，需要大量懂得项目管理和工程总承包模式，掌握经济、法律知识，熟悉国际业务的高素质复合型人才。广泛发动社会力量，开展全方位、多层次的业务培训。根据项目管理和工程总承包发展的需要，组织专业培训；结合行业发展的热点问题和难点问题，不定期举办高层研讨班。通过学习、交流和讨论，提高认识，进而指导和带动行业发展业务。

2)加强国际交往，借鉴国外先进经验。国外咨询服务业有近百年的历史，项目管理和工程总承包也已经过几十年的发展，而我国项目管理、工程总承包才刚刚起步，各方面与国外同行都有明显的差距。行业协会应适时的、有针对性地组织会员单位对咨询业较发达的国家进行参观考察，了解掌握国外工程管理模式的特点，学习借鉴国外成功工程项目的经验，并建立良好联系，从而及时了解、掌握国际工程动态，并为进行国内外建筑业企业合作做铺垫。

3)推动中国工程咨询业走国际合作之路。借助国际市场锻炼和提高竞争力。只有成为国际化的公司，才是国内企业成熟和具备实力的标志。走国际合作之路，“搭船出海”，在国际市场竞争中学习和锻炼，是我国建筑业企业加强实力建设、迅速提高国际竞争力的重要途径。当前，开展国际合作具有广阔的前景和难得的机遇。

4)加强信息交流。努力办好专业杂志，及时刊登国家有关政策文件，宣传协会重要活动信息，指导全行业开展工作；组织重头稿件、专题文章，引导行业发展与改革的讨论；开设项目管理、工程总承包相关业务知识讲座栏目，为专业读者提供业务理论学习的资料；有重点地推出工程项目管理和工程总承包试点工作的专题，介绍实施项目管理、工程总承包的经验。开设专业服务网站，除发布行业信息、报道协会工作动态之外，增强信息服务功能，使之逐渐成为协会开展宣传和与会员加强沟通的重要窗口。

(4)提高行业协会人员的整体素质，以进一步发挥协会的功能

要进一步发挥行业协会的作用，提高协会人员的素质尤为重要。目前建筑业行业协会专职人员很少，多为离退休人员，年龄偏大，很难担负起管理行业协会的重任。有分析甚至认为，中国的行业协会将成为中国入世后的软肋。但入世后，行业协会将成为代表行业整体利益与国外抗衡的主要力量，学习和掌握

WTO有关法规和章程，培养具有丰富专业知识的专业人才是行业协会发展壮大的必要条件。

3.企业经营发展战略

(1)建立现代企业制度

随着我国加入WTO，我国建筑业企业面临的市场竞争不仅仅是国内同行的竞争，还将面临国外同行的竞争，这对建筑业企业提出了新的要求，企业缺乏活力，就很难在日益激烈的市场竞争中求生存、求发展。我国建筑业企业中，尤其是工程咨询服务企业中，相当部分仍存在着产权关系不清晰，法人治理结构不健全，分配机制不合理的现象。这些公司缺乏自我发展的内在动力，职工积极性难以充分调动，严重制约了企业和行业的进一步发展。

推动项目管理、工程总承包发展的外部环境，说到底就是要建立完善的市场经济体制。建立和完善社会主义市场经济体制，实现公有制和市场经济的有效结合，最重要的是使国有企业形成适应市场经济要求的管理制度和经营机制，建立“产权清晰、权责明确、政企分开、管理科学、决策、执行、监督体系健全”的“现代企业制度”。

(2)品牌战略

项目管理、工程总承包管理模式不仅对于我国的承包商、工程咨询公司比较陌生，对于国内的业主来说更是新鲜事物。因此推行项目管理和工程总承包，应当在国内建筑业加大宣传，尤其要在项目投资者的头脑中建立影响。因此对于那些实力强、信誉好、业绩突出的承包商、工程咨询企业，应当在推动项目管理、工程总承包发展的过程中，不断打造自身的实力，树立品牌意识，在国内建筑业形成品牌效应。

我国建筑业企业要创建自己的品牌，需要从以下几点做起：

1)以质量为平台。必须从加强管理，从改善服务和工程质量入手，把质量作为服务升级和续续服务的平台。在保证质量的前提下，提升服务等级以满足客户更高级的需求，借以提高企业的知名度，实现价值的增值，锁定客户。

2)做好项目的相关服务。根据不同项目的特点采取不同的服务措施。在项目建设前，及时与客户沟通并不断地对项目管理规划进行修改以满足客户为宗旨；在建设过程中发生与客户目标不一致时，要妥善处理好冲突，奉行“以顾客为焦点”的原则对待客户。

3)不断进行品牌创新。创建一个品牌相对容易，而要维系一个品牌却是非常难的。只有不断创新才能在竞争中立于不败之地，建筑业企业的品牌需要在满足客户的需求上不断创新，保持品牌永恒的生命力。

4)与竞争对手合作。外国的工程、咨询企业进入中国市场，存在着文化、审美、价值观等方面的差别,对我国国情也不了解,我国建筑业企业要积极寻找合作伙伴,通过合作学习国外企业的先进技术和管理能力提高自己的服务质量,利用合作者的声誉,在国际建设市场上不断增强自己的竞争力,扩大影响力、吸引客户、领先占领市场。

(3)人才战略

对我国建筑业企业来说,推行项目管理、工程总承包,最急缺的就是人才。我国建筑业企业应该主动研究人才成长、使用的规律,探索市场配置人才路子。同时注意挖掘本企业的优势,建立培养人才、吸引人才、聚集人才的机制,逐步形成人才高地,为不断增强核心竞争力提供人才保证。

1)创造尊重人才的氛围,提供人才施展才能的舞台。项目管理、工程总承包事业对于一些干事业的人来说是一个很好的选择。一是应把青年人推到工程第一线去锻炼,尤其是重大工程中,为他们搭建舞台,通过这些工程,锻炼一批优秀的青年技术、管理人才,培养管理骨干。二是为优秀人才设计成长、培养的线路。对实践中涌现出的优秀青年人才,根据其不同的特点,在各种岗位实践、实习深造、岗位目标等方面确定培养目标和线路,并与本人签订有关协议或合同。把企业的需要与个人意愿结合起来,调动两方面的积极性。三是在企业建立全面的竞聘上岗机制,给一些青年人才以平等竞争的机会,让其表现自己的能力。

2)建立与市场基本接轨的薪酬机制。一是研究市场规律,逐步形成符合市场要求的薪酬体系。综合工资、补贴、福利、奖金等诸因素,形成新的薪酬等级、标准等,有利在人才市场上吸引人才。二是实行"一企二制"、"新人新办法"等措施,避开原体制带来的障碍,使标准能在新进人员中得以实施,增强在市场上的竞争力。三是对特殊人才,则可采取更灵活的办法,采取谈判工资、一事一议的措施。

(4)培养企业的核心竞争力

加入 WTO 后,在与国内外建筑业同行的竞争中,如果一个企业形成核心竞争优势,则该企业将立于不败之地,就能继续生存、发展并壮大。因此,我国建筑业企业应当抓紧时机,苦练内功,发展项目管理或工程总承包方面的能力,并形成自己的特色和优势。

我国建筑业企业面对国内外两种不同的竞争对手,应该采用不同的对付办法。对于国内对手,应充分发挥自身所具有的优势,使用差异优势策略,努力提高技术水平和服务质量,提高项目管理、工程总承包管理水平,增强声誉,创造更高的价值,使顾客认为物有所值,从而获取更高的利润;而对外国公司的竞争,应使用成本优势的策略,在保证服务质量的基础上,以低成本与外国公司抗衡,并逐步改进技术,提高管理能力,增强自身的竞争能力,逐渐壮大在市场占

有率。因此，公司在整个战略策略上，要进行成本优势和差异优势的整合，注意各个运作环节的调整与协调，形成一个整体的价值优势。

(5)一体化、专业化战略

借鉴国外发达国家工程及工程咨询企业发展的成功经验，我国建筑业企业应审时度势，选择适合自己的发展战略：对少部分实力强的建筑企业、工程咨询企业，应根据情况进行横向、纵向一体化发展，成立规模大、业务范围广的大型及至巨型公司，对实力相对较弱的企业，则成为专业化的施工、监理、设计企业。

国内有实力的工程公司、咨询企业，应充分利用建筑市场开放保护期内政府对建筑业企业的扶持政策，将现有业务向两头延伸，成立项目管理公司或工程总承包企业。

另一方面，国外发达国家工程承包、工程咨询企业"金字塔"的发展现状一定程度上将成为我国建筑业企业发展的结果，除极少部分工程承包、工程咨询企业因战略正确、措施得当而发展成为大型工程总承包、项目管理公司外，绝大多数中小企业为求得生存，只有避强就虚，朝着专业化、小型化发展。例如有的监理公司擅长工程建设过程中的某个阶段的监理，则这些监理企业应通过对市场的细分，并选定某个细分市场作为自己的目标市场，利用有限的资源专门从事某项监理。通过专业化，在激烈的竞争中找到自己的市场，围绕大企业和企业集团建立定点定向、密切合作、相对稳定的协作关系。

## 三、结　论

项目管理、工程总承包模式在我国的推行和发展，建立在我国建筑市场不断完善的基础之上。解决当前项目管理、工程总承包模式发展中遇到的各种问题，有赖于政府主管部门、行业协会、建筑业企业的共同努力。政府主管部门、行业协会、企业应该从各自的层面和角度，分别采取不同的发展战略，为项目管理、工程总承包模式的应用发展创造条件。

## 参考文献

[1]王早生.改革政府投资工程建设管理势在必行.建设监理，2003(3).

[2]何伯森.国际工程的项目管理模式.天津大学管理学院国际工程管理研究院.

[3]谷东有.当前国内工程项目管理方式剖析.建设监理，2002(3).

[4]建设部加入 WTO 对我国建设事业的影响与对策研究课题组.加入 WTO 对我国勘察设计咨询业的影响及对策研究.

[5]郑志海.入世与服务业市场开放.北京：中国对外经济贸易出版社，2002.

# 加快调整改造小规模农村学校 着力推进义务教育均衡发展

浙江省衢州市教育局　张小根　周正才

浙江省衢州市2008年上半年启动农村小规模学校(6个班建制以下的农村小学)调整改造工程,到2009年底,保留的82所小规模学校共259个项目全部竣工,完成投资3271.6万元,通过校舍及附属设施维修改造、添置教学仪器设备,使之达到相关的标准和要求,保证满足教育教学工作的需要;并入的定点学校共119个项目全部竣工,完成投资3937.4万元,撤并布局过散、办学规模小、设施破旧、师资力量不足、质量难以保证的教学点105个。两项合计,总投资7209万元。在小规模学校上学的学生从10613人减少到4174人,仅占在校小学生总数的2.84%。县级教育行政部门还充分发挥"以县为主"管理体制的优越性,加强保留农村学校的内涵建设,多管齐下强力推进城乡教育均衡发展,为每一位学生的发展提供良好的教育环境,为社会主义新农村建设和构建和谐社会添砖加瓦。笔者根据工作实践和思考,对调整改造小规模农村学校的必要性和可行性进行简要分析,提出制定调整改造规划的建议和稳步实施的策略,以供参考。

## 一、正确认识调整改造小规模农村学校的必要性和可行性

自20世纪90年代以来,各地积极开展中小学布局调整工作,努力加大经费投入力度,使中小学布局更加合理,办学规模不断扩大,办学条件逐步改善,办学质量和效益明显提高。但由于受到思想观念、地理条件、人口变化等主客观因素的影响,各地的布局调整工作进展不平衡,农村、山区、库区仍然保留着一些布局过散、办学规模小、设施破旧、师资力量不足、质量难以保证的学校。这些学校已成为推进义务教育均衡发展最薄弱的学校群体。由此可见,调整改造小规模农村学校是新时期推进义务教育均衡发展的迫切需要,是建设社会主义新农村和办人民满意教育的必然要求,是实践"三个代表"重要思想、落实科学发展观和构建和谐社会在教育上的具体体现,必须下决心采取积极措施,加快进行调整改造。

当前,学校生源向城镇及条件好的学校流动是一个发展趋势,且越来越凸

显。随着工业化、城市化进程的加快和国家计划生育政策的贯彻落实，一些经济较落后乡镇学校生源外流，学龄儿童大幅减少。2005年至2007年，浙江省农村中小学食宿改造工程共规划建设2706个项目，建筑面积284万平方米，总投资22.7亿元。食宿改造工程的完成，有效地改善了农村中心学校的办学条件，使学生在校吃得放心、住得安心、学得舒心，提高了定点学校的吸纳能力和服务半径。管理良好的寄宿制学校学生，有更多的时间待在学校里学习知识、参加各种活动、进行多种交往，能受到教师更全面直接的教育和保护，有助于学生综合素质的提高，减少了学生每天往返学校途中的时间和安全隐患，受到广大家长的欢迎。这些都为办学条件差、学生人数少、教学质量不高的农村小规模学校撤并提供了有利条件。

## 二、科学制定小规模农村学校调整改造规划

决不能把调整改造小规模农村学校理解为就是“撤并”和“减缩”。除从经济效益考虑外，还必须从社会公平的角度考虑，坚持以人为本，以学生为本，以方便和满足学生和家长的需求为出发点，从推进教育公平的角度决定“撤、转、改”，统筹安排学校的布局和建设，使受教育者在教育环境、教育条件、教育机会等方面尽可能地平等。制定小规模农村学校调整改造规划必须坚持科学发展观，做到“四个结合”，统一规划、整合资源。

一是与社会经济发展相结合。要对本行政区域内农村边远山区、交通不便地区的教育发展状况、人口变动情况和人民群众的承受能力进行全面、细致、深入地调研，对中小学校的布局、学生的分布情况、道路交通、学生的需求、群众关注的问题等做到心中有数。把小规模农村学校调整改造放在社会、经济、文化发展的大背景下去审视和看待，坚持“以人为本”的要求，立足当地经济社会发展实际，充分考虑城镇化建设、移民建镇、下山脱贫、人口增长与流动、学龄人口变化的影响和人民群众的承受能力等因素，按照实事求是、稳步推进、方便就学的原则实施农村学校调整改造。

二是与食宿改造工程相结合。随着农村中小学食宿改造工程的完成，中心学校吸纳学生的能力大大提高，能够满足农民对优质教育资源的需求。城乡公交一体化进程的加快，学校的服务半径得到扩大。同时，现在农村家庭父母对子女教育的观念有了很大变化，生活水平有了很大改善，对优质教育需求不断提高。入学人数较少的农村小规模学校已经不能满足要求。要坚持寄宿制学校为主体和低年级学生就近入学并举的原则进行规划，着眼长远提高教育资源使用效益，提高教育教学质量。已完成食宿改造工程的学校要优先满足路途较远学生、留守儿童的住宿需求，充分利用现有条件，因地制宜优化教育资源配

置，通过挖掘潜力扩大办学规模妥善安排并入的生源。

三是与校舍维修改造相结合。根据国家和省义务教育经费保障机制改革文件精神，各地应根据义务教育阶段中小学在校生人数和校舍生均面积、使用年限、单位造价等因素，测算、安排校舍维修改造所需资金。校舍维修改造是一个长期的过程，必须保证安全，满足教育教学需要。要把定点学校的校舍维修改造作为维修基金使用的重点，根据校舍安全情况逐年安排，重点解决校园安全隐患和教学设备紧缺等问题。保留学校的建设标准要从当地实际出发，重点保障办学基本条件，确保校舍安全、够用、适用，争取达到厕所、供水、厨房、运动场地等设施基本配套，符合安全规范要求。

四是与标准化学校建设相结合。教育均衡发展要求把义务教育工作重心进一步落实到办好每一所学校和关注每一个孩子健康成长上来，有效遏制城乡之间、地区之间和学校之间教育差距扩大的势头，积极改善农村学校和城镇薄弱学校的办学条件。小规模农村学校调整改造要结合标准化学校建设规划，明确保留学校和定点学校的名称和数量，积极改善农村义务教育阶段学校的办学条件，扎实推进各项配套工程，尽可能缩小学校之间的差距，把每一所义务教育阶段学校都建成合格学校，使每一个孩子在标准化学校里健康成长。

## 三、稳步推进小规模农村学校调整改造的策略

实施小规模农村学校调整改造，能补上教育发展中的“短板”，促进义务教育均衡发展。县（市、区）教育行政部门要研究调整改造学校发展策略，根据“关注民生，方便群众，确保安全，提高质量”的原则，审慎决定小规模学校的关闭或保留，要完善规划、制订计划、落实经费，稳步实施、有序推进，实现良性发展、均衡发展。

### 1. 完善学校规划

撤点并校能扩大学校规模、提高质量、降低办学成本，是解决小规模学校问题的主要途径，但不能简单地一刀切。边远山区、库区保留部分小规模学校仍有必要。要对农村学校进行全面梳理，从社会公平的角度考虑，以方便和满足学生和家长的需求为出发点，统筹安排学校的布局和建设项目，完善定点学校和保留学校的校园平面规划和建设项目规划，力求教育资源配置集约化、均衡化，使农村中小学布点科学合理，使受教育者在教育环境、教育条件、教育机会等方面尽可能地平等。

### 2. 积极落实经费

要积极调整和优化财政支出结构，根据项目投资额度和财力可能，将小规模农村学校调整改造经费列入财政年度预算，做到优先安排。还可以通过加大

转移支付、处置闲置校产、发动社会捐资等渠道筹措资金，确保经费保障到位。小规模学校调整改造项目涉及的政府性基金和经营服务性收费等相关费用，要本着“能免则免，能减则减”的原则给予支持。保留的小规模学校生均公用经费、教学用房、活动场地、图书资料等都应该高于所在乡镇中心小学的生均标准。

3. 加强内涵建设

要特别重视加强保留农村学校的内涵建设，建立城乡一体化义务教育发展机制，在财政拨款、学校建设、教师配置等方面向农村倾斜。实行小规模学校教师定期交流制度，统一安排教师的进修、培训，提高农村学校教师整体水平，由乡镇中心小学统一调配音、体、美等短线学科教师，保证开齐、开足、开好国家计划课程，尽量做到优质资源共享，师生活动内容基本相近，教育教学质量均衡，广大群众满意。可以推行名校集团化、一校两区、名校托管等措施，尽快改变农村学校面貌，为每一位学生的发展提供良好的条件。

4. 关心弱势群体

采取寄宿制可以缓解学校撤并后学生离家较远的问题，但寄宿会增加家庭的经济负担。要认真落实农村义务教育免费政策，完善对困难家庭学生及各类弱势群体学生的资助体系，对所有残疾儿童少年和家庭经济困难的学生实行生活补助，切实保障农村贫困家庭儿童、留守儿童特别是女童平等就学、完成学业，不让一个孩子因家庭贫困和学校撤并而失学。同时要高度关注农村留守儿童教育问题，加强寄宿制学校生活指导教师的选配和管理，科学安排学生的学习、生活、锻炼，注重培养学生的自理能力和学习习惯，改善农村学生营养状况，促进农村学生身心健康发展。

5. 促进社会和谐

发展农村教育，不能就农村教育而抓农村教育。各地要充分发挥“以县为主”管理体制的优越性，充分依托城镇教育资源富集的优势，进一步落实城乡教育对口支援制度，坚持以城带乡、城乡互动，推进教育城乡一体化，在办学条件、师资队伍建设、学校管理、经费保障、生源分布、资助帮扶、接送车管理等方面提出有力措施，多管齐下强力推进城乡教育均衡优质发展。对该撤并的学校要提前做好工作，认真解决好原有学生的去处、交通安全、老百姓的思想工作和相关校产处置等问题。防止在小规模农村学校调整改造过程中出现新的学生失学、辍学和上学难问题，推动新农村建设，构建和谐社会。

# 创建教育现代化　推动教育均衡发展

南通市教育局　朱　宁

教育现代化是经济社会发展到一定程度的必然要求，也是当代教育发展的必然趋势。创建教育现代化，实现教育发展水平、教育技术、教育结构体系、教育管理制度、教育教学质量、教师队伍建设等方面的现代化，必将有利于推动教育均衡发展，有利于满足人民群众对优质教育资源的需求。

## 一、推动教育均衡发展的时代背景

为了推动教育均衡的发展，2005年，教育部下发了《关于进一步推进义务教育均衡发展的若干意见》，紧接着，省教育厅下发了"转发通知"。从"统一思想认识，把推进义务教育均衡发展摆上重要位置；采取积极措施，逐步缩小学校办学条件的差距；统筹教师资源，加强农村学校和城镇薄弱学校师资队伍建设；建立有效机制，努力提高每一所学校的教育教学质量；落实各项政策，切实保障弱势群体学生接受义务教育；建立监测评估体系，切实推进义务教育均衡发展"等五个方面，提出了保证教育均衡发展的要求。新修订的《义务教育法》要求"国务院和县级以上地方政府应当合理配置教育资源，促进义务教育均衡发展"。这既是新修订的《义务教育法》重要理念，也是新修订的《义务教育法》的必然要求。推进义务教育均衡发展，是实践"三个代表"重要思想、落实科学发展观和构建和谐社会，满足人民群众对优质教育资源需求在教育上的具体体现。

## 二、目前教育均衡存在的主要问题

义务教育阶段教育事业，在各级党委、政府的关心支持下，在人民群众的特别关爱和广大教育工作者的共同努力下，从改善学校办学条件入手，以创建教育现代化先进镇为突破口，以学校现代化建设为载体，积极推进教育现代化工程，努力提高办学层次和水平，取得了显著成效。但是由于观念的差异和各地社会经济发展不平衡，致使义务教育资源配置不尽合理，发展水平偏低，城乡之间、地区之间、学校之间出现教育发展不均衡现象，主要表现在以下几个方面：

1.创建认识不均衡

高举教育现代化旗帜，全面推进教育现代化工程建设，全力打造教育强市，

已经成为教育改革与发展的主旋律。由于各级党委、政府对创建认识不同，社会经济实力的不同，完成创建工作不平衡性就比较突出，在不同程度上对促进教育均衡发展有一定的影响。在完成创建工作任务中，县域之间、乡镇之间学校的差距十分明显。因此，推动落后乡镇、学校的创建，促进创建均衡发展是我们工作的当务之急。

2. 办学条件不均衡

这些年来，随着学校布局调整、“三新一亮”工程、“六有”工程和“校校通”工程的建设，学校的办学条件有了很大的改进。彻底消除了危房，很多学校建起了宽敞明亮的教学楼。但是，各学校仍存在不平衡。从生均图书册数（最多生均 33 册，最少生均 6 册）、生均占地面积（最多 24 平方米，最少 8 平方米）、生均建筑面积（最多 8.5 平方米，最少 5 平方米）、生均绿化面积（最多 6.8 平方米，最少 1.7 平方米）几个指标中感觉到这种差距。学校间专用教室及教学设备也不均衡。学校的理科实验、音体美、计算机等教学仪器设备配置水平，直接影响教学质量提高和学生基本技能的培养，没有这些专用教室，各类实验都会成为“纸上谈兵”，将会极大地影响学生素质的提高。目前，有些镇生均教学仪器设备标准过低，以生机比为例（好的 12.6∶1，差的 22∶1），城乡、校际、镇际差距过大，已成为办学条件不均衡的突出问题。

3. 经费投入不均衡

没有稳定的教育经费投入，教育的发展特别是均衡发展就是一句空话。应该说，这些年来，各县（市）的教育投入的力度正逐步加大，但也存在不平衡现象，如初中生均公用经费最多达 500 元，最少 350 元，差距十分明显，直接影响到学校办学条件的不均衡。

4. 师资队伍不均衡。

农村村小、一般初中与中心小学、中心初中教师相比。师资队伍存在明显的差距，主要表现为数量不足、结构不合理、缺少骨干教师甚至合格教师，教师年龄偏大，学历偏低，知识老化，精力不足、职称不高等。其中一个重要原因是部分初中教学水平高的教师被选拔到高中任教，部分小学教师被选拔到初中任教，造成了初中、小学教师结构不均衡。

师资编制也存在不平衡，个别镇缺编，仍有代课教师；有些镇因区域优势，存在教师超编。就城镇和农村学校而言，师资队伍的差距较大。主要原因是农村教师由于工资待遇低、工作环境差，造成大量流失，从农村学校流向城镇学校，从一般学校流动到有实力的优势学校。

5. 管理水平不均衡

教育的均衡发展，除了硬件之外，还有一个重要的软件问题，就是学校管理水平。有些学校业已形成的“质量目标”、“书香校园”、“情境教学”等富有特色的管理文化。但是，不少学校的管理，仍然粗放、呆板，缺乏人性化、高效的管理，低效的管理则使学校停滞不前甚至是倒退。由于管理水平的差异。使原本在同一起跑线上的一些学校办学质量的差距逐步拉大，教育发展的不均衡性被凸现出来。

## 三、推动教育均衡的对策和建议

推进义务教育均衡发展，要坚持以科学发展观为指导，强化政府举办义务教育的责任，建立和形成公共教育财政的保障机制和义务教育投入的长效机制；要以缩小区域之间、城乡之间、校际之间、人群之间的差异为重点，切实办好农村义务教育，不断改善办学条件，建设高水平的师资队伍；以全面提高教育质量为核心，提高每一所学校的办学水平，满足每一个孩子基本的教育需要，不断提升义务教育均衡、优质的程度和品质。在今后较长的一段时期内，教育的政策和制度都要围绕这一思路进行。

1.统一思想，充分认识实现教育均衡的重大意义

保障人民群众受教育的权利是社会主义制度的重要特征，享受教育权利和接受良好的教育是现代社会人民群众最基本的需要和最根本的利益。面对日益激烈的市场竞争和知识经济时代的挑战，接受良好教育不仅已经成为人们生存发展的第一需要和终身受益的财富，甚至决定其一生的命运。加快义务教育均衡发展，最大限度地满足广大人民群众日益增长的接受高质量教育和终生学习的要求，给弱势人群和经济欠发达地区人民提供平等的教育机会，使广大人民群众受教育的权利与义务得到切实维护和保障，既是加快现代化建设的本质要求，也是实践“三个代表”重要思想的具体体现。

当前我们面临的严峻形势是：教育非均衡发展的趋势在强化，教育均衡发展要求与教育发展不平衡的矛盾成为基础教育的新矛盾。因此，要把均衡发展作为教育的一面大旗高高举起来，缩小地区之间、城乡之间、学校之间基础教育的差距，解决基础教育的基本矛盾，必然成为基础教育领域重点要解决的战略任务。

要把基础教育尤其是义务教育置于优先发展的地位，不断强化政府责任，充分发挥各级政府的统筹和协调作用。要把义务教育发展好坏、发展水平、均衡程度等，列入领导干部目标责任制和政绩考核的重要内容。确立在发展中缩小差距的义务教育均衡观，对当前义务教育资源配置中存在的差距要有清醒的认识，将缩小本地区义务教育城乡差距、镇际差距摆上政府教育工作的重要议事日程，办好每一所学校，为每一个学生提供相对平等的学习条件、权利、机会，

努力推进义务教育均衡发展。

2.澄清认识，正确处理教育均衡的几个关系

(1)公平与效益

如果完全只从公平角度出发去制定和实行有关政策，就必然会丧失教育效益，也是有许多弊端的。近年来，韩国、日本等国家就发现，他们在推行“平准化”政策后，义务教育逐步丧失了效率。中国的地区发展非常不平衡，笼统地讲义务教育资源均衡，是没有意义的。合理和可行的策略应该是，在经济发展水平近似的区域内，努力追求义务教育资源的均衡配置。我们强调社会公平，不会回到传统体制固有的平均主义上去。

(2)示范性学校建设与教育均衡发展

业已形成的一批有影响的名校、示范学校要继续发展，高位走强。同时，示范学校要认真研究如何带领一大批学校共同发展。防止示范性学校发展起来之后，导致学校之间新的不均衡。

(3)学校办学特色与教育均衡发展

办学要均衡，更要有特色。要在实现基础教育均衡发展的基础上，针对学校之间存在的客观差异，形成更多的能够满足学生个性发展需要的特色学校。

(4)教育创新发展与教育均衡发展

如何在教育均衡发展的思想指导下，通过建立相互竞争机制，不断激活学校向更高水平的均衡阶段发展，是教育均衡的关键所在。因为只有在教育均衡发展的过程中引入竞争机制，才能带动高质量、高水平的均衡。要使均衡不断向深度、广度和高水平阶段拓展，必须抓住教师队伍这个核心，通过制度创新，激发教师和校长的职业活力、专业创造力和教育教学热情。通过引入竞争机制，不断增强学校的发展动力、活力，激励学校之间、区域之间向更高水平的教育均衡目标发展。

(5)弱势群体教育与教育均衡发展

弱势群体教育包括经济困难家庭子女的教育、残疾儿童少年的特殊教育、一些学习困难学生的教育、城市流动人口子女的教育等。弱势群体教育是教育均衡的难点，也是教育均衡发展的关键。

3.深化改革，科学构建推进教育均衡体系

(1)推进中小学的标准化、规范化建设，合理配置教育资源，实现基础教育尤其是义务教育的规范化办学。通过政府依法增加教育投资、集资、引资等方式，增加对学校的资金投入，帮助学校尤其是薄弱学校完善各项教学设施的建设，为教育均衡发展提供一个可靠的物质基础。对学校的建设加强管理，特别是硬件建设要设置上限，限制过量的建设投资，以遏制对过高办学条件的追求，制止追求“奢华”的不良习气。

(2)加快资源区域内流动，实现优质教育资源共享。对一些优质设施，应该实现区域内一定程度上的共享，最大限度地发挥资源的作用，使有限的投入发挥更大的效益。在人力资源上也要实现合理配置，优化人才资源。通过培训、学历提高、继续教育，提高教师素质，要使每一位农村教师每学年至少受训一次，从政策和制度上保证农村中小学教师队伍的长期稳定和不断优化。推动校长和教师资源流动制度化。校长和教师的智力资源要打破校际壁垒，合理流动，实行轮岗制。积极引导、鼓励教师和其他具备教师资格的人员到乡村中小学任教。积极组织优秀校长和特级教师送教下乡。采取有效措施，切实改善农村教师的工作条件和生活待遇，确保农村教师队伍稳定。对有些学科的教师可以实行联聘制，对名教师、特级教师要实行区域共享，让他们在更大范围内发挥作用。要利用现代化教育网络建设庞大丰富的教育资源信息库，借助现代化的信息教育平台，实现区域内优质教育资源共享，让所有孩子都能通过网络来接受现代社会相应的同质、同步的高质量教育，同时要借助推动教育信息化来缩短城乡之间、强校与弱校之间的办学差距，实现真正意义上的均衡发展。

(3)努力提高每一所学校的教育教学质量。要把全面推进素质教育、全面提高教育质量作为推进义务教育均衡发展的根本任务，在制定政策、配置资源、安排资金时，要优先保障提高教育教学质量的需要。要积极创造条件，保证所有学校按照义务教育课程方案要求开齐课程，并达到教学基本要求。坚持推行义务教育阶段公办学校免试就近入学制，加强依法治教力度，进一步规范办学行为，有效遏制义务教育阶段择校之风蔓延的势头。

强化课程改革。基础教育课程改革是全面贯彻教育方针、实施素质教育的关键环节，是有效提高教育教学质量、积淀教师专业素养、促进学生全面发展，推动学校内涵发展的重要举措。通过课程与教学改革，使每一所学校(包括村小)享受到提高课程实施水平、形成教师专业成长的阳光。所有学校、所有教师都可以在相同的平台上接受基础教育课程改革的培训。

要逐步建立规范化、科学化、制度化的义务教育教学质量监测评估体系和教学指导体系。要组织督学人员和有关专家定期对学校的教学质量进行督导检查。要组织教研人员和优秀教师对一些教育教学质量较低的学校进行业务指导，必要时可选派有经验的教育行政干部到这些学校工作，以尽快改变其落实面貌。

(4)保障经费投入。农村义务教育日常公用经费定额标准由县统一发放。明确公用经费来源，为保证学校日常运转提供保障，从源头上解决义务教育日常公用经费标准不同、收支混乱的误区。同时，增加费用使用的透明度和指导

性，对公用资金的无故流失做好预防作用。

(5)建立教育均衡发展监测评估体系。建立和完善义务教育均衡发展的监测制度，定期对学校间的差距进行监测和分析，并以适当方式予以公布，接受社会监督。

研究制定督导评估指标体系，对义务教育均衡发展状况进行评估，对镇教育工作推动义务教育均衡发展的工作开展督导检查，将评估检查结果作为评价其教育工作的重要指标，作为考核主要领导干部政绩的重点内容，作为对有关人员进行表彰奖励的依据。

4. 不断创新，发展高位走强的教育均衡

教育均衡发展绝不是教育的平均主义，不是把高水平的教育拉下来，而是要根据不同区域的实际情况，分区规划、分步实施、分类发展。

教育均衡发展不是划一发展，而是特色发展。均衡发展不是一种模式、不是“一刀切”，要鼓励不同区域、不同学校，根据各自的实际情况，创造性地探索有自己特色的发展道路，最终实现优势互补、特色发展、整体提升。教育个性化、办学特色化，不仅是国际基础教育发展的大趋势，也是实现更高层次均衡发展、深化教育改革、全面推进素质教育的迫切需要。因此，在办学条件、师资水平相对均衡的情况下，要鼓励学校办出特色，为每一个孩子留有个性发展的空间。

教育均衡不是同步发展，而是要积极推进区域均衡发展。教育均衡不只是办学水平的均衡，那种认为只要校际之间、区域之间的办学条件、教学设施、师资力量处在同一水准上，就达到了教育均衡目标，是不科学的，忽视了学校内在发展机制的作用，忽视了学校之间、区域之间地域区位不同、历史文化积淀有别、生源差异等方面的不均衡，以及办学理念、管理水平之间不均衡。要切实保障进城农民工子女教育权，同时关心好农村“留守儿童”的教育。

教育均衡发展不是限制发展，而是共同发展，分类发展。均衡发展不是“削峰填谷”，而是“造峰扬谷”式发展。发展是教育事业永恒的主题，没有发展，就谈不上均衡。落后地区、薄弱学校需要发展，发达地区、基础好的学校同样需要发展。均衡发展不是限制或削弱发达地区、优质学校和强势群体的发展，而是要在均衡发展的思想指导下，以更有力的措施扶持基础薄弱地区、薄弱学校、弱势群体，进而把基础教育办成高水平、高质量的教育，不断实现高位走强的教育均衡。

教育均衡发展是一种境界、一种理想，更是符合我国当前基础教育现实需要的发展策略，是教育改革与发展的基本价值取向。我们要以科学发展观为指导，解决目前存在的各种难题，通过扎实有效的工作，创建教育现代化，推动教育均衡发展。

# 推进学前教育园舍均衡发展

上海市教育基建管理中心

根据《上海市人民政府办公厅关于转发市教委等十二部门制定的〈上海市学前教育三年行动计划(2006学年—2008学年)〉的通知》(沪府办发〔2006〕30号)的精神,全市于2006—2008学年度开展了“学前教育三年行动计划”。其中园舍建设的目标是:“通过三年左右时间,使全市各类幼儿园建设基本达标,即80%以上幼儿园达到《城市幼儿园建筑面积定额(试行)》(教基字〔1988〕108号)标准或《普通幼儿园建设标准》(DJ/TJ08-45-2005)”。

在市教委等相关部门的统一部署下,各区、县制定了符合实际、具有操作性的达标实施方案及分年度园舍建设计划。在市、区、县政府的重视下和有关部门的指导下,经过各区、县教育局幼教、计财、基建等部门紧密配合和努力,使“学前教育三年行动计划”园舍建设取得了显著成绩。

## 一、基本情况

1. *在园幼儿人数情况*

近几年,由于人口出生高峰来临和外来人口持续增加,全市在园幼儿人数大幅提高。据统计,2008学年全市在园幼儿总数为328759人,较2006学年增加34473人,增幅11.7%。

按区域分,近郊区三年共增加在园幼儿园总数18647人,超过全市新增在园幼儿园总数的50%。详见表1。

**表1 在园幼儿人数情况表(区域)**

| 区 域 | 2006学年在园人数(人) | 2008学年在园人数(人) | 较2006学年增加(人) | 较2006学年增幅(%) |
|---|---|---|---|---|
| 中心城核心区 | 13050 | 13898 | 848 | 6.5 |
| 中心城区 | 84929 | 89262 | 4333 | 5.1 |
| 近郊区 | 120181 | 138828 | 18647 | 15.5 |
| 远郊区 | 76126 | 86771 | 10645 | 14.0 |
| 全市合计 | 294286 | 328759 | 34473 | 11.7 |

注:中心城核心区指黄浦、卢湾、静安三区;中心城区指徐汇、长宁、普陀、虹口、闸北、杨浦六区;近郊区指原浦东、闵行、宝山、嘉定四区;远郊区指松江、青浦、原南汇、奉贤、金山、崇明六区县。

2.园舍达标情况

截至2009年8月31日，本市共有幼儿园1104所，在园幼儿总数大幅增加的情况下，园舍达到“88标准”以上有865所，总体达标率为78.4%，较2006学年提高约25个百分点，“学前教育三年行动计划”园舍建设任务基本完成。

按区域分，近郊区园舍达标率最高，为86.3%；中心城区与远郊区园舍达标率相近，分别为73.2%和74.1%；中心城核心区达标率较低，只有64.8%。其中，远郊区达标幅度提高最多，提高约37个百分点。详见表2。

**表2 园舍达标情况表(区域)**

| 区　域 | 2006学年园舍达标情况 | | | 2008学年园舍达标情况 | | | 增幅(%) |
|---|---|---|---|---|---|---|---|
| | 幼儿园总数(所) | 达标幼儿园(所) | 达标率(%) | 幼儿园总数(所) | 达标幼儿园数(所) | 达标率(%) | |
| 中心城核心区 | 55 | 23 | 41.8 | 54 | 35 | 64.8 | 23.0 |
| 中心城区 | 351 | 174 | 49.6 | 358 | 262 | 73.2 | 23.6 |
| 近郊区 | 393 | 259 | 65.9 | 453 | 391 | 86.3 | 20.4 |
| 远郊区 | 197 | 72 | 36.5 | 239 | 177 | 74.1 | 37.5 |
| 全市合计 | 996 | 528 | 53.0 | 1104 | 865 | 78.4 | 25.3 |

3.教学点与园舍规模情况

2008学年，全市共有幼儿园教学点1484个，较2006学年增加259个，增幅17.5%；全市教学班总规模12291班，较2006学年增加2876班，增幅23.4%。

远郊区增幅最大，教学点与园舍规模均增加约30%；近郊区增加绝对值最多，教学点增加111个，园舍规模增加1512班；中心城区教学点与园舍规模增加10%多；中心城核心区增加较少。详见表3。

**表3 教学点与园舍规模情况表(区域)**

| 区　域 | 教学点情况 | | | 园舍规模 | | |
|---|---|---|---|---|---|---|
| | 2008学年教学点数 | 较2006学年增加 | 增幅(%) | 2008学年园舍规模(班) | 较2006学年增加 | 增幅(%) |
| 中心城核心区 | 75 | 3 | 4.0 | 489 | 27 | 5.5 |
| 中心城区 | 475 | 56 | 11.8 | 3231 | 433 | 13.4 |
| 近郊区 | 610 | 111 | 18.2 | 5683 | 1512 | 26.6 |
| 远郊区 | 324 | 89 | 27.5 | 2888 | 904 | 31.3 |
| 全市合计 | 1484 | 259 | 17.5 | 12291 | 2876 | 23.4 |

4. 达标措施情况

本市幼儿园园舍通过基建改造（含公建配套、新迁建、改扩建）、调整使用、缩班减生、撤点、合并达标的共有 570 所。其中基建改造 310 所，占 54.4%；调整使用 83 所，占 14.6%；缩班减生 85 所，占 14.9%；撤点 36 所，占 6.3%；合并 56 所，占 9.8%。基建改造是园舍达标的主要措施。

按区域分，调整使用、撤点、合并措施采用最多的是中心城区；基建改造的重点在远郊区和近郊区。详见表 4。

**表 4　园舍达标措施情况表（区域）**

| 区　域 | 基建改造 | | 调整使用 | | 缩班减生 | | 撤　点 | | 合　并 | | 合计 |
|---|---|---|---|---|---|---|---|---|---|---|---|
| | 数量（所） | 比例（%） | 数量（所） | 比例（%） | 数量（所） | 比例（%） | 数量（所） | 比例（%） | 数量（所） | 比例（%） | |
| 中心城核心区 | 9 | 40.9 | 8 | 36.4 | 2 | 9.1 | 2 | 9.1 | 1 | 4.5 | 22 |
| 中心城区 | 49 | 30.4 | 36 | 22.4 | 29 | 18.0 | 18 | 11.2 | 29 | 18.0 | 161 |
| 近郊区 | 125 | 55.6 | 25 | 11.1 | 46 | 20.4 | 12 | 5.3 | 17 | 7.6 | 225 |
| 远郊区 | 127 | 78.4 | 14 | 8.6 | 8 | 4.9 | 4 | 2.5 | 9 | 5.6 | 162 |
| 全市合计 | 310 | 54.4 | 83 | 14.6 | 85 | 14.9 | 36 | 6.3 | 56 | 9.8 | 570 |

5. 基建项目情况

三年中，本市通过基建改造方式达标的幼儿园共有 310 所，其中公建配套 171 所，占基建改造总数的 55.2%；改扩建 100 所，占基建改造总数的 32.3%；教育系统新建幼儿园 30 所，占基建改造总数的 9.7%；迁建 9 所，占基建改造总数的 2.9%。

按区域分，中心城核心区无新建、迁建项目；近郊区、中心城区以公建配套为主；远郊区以公建配套和改扩建相结合为主。详见表 5。

**表 5　幼儿园基建改造情况表（区域）**

| 区　域 | 公建配套 | | 改扩建 | | 新　建 | | 迁　建 | | 合计 |
|---|---|---|---|---|---|---|---|---|---|
| | 数量（所） | 比例 | 数量（所） | 比例 | 数量（所） | 比例 | 数量（所） | 比例 | |
| 中心城核心区 | 0 | 0.0 | 9 | 100.0 | 0 | 0.0 | 0 | 0.0 | 9 |
| 中心城区 | 32 | 65.3 | 15 | 30.6 | 0 | 0.0 | 2 | 4.1 | 49 |
| 近郊区 | 90 | 72.0 | 28 | 22.4 | 4 | 3.2 | 3 | 2.4 | 125 |
| 远郊区 | 49 | 38.6 | 48 | 37.8 | 26 | 20.5 | 4 | 3.1 | 127 |
| 全市合计 | 171 | 55.2 | 100 | 32.3 | 30 | 9.7 | 9 | 2.9 | 310 |

6. 幼儿园占地情况

2008学年，上海市幼儿园占地总面积为591.67万平方米，较2006学年增加169.7万平方米，增幅40.2%。增加用地面积主要在郊区，增加量为140.18万平方米，占82.60%。

按区域分，远郊区增幅最大，达74.2%；中心城核心区在土地资源极其紧张的情况下，园舍占地总面积也增加了12.4%。详见表6。

**表6　幼儿园占地情况表(区域)**

| 区　域 | 2006学年占地总面积(万平方米) | 2008学年占地总面积(万平方米) | 增加占地面积(万平方米) | 增幅(%) |
|---|---|---|---|---|
| 中心城核心区 | 9.55 | 10.73 | 1.18 | 12.4 |
| 中心城区 | 105.53 | 133.85 | 28.32 | 26.8 |
| 近郊区 | 210.14 | 278.54 | 68.39 | 32.5 |
| 远郊区 | 96.76 | 168.55 | 71.79 | 74.2 |
| 全市合计 | 421.98 | 591.67 | 169.70 | 40.2 |

7. 幼儿园建筑面积情况

2008学年，本市幼儿园建筑总面积为404.42万平方米，较2006学年增加123.87万平方米，增幅44.2%。增加园舍面积也主要在郊区。增加园舍面积101万平方米，占81.54%。

按区域分，远郊区增加面积最多，达51.03万平方米，增幅达91.6%；近郊区增加49.97万平方米，增幅36.1%；中心城区增加21.09万平方米，增幅27.7%；中心城核心区增加1.78万平方米，增幅16.9%。详见表7。

**表7　幼儿园建筑面积情况表(区域)**

| 区　域 | 2006学年建筑总面积(万平方米) | 2008学年建筑总面积(万平方米) | 增加建筑面积(万平方米) | 增幅(%) |
|---|---|---|---|---|
| 中心城核心区 | 10.52 | 12.30 | 1.78 | 16.9 |
| 中心城区 | 76.00 | 97.09 | 21.09 | 27.7 |
| 近郊区 | 138.32 | 188.29 | 49.97 | 36.1 |
| 远郊区 | 55.70 | 106.73 | 51.03 | 91.6 |
| 全市合计 | 280.55 | 404.42 | 123.87 | 44.2 |

## 二、取得的成绩

通过实施“学前教育三年行动计划”，本市幼儿园建设取得了显著成绩：

1. 区政府高度重视

各区均建立了由区分管领导牵头，相关职能部门参加的“联席会议”制度和工作机制，明确了各职能部门的职责，定期研究、协调、解决“学前教育三年行动计划”园舍建设过程中产生的各种问题。

2. 制定了科学合理的实施计划

在对本区园舍资源、幼儿人口分布、人口发展趋势充分调研的基础上，结合教育资源的布局结构调整，科学规划幼儿园设点，各区均制定了符合本区实际的《园舍达标实施方案》和《分年度园舍建设计划》。

3. 园舍面积显著增加

各区、县合理配置学前教育园舍资源，通过新建、公建配套、调整使用、改扩建、置换等有效措施，全市幼儿园占地总面积、建筑总面积、生均占地面积、生均建筑面积等指标均有较大幅度增加。尤其是远郊 6 区、县提高幅度最大。

4. 园舍达标率大幅提高

由于“学前教育三年行动计划”的强力推进，在面对幼儿出生高峰和外来人口增加的情况下，全市园舍达标率仍大幅提高，园舍平均达标率从 2006 学年的 53.0%提高到 2009 学年的 78.3%。

5. 入幼矛盾有效缓解

通过实施“学前教育三年行动计划”，增加园舍资源和调整幼儿园布局设点，本市入幼矛盾有效缓解。部分外来人口高度集中地区，教育局采取“预报名”和“就近入园”等方式，合理分配教育资源及服务半径，有效解决了非户籍幼儿的入幼问题。

6. 产权证办理逐步得到重视

据了解，因各种因素所致，有个别区公建配套幼儿园三分之二以上无产权证。随着市政府关于公建配套设施产权转移规定等一系列文件的出台，校舍产权证补办工作逐步得到重视。大多数区正在办理新近交付使用公建配套学校的产权证和梳理历史上无产权证校舍，部分区（普陀、长宁）已取得显著成绩，公建配套幼儿园和现有幼儿园的产权证明确办理到区教育局，有效保护了国有资产。

7. 社会效益显著

通过实施“学前教育三年行动计划”，本市幼儿园园舍园貌得到根本改观，优质学前教育园舍资源大幅增加，对没有条件进行改扩建的园舍，各区、县也普遍进行了修缮，园舍间差距进一步缩小。办园条件的显著改善，有效缓解了由于人口出生高峰到来和外来人口增加所导致的幼儿园园舍资源不足的问题，为每个适龄儿童提供了办园条件基本均衡、入园机会基本均等的学前教育园舍资源，促进了学前教育的改革和发展。幼儿就读于整洁的校园，明亮的园舍，宽敞的活动场地，对幼儿身心发展大有裨益，获得了社会、幼儿家长的一致肯定和好评，是为老百姓做的一件大实事。

## 三、面临的问题及挑战

在通过实施"学前教育三年行动计划"取得一定成绩的同时，还存在一些问题：

1. 公建配套问题

公建配套幼儿园是本次"学前教育三年行动计划"园舍建设的主要措施，但缓配、缺配现象仍然存在：(1)开发商为尽快收回资金往往住宅建设早于配套设施建设，造成配套幼儿园和住宅建设未做到"三同步"；(2)少数地块规划不够严肃，配套幼儿园选址变动频繁，使规划幼儿园难以落地，造成缓配和少配；(3)有关部门与教育部门沟通、配合不够，在未完成教育公建配套的情况下，未经教育部门同意就发放入住许可证，导致配套园所建设滞后。(4)动迁困难导致幼儿园缓配。

2. 学龄前儿童持续上升

由于幼儿人口出生高峰、农民工子女幼儿园逐步关闭、外来人口继续增加等因素，本市入幼高峰还将持续。根据事业统计数据，2009 学年在园幼儿为 353810 人，较 2008 学年增加了 25051 人，增幅达 7.6%。致使 2008 学年园舍达标率有所回落，尤其是通过缩班减生措施达标的幼儿园面临更大压力。详见表 8。

**表 8　2009 年在园幼儿情况**

| 区　域 | 2008 学年在园人数(人) | 2009 学年在园人数(人) | 增加人数(人) | 增幅(%) |
|---|---|---|---|---|
| 中心城核心区 | 13898 | 14490 | 592 | 4.3 |
| 中心城区 | 89262 | 94714 | 5452 | 6.1 |
| 近郊区 | 138828 | 149541 | 10713 | 7.7 |
| 远郊区 | 86771 | 95065 | 8294 | 9.6 |
| 全市合计 | 328759 | 353810 | 25051 | 7.6 |

3. 园舍建设依旧存在两个主要矛盾

(1)部分地区幼儿园暂时闲置与部分地区入幼相对紧张的矛盾。

(2)优质学前教育校舍资源相对不足与人民群众普遍追求优质园舍资源的矛盾。

4. 园舍产权证办理任重而道远

无产权证园舍给教育部门使用、管理、维修校舍均带来了较多后遗症，虽然大多数区已启动了“无证”园舍的产权证办理工作，但由于历史原因、资料不全和补办程序复杂，以及领导重视程度和工作力度等因素，部分区园舍产权证补办工作进展比较缓慢，办证率偏低。总体而言，中心城核心区“办证”情况好于郊区。

## 四、建议及对策

1. 区政府继续高度重视

本轮“学前教育三年行动计划”顺利结束，园舍建设取得了显著成绩。但园舍建设依然面临巨大压力与挑战。区（县）政府应继续高度重视学前教育园舍建设，继续发挥“联席会议”制度作用，形成幼儿园建设的长效管理机制。

2. 优化学前教育设点布局规划

按照人口分布和流动趋势，结合本区学前教育事业发展，优化幼儿园设点布局规划，加强中心城核心区与人口集聚地区幼儿园的规划力度，合理配置学前教育园舍资源，加大公办幼儿园对外来务工人员子女的吸纳力度，规范三级幼儿园，进一步创造均衡的园舍条件。

3. 重视公建配套幼儿园的建设与管理

各区应根据《上海市新建住宅配套建设与交付使用管理》等相关规定，着力完善、健全相关工作机制，明确相关职能部门的职责，确保教育部门全过程参与公建配套幼儿园的规划、设计和施工，保证公建配套幼儿园建设与住宅开发“三同步”。同时加强督导和协调力度，推进“缺配”、“缓配”幼儿园建设的落实进度。做到“新账不欠，老账逐年还清”。

4. 扩大优质学前教育校舍资源

在本轮“学前教育三年行动计划”园舍达标建设任务基本完成的情况下，继续通过公建配套、新建、改扩建、调整使用等有效措施，加大幼儿园建设力度，增加学前教育园舍资源，努力提高生均指标，巩固达标成果，满足人民日益增长的对优质学前教育园舍资源的需求。

5. 推进幼儿园“产权证”办理工作

沪府发〔2006〕2 号文已明确规定“按照规划配置的社区公共服务设施，其产权除已有明确规定的外，一律归区县政府所有，明确国资监管责任主体，纳入国有资产管理范畴”。对于新交付使用的公建配套幼儿园，尽快将产权证办到区国资委或区教育局；对于历史遗留的“无证”园舍，遵循“先易后难，逐步清理”的原则，加大推进幼儿园“产权证”补办工作力度，防止国有资产流失。

# 情智校园　让儿童对话美丽和文化

## ——南京市北京东路小学校园文化建设思考与实践

南京市北京东路小学　何义田

《墨子·所染》记载墨翟见染丝感慨："染于苍则苍，染于黄则黄，所入者变，其色亦变，五人必(毕)而已则五色矣。故染不可不慎也。非独染丝然也，国亦有染……非独国有染，士亦有染。"

墨子的"染丝说"告诉我们，什么色的染缸染出什么色的丝，什么样的育人环境塑造出什么样的人。古人"近朱者赤，近墨者黑"、"孟母三迁"等都说明了环境对于人的成长的重要作用。

北京东路小学的办学理念是情智教育，"培养具有高尚情感和丰富智慧的大写的人"是学校的育人目标，情智校园的建设是学校实施情智教育、达成育人目标的重要载体。从物质层面来说。打造优美温馨的、散发浓郁文化气息的校园环境，是学校建设情智校园的重要内容。

学校对于情智校园文化建设的追求是让儿童对话美丽与文化。对话，前提是平等，本质是交互。让儿童对话美丽与文化，就是要在校园文化的建设过程中，让儿童与学校的历史对话。让儿童与学校的现实对话。让儿童真正地与校园文化对话。在校园文化建设中。学校始终坚持三个原则：

### 一、情智校园文化是历史积淀的校园文化

从20世纪80年代以后，北京东路小学打造的是庭院风格的校园文化，追求的是一种质朴、幽雅、宁静的园林环境，四栋教学楼结合回廊组合成四个庭院，每个庭院由不同的植物、假山、雕塑、小径构成优美的空间景观。四栋教学楼自前向后层层高出，庭院逐渐宽敞，在曲径探幽的基础上，给人越走越亮堂、越走越开阔的感觉，寓意北小的孩子一天天进步，一天天发展。将绿色打造的浓缩型园林式自然景观移植于校园，映照了学校"求真"的办学理念。"鸡鸣"雕塑的设立，是将学校的文化与古鸡鸣寺的地域特质结合，又赋予"雄鸡高唱"、"闻鸡起舞"的勤学、崛起的精神寓意。

随着学校的发展，办学规模的扩大以及时代的进步，原来庭院式的校园环境已经不能满足办学的需求。学校在区教育局的大力支持下，2006年对学校建

筑进行了大规模的改建。将前两栋二、三层的教学楼改建成五层综合楼，原来庭院式的风格有所改变，变成了更加敞亮、更加大气的现代风格，校园更加通透了，教室更加明亮了，操场更加宽敞了，楼梯走道更加安全舒适了。但是，传承的精彩依然存在。庭院间的花园景观依然存在，依然错落有致散布在教学楼的花坛里：雕塑"鸡鸣"仍然在引吭高歌；"娃娃书报苑"、"娃娃心语屋"、"娃娃科学院"、"娃娃电视台"等"娃娃系列"依然是北小教育的主题："新实活乐"的校风校训。依然在学校的教学楼上熠熠生辉；"心心相印"的求真思想，依然是学校"情智教育"的核心灵魂：就连学校新制的校名也依然是原来北小校名书写者王易早先生挥洒出来的。

承继中有所创新，才能不断赋予校园文化以鲜活的生命。

结合传统"心心相印"的求真思想，从原国家教委副主任柳斌"含爱生情怀、有育人智慧"的寄语中获得灵感，结合中西文化中精髓的教育元素，学校提出"情智教育"这一办学主张，并从"情智管理"、"情智校园"、"情智教育"、"情智活动"四个方面打造"情智教育"的品牌，目前已取得丰硕成果，通过诸多媒体的介绍与宣传，国内不少省市教育代表团前来学校参观学习与交流。

学校结合新的校园建筑结构，特意邀请专业园林景观设计单位，重新统筹布局，注意平面与立体，立体与空间点、线、面的交融。在学校改建过程中，对一些古树名木着力进行保护，如前楼 2 棵高大的法国梧桐，东侧围墙边的毛白杨，采用建筑让树的原则，原地保留。其他一些名贵品种，如绿枫、石榴树等进行了移植，在不减少原有树种的基础上，又引进了 20 多个新品种，有桂花、含笑、五针松、孝顺竹、高羊毛草坪等，还在前四楼建设了 300 平方米左右的楼顶花园。目前，学校绿化覆盖率达标 35%以上，乔木、灌木、草坪、花卉和爬藤植物，科学搭配、和谐美观。每个花园景区的造景达到科学性与艺术性相统一，主次分明，错落有致，做到季季有花香，季季换色彩。

"闻鸡起舞"和"金陵神韵"是学校两个具有丰富文化内涵和教育内涵的主要景观。"闻鸡起舞"景观，是以传统"鸡鸣"雕塑为基础，以"鸡鸣"为主景，周围刚劲的五针松、含笑、石榴及冬青簇拥，枝蔓交错的紫藤作衬，寄意于"勤学与崛起"。其景观词为：

晋代祖逖、刘琨，每天鸡鸣即起，练习剑术。剑光飞舞，剑声铿锵。春去冬来，寒来暑往，耐得寂寞，从不间断。功夫不负有心人，他们俩都成了能文能武的全才，成就非凡。

这里，有鸡鸣寺的钟声缭绕，闻鸡起舞的故事流传。

这里，新一代的少年立志。将勤学多思的学风发扬。

雄鸡啼鸣，光芒万丈。愿君好学，崛起东方！

“金陵神韵”是重新打造的学校核心，景观，由金陵文化浮雕、瀑布、喷泉和一架三角钢琴组成，有山有水，有静有动，自然与人文交融，历史与现实辉映，厚重而灵动，深邃而鲜活。六朝古都、十朝都会累积的金陵文化浓缩其间，时刻熏陶、浸染着孩子的心灵。喷泉的池台特意用实木制成。供孩子们休憩，听泉、观景，更是他们读书的宜人场所。

“金陵神韵”的景观词是：

九华山下，玄武湖畔；金陵文脉，万载斯年。

大明王朝，筑城修典；七下西洋，文明悔外。

千古金陵，人杰地灵；盛衰兴废，英雄豪杰。

能工巧匠，织造不凡；云飞霞舞，锦绣金陵。

请君漫步——听淙淙流泉，赏壁雕金陵；闻琴音袅袅，品朗朗书声。

历史与现代交融，文化与艺术共生，好一番美不胜收的金陵神韵！

## 二、情智校园文化是学校办学理念的物质显现

校园文化应该与教育理念、办学思想相谐调，学校的物质文化处处渗透着学校的要求与教育意志，唯此才能通过日积月累的暗示、舆论、从众等特殊机制对学生产生潜在的心理压力和动力，为实施学校的教育理念，达成学校的培养目标服务。

“金陵神韵”是金陵文化的缩影。壁雕上以紫金山、玄武湖为主景，壁雕下瀑布飞溅、喷泉涌动。孔子云：仁者乐山，智者乐水。中国传统文化中，情感的核心是个“仁”字。“仁者爱人”，仁最本质的精神是“爱人”；泗水河畔，孔子论水，认为水是灵性、智慧的象征。“金陵神韵”景观正是“情智教育”最好的物质显现。

学校三栋楼的命名。也同样体现了学校的育人主张。前楼，取名“思源楼”，寓意饮水思源，思成长之源，学会感恩；思中华文化之源，触摸国学经典。总体文化定位以经典国学为主。“思源楼”的墙壁文化是《三字经》、《弟子规》、《论语》等精彩语段。中楼，取名“博爱楼”，南京是“博爱之都”，北小的孩子是博爱之都成长起来的少年，要博爱天下，爱父母，爱师生，爱学校，爱家乡，爱祖国，爱自然。此楼总体文化定位以金陵文化为主。一楼主题是南京自然地域文化，用五个自然风光表现：紫金山、玄武湖、栖霞寺、燕子矶、石头城，一幅图片配一首相关诗句；二楼主题是南京历史人文文化。用夫子庙、明城墙、莫愁湖、阅江楼、雨花台五个历史古迹表现；三楼主题是南京历史文化名人，有数学家祖冲之、书法家王羲之、文学家曹雪芹、政治家孙中山、教育家陶行知：四楼主题是南京重大历史事件，用明朝建都南京、郑和下西洋、太平天国起义、清政府签订《南

京条约》、南京大屠杀、人民解放军解放南京五个历史事件表现。在“博爱楼”走一圈，对金陵文化就能有个大概了解。后楼，取名“致远楼”，志存高远，有世界胸怀。总体文化定位以世界文化为主，展示世界名人的风采。一楼是风雨操场；二楼主题是世界杰出的科学家，如爱迪生、牛顿、爱因斯坦、哥白尼、达尔文、伽利略等；三楼主题是世界杰出的文学家，如莎士比亚、雨果、托尔斯泰、高尔基、鲁迅等；四楼主题是世界杰出的艺术家，如凡·高、达·芬奇、莫扎特、贝多芬、毕加索、徐悲鸿等；五楼主题是世界杰出的思想家，如孔子、释迦牟尼、黑格尔、马克思、卢梭等。

在“思源楼”东部行政楼的墙体上。学校还挖掘了北小历史中沉积的育人元素。一楼是四块北小历史照片，1985 年前的北小，1985 年时的北小，1998 年时的北小，今天的北小，让北小娃娃了解学校历史；二楼三块照片图板展示知名的北小校友，如中央教科所朱小曼教授、江苏省首批名师著名特级教师陈理等；三楼三块照片图板是在北小工作过的教育名人袁浩、王兰、陈淑敏；四楼图片是走进北小的名人：棋圣聂卫平、残奥会世界冠军孙海涛、法国著名科学家、法国科学院院士、诺贝尔物理学奖获得者夏贝克等，借此培育孩子爱校、敬师的情感和敬仰名人、学习名人的情怀。

总而言之，三栋楼墙体文化的打造寄托着学校这样的育人期望：北小的娃娃应该是在金陵文化的土壤里生长起来的、具有中华传统文化根脉和世界眼光、世界胸怀的现代人。这又是与学校的培养目标相一致的。

学校的校标主体图案是两个半圆相对的图形。教师的解读是“心心相印”，学校领导与老师心心相印，老师和学生心心相印，老师和家长心心相印，学校与社区、与主管部门心心相印。学生的解读是“一只展翅的蝴蝶”，象征北小娃娃的童年似蝴蝶般色彩斑斓，似翩翩起舞的蝴蝶那样充满自由和快乐。这样的校标每天都能从班牌上看到，从校刊《鸡鸣》上找到，甚至被设计到学校楼顶花园的鹅卵石小径中。这更是学校“心心相印、情智共生”的教育主题的表现。

## 三、情智校园文化是北小儿童自己的文化

校园是儿童受教育的重要场所，作为教育主体的儿童绝不是校园文化的旁观者、接受者，而更应该是校园文化建设的参与者和设计者。学校在校园文化的建设中努力凸现儿童的主体性，让北小的校园文化不只是校长的校园文化，是老师的校园文化，更是儿童自己的校园文化。

1. 给儿童设计校园文化的权利

新教学楼落成后，学校少先队大队部组织了“我心中的校园”绘画设计大赛。孩子们用自己的彩笔描绘出一幅幅自己心中的校园文化，哪里种什么花，

哪里植什么树，哪里应该是什么活动场所，哪里该贴什么画。哪里该布什么景，一幅幅充满童趣、童真和寄予美好幻想的画面，给了学校校园文化建设者以诸多有益的启发和灵感。

2.给儿童选择校园文化的权利

在综合多方面意见、确定了校园文化整体布置以后，学校在校园网上向全校学生进行楼名征集、网上评比活动，确定了几个初稿以后，又请全校师生评选最佳楼名，得到广泛响应，有不少家长也参与其中。大家从不同角度挖掘学校内涵，楼名征集活动成了最好的爱校教育活动。三栋楼主体文化定位确立以后，学校又举行“我最喜欢的国学经典”、“我最喜欢的南京名人”、“我最喜欢的南京自然景观、人文景观”、“我认为南京历史上最重大的历史事件”、“我最敬佩的世界科学家、文学家、思想家、艺术家”的系列评选活动。几乎所有的校园文化都经过了学生的收集、筛选，都是从儿童中来。

3.给儿童创作校园文化权利

确定内容之后。学校举行了“把你的名字写在教学楼上”的校园文化创作大赛，向全校学生征集国学经典书法作品，征集世界名人的漫画作品。短短一周，征集到几百件学生作品，经过筛选以及美术、书法老师的指导加工，完成了现在的校园墙壁文化，每一幅作品都署上孩子自己的名字。

4.学校的校园文化采用的是儿童喜欢的表现形式

“思源楼”国学经典文化是以儿童自己的书法作品呈现的；“致远楼”世界名人是以儿童喜欢的漫画形式呈现的，一幅漫画，一个问题，一句名言。如12岁的刘英格同学创作的英国大科学家牛顿的作品，学生画的是牛顿坐在苹果树下，头上一个苹果落下，旁边出示一个问题：“苹果为什么会往下落，而不是往上飞?”下面一句名言：“如果说我比别人看得更远，那是因为我站在了巨人的肩上”。儿童自己的作品，自己同伴的作品，漫画的形式，都对儿童有着无限的吸引力。

唐人有诗云：“山光悦鸟性，潭影空人心。”我国古代书院大多依山傍水，就是为了“借山光以悦人性，假湖水以静心情”。绿草如茵、鸟语花香、叠石飞瀑、山水相映的北小校园，每一栋建筑、每一处设施都是充满生命和情感的，正如教育学家、社会学家科尔所说：“物体在空间的摆设并不是随心所欲的，房间以其物质形式表示着该场所与机构的精神与灵魂”。

情智校园，让儿童对话美丽与文化。

# 从南京市实施中小学校舍安全工程引发的思考

南京市教育局建设处　张国杰

## 一、背景

汶川地震之后，国家对学校建筑的抗震性能更加高度关注，对学校建筑的抗震设防要求有所提高。在抗震设防分类标准上，学校校舍由原来的标准设防类（丙类）提高到现在的重点设防类（乙类）；在抗震设计规范上，也对学校建设提出了新的标准。2009年4月1日，温家宝总理在主持召开国务院常务会议上，决定正式启动全国中小学校舍安全工程。总体目标是，在全国中小学开展抗震加固、提高综合防灾能力建设，使学校校舍达到重点设防标准，并符合对山体滑坡、崩塌、泥石流、地面塌陷和洪水、台风、火灾、雷击等灾害的防灾避险安全要求，使中小学校舍成为最安全、最让家长放心的地方。本文是根据《全国中小学校舍安全工程实施细则》具体要求，结合南京市实际情况，对南京市开展这项工程的思考与启示。

南京市防灾减灾的总体形势：

南京地处长江下游平原，国家生产力布局中最大的经济核心区——长江三角洲，宁镇丘陵地区，其气候类型属北亚热带季风气候区，拥有700多万人口，是东部沿海地区重要的经济和文化中心，一直以地质灾害、洪涝灾害、台风等自然灾害作为全市防灾减灾的重点。相对于地质灾害、洪涝灾害、台风等自然灾害预警机制的成熟，地震灾害一般来得突然，破坏烈度大，而且难以提前预报，从校舍安全工程的角度来说，校舍结构抗震性能直接关系广大师生的生命安全。

南京作为地处丘陵的滨江沿海城市，地质灾害相对集中在山地、土质边坡和液化土质等区域；洪涝灾害易发在低洼、沿河和排水不畅区域。尽管南京市历史上从未发生超过抗震设防标准的大地震，但是根据中国地震局下发的《关于印送地震重点监视防御区及地震基本烈度7度及以上区县名单的通知》明确南京市所辖14个区、县全部属于地震重点监视防御区及地震基本烈度7度以上地区。南京作为省会城市，一直是国家防灾减灾的重点城市，其经济、文化相

对集中，自然灾害损失程度也相对较大，防灾减灾形势相当严峻。

## 二、全市校舍安全状况

南京市共有中小学校舍建筑面积645万平方米(不含市属地方高校、非教育产权和非教学用途建筑)。从2000年以来，全市先后实施农村中小学危房改造、“三新一亮”、“六有”、“校舍钢窗改造”等系列专项工程，同时建立了中小学校舍维修改造长效机制，实现了当年新增危房当年消除，有效地改善了中小学办学条件，学校面貌焕然一新，校舍建设质量和管理水平明显提升，抵御自然灾害能力显著增强。这些年来，全市未发生一起因校舍倒塌伤人事故。总体上看，全市中小学校舍在正常使用状态下，安全状况是有保障的。

但是，在偶发荷载作用下，尤其是在地震力的作用下，全市中小学校舍设防形势仍然严峻，与防震减灾要求差距较大。其主要原因有：

1. 不同时期建设的校舍分布广，而各个年代设计规范和建设标准不尽相同，导致全市校舍抗震设防能力不等。全市校舍中，达到现行“01抗震规范”要求的为223万平方米，达到“89抗震规范”要求的有214万平方米，剩下的208万平方米校舍均不符合上述规范要求。

2. 校舍结构特点决定学校建筑在抵御地震作用存在缺陷。长期以来，教学楼采用单跨框架(砖混)一侧悬挑外廊结构类型，大开间教室，横墙间距较大，影响整个教学楼的抵御地震水平力的性能。

3. 汶川地震后，国家将中小学校舍抗震设防标准由原来“标准设防类”提高至“重点设防类”。抗震设防标准提高，导致按原有标准设计的教学楼，抗震构造措施不符合现有设防标准。

4. 教室内人员集中，遇突发事件时，疏散难度相对较大。去年“5·12”汶川大地震，师生伤亡严重，与地震发生时正在上课，学生聚集，难以疏散，也有很大关系。

鉴于此，南京市中小学校舍安全工程中抗震加固改造工作量巨大。需要我们各级教育主管部门在政府的统一领导下，发挥自己的主观能动性，切实做好协调、保障工作。

## 三、对中小学校舍安全工程的一些思考与启示

1. 校安工程实施的主要阶段和节点及相关工作要求

(1)全面排查鉴定阶段

排查分为校舍单体建筑安全排查和校舍场址安全排查。单体建筑安全性排查可以结合抗震鉴定一起实施。校舍场址安全排查是各地政府组织国土、水

利、地震等有关部门或专业人员通过查阅资料和实地踏勘，必要时通过专项评估，对校舍场址遭受洪涝、病险水库、淤地坝、堰塞湖、蓄水池、尾矿坝、储灰库威胁以及台风、雷电、地质灾害、地震地质灾害、火灾危险等安全隐患进行全面排查，提出是否需要迁移避险和专门处置的意见。

单体建筑物安全鉴定包括房屋安全鉴定和抗震鉴定。校舍安全鉴定依据《危险房屋鉴定标准》(JGJ125-99)，主要对校舍在正常使用状态下安全性进行鉴定，通过对图纸资料、建筑物历史、现场考察和构件检测，对房屋及构件的危险性进行评定，共分为A、B、C、D四等级。结论为C、D级危房如需保留的，应结合抗震鉴定优先改造。校舍抗震鉴定依据《建筑抗震鉴定标准》(GB50023-2009)，通过对图纸资料、校舍现状查看，根据各类建筑结构的特点，对现有建筑整体抗震性能作出评价，对不符合抗震要求的建筑提出相应的抗震减灾对策和处理意见。

建议在选择鉴定单位，签订协议和合同时，可以将提交抗震加固方案一起打包进入合同中。

(2)制定“工程”总体规划、年度实施计划和每栋建筑的改造方案

根据排查、鉴定结果，结合中小学布局结构调整和正在实施的、农村寄宿制学校建设、中西部农村初中校舍改造等专项工程，按照2009年完成工作量的30%，2010年完成工作量的60%，2011年完成工作量的10%的计划，科学制定校舍安全工作的总体规划、年度计划和具体的实施计划和方案。

建议这项工作可以先根据校舍建设年代制定规划，然后根据排查鉴定结论来微调规划方案。

(3)分类进行加固、重建和避险迁移

根据鉴定结论，区别情况，分类、分步实施校舍安全工程。对通过维修加固可以达到抗震设防标准的校舍，按照重点设防类抗震标准改造加固；对经鉴定不符合要求、不具备维修加固条件的校舍。按照重点设防类抗震设防标准和建设工程强制标准重建；对严重地质灾害易发地区的校舍进行地质灾害危险性评估并实行避险迁移；对根据学校布局规划确应废弃的危房校舍可不再改造，但必须确保拆除，不再使用；完善校舍防火、防雷等综合防灾标准，严格执行。

新建校舍必须按照重点设防类抗震设防标准进行建设，校址选择应符合工程建设强制性标准和国家有关部门发布的《汶川地震灾后重建学校规划建筑设计导则》规定，并避开有隐患的淤地坝、蓄水池、尾矿库、储灰库等建筑物下游易致灾区。

改造加固设计应符合《建筑抗震鉴定标准》、《建筑抗震加固技术规程》和《混凝土结构加固设计规范》、《建筑抗震设计规范》、《建筑工程抗震设防分类标

准》等工程建设标准的要求。位于洪泛区、蓄洪区、易洪易涝区的校舍要满足抗淹没要求、抗冲击需求、避险转移需求，并有必要的预警预报设施；受台风威胁地区的校舍要满足抗风要求。

校舍加固改造工程视为房屋建筑改造工程，校舍建设单位应严格执行工程建设程序，依法取得施工许可，办理工程质量安全监督手续。校舍加固改造工程要制定严格的施工安全方案。严格隔离施工区与教学区，实行工程施工封闭管理，塔吊吊臂范围须限制在施工专区内。施工单位要根据师生活动范围，搭设防护通道，合理设置警示标志、绕行标志等提示标志引导避让危险，确保在校师生和施工人员的人身安全。校舍迁建选址应符合国家设计规范要求和城乡规划，避开危险地段。

2.存在的问题与几点建议

(1)将信息采集与抗震鉴定工作统筹进行招投标

目前全市开展校舍信息采集工作，逐校逐栋建立校舍档案。存在问题是，该系统有许多信息需抗震鉴定结束后根据鉴定结论填报，但是由于客观原因，许多区、县抗震鉴定工作不可能在提交数据时间节点前完成，这就意味着等鉴定工作全部结束后，数据完善的工作量很大。建议在选择鉴定单位的同时，将完善信息工作打包进鉴定工作中去，鉴定单位在完成一栋校舍的鉴定工作后，根据鉴定结论完善该校舍的数据信息。避免待全部鉴定完成后再请专人完善数据信息工作。

(2)将加固改造设计与抗震鉴定工作一并发包

按照中小学校舍安全工程的工作要求，应该先对校舍进行抗震鉴定，然后根据鉴定结论请专门有资质的设计单位出加固设计方案(设计图)，最后请施工单位来加固改造。或者请鉴定单位鉴定后，直接请加固改造单位来实施加固改造(设计和施工是一家)。为避免施工、设计为一家单位，难以控制工程造价，分别选择三个单位来整个校安工程实施，即鉴定单位、设计单位和改造加固单位。但是由三个单位来实施，存在工作环节多、程序复杂、实施时间长、进度慢等不利因素。而且由于加固设计工作量较小，设计费不高，很难保证有相应资质的设计单位愿意参与此项工作。为避免这种局面的出现，各单位在实施此项工作时，可以将加固改造设计工作与抗震鉴定工作一并发包给鉴定单位来完成。这样既可避免环节多、程序复杂，又可避免加固改造施工单位既是设计单位又是施工单位。

(3)在加固改造项目招投标中，如何避免低价恶意避标

中小学校舍安全工程，时间紧、任务重，任何环节出错都会影响整个校安工程的实施。加固改造工作是校安工程的实施阶段的最后环节，直接影响校安工

程是否顺利完成。全国和省校安办要求。在加固改造环节选择施工单位时，必须采取公开招标或邀请招标的形式。但是如何在招投标过程中，避免出现低于成本价中标，以致影响加固改造顺利完成的情况出现。笔者建议，在招标文件中，加大履约保证金力度。举例说明：有A、B、C、D、E五家单位，如果A报价150万元，B报价110万元，C报价100万元，D报价90万元，E报价70万元。按照低价中标原则，E单位中标。在接受履约保证金时，可以按投票5家单位的报价，去掉最高报价和最低报价后取平均价为基准价，减去实际中标价的差额经费为履约保证金。即100万元－70万元＝30万元，如果是D单位中标，就是100万元－90万元＝10万元为履约保证金。这样用提高履约保证金费用，来规避低价中标带来的风险。

(4)探讨学校实施校舍安全工程新的融资方式

校舍安全工程量大，资金需求多，如果全部由财政承担，加上教师绩效工资支出、财政将不堪重负。如果能有一种新的融资方式来为学校解决安全工程经费，可缓解筹资的工作压力。这里推荐一种新式的融资方式(Private Finance Initiative，PFI)，供大家探讨。

PFI指由私营企业进行项目建设与运营，从政府或接受服务方收取费用，以回收成本。在这种方式下，以不同于传统的由政府负责提供公共项目产出的方式，而采取促进私营企业有机会参与基础设施和公共物品的生产和提供公共服务的一种全新的公共项目产出方式。该方式是政府和私营企业合作，由私营企业承担部分政府公共物品的生产或提供公共服务，政府购买私营部门提供的产品或服务，或给予私营企业以收费特许权，或政府与私营企业以合伙方式共同营运等方式，来实现政府公共物品产出中的资源配置最优化、效率和产出的最大化。

具体模式：在经济上自立的项目。私营企业提供服务时，学校或政府不向其提供财政的支持，但是在政府的政策支持下，私营企业通过项目的服务向最终使用都收费，来回收成本和实现利润。其中，公共部门不承担项目建设和运营的费用，但是私营企业可以在政府的特许下，通过适当调整对使用者的收费，来补偿成本的增加。在这种模式下民办学校对项目的作用是有限的，也许仅仅是承担项目最初的计划或按照法定程序帮助项目公司开展前期工作和按照法律进行管理。PFI的大优势在于，它是政府公共项目投融资和建设管理方式的重要制度创新，在英国的实践中，被认为是政府获得高质量、高效率的公共设施的重要工具。

## 四、结束语

中小学校舍安全工程是项系统性很强的工程，在具体实施中应该科学统筹，突出重点，分步分类实施。具体实施过程中，要发挥管理者、实施者的主观能动性，将规范标准的具体要求和校舍实际的使用现状结合起来，真正将这一民心工程做好做实。

# 第二篇　校园规划与建筑设计

# 将古典江南元素融入现代校园建筑

## ——杭州市电子信息职业学校校区规划探析

浙江工业大学建筑规划设计研究院　钟超超

杭州市电子信息职业学校是一所按照国家级重点职业高中硬件标准设计的寄宿制高级中学,它的建设工作一直受到省教育厅和杭州市教育局的关注。我们有幸承接到该校区的建筑设计工作,使我们有机会直接为杭州教育设施的建设尽一份心力。文章介绍了该校区建筑设计的构思及特色。

### 一、设计构思

杭州市电子信息职业学校位于杭州市丁桥大型住宅区内,设计选址定于笕华路以西,杭玻路以北,西北两条道路也已列入规划之中。项目所在区域地势平坦,市政基础设施建设条件成熟,办学规模为42个班级,学校总用地面积为68349平方米。

我们的出发点是崇尚、尊重自然环境,力求创造生态校园,以现代的建筑语言和古典江南风格的和谐融合来营造一个现代校园,营造出一种和谐的校园环境。在创作中我们认同中国传统文化,特别强调对自然山水的认知和审美——即强调人与自然的和谐共存,视"自然"为人类生存的母体,精神的家园,同时又赋予其时代的内容和表现方式。

1.尊重历史文脉,弘扬人文文化

在日益注重环境保护和"可持续发展"的今天,中国传统文化中"天人合一"的思想随时代变迁有了全新的诠释,设计中弘扬地域所蕴含的浓郁文化积淀。

2.尊重自然生态,营造秀美校园

引入周边山水自然景观,整体融入区域地景,使一个新建的学校具有自然的文化气质,拥有宁静秀美的校园环境。

3.规划有序空间,建构景观序列

严整有机的规划结构实体以建筑群为依托,虚空间以道路、水系、广场、绿化系统为主线,相互渗透,相互复合,形成了清晰的空间结构层次和丰富的环境层次,具有完整的系统性和景观的多样性。

4. 协调人车关系，梳理交通网络

本校交通格局以明确的人车分流为基础，学生人流均可通过人行系统来到达各个主要建筑以及景观空间，层次分明的校园主次道路形成高效便捷的路网结构。

5. 教学融入绿色，彰显建筑格调

优美的基地环境，物候条件为建筑形态的塑造奠定了良好的基础，设计精心雕琢建筑单体，既使学习、运动、生活各功能区相互紧密联系，又将建筑形体与景观有机结合。单体设计不仅追求体量的逻辑、美感，也对细部进行了精致的刻画。

## 二、规划结构及空间组织

1. 规划结构

设计中以校区空间轴线结合学校内道路轴线形成骨架，以入口广场为核心景观空间，相关功能区周边布置形成规整有序的规划结构，其主要构成以动静分离的布局理念与手法，来对校园进行区块功能划分和定位。

2. 空间组织

结合环境与各项功能要求，塑造有机融于自然的校园空间是我们的设计目标。我们通过空间的大与小、收与放、隔与透等的对比统一，组织了完整的空间序列。另外，在处理校园建筑层次与景观方面主要采用以下几种手法：

(1)突出建筑及空间起伏与层次，主从与重点

寻求场地景观中心与整个校区轴线的建筑序列，形成错落的外围轮廓线，取得富有韵律的校园建筑总览，若干组建筑围合成不同的空间，形成序列，并形成空间的节奏感，主导空间水面与广场、绿化结合，彰显出入口空间的方正大气，突出校园标志性主体建筑，空间中心明确，凝聚了校园的内在精神。

(2)通过入口景观广场作为空间联系纽带

以形成校园向心、内聚的空间效果，使有限的空间具有无限的开阔气氛，而教学区与宿舍区的院落空间使得校园同时具有亲切、宁静和曲折、富有变化的感觉。

(3)有法而无定式

设计将许多要素之间不露痕迹地置于某种联系的制约之中，而作为视觉联系的基本内容便是彼此间都同时考虑到看到与被看这两方面的要求。

规划中借鉴园林中借景、院落、序列等手法营造出三个层次的空间，第一层次空间是主教学区，以综合楼为标志性建筑，两幢教学楼与行政图书楼分别位于入口中轴线两侧，体现出学校的庄重和优雅，同时又体现着浓厚的学习氛围。

第二层次空间是生活区，在这里我们强调的是一种舒适的生活尺度。生活区包括两幢宿舍楼与食堂，相对独立，有利于营造宁静明快的居住环境，同时宿舍楼间的绿化庭院空间为学生们提供了一个舒适的交流空间。第三层次是运动区，在校区西北部展开，形成对前两个空间层次的补充。

3. 功能分区

三个层次的空间即分为三个功能区块，教学区作为主要建筑群体，由教学楼群和行政图书楼及综合楼组成，教学楼设有连廊相联系，使交通更为便捷。教学区位于校园东南侧，紧临校园主入口，为安静的教学环境创造了有利条件，且视野良好、环境优美。

生活区位于用地北侧，与教学区分隔设置，互不影响。带独立卫生间的 6 人宿舍既能满足 2000 名寄宿生的住宿需要，又为学生提供了一个舒适的生活居所。

运动区设在用地西北侧作为分隔，减弱城市道路对教学及生活区的噪音干扰，和教学区形成相对独立互不干扰的布局。

三个区块通过两条轴线组织在一起，使得校园内各组建筑和景观节点互相联系、互相渗透，各节点通过轴线紧密联系在一起，而各组建筑空间又与几个景观节点通过互相借引，连接在一起，从而统一景观空间，形成了整个校园完整的景观序列。

## 三、建筑设计

设计中我们强调建筑与环境的融合和共生，希望进一步体现和深化既具有现代气息又蕴含古典江南韵味的生态校园特色。在建筑形象上力求体现时代性、中国传统文化延续性和校园文化气息，创造富有独特个性的绿色校园建筑；在建筑风格上注重在统一中求变化，在变化中求和谐，把握统一与变化的关系。突出重点建筑，协调好重点与一般的关系。同时做到时尚与庄重结合，大气与典雅统一，充分体现江南文化特色，并充分考虑建筑造型的可观赏性和标志性，注重各角度的景观效果，关注第五立面的设计，采用平坡结合手法，寻求与环境协调。并且在现代建筑语汇中融入了古典元素及江南风格，更显建筑的庄重典雅，体现学校的文化韵味与时代特征，同时注重总体效果和局部处理，细部丰富。

为了保证师生们能够尽快坐进宽敞明亮的教室中学习，整个设计是在一个紧张有序的状态中完成的，同时这又是一个与建设单位、教育主管部门以及校方圆满合作的过程。正是由于各个环节之间的默契配合，才能完美地实现建筑师的设计意图。

在设计的过程中，我们也通过这个方案，对如何在现代校园建筑语汇中融入古典元素及江南风格作了积极的尝试和探索。

# 当代新旧校区改扩建中景观文化元素的传承

温州市教育基建中心　黄　钊

如何使旧校区的景观文脉在新校区中得以传承和发展，是当前新校园景观建设的重要问题。对新校区而言，继承旧校区的特色比创造新的文化景观更具有实际意义。本文在分析目前新建校区景观文脉缺失原因的基础上，通过对上海世博园后滩公园景观设计的阐释，总结出高校新旧校园景观文脉的传承方法与传承元素。

## 一、棕地生态恢复与再生——上海世博景观设计理念

2010 年上海世博会在“城市让生活更美好”的主题下，建设了很多项目，而后滩公园则是本届世博会真正的绿色成就之一。“我们希望尽可能多地使用可持续材料，”俞教授告诉大家。“后滩公园中的栈道完全取材于竹子，而对于从旧场地的工业建筑上拆下的材料，我们也予以回收并整合到了各种新的建筑里。”这就是土人设计院对世博景观改造的核心思想，即生态和再利用。

上海缺什么？从时间轴和空间轴的角度分析回答上海缺什么的问题。首先追溯了上海市公园绿地历史演变的过程，探讨了社会经济驱动力如何改变市民的休闲方式；通过剖析城市尺度的生态问题，重点是关于公园绿地结构、功能及其与其他城市用地的相关分析，从自然和人的角度寻找上海市生态环境与休闲游憩的需求缺口，为场地功能定位提供思路。结论概括为：上海需要方便可达的大型绿地，期待与水结合尤其是城市湿地公园和植被多样化的公园，要求主题鲜明、活动内容丰富。

场地能做什么？场地禀赋研究回答场地能做什么的问题，分别从场地景观过程、建构筑物、现状植被、场地故事等四个角度分析场地的适宜性，同时指出场地规划所受到的限制和面临的问题。结论概括为：场地具有丰富的、高价值的工业遗产，大量的工业建构筑物都可以再利用，又有可歌可泣的历史故事，如果能充分挖掘利用，可以形成独具特色的世博景观。

前期设计要求的提出，也正是我们目前教育系统直属学校新旧校区为什么改建，改建的目的是什么和改建后我们得到什么的一个缩影范例，暗示我们，要根据原有学校遗留下来的建筑和景观的历史文脉元素，根据实际情况传承或者

创造到新的校区，同时，前期一定要明确传承和创新的目的和方法，不能脱离实际需要，盲目“照搬”或者“创新”。

以下几个世博会建筑景观改建案例，形象地体现了如何在改建项目中实现对原有建筑、景观文化元素的传承。

1. 世博综合服务中心

综合服务中心利用浦东钢铁（集团）有限公司原厂房改造而成，为钢筋混凝土与钢结构结合的大跨度空间，改造方案引入码头设施、咖啡厅、接待服务、邮局、医疗和餐厅等新的功能，重新赋予这个重要的场地元素以新的角色。

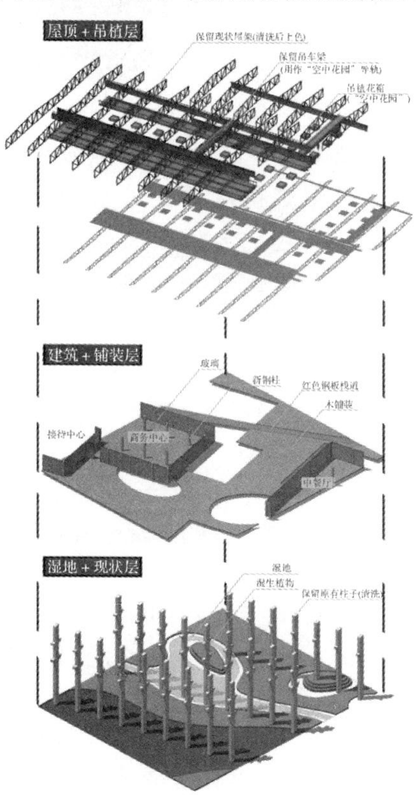


(a)利用原厂房框架设计

形式上，设计保留旧厂房基本结构，去掉围护墙体及顶棚，其间设置架空平台和新的建筑空间，基地层延续整个场地的湿地系统，平台挖出“泡”状绿地。新建筑多为大空间，材料以玻璃钢材为主（见图1、图2）。

(b)利用原厂房框架设计

图1　综合服务中心

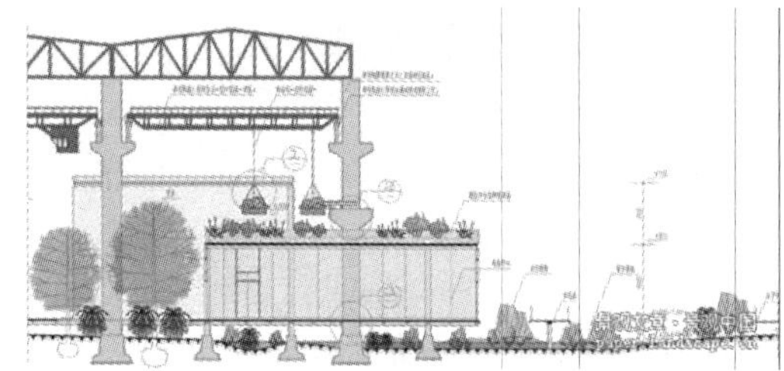

图2　综合服务中心——空中花园

2. 船坞茶座

利用原有的船坞，结合场地中的龙门吊，形成一个休闲活动区，功能包括小卖、茶室、咖啡吧。建筑在原地平上架空，形成高低错落的几层休闲平台，供人们休憩、观景。原有的柱子保留不做任何装饰，原有的龙门吊保留重新着色，形成核心绿地中的一个标志。建筑造型力求简洁明快，材料上以玻璃、钢材为主；轻巧的建筑与现状龙门吊高大的柱子相穿插，形成丰富的景观效果。

3.休闲吧

休闲吧（见图3）位于场地西侧，结合原有龙门吊布置风格独特的低层酒吧等休闲建筑，建筑底层架空，简洁明快，漂浮于湿地之上。休闲吧是世博会热闹之余的安静休闲场所。会后，根据功能需要可改造成老年俱乐部或其他功能。

图3　休闲吧：利用原龙门吊设计

目前，我们已建或者在建的大量的校园建筑景观作品中，重视文化内涵的可以说少之又少。我们强调设计理念及方法、技术层面的重要性是当代设计的趋势也是值得肯定的，设计当中的很多方面例如设计手法、技术技巧等又都是可以不断优化选择的，然而一个作品所能展现的文化层面的东西，及其所传达出的独特的地域文化精神却是最不可缺失的，它以其所特有的唯一性而显得弥足珍贵。

## 二、新校区文化景观建设中存在的问题

校园人文环境失落的主要表现有：

1.对功能的强调

目前新建的校园大多数都强调其功能的先进性，采用先进的仪器、设备，满足了新形势下对教学的要求。重视了校园教学环境的硬件建设，却忽视了环境对人的教化功能。对校园文化景观的建设，似乎还未引起足够的重视。从而导致了校园的设施现代化，校园的环境却失去了文化的意味。大学生在校园中的生活，除了在教学中接受文化知识之外，在环境中接受熏陶也是很重要的方面，在正常的教学中由于采用了先进的设备，其教学的效率提高了，而在大学生修身养性方面起重要作用的校园环境却因缺失了文化意义而降低了其应有的教化功能。

2.对新的设计理念、建筑形式、新的材料的盲目追求

在新校区建设的热潮中，众多的设计理念被运用入校园的规划及校园环境设计中，很多校园都在提倡生态的、和谐的、先进的校园环境；并且为了追求片面的美感，建筑形式多样，采用先进建筑材料，将校园建设成为新型建筑设计、新型建筑材料博览会。诚然，新形式、新材料都体现了校园的先进性，然而多样的形式和材料也不利于校园景观形式的统一，对校园人文景观的表达有着负面

的作用。

3.急功近利的建设过程

目前高校新校园的建设大多是从实用的功利主义的角度来理解和实施校园文化建设，也受到新生入住及旧校区土地置换等问题的干扰，在建设时间、建设速度上要求较高，忽视了校园人文环境的建设，不考虑学校特色，或追求时髦、急于求成，或为了“文化”形象，做表面文化，使校园文化表象化、空泛化、趋同化，缺乏个性。

4.对校园文化的理解存在误区

目前大多数人对文化的理解仍然局限于精神的层面，往往忽视了物质也是文化的表达语言之一，从而导致了物质环境中文化含义的缺乏，使环境缺少了文化的灵魂而变得乏味。仅仅是一个容纳人的空间而没有精神文化的内涵在里面，那么处于其中的人们注重了其最基本的使用功能而忽略了其对人的思想潜移默化的功能，从而导致了新校园区人文环境的失落。

文化的生态性被破坏，人文环境在大学校园中集中体现在“文化生态”方面。“文化生态”不仅是表层的刻字、树碑，更多的是隐性的精神世界。而这种隐性的精神世界不是一朝一夕就可以形成的，它需要一定时间的成长。目前，新校区的这种“文化生态”还处于混沌或者萌芽状态，在文化环境上因为缺乏时间的雕琢而显得苍白。

## 三、新旧校区间景观文脉的传承

1.传承的原则

关注记忆主体的心理体验，进行场所创造与体验。

校园中，校园记忆的主体就是校园人，主要包括在校的学生和教师。两类主体因其职责不同其对校园文脉的心理体验也不相同。对于学生来讲：其在校园内的生活是一定时期内以校园为生活中心的，毕业后就会离开校园。对教师来讲，其在校园内的生活属于工作性质（当然也与其他的工作方式不同），但属于长期行为。因此，对校园景观文脉传承上，要注重这两类记忆主体不同的心理感受。这两类行为主体的心理体验有共同点，也有其不同之处。相同之处：这两类记忆主体同属于高级知识型人才，对景观的感悟能力较强于一般社会群体，并且，这两类记忆主体对景观文化的要求趋向同一性，相同门类学科的学科特色决定了师生有共同的专业背景，进而有相通的审美情趣。

不同之处：由于年龄、知识结构的不同，师生对文化景观的要求也有一些不同之处。对于教师来说，要求校园文化景观更倾向于教化性，对各种环境的意义理解更趋于成熟。对学生来说，对校园文化景观的要求更趋向于愉悦性，对环境意义的理解容易偏激或者不成熟。

2.传承的内容

新校区借鉴旧校区的历史文化因素，是纵向的传承。

(1)指导原则方面的传承

校园的环境规划都需要一个共同的指导思想，以达到共同的形成景观特色的目的，体现共同的校园文化特色。新旧校区的景观均是为同一学校、同一使用人群服务的，因此，二者应该在指导思想上达到同一性，当然，随着社会、经济、科学技术等因素的发展，新校区的建设应该更具有时代性，但是，也需要传承旧校区某些具有长久历史意义的思想与方法，达到两者在校园环境上的有机统一。

(2)审美精神方面的传承

每个学校经过长时间的发展，因其具有与其他学校不同的历史，逐渐形成了自己的审美精神，而这种独特的审美精神作为高校长期历史发展沉淀下来的精华，非常有必要在新校区景观中得到发展甚至升华。这种审美精神不仅体现在学校组织的各种活动中，也体现在高校的校园景观中。在景观的营造中与旧校区的景观达到相同的审美目的，或庄重、或活泼、或严肃、或具有秩序感。比如山东农业大学的旧校区办公楼建于20世纪50年代，其风格属于传统的苏联模式，给人一种庄严的秩序感，其新校区的办公楼虽然并非沿用传统的建筑形式，但是同样使人感到井然有序。

3.景观元素方面的传承

(1)景观风格的协调

高校校园的历史，应该也是本校的高等教育史。学校是知识密集场所，蕴藏着丰富的文化内涵，校园中原有建筑物都记载着学校诞生、成长的历程，给每一位学子都留下了深刻的烙印和美好回忆。原有的校园，在多年的建设发展中已形成了自己的特色，并代表了学校的个性化形象。因此，在进行校园建设时既要适应时代的发展和潮流，又要继承和保持学校的风格。建筑模式的继承与高校建筑文化的承袭，不是对前人或别的高校建筑形式及建筑风格的抄袭和照搬。早年梁思成先生在编《建筑设计参考图集》时就指出："我们虔诚的希望今日的建筑师不要突然对古建筑进行形式上的模仿，他们不应该做一座座唐代或者宋代或清代建筑，而要求去发挥。"

(2)中国新建筑的精神

旧校区的景观经过长时间的积淀，逐步形成各种有点性文化内涵的景观元素，包括植物的配置、景观小品的设计、建筑小空间的围合等等，以及流传广泛的校园的典故、具有代表性或特殊意义的场所。这些典型性景观因素及其组合

形式是校园景观的重要组成部分。将这些富有特征性的景观有机组合到新校区的景观设计中去，无疑会给新校区带来深厚的历史文化因素的积淀。当然，对这些景观因素的借鉴和应用不一定简单地搬用原型，可以使用现代构图的原理进行重构后重新组合搭配。

(3)原有建筑的保护

高校园建筑文化的继承性还体现在对一些能够反映本校发展历史和风格特色的建筑物获园林小品的保护方面。校舍是学校发展的历史见证物，保留不同历史发展阶段的校舍不仅是为了现在可供使用，而且能起到凝聚校友和师生人心的作用。国外高校一直致力于有纪念意义的校舍的保护。在哈佛大学的校园里漫步，犹如走在一座历史文化名城，到处可见著名的建筑。虽然这一建筑已有近 300 年的历史，但精心修缮，仍然显示出其勃勃生机，给人以积极向上的精神风貌。我国过去曾出现过为满足现代化的发展和城市人口增加的需求，而拆除“有碍现代化进程”的老建筑时期，一些有价值的文物古迹被拆除。近些年我们才意识到，文物古迹是传承历史的纽带，不能因为“有碍现代化进程”而中断历史。高校近年来也逐步向这方面发展，清华大学的近春园、北京大学的燕园、南京师范大学的随园校区，都是对校园建筑的文化保护的典型范例。

4.旧校区景观元素的挖掘与升华

旧校区景观元素承载着校园的文脉，但是，在新校区的景观建设中，由于种种条件的限制，不能完全采用旧校区景观元素的模型，其中，有以下原因：

(1)时间的变迁

旧校区的文化景观元素由于时间的变迁，很多已经不能适应新的时代和环境，而需要进行优化设计。比如 80 年代的校园雕塑大都带有政治色彩，如“为四化建设作贡献”等等，多采用石材；90 年代的一般都是比较具象的，标志着校园人奋发向上的精神，采用不锈钢等材料。随着人们审美水平的提高，校园雕塑大都采用抽象的形式，来表达一定的时代感和教化目的，材料也多元化，用更多的新型材料来满足不同的目的。因此，在对旧校区景观文脉进行挖掘时，要对旧校区的景观元素进行优化改造。

(2)现实的因素(无法移动或者新校区受自然条件的限制无法复制)

一些校园文化景观是结合自然环境条件建设的，如北京大学的未名湖。这样的景观是无法再复制到其他地点的。这样的景观元素在进行传承的时候，需要挖掘其文化精髓，在新校区的建设中继承其内在的精神，而非单纯的旧景观的再现。

(3)景观元素的营造是针对将实用性事物转化为景观元素而言的

将非景观性元素升华为景观性元素，需要进行元素的筛选与重新组合。

5.校园景观文脉传承的方法

(1)增强对校园文脉的研究与理解

校园文脉包括校园的社会网络与场所精神（人与人之间和谐的关系、校园的印记、校园的传统）。一方面，设计者要积极感知、比较和推理结构关系间的各种限制因素，以确立记忆客体材料在系统中存在的准确位置；另一方面，要承认系统重组的动态过程，有意识地体现记忆客体材料在时间建构选择中形成的真实联系和差异。

(2)用发展的、动态的观点去延续校园文脉

校园文脉若是一味简单继承，那只能让校园的文化景观裹足不前。这个问题梁思成先生在有关建筑的论述中就曾提到："新的内容必然要求新的形式。但是，新的形式不是一下子就形成的，而是随着内容的更新不断地演变成形的。正因为这样的不断演变，今天的新形式明天就可能变为旧的形式。因此，不能完全否定一切旧形式，而且在必要时还要善于利用旧形式，使它为今天的需要服务，但我们决不应该抄袭、搬用，使自己成为旧形式的奴隶。"校园文脉也是不断发展的，固守原来的只能使校园的建设停滞不前，甚至在某些方面阻碍校园的文化景观建设。所以，要用动态发展的观点去延续校园文脉，"延续"而非"保留"。

景观文脉的传承在校园中最明显的表现就是传承的元素了，对传承元素的把握直接关系到景观文脉传承的成败。传承元素包括构成景观的各个要素，通过对这些要素的文化品质的提升以达到景观文脉传承的目的。

1)景观元素的移植。将老校区的景观元素移植到新校区，作为校园历史的见证，这样的元素必须带有一定的标志性和代表性，能够表达出老校区历史渊源。

2)典型空间的再现。一些历史悠久的校园，在长时间的历史积淀中，形成很多富有代表性的空间，这些空间给置身于其中的人们留下了不可磨灭的印象，和一些标志物一起成为了校园的典型代表，是校园文脉的载体。在新校区建设中，可以通过塑造类似的典型空间的手法，来达到文脉传承的目的。

3)精神的延续。不同的景观表达出同一种思想，无论新校区还是旧校区，其景观建设的目的都是为校园服务，为使用者服务。其本质和出发点是相同的，在此基础上，很多的人文精神和所要表达的意义都是相同的，因此，景观文脉的传承不但表现在物质实体上，还可以表现在精神意义的表达方面。也就是说，不同的景观因子可以表达出同样的精神文化意义。有些创作手法因为时代的不同而演变，其创造的环境也不尽相同，新校园中的景观更具有时代性和先进性，但是，除去创作手法和材料等的不同之外，新旧校园中的景观可以表达出相同的思想境界，在精神方面达到文脉传承的目的。

4)横向的联系。新旧校区是同步发展的,并非是建设了新校区就抛弃了旧校区,只是新校区因其形成时间较短,可建设性强;而旧校区因受时间等历史因素以及地域限制,发展缓慢。在两者同时发展的情况下,要注重两者的呼应,新旧校区从属于同一学校,有相同的历史背景及发展目标,因此,二者的发展是相互关联,不可分割的。在二者同时发展的过程中,要注意横向的联系,在景观文脉上取得呼应,使两个校区之间在情感上的距离越来越近。

# 小桥流水诗情画意，青草绿叶生机勃发

## ——华东师范大学闵行校区的规划特色

华东师范大学　校区规划与建设办公室　徐扣林

### 一、闵行校区的规划背景

根据市政府统一部署，“十五”期间，上海已经启动新一轮高校布局结构调整，其基本思路是：站在科教兴市的高度，将高等教育发展与自主创新、区域经济发展、城市建设等系统规划，通过规划布局，引导各类资源集聚，从而集成创新资源；积极探索校区、社区、园区“三区联动”模式，即把大学校区建设与科技园区发展、公共社区管理相结合，以大学校区为中心，科技园区为基地，公共社区为依托，实现资源共享、融合与转换，并按此原则调整高校布局结构。上海高校将形成“2＋2＋X”的布局模式：即以复旦大学和同济大学、上海交通大学和华东师范大学为核心的南、北两大高校聚集地——杨浦知识创新园区和闵行紫竹科学园区形成第一个“2”；以政府主导和社会参与建设相结合的东、西两个教育园区——南汇科教园区和松江大学园区形成第二个“2”；“X”是建设若干个依托城市文化、区域经济、行业发展联系密切的特色高校，如市中心的上海音乐学院、上海戏剧学院、迁驻张江高科技园区的上海中医药大学、浦东金桥出口加工区建设上海第二工业大学新校区和在安亭国际汽车城建设的同济大学汽车学院等。

华东师范大学新建闵行校区，既是上海高校布局调整战略的体现，也是上海市委、市政府对华东师大未来发展的重视，更是对华东师范大学作为上海市高等教育优质资源的充分肯定；其目的在于推动优质教育资源的重新配置，实现华东师大与交通大学的优势互补，促使高校、社区、企业打破观念和体制围墙，结成区域性、组团式创新联盟，形成“多赢”局面。因此，兴建新校区，既是华东师范大学加速发展的重要机遇，也是对江泽民总书记给我校 50 周年校庆题词“立足上海，面向全国，努力办好华东师范大学，为实施科教兴国战略做出更大贡献”精神的更好的贯彻。

## 二、闵行校区总体规划概况

1. 闵行校区的范围与规模

华东师范大学闵行校区位于闵行紫竹科学园区内，距中山北路校区 30 公里。东至虹梅南路，与吴泾镇为邻，东南端有东海学院嵌入，西至莲花南路（莲花南路以西为上海交通大学），南到东川路，北临剑川路，占地总面积为 1821.42 亩。一条铁路线将校区分成南、北两块；办公、教学、科研、体育活动场地等功能均布置在南块的校区内，学生公寓及相应配套的生活设施布置在北块的生活区内。此外，在虹梅南路以东，另有占地 249.99 亩的研究生和教师公寓。

闵行校区规划总建筑面积为 64 万余平方米，最初规划在校学生规模 1.7 万人，其中本科生 1.1 万名，硕士生 6000 名。

2. 闵行校区规划设计的设计理念及特点

闵行校区的总体规划方案由上海都市建筑设计研究院设计，不仅体现了校区规划的指导思想和规划原则，还较好地诠释了我校的教育理念和教学特色，使得闵行校区规划具有了鲜明的特色和丰富的文化内涵。主要具有以下几个特点：

(1)可持续发展性

根据学校学科的发展趋势，按功能将教学、科研、生活进行组团设计，形成具体可生长性的组团院落，体现可持续发展的校园规划，注重考虑合理的分期实施周期。着眼于校区未来的发展，方案中各院落预留了一些空地。

(2)文化性和传承性

校园对原水系进行了调整，贯穿校园中心线南北的樱桃河改道于基地西面——莲花路一侧，沿河设置若干广场平台，营造出自然景观与人造景观相互统一的和谐场所；中心湖面位于图书馆的北侧，形成以绿化自然景观为主诗情画意的公共交流空间，与原中山北路校区校园氛围一脉相承。此外，闵行校区景观也沿袭了中山北路校区的风格和传统，如校园前区银杏林环绕的杏坛，寓意孔子开讲的圣地，代表着师范高等学府百年树人的意境。

(3)和谐性

各建筑组团之间尺度适宜，通过草坪、绿化带、河流等连接在一起。根据校园地形巧妙地将生活区和教学区分开：运动场位于校园环线外“树叶角”的东西两侧，办公楼和学术交流中心位于环线外的杏林东侧。地下停车库入口均在环线上，出入口四通八达，能迅速到达各组团院落。校园规划时做到了动静结合，在南北轴线上分布着校门——杏林——亲水平台——木栈道草坪等景观，吻合了热闹与寂静这一动静有致的格局。校园南面紫竹科学园区的建筑是现代化的，与它隔东川路相望的华东师大校门，采用大理石建成，气势恢宏，显得厚重、凝练；现代风格的西校门与交通大学具有古典风格的东校门相对，一古一新，相得益彰。

(4)理念构思

树叶带给人们生气、清新的感觉，而大学校园生活也同样是生机勃勃、充满了朝气。用绿叶隐喻校园是生态的校园、具有活力的校园，是呵护青年人成长的校园。绿叶的经脉和形状是设计的主题，它象征着“十年树木，百年树人”的教育事业蒸蒸日上(如图 1)。

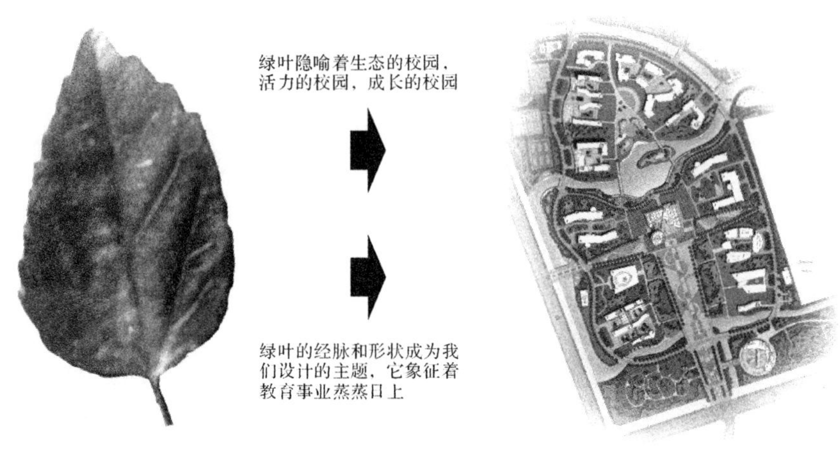


图 1　闵行校区设计理念构思

(5)组织结构

新校区空间组织特色主要表现为“一心两轴”。“一心”即以图书馆为主体建筑的核心区域。“两轴”分别为位于从东川路主校门延伸至图书馆并贯穿校区的中心生态轴线——主轴，以及莲花路西校门的东西景观次轴。在中心形成大面积的景观绿化空间——“绿色中心”，而建筑则作为环境的界面以群体组团的形态出现(如图 2)。

(6)功能分区特点

闵行校区以图书馆、公共教学楼为核心区，公共教学楼分别布置在图书馆的东西两侧；办公楼位于校园南部，与广场以及绿化布置相适应；院系部分按文理分区，分别布置在绿色中心的东、西两侧，同时通过景观步道、滨河步道及一系列广场空间而相互联系；基础实验中心布置在校区北部；充分考虑到铁路穿越校园对环境的影响，在铁路南侧和教学区间设置体育区以及部分发展用地，起到缓冲作用；为使体育资源得到优化，方便学生活动，将体育区分为东西两个片区，并结合一部分后勤和学生活动用房一并设计，使之成为学生主要日常活动和生活休闲空间。

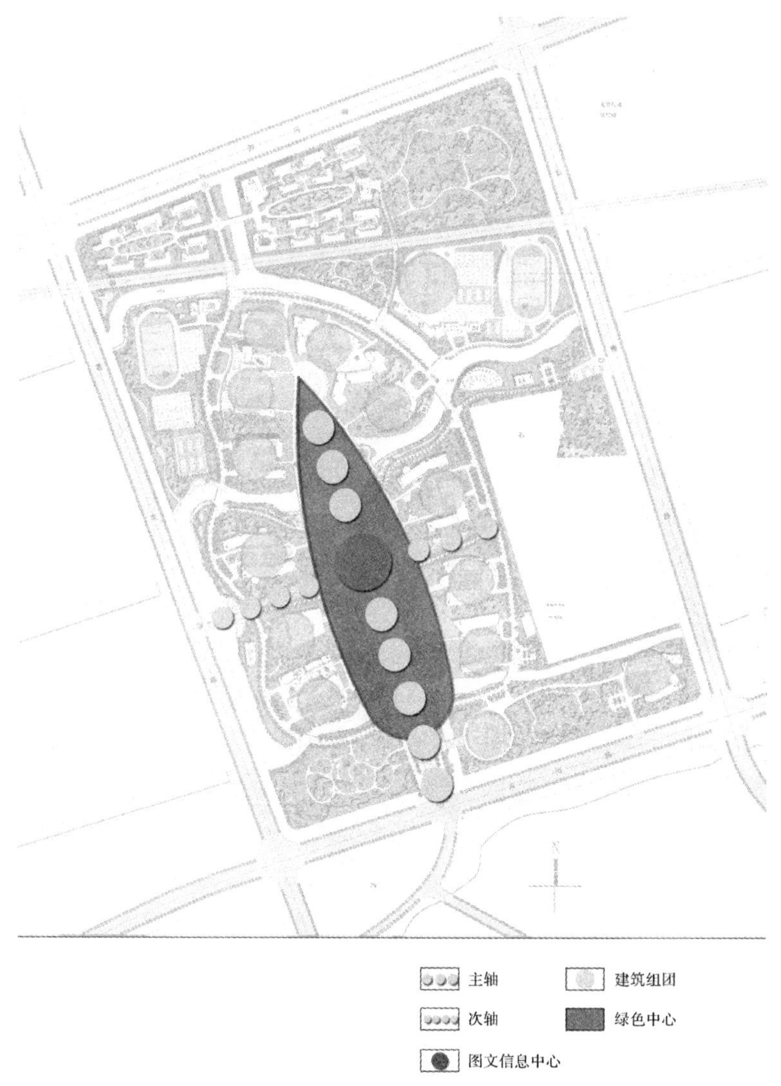


图2　闵行校区组织结构

## 三、功能分区与单体建筑设计

华东师范大学闵行校区总建筑面积约 64 万平方米(如图 3),按功能可划分为公共教学区、文科院系区、理科院系区、服务交流区、活动与生活区等五大区域。各区域成组团式布局,形成了独特的校园文化景观。

图 3　华东师范大学闵行校区规划平面

1. 公共教学区

公共教学区包括图书馆、公共教学楼、实验中心三个楼群，主要承担各学科的信息采集、教学、实验等功能。该建筑楼群位于校区文理学科相互交汇的区域。其中，图书馆位于该区域的中心，四幢公共教学楼分别位于图书馆的东西两侧，实验楼位于图书馆的北侧。这些楼群跨区域分布的寓意在于汇通文理、汇通东西、汇通古今。所有学科的师生在这里学习、探索，各种思想在这里交汇融合，从而体现大学文化和精神的博大精深。

图书馆（如图 4）是全校的信息资源共享中心，是学生、教师、科研人员学习、探索、交流的场所，是整个新校区的地标性建筑。图书馆的建筑面积为 3.9 万平方米，主体为 12 层，由同济大学建筑设计研究院设计、上海第一建筑有限公司施工，于 2006 年 5 月竣工。

图 4　图书馆实景

图书馆各部分建筑被组合在一个 100 米×100 米的正方形范围内，其所蕴含的丰厚的文化底蕴无处不在，仿佛宁静湖畔的一品端砚，却容纳着最新的知识和信息。正方形的西南端矗立着这主建筑的制高点——十二层的点状高楼，椭圆形的体量被分为三片并相互交织穿插，恰似一卷蓄势待展的竹简，将浩瀚讯息尽纳其中。设计时充分考虑到新时代图书馆的特点，精心塑造出一系列多层次的室内外空间：中央景观大道、信息中心抬高的入口广场、充满阳光感的玻璃入口大厅、各阅览室空间和休息大厅……无一不传达着这样的信息：这里是学习、研究的空间，是交流的舞台，更是全校师生聚会的场所；认同与被认同在此氛围中将会得到真正的实现。

2. 文科院系区

文科院系区主要包括外语楼、法商楼群、人文学院楼群、传播艺术楼群等。这组楼群承担外语、法律、政治、经济、中文、历史、哲学、古籍、社会学、传播、艺术等学科的院系办公和教学科研等功能。该建筑群落位于校区主轴的东侧，与西侧的理科学院群相呼应。文科院系相对集中于一个区域，有益于相似、相近学科的交流借鉴与交叉融合，有助于提升整个学科群的学术科研能力。东文西理的学科布局与中山北路校区的布局规划基本保持一致，体现了一脉相承的规划原则和人文关怀的规划精神。

人文学院楼群(如图 5)是华东师大中文、历史、哲学及古籍整理研究等相关学科院系的办公、教学及科研场所，位于校区的中心区域，即大夏路和汇通路的交界处，建筑面积约 1.71 万平方米，楼层为 4 层。该建筑由上海建筑设计研究院设计、烟台二建实业股份有限公司施工，于 2005 年 5 月竣工。

图 5　人文学院楼群侧面实景

该楼群的设计理念既体现了与校区总体规划的相互呼应，又体现了历史文脉的延续。在设计上，中文系、历史系、哲学系以及古籍研究所之间既相互联系，又相互独立；在总体上，三个单体弧中有直、方中有圆，组合在一起形成了一个外圆内方的建筑群落，蕴含了中国历史文化中天圆地方的文化精髓。

(1)“文”是我们不断探索、设计的人文意义。在形态中，我们找到了传统文化中“书院”的元素，并加以延续和使用。书院不仅使不同建筑之间产生了院落关系，还使不同功能的建筑呈现出不同的表现形态。

(2)“史”从中国历史文化的角度出发来体现我们的理念。该幢建筑是一幢藏起了“时间”的建筑，它反映在设计中的理念就是历史的延续性。

(3)“哲”即哲学，是一种高度提炼的历史与思想文化思想的精髓。在整个文史哲学院中，我们以“天圆地方”的中国古代哲学思想来构建其内部框架。

(4)“古”是古迹，是古代，是一种与“今”的相互依存与联系交叉，具体表现在设计中就是材质与构图的推敲、单体设计与空间序列的有机融合。单体设计为一个外形酷似椭圆、内部为方正的院落，两侧为打开的趣味建筑；空间序列在整个体块中既有完全开放的内院，也有半开半闭的内院，使得整体有收有合，丰富了时空交错的味道。

3. 理科学院区

理科学院区包括物理信息楼、数学统计楼、资环生化楼三个楼群，主要承担

物理、电子科学技术、信息学、计算机科学技术、数学、统计、资源环境、生物、化学等学科的院系办公、教学及科研等功能。该区域建筑楼群位于校区主轴的西侧，与东侧的文科学院群相呼应。

数学统计楼（如图 6）是数学、统计学等学科的相关院系的办公、教学及科研用房，位于汇通路以南，杏林西路以西，建筑面积为 8200 平方米，楼层为 3～4 层。该建筑由同济大学建筑设计研究院设计、华升建设集团有限公司施工，于 2004 年 10 月竣工。

图 6　数学统计楼群正面实景

结合校园的总体规划布局和环境设计，数学统计楼被设计为 L 型的建筑组团，面向校园的西校门开场布置，在学院的入口空间形成良好的环境氛围。运用现代建筑设计理念，在建筑中使用不同颜色、材质的墙体，在简洁的组合中体现当代高校的建筑风格魅力。在建筑的设计中将统计楼、数学楼分别设计为三、四层，并将四五层做单廊式设计，能使师生在工作学习之余充分享受校园景色。通过周边环境内部功能的协调形成空间形体变化，使整个建筑错落有致。

4. 服务交流区

服务交流区包括办公楼、学术交流中心、后勤综合楼三个楼群，主要承担学校党政机关办公、国际交流、学术会议、接待、后勤、基建、医疗服务等功能。该区域建筑分布在校区的东南和西北；考虑到教学和生活的功能分区，办公楼和学术交流中心靠近教学区布局，而后勤综合楼靠近生活区布局，以便于更好地服务于师生，同时保持各功能区的独立性和整体性。

办公楼（如图 7）是学校党政机关的办公场所，位于校区南门入口的东侧，大夏路以南，杏林东路以东，与学术交流中心相邻。办公楼建筑面积约 1.43 万平方米，建筑主体 13 层（含地下一层），是进入校园后首先映入眼帘的地标性建筑。

图 7　办公楼实景

该建筑由法国 PA 建筑事务所设计、上海第四建筑有限公司施工，于 2006 年 5 月竣工。其设计力求简洁、庄重、大方，与主入口圆形广场相对应，主楼与附楼形成 L 型的流畅弧线。在效果处理上，采用不同的建材来区分主楼和附楼，主楼部分北侧用石材和玻璃幕墙进行分割，以体现建筑的秩序感和庄重感，而南面则采用大面积的玻璃幕墙以突出建筑的简洁性和现代感。不同肌理材料的相互组合表达了建筑的可塑性。结合校园的总体规划布局和环境设计，以及办公楼的使用特性，将办公楼设在校区主要入口圆形广场的一侧，与另一侧图书馆形成呼应，共同界定入口主广场，形成学校的标志。在空间以及功能组织上，根据办公楼的各个功能空间大小和使用特性分别将其设在不同的楼层上，以便形成合理的交通流线。

5. 生活活动区

生活活动区包括运动场、大学生活动中心、体育中心、教师之家、研究生公寓、本科生公寓、餐厅等建筑群，主要承担师生的食宿、运动、娱乐、交流等功能。该建筑楼群相对集中分布于校区的北部，与教学区既相互独立又能保持联系；

而餐厅则散布于各个功能区，方便师生就近用餐，从而有助于提高效率，减少通勤成本。

大学生活动中心(如图 8)是学生开展课外活动的重要场所，由活动中心、会议、办公和勤工助学中心三大部分组成，位于校区的东北面，其西南面为河道水景，背面是体育馆，东面为运动场地。该建筑位于活动区内，建筑面积为 1.09 万平方米，楼层为 4 层，由同济大学建筑设计研究院设计、上海第二建筑有限公司施工，于 2007 年 9 月竣工。

图 8　大学生活动中心俯视效果

大学生活动中心的定位是：在行走中体验景观中的各种建筑，结合流线将整个建筑屋顶设计为众多具有不同功能的活动平台，分别为沿大斜坡而上的观景平台、报告厅屋顶露天剧场，以及结合内院的屋顶休闲平台。沿斜坡拾级而上，可以观赏周围的景色；错落有致的平台也极大地丰富了学生的活动内容，加强了学生之间的交流，使活动中心真正成为大学生活动的家园。

## 四、建设进程

2003 年 12 月 16 日，闵行校区建设工程在理科教学楼打下第一根桩，标志着华东师范大学闵行校区的建设正式开始。2003 年 12 月 29 日，华东师范大学闵行校区奠基及开工典礼仪式举行，其后，闵行校区的建设如火如荼地展开。

至 2004 年 10 月底，闵行校区的人文学院楼群、法商楼群、数学统计楼群等相继竣工。2004 年 11 月 3 日至 12 日，首批搬迁的中文系、历史系、哲学系、外语学院、法政学院、商学院、数学系、统计系共八个院系的 2003 级和 2004 级约

2500 名本科生迁入闵行校区。2004 年 11 月 8 日，新校区学生开始上课，标志着新校区正式启用。

至 2007 年 5 月底，学校的教学楼、后勤楼、办公楼、餐厅等相继建成。2007 年 6 月 6 日，学校发文（华师〔2007〕8 号文），宣布 2007 年秋季院系、机关搬迁决定。此后，华东师范大学的办学重心正式从中山北路校区转至闵行校区。

其后，闵行校区传播艺术楼群、资环生化楼群的建设也于 2008 年拉开序幕，将于 2010 年底完成。

# 高校校园文化景观规划设计需要把握的若干关系①

杭州师范大学课题组

校园文化景观是指校园空间各种可见、有形和自然的文化象征体，它能够反映大学师生群体的精神风貌、审美情趣、价值取向。[1]随着我国高校的快速发展，大学校园的规划与设计逐渐成为人们研究的热点问题。[2]其中，有关校园景观的研究日渐占据主导地位，备受人们的关注。[3]这是因为，大学校园的文化景观是体现学校个性特征与核心功能的物质载体，也是整个校园空间的价值焦点所在。[4]

大学校园的整体景观有助于体现大学的精神气质、教育理念和价值理想。[5]换言之，以先进的审美文化、认知文化和道德文化来感染人、充实人、塑造人、完善人和促进大学师生实现自我价值，这是大学校园文化景观所担负的核心功能。[6]其根本原因在于，大学师生在学校的一半时间徜徉于校园的室外空间环境之中；只有当校园的文化景观深深吸引、打动和征服师生时，他们的精神世界才会发生创造性的巨变。[7]所以，设计富有人情味、历史感、审美蕴涵和知识奥妙的校园文化景观，是建设大学空间文化、实现大学的感性功能的根本出发点与价值回归点。[8]

国内关于大学文化景观设计的创意研究稀缺。[9]有学者曾论及大学校园文化景观的规划必须解决对景观功能的片面性认识等战略性问题；[10]强调环境景观对人的潜移默化的情感思维教育功能。[11]现有研究缺少对大学文化景观表达方法及应用理论的研究。[12]文章将展开对高校校园文化景观规划设计若干问题的探讨。

## 一、高校校园文化景观的功能定位

中外大学的历史经验表明，大学校园景观对于提高大学整体形象、丰富校园文化及促进学生德智体全面发展，都具有十分重要的意义。[13]“大学之道：在

---

① 本文系杭州市教育局2010年委托研究项目《大学景观与校园文化研究》的研究成果。项目组成员：谢大伟、姚坚、丁峻、舒培冬、陈金飞、楼洪伟、郑炜、沈威。

明德，在亲民，在止于至善。”一所高校，其内的各种景观时时处处都在言说着某种情愫、传扬着某种理想、引发某种遐思、昭示某种意义，能够对大学师生的心灵起到潜移默化的作用。[14]因而，一流的校园景观同样成为营造一流大学的核心要素之一。[15]

同时，品质优异的校园景观还有助于提升学校的教育水准、提升学校的社会声誉，[16]具有改变精神世界和优化行为方式的神奇作用。[17]有事实为证：那些“期望进入康奈尔大学的学生们都承认，在他们选择康奈尔大学的诸多理由之中，校园环境是仅次于杰出的学术声誉的第二位理由”[18]。综合而言，高校校园文化景观具有如下功能：

1. 文化窗口[19]

21 世纪的我国大学校园文化景观应当着力体现“文化窗口”的首要功能：一是表征大学的个性特征与价值理想、传承大学的文化传统，具现“相物师心、精诚造化”的学校灵魂，宣示“审美—认知—伦理”的三位一体育人理念及知识创新目标；二是展示大学所在地的城市精神、文化特征、本土资源与个性理想；三是传扬人类的审美理念、思想智慧、教育之道与创新精神。[20]

2. 教育载体

中外大学的发展经验表明，富有审美情趣和认知价值的校园景观，比抽象的书本知识更有助于塑造师生的新经验、激发新情感、催化审美想象与科学认知能力、滋育新观念、诱发创造性的实践行为，[21]进而有助于师生创造性表达自我情感，发挥最大智慧。

3. 产业平台[22]

上海大学城的功能效益提示我们，只有深度把握当代大学师生、国内外学人、本埠居民、中外游客的视觉审美需要与身心休闲诉求，以创新的理念、文化内涵、情感体验、表现方法、材质色调来设计与建造外形美观、内涵丰富、情趣盎然的校园景观，[23]才会使校园景观与时俱进、永葆生机活力与魅力，借此久远感化大学师生、持续吸引中外观众、提升大学城的文化产业效益。

4. 服务社会

大学的校园文化同时承担着培育人才、濡染民众、引领时代、美化生活和示范创意产业等多种社会功能。其根本原因在于，大学是人才聚居之地、知识社区、创新乐园，更是民族的寄托、国家的希望和社会的中坚之所。因此，我们需要从更深广的维度来认识与开发大学校园巨大的潜在功能，借此提升国家的知识竞争力、文化创新力和社会的文明幸福品质。

## 二、高校校园文化景观特征及存在问题分析

学校是大学内外群体实现思想交流、知识发展和文化传播的核心场所，是

大学师生长期生活与学习的地方，担负着育人的战略功能。这使得大学校园的文化景观大大有别于城市景观及企事业的文化景观。[24]然而在现代校园建设中，普遍存在重视校园的建筑规划、轻视校园的文化景观设计的现象，尤其是对校园的知识文化景观缺乏应有的重视。[25]

哈佛大学等知名学校的经验表明，大学的文化景观具有与书面文化互动互补、甚至超越抽象文化的精神启迪性作用；[26]尤其是那些据以体现人类创造性精神与智慧的知识景观，能够对大学人的精神世界产生更为深刻与久远的重要影响。[27]

大学校区的文化景观问题，是在目前我国高等教育进入深刻变革和快速发展时期所产生的特殊矛盾。迅速而大量兴起的大学城以及高教园区建设，导致许多大学校区的景观建设在未经深入思考与研究论证的情况下仓促实施，结果暴露出了很多严重的问题，给我们敲响了警钟。[28]例如，不少校园的新校区景观建设出现了空间尺度极度夸张、交通组织不合理、人文关怀缺失、空间利用率低下、形式主义盛行、生态环境遭受破坏等问题，背离了大学对人类自身存在的思考以及对校园人群的情感关注等价值坐标，扭曲了大学精神在人们心中的圣洁形象，导致人们对大学文化认同感和归属感的丧失。例如：

1.校园景观缺乏个性特色，缺乏对大学文化传统的空间传承

特色是大学文化景观最具生命力的价值体现；中外著名大学那富有特色的校园景观，已经成为学校的空间象征，譬如斯坦福大学的椰林大道、武汉大学的樱花大道。[29]我国大学的校园文化景观所体现的地域文化特色、校风文脉特色以及环境教育功能普遍不足；[30]与西方大学校园里比比皆是、丰富多彩的文化景观之规模、种类与数量相比，中国大学的科学景观、人文知识景观的数量太少，形态单一、内容浮浅、造型乏味，缺少时代感和认知挑战性内容，严重削弱了大学空间文化对师生、居民和外来人士的视觉吸引力。[31]

2.造型夸张、内容空洞，追求形式美和流行时尚，背离了大学主体的心理感受及行为需求[32]

不少大学的校园虽然拥有面积超大的广场、道路和草坪等，然而师生们很少乐意栖身其间，因为其间缺少供师生学习、生活、交流和休闲的人性化空间及相应的服务设施，譬如石桌、石凳、花架、亭廊，遮风挡雨的场所，亲近宜人的照明灯具，等等。

3.景观设计与建筑设计脱节，对所在城市与地域的文脉重视不足，忽视了新老校区的文化延续性

景点品位不足，主题性景点的内涵表达过于直白；未能统筹考虑建筑、景观之间的整体协调性。有学者指出，浙江大学的新校区景观就存在着上述问

题。[33]国内不少大学的标志性景观脱离本埠的文化传统与学校的个性价值特征，一味追求模仿外国造型，搞出假、大、空的景观形象，结果不仅浪费了宝贵的人力物力资源，而且削弱了大学的育人功能及空间吸引力。

4.校园文化景观的功能空间划分不当，结构设计无法匹配协调

譬如营造的纪念性空间过于逼仄，交往性空间缺少情思语境，供师生员工独处静思的闲暇空间数量太少、规模太小，体育及娱乐休闲运动空间的分散度不够、集中度过高。[34]在大学校园文化景观的构成元素上，表现为标志物不突出、缺少对学校、地域及或城市个性之本质特征的价值表征；[35]校园道路两旁的景观缺少人性化、认知性和审美性的语义宣示，文化广场缺少代表性的人文景观，等等。

中国的大学校园内缺少标志性的雕塑景观。这不能不说是一个战略性的缺陷。同国外发达大学相比，我国的大学校园景观之规划设计均存在较大差距，主要问题在于人文精神欠缺、审美价值肤浅、理性品格薄弱，主题单一、造型雷同、缺少个性风格，与大学环境、生态空间、本土文化、时代精神不相协调。如果缺乏标志性雕塑景观，大学的空间文化将会失之散乱、流于平庸，导致人们的视觉盘结和注意焦点解离、人气下降，从而累及相关的教育、审美、认知及休闲功能，制约文化产业与经济社会发展。

特别需要指出，目前国内多数大学的校园景观规划设计理念陈旧、思路平板，缺乏空间灵魂与点睛之笔，[36]造成彼此外形雷同、内涵贫乏、功能低下、浪费资源、令人乏味的结果。[37]为此，笔者建议杭州正在实施的仓前大学城文化景观设计特别需要在标志性景观方面实现设计理念的全新定位，回归主题（以人的身心发展为本、以师生为本），以培养未来的栋梁之才和弘扬创新精神作为学校的最高价值目标，锐意创新、大胆构思，精心设计独特全新、内涵深富、外形别致、气韵雄浑，具大学个性、城市特征、人类精神于一体的标志性空间景观体。

## 三、规划设计需要把握的价值关系

那么，大学校园景观规划应当如何体现整体性、功能性、以人为本、特色文化、延续性和生态性等设计原则呢？我们需要借鉴西方一流大学建设校园文化景观的设计理念和认知操作原则，[38]注重对景观空间的认知语义设计、审美表达与生态调谐，[39]努力创制建筑、景观与大学师生之间据以进行时空互动和信息映射的感性镜像体。[40]为此，大学校园景观规划设计需要把握以下关系：

1.文化继承与个性创新的互补关系

校园景观是表征大学文化的符号系统。[41]个性化、科学化和人文化的校园景观有助于培育师生的审美情怀、道德移情经验和知识更新能力；[42]民族文化

及其景观时空是滋育大学师生社会情感、激发他们进取创新的历史性精神动力。[43]例如,西南交通大学郫县新校区景观环境设计,就体现了绿地环境的生态功能与审美价值。[44]

因而,设计师需要深度发掘大学的人文内涵、深切把握城市特征与民族精神、深入提炼人类创造性英才的思想共性,进而获得内容创新的原型启示、借此酝酿构思与之相匹配的景观创新形式。譬如,本土与学校的历史名人即是民族精神与大学个性智慧有机统一的完美样本;因而,名人雕塑遂成为大学文化的空间载体、大学灵魂的感性象征,大学的校史校情展示应当成为校园文化景观的核心内容之一。[45]同时,名人文化系列又是大学校园的文化景观实现继承与创新的价值整合体,其设计需要突出以名人雕塑为主的标志性作品,需要增加全人类的名人文化内容与创新精神特征,需要以与时俱进的精神不断汲取与反映世界性和国际化的审美道德理想与思想创新智慧成果,以便借此不断扩展与深化提升大学景观的空间智慧创新水平,持续推动大学的文化传承与精神创新。

2.实用性与审美性的协调关系

21 世纪的大学校园文化景观应当具有满足师生员工教学、工作、学习、运动和生活需要的物质功能,[46]还应具有满足师生交流、审美体验、汲取新知、激发情感、活化想象、陶冶人格等认知需要的精神功能。[47]同时还需要考虑对全人类的精神文化进行借鉴汲取、集成整合与批判创新,以便创制一流的文化景观、以一流文化塑造未来的一流人才。[48]为此,我们必须认真研究大学人群的文化取向、审美品位和生活需求;[49]深入挖掘不同地方、不同学校的人文内涵与精神特质,以此形成构思整体方案及选择细部设计的主体性依据。

譬如,对校园景观的重要空间、边界、中心、节点、细部等,都需要做出人性化的设计,在核心景观区设计的选址方面充分考量师生员工的日常行为与文化需求。[50]道路景观规划应当便于师生员工的出行回归活动,增强导示标志的精细性、准确性功能,适当分散车流路径、避开师生上下课行走的主干道路,借此体现道路规划以人为本、车行之道让位于人行之道的人本理念。[51]植物景观规划应当彰显本地的特色乔灌草木与花卉品种,同时注意合理移植具有独特审美情趣的外地植物品种,借此体现开放性、集成性、包容性与审美性的生态文化意识。广场的景观规划需要克服大而无当、空洞笼统的形式主义倾向,精细考量能够反映本大学之独特品格的空间活动中心及其精神价值载体形式。[52]

规划设计应多采用与校园文化有关联的景观元素,如水体、亭台、纪念雕塑、石头、文人题字,梅兰竹菊等更能引起知识分子的共鸣与回味。[53]只有恰当地组构这些景观元素,才能体现画龙点睛的作用。除了建筑景观外,还需要精心营造师生据以安静读书与思想交流的户外动静一体化景观空间——即人与风景共同构成的最为独特和悦目的共时空文化景观。[54]这是国内大学景观设计最为薄弱的核心环节，需要我们进行改革创新。例如在表征大学的自由思考与审美创造精神方面，北京大学素以“一塔湖图”的景观闻名，即未名湖、位于湖旁的博雅塔。它们是燕园建筑的精髓体现，博雅塔是使用功能、艺术造型、生态环境三方面完美协调的绝妙景观。[55]

又如，深圳大学的校园增加了以知识景观为主体的科学人文新型产品。[56]它们也是文化产业所亟需的动力元素。[57]福柯认为，“人们是根据空间事件的构造来选择体认与行为模式的”[58]。这提示我们，大学景观设计需要深刻把握人的景观体验规律，以便借此拓展全新的价值时空，创制与呈现富有情感张力、审美诗意、认知启示的感性对象，借此引发大学人独特的想象性弛豫、发现和妙会，在审美发现中体会深邃的快乐与开心、提升认知的层级与维度。

3. 本土化与国际化的共生关系

现代大学景观既是人类对自然景观的形态改造和结构秩序的重新安排，也是对人工材质进行生命化赋形和寓意象征的过程，更是人们以艺术方式演绎大学的历史记忆、显示地域文化的根源和演进风格的符号价值创造行为。例如，南京大学校园里的潘菽①铜像，就传示了南京大学西体中用的知识创新精神及其杰出代表人物的精神特征，使校园的空间景观成为城市精神的形象代言人和本土文化的艺术言说体，借此增强了其对人们的视觉吸引力、人格感召力和思维创新催化效应。

大学校园的文化景观还能为师生、居民、观众和后代提供连续性的文化命脉，打造群体生活的精神坐标，营建生命空间的人文诗意、生态品格和价值语境，促使人类的感性世界和心灵之鸟得以生成、美化和栖息、翱翔。例如，宾夕法尼亚大学的校园内步行大道上的“潘恩人文论坛”纪念牌[59]，作为该大学的标志性景观，已经成为师生和居民的身心乐园和精神动力站。

需要指出，大学的标志性景观能够整合学校的历史记忆、现代精神与价值理想，进而使三者在同一时空平台上实现互动互补与协同增益效应。[60]从根本上说，校园景观是一种文化行为和精神语义场；[61]特别是标志性景观，不但是一个大学的自然、文化和生命特质的逻辑呈现，而且积淀蕴涵了大学的发展潜质与动力精神，能够表征并持续诱发大学人对这种综合潜质的释放与创新过程。[62]因而，在大学城公共空间的标志性景观创造方面，我们尤其需要借助新颖

---

① 潘菽先生是我国现代心理学的奠基人之一，著名心理学家和教育家，也是南京大学的杰出人才代表。

优美的诗意造型，巧妙地将大学城的历史记忆、自然风韵、文化元素、理想品格和审美情趣融入其中，以此激发人们的美妙想象、移情体验和人格升华动力。[63]

4. 人文性与科学性的并协关系

联合国教科文组织前总干事马约尔指出："文化是个体和社会发展的关键动力与价值目标所在。"标志性景观构成了大学校园乃至大学城的核心价值：成为大学的空间形象与大学人的精神寄托。大学的景观创新，说到底乃是学校的"灵魂革命"和文化个性的"空间生成"过程。其中，文化名人所体现的创新智慧、审美情操和道德良知，成为构成大学精神的本质特征。[64]对大学景观进行人性化设计，即是强调"以师生的审美需要、认知发展规律、身心活动特点为依据"，充分考量他们的性格特征、行为方式，以他们的各种需要为尺度，设计出满足学校主体需要、有利于释放人的精神潜能、有利于师生员工实现自我价值的空间动力平台。[65]

换言之，大学的景观形态必须成为言说其母体历史、现状和未来特征的个性化符号，应当对大学的文化传承、社会变革和未来目标具有建设性和引导性功能。

大学校园的文化景观可以分为静态系统、动态系统和动静融合的全息系统。[66]完整的大学校园文化景观，实际上应当包括、体现、展示上述的动静融合、物人互动、情景共生、主客交感的审美妙象，借此深切满足本校师生员工、校外男女老少的精神需要。[67]其中，名人文化体现了地区性、民族性和人类性文明特性的有机融通，遂成为大学精神的标志性内容和永久性景观。以杭州为例，历史上出现过多个著名的书院，它们是当时人们据以传播知识、弘扬文化、启迪心灵和孕育英才的主要社会机构；其名人文化及建筑景观同样体现了质朴淡雅、清新含蓄、厚重端庄的精神品格。[68]因此，新世纪的杭州大学城也应当合理借鉴本埠的书院文化传统，同时吸收中外景观文化的优秀内容，借此创造富有时代精神和世界内容的书院文化建筑景观及湿地文化生态景观。

大学不仅应当为师生提供内化知识的空间，还必须以师生的精神需要和身心发展为本，精心为其提供用以交流思想、表达情感、启发智力的场所。因此在景观规划上应当体现以人为本的根本观念、努力满足大学人的个性化精神需要：尊重民族的审美习惯，以园林山水布置景观，并赋予文化内涵的思想情感。各种空间景观设施的设置、材料质感的应用和景观的造型表达，应当充分考虑人们钟情自然的心理需求。[69]景观的规划结构应该具有一个合理、清晰的层次体系。[70]完善功能结构，提升多元化的社会价值映射水平。[71]

高等院校既是中国与世界交流的一个开放性窗口、也是大学人与历史和未来对话的精神平台。[72]为此，我们的设计应当谋求建筑、自然、文化与心灵之间深度耦合的空间言说与对话功能；重点景观的选址设计要充分考虑对接师生的日常行为路径及心理感受效果，尽量选择学生驻行流量最大的空间来设置相应的重点景观内容。

同时，今后的大学文化景观还应增加能够体现科学性与人文性的空间平台——知识景观，对景观的文化结构及语义价值进行创新设计。可以预期，21世纪的大学校园将会成为人们创造、欣赏和体用知识景观的大本营。校园的知识景观既可以供大学人进行零距离体验与认知，还可供游客进行视觉亲历和身心近距离观瞻，更可以供世界各地的人们进行离场式的视听鉴赏、虚拟参与和二度创造。

知识景观的开发理念是：创造性地设置一些能够使人的感性向知性和理性层面升进的动力符号，把视觉事件与知识原理内在贯通，以便具象传示感性世界背后的主客观规律、历史文化秩序和社会自然法则，借此重塑大学人的价值理想与创新能力。

知识景观的形式设计需要围绕意象理念主题，精心选择加工最佳的形状、尺寸、色彩、肌理、质料、载体符号和表达手段；其内容设计则需要对景观的空间体量进行结构组合、符号转换、语义象征，由此立体全息传达人类的科技理性精神和人文诗意情怀。

知识景观亦具有娱乐性、审美性、逃避性、教育性和实践性等功能，但是均以情知意力量的精神运动或心智体验为主。无疑，知识景观及其在大学校园的空间发展必将在未来的知识经济时代占据主导地位。其根本原因在于，当今的高校观众以中青年群体为主，拥有较高的知识结构能力和认知思维素赋，见多识广、网络世界使他们“足不出户，心知天下”。所以，单一而浅泛的审美景观已经难于吸引他们了。信息泛滥、知识爆炸，唯有人的审美智慧、认知判断力和超前预见力日益稀缺。它们才是未来景观的最大“卖点”和高阶功能，也是当代人实现生存、自新与可持续发展的核心智慧动力源。

因而，我们必须用创新的智性景观来吸引和造益大学内外千百万聪明的观众之心。知识景观的文化表达，要着重体现科学诗意、人文逻辑、思维路线、最佳经验结构等核心内容。知识景观集成了古今中外的人才成长与成功的经验、凝聚了全人类的顶级智慧与美感人伦品格，因而成为当今“知识经济型时代”、“学习型城市”、“创意型教育”所不可或缺的核心育人平台；它有助于弥补书本知识和课堂教育的缺陷、有利于拓展师生的经验时空和视域胸襟、有益于滋育人们的人文情操和审美道德意识。

5.艺术性与生态化的和谐关系

景观设计需要尊重历史、保护环境，使崭新的设计理念与自然元素相融合，

借此营造园林景观、知识景观、建筑景观相互协调的一体化格局与整体性环境。

第一，精心创造新颖的视觉形象与空间造型，借此表现与充实大学、城市、民族与人类的新的个性特征、时代精神和创新潜能。

第二，大学校园的主题雕塑要善于借助空间语义、时间逻辑和心智范式来演绎主题、言说事象并辐射超时空价值，借助造型的高拔体量、新颖轮廓、丰富色彩和精细肌理来立体呈现大学生命体的知识集成本质和精神创新语境。

第三，在空间布局上增设建筑小品、雕塑小品和园林小品；采用乔灌草复式绿化方式，兼用平面绿化和垂直绿化，以常绿树为主基调、适当穿插四季花卉，使之高低错落有致、疏密相济，总体达到绿化、美化、净化、亮化、香化和静化效果，体现一种安静优雅的精神氛围与文化格调。例如，台湾大学强调采用复层及多元绿化方式、选择特色行道树，对校园主要道路及服务性路网系统进行生态美学塑造，兼顾生物多样性与四季变化形态。

第四，大学景观不能以展示性作为唯一功能，应当成为表征低碳时代精神和体现多元化的社会效益的完美空间载体；具体来说，应当体现公民性、人文性、互动性、参与性、探索性、建设性、创造性等精神特征与社会功能，应当承担并实现视觉审美化、认知诱导化、材质低碳化、环境生态化等造福社会与国民身心的价值理想。著名艺术心理学家弗赖曼指出，应当把地理环境和空间文化看做一种塑造力，而不仅仅是为了表达某种主题。一个人的想象力是由他青少年时期所见到的各种风格的文化空间形态所催生的；外在的文化景观能够对我们的经验和情感产生深刻持久的影响，进而能够改变或重塑人的感性、知性和理性世界，并不断激发我们去追寻、思考、解释和体会其间的抽象问题及永恒意义。因此可以说，外在景观其实是我们自己和人类心灵的一面镜子。

## 参考文献

[1]王进.大学校园人性化空间环境设计研究.北京工业大学硕士学位论文，2003.

[2]腾凌，曹晓妍，石铁矛.试论以人为本的高校校园文化景观设计.沈阳建筑大学学报(社会科学版)，2010(2).

[3]孔科丽.高校新校区文化景观研究.南京林业大学学报，2007.

[4]邱玉华.历史名校景观规划设计研究.华中师范大学学报，2007.

[5]徐力怡.论大学校园人文景观设计与学生人格塑造.高教论坛，2004(6).

[6]贾德华，王万喜.论以人为本的大学校园景观设计.长江大学学报(自然科学版)，2006(3).

[7]张娟，吕富珣.浅谈大学校园外部空间规划设计.规划师，2003(10).

[8]费曦强，高冀生.中国高校校园规划新特征.城市规划，2002(5).

[9]张斌.浅论大学校园景观设计的基本原则.滁州学院学报，2006(1).

[10]赵科科，孙文浩."院系调整"后新建高校的校园景观更新研究——以郑州大学工学院的校园景观为例.安阳工学院学报，2008(2).
[11]卢波.当代大学城规划建设问题及其战略调整研究.东南大学博士学位论文，2005.
[12]聂存明.人文景观的传承与创新.苏州大学硕士学位论文，2009.
[13]张健.欧美大学校园规划历程初探.重庆大学硕士学位论文，2004.
[14]蒋德意.论高校校园文化功能的拓展.华中师范大学硕士学位论文，2004.
[15]李鸿葆.当代大学校园个性化景观设计研究.沈阳航空工业学院硕士学位论文，2007.
[16]郑明仁.大学校园规划整合论，建筑学报，2001(2).
[17]谢清.大学城规划初步研究.华南理工大学硕士学位论文，2003
[18][美]亨利·埃兹科维茨，[荷]劳埃特·雷德斯多夫编.大学与全球知识经济.夏道源等译.南昌：江西教育出版社，1999.
[19]柯森.关于"大学城"：概念规划与概念设计.高教探索，2001(1).
[20]马清运.西方教育思想与校园建筑新校园建筑溯源.时代建筑，2002(2).
[21][日]北尾靖雅.比利时大学城新鲁汶镇的规划与设计.胡昊译.小城镇建设，2002(7).
[22]李冬生等.知识经济与上海大学城规划构想.城市规划汇刊，2000(6).
[23]王伯伟.大学城城市范围的资源重组和开发.建筑学报，2001(9).
[24]沈庄.国外大学建筑一瞥.建筑学报，1983(7).
[25]Richard. P. Dober. *Campus Landscape*. John Wiley and Sons Inc.，2000.
[26]汤继敏.美国校园一瞥.世界建筑，1989(2).
[27]赵炳时.加利福尼亚伯克利分校校园.世界建筑，1989(2).
[28]高冀生.高校校园建设跨世纪的思考.建筑学报，2000(6).
[29]涂慧君，任君炜.大学功能、社会期许与个性发展——西方大学校园规划模式的类型演变.新建筑，2009(5).
[30]倪茜.现代教育理念下的大学校园规划发展探析.长安大学：城市规划与设计，博士学位论文，2009.
[31]刘建朝.我国高等学校基本建设问题研究.教育与经济管理专业硕士学位论文，武汉理工大学学报，2005.
[32]文小芹.新时期高校校园规划与建设的特征及原则初探.第二届大学女校长国际论坛，2004.
[33]于慧芳，王竹.浙大紫金港校区规划使用评析.华中建筑，2008(7).
[34]孙静，谢泉，吴晓.基于文化环境建构的校园雕塑建设研究——以东南大学、南京大学、南京师范大学老校区为例.规划师，2008(6).
[35]曹书乐，陈铭.新时期大学校园规划的生态化、人文化、社会化问题——以华中农业大学国际工商学院校园规划为例.规划师，2008(4).
[36]郝永刚，纪江海，贾安强.我国高校校园色彩规划的探讨.华中建筑，2007(10).
[37]高宏宇，李宏利.营造和谐空间凸现人文精神——苏州独墅湖高等教育区一期城市设计.华中建筑，2006(2).

[38]赵家麟.校园规划的时空观——普林斯顿大学二百五十年校园的探讨与省思.台湾田园城市文化事业有限公司,1987.
[39]蒋邢辉.(中国)大学校园与周边环境整体营造研究.华南理工大学:建筑设计及其理论,博士学位论文,2005.
[40]朱凯,汤辉.大学城环境景观设计的文化对策.山东林业科技,2007(3).
[41]陈洋.论中国高校生态可持续校园模式.西安建筑科技大学:建筑历史与理论专业博士学位论文,2004.
[42]林晓英.大学文化景观表达方法研究.东北农业大学博士学位论文,2009.
[43]俞孔坚.论景观概念及其研究的发展.北京林业大学学报,1987(4).
[44]苏晓毅,张云,宋钰红,魏开云,刘扬.西南交通大学郫县新校区景观环境设计.北京林业大学学报(社会科学版),2005(2).
[45]胡凯华.论大学文化与园林景观的营造.华中农业大学博士学位论文,2007.
[46]杨艺红.高校绿地景观文化研究.南京林业大学博士学位论文,2006.
[47]刘宝存.何谓大学——西方大学概念透视.比较教育研究,2003(4).
[48]毛振海.现代大学校园的人文内涵解析.合肥工业大学博士学位论文,2003.
[49]孙英.新时期大学文化的内涵及建设.高教研究,2003(5).
[50]郑翔.构筑大学校园文化景观.美术大观,2006(7).
[51]李长真.大学文化与当代中国先进文化研究.华中师范大学博士学位论文,2006.
[52]贾震巍.西方大学文化与我国大学文化的建设.哈尔滨工程大学博士学位论文,2004.
[53]姜虹.论中国大学文化塑造.哈尔滨工程大学博士学位论文,2006.
[54]曲富有.中国大学先进文化发展方向及其构建途径研究.东北师范大学博士学位论文,2005.
[55]王东.世界最古老又最具特色的国立综合大学——北京大学定位寻根问题新探.北京大学学报(哲学社会科学版),1998(2).
[56]李承祚.深圳大学的建筑规划——改革开放后的新型大学.北京建筑工程学院学报,1995(3).
[57]白菡.大学校园景观探求.北京林业大学博士学位论文,2004.
[58]季蕾.植根于地域文化的景观设计.东南大学博士学位论文,2004.
[59]张四平.传承学校历史,规划现代校园——美国宾夕法尼亚大学校园规划建设启示.重庆大学学报(社会科学版),2004(2).
[60]陆海英,刘春江,车生泉.现代大学校园景观规划设计探讨.科技通报,2007(5).
[61]贾德华,王万喜.论以人为本的大学校园景观设计.长江大学学报(自然科学版),2006(1).
[62]张佳.现代大学景观设计.浙江大学博士学位论文:艺术设计,2006.
[63]张霖.现代大学园林景观设计初探——以西北大学南校区为例.西北农林科技大学博士学位论文:农业推广·林业,2008.
[64]张玲.初探历史文脉在现代大学校园环境景观设计中的运用.湖南师范大学博士学位论文:设计艺术学,2010.

[65]刘云，邓玉林，王超，高珍．论高校人文景观规划设计．黑龙江科技信息，2009(5).

[66]李婧瑜．基于大学校园文化的景观特色设计初探．武汉理工大学博士学位论文：设计艺术学，2009.

[67]吴向阳．大学校园的景观规划策略．南方建筑，2002(3).

[68]华琼．宋朝的书院．楚雄师范学院学报，2006(11).

[69]杨章诚，林美红．高校校园建筑的风格．福建地理，2004(4).

[70]汤茂林．文化景观的内涵及其研究进展．地理科学进展，2000(1).

[71]赵坤，唐浪，任君华．清华大学校园景观环境的比较赏析．低温建筑技术，2008(4).

[72]高智华．现代校园人文景观的营造．广东园林，2007(3).

# 以文化传承为核心的校园规划设计研究与实践

上海电机学院　瞿龙祥

上海电机学院根据临港新城的发展定位，结合学院的中长期发展规划，建设临港主校区，计划在2011年起搬迁至临港新城，为学校可持续发展开创新的局面。随着我国社会经济的发展，20世纪末，全国掀起了一轮校园建设的高潮，高等院校纷纷扩大占地和建筑面积，改善办学条件，出现了许多现代主义的优秀的新型校园设计方案，上海电机学院如何在一片汪洋大海中找寻自身的规划立足点，体现后来者的特色与精华，实现电机人多年的梦想，成为学院和有关规划设计、项目咨询、工程建设单位的重要课题。学院在多方咨询调研的基础上，提出了寻找学院50年的历史文化积淀、努力体现产业大学特征、满足师生的教学、科研、生活基本需求、突显人性化的校园空间环境等方面的规划要求。

## 一、校园规划的总体思路

学院中长期发展规划要求以科学发展观为统领，确保在"十二五"期间基本建成设施完备、功能齐全、参数达标、形态优良的临港新校区。使校区建筑面积达到国家"92指标"的规定，教学、科研、行政、后勤等用房能够满足教育部本科教学水平评估的要求，彻底改善学校办学条件，全面提升学院信息化水平，优化校园环境，全力打造现代化的和谐校园，为学校培养高素质人才、开展高水平科学研究和高层次社会服务，为学校可持续发展，也为学校成为上海先进制造业和现代服务业发展急需的高等技术应用型人才培养基地、上海高等教育校企合作、产学研结合的创新基地、临港装备制造企业在职职工的教育培训基地和装备制造业领域国际技术交流与合作的基地提供坚实保障。

### 1.总体设计思想

(1)科学合理地使用土地资源，提高土地集约使用的综合效益，有利于分期实施时方便施工与校园安全。

(2)以人为本，科学规划合理确定各项指标，组织多层次的有机生态绿地系统，建设生态化校园，达到人与自然的和谐共存。

(3)加强文化设施的合理配置，深化校园的文化内涵，风格要温和、稳重，体现出电机学院自强不息、追求卓越的学校精神，营造明德至善、博学笃行的校训气氛。

(4)二级学院、科研、学术活动建筑群的设置既具有各自特色、又相互联系、互为开放、资源共享，促进相关学科专业的横向联系、学科交叉融合和科研互补。

2.总体设计原则

(1)以人为本、功能优先的原则

临港校区的规划以及建筑的设计遵循以人为本的原则，有利于学生的学习和生活，有利于学生修养的提高，有利于教师开展教学和科研。通过合理的规划和建筑设计，营造宜人的校园环境。

(2)开放办学、兼顾社会需求的原则

在校园建设规划阶段为学校提供教学科研服务的同时，也要充分考虑到学校部分教学、科研和生活设施的社会共享，为社会提供服务，成为临港新城基础设施建设的一部分，同时，也为社会资源进入校园提供必要的条件。

(3)形态独特、成本控制原则

校园建筑充分体现学院深厚的文化底蕴、学校传统、行业办学特色等，建筑色彩、形态、风格独特；适应临港重装备制造基地的环境，在培训基地、实验实训等设施的规划设计中，建筑设计简洁实用，体现出产业大学的形态特征；充分利用现代科技、新型材料，以钢筋混凝土、各类普通面砖为主，全面控制与降低建筑成本。

(4)风格统一性的原则

临港新校区近远期共规划30多万平方米的建筑，应有较为统一的风格。特别注重现代工业材料钢材、铝板等的运用，打造节奏感明快清晰的上海电机学院风格。通过校园整体建筑群连续性的塑造强调统一性，通过材质对比变化来体现建筑个体差异化特征。

3.规划结构模式

围绕校园核心区位，形成功能集中的各个组团，如公共教学楼组团、学科院系组团、生活服务组团等，各个组团各司其职又相互渗透，适应狭长地块的地理环境。通过建筑、景观围合的院落化空间模式，运用底层架空、柱廊、休息平台、交往空间，及过渡性空间的设计方式来达到复合性的建筑空间形态，形成一个建筑与建筑之间、建筑群与建筑群之间密切的联系。

强调的是适宜的步行体系，以300至500米左右的步行距离为功能分区的基本控制尺度，注重师生交流、共享、聚会的室内外空间营造。

4.设计风格的演绎

(1)从学院历史明确设计定位

上海电机学院隶属于上海电气集团，上海电气集团也是中国历史上第一台

万吨水压机、第一台双水内冷发电机、第一台2030热轧机、第一台精密磨床等等的诞生地。上海电机学院伴随着上海装备制造业的成长而成长，他是中国企业办学的典型，他不仅有着为整个装备制造业输送大批有创新精神的人才的机能，更承载了成为上海电气集团进一步发展助推器的梦想，要求在形态上、细节上、色彩上、材料上表达学院的独特个性，让上海电机学院真正成为有学院、有企业双重精神的殿堂。充分体现工业文明渐进式的发展与进步，汲取、传承工业建筑低调质朴、平实大气的风格，希望体现源自英国工业革命时代的血统，显得经典与稳重。更希望超越历史，反映时代的进步。

(2)从学院文化中提炼设计思想

学校定位于“技术应用型本科”，将“技术立校，应用为本”作为学校的办学指导方针。上海电机学院从20世纪50年代初建立，经历了从无到有、从有到优的升华，不断超越自我，学院的发展始终投射出自强不息的民族的、优秀企业性格的、理性的、锐意进取的精神。

校园建筑文化传承是一个复杂的系统工程，从其内涵上分析，它包含了物质文化、制度文化、精神文化这三个不同的结构层次，并且相互渗透、相互影响。精神文化是最高层面的校园文化，它包括学校价值观念及办学理念指导下形成的行为规范。群体目标及种种思想意识，是校园文化的核心和灵魂。

校园规划的功能不仅仅是为大学正规教学活动提供物质环境，还需要营造以装备制造技术为特色的校园环境，立足技术院校的文化特色，实施美化、绿化、科技化、人文化的校园环境建设系统工程。为创建“中国现代装备制造业展览馆”，加强以装备制造技术为特色的文化熏陶，创设以产业联盟为载体的合作氛围，发挥行业院校的特色和优势，构建产学研一体化的大学科技园区，吸引企业技术研发中心和生产制造部门进驻大学科技园区，形成以先进制造业及相关服务业技术项目为载体的校企合作文化创造条件。

(3)从学院老校区建筑发掘设计元素

上海电机学院老校区与上海许多大型国有企业一样，是一种中国五六十年代深受东欧、苏联建筑影响而形成的面貌，雄浑坚实，与企业有着一种天然的亲近。然而，在上海电机学院新校区的建设中，仅仅以老校区的建筑形象为基础，在空间作拓展虽然创作简单，但显然是过于狭义一种思维方式，机械和缺乏理性思考。它是中国五六十年代出现的大学或老大学新建筑的普遍现象，是当时那个特定历史时期的政治经济的产物，不具备学院的独有性。上海电机学院临港校区建筑的重点在于挖掘出这个特定历史时期的风格，以社会普遍接受的西方工业文明的建筑形象为标尺，以科学的眼光来审视上海现代工业文明的发展现状，同新时代、新概念、新的审美需要结合起来，并对某些形式进行适度的抽象，简化和变形，从而规划设计出一些有鲜明个性特征和文化内涵的建筑风格形象。

(4)从学院财力基础上控制设计概算

规划设计对校区建设成本控制承担着直接的责任，要求规划设计阶段充分了解市场建筑材料、装修材料的行情价格，而不能只考虑技术性能和艺术效果。通过对建筑费用的计划和支配，做到在规划设计进行时就能够控制项目费用。新校区通过新工艺、新材料的合理应用，找准其时代与历史的平衡点，避免夸张、造型奇特，设计造价控制在2500～3500元/平方米之间，强调明快清晰产业大学的特征。

(5)从学院管理风格中体现细节

在统一的格调下，面对明确的造价水平要求，细节的处理显得尤其重要。规划设计要表达正统清晰的古典理性建筑风格与现代化气息，使每个街角功能区都具有可识别性和独特性，力求营造出带有合院格调的现代空间氛围，强调外部空间的完整性与内部空间的复杂性之间的平衡与变化。建造时，仅仅采用混凝土的框架和砖砌的墙身，使墙面进退凹凸有致，通过墙身细节设计，控制远观和近观的效果。

(6)从师生员工的审美要求中规划色彩配置

通过全校师生员工共同参与互动的前期调研，基本选定了米黄色和深褐色为校园建筑的主色调，这是学院历史感营造及文化认同的重点。采用明度不一，多层次的色彩体系，以暖灰为主调间或穿插深色的变异形式，并适时以彩色作为点缀，处处强调其复合化的倾向，营造轻松、雅致的校园氛围。色彩搭配上轻下重，形成稳重踏实的外观形象。建筑立面可选择光洁与粗糙二种材料，最终选取了看似粗糙，但历史感与稳重感更突出的面砖。

## 二、校园规划的具体方案

1.设计风格介绍

上海电机学院临港校区地块狭长，而且橄榄路设置形象入口，必须采用转折轴线以实现校园整体空间的合理布局和与城市道路形态的契合，同时这也要求在地块的中部设置一条次轴以使交通更为合理便捷。两条轴线的交汇处自然便是校园核心空间的所在。

临港校区规划设计采用了历史主义加现代复兴主义的设计思想，把优雅与理性并重的英国工业化时代古典、理性情节和潇洒、精致、大胆、环保的现代手法融为一体，以全新的设计理念，构筑充满人文精神、数字化、生态型的现代大学校园。

在建筑形态、色彩处理、材料运用上兼有明快与稳重的双重特征，注重形态与功能的有机结合，充分体现了学校与企业的和谐统一，形成了上海电机学院临港校区鲜明的个性化建筑风格。

2.功能分区与布局

在校园的整体布局、功能结构上充分体现现代大学教育的特色，赋予广大师生员工更多的人文关怀。以人的活动为设计的本原，强调人与校园环境的融合，合理设计空间系统，以连廊围合等为标志，创造宜人的交往空间，为广大师生提供一个文明、宁静、舒适、自由、和谐的学习和生活环境。具体以图文信息行政中心为核心，南北中央景观林荫大道、东西中心河道为分割线，合理进行功能分区，分为公共行政区、二级学院区、公共教学区、公共实验实训教学区、体育教学与学生活动区、公共生活服务区六大功能区或建筑组群。在对各建筑群和功能区预留发展用地的同时，在校园西南部、东南部预留产学研合作、研究生教育、装备业培训基地、学术交流中心、国际合作交流园区等，为学校的长远发展提供必要的空间。

3.道路绿化景观设计

在校园道路绿化景观设计中，坚持“自然和美，简约有序”的景观设计特色，围绕“水、坡、园、林”为核心，体现临海地区的环境特色，合理营造水系、绿地和花草树木等多层次的生态群落，构建生态网络，使校园的景观与建筑协调发展。利用芦潮引河与农场中心河连通而成的大片水域空间为背景，布置丰富多彩的滨河景观开放空间。在生活服务区与公共教学区之间设计了连绵起伏的自然坡地，蜿蜒的景观路穿梭其间，制高点处则布置造型优美的景观构筑物。利用相对完整的院落空间设计精美的主题花园，为师生提供活跃优美的室外交流空间。延续学院传统和环境风貌，在校园边界及重要轴线区域两侧布置规整的景观林带及图案式绿篱草坪，形成富有视觉冲击力的景观氛围。充分预留文化设施的建设空间，为建设中国装备业博物馆等文化项目创造条件。

4.节能环保技术应用

严格按照国家和上海的环保标准、节能法规，强化太阳能技术、地源热能技术、建筑保温技术、现代垃圾处理、煤气利用、自然采光通风、LED照明显示等技术的应用。

5.生活服务设施配套

风雨操场和运动场地的位置充分考虑到与社会的共享，紧邻沿东面规划道路的次入口布置，在为学校提供服务的同时也为社会提供服务，成为临港基础设施建设的一部分。

生活服务区位于西北面，分两片设置。学生生活街设置的丰富空间使整个校园显得生机勃勃。食堂均布置在学生宿舍与公共教学楼、图书馆之间，是师生上下课的必经之路，方便大家使用的同时，提高食堂经济效益。

6.交通组织

根据该地块的特殊性，校区的交通组织采用了中外环线的路网，车行外环、人行内环的“人车分流”交通组织方式，随功能区的走向，自然流畅地布置了曲线形的主干道交通系统。环形主干道有利于保证机动车对校内各处的可达性，同时有力地保证了校园中心区不被车流穿越，形成安静易于交往的空间(见表1)。

**表1　上海电机学院临港校区总体规划主要经济技术指标**

| 总用地面积(平方米) | 616075 | 总建筑面积(平方米)<br>其中地上建筑面积 | 260000 |
|---|---|---|---|
| | | | 250000 |
| 建筑占地面积(平方米) | 93539 | 综合容积率 | 0.41 |
| 运动场地面积(平方米) | 54227 | 绿地覆盖率(%) | 41.0 |
| 道路广场面积(平方米) | 175168 | | 600 |
| 绿地覆盖面积(平方米) | 252600 | | 450 |
| 水域面积(平方米) | 40541 | 非机动车位(个) | 6000 |

图1　上海电机学院临港校区图书馆

图 2　上海电机学院临港校区规划效果

## 三、校园规划的实施

上海电机学院一期工程计划于 2011 年上半年完工，2011 年 9 月份投入使用，届时 7000 名学生入驻临港校区；二期工程计划于 2013 年完成，可新增 3000 名学生。一、二期工程共建成校舍面积 26 万平方米。到“十二五”时期末，校舍建筑面积可到 31 万平方米，在校学生规模 1 万名。建成后的临港校区，将成为服务设施齐全、人文景观丰富多样，满足学院本科教育、国际合作教育、行政管理、产学研合作、现代装备业培训等基本硬件要求的完整校区。

## 参考文献

[1]华东城建建设设计有限公司上海电机学院临港校区规划设计.

[2]姜连馥.基于现代工业工程理论的校园设施规划理论与方法研究.天津大学学报，2004.

[3]陈勇.高等院校校园规划初探.中南林学院，2003.

[4]王文胜.教育建筑设计作品选.上海：同济大学出版社，2007.

[5]奚道章.长三角教育建筑纵横.上海：东华大学出版社，2008.

# 大学校园规划建设规模控制探析

盐城工学院　李　飞

## 一、大学校园规划建设规模的主要构成要素

规模，是事物的一般属性，主要指事业、机构、工程或运动等所包括的范围、大小或多少，体现着事物发展的程度和阶段。同一类事物由于规模的大小不同，往往会表现出不同的个性和特征，其运作方式和发展变化也会有较大的差异，因而仔细研究事物的规模对于把握事物的整体性质是非常重要的。

大学校园的规模主要指学生人数的多少和校园面积(包括校园占地面积和总建筑面积)的大小，在一般情况下，这两个属性决定了校园其他方面的数量和特征，对校园的总体布局和建设发展起着决定性的作用。大学的教师人数和职工人数，可以根据教学水平和管理效率的高低由学生人数来确定；大学校园内各主要建筑物也是以学生人数为基础，根据不同的建设标准和物质资源利用效率的高低来确定。至于大学校园各功能区的布局、道路系统的设置和道路宽度的确定，舒适宜人的校园空间的营造以及具有独特个性的校园环境美的创造，都要结合大学的学生人数和校园面积来加以综合考虑。由此可见，大学校园的各个方面，从人、建筑、环境、空间都与大学校园的规模密切相关，校园的规划、建设、发展都要以规模为基础，所以深入研究大学校园的规模是具有重要意义的。

### 1. 学生人数规模

我国大学的学生人数规模主要包括全日制的本、专科生和研究生的人数，以本科生为自然规模，专科生、研究生的人数则按折算规模计算，从而得到总的人数规模。这些学生是整个大学教育的重点和大学生活的中心，大学中所有的物质环境资源都是围绕他们布置和建设的。至于大学中其他类型的学生，如成人教育学生、远程教育学生、网络教育学生等等，他们只是高等教育的补充和拓展，是为了更好、更充分地利用大学现有的师资力量和物资设备资源，满足社会对高等教育的需要而产生的。他们的数量变化较大，通常只能根据当时当地的具体条件而确定。同时他们的学生人数和授课时数都大大低于全日制学生，而且学生也以走读为主。因而一般说来，大学的学生人数规模是指全日制的学生。

2. 总用地规模

大学校园的总用地规模是指城市规划部门划定的红线以内的土地，也就是大学校园的用地范围。当前，我国大学校园大都仍是封闭式大学，那么在一般情况下，校园围墙以内的土地面积就是大学校园的总用地规模。需要特别注意的是，征地范围与用地范围不同，它包括了红线以内的土地和红线至毗邻城市道路中心线的土地。我们在新征校园用地时，要注意征地面积与用地面积的区别，使我们的校园建设更科学、更合理。

3. 总建筑面积规模

校园内的建筑物是大学中重要的物质设施，为大学生提供了学习、生活、活动及相互交往的场所。由于功能的不同，大学中的建筑物主要有公共教学楼、图书馆、实验实习楼、行政办公楼、院系楼馆、科研楼、学生公寓、学生食堂、学生活动中心、体育馆、游泳馆及各种后勤服务用房等等。建筑物的面积指标一般主要由使用的学生人数和教职工人数所决定，但在不同的地区、不同的建设条件下会稍微有所不同。大学校园内的总建筑面积在一定程度上反映了大学校园的总体规模和建设标准，对校园用地和环境都有较大的影响，因而也值得我们深入研究。

## 二、学生人数规模控制

美国校园规划专家理查德・P. 道贝尔认为在美国的具体条件下，2.5 万名学生是大学的最大规模。超过这个人数后，管理复杂、效率降低、维持费用不经济、师生之间面对面的接触交往机会减弱。《俄勒冈实验》一书中也有以下结论：我们将大学的发展速度控制在每年 2%，并将任何大学的绝对规模限制在 2.5 万名学生以下。因为一个大学太小，就会缺乏多样性；但如果它太大，就不能像一个人类组织一样运作；如果大学规模发展得太快，就会因为没有机会对变化进行吸收和调整而垮掉。

但我国大学校园的规模近年来总体趋势是迅速扩大，以国外的经验数字和科学总结作为借鉴，我们应努力使校园的发展速度和规模控制在合理的水平之内，不能以牺牲教育质量来换得扩大招生的成果。回顾我国最近几年高校发展的状况，大规模的扩招使许多大学的发展速度都在 30% 以上，以国外的经验来看无疑是过快了。我国国内著名的各所大学的学生人数规模都在 4 万人左右，能否使如此大量学生的教学质量都得到很好的保障是值得疑问的。毕竟，学生人数越多，学生受到优秀教师的直接辅导和教育的机会就越少。师生间的关系就越疏远，而且要维持合理的生师比和保持较高水平的教师队伍也是相当困难的。英国和欧洲大陆的一般舆论认为，大学的合理规模是 6000 名学生。英美各著名大学虽然都经历了数百年的发展，而且各所大学的发展历史和具体条件都有所不同，学科重点和教学模式也有差异，但是各大学的学生人数竟然惊人地接近，都很好地控制在1.5万人左右。可见，要达到最高质量的教学水平和科研水平，1.5万名学生的学校规模是最为恰当的。

**表1　部分国家和地区大学的学生人数规模**

| 大学名称 | 学生数 | 大学名称 | 学生数 | 大学名称 | 学生数 |
|---|---|---|---|---|---|
| 哈佛大学 | 14339 | 牛津大学 | 16500 | 香港大学 | 15000 |
| 斯坦福大学 | 18528 | 剑桥大学 | 16500 | 香港科技大学 | 7883 |
| 宾州大学 | 18050 | 利物浦大学 | 13312 | 香港理工大学 | 22000 |
| 耶鲁大学 | 11270 | 格拉斯哥大学 | 16000 | 香港中文大学 | 15111 |
| 麻省理工学院 | 10317 | 爱丁堡大学 | 17000 | 香港城市大学 | 16000 |
| 普林斯顿大学 | 6622 | 谢菲尔德大学 | 17485 | 香港浸会大学 | 7400 |
| 康奈尔大学 | 33582 | | | 香港岭南大学 | 2000 |
| 平均值 | 14745 | | | | |

## 三、新建校园用地规模控制

新建校区的用地面积没有比较权威的依据和规定，“92指标”由于划分过细，而且校园人数规模最大的只有5000人，对校园用地规模无法起到更直接的指导作用。但“92指标”仍然规定了生均用地面积是不宜超过60平方米，人数较少的大学指标则可适当提高。而现在校方和规划管理部门在新校区征地中，比较通行的做法是按一生一分地来估算校园面积的。即生均用地面积达67平方米。这个数字比“92指标”还要稍高，考虑到新建校园基本上取消了教师生活区以及许多后勤服务设施，虽然也相应增加了科技园、产业园、学生活动中心等新的内容，但相比之下，所需的校园用地面积还是大为减少。因此，生均67平方米的用地显然是过于浪费了。

当然，目前许多新建校园都选址于环境优美的城郊，土地资源比较充裕。而且校园内往往有大面积的水面或者需要保留的林地，因而实际的可建筑用地面积会远小于校园用地面积，则每生的可建筑用地面积还是比较符合实际需要的。同时值得庆幸的是，某些大学都对自身的长远发展和远期的学生规模进行了合理规划，若以大学的最终学生规模来计算，则某些大学的生均用地面积在30多平方米，这个数字还是比较合适和科学的。

表 2　部分国家和地区大学的学生生均用地面积指标　　（单位：平方米）

| 美　国 | 普林斯顿大学 | 康奈尔大学 | 麻省理工学院 | 宾州大学 | 耶鲁大学 |
|---|---|---|---|---|---|
| 生均用地面积 | 30.5 | 9.0 | 6.0 | 6.0 | 10.7 |
| 平均值 | 12.4 | | | | |
| 中国香港 | 香港中文大学 | 香港大学 | 香港理工大学 | 香港城市大学 | 香港浸会大学 |
| 生均用地面积 | 88.7 | 32.7 | 4.2 | 6.9 | 6.7 |
| 平均值 | 27.8 | | | | |

表 3　我国 15 所新建校区生均用地面积指标　　（单位：平方米）

| 大学名称 | 生均用地面积 | 大学名称 | 生均用地面积 | 大学名称 | 生均用地面积 |
|---|---|---|---|---|---|
| 郑州大学 | 62.5 | 安庆师范学院 | 115.6 | 洛阳大学 | 70.0 |
| 合肥工业大学 | 71.2(33.2) | 安徽大学 | 66.7(44.5) | 南京工业大学 | 86.9 |
| 四川工业大学 | 60.6 | 南京中医药大学仙林校区 | 58.9 | 华南师范大学南海学院 | 54.0 |
| 淮南师范学院 | 60.0(35.3) | 广东科技干部学院珠海校区 | 90.6 | 厦门大学漳州校区 | 85.6 |
| 南京工程学院 | 80.0 | 福州大学 | 59.2 | 上海大学新校区 | 84.3 |
| 平均值 | 73.7 | | | | |

注：括号中数值为远期每生校园用地面积，除了郑州大学和厦门大学外，各校区内都不包含教工生活区，福州大学内无学生生活区。

## 四、新建校园总建筑面积规模控制

大学校园的总建筑面积受到多种因素的影响，但通过确定合适的每生建筑面积指标并依据大学的学生人数规模来大致确定校园的总建筑面积。无疑还是有一定的科学性的，毕竟学生人数是校园总建筑面积的最主要的决定因素。至于其他方面的影响，则需根据各大学的具体情况进行具体分析，通过适当的调整以得到符合大学实际的总建筑面积。因此，依据学生人数规模来大致确定校园的总建筑面积，对于避免盲目建设和提高校园规划和建设的科学性和合理性，还是具有重大的指导意义的。

香港和日本的各所大学的生均建筑面积在 5～30 平方米之间，其上限和下限的差距是非常大的（见表 4）。可见，若用一个固定的数字作为大学校园每生建筑面积的指标，是非常困难和不科学的。当校园有较好的条件和较高的建设标准时，每生 30 平方米的指标是可以接受的。与之相比，香港理工大学的每生建筑面积只有 6.4 平方米，约为普林斯顿大学的二十分之一，其校舍的利用率之高是令人惊叹的。除去他们开展多种形式办学、校内不设学生及教工宿舍等因素，每生所占建筑面积还是大大小于目前我国高校的指标。其大学内的教室、图书馆、实验室及体育馆等都从早到晚连续排课、连续开放，餐厅也随时供应饭菜。即使节假日，大部分建筑设施也照常开放，由此使校园的各类建筑设施都达到很高的利用率。在当前我国高校扩招和经济高速发展的情况下，一方面，多数高校都应努力提高校园建筑的使用率，最大限度地发挥现有设施的潜力，以容纳更多的学生；另一方面，少数重点建设的大学应强调教育质量和科研水平，适当提高校园建筑的建设标准，为学生的学习研究提供更好的条件。从大学的具体情况出发，妥善处理好两方面的要求，是我们在校园规划和建设中应仔细分析并努力加以解决的重点。

**表 4　日本、香港 8 所大学的每生建筑面积指标的统计**　（单位：平方米）

| 日　本 | 北海道大学 | 九洲工业 | 东京都立 | 北海道情报大学 | 平均值 |
|---|---|---|---|---|---|
| 生均建筑面积 | 5.3 | 24.2 | 30.0 | 10.0 | 17.4 |
| 香　港 | 香港大学 | 香港理工大学 | 香港城市大学 | 香港浸会大学 | 平均值 |
| 生均建筑面积 | 33.1 | 6.4 | 10.6 | 14.7 | 16.2 |

**表 5　我国 15 所新建校区生均建筑面积指标**　（单位：平方米）

| 大学名称 | 生均建筑面积指标 | 大学名称 | 生均建筑面积指标 | 大学名称 | 生均建筑面积指标 |
|---|---|---|---|---|---|
| 郑州大学 | 33.9 | 安庆师范学院 | 28.1 | 洛阳大学 | 35.6 |
| 合肥工业大学 | 24.2 | 安徽大学 | 20.6 | 南京工业大学 | 28.7 |
| 四川工业大学 | 33.4 | 南京中医药大学仙林校区 | 30.4 | 华南师范大学南海学院 | 29.0 |
| 淮南师范学院 | 28.2 | 广东科技干部学院珠海校区 | 30.7 | 厦门大学漳州校区 | 32.5 |
| 南京工程学院 | 30.7 | 福州大学 | 20.4 | 上海大学新校区 | 30.0 |
| 平均值 | 29.1 | | | | |

目前我国大学的新建校区都是严格按照“92 指标”来进行规划设计和建设的，因此无论是校区的总体规划布局还是单体建筑的设计都是以“92 指标”中的数据为主要依据。从表 5 中可以看出，各校区的生均建筑面积都在 30 平方米左右，与“92 指标”相比稍多了几平方米。这主要是由于“92 指标”中学生宿舍的生均建筑面积仅为 6.5 平方米。而目前多数高校的学生宿舍的建设标准已经达到生均 10 平方米左右，加上其他各类建筑的建设标准都有少量的提高，因此校园生均建筑面积指标会比“92 指标”高出几平方米。郑州大学、四川工业大

学由于校园内仍然设置了教工生活区而使建筑面积指标稍高于平均值，福州大学则由于没有设置学生宿舍区，其生均建筑面积只有20平方米，与国外的标准相比还是比较恰当的。

## 五、盐城工学院希望大道新校区规划建设规模分析

盐城工学院希望大道新校区总体规划占地1822亩，按照全日制在校生2万人、建筑总面积60万平方米的规模，进行规划设计并留有发展余地。高校是城市的基本组成部分之一。随着社会的进步与城市的发展，新建大学校园的规划建设必然要体现城市化和开放性的时代要求。大学校园规划建设只有通过弹性和共享的规划结构，才能主动适应多变的社会需求，获得更多的发展机会，创造别具一格的规划建设特色。盐城工学院希望大道新校区"一次规划、分期建设"，"三轴两心、双环相扣"的规划布局，以最大的弹性和开放性功能适应了学校弹性、开放、城市化和节约化的发展要求。最近我们主动与市城市规划部门和设计单位共同研究探讨，科学调整新校区规划建设规模，使调整后的校园建筑总面积由原来的60万平方米增加到78万平方米，为盐城工学院希望大道新校区争取到更大、更经济、更科学的可持续发展空间和规模。主要经济指标简介如下：

**表6　(一)教师公寓区——新丰河以北地段主要经济指标**

<table>
<tr><th colspan="2">项　目</th><th colspan="3">主要指标</th></tr>
<tr><td colspan="2">总用地(公顷)</td><td colspan="3">9.97(合149.5亩，4.985平方米/生)</td></tr>
<tr><td colspan="2">建筑占地面积(平方米)</td><td colspan="3">10402.6</td></tr>
<tr><td colspan="2">总建筑面积(平方米)</td><td colspan="3">148445.8(7.4平方米/生)</td></tr>
<tr><td rowspan="3">其中</td><td rowspan="2">住宅建筑面积</td><td rowspan="2">146627.8</td><td>小高层(11)</td><td>29711</td></tr>
<tr><td>高层(16—18)</td><td>116916.8</td></tr>
<tr><td>公建建筑面积</td><td>1818</td><td>幼儿园建筑面积</td><td>1818</td></tr>
<tr><td colspan="2">地下人防(停车)面积(平方米)</td><td colspan="3">5400</td></tr>
<tr><td colspan="2">容积率</td><td colspan="3">1.49</td></tr>
<tr><td colspan="2">绿地率</td><td colspan="3">62%</td></tr>
<tr><td colspan="2">建筑密度</td><td colspan="3">10%</td></tr>
<tr><td colspan="2">总户数(户)</td><td colspan="3">1148(约126平方米/户)</td></tr>
<tr><td colspan="2">机动车停车位</td><td colspan="3">574(0.5辆/户)</td></tr>
</table>

表 7 (二)教学行政及学生生活区——新丰河以南地段主要经济指标

| 项目 | | 主要指标 |
|---|---|---|
| 总用地(公顷) | | 111.53(合 1672.5 亩,55.765 平方米/生) |
| 其中 | 教学中心区占地面积 | 37.5 |
| | 学生生活区占地面积 | 21.5 |
| | 体育运动区占地面积 | 15.7 |
| | 周边可开发综合服务用地面积 | 12.2 |
| | 道路广场用地面积 | 10.1 |
| | 绿化(含水体)面积 | 14.5 |
| 总建筑面积(平方米) | | 630000(31.5 平方米/生) |
| 其中 | 教学行政用房建筑面积 | 320000(16 平方米/生) |
| | 学生公寓建筑面积 | 190000(9.5 平方米/生) |
| | 体育运动建筑面积 | 12000 |
| | 周边可对外开发用房建筑面积 | 108000 |
| 建筑占地面积(公顷) | | 14.5 |
| 地下人防面积(停车) | | 8056 平方米 |
| 容积率 | | 0.565 |
| 绿地率 | | 62% |
| 建筑密度 | | 13% |

## 六、结　语

根据江苏省教育厅“十一五”时期教育事业发展计划,要求盐城工学院希望大道新校区“十一五”期间,校园建设按照全日制在校生 1.3 万人控制教学行政用房建设规模。同时考虑 2010 年以后我国高校生源数量将逐年减少以及国家对招生规模进行宏观控制等影响因素,需要我们审时度势、与时俱进、科学发展,审慎分析和认真思考新校区建设的发展速度和规模问题。

时代在发展,科技在进步,大学校园的功能、规模和形式也不断变化。对大学校园规模的研究是一项长期的、永无止境的过程,今日的研究毕竟无法对将来的发展做出准确的预测。因此,新建校园规划设计必须具有良好的弹性、共享性、开放性和可生长性。在新建大学校园发展和建设的过程中,不断总结国内外大学校园规划建设的经验教训,对大学校园及各类建筑物的使用状况进行具体的分析和评价,从而对校园规模的各项指标进行不断地调整和修正,积极创建节约型大学校园。而本文正是以此为出发点,希望对今后的大学校园规划建设的科学发展提供借鉴作用。

# 对高校老校园改造建设规划设计的思考

扬州大学　王宪良

从1998年开始，我国高等教育取得了跨越式的发展，在校人数规模位于世界首位，中国高等教育已经迈进了大众化的阶段。伴随着高等教育的持续扩招，各高校介入了全国性的“圈地”运动，为扩大校园，而大量征地，加快建设新校园，一大批大学城、大学园区和易地新建的大学校园突然呈现在人们的视野中。大学校园建设取得了高速、超常规的发展。

但在大规模建设新校园的同时，忽视了老校园的改造建设，忽略了新老校园的衔接关系。目前，大学新校园建设接近尾声，各高校又将老校园的改造建设作为校园建设的新的工作重点，笔者认为，高校老校园的改造建设首选要做好规划设计，规划设计要坚持法定性和连续性；要挖潜改造，适度扩建；要新老结合，和谐建筑；要突出重点，平衡发展。

## 一、规划原则上，坚持法定性和连续性

在校园建设中，有时会出现规划滞后或规划变更随意性较大的现象，造成的原因主要是“盲目上马，急用先上”、“长官意志，短期行为”、“见缝插针、贪图方便”，建一幢算一幢，造成前后脱节，缺乏连续性，以致校园建筑杂乱无章。

规划的法定性，即要求规划具有较为严格的规范性和制约性。学校制定的规划有利于学校的发展，学校的建设要受校园规划的制约，校园规划必须要有具体的执行者。校园规划的思想内涵和原则必须坚决执行并要长期坚持下去，才能达到规划的最终目标。

规划的连续性，则表现在从规划制定到最终完成是一个相当长的过程，每个规划执行人要尽可能地吃透规划本身的意图和思路，根据实际情况和条件，连续地实施规划。首先学校现任领导要维护规划的连续性，尊重历任领导和规划执行部门的意见。其次，一个规划不可能完全不变，问题在于变化时要做到承上启下，保持前后的连续和一致。再次，规划的连续性还表现在要留有发展的空间和余地，把科学的发展观贯穿于老校园规划改造的全过程，即用科学的思想方法落实科学发展观，把科学发展观贯彻做到谋划发展，促进发展的全过程中去，统筹管理学校各方面的利益。

注重校园规划的法定性和连续性，有的高校有老校园的总体规划，但学校事业发生了变化，必须重新修订，有些高校的老校园根本没有总体规划，或很简单，必须制定。各学校要组织力量，委托规划设计研究院等专业单位，制订和完善老校园总体规划。规划还应报上级主管部门和地方规划部门批准，这就使老校园规划具有了一定的法定性。在老校园规划的修订过程中，学校始终坚持"以原规划和现实的校园建设实际为依据，以科学的发展规模为目标，尽可能做到对前面的规划和现实的校园建设实际不伤筋动骨"这一基本原则，才能保证规划的法定性和连续性。

一般来讲，老校园的规划设计应做到"五不变四变"。"五不变"是指：第一，校园主轴线不能变；第二，校园建筑风格不能变；第三，校园主骨架道路系统不能变；第四，校园主要功能区域布置不能变；第五，校园主要景观特色不能变。"四变"主要是指：第一，同一功能区内的建筑布局可作调整；第二，单体体量与层数可作调整；第三，同一功能区内单体的功能可作调整；第四，不和谐的外墙色彩可作调整。只有在规划设计中体现"五不变四变"，才能使校园建设更具延续性和协调性，从而适应新时期高校发展的本质要求。

## 二、发展模式上，"挖潜改造"，适度扩建

老校园的改造建设要立足现实条件，最大限度地挖掘现有土地和校舍资源的潜力，统筹考虑，合理规划现有校园的资源。具体做法是：首先根据学校土地面积的总容量将学校发展规模中的学生指标分解到学校现有的各校园（包括新校园），使各校园学生密度大致相当；其次以每个校园的学生指标数为规模标准，测算出各校园所需增加的各类校舍面积，挖潜改造，填平补齐。

但完全依靠"挖潜"还远远不能满足学校事业发展的需要时，可向外拓展延伸，留有余地，是可持续发展战略在校园规划中的体现。只有着眼于长远，规划好当前的建设，老校园改造建设规划才具有生长点和发展性。所以各高校在老校园规划设计时，一定要将其周边的可利用土地资源尽可能纳入其中，尽可能地为校园建设多留一些发展用地，这是老校园改造规划的重点之一，应该认识到，规划不可能预测将来社会发展的所有事物，但规划的基本原理之一，就是要充分考虑到预留发展，这是规划中很重要的部分。其基本思想就是在规划今天的同时，可为以后和将来创造条件。这些条件是以现在的规划出发，并把以后的发展纳入现有的规划轨道。对将来发展给予充分的考虑，这是对将来预测的不定性的一种科学的处理方式。

## 三、建设风貌上，做到新老结合，和谐建筑

“新老建筑结合”是目前设计界正在探索的一个课题，“建筑作品是历史的继承和时代精神的体现”[1]，经过较长时期的经营建设，各自形成了较为鲜明的校园建筑特色。例如，当人们走进清华大学校园时，会感受到校园建筑群落的宏大、雄浑与清新；走进武汉大学校园时，会感受到校园建筑群落的典雅优美；走进浙江大学校园时，会感受到校园建筑的整洁与明丽；走进华东师大校园时，会感受到校园建筑的文静与和谐；走进重庆大学校园时，会感受到校园建筑随坡高低错落有致的幽静与秀气；走进贵州大学校园时，会感受到校园建筑在对称中所表现出的一种庄重清静的气氛。

学校在当前的老校园改造建筑中在建设风貌上做到承“老”继“新”、古典与现代有机结合，保持各校园原有特色，在手法、风格上注重新老建筑有机的衔接，在形式、体量上做到与周围环境相协调。在改造扩建的单体建筑上，要注重新老建筑单体完美的结合，使新老建筑浑然一体。

和谐建筑，就是在老校园的改造建设中建成一个“和谐”的建筑群体。“和谐（Harmony）”是中国传统文化的核心理念和根本精神，和谐从《尚书》、《周礼》到《说文解字》，“和谐”两字都是指音乐的合拍与禾苗的成长，“和”即是“谐”，“谐”即是“和”，引申表示为两种事物有条不紊、井然有序和相互协调。在老校园改造规划中要体现和谐建筑的建筑哲学思想，要把和谐的“建筑思想很好地贯穿到建筑设计之中，使建筑与建筑、建筑与人、建筑与社会、建筑与自然达到自然相处的意境”[2]。

## 四、建设内容上，突出三个重点，做到平衡发展

老校园改造建设规划往往比新校园建筑规划更难，头绪更多，我们在千头万绪中应突出三个重点：

一是首先满足教学科研的需要，再根据可能改（重）建和扩建其他用房。所以要突出高校校园教学区的规划，高等学校教学区是高校进行课堂教学和实验的重要部分，也是学校老校园改造建设规划的重点，在教学区的规划时，特别要正确处理好学校规划与学术规划、学科规划的关系，不能有所偏颇。根据学校的办学性质、师资力量、科研实验水平、办学条件和现有规模，重新确定为一定时期内在老校园的办学规模。在此基础上，确定好适当的学科和专业配置。然后再确定的教学、科研实验的用房面积，组织好一个富有弹性的教学功能分区布局和一个开放性的教学空间。

二是注重环境的规划设计。校园的建筑与环境，反映学校的历史发展，体

现学校的品位与风格，对形成优秀的校园文化、对学生的教育与培养都有着重要的影响。改造建设一个理念领先、环境幽雅、建筑精美、生态环保的一流校园是每一个校园建设者的努力和追求。也是老校区校园改造建设的又一重点。

马克思在《德意志意识形态》中曾写到："人创造环境，环境也创造人"。校园是育人的场所，校园环境对学生的培养起到潜移默化的影响，因此必须高度重视校园环境设计，但校园环境建设必须杜绝公园化和过度景观化。在环境设计中应遵循以下原则：注重保护自然生态植被；充分利用地形地貌，注重自然生态景观，强调以绿化和自然水系为主，尽量减少人为景观建设，地面硬化要特别慎重；绿化要以原有树种为主，坚持乔灌草花结合，以乔木为主的原则；注重立体绿化，走节约型绿化之路。充分体现环境的熏陶和教育作用。总之老校园的环境规划要在尽量保留校园本身自然形态与景观要素的前提下进行环境处理，不仅使校园生态得以延续及改善，同时达到塑造校园品牌特色目的，从而体现校园环境的可持续发展。

三是注重打造数字化校园。老校园的改造建设规划设计以"高起点、高质量、高水准地建设与新时期教育事业相适应的校园环境"为目标，其宗旨在于创造适应时代发展、适宜当代的育人环境，要高度重视弱电项目的建设工作，着力打造数字化校园。学校弱电项目由 9 大系统构成，主要包括安防报警监控、教学管理监控及重点实验室监控系统；智能化电子门禁门锁管理系统；校园一卡通应用系统配套；自动消防报警及联运系统；有线电视系统；校园公共广播与背景音响系统；校园网；多媒体会议和多媒体教学系统；学生宿舍三表集抄收费管理系统等。

弱电项目除以上九大系统外，另有弱电系统配套设备，主要包含与弱电系统配套的后备直流供电系统、后备交流供电系统、机房及弱电设备间、配套电脑、打印机、服务器等。数字化校园的建设可以为学校现代化教学技术和手段的广泛应用以及实现办公自动化提供平台。广大师生能利用校园网获取各类信息，通过电子邮件等传递信息，充分发挥校园网作为网络信息交流平台的作用。在实现互联网基本应用服务的基础上，学校可更加有效地利用先进的校园网络系统资源，逐步向校园智能化管理和智能化应用方向发展。

## 参考文献

[1]周珉. 燕京华侨大学校园规划和主教学楼的方案设计. 建筑，2001(5).

[2]黄海峰，胡慕贤. 包容、共生与和谐建筑——长谷川逸子建筑整理思想透析. 建筑，2007(9).

# 观赏地被植物在校园绿化环境中的应用

南京森林警察学院　蒋杏明

虽然高大的园林树木在校园绿化环境中占据着核心的地位，但观赏地被植物也已被广泛应用于环境的绿化美化，其艳丽的花果能起到画龙点睛的作用，成了校园绿地环境中的重要组成部分，并形成了理想的景观效果。地被植物在应用上已由常绿型走向多样化，由纯草坪型转向观花型。笔者现就校园绿化环境中对观赏地被植物的应用，谈谈自己的一些体会。

## 一、园林观赏地被植物的概念及其意义

园林观赏地被植物一般是指那些株丛密集、低矮、扩展性强，经简单管理即可用来代替草坪覆盖在地表、防止水土流失，能吸附尘土、净化空气、减弱噪音、消除污染并具有一定观赏和经济价值的植物群体。它具有覆盖能力强、结构比较紧凑、能够紧贴地表的特点。它不仅包括多年生低矮草本和蕨类植物，还包括一些适应性较强的低矮、匍匐型的小灌木和藤本植物。

地被植物的应用极其广泛，不仅用于小面积绿化，而且还可用于较大面积的地面，它除了用以覆盖地面，保持水土外，又可作为绿化装饰。由于地被植物养护简单，不需要经常刈剪，因此具有草坪植物所不及的特殊价值。地被植物除了具有草坪植物所有的功能外，还有美观的枝叶、花、果等。而且由于地被植物生态习性的不同，各有其生长和发育期，开花及休眠期，因此有极其复杂的季相变化。在观赏方面具有美丽花朵的种类有欧蓍草、蓝雪花、多变小冠花、匍匐筋骨草、矮生紫薇、美女樱、二月兰、白三叶、香车叶草以及萱草类、玉簪类及丛生福禄考等。具有鲜艳果实的种类如蛇莓、矮虎杖等。叶色特异的如斑叶羊角芹、白香石竹、波叶玉簪等。叶为常绿的种类如麦冬、珊瑚钟、海石竹、沿阶草、小地榆、高山淫羊藿、八角金盘等。

地被植物虽有很多优点，但也有不及草坪之处。如草坪有纯一色的草色，似翠绿的地毯，人们可在其上漫步游玩，进行各种体育活动等。

## 二、园林观赏地被植物的特性

观赏地被植物特别强调地面的使用价值或具有观赏价值的植物。它们比

草坪更为灵活，在那些不良土壤、树荫浓密、树根暴露的地方，可以代替草坪生长。它们不仅增加植物层次，丰富校园景色，给师生们提供优美舒适的环境，而且由于叶面系数增加，还具有减少地表尘土与细菌的传播、净化空气、降低气温、改善空气湿度、减少地面辐射等环境保护作用，并能防止土壤冲刷、保持水土，减少或抑制杂草生长，使庭院景观更加亮丽。

通常来讲，观赏地被植物具备以下一些主要特性：

1.多年生植物，常绿或绿色期较长，以延长观赏和利用的时间。如常春藤（五加科）、麦冬（百合科）等。

2.具有美丽的花朵或果实，而且花期越长，观赏价值越高。如葱兰（石蒜科）、萱草（百合科）、红花酢浆草等。

3.具有独特的株型、叶型、叶色和叶色的季节性变化，从而给人以绚丽多彩、变化丰富的感觉。如珊瑚树、南天竹、八角金盘、阔叶十大功劳（小檗科）等。

4.具有匍匐性或良好的可塑性，这样可以充分利用特殊的环境造型。如络石（夹竹桃科）、常春藤（五加科）等。

5.植株相对较为低矮。在园林绿化配置中，植株的高矮取决于环境的需要，可以通过修剪人为地控制株高，也可以进行人工造型。如一些适应能力强的小灌木，像龟甲冬青、小叶女贞、红花继木等比较耐修剪、易造型。

6.具有耐阴、耐湿及耐旱等较为广泛的适应性和较强的抗逆性，耐粗放管理，能够适应较为恶劣的自然环境。如红花酢浆草、麦冬（百合科）等地被植物在浅薄贫瘠的土壤上生长较好。

7.具有发达的根系，有利于保持水土以及提高根系对土壤中水分和养分的吸收能力，或者具有多种变态地下器官，如球茎、地下根茎等，以利于贮藏养分，保存营养繁殖体，从而具有更强的自然更新强力。如鸢尾（鸢尾科）、石蒜（石蒜科）、箬竹（禾本科）等。

8.具有较强或特殊净化空气的功能，如有些植物吸收二氧化硫和净化空气能力较强，有些则具有良好的隔音和降低噪音效果。如八角金盘、丝兰等。

9.具有一定的经济价值，如可用作药用、食用或为香料原料，可提取芳香油等，以利于在必要或可能的情况下，将种植地被植物的生态效益与经济效益结合起来。如珍珠菜（报春花科）、慈姑（泽泻科）等。

上述特性并非每一种地被植物都要全部具备，而是只要具备其中的某些特性即可。在园林绿化配置中，要善于观察和选择，充分利用地被植物的各种生物特性，并结合实际需要进行有机结合，从而使园林植物配置达到理想效果。

## 三、园林观赏地被植物的分类

观赏地被植物的种类繁多，有木本及草本，因此可以适应各种不同的环境条件，构成各种不同类型的地被：草坪式、灌木型等。有蔓生的、丛生的、常绿的、落叶的、多年生宿根的及一些低矮的灌木，可以广泛地选择。在建筑物、山坡边、挡土墙及道路附近又可构成各种装饰型地被。此外。有些地被可以忍受荫蔽、潮湿或干旱，因此坡岸和石崖都有可供选择的覆盖地被植物。这一切都为草坪植物所不及。

虽然地被植物的种类很多，可以从不同的角度加以分类，但一般多按其生物学、生态学特性，并结合应用价值进行分类。其分类可为：

灌木类地被植物。如金叶女贞、小龙柏、红花継木、枸杞、龟甲冬青、杜鹃花、金边黄杨、铺地柏、矮生棕竹、雀舌黄杨、八角金盘、矮生紫薇、南天竹、小蜀桧、十大功劳、金焰绣线菊、金山绣线菊、小茶梅、棕榈实生苗、洒金珊瑚、小叶栀子花等。

草本类地被植物。如三叶草、二月兰、马蹄金、阔叶麦冬、细叶麦冬、红花酢浆草、葱兰、萱草、德国鸢尾、玉簪、多花筋骨草、地被石竹、紫露草、黄景天、金娃娃萱草、花叶玉簪、杂色萱草、花叶燕麦草、美女樱、丝兰(百合科)等。

矮生竹类地被植物。如凤尾竹、鹅毛竹、阔叶箬竹、菩提竹、大明竹等。

藤本及攀援地被植物。如迎春花、常青藤、爬墙虎、络石、凌霄等。

蕨类地被植物。如凤尾蕨、水龙骨、肾蕨等。

其他一些适应特殊环境的地被植物。如适宜在水边湿地种植的慈姑、菖蒲等，以及耐盐碱能力很强的蔓荆、珊瑚菜和牛蒡等。

我国具有丰富的地被植物种质资源，但到目前为止，对于地被植物生物学、生态学特性，尤其是保护和净化环境的功能以及经济用途等方面的研究还很不够。通过今后更深入的研究，将会逐步从现有地被植物和地被植物资源中选育出更多更好、能够应用于不同地区、不同环境条件和不同需要，具有良好环境效益和一定经济价值、科学价值的新地被植物。

## 四、园林观赏地被植物在园林绿化配置中的应用原则与应用形式

地被植物在园林绿地中的应用越来越广泛，但不同的地被植物种类其应用分布要根据不同绿地的具体情况和地被植物自身的生态习性等来分别应用。根据实际运用效果总结其具体应用原则如下：

1. 以地被植物的生态习性进行应用，做到因地制宜、适地适树的原则。根据地被植物的自身生态习性进行绿化布置，如耐水湿的地被植物种类宜种植在

水岸边，如石菖蒲、慈姑等，与水景相协调。耐旱的地被植物种类可以布置在坡地及石岩等较干旱的地方；而耐阴的种类可以布置在建筑物的北侧及采光不足的浓密的树林下，如石蒜、麦冬、八角金盘等。山坡地可选用一些地被竹类等。

2.选用地被植物时，要按乡土种类为用原则。在园林绿化中选用的地被植物种类应尽可能是乡土种类，对当地的气候情况、年最低温、土壤条件等都能适应的当地地被植物种类应是首选。要遵循地被植物在自然环境中的生长规律。

3.符合绿化地的性质和功能要求为依据的原则。不同类型的绿地，因其性质和功能不同，对地被的要求也不同。园林绿地功能很多，具体到某一绿地，总有其具体的主要功能。如校园入口处绿地主要是美化环境，是学校的一个门面。要让绿化环境吸引人，可以用低矮整齐的小灌木和时令草花等地被类植物进行配置，以靓丽的色彩或图案吸引人们，后面以高大的常绿乔木做背景；坡地、山林裸露地主要是覆盖黄土，绿化配置时，可选用耐阴类地被植物进行布置；挡墙岩石处可选用攀援类地被植物如常青藤、络石等。

4.选用地被植物要以符合园林景观配置的艺术规律为原则。园林艺术是多种艺术的综合艺术，是自然美与园林美的结合，地被植物的应用也要按照园林艺术的规律，处理好地被植物与园林布局的关系，利用地被植物不同的花色、花期、叶形等搭配成高低错落、色彩丰富的花境，与周围环境和其他植物协调地衔接起来，以体现不同的园林风格与特色。根据局部环境和在总体布置中的要求，采用不同的种植形式，如一般大门、主要道路、整体广场、大型建筑物附近多采用规则式布置，而在自然山水、草坪及不对称的小型建筑物附近则采用自然式布置。在竖向上要注意树冠线，树林中要注意开辟透景线。要重视植物的景观层次，远近观赏效果。在人行多的道路两边要选择花期长，花色艳丽的地被种类。

5.要服从整体园林绿化景观环境的原则。如校园园林景观是以规则式为主体的布局形式，地被植物布置的花坛、模纹图案等也要进行整型修剪成规则式，中心广场及景观轴线等都适宜以规则式有地被植物布局形式，根据需要采用大手笔、大色块突出群体美；而以自然式为主的园林绿化景观在配置地被植物时则要以自然型为主，与主体环境相一致。

地被植物的应用形式很多，大致列举如下：

1.校园入口处的布置。拟采用大面积的地被植物色块来突出或强调入口处门面地位的重要性。通常选择一些花色艳丽的耐修剪的地被植物。

2.路缘、林缘或草坪边界处布置，拟种植各种地被花卉类作为花境，它是草坪与乔木之间的过渡形式。矮小的草本地被植物花境，宽度可小些；花境的构图是沿长轴方向演进的连续构图，是竖向和水平的组合景观。花境所选植物材

料，以能越冬的观花灌木和多年生地被草花类为主，要求四季美观又能季节交替，表现观赏地被植物自然组合的群体美。

3.坡地岩石。校园中一些自然地段多岩石坡地。绿化时不能种植大树，也不适合较大树种的生长。由于坡地岩石处缺少足够养分的土壤和水分，只能选择一些耐贫瘠干旱的攀援地被植物如络石、常青藤、爬墙虎等等，可以遮蔽裸露的岩石和坡地土壤，并对保持绿地水土不受冲刷起到良好的作用。

4.林下布置。整片树林下布置一些耐阴或开花的地被植物种类，既可使绿地景区林相变得层次分明、丰富多彩，又解决了黄土裸露问题。如城市街头绿地和市民广场的园林绿化中大面积采用各种观赏地被植物，这些地被植物与乔木、景石、园林小品等组成各式街景。

5.建筑庭院。校园中许多组合建筑或建筑内部都设置了各种形式的庭院环境，丰富了建筑空间的多样性，而庭院绿化更是为建筑空间赋予了生命，由于建筑庭院空间一般不是太大，高大树木不适宜种植，也为了显出建筑庭院空间的“较大”，做到小中见大，在绿化布置上多采用较小的丰富多彩的地被植物。

6.花坛点缀。在绿地种植中常常运用一些花坛来点缀绿地环境。在校园人口处及建筑物旁边、台阶的两侧对称设置以及在道路的轴线上布置景观花坛。种植一些地被草本花卉，或修剪成型的小灌木类，或做成立体式花坛，在绿地景区中起到画龙点睛的效果。

7.建筑物墙脚缺口装饰。在校园中建筑物是骨架，而园林绿化是血肉；二者相得益彰，互为映衬。一定程度上，丰富的园林绿化布置可以弥补建筑物遗留下的不足。在建筑物的角落处或建筑物的缺憾处布置一些有形的地被植物可以柔化建筑物本身单调而生硬的线条，通过地被植物的衬托而使建筑物更富有生命力。

8.挡墙垂壁。常用的地被植物有迎春、金钟花、爬墙虎、常青藤、络石等等。通过这些地被植物的绿化，原本显得单调的挡墙壁会产生一种意想不到的美。

9.水景区。为了丰富水景，常常在水岸边和水体中种植一些耐水地被类植物。耐水地被植物如水生鸢尾、慈姑、石菖蒲、荷花等；浮水植物如睡莲等。

10.屋顶花园。在城市高楼密度越来越大的今天，屋顶花园在增加城市绿化面积上显得更为珍贵。在校园绿化中也可以利用屋顶条件增加屋顶花园，由于屋顶绿地与露地环境有着很大的区别，也决定了屋顶绿化选择的植物种类离不开观赏地被植物，多以常绿、低矮、耐干旱的地被植物为主。如：迎春、马蹄筋、红花酢浆草、箬竹、常青藤、凌霄及其他各种小灌木地被植物等等。

11.行道树树池的绿化。在校园道路两侧的绿化树种往往由于树基处理不当而失去美观。为了减少树基地面土壤的裸露且增加绿地的绿化面积，并减少土壤水分的蒸发，常常在树基树池中布置一些耐阴的地被植物如麦冬、红花酢浆草等。也可以放置一些卵石或干树皮之类防止尘土被风吹起，达到一功多效。

## 五、观赏地被植物应用的方向

在地被植物应用中，应借鉴国内外城市的绿化先进经验，采用以下多种途径，努力提高校园绿化地被植物的应用水平。

1. 应用“死地被”

“死地被”是指用卵石、沙子、粉碎的树木枯枝落叶、木屑、人造草坪等覆盖地面。这种方法多用于游人活动多或者郁闭度过大的树林下，地被植物难以生长的地段。西方一些国家把粉碎的树枝铺设在树基，用来覆盖地面。

2. 保护和运用野生乡土地被植物

乡土地被植物是大自然进化演变中优胜劣汰的产物，在自然界具有净化空气、改善环境质量等功能。但长期以来，由于人们认识上的局限性，野生地被植物非但没有被保护利用，还被当成清除对象。在野生地被群落中，有不少具有较高观赏价值的植物，如能加以繁殖应用，对于丰富城乡自然景观，很有现实意义。对于野生地被植物高低不一的问题，可以用修剪的方法来解决。在江苏省可以尝试种植下列野生植物：一年生草本诸葛菜，花期 3 至 4 月，花蓝色；半常绿灌木野蔷薇，花期 4 至 5 月，花白色；宿根花卉萱草，花期 6 至 7 月，花色橘黄；球根花卉石蒜，花期 9 至 10 月，花红色；宿根草本野菊花，花期 11 月，花黄色。在绿地中如种植这 5 种植物，从早春到深秋就可花开不断，且极具自然野趣，这样不仅能降低成本，还能体现本地特色，栽培管理也比较方便。

3. 大量应用阴生地被植物

目前我们的园林绿地中，以乔灌木为主，林下地被种植未能得到应有的重视，部分绿地未能形成乔、灌、草互相依存的自然生态群落，虽有树木，但林下黄土露天。因而阴生地被的大量应用显得相当必要，适应林下绿地生长的耐阴草本地被有麦冬类、石蒜、诸葛菜、玉簪、紫萼、鸭趾草、虎耳草、万年青、水仙、红花酢浆草、三叶草、常春藤等。耐阴的花灌木有六月雪、大叶黄杨、瓜子黄杨、八仙花、桃叶珊瑚、八角金盘、菲白竹、毛杜鹃、十大功劳、阔叶十大功劳、南天竹以及扶芳藤、络石、薜荔、金银花等攀援植物。

4. 种植常绿地被植物及冬春花卉

春冬两季雨水相对较少，易发生尘土飞扬。夏秋雨水较为充足，空气湿度大，野生地被及园林树木生长旺盛，尘土飞扬的问题并不突出。因此，绿地中栽种常绿地被及冬春花卉对冬春固沙显得较为重要。目前可供选用的常绿地被

植物有马蹄筋、红花酢浆草、万年青、菲白竹、铺地柏等。可选用的冬春地被花卉有羽衣甘蓝、诸葛菜、三色堇、雏菊、金盛、石蒜、花菱草、矢车菊、黑心菊等。

5. 大量种植可自播繁衍草花及宿根、球根花卉

指一些萌发力强或分蘖能力强的地被植物，其适应性和抗逆性均强，一次栽植，多年观赏，且扩张力强。适合栽种的可自播花卉有金鸡菊、凤仙花、诸葛菜、紫茉莉、地肤、蜀葵、虞美人、茑萝、鸡冠花、矢车菊、蛇目菊、一点缨等。可供选用的宿根花卉有万年青、萱草、马蔺、鸢尾、芍药、大丽花、红花酢浆草、葱兰、石蒜、玉簪、美人蕉等。如果用诸葛菜和紫茉莉混播，两种花卉交替生长开花，景观效果很好。此外如金丝桃、箬竹等小灌木的自繁能力也很强。

## 六、结　语

观赏地被植物是校园园林绿地中的重要组成部分。越来越被广泛应用。在应用上已由常绿型走向多样化，由纯草坪型转向观花型。在应用地被植物造园时，要考虑到校园园林绿地自然环境因子和造园时地被植物的需要，准确选取能适地生存、并容易蔓生的地被类植物，用它们装点好校园中的主要景点，加强管理，合理利用，才能使整个校园景观因地面覆盖地被植物而显得更为丰富完整。

# 感受自然　以人为本　建设“绿色环保”校园

无锡商业职业技术学院　黄永辉

绿色环保校园，亦称“可持续校园”或“生态校园”，是指以生态的基本原理方法为基础、实现环境可持续发展的校园。它不同于传统校园，不是简单地种花、栽草、植树，而是根据生态环境建设的基本需求，从可持续发展、节约能源、保护生态平衡、维护校园生态环境的目标出发，对学校进行综合、全面的环境建设。绿色环保校园建设需要考虑到水土保持、污染控制、噪音预防、垃圾处理、通风、防火、防病虫害、车辆、建筑材料环保、不可抗力灾难下师生避难设施、校园植被处理等诸多方面。我院在新校区建设的各个阶段，始终贯彻建设“绿色环保校园”的宗旨，本着“以人为本”、“天人合一”的建设理念，采用绿化与人文景观建设有机结合的建设思路，科学规划，节能增效，全力打造具有时代特色、商院特点的绿色环保校园，取得了良好效果。

## 一、合理规划、科学决策是“绿色环保”校园建设的良好开端

基本建设规划是校园建设的重要环节，它涉及如何合理有效利用土地资源，合理布局教学、行政、体育、生活、环境五大功能区域。合理规划、科学决策是建设“绿色环保”校园的良好开端。我院主要抓了以下三个环节：

1. 以无锡建设藕塘职教园区为契机，将山林绿地合理规划为校园自然景观区

我院目前共有土地1600亩，其中新校区占地面积1200亩。2005年无锡市政规划建设藕塘职教园区，要求我院调整已规划好的土地，以西环线为界，东侧为我院的新校区建设用地，西侧纳入环太湖生态景观区。调整后的建设用地，生均占地面积与评估指标相差5.21平方米/生，为满足评估生均土地指标和校园环境建设需要，我院向市规划局提出将地块南侧的126亩山坡地纳入学院的建设用地，作为校区自然生态景观区。规划部门会同国土、农林实地考察，考虑学院环境建设的需要，报请市政府同意将学院南侧的山林地纳入学院建设用地范围。虽然学院为此花费近800万元的土地规费，但校园增添了一片美丽的自然景色，学生课余漫步在山间小道，欣赏自然风光，心旷神怡，可舒缓学习压力，陶冶情操。

2. 以抓好景观规划设计环节为重点，合理规划生态型校园建设

校园是一群朝气蓬勃、活跃的年轻人学习、生活的场所，这些年轻人将在这个空间里度过他们人生成长的重要时期。校园区内的每一幢建筑、每一个雕塑、每一个花坛、每一棵树木都可能让他们驻足，让他们在以后很长的时间里仍记忆犹新。例如北京大学学生一谈起自己美丽的校园，就首先想起“一塔湖图”，未名湖岸边的博雅塔的身影映在湖中，每个到北京大学的人都向往看到湖光塔影的美景。我们在校园建设规划之初提出要给同学们的记忆留下一种烙印，一种值得维系终生的记忆。基于此，我院十分重视景观环境的特色营造。曾有古诗云“借山光以悦人性，假湖水以静心情”。我院地处无锡太湖生态景观区，南依青山，具备得天独厚的山林地自然条件，主要问题是缺乏水源，俗话说山无水不灵，无水不盛，水是“绿色环保”校园建设的重要资源。为使学生获超然世外之感，我们会同设计人员观察周边 200 亩左右山地，充分论证借用山雨水为水源的可行性。院领导果断提出规划山水渠、中心湖，引水入校，以聚人气，增强师生的凝聚力，在图书馆西北侧规划建设的近 2 万平方米的中心景观湖，中心水面及沿岸生态绿地形成了中央生态共享区，成为整个校园的核心，通过木桥和石拱桥与教学区和生活区相连，南依青山背景，建筑同周围山林景色相融合，风景独特秀丽，和谐统一，塑造了新世纪生态校园的良好形象。

3. 以加强景观规划设计论证为抓手，实现“绿色环保”校园建设科学决策

我院的校园景观规划始终坚持以自然景色为背景，人文景观为点缀，自然与人文景观有机结合的景观规划原则。学校在广泛征求意见的基础上，面向社会公开招标，浙江城建林园设计院中标。为使景观规划更加科学、合理，我们历时 8 个月先后三次聘请上海、南京、杭州等各地专家进行专题会审、论证，修改方案。当时为了迎接教育部高职高专人才培养工作水平评估，新校区建设时间紧，任务重，但学院领导高度重视景观总体规划，注重生态校园建设，对于绿化、水生态、环境保护、节能减排等方面强调优化设计方案、整体规划协调，充分论证、科学决策，保证了新校区的生态建设。对涉及校园环境的项目要求上报新校区建设指挥领导小组会议讨论；对影响校园生态的项目或方案，学校坚决放弃建设；对影响结果不确定或论证不够充分的项目均予以否决；以保证在建设生态校园过程中决策科学。如：对新校区未开工建设部分，种植价廉的简易绿化，保证闲置地块的绿化面积和生态稳定。这些都是学院贯彻绿色校园理念的决策结果。领导班子多次召开专题会议研讨“绿色环保”校园建设，坚持“绿色环保”理念，使景观规划方案日趋科学、合理，做到了校园规划与周边环境和谐一致，校园文化凸显职教特色，营造了环境育人的氛围。

## 二、加强施工过程控制是“绿色环保”校园建设的关键之举

“绿色环保”校园建设是一项系统工程，涉及诸多方面，规划仅仅是工作的起步，项目建设过程中能否坚持“绿色环保”理念，按照既定的方案组织实施，关键在于学院领导有坚定的信念，基建管理部门能始终如一地坚决贯彻执行，碰到难点问题不推诿。由于树立了“绿色环保”校园的宗旨，我院在新校园建设过程中碰到了许多棘手的问题，但是经过艰难而卓有成效的工作，确保了“绿色环保”校园建设的有序推进。

1. 充分利用自然环境，实现园林设计与自然环境有机结合

由于我院土地大部分是原青山林果场地块，自然植被条件较好，所以在建设过程中尽可能保留原有植被。比如在建设实训中心B楼时一个原化纤厂道路两旁有36棵25年的香樟树和7棵桂花树，我们实地查看后认为有保留价值，及时与设计院联系，适当调整中心的位置，景观设计也同步调整，保留原有树木，在原厂区道路上铺设石材，使之成为了绿树成荫，花草芬芳，学生休闲和学习交流的最佳场所。在实训C楼景观工程施工中，保留了原有池塘和生态植物，该池塘芦苇茂盛，水草丰富，野鸭等野生禽鸟常来嬉戏作客。在篮球场侧边保留了20多亩地的茶树，供学生欣赏和学农劳动之用。凡是未建设的空地我们与绿化公司联系种植苗木植被，以最少的投资来净化、美化校园环境，为学生营造舒适的学习空间，使学院环境优美而和谐。

2. 建筑施工与景观工程同步实施，建筑单体与景观环境同步交付使用

因无锡市市政建设需要，我院梅园校区学生2006年开始逐步搬迁至新校区，新校区工程完成一栋立即启用一栋。为给学生一个优美舒畅的环境，院领导要求建筑单体和绿化景观必须同时交付使用。我们针对各建筑的不同使用功能和总体规划方案，适度调整景观规划设计，对建筑组团区域景观设计先出方案，反复论证，确保自然景观和人文景观的有机结合，与建筑相融洽。同时邀请宣传部、学生处、团委各职能部门一起参与人文景观的设计和制作，利用校园网广泛征求师生意见，对“绿色校园”建设献计献策，用文墨雕刻喷绘等艺术手法完善校园文明宣传用语。由于各部门的积极配合，基建部门采取多标段招标，使所有建筑单体景观都能同步竣工交付使用，取得了良好效果，教师、学生和来访的友人、领导到校后深感：南院的建设真快，一天一个样，校园面貌日新月异。

3. 着眼环保，建设与治理同步，有效根治污染难题

我院东南侧和西侧原有藕塘勤建村12家小化工厂，整天排放淡黄色废气，气味呛鼻难闻，学生上课经常捂嘴鼻，严重时熏得人涕泪横流，部分学生家长到

校考察后向学校提出强烈要求，并协同我们一起向政府和有关部门反映，但作用甚微，答复基本都是：因化工厂先于学校建设，而且都有生产环保许可证，手续合法，若排放物检测超标只能作罚款处理。2005 年无锡职教园区的建设使小化工厂搬迁摆上议事日程，区政府协调拆迁困难重重，我们直接函告市政府领导，得到批复后又召开政府协调会，2007 年 10 月份彻底解决了 12 家小化工厂的拆迁问题。根据环保部门的要求，化工厂位置必须空置三年以上，并须经环保部门取土检验无化学有害物质污染后才能建设。对此学校坚决贯彻执行。化工厂的搬迁使校园空气污染问题得以根治，全院师生拍手称快。

## 三、合理选用环保节能材料是“绿色环保”校园建设的物质保证

“绿色环保”校园建设不仅要求建筑风格和景观设计以“绿”为主，而且要求高度重视节能增效，选择节能建筑材料。我院自 2005 年新校区开工建设以来，就着眼于学校的可持续发展，着力建设节约型生态校园。

1. 严格按照建筑环保节能标准，抓好建筑环保节能设计、施工工作，积极采用新型环保、节能技术和产品

我院新校区严格实施国家建筑节能建设标准，所有建筑外墙都增加保温板，门窗玻璃幕墙均按照断桥隔热的标准制作安装，水电运用节能环保产品，经无锡市建筑质量检测中心检测均达到国家质量标准，并荣获节水型校园的称号。更换老校区燃煤锅炉，充分利用供电优惠政策，新老校区一并采用新型环保锅炉——电蓄热水锅炉，利用晚上波谷电价烧热水，把热水储存到保温罐中，第二天供给学生生活热水。改造后的锅炉，对环境污染小，发热值高，安全并且能源费用降低。现学校正筹划和无锡尚德太阳能有限公司合作，充分利用太阳能资源，在各建筑屋顶安装太阳能系统，进而既能为学校节省大量运行资金，又能实现节能减排。加强智能控制，实行水电分户到人，减少浪费现象，大学历来都是用水、用电大户，以前学生洗澡，喷头一开随便冲，现在我们洗澡实行刷卡付费式，多用多付费，少用不吃亏，用水浪费现象大为改观。宿舍也实行了水电分户制度，学生宿舍的动力电需使用者需要付费，使学生养成节约用水、电的好习惯。

2. 严格把好材料品质关，选用环境指标合格、具有绿色标记的产品

我院建筑工期一般都只有国家工期的 50%。例如行政楼(8532 平方米)包括室内装饰在内工期只有 150 天。考虑到建筑物建成即用，我们在选用建筑材料时要求：一是进行广泛市场调研和网络查询，把握材料的技术参数、质量标准、环保性能、经济指标等要素。二是实行公开招标。无论是甲供材料还是乙供材料一律由学院组织统一招标，分别签订供货合同，招标时明确必须把技术

性能、技术参数、环保检测报告附在投标文件中，保证评标时对产品的质量、环评、价格有一个客观公正的评价，确保选择到价廉物美环保的产品。三是对重要场所的装饰材料以环保指标、防火性能为重要参数，选择质量好的品牌产品，确保无毒、无味、无有害物质，以保证人身安全为第一要素。

3.抓好现场装饰材料的检测检查工作

材料进施工现场按规定提供各类技术资料，由现场管理人员、监理工程师、承包人进行检查和验收，对装饰吸声板材、墙地砖、涂料等进行抽样检测其性能指标。以确保所用产品合格率达到100%。工程完工交付使用按规定委托无锡市建筑质量检测中心进行室内环境指标检测，经检测100%达到国家标准，教职工搬进新建成的办公室、教室、图书馆、体育馆都有同一种感觉："刚建好房子怎么没味？家里装修3个月搬进去还有些味"。广大教职员工在新的办公场所放心、舒心、身心健康。

## 四、实施管网改造是"绿色环保"校园建设的有效途径

我院1996年在藕塘勤建村借用村部厂房拓展学校规模，从1998年11月开始征用土地建设新校区。当时四周都是农田猪舍，办学环境极差。东侧老校区125亩地，7.5万平方米建筑雨污水合流排到农村的灌溉沟内。2005年成立无锡藕塘职教园区，根据太湖水治理要求，雨污水必须分流达标排放。根据市政府的要求，结合学院周边环境和地形，以及学院各校区的实际情况，我们分别采取了不同的处理方法：九龙校区的老校区对雨污水管道进行彻底改造，污水直接排入职教园区污水处理管网，雨水部分进入学院中心湖，部分进入园区河道；姚湾校区建污水处理站，做到达标排放；锡惠校区改造后接入无锡市网。三个校区改造投入216万元。改造后经无锡环保部门验收，达到国家雨污水分流排放标准，一次通过验收。实践证明：实施管网改造是"绿色环保校园"建设的有效途径。

尽管我院在"绿色环保"校园建设方面取得了一定成绩，但是，我们深知：建设有商院特色的"绿色环保校园"，不仅要重视硬件基础设施建设，合理设置、优化校园整体绿化景点，规划具有人文内涵标志的景观，更要重视精神文明建设，加强"绿色理念、绿色文化、绿色环境"宣传与教育。"建设生态校园，美化育人环境"是一项长期工程，永远都只有更好，没有最好。我们将继续努力，营造更加美丽、文明、和谐的优美校园，让绿色、文明溢满校园，使每一位学生健康成长。

# 绿色文明信息化校园的建设之路

上海大学　沈学超

上海大学新校区地处上海市宝山区大场镇，占地100万平方米。其中，绿地面积55万平方米，绿地率55%，绿化覆盖率65%，树木品种已达260种。其中：观赏乔灌木占乔灌木总数的68%；地被植物品种15种，面积6万平方米；花卉面积占绿地面积的5.4%；水面面积5万平方米；水生植物面积4000平方米。通过近10年连续不断地建设，校园内已初步形成了"泮池观鱼"、"杉荫通幽"、"南国风光"等10大景观；建成了单园面积超过2000平方米的"桂花园"、"玉兰园"、"腊梅园"等10个园；种植建设了单林面积超过4000平方米的"水杉林"、"香樟林"、"成才林"等10片林木和以植物名命名的"喜树路"、"杜仲路"、"合欢路"等10条路。目前一个"点上成景、线上成荫、面上成林"、人与自然和谐协调的绿色文明信息化校园基本形成。2003年被命名为上海市花园单位。2004年被命名为全国绿地模范单位。

## 一、根据校园建设理念和建设目标、加强校园绿化环境建设

校党委和钱伟长校长在新校区建设一开始就明确提出了校园建设要坚持"以人为本，以水为源，以绿为核、营造人与自然和谐协调的生态校园环境"的建设理念；提出了要把校园建设成为"绿色文明信息化校园"的建设目标。

我们感到：校园建设理念是校园绿化规划建设的灵魂，而校园绿化环境质量的高低，则是衡量校园品质的重要标志。因此，建设一流校园，不仅要有一流硬件支撑，同时要有一流的与"硬件"相协调的绿化环境衬托和积极进取、健康向上的校园文化环境的营造，才能充分发挥环境育人的功能，真正体现出校园建设的精、气、神。这是时代赋予大学校园的内涵，也是坚持"以人为本"设计理念的关键。

因此，在校园绿化建设过程中，我们注意把握以下几点：

1.校园绿化及景观设计，要与建筑总体规划和谐统一，相得益彰

绿化景观设计要以总体规划为依据，合理划分不同景观空间。总体规划要依靠景观设计来强化，以充分体现其空间变化。绿化景观一定要与建筑、道路、广场、水体之间形成和谐协调的有机组合，才能将富有特色的校园建筑烘托得

更加起眼,这是绿化景观设计的魅力所在。

2.注意点、线、面的有机结合

在整体协调的基础上,突出重点,做到主次分明、聚散有度,努力做到点上成景、线上成荫、面上成林、形成良好的生态氛围。

点上成景:我校的校前区广场、名人广场、文化广场、下沉式广场、行政楼内庭院和校活动中心休闲式庭院等是校园景观绿化的重点。因此,在规划设计建设过程中,按照建设“精品”的要求,十分注重其外观形态和内在气质的设计;注意植物形态、色彩、体量和质感的选择搭配;通过精心设计、巧妙搭配出较为美观、大气、富有层次的校园绿化景观,以烘托大学校园严谨求实、健康向上、积极进取的环境氛围,使人一进校园就感到气势恢宏、耳目一新,有流连忘返之感。

线上成荫:沿路、沿河、沿墙是校园绿化的线。我们在注重隔离防护的同时,根据不同区段的特点,因地制宜,因势造景,选择不同的植物配置,营造不同的线上景观空间,努力达到步移景异,让广大师生在漫步校园中赏心悦目,在与绿化环境的充分交流中陶冶情操。目前,沿路,已绿树成荫;沿河,已岸柳成行;沿墙,已筑起了绿与花的屏障。

面上成林:在校园总体规划中,在各个不同的功能区域内,我们都留出了足够的绿化空间,以加强绿化面的建设。按照“面上成林”的建设原则,先后营造建设了中心绿岛、荷抱果园、樱花林、香樟林、杨梅林、水杉林、成才林、玉兰林、杜英林、竹林、女贞林等10多个单林面积都超过4000平方米的风格各异的林园,为提高校园绿化的生态功能增添了不少亮色。

3.从建设生态校园的要求出发,充分利用植物的不同特性,科学搭配,建设符合植物生态特点和生长习性的多层次植物群落,以求产生最大的生态效应,提高校园环境质量

譬如:为了减少城市交通噪音对教育环境的干扰,在校园四周种植了总长近4公里,总面积达6万平方米的高大乔木林带;在校园西、北边种植了长近1000米、宽30米的防风林带;在有气体,水污染的地方种植有吸污功能的夹竹桃等;为了改善校园河浜水质,河内不但养殖了有吸污功能的水生动物,而且还设置了水循环系统,建设了喷水池和瀑布等,增加了校园的生态功能。

4.不断拓展校园绿化景观的文化内涵,注重校园的景观营造与文化塑造相结合,不断增强环境育人功能

譬如:在教学区和学生公寓区,我们先后投资近千万元,建设了桂花园、紫薇园、玉兰园、腊梅园、杜英园、石榴园、竹园、果园、休闲园等10个园,并在园中设置了石台石凳供学生休闲读书;在学生公寓区和教学区内基本形成了10条以植物名命名的道路(喜树路、杜仲路、杜英路、桂花路、南酸枣路、紫薇路、合欢

路、樱花路、广玉兰路、栾树路），路旁就种植该种植物，以营造校园的绿色文化氛围。

在校前区广场建造了“自强不息”校训和“求实创新”校风的石雕；在名人广场完成了孔子、屈原、牛顿等名人雕塑；在校园内通过石景小品的点缀和两栖类野生动物养护区等建设，不断提升了校园的文化内涵，增强了环境育人功能。

## 二、领导重视，齐抓共管，创建绿色信息化校园

校党委把建设“绿色信息化校园”列为学校精神文明建设的重点工程，坚持经常抓、抓经常；校领导班子坚持齐抓共管，并落实专人具体负责，明确目标责任，坚持一级抓一级，层层抓落实。

校领导从制订规划到组织实施，都亲自把关，并身先士卒，带领大家同心干。为了选择石材，优选树种，校领导数次冒雨深入山区、林区，精心挑选，精打细算，努力做到少花钱，多办事，办好事，不断提高投资效益。

校园建设目标的实现，不可能一蹴而就，而要靠坚持不懈的努力，要靠不断加大投入。按照“总体规划、分步实施、层层推进、注重内涵”的建设原则。在新校区建设初期，初步形成了“点、线、面”的基本格局，做到黄土不见天。在新校区基本建成后，校领导严格按照规划要求，把绿化工作重点放在“改造陈旧绿化景点、增加树木花草品种，提高绿化层次品位，增强校园生态功能”上。为此，学校决定在已经投入 4000 万元的基础上，再投入 1000 万元加强校园绿化环境和文化环境建设。通过建设，不断打造校园建设品牌，争取使校园环境达到“抬头看蓝天，天上有鸟飞；放眼观绿地，地上有珍奇；低头赏清波，水中鱼嬉戏；四季有花香，处处鸟啼鸣”这样一种理想境界。

社会发展到今天，信息化几乎成了现代化的代名词。所以，校园信息化程度的高低也是衡量大学现代化水准的标志。因此，建设一流校园就要有与之相适应的一流的校园信息化规划建设来支撑。为此学校提出了校园信息化建设的思想：校园信息化建设要整体规划，统一实施；实现应用整合、资源整合；达到从资源到管理的全面数字化；从而实现大学资源的优化配置，提高工作效率和管理水平；最终实现教育过程的全面信息化。根据这个建设思路，在校园信息化建设中，我们坚持以下建设原则：统一规划信息资源，统一完成信息系统框架设计；注重信息资源的应用集成，构建全方位应用服务；全面分析用户行为，建立以人为本的信息化服务环境。

为了高标准、高质量地完成校园信息化系统建设，由校长主抓校园信息化建设工作。学校成立了信息中心办公室，抽调信息化专家负责校园信息化规划建设工作。学校先后投入了 5000 多万元，按照“万兆进校、千兆进楼、百兆进

室”的要求，建成了纵横贯通、便捷可靠的信息服务网络。在校园网上设立了统一身份认证平台、主页内容管理平台以及教务管理、科技管理、人事管理、学工管理、后勤管理、交互式论坛管理等10多个信息服务平台，实现了全校信息资源的共享，为全校师生员工提供了良好的信息服务环境。为了加强学校与师生之间的信息沟通、网上开辟了“校院长信箱”、“主任热线”、“有问必答”；三个校区实现了一卡通；学生可以在网上选课、通过E-mail上交作业；师生可以在网上与校院长直接对话。所有这些，都为“绿色文明信息化校园”建设打下了坚实的基础。

## 三、人人参与、天天建设、乐为共筑绿色家园作奉献

古人云：前人栽树，后人乘凉。校园绿化环境建设是一项造福于师生员工和子孙后代的百年大计。因此，建设绿色文明信息化校园要靠全校师生员工的共同参与，不断增强爱绿、护绿、建绿的意识。

在新校区建设过程中，校工会向全校师生发出了“我为校园添一份绿”的倡议，全校师生主动捐款近20万元支持校园绿化；外语学院师生捐款4万元建造“桂花园”；悉尼工商学院捐款建造“明德林”。为了“创建园林城市，共筑绿色家园”，我校积极开展“百万市民百万树主题义务植树活动”，全校师生踊跃捐款近30万元，分别捐给宝山区和上海市教委，为建设上海园林城市奉献一份爱心。

每年植树节，校主管部门拉横幅、出板报，利用各种宣传媒体，广泛宣传植树造林，建设绿色家园的意义；每年植树节，校领导都身先士卒，带领全校师生参加校园义务植树活动；自2003年11月以来，学校已连续8年举办菊文化节，年年展菊韵，届届显风采。8年来，办展理念不断更新，精神内涵不断深化，文化品位不断提高。目前菊文化节已成为弘扬上海大学精神的载体、实施环境育人的平台、展示大学精神文化的窗口，而且已被上海市命名为上海地区社区高雅文化建设的知名品牌活动项目之一，每年都吸引数万校内外观众前来观展。产生了良好的社会效益。每年校绿化办公室都要分期分批组织6000名新生参加校园护绿保洁实践活动，以增强学生爱绿、护绿、建绿的意识。随着爱校爱绿意识的增强，有效地调动了学生护绿、建绿的积极性，有的学生把亲戚送的珍禽绿头鸭无偿捐献给学校；校团委、学生会主动组织学生利用业余时间翻阅资料，为新校区的树木制作了树名牌，介绍植物名称、科目、特性等。此举不但为学生的认知实习提供了广阔天地，同时也有效地增强了学生爱绿、护绿的自觉性。

## 四、创新机制，严格管理，不断提高校园绿化养护管理水平

随着校园绿化面积的增加，绿化层次品位的提高，学校现有的绿化管理队

伍在人力和技术上已不适应高水平绿化管理养护工作的需要。为此,必须创新机制,推进绿化养护的社会化进程。因此,学校适时推出了“公开招聘、竞争上岗、定期考核、末位淘汰”的管理机制,引进了社会上有实力、懂技术、会管理的四家绿化公司分片包干学校55万平方米的绿化养护管理工作。学校统一制订绿化养护标准,校绿化办公室和后勤集团绿化保洁中心坚持“月月检查、季季考核、年年评比、末位淘汰”的考核管理机制;坚持按照考核等级发放绿化管理养护费的办法,不断提高校园绿化养护管理水平。

由于坚持了严格的考核管理制度,坚持把管理养护工作的好坏直接与经济利益挂钩,因而有效地调动了养护人员的主动性、积极性。目前,校园绿化管理养护基本做到:管理精、深、细;保持洁、净、美;达到树绿、水清、气净、貌洁。

建设“绿色文明信息化校园”是我们的建设目标。全校师生始终坚持“用真心建设绿色校园,用爱心培育一草一木,用深情营造育人环境,用热情创建精神文明”。我们正以极大的工作热情,坚持用科学发展观统领学校建设的全局。决心把上海大学校园真正建设成为人与自然和谐协调的绿色文明信息化校园,争取为创建园林城市、共筑绿色家园作出我们应有的贡献。

# 本体知识的审美建构与空间映射*

## ——兼论大学城知识景观的价值功能及建构理念

杭州师范大学　丁　峻

几千年来，人类的心智发生了巨大的嬗变；这主要归因于教育所传导的知识价值。同时，人类的环境与生态、情感与行为也日益呈现出种种危机境况："现代人虽有能力改变一切，却忽视了自身的发展。……惊人的科学技术成就迫使人类丧失了某些最重要的观念，从而使我们的内在世界失去平衡、外在世界失去协调、前途难以预测"[1]。

造成上述本体性危机的根本原因究竟是什么、我们应对挑战的智慧之道又在何方？对此，本文拟结合大学城的知识景观建设理念与战略功能，就长期被忽视的本体知识之审美建构与空间映射问题，进行具体深入的探讨，以造益国内的教育理念更新与知识载体创新。

### Ⅰ.本体知识的内涵、构成及价值分析

国内目前的教育呈现了严重的价值目标错位和耗竭人心的形式化倾向、严重制约了青少年情知意能力的创造性发展，因而亟须基于人的认知发展规律进行教育观、知识观和价值观的彻底更新，进而据此建构人性化的科学的教育理论与方法论。

教育仅仅作用于人的客观知识或对象性知识，后者则需要由学习者转化为自己的本体知识；本体知识的升级活化与内在映射导致人的元认知能力廓出。元认知活动基于自我参照系而实现对客观世界的具身认知与对象化映射。可以看出，我国的教育活动依然停留于第一个环节，尚未影响人的本体知识系统，进而致使学习者无法形成个性化的元认知能力。换言之，本体知识的建构空白乃是我国教育存在的根本缺陷，片面的知识观、实用性的人才观和功利主义的教育观乃是我国教育滞后的思想症结，应试制度、官本位体制与合法化的利益垄断规则乃是加速教育持续滑坡的社会政治弊病所在。

论及本体知识，则首先需要梳理学术界关于知识的分类情况。

* 本文系杭州市教育局2010年委托研究项目《大学景观与校园文化研究》的研究成果。

（一）经典思想家的知识类型观。柏拉图最早提出了“理念知识”的概念；斯宾诺莎认为，人类的知识有三种形式：想象性知识、理性知识和直观性知识，而只有后两种知识才是真知识。（《用几何学方法论证的伦理学》）黑格尔提出了由理念王国所统摄的“绝对知识”。（《精神现象学》）

（二）现代思想家的知识类型观主要包括以下内容：“逻辑性知识”（罗素），“事实性知识”和“工具性知识”（詹姆斯），“操作性知识”（布里奇曼），“符号性知识”（卡西尔），“现象学知识”与“本体性知识”（胡塞尔），“范式性知识”（库恩），“客观知识”（波普尔），“显性知识”与“隐性知识”（波兰尼），“经验性知识”、“概念性知识”与“技能性知识”（埃里克森），“构件性知识”和“框架性知识”（亨德林），“私人知识”和“集体知识”（施本德），“认知性知识”和“工作性知识”（巴顿），“个人知识”与“组织知识”（野中郁次郎）；张刚认为，知识系统由环境知识、结构知识、局域知识、文化知识、关系知识、专家知识、自我知识、超越性知识等系列构成。[2]本采夫提出了令人耳目一新的知识类型观，即情感性知识、认知性知识和体用性知识。[3]考斯米德斯认为，可以将人类的知识分为理论性知识、实践性知识、经验性知识和规范性知识。[4]艾斯特指出，情感也是一种主体性知识，没有情感体验就无法内化客观知识；情感有助于促进主体的认知目标定位及知识建构。[5]

学者们的上述探索固然各有合理之处，但是唯独缺少基于人本坐标的知识分类标准。对此，笔者尝试提出与“对象性知识”相对应的“本体知识”观，进而深入解析它们之间奇妙复杂的相互作用机制，借此为我国的教育发展与改革提供某种思想启示。

第一，本体知识的内涵与构成

与对象性知识相对应，本体知识即是主体用以体验、重构、认知、评价、预测和管理自我的本体性记忆、经验、情感、程序、规则、策略等内在的认知资源，其中包括元记忆、元体验和元调节等认知操作要素，也包括主体对自我与社会、自我与自然、自我与科学、自我与宗教、自我与艺术、自我与伦理、自我与家庭、现实与理想等相互的价值关系与认知关系和互动关系的认识与行为意识。

本体知识的文化构成涉及下列基本内容：

1.指向自我的感性认识或经验性知识。包括自传体记忆，情感经验，自我形象，艺术经验，科学经验，宗教经验，道德经验，游戏经验，自我对话经验，自我幻想，身体经验，等等。其生成方式主要以本体联想、幻想为主，主体借此创造了虚拟而真如的自我新经验与新情感。

2.指向自我的知性认识或符号性知识。

（1）普遍知识，譬如有关自我、群体、种族与人类的各种知识。

(2)个性化知识，譬如自我潜能，自我特长，自我情感特征，自我性格倾向，自己的思维方式，自我想象，自己的人格类型，自己的能力优势及薄弱点，自我的行为方式，等等。其生成方式主要以人的本体性想象、符号性推理、假想性情境为主，主体借此创造了合情合理的自我新概念与新规则。

3.指向自我的理性认识或理念性知识。它包括自我意识、情感理想、认知策略、人格框架、价值观、行为图式与发展战略等内容；其生成方式主要以人的本体性意识体验、理念具身化转换、理想化情境与主客观规律的完形耦合及感性嬗变为主，主体借此创造了个性化的自我意识系统，进而以此解释自我的历史、调节自我的现实图式、设计预测自我的未来进路。

第二，本体知识的价值品格

在现当代人的心目中，所谓的知识主要指客观世界(特别是自然世界)的科技知识，所谓人的认知与创造能力主要指对科技文化的内在转化与操运水平。我们对人的自我体验、自我认知和自我建构等内在过程缺少关注、研究和教育实践。

1.指向自我的经验性知识有助于个性主体在历时空层面将客观经验、对象化情感和社会化价值分别转化及还原为主体自身的主观经验、本体情感和个性价值。其所具有的感性化具身体验之价值品格，有助于矫正目前基础教育的感性缺失倾向。

其认知机制在于，元认知系统乃是个性主体认识与改造内外世界的精神框架，它基于“自我参照系”(即个性主体借助自我知识系统认知自我、调节自我、实现自我的思想体系)这个母本而得以渐次成熟、厚积薄发。如果青少年缺少这种元记忆的基本架构及其载体构件，则他们只能对间接经验与抽象知识采取囫囵吞枣式的机械记忆方式，从而形成孤立、封闭、沉寂和被动的知识资料库，最终导致其所机械保存的客观知识无法转化为人的个性化的情知意行之本体知识。

2.指向自我的符号性知识系统既有助于个性主体在共时空层面转化及使用其所摄取的各种对象性符号知识，也有助于主体将本体性知识再次投射到新的对象时空及新的对象目标之上，进而借此实现对外部世界的移情体验和换位思考。其根本原因在于，元体验乃是个性主体转化外源性的社会经验和符号知识的精神中继站，它需要人们借助移情和换位思考的方式来将外源信息与内源信息加以全息重构，形成自我知识，借此推进对自己的情知意的完美嬗变、自由弛豫和虚拟实现等内在进程。

个体形成的指向自我的符号性知识，实际上体现了个性主体对自我之身体性、生理性、心理性、病理性、人类性、社会性、历史性、审美性、科学性、伦理性内

容与特征的概念表征方式，规则操作能力，关系建构格局，行为调节水平。唯有基于这些本体性的情感体验与科学认知，个性主体方能对自我的潜能特质、个性特征、性格倾向、思维方式、情感气质、知识结构、体能状况、行为范式等形成合情合理的概括性认识。

3. 个体形成的指向自我的理念性知识，实际上折射了主体自身的本质价值与精神理想，体现了主体对自我世界的内在规律、价值真理与发展战略的科学认识，反映了主体高阶转化及能动创用对象世界之多元规律和真理认识的理性精神建构水平；它们集中体现为个性主体的自我意识、元体验—元认知—元调控水平。

“现代人虽有能力改变一切，却忽视了自身的发展。一切努力都没法使现代社会从困难的沼泽中挣脱出来，因为现代人一直保留着成为当今危机根源的精神状态，没有考虑过应该怎样改善自己的思想、行为和情感，疏忽了唯一能够不断发挥协调作用的哲学、伦理和信仰，从而使我们的内在世界失去平衡、外在世界失去协调、前途难以预测。”[6]

令人欣慰的是，2000 年以来，西方的众多一流综合性大学开始重新审视艺术教育的角色、作用和意义，全面规划面向全体师生的艺术教育行动方案，旨在使大学师生借助艺术文化培植创造性经验、重构本体性知识、催化创造性思维、孕育创造性观念。

## Ⅱ. 本体知识的审美建构原理

菲舍尔深刻地指出：人类的教育目前走到了一个十字路口，我们迫切需要深入了解大脑的发育规律和工作机制，弄清楚优秀的学生以及学习障碍的学生的大脑原因及其心理动因，以此作为参照系，彻底改造与更新我们的教育观念、教学方法和评价标准，借此促进教师与学生的同步发展。[7]

笔者认为，本体知识是学习者转化客体知识的认知中介，据此形成的基于“自我参照系”的元认知框架决定了个体的对象化认知水平和行为方式。因此，教育的核心目标应当聚焦于人的本体知识，以深度体现“以人为本”的教育理念、真正实现人的个性化情知意之自由自主和全面协调的发展。其中，本体知识的审美建构乃是学习者发展认知能力的先导目标。其原因在于，人的本体性情感发展位于认知发展的首要阶段，自我认知框架决定了人的对象化认知能力。[8]

进而言之，人类的审美行为实际上是主体借助对象之镜来观照自我和实现自我的精神内创方式。笔者之所以要把审美建构作为人发展本体知识的首要内容，乃是因为审美建构同时体现了两大核心作用：一是对人的移情体验能力的强力催化和深广拓展；二是促进创造性想象能力的效价升级与理性化意象生成。

为此，哈佛大学校长福斯特指出："必须使艺术成为哈佛大学认知生活和创造未来的核心动力。"[9]因为"艺术乃是大学教育使命所载负的核心内容，她总是善于带来新观念、新形式、新方法、新感受，并对人们所有的创造性思维产生了重大而奇妙的独特启示。尤其是艺术体验所能达到的境界，乃是其他研究领域及其实践所无法企及的！所以，艺术应当与科学、人文相并列，艺术第一应当被置于哈佛教育观念的核心地位"[10]。

那么，艺术文化是如何造益人的本体知识发展的？这涉及本体知识的审美建构原理。

（一）具身化体用原理。人的本体知识的来源由三大系列、九种对象所构成：历时空的自我、他人和物象—符号，共时空的自我、他人和物象—符号，超时空的自我、他人和物象—符号；它们分别被主体的镜像神经元系统转运至经验性时空、认知性时空和哲理性时空，进而由大脑前额叶的情感体验中枢进行价值评价、由认知中枢进行机制分析，再由前运动区进行具身预演、由语言活动区进行符号匹配，最终形成个体对客观知识的三大认知转化产物：本体性情感（形态）、本体性认知（规则）、本体性意识（规律）。

（二）对象化映射原理。人们在认知过程中需要对内心的知觉表象展开二度创造、二次发现和二度体验，进而将认知结果投射到虚拟性和实体性对象之上，借此实现自我与对象的认知价值。这种虚拟投射的结果，导致主客体本质价值相统一的"间体世界"廓出、继而由此生成了意义深广的价值表征系统。心理学家伊丽莎白深刻地指出：在审美体验中，主体与对象处于共时空境遇，主体的情感运动特征与对象的感性形式形成了密切的结合体，对象成为主体的心灵标记、主体的心理活动成为对象所表征的意义内容。这既是一个价值共同体、又是一个命运共同体。[11]

（三）先导性占位原理。主体在创建审美对象的系列过程中，首先需要生成感性表象，继而生成知性概象，最后生成理性意象；其实质是将审美的客观形式逐步改造为主客观合一的"间体"形态。其间，主体将客观化的审美内容转化为本体性的审美感觉、审美知觉与审美意识，由此实现了审美价值的本体建构任务。

需要指出，主体借助自传体经验和本体性情感所重构而成的审美表象，实际上具有"早期发生、先入为主、持续深化、影响终身"的先导性占位效应。这是因为，人的感性塑造必然要经历一个"童年迸发期"：即 3～5 岁阶段大脑的神经元数量达到峰值水平，在此期间，唯有那些受到外界感觉信息刺激、且引发了主

体的情感反应并链接自传体记忆的形成特定回路的神经元方能得以幸运地存活、其感性认知内容进而占据了统治地位。[12]

（四）极限化冲创原理。黑格尔指出，在审美思维过程中，只有以范畴为对象的自我意识才称得上是理性化的意识。[13]也就是说，主体的审美建构以其达到情感体验的高峰和理解认同的价值共鸣境界作为内在标志；在主体指向自我的审美意象渐次廓出的过程中，可以引发深广融通的美感爱心、道德感良心、灵感慧心和理智感平心等高级感性力量。它们经过主体的意象整合、对象化映射与价值时空转换之后，遂融通嬗变为指向对象时空的审美意识、伦理意识、创造意识和哲理意识。

只有通过反思中介的变化，对象的真实本质才可能呈现于我们的意识面前。[14]这个中介的高级形态就是笔者所说的“自我镜像”及其衍生的“间体时空”，其低阶形态则是人的本体知识；它们互补互动、协同增益，共同发挥着“认知转换器”之关键作用。从这个意义上说，那些未能进入人的情感认知系统和自传体记忆库的客观知识，根本无法影响主体的情知意结构与功能，因而事实上成了孤立存放于心中的“死知识”、考过即忘、毕业之后便抛之脑后了。

## Ⅲ.本体知识的空间映射机制——以大学城的知识景观为例

本体知识的建构既需要学习者诉诸具身体验和移情换思，更需要主体进行内向投射和外向映射。在这方面，大学城的环境文化、知识景观和节庆—会议—论坛等制度文化等，作为向师生员工持续辐射创造性知识的空间信息站，同时有助于他们扩展与提升自己的本体知识、进而对此进行空间映射和价值对象化移变。

2008 年 10 月，约翰—霍普金斯大学主办的艺术教育高端会议强调，应当借助人对艺术文化的空间认知提高情感教育的效能。[15]国内高校的艺术教育缺乏创造性的知识景观载体、脱离了校园文化空间境遇，无法造益绝大多数师生。因此，我们需要深刻理解本体知识的空间映射机制、精细把握和持续深化艺术教育的情知意效应、重新定位大学城知识景观的价值功能，进而树立先进的设计规划运作理念，真正借助校园的知识景观来强力辐射创造性知识、切实推进师生员工的本体知识建构进程、持续提升他们映射本体知识和认知改造对象世界的理性能力。

（一）本体知识的空间映射机制

“知识可以帮助我们生存下去，价值观和道德感可以使我们生活得体面而富有责任感；而认识与理解世界的美、生活的美以及艺术创造的美，则可以使我们的生活更丰富、更有情趣和意义。”[16]哈佛大学前任校长陆登廷也强调说，大学教育应当激发师生的好奇心，使之对新思想、新经验保持开放的心态，应当鼓励我们去思考自己的信仰和价值观。最好的教育还应当使学生更善于思考、具有更强的好奇心、洞察力和创新精神，成为人格更加健全和心理更加完美的人。[17]换言之，艺术乃是自我实现、创造力、内在完善和精神变革的动力源泉；它需要依托校园的空间文化平台来获得对象化辐射和具身化渗透、进而提升师生对本体知识的内在映射能力。

那么，本体知识又是如何获得空间映射的呢？

第一，具身预演和内在映射。人学习知识的深层方式主要涉及"知识预演—虚拟映射"这个认知操作序列。换言之，我们在内化客观知识时，一方面要依托自己的审美理念来确定认知目标、学习策略和信息加工方式（形成审美意象的理念驱动力）；另一方面要听从自己的情感反应、有选择地重组各种感觉信息，以此作为内在模拟客观情景和创造虚拟意象的认知框架，进而将自己的情感体验、情感评价、思想假设等创新产物虚拟投射到内心的对象世界及"间体世界"之中；一俟这种内在的知识预演和虚拟的价值映射图式在反复操练之中趋于完善时，主体就会从容地将之投入真实的实践天地。

这提示我们，人所学习的文化内容需经由具身体验而转化为主体自己的心脑与身体之相应的活动状态——即不同层级的个性化的认知表征体系，如此方能真正造益于人的内在创造与价值感悟。对此，托马斯说，大学的艺术教育（包括校园的知识景观认知）应当将理念要素、情感要素、认知要素和经验要素渗透于感性化的教学过程中，以便借此满足他们的高阶精神需要。[18]这种需要既包括主体在知识内化过程中创造与感受具身预演和虚拟映射之妙境的自我审美动机与个性潜能诉求，也包括其在知识外化过程中实施与体验具身操作和实体投射之神奇效能的智性乐趣和自我实现的愿望。

长期以来，教师习惯于向学生灌输抽象的客观知识与刻板的操作性技能，缺少对教学内容的情感投射和情趣渗透，造成知识传导脱离学生的内在需要、无法使他们借此生成本体知识，从而致使多数学生对艺术文化兴趣索然、对学科知识感到乏味厌倦，大大降低了学习效果。对此，弗里曼深刻地指出，"教书匠"与"教育家"的唯一区别，在于前者仅仅为学生搬运陈旧知识、后者则为学生烹调新鲜可口的知识大餐。[19]

第二，移情换思，重构自我。伯斯纳指出："对大多数青少年学生来说，其学习效能不佳的根本原因并不是他们缺乏学习能力，而是由于他们不知道如何使自己的情感与认知活动相匹配。他们天生缺乏这种科学方法的训练；因而教师需要向学生传导有关元认知的操作方法。"[20]基于新型的本体知识观，教师应当把学习者体验自我、认知自我和创新自我作为教学的核心内容与主导方式之

一:即借助本体映射来体验自我,通过具身认知来理解他人和人类情感、发现自然规律、领悟科学价值,品味艺术美、自然美、道德美、科学美之情韵奥妙。

审美教育的根本目的是培养学习者的内向审美、本体认知与自我意识。通过艺术教育,我们即能使大学生由外在的对象化观照达到移情入性,使心灵进入内在化、本体性的自我观照状态,进而抵达超感性的世界。[21]"在审美活动中,那种提高到主体自我形式及生命形式的自然形态,具有'从他物中反映自我'、'从他物中享受自我'的拟人化品格,成为人类情感生命的象征及对象化存在。"[22]其间,艺术中的自我与世界的关系已经转化为主体与意象的关系,两者完全融通、我中有你、你中有我、彼此难分,成为价值与命运的共同体,遂成为主体重构自我、实现个性理想和精神价值的内在方式。

第三,双向发现与自我实现。审美经验实际上是人对某种虚拟而真如的理想化情景的内在创见与自由体验;审美活动是人对自我的内在创构、对象化观照和具身亲验活动。这是主体生成美感的价值源泉和内在实现自我的心理机关。"不断发展的情感既从大量的客观媒介中提取原料,也从主体以往的经验中抽取特定的态度、意义和价值,进而使它们得以活化与浓缩、被提炼与组合为思想和情感的意象及灵感。在这种过程中,两者(指主客观世界)都将获得它们不曾具有的形式、特征和活动规律。"[23]

可以说,正是由于主体发现了自身和对象世界的完满本质与发展规律,他才能够于内心呈现出相应的情感理想,获得真善美兼备和主客观世界相统一的价值理念,进而将这些内在价值逐步转化为相应的独特新颖的知性形式与感性形式,最后将这种感性形式加以对象化的符号呈现和对象化的实体传载。审美心理学家坎达斯精辟地指出:"正是借助非凡的想象能力,人类才得以超越经验世界、进入符号世界,才能共享全人类的精神财富,借此把握内外世界的本质特点、理解对象和自我的深层意义!"[24]可见,审美教育作为人的感性启蒙之基础环节,同时承担着建构审美与道德素质、重塑情感世界、扩展认知与想象的智性经纬和提升人格行为的内在坐标等多种重要功能。

(二)哈佛大学的"艺术第一"教育理念及认知提升工程

知识社区的景观文化具有哪些价值功能,西方大学又是通过何种载体来辐射艺术文化的本体认知价值的?让我们看看下面的事实吧。

新世纪以来,80 多所西方著名大学相继建立了"艺术教育和人类发展系"、体现了以艺术文化提升人的精神能质的先进理念,其 18 门核心课程与 12 种艺术教育学位、40 多种艺术教育证书课程扩散到全校多个学院的本科生、研究生和社会继续教育层面。[25]为了满足学习型社会和创意经济对高等艺术教育的人才需求,由英国艺术协会制定的 2006—2010 年艺术文化发展规划指出,艺术教育的理想是将艺术置于国民生活的中心地位,其根本目标是使每个人都有机会发展艺术潜能、建立一个丰富多样的艺术创意生活空间。[26]

无独有偶,哈佛大学于2009年3月推出了新的“艺术教育发展规划”,一是把艺术教育作为所有大学生和研究生必修的核心课程;二是将情感教育渗透于技能教育,引导学生学会“认知管理”与“情感管理”;三是注重催化他们的审美想象、精心孕育他们的情感理想和人格意识;四是借助校园文化景观、“艺术节”和“艺术特别行动”激励全体师生积极参与艺术活动、主动表达自己的情知意理念。

哈佛大学校长弗斯特强调说,我们必须借助艺术教育强力激活哈佛大学全体师生的创新精神,以期确保哈佛大学在21世纪的人类知识界之领袖地位![27]哈佛的艺术教育观主要体现为“艺术第一”的价值观,即强调全校师生与管理者在工作、学习和生活中体现艺术情趣和审美品位、表达艺术经验与审美理念、追求艺术理想与审美道德情操、践行艺术化的内在活动与外在行为。其中,大学社区的校园文化景观恰恰成为全校师生员工认知艺术世界和体用审美价值的感性空间平台。

例如,哈佛大学拥有三座艺术馆(福格艺术馆、布歇—莱辛格艺术博物馆、阿瑟—萨克勒艺术馆)。这些艺术馆对全校师生免费开放,还借助频繁举行的专题展览向全校师生传递艺术作品所蕴涵的社会性、历史性、哲学性、情感性内容,借此濡染师生的艺术情愫与审美思维品格。另外,哈佛大学每年依照“艺术行动计划”而举办的全校性“艺术节”,其内容涵盖了所有的艺术门类,应有尽有,其运作方式丰富多样、生动活泼,即便是不懂艺术的初学者,也会有人带你从不同路径进入艺术殿堂。

正如哈佛大学艺术节组委会办公室主任梅曼女士所说:“充分展开你的想象力,对各种新的可能发生的视听觉情景开放你的思维吧!你将会亲临从未置身的经验时空、体验从未感受过的奇妙景象。我校师生将用他们的艺术天才为你启开一道深广的快乐幸福之门。”[28]

总之,哈佛大学所宣示的新型艺术价值观代表了当代西方一流综合性大学的教育理想、审美理念和以人为本的艺术精神。这些全新的艺术教育战略及方法论框架,对于我国的大学艺术教育乃至普通教育都具有特别重要的深刻启示。

(三)大学城知识景观的功能透视与建设理念

以人为本的高等教育理念,体现在校园景观的建筑规划上,就是“科学认知性、人文体验性、艺术构想性”等多元功能的全息统一。令人赏心悦目的校园知识景观构成了一种美的氛围,是一种特殊的感性“文化场”,会产生磁场般的视

听觉吸引力和隐性的本体知识催生力，进而潜移默化、日积月累地熏陶和重塑师生的思想品德、行为方式与生活方式。

大学城知识景观的根本价值，首先在于其对人的感性世界的审美变造效应。这是因为，唯有学习者借助艺术对象的形式刺激和特征嵌合，才能获得具身体验、引发审美联想和自由想象，由此创造新经验、激发新情感、催化新思维、孵化新理念。

其次，大学校园的空间文化集成了古今中外的人才成长与成功的经验、凝聚了全人类的顶级智慧与美感人伦品格，因而成为提升全体师生员工自我表现、创造力、审美诗意、爱心良知和精神变革的动力源泉，并有助于激发校园内外人们的好奇感、奥妙感、求知欲和探索精神。于是，它成为当今不可或缺的核心育人平台。

因此，我们需要通过建设创新的大学空间文化来实现吸引—会聚—孵化—造就"大师"(体现为大师精神、大师能力、大师成就等广义形态)的宏伟理想。

第一，打造以审美情操和创新智慧为核心内容的"科学—人文—社科—艺术"多元一体化的知识景观体系。人类自古以来对自身(尤其是审美之道、创造之谜)最感兴趣，杰出人才则是体现人类的顶级智慧与崇高情怀的卓越典范；他们的审美情操和创新智慧遂成为天下大众勾心摄魄、梦牵魂绕和心向往之的"情感磁铁"、"心智催化剂"、"自我镜像"和人格精神与事业理想的"标准参照系"。因而，以名人文化为核心要素的知识景观历来成为世界名城和一流大学的空间标志、认知焦点、观光看点和价值体现。

第二，借助知识景观创设系列文化场馆，打造先进文化与创新精神互动的认知空间站。人是学校的主体，校园的建筑与景观规划要充分尊重和满足人的需要；激情、梦想和社会责任感，乃是当代中国创建一流大学的强大精神动力。那么，它们来自何处？笔者认为，它们主要来自日夜相伴的校园"感性认知空间"。所谓的"感性认知空间"，即是指能够载荷与传征杰出人才的情感态度、审美意象、思维方法、道德风尚、人格魅力和行为价值的那些知识景观，其中尤其以"人类英才馆"、"诺贝尔奖得主创新启示馆"、"世界教育馆"、"杰出院士馆"、"古今艺术大师馆"等最重要也最具代表性。

第三，创立系列文化节与会议—论坛—讲座制度，激活校园文化的空间资源，借此发挥全息匹配知识景观、立体辐射创新信息、优化重塑人的本体知识结构和强力提升师生员工的审美认知能力等多元功能。以哈佛大学为例，那里每天都在举行数十个、上百个各类学术报告与演讲，涉及世界各地的科学、艺术、历史、政治、经济、社会、文化、外交等重大问题；美国及世界各国的领导人、著名学者、学生领袖、著名企业家、艺术家等，都力图在哈佛的讲坛上占有一席之地、以扩大自己的影响。因而，其高水平、广来源和异常频繁的学术活动，便与校园艺术活动共同构成了大学的核心特征，进而发挥着强劲的空间感召力、认知吸引力和创新催化力，由此产生了巨大的教育效应、产业效益和新闻效应。

从本质上说，科学文化与人文艺术文化并非格格不入、水火不容，它们在人的内心深处恰恰可以获得完满的融会贯通、互动互补、协同增益。古今中外，众多杰出人才的成功经历及创造性思维的动因表明，由艺术、哲学、文学、自然科学等构成的立体综合的全息知识结构，能够推动人在科学人文一体化的深广天地提升自我、认知世界、发现真善美、创造思想文化与物质文明新成果。

有鉴于此，我们在建设新校区的空间文化景观时，需要大胆借取世界文化内容与人类创新智慧，努力创设与运作互补互动、内在统一的人文景观、科学景观、艺术景观和自然景观，借此体现大学的独特品格与创新实力、重塑师生的本体知识、提升师生的自我实现能力、满足师生、居民和国内外大众的精神文化需要，最终成为培养新型人才的孵化器、城市文化的价值中枢和辐射育人—产业功能的空间动力站。

## 参考文献

[1]奥雷里欧·佩西.罗马俱乐部：世界的未来——关于未来问题一百页.蔡荣生译.北京：中国对外翻译出版公司，1985.

[2]张刚，倪旭东.从知识分类到知识地图.自然辩证法通讯，2005(1)：59－68.

[3]郭英剑.哈佛大学的艺术教育观及最新特别行动计划.科学时报，2009.

[4][美]威廉·卡尔文.大脑如何思维.杨雄里译.上海：上海科技教育出版社，1999.

[5][德]黑格尔.精神现象学(上卷).贺麟等译.北京：商务印书馆，1997.

[6]黑格尔.小逻辑.贺麟译.北京：商务印书馆，1980.

[7]沈致隆.亲历哈佛——美国艺术教育考察纪行.华中科技大学出版社，2002.

[8][德]黑格尔.精神现象学.贺麟等译.商务印书馆，1997：74.

[9]谭容培.论审美对象的感性特征及其构成.哲学研究，2004(11)：88－89.

[10]引自[美]M.李普曼.当代美学.邓鹏译，光明日报出版社，1986：207.

[11]Ben-Ze'ev, Aaron. *The Subtlety of Emotions*. Cambridge, MA: MIT Press, 2000.

[12]Cosmides, Leda & John Tooby. Evolutionary Psychology and the Emotions. In *Handbook of Emotions*, Michael Lewis and Jeannette M. Haviland-Jones, 91 – 115. New York: Guilford Press, 2000.

[13]Elster, Jon. Emotion and Action. In *Thinking About Feeling: Contemporary Philosophers on Emotions*, ed. Robert C. Solomon. Oxford; New York: Oxford University Press, 2003.

[14]Barbarra Rice (ed. ). *Transforming the Art of Teaching: The Role of Higher Education*. New York: Dana Press,2009.

[15]Van De Lagemaat, Richard. *Theory of Knowledge*. Cambridge: Cambridge UP,2005.

[16]Drew Gilpin Faust. Statement on the Report of Harvard Task Force on the Arts. In: Harvard University(eds), *Report of the Task Force on the Arts*. Harvard University Press,2009.

[17] Elisabeth Schellekens. Aesthetics and subjectivity. *Brit. J. Aesthetics*, 2004 (44): 304-307.

[18]Barbarra Rice (ed. ). *Transforming the Art of Teaching: The Role of Higher Education*. New York: Dana Press,2009.

[19]Thomas M. Jessell, Eva L. Feldman & William A. Catterall. *Advances in Brain Research*. Dana Press,2009.

[20]David H. Freeman. *How Science Will Enhance Your Brain*. Dana Press,2008.

[21]Posner, M. I. & Rothbart, M. K. *Educating the Human Brain*. Washington DC: APA Books,2007.

[22]Brower Candace. A cognitive theory of musical meaning. *J. of Music Theory*,2000,44(2):323-325.

[23]Elliot W. Eisner & Michael D. Day. *Handbook of Research and Policy in Art Education*. J. Paul Getty Trust Publication,2004.

[24]The British Council of Arts. Our Agenda for the Arts 2006—2010. http://www.artscouncil.org.uk.

[25] Harvard University. *Report of the Task Force on the Arts*. Harvard University Press,2008.

# 享受自然　回归质朴

## ——略论校园水环境建设

苏州工艺美术职业技术学院　李伟林

提及水环境建设，自古以来就有“城有水则秀，居有水则灵”、“吉地不可无水”的说法。水体作为一个造景要素，不仅具有生态价值，而且可以调节温湿度，净化空气，增强生活舒适感。水的形态、风韵、气势、声音蕴含着无穷的诗意、画意和情意，丰富了空间环境，给人美的享受和无限的联想。古时即有“遥遥十里荷风，递香幽室”、“深柳疏芦之际略成小筑，足征大观也”之说(明·计成《园冶》)。

大学校园犹如一个小社会，学校中的每栋建筑，一山一水、一草一木对于大学生健康品格的塑造起着潜移默化的作用。人类文化的传播形式，除了课堂讲授、读书、电影、电视外，一定的物质形式也是精神的文化的载体。如：建筑、环境、雕塑等等。因此，校园环境建设的优劣，对于学校的教育质量与教学氛围有着重要的影响。

中国美术学院许江院长，在针砭中国当前的城市建设中存在若干弊端时指出，大学校园建设不应过于功能化和工具化。现在有的城市的“大学城”，大部分就是由大楼、长廊、图书馆、台阶、展览馆、人工池塘、生活区等诸元素组成，只有功能，没有像中国画一样留“空”。学生们获得的是工具化的生活境遇，没有和自然的遥相对望，没有冬去春来的“望境”，人在其中，看不到自然也看不到自己。其实人和环境的对话也是修身养性的重要学问。

近年来，由于生活学习节奏的加快，建筑的高度密集，环境的严重污染，校园师生更加渴望能够与纯朴自然、亲切优美的湖光水色零距离接触和朝夕相处。令人可喜的是，随着全社会对教育重视程度的急速升级，许多学校进行了改造、扩建和新建。而许多大学校园的选址多以远避尘嚣，环山抱水为上，既可营造读书求学的好场所，又便于形成良好的学习氛围。由于地理位置优越，山、水资源丰富，为校园水环境建设提供了极其便利的条件，校园水景建设也受到师生的欢迎。水光潋滟、鸟语花香、荷风阵阵，能够使生活在校园中的师生在清洁的环境中感到清新、优美、舒适，达到人与自然的和谐。

## 一、水的景观特性

水景校园之所以深受人们喜爱，带给人们无穷的趣味，毋庸置疑是源于水自身的特性。

1. 流动性

地球的重力使水从高向低不停地流动，这种位移的变化使水处于不断循环运动中，充分体现出水的柔美、活泼的特性。此外，风这一时令要素也促成水的流动，在平静的湖面上，“风乍起，吹皱一池春水”，一派诗情画意。

2. 倒影和反射

水的倒影能增加景深，扩大景面，产生虚实对比、交相辉映的画面。阳光下，水面波光粼粼，新绿、晴空和建筑交织变幻，视野收放开合；倒影、逆光、反射，波光晶莹，色彩缤纷，将建筑环境衬托得如诗如画。

3. 可塑性

水是一种连续的物质，无形而消极，本身没有固定形状，但通过容器或喷头，却能塑造成多种形态。宋代画家郭熙在《林泉高致》中曾说：“水，活物也，其形欲深静，欲柔滑，欲汪洋，欲环绕，欲肥腻，欲喷薄……”就极为详尽地描绘了水的多种多样的形态。

4. 声、色特性

水本没有自己的声音，基底的不同，上部剩余空气的多少决定了水的声音，涓涓细流发出的悦耳动听的水声有益于营造空灵超脱的意境；水虽然没有颜色，是透明的液体，但自然界中的浮游生物和光线中青蓝色的反射作用赋予它丰富的颜色；周围环境颜色的映射，也使得水面可以随着景物色彩的变化而变化。

## 二、水景的作用

亲水是人们的天性，水体的开发利用不仅可以营造“诗情画意”的景观效果，并且也能运用一定手段去拓展空间，延伸、引导空间，用设计者的创意理念去多样化地丰富景观环境内容，达到活化空间、创造情意的效果。

1. 空间的拓展

规模较大的面状空间，在环境空间中有一定的控制和空间拓展作用。一方面，水虚无的形态弱化了空间界限，延展了空间范围，有助于空间的拓展；另一方面，水中的倒影给水面带来光波的动感，使水面产生虚空、开阔、深远之感。

2. 空间的延伸引导

小规模的水面或点式水景，在环境中起着点景作用，构成空间的视觉焦点，从而起到引导作用，其布置较为灵活；并且这样的水景与大面积水面不同，更易与人直接产生戏水活动，不仅增强了对景观的参与性和趣味性，也满足了人们亲水的心理。

3.空间的层次

水景作为视觉对象，具有丰富的视觉层次。其多样的形态和可塑性，可以灵活组织成各种点、线、面式的水景，通过不同叠合的方式形成三维立体空间；并利用周围的环境，建筑掩映、分割和充实空间，起到点景、对景、背景的作用，获得丰富的空间层次。生态是环境景观设计永远的主题，尊重、注重保护和利用现有的校园自然景观资源，创造一个人工环境与自然环境和谐共存、相互补充，面向可持续发展的理想校园生态环境是最根本的原则。经济合理地利用土地和其他自然资源，实现向自然适度索取与最优回报间的平衡，共生、共荣、共存、共乐、共雅。

4.创造人工与自然和谐的绿色校园

以校园中固有的山坡、河流、湖泊、洼地等自然景观作为校园水环境景观格局的构架，是建成优美校园的重要而有效的方法；尽量利用原有水形和水势，少动土方，也是减少投入，获取高效益的有力手段，便于营造出一个山清水秀、天蓝云卷、草木叠翠的生态校园，形成良好生态环境。

当然，校园景观设计的出发点不应是繁复的人工堆砌，校园水环境建设中所创造的人工景观应与保留、改造的自然景观相呼应、协调，形成完整的大景观构架，即天人合一。

总之，对教书育人的校园环境而言，“清”者，不浊于世也；“净”者，正直无垢也。清新的空气比人工景观造型本身更有实用价值，大量水面和供氧植物的配置令空气清新，使学生不易因缺氧而贪睡和疲惫，保持清醒的头脑。同时，无论社会环境如何变迁，校园环境永远给学生提供一方宁静的心灵净土，让学生一步入校园，就会将其他琐事置之度外，一心投入学习之中。

## 三、水景的开发利用

苏州工艺美术职业技术学院是全国第一所艺术设计高等职业院校，至今已有近80年的历史。经过长期努力，已经发展成为全国办学规模最大、专业设置最全、基础设施最优的艺术设计类高职院校。在校园变迁和建设发展中它形成了自己独有的历史风格和人文特质，整个校园艺术氛围浓厚。学院新建的石湖校区占地563亩、规划建筑面积19.7万平方米，这也是该院建校历史上规模最大的一次校区建设工程。新校区地理位置贴近上方山、吴山岭腹地和天然湖泊——石湖，校址西邻绵延起伏的山地和宽阔水潭；东部开阔场地延伸至石湖；

北以上方山为“靠山”，山顶有“文笔塔”，景色寓意俱佳，形成独特的校园背景。整个校址地形西高东低(平均高差约 3 米)，自然条件较好。

在新校区总体规划设计中，学院强调既要体现生态化、现代化和可持续发展的山水大学设计理念，又要体现学院传统工艺美术教育和现代艺术设计教育的特点。学院建筑风格要典雅大方，贴近自然，既展现艺术设计院校的人文气息，又别具江南水乡的秀美灵光。

在建设过程中，学院在水系规划和水景设计等方面进行了有益的探索和实践。虽然新校区校址自然条件较好，但也发现选址中三条河道长期以来仅作为村庄、工厂排污之用，因年久失修塌落淤塞严重；由于污染和水流不畅，水质较差，发绿发臭，实际上成了排污沟；区内河流仅有一处水源，虽来自东部的石湖，但水质不佳。经过对校址西侧吴山岭水潭水和石湖水进行水质对比检测，发现前者水质(地表水Ⅱ类)远优于后者(地表水Ⅳ类)。

鉴于原场地水势、水质、水形俱不理想，需结合地势、实际环境进一步进行改造，经学院和景观设计单位反复研讨，确定了水系、水景改造的总体构思。

1. 引山理水、生态自现

学院提出了“引西侧潭水，并以石湖水源为后备，自建一个校园自然式水环境系统，进而创建校园自身良好的生态平衡体系”的原则，并根据校址地势西高东低，确定了由原“东进西出”的进、排水方向改为“西进东出”的进、排水方案。以“水”这个元素为突破点，真正体现生态治水、护水观念，进而影响全校景观格局，最终塑造一个“灵、雅、秀、美”的工艺美院新校区环境。

通过对校园西侧两个原苏州砖瓦厂的取土涵洞实施梳理沟通，将西侧山塘水源源不断引入校园，首先解决了河道水质不佳的问题。其次在东部石湖来水口建立控制水坝、闸门，既有效防止不佳外水倒灌校内，又能在旺水季节有效地进行排水，还显著抬升了校园内部河道水位(内、外水位差约一米)，增加了校园水域面积。以上措施保证了“引水”和“进排水走向”目标的实现，也为校园水环境改造和水景建设、创造一个以水为媒体的水岸校区创造了良好的基础条件。

2. 水源选景，天人合一

基于对校址自然环境的充分了解，遵循校目的治水理念，学院在基础水质实现较大改善的差础上，注重利用水景、桥梁、植物等多种造景元素通过不同的水景处理方式，综合治水、理水，既表达了“天人合一”的自然观，也体现了苏州园林追求的“虽由人做，宛如天成”的意境美。

(1)“灵”——建筑讲轴线、园林讲曲。因为“曲”的幽深才有了意境的深邃，因为“曲”之蜿蜒才有了吴文化的体现。水体是校园景观不可分割的基本特质。该校水系由沉淀缓洪池、截流坎、主景池塘等组成，其河道蜿蜒贯穿主要校区，是观赏和使用最频繁的区域,构成了校园内宽窄、缓急能动态生物流线与景观特质,是校园灵性的表现。

(2)"雅"——校园景观的灵魂在水岸空间的处理。学校在水边以自然生态性驳岸为主,采取"夹柴法"(即将松木桩分两排交错打入地下,排与排之间插入竹栅固岸,既降低造价,又有利于动植物群落的生长、形成)处理,使缓坡草地深入水中,形成自然形驳岸,将绿色"嵌"入河中,使其似岸非岸,优雅入景。

(3)"秀"——校园主入口即为一座简朴无华的桥梁,紧接入口的弧形大道引导人的视线把校园主要景观特色来个"全景式"的浏览——一条轻松而令人陶醉的景观轴线:中心湖——美术馆及水榭——教学楼——吴山岭。构图上反映出一汪碧水带在学校中部集结,灰色石阶及棕色水台或弯或直浮于水面;各轴线的交汇处,与中心湖连成一个整体,构成中心视觉焦点;上端灰白相间倒映湖中,形成中央景观轴线的高度控制,与远端绵延的山体形成了强烈的呼应。

(4)"美"——总体规划基本上顺应地势、水势而为,在满足校园功能的前提下为景观的总体空间、序列布局提供了良好的条件。使校园得以充分"借景",将学校周边的山体、山景等自然景观方位尽可能打开,将外部优美的景观"借"进来融入校园,并尽量使其在水中形成"镜像"效果,获得良好的景观效益。如中心湖的西向山水景观、图书馆北望山水景观等等。位于校园实训区与教学区之间的河道上架设了四座风格迥异、不同色彩的桥梁,形成布局紧凑,张弛有致、富于节奏感、韵律感、简洁大方而又丰富多变、引人入胜的校园空间效果。既满足了师生的交通需求,且在空间上拉近了与西部吴山的联系。远远望去,远山近水相映成趣;置身其中,犹如人在画中游。该区域成了学生休闲、写生的好去处。

3.水景与建筑和谐共处

(1)人具有亲水性,喜欢和水保持近距离接触,用身体的各个部位感受它的气味、水雾和湿润。镜湖水岸广场长达50米的"S"形亲水台阶,可作休息之用,使人们长时间亲近湖面观赏大自然的美景;美术馆延伸入湖水的防腐木平台,以及设有休闲座位的桥梁,既产生了码头效果又让人们与水产生了直接的联系。漫步河湾湖畔,湖水的静谧和智慧沁人心肺;凭栏观景,宽阔的水面向前延伸,水中树木、建筑倒影宛如彩画;极目远山的翠绿葱茏,涤荡胸怀,轻快灵透。

(2)结合水质生态处理,学院借鉴浮岛净水的原理,在主河道中部筑一小岛,遍植挺水植物,利用其茎和发达的根系吸附水中的氮、磷和固体杂质。小岛将来水一分为二、绕岛而行,增加了与水的接触面积,除了达到二次净水除尘的目的外,还与两座连续的景观桥梁构成了重要的视觉节点——双桥景观。

(3)为了使水面与周围环境协调起来,形成江南风情,注意了人工要素的选

材和色彩的匹配。地面铺地以青石板、亚光面花岗石、中性色调广场砖为主。

(4)为有效利用原有河道资源，一方面尊重其自然式布景；另一方面结合建筑形式对水面轮廓进行了部分梳理改造，局部拓宽和清淤挖进，整理邻水界面。这不但加大了水岸线总长度，并且增加了水面的空间节奏感，消解了两岸较为硬质的景观物质；水岸由木桩加固，被草坪、芦苇、蒲草等植被覆盖，野趣横生。水面上根据高差设计了两处叠水截流坎，既抬升水位，解决了因地势高差上游水位过低的问题，又能在来水漫坝时形成瀑流，为止水如镜的水面增加优美的动感。

(5)建筑的布局和设计也充分考虑水景的引入。布局上采用"中央低，周边高"的形式，邻湖位置留有充分的草地、广场空间，以减少对湖面的压迫感；中心湖周边布置公共使用建筑，以使学生在休息时间可以欣赏到湖景；各建筑组团之间采用了"Z"字形的建筑拼接手法，形成较为完整，具有亲和力的内部空间；在河道的延伸方向减少建筑布置，以达到视线上的通透，与远山呼应……湖水、建筑、山形融成了一个整体。

(6)立面造型上各建筑体量较均匀，以新苏州建筑风格平坡结合顶为主要形式，造型丰富多彩，提供了良好的湖面边界景观效果。在保持坡顶形式的同时，又融合了部分现代设计元素，色调以黑、白、灰为主，线条简洁明快，配合丰富的窗台元素的细部构成，使立面十分简洁和素雅。窗型设计考虑以湖面为主要景观元素，强调舒适性和景观面，宽幅面窗户的设置使得温柔宁静的河、湖水成为不同视角的一道风景。

## 四、结　语

总的来说，学校建设与发展是一个继承与创新的过程，高校景观环境乃至水环境建设是一项复杂的系统工程。除考虑学生的行为、心理、审美因素外还要注重美学感受的营造。在保证环境健康发展的前提下，应该注重水景的开发利用和尺度节制，以便在有限的资源条件下建立起优美的自然环境和开放空间，更好地增强师生之间的交往，营造具有诗意、画意、情意的艺术氛围，享受自然、回归质朴的情感体验。

# 校园水系建设的实践与思考

浙江工业大学　余　强

校园景观作为校园建设的一个元素，是对学校的建筑风格、校园文化的有机补充，其生态化、景观化、休闲化的特质也越来越得到重视。我校新校区的景观建设从规划伊始便根据新校区的地方区域特点，遵循“山水相依，天人合一”的建设理念，将校园景观建设特别是景观水系建设提到比较重要的高度，更加注重水系在校园生态系统、景观环境、空间布局中的作用，通过清淤除杂、驳岸搭桥、蓄水成湖、栽树植绿等手段的使用，努力打造出一个水碧岸绿、鱼游鸟鸣的生态景观校园。

## 一、校园水系的多样性功能

(1)水是生命之源，没有水系的校园景观是不完整的，是单调的。优美的亲水景观与风格中西结合的建筑相得益彰，可以营造出师生课余放松休闲、观赏娱乐、净化心灵、激发活力的户外活动空间。

(2)水体中的各类动植物、微生物，与地面上的各类动植物构成了校园生态系统。整个水体的自然化、生态化，有利于生态系统的平衡和稳定，也可以有效调节校园环境的微气候，维护平衡生态。

(3)校园水系是校园雨水的主要排泄汇集途径，也承担了城市部分行洪功能的不足，保障防洪排涝功能。一方面水系的蓄水潜力可以增加调蓄洪水的容量，有效进行排涝；另一方面可以大大降低雨水管网的管径和埋深，从而相应降低了市政工程造价。

## 二、景观水系的有序实施

我校新校区基本上处于土方填筑区，南面是高教园区主要公共道路留和路，北面为高教园区海拔最高的屏峰山系，山脚前是流入西溪水系的上埠河，整体呈现出南北高中间低的地形。在屏峰新校区建设过程中，有机结合建筑风格及校园道路的特点，进行综合规划设计，开展校园景观建设。校园水系作为校园景观的重要内容，在充分保留了原有的天然溪流水系的基础上，适度开挖了人工水体，扩大了水域面积，注重利用水景植物等多种造景元素和谐共生，保证

了景观效果。整个水系蜿蜒贯穿了校园的东西，巧妙地形成了分隔外部城市道路和校园内部的自然屏障，缓解了城市道路的喧嚣，营造出宁静致远的学习空间。

校园水系的建设根据校区建筑、市政工程的进度，结合景观工程建设分期实施，目前已经完成两期工程，三期工程在建。一期水系位于校区主入口的西侧，环绕二期学院楼区块，静卧于图书馆广场西南，水体面积约2.6万平方米，于2006年4月竣工。二期水系位于主入口东侧，起于理学院楼前，延伸至体育馆后，最后收尾于生活区次入口的西侧，水体面积约2.3万平方米，于2007年1月竣工。三期在建水系位于生活区中心位置，规划的学生活动中心南面景观主轴上，于2009年3月开工建设，水体面积约6000平方米。

(1)校园水系应充分体现校园特色，反映校园文化，具有生态感、时代感。做好规划设计，符合校园整体环境的风格，是校园水系建设的重要前期工作。为了达到亲水近水的最好效果，对设计水位进行了重点考虑，与建筑物室外地坪、校园道路的落差基本上控制在1米左右。例如二期学院楼区块室外道路标高基本为10.3～10.5米，设计常水位就定在了9.4米。另外，考虑到校园水系的安全因素，在满足设计效果后，水系的平均水深控制在1.5～1.8米左右。

(2)水系的水位保持也是水系维护的重要内容，因而在施工时加强了对水体的基底处理与防漏的技术措施。第一，在原来的堰塞退化的溪流、水道部分，清除干净滋生的杂草，挖除了50厘米左右的淤泥进行疏通，然后对基底剩余的淤泥放水曝晒后拍打压实。第二，在新开挖的水系施工工程中先翻土修筑临时挡水坝，保证新挖水系的基底处理的环境。开挖造型过程中，从设计水面线上50厘米处开始挖深20厘米，挑除石块、树根等杂物后，在10厘米处压实作为基层；然后在基层上铺10厘米的无杂质黏土拍实，铺设一层0.5毫米厚的PVC土工膜至设计水面线50厘米处翻边压顶，最后再铺设一层10厘米的无杂质63黏土拍实。施工工艺不复杂，效果却也很好。

(3)由于校园水系多为新开挖水系，在水岸处理上尽可能减少人工痕迹，采用自然缓坡的形式，通过在滨水岸边配置水生植物、常水位以上采用草皮绿化的方式进行护坡，最大限度地实现了水系的自然化、生态化。在局部水域空间也适当使用少量亲水性硬质驳岸，通过沿岸木栈道、亲水平台、下沉式台阶等方式来提高亲水性。在人文学院楼的内庭院里，就通过在连廊下构筑水体通道空间，修筑亲水平台、下沉式台阶，引入水系后形成一池水景，巧妙地构成了院中水景。考虑到课间短时间大量人行交通需要，在主入口西侧建造了景观木桥一座，不仅解决二期学院楼的交通瓶颈，有效分流了课间学生流，同时也成了一处风景。

(4)水系的防洪排涝功能，也做了细致地考虑和设置。首先，在一期水系的北端构筑了溢水井并埋设了两根直径1.5米的混凝土管作为排洪通道，在雨季及台风季节，水位一旦超过设计常水位，洪水可以迅速排入临近的上埠河。在一期、二期水系间也已经预埋了通过主入口道路的连通混凝土管，有效地沟通了两期水体，提高了整体抗洪能力。在二期水系的下游也相应地设置了一座溢水井，接入市政雨水管道的预留接口。

(5)仅有一汪碧水缺少了生机和美感，合理配置水生植物则会起到画龙点睛的效果。主要措施有：因地制宜，选择适应本地环境的水生植物，与整体环境自然和谐，减少人工痕迹。合理配置，注意季节变化的影响，兼顾冬季景观的效果。水生植物分挺水、浮叶、漂浮、沉水等四类，针对不同类型采用合适的栽种方法。广泛应用荷花、千蕨菜、菖蒲、水葱、野茭白等比较常见也有较高观赏价值的水生植物，另外还引进了如意大利银芦、再力花、黄花水龙等新品种来丰富景观。

## 三、水系建设的心得体会

一期、二期水系的建设基本上达到了预期设计效果，“山水相宜，天人合一”的景观建设理念也得到了很好的诠释。回顾两期水系的建设过程以及两年多来的使用过程，有不少值得总结的地方。

(1)对池底的处理比较成功。一期水系的新开挖面积较大，施工过程中一次一夜大雨后水蓄到了设计水位，但不到三天便渗漏殆尽；而在采用PVC土工膜法处理后，水体的保水效果令人满意，暑期半个月无雨的情况下水位下降也不是很大。二期水系中1.3万平方米的原有溪流水道采取了清淤除草、拍实河底的方法，不仅起到了很好的效果，也大大降低了造价。

(2)近两年来极端恶劣天气增多，台风暴雨等带来的短时大量降水，对校园水系的抗洪排涝能力提出考验。由于屏峰校区所处的周边环境特点，对面山系汇集的洪水通过溪流，漫过路面，大量涌进了校园水系，而北面上埠河及下游西溪湿地的整体水位也抬高明显，造成泄流困难，排水速度较慢。因为无法控制外部整体环境的因素，施工就考虑在内部深入挖潜，在上埠河沿线原溢洪管道处增加两根相同直径的混凝土管道，并在图书馆西侧水系新增加溢洪管道一处，还配备了抽水泵若干以备不时之需，从而大大提高了排洪抗洪能力。

(3)外面道路对面的两个农居点由于没有实行截污纳管工程，部分生活污水会顺着溪流进入校园水系，污染了水质。由于校园水体未能与外部水系很好沟通，循环不畅，造成了局部富营养化污染，不利于水体的活化。因此，为保障景观水系水质，采取人工方式加强水系的循环。设置潜水循环泵，抽排水系的水强制循环。循环泵出水管处设置旁通，抽取自然水灌溉绿地植被，形成了水

体的生态良性循环，对于节约用水也具有现实意义。而当水系水量不足或水质恶化需要换水时，利用靠近上埠河建造的深水井抽排补水，起到改善水质的作用。雨天则可通过溢水口和潜水泵，利用雨水达到换水的目的。

总之，校园水系的规划建设是涉及城市规划、景观设计、生态学、美学、植物学、环境心理学等多个领域的复杂工程。建设一个功能多元化的校园水系，不仅可以使整体风格和谐，美化校园，还可以构建丰富多样的校园生态环境，营造宜居适学的良好氛围。

# 浅谈南京艺术学院校园改造规划初步方案

南京艺术学院　王东舰

在江苏省委、省政府及省教育厅的关心、支持下，南京艺术学院顺利地接收了与本院一墙之隔的南京工程学院（北京西路74号地铁置换的校园），为我院解决了校区就近扩容的问题，突破了南艺在空间发展上的瓶颈，使实际校区土地面积翻了一番，这是南艺发展史上一个重要的转折点。南艺师生十分珍惜这来之不易的机遇，共同的心愿是要把扩容后的校区重新规划、改造、整合、建设好，使南艺建成中国一流的综合性艺术大学校园。

## 一、学校概况

南京艺术学院是江苏省唯一的一所多学科、多层次的全日制综合性高等艺术学府，是我国最早创立的艺术院校之一，她的历史可以追溯到1912年刘海粟在上海创建的上海美术专科学校。1952年由上海美术专科学校、苏州美术专科学校（1922年创办）和山东大学（1901年创办）艺术系美术科、音乐科合并建立华东艺术专科学校，址于无锡。1958年迁址南京丁家桥，1959年改建为南京艺术学院。1965年迁址黄瓜园（南京市鼓楼区虎踞北路15号，以下简称"北校区"），占地面积为160亩。2003年南京市政府同意将北邻的古林公园（占地面积341.58亩）与南艺共同使用；2005年由省政府省长办公会议研究决定将南邻的南京工程学院西校区（占地面积166.67亩，以下简称"南校区"）有偿置换给南艺。三块土地连成一片共有668.25亩。本次规划方案主要为南校区和北校区，古林园区将由我院和南京市园林局另行规划。

## 二、规划理念

贯彻以学生为本的思想，以创造自由的学习空间和交流氛围、提高学生综合素质为立足点，围绕培养创造性艺术人才为目标进行规划设计和设置。在规划设计上罗致名师，充分发挥想象力、创造力，追求变化中的统一，统一中寻求变化的建筑风格；在景观环境上突出艺术大学校园的园林风格和特色，强调园林与主体建筑的互相渲染和烘托；在设施建造上充分体现"五化"的建设理念，从而在创建有形校园的同时，营造无形校园特有的文化氛围。

## 三、规划编制的原则和目标

1. 规划原则

对校园功能的调整要有利于形成各种有凝聚力的活动中心，激活教学、生活和与社会交流等各种基本而必要的校园活动，延续南艺历史悠久的艺术校园的文脉，充分利用校园中原有的坡地、挡墙、台阶和多层次的植被等空间要素来组织和整理环境，维持和延续原有历史建筑平和典雅的风格和气质，强化校园的艺术氛围。规划设计中考虑尽量利用校园原有的地势地貌，将对山体和绿化植被的影响减小到最低程度，维护校园引以为豪的绿色植被风貌。

2. 规划目标

营建一个感性的大学校园——强调宜人的尺度、亲人的体验、宜人的风光、崭新的面貌、富有特色的体验、浓郁的学术氛围；

创立一个有内涵的大学校园——强调历史文化与师生现代生活的和谐，延续南艺的历史文脉，体现江苏南京的地方特色，显现“不息变动”、与时俱进的时代精神；

建设一个生态的大学校园——强调人与自然共生，遵循自然的生态规律，尊重自然生态的过程与格局；强调自然、生物和师生现代生活的和谐；

打造一个生活的大学校园——强调以人为本、健康安全、方便舒适、高效节能；

构筑一个风景宜人的大学校园——强调规划加“美”学的校园景观取向，既有山又有水、“虽为人作，宛如天成”的校园环境。

按照学校“十一五”期间规划本科生规模为1万人，则规划目标为建设一座可容万人的适应21世纪的与时俱进的同国际接轨的国内一流的综合性艺术大学校园。

整合之后的两个校区，对校园原有各功能区以及道路系统等进行适当的调整、补充和改造，使全院的办学资源得到合理高效的利用。利用校区的自然条件和各种规划手段提供艺术活动的空间和场所，促进南艺校园艺术氛围的形成，鼓励师生开展艺术实践和交流。实行对校园面貌综合整治策略，整理和利用原有废置不用的荒地，改善校园的学习生活环境。加强和城市空间与城市生活的联系，为南艺利用自身的艺术活动带动周边区域的文化事业创造条件，同时也使南艺师生的日常生活更多地融入到城市生活的大背景中。

## 四、现状分析、征求民意

原有两个校区的教学功能区之间有一段空白，校园内缺乏高效和更有凝聚力的中心场所，例如学生的生活中心、公共教学中心区等等。

依山傍河的校园有着得天独厚的自然环境，植被茂密，草木葱茏。但不少绿地和草坪被绿篱挡住，学生无法进入。

原有两个校区的道路主干很清晰，但合并之后缺乏贯穿整个校园的主要道路。步行道路的网状分布比较均匀和有效，但有少量区域不能进入并缺乏连通。机动车停车场地分散于校内各处，一定程度上影响步行人群的行动。

坡地、挡土墙和台阶是南艺校园中极具特色的空间构成元素，它们显示了校园地形高差的复杂性，它们界定空间和提供不同标高空间之间的过渡，具有自然而流畅的美感，因此不仅在规划中应当注意保留原有的这些坡地和挡墙，而且仍然应当作为处理高差时坚持采用的策略。

通过问卷调查的形式，我们在一定程度上了解到南艺师生对学校建设的建议和希望。

问卷的意见主要集中在如下几个方面：认为学院的现状缺少可以读书聊天的绿地草坪；表示对非本专业的课程和活动也很有兴趣；要求改善学生宿舍的住宿条件、提供通宵的自习地点、增加草坪、扩大食堂、设置书店和 24 小时便利店等。

## 五、规划与调整

1. 校区功能整合

(1)校园总体构思。原南艺南、北校区的功能分区、校舍建筑分布已各自形成系统，因此两个校区合并后不论将校园中心设在哪一个校区，对另一个校区的控制就显得较弱，同时公共教学区和部分院系也有偏离校园中心的现象，所以南、北校区功能的调整势在必行。

校园的整合设想中，“脊椎”——南北向的空间联系——是经综合分析校园现状后新设定的主脉，将成为最有活力的校园生活的空间序列；在其外围南北校区原有主干道连接成为一条环路，将校园的原有功能区以新宿舍区广场节点连接起来。在主干之间次一级的步行线路则表明在不同的功能区之间经常发生的联系(比如由宿舍到图书馆或公共教室)。

(2)利用自然特点重塑校园空间。起伏多变的地形和山坡是南艺自然环境最明显的特点，比如原北校区音乐学院及琴房周围优雅宜人的环境就给人以深刻的印象。因此整个校园规划力图延续和保持这样的空间形态，希望建筑或者融入山体，或者稍稍抬升以便使绿地保持连贯，充分利用丰富多变的地势和植被的优势。

(3)激发艺术活动空间的设想。以路网编织起的功能圈涵盖了教学、生活、

运动及与社会的沟通等各个方面内容，同时这些基本功能的布局及其公共空间的交叠、艺术活动空间在整个校园的分布，不仅可以促进不同院系专业之间的交流、校园与社会的交流，同时对形成艺术院校丰富活跃的艺术气氛有很大帮助。

2.校园规划调整

(1)调整道路系统与停车场地。校区中部增加一条南北向的车行干道，东侧在新建宿舍区将两校区原有机动车道连通，为南北功能整合提供了基础条件，同时可以满足新建建筑的消防要求。西侧沿运动场边缘也设置一条步行道路，以加强原本冷落的校区西侧的联系。在两条主干道之间设置若干东西向的步行道路，形成网状的道路系统，将校园日常生活和活动的节点连通。在靠近三个校门的区域新建建筑的地下层或台地下方增加地下停车库。减少校园内的地面停车场地，重新组织部分停车场地的排列方式。在上述区域和宿舍区规划相对集中的自行车停放场，同时也在校内各学院和公共教学区附近分别设置适当的停放场，以方便学生使用。

(2)调整绿化系统。绿化系统规划的一个主要目的是尽量恢复原有校园山地的脉络，以连贯的绿化植被将中心区的几个主要建筑连接起来，并与北侧美术学院后面的古林公园余脉相呼应。在植被策略上利用校园中部自然山地密林的优势，继续延续多种类型乔木、灌木和草本搭配形成多层次绿化的方式，提高整个校园的绿化率。在原音乐学院琴房一带，保留山坡上两栋三层的琴房，拆除两栋对新建筑有影响的琴房，利用原有结构并打通部分墙体，将其改造成掩映在密林中的休息亭，从而为校园中心区提供一块集中绿地。行道乔木维持原有香樟、水杉和法国梧桐三大树种，减少雪松数量；草坪减少绿篱，鼓励师生自由进入，提高利用率。增加部分植物棚架，整合建筑物界面并为学生提供步行空间。

(3)调整校园广场。按照规划的整体架构和功能区划设置主题广场，可以更有效地组织学生的各种活动，形成校园最具活力的生活舞台。为了加强广场的整体性，利用校园高差较大的便利条件，所有的广场都采用了一种特别的机动车道路标示方式，即道路路面与路牙不做高差，道路完全是广场的一部分，仅靠不同的铺砌材料进行示意性的界定。

中心广场：由新宿舍和音乐厅、影视艺术楼、美术学院等共同围合的中心广场是校园中规模最大的广场，如果按其隐含的边界估算约有5000平方米。虽不是位于校园的几何中心，但由于其周边建筑功能的多样性，新老建筑不同朝向的交接与地势变化的复杂性，以及原有的道路路网的现状都使这一广场担负着组织最大量的交通人流和整理不同功能空间的重任。采用自由边界的广场正是应对上述问题的策略：广场没有硬性边界，对周边建筑复杂多样的边界的整理简单但有效，广场的整体性得到最大程度的加强；在不同部位，有绿化甚至建筑体量的侵入并不会破坏广场的完整性，反而使广场更加生动和亲切，避免了可能出现的单调感；广场标高也没有强求一致，而是利用地形将广场局部抬起，形成自然柔和的生态空间。同时广场并不是封闭的，它对四周建筑和空间都在积极地回应，因此在不同的位置总是可以有不同的感受——来自南侧宿舍区热闹的笑语欢声、来自西侧山坡上倾泻而下的满目苍翠、来自美术馆艺术广场的都市气息、来自典雅的影视艺术楼怀旧的石墙面、来自东校门广场学生们的匆匆步履、来自美术学院背面古林公园森林的气息……

南校门入口广场：南校门广场是“脊椎”——南北向校园活动序列空间的起点，因此它对校园活动路线的引导性成为设计的重点。复原的老校门在这里起到了关键作用。成为校门景框中精彩的一笔。

演艺广场：方整的广场位于演艺中心综合体的北面，作为临近西校门区的活动中心和南北、东西两条主干道的交汇点，对梳理这一区域的流线和提供必要的开放空间起到了关键作用。

艺术广场：位于音乐厅南侧的艺术广场主要是指美术馆与其后虎踞北路所形成的空间，是一个没有明显可见边界的向社会全方位开放的广场。与音乐厅开馆或演出时使用的观众集散广场，平时供学生与市民休憩活动，担负一定的社会教育功能。

生活广场：生活广场位于南校区食堂的北侧。这种空间上的联系使得生活广场成为宿舍区与教学区的过渡，兼有生活、学习和休闲的多重功能。

(4)调整校园活动空间。设置合理的校园活动空间不仅可以促进基本的教学活动的开展，更可以激发师生开展艺术实践活动和艺术交流，同时为学生的日常生活提供多种多样的场所。这样的空间主要分为两类：一类是依附于建筑，在新建建筑的底层、平台以及与公共广场发生联系的部位设置的艺术展厅、工作室、休闲咖啡厅等室内空间；另一类是独立于建筑之外的空间，种类更为丰富，也更为自由和活跃。活动空间的布局原则是：

①围绕校园的各主题广场（艺术广场、演艺广场、中心广场、生活广场等）布置，使艺术创作的活动和交流深入到各种场所和时段。

②在各院系建筑中设置非本学科的专业实践活动、展览场所和工作间等，加强不同专业之间师生的交流和互动。

③充分利用方便可达的院落、林间绿地、原有空置的库房等设施进行改造。

(5)校园环境整治。户外设施（冷却塔、电气设备、指示牌、宣传栏）和宿舍阳台等对校园面貌有影响，适当的遮蔽和美化处理将有利于加强环境的整体感和协调感。

在校园适当位置，利用开敞式的绿化棚或艺术墙壁加强建筑群落的整体性，同时可以提供有趣的步行廊道，一举两得，达到实用、美观的目的。

## 六、结　语

南京艺术学院新校区规划是将老城区中两个各不同类型校园整合、规划成一个艺术类的校园，难度较大，但在江苏省委、省政府、教育厅的领导和关心下，并且借鉴兄弟院校建设新校区的成功经验，南艺在两个老校区改造规划上，取得了可喜的进展，为南艺建成国内一流的校园奠定了基础。

# “场所”概念对校园建筑设计理念的启迪

温州市教育基建中心　朱乾洲

“场所”(place)一词来自于拉丁文 platea，原意指宽敞的街道，经过长期的演化，现在“场所”的意义已非常丰富。“场所”不只是抽象的区位，更是具有清晰特性的空间，是由具体现象组成的生活世界，是由具有物质的本质、形态、质感及颜色的具体的物所组成的整体，场所是空间这个“形式”背后的“内容”。具体来说场所的特质包括地形、气候、光线等自然因素和城市肌理、文脉、人流活动等人文因素。简而言之，场所是由自然环境和人造环境相结合的有意义的整体。这个整体反映了在某一特定地段中人们的生活方式及其自身的环境特征。构成场所的三个基本组成部分是：

(1)静态的实体设施：场所的实体建构；建筑物、景观和美学特征的体现。

(2)活动：建筑物和景观如何被使用，身处其中的人们如何互动，以及文化习俗如何起到影响作用。

(3)含义：一个非常复杂的层面。首先是人意向和体验的结果，大多数的场所特征起源于人们对场所的实体和功能方面的反应。

场所的这三个基本元素彼此相互依存、密不可分。

场所，一种人化的空间，只有物质环境的物质和精神特性被感知、被体验而产生一定的物质和文化认同时，环境才能转化为场所并折射出有别于它的主体精神和环境精神——一种天人共赋的场所精神，而这特定的场所精神又反过来深刻地影响着主体——人的心理和行为。

以下将以华侨大学建筑学院建筑系馆扩建工程为例，来说明场所是如何建立，同时如何与人发生互动关系的。

建筑学专业是一个融科学技术与文化艺术于一体的跨学科专业，所培养的人才既要有科学家冷静严密的思考，又要有艺术家浪漫奔放的激情，这种由建筑的双重性所引发的专业双重性和主体精神的双重性已成为建筑系不同于其他学科的重要标志，而作为专业主课的“建筑设计”其教学方式和思维方式的特殊性，也直接影响着教学场所的内涵特征和外显形态。在这里，设计教室对学生来说已不仅是上课来下课走的教学空间，而是将生活与学习联系在一起有丰富内涵的生活场所，学生除了食宿之外大部分时间都在设计教室里度过，特别

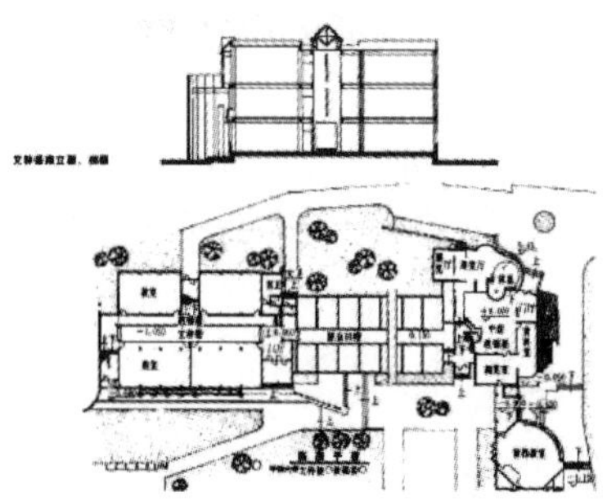

图 1

是在交图前的设计周，几乎每个晚上都是灯火通明、人头攒动，有时还伴以轻柔的音乐和歌声，这种特殊的学习模式具有紧张而浪漫的生活情调，构成了建筑系特有的学习氛围，透射出学生特有的精神和情怀。本扩建设计就是根据建筑系这种特有的学习氛围和生活情调，在设计教室的设计中大胆地采用了开敞式的教学空间，希望通过这种开敞的形式，充分体现设计教学的开放性和设计思维的多向性，并通过空间的开放使学生得到更多的信息、更多的交流、更多的启迪以触发其灵感的火花，同时也通过开敞的设计教学空间，传达出更多的环境信息和场所意义，折射出更强的主体精神。在这里“人与这些意义产生了互动的关系。人系‘物’中的一个‘物’”，人与建筑融为一体。

那么，中小学校园的场所精神又是什么呢？

图 2

中小学学校能够成为这一阶段人群的聚集场所，因为学校不仅能提供用于传授知识的课堂，还能够提供表达情感，交流思想的场所，启发智力的宣传场所，适合不同阶段学生心理的活动场所，提供不同形式的运动场所。教育的最终目的不是传授知识，而是培养掌握知识的技能和方法。学校的使用主体是一群具有不确定性、良好可塑性的未成年人，处于身心快速成长变化的时期，也是可塑性最高，想象力、创造力最丰富的时期。其行为发展深受外界环境的影响，亦会影响未来的行为能力，如解决问题的能力、创造力、决策能力、学习策略、人际关系与合作技能等等。未成年人的行为是感性的、易变的、主动的，除了给予他们正确的引导，亦需给予他们充分发挥自主性及想象力的空间。到这里我们可以发现，学校若想满足学生，不但需要设置丰富多样的空间，包容学生的各种行为模式，同时还要对学生的成长产生积极意义。至此，我归结学校的场所精神包含启发性和包容性。但现在的学校，在满足学校教学功能之外往往不能提供更多的东西，缺少成为场所的、充足的、能够感染人的、实际的物质。

笔者以为，校园建筑的设计理念可以考虑以下因素：

(1)能尊重使用者——未成年学生

就教育而言，通过对校园空间的重视，可以成就和提升学生的行为发展。而现代主义建筑师却往往依据其“经验主义”的思路，将使用者的行为经逻辑思维后，创作出他们认为适合的空间而希望符合使用者要求。在这一过程中设计者的主观经验自然占据支配地位。

未成年学生是校园的使用者，其生理、心理上均有明显的变化。虽然是一个尚未成熟的人，仍具有同成年人一般的本质，且其行为的发展随着时间、空间的改变，较成人更快速而不稳定。学生在校的成长并非仅止于师生间单纯的“教学”与“求学”的关系，而是要在“认识”、“语言”、“情绪”、“兴趣”、“游戏”、“群性”、“道德”、“人格”等未成年学生行为发展的基本内涵上，合理、有尊严、受重视的成长。但是过去的校园规划设计往往忽视了学生行为发展的需要，因为设计者的单向思考引发许多弊端。

(2)破除先验单一的设计模式

传统校园规划和建筑设计，往往较少思考学生行为发展与校园空间之间的关系及使用者实际参与的方式，致使校园环境在促进学生发展的要求面前开始“捉襟见肘”，譬如：教学空间单一，很难适应丰富的教学手段；“一分为二”的规划理念割裂了人与人的交往，人与自然的交往，学校和社区的交往；狭窄的走廊和有限的活动场地满足不了交流和运动的需求；设计者自以为是的空间、造型、色彩、庭院完全得不到师生的共鸣。

现阶段，温州教育大部分还是采用“课堂授课制”的教育形式，而这种形式有点“一心只读圣贤书”的味道；而现代教育注重交往、开放、互动，强调个性化的方面发展。而“课堂授课制”的教育形式相对应采用的是“编班授课制教室”模式，其实质是“廊式连接空间的组合形式”，这种建筑模式极大地满足了“课堂授课制”这种教育形式的需求。在此基础上，根据所需人群不同和分期建设不同，出现了“梳形学校建筑平面模式”。但这种标准化倾向的空间组织序列，在其高效提供教室的背后，是对学生交流空间的蚕食、割裂。标准化的教室已经将学生人为地分为若干单元，而作为联系这些若干的单元的走廊空间只能够满

足交通通道的需要，不能够提供更多东西。

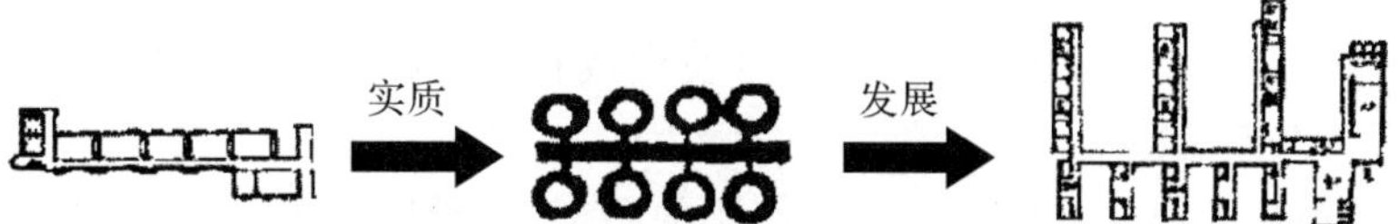


图 3

在现有的教育体制下，学生生活在学校制定好的时间表下，唯有课间的十分钟与短暂的午后时间由学生自由支配。那么，学生之间的自然交流又如何实现呢？可以在满足交通要求之外，增加一个纯净的交流空间，具有开放性的特质，能够聚集人流。可以赋予交流空间一定的主题性，同时保证充分的视觉感染力。

足够的活动空间才能保证交往活动的正常进行。人际交往时每个人在不同状况下，会不自觉地与他人保持一定的距离，适当的距离使人具有被保护的安全感，距离过大令人觉得空旷萧条，缺乏亲切感，也不容易交流，所以空间的面积、高度、容量都要做到合适得体。具体到教学楼内公共交往空间的设计，应当根据参与交往的学生和老师的人数，交往空间的性质和位置合理确定公共交往空间的尺度大小，做到大小适宜，创造多层次的交往空间。

在《隐匿的尺度》一书中，爱德华·T.霍尔定义了一系列的社会距离：亲密距离，个人距离，社交距离，公众距离。

(1)亲密距离

下限值是 0～0.15 米，最大值 0.15～9.45 米；亲密距离是指父母和儿女、恋人之间的距离，表达爱抚、体贴、安慰、舒适等强烈感情的距离，也表达志同道合的人为了某种秘密而达成协议时的距离，但旋即离开。这是人际交往中的最小间隔或几无间隔，即我们常说的“亲密无间”。

(2)个人距离

近范围为 0.46～0.76 米之间，正好能相互亲切握手友好交谈，远范围是 0.76～1.22 米；相互熟悉、关系密切的人们之间所使用的距离，相处在这个距离上的双方都保留了个人领地。这是人际交往中稍有分寸感的距离，已较少直接的身体接触。任何朋友和熟人都可以自由地进入这个空间，不过，在通常情况下，较为融洽的熟人之间交往时保持的距离更靠近远范围的近距离 0.76 米一端，而陌生人之间谈话则更靠近远范围的远距离 1.2 米端。

(3)社交距离

近范围为 1.2～2.1 米，一般在工作环境和社交聚会上，人们都保持这种程度的距离，远范围为 2.1～3.7 米，表现为一种更加正式的交往关系；在这个范围内很少有友谊的感觉，因为这个距离已经消除了个人因素。这已超出了亲密或熟人的人际关系，而是体现出一种社交性或礼节上的较正式关系。

(4)公众距离

是一种从事演讲或公共活动时使用的距离，这种距离上人们可以用大量的身体语言给别人造成某种印象。其近范围 3.7～7.6 米，远范围在 7.6 米之外。这是一个几乎能容纳一切人的“门户开放”的空间，人们完全可以对处于空间的其他人“视而不见”，因为相互之间未必发生一定联系。

人际交往中，亲密距离与个人距离通常都是在非正式社交情境中使用，在正式社交场合则使用社交距离。而在学生活动中，大多的学生都喜欢在自由的非正式的社交环境中交往，因此这个距离是在学建筑空间设计中必须重点注意的，大多数的学生小集团交往都在这个范围内。

建筑的目的不只是创造空间，而是创造场所，并附之以精神。场所的创造就是在特定空间环境中激发人的活动欲望，进入一个独特的体验世界，我们所做的，就是希望得到一个有意识地让建筑元素与可能被诱发的活动结合在一起的有意义场所，一个让学生的成长变得多姿多彩的学校。

# 世博建筑对学校建筑的启迪

温州市教育基建中心　潘志前

如果存在一门学科能够使人们彻底清楚地看清人类的进程，那么它就是建筑。通过思索建筑形式的发展变化，人们可以推想漫长的、不规则的历史进程：从社会、宗教、经济到道德和政治等方面的发展状况。

除了营造给人们带来强烈美感空间外，建筑还是一门艺术，它可以诠释居住者的性格、思想及其理解生活的方式。

如果单一的比较学校建筑和世博建筑似乎很难，学校建筑是教育设施建筑，世博建筑是展览馆式建筑，无论从功能空间到服务人群都存在较大差异，但作为建筑艺术而言，两者有一定的共通之处。

## 一、灵活性

在不断发展变化的教育领域中所建造的建筑必须能够适应明天的需要，这对于今天的建筑师们来说是一个挑战，而建筑师们的工作就是去迎接并完成好这个任务。为此，他们必须深入了解教师和学生对于空间环境的要求，理解一所学校在设计上能否真正灵活地满足需要。

世博建筑是典型的大空间的展览馆式建筑，除了满足基本需要以外，在建筑模式的选择上可以充分发挥想象力，以满足一个国家的文化、政治、经济展示的需要。

建筑性质不同，灵活性的发挥程度就存在很大不同。例如学校建筑要求的基本需要比较多，而世博建筑要求的基本需要相对少，创造灵感和艺术表现力就更强。

## 二、“绿色”和可持续发展

如今，“绿色”话题和可持续发展的理念在全球流行，建筑无疑是这两个主题体现最深的行业之一。我想“绿色”和可持续发展的含义应包括能源效率、资源效率、健康等方面。

在这个主题上，世博建筑是先行体现者，也是倡导“绿色”和可持续发展的实践者。除了今后不动的展览馆以外，其他主体建筑几乎都采用了钢结构的建筑方式，采用装配式的钢结构，可拆可装，不造成损失，减少钢筋混凝土的使用，在装饰外观及内部上采用篷布、复合木材、天然木材等材料。

学校建筑在结构建筑材料上基本上会采用钢筋混凝土的结构形式，但是，符合条件的学校可以利用风能、太阳能等进行能量的循环利用，以及某地特有的建筑材料，提高能源效率、资源效率，保障师生的健康。

## 三、景观建筑

学校建筑不仅仅是教育的一种构建形式，它还是使用各种工具和设施作为学习来源的综合性的学习环境。学习并不仅仅局限在教室里，大礼堂、走廊、自助餐厅、体育馆、图书馆，甚至自然景观都是学习的好地方。

很多建筑师都提出过建筑设计要“让步”于周围景观，要根据现有的自然环境进行设计，把建筑看做是景观设计的一部分，不是先做出建筑设计再考虑景观设计，而是同步考虑，有些学校建在山坡边、湿地边，临河、临水，这是比较明智的选择。

## 四、社区参与

一直以来，学校通常都在学生放学后关闭。不过允许当地社区使用校内设施进行成人进修教育或者开设音乐俱乐部、体育娱乐部也不失为明智之举。

在学生放学后对外开放学校设施还可以加强学校与当地社区之间的联系。对于低收入社区而言，这点尤为重要。因为在这些社区，为了严格遵守具备“市中心”特点的城市规划标准，学校往往都被安置在了远离社区的地方。而位于市中心的学校如果与当地社区共享设施，则双方都可以节省费用。

对于世博建筑来说功能对象就相对简单得多了，就是为了公共参与，满足人群在当天的活动需要。

## 五、规模

世博建筑规模庞大，应该用“世博村”的概念形容更贴切，在展馆独立的基础上，除工作人员必需的基础设施使用以外，其他都采用资源共享的形式存在，例如餐厅、公共卫生间、吸烟区等，独立和共享的区分会降低建设成本。

许多学校规模很大，在一所学校里可能同时包括幼儿园、小学和中学。大部分学校的场地和建筑区域可能划分得十分明显，但基础设施方面应该存在共享。在建筑风格统一的条件下，合理设置共享区域可以降低学校的建设成本和运营成本。学校规模的大小是值得建筑师思考的问题，特别是在用地紧张的区域，规模的科学性体现尤为明显。

学校建筑和世博建筑在设计上不断推陈出新，其主要动力来自于创新科技。科技使得建筑发生了变化，变化不仅仅体现在物理意义的空间上，而是还体现在空间内部所进行的各种活动类型上。为此，建筑必须在设计中体现出越来越多的灵活性，设计需要能够适应诸多因素影响下的潜在变化，要用富有创新的设计方法将此付诸实施。

# 大学环境文化的核心功能与创新之道*

杭州师范大学　沈　威

## 一、引　言

大学环境是以大学校园为空间范围，以社会文化、学校历史传统为背景，以大学人为主体，以校园特色物质形式为外部表现，制约和影响着大学人活动及发展的一种环境。大学环境育人功能的实现，主要是通过对校园各种物质形态的整体规划、科学设计和合理配置，构成校园自然和谐、错落有致的园区，形成各种美的实体形象与蕴涵其中的文化神韵，对置身其中的大学人进行"随风潜入夜，润物细无声"的熏陶，使其体验到事物的美好，从而扩展到对世间万事万物的热爱。广义的大学环境文化是关于大学环境的价值理念、存在形态、心理认知等文化要素的总和，狭义的大学环境文化则单指物质环境文化。大学环境文化是指融有大学精神文化要素的校园规划布局、校舍建筑、人文景观和校园绿化美化等综合而成的物化的静态文化，是大学人对象化活动的结果。[1]一方面，人建设、创造了物质环境，并通过活动使物质环境打上人类思想的烙印；另一方面，人又是物质环境文化的受用者，时时刻刻在特定的环境中受到熏陶和感染。因此，从某种意义上讲，大学环境文化就是大学人智慧、力量和意志的象征。

## 二、大学环境文化的内涵

大学环境文化的内涵十分丰富，主要包括以下几个方面：

1. 学校地理环境

学校所处的地理位置与教育功能的发挥直接相关。因此，古今中外的教育家都十分重视校址的选择。在古代，我国的书院大多设在依山傍水之地、山林僻静之处。"白鹿洞书院在庐山五老峰下，有林泉之胜；岳麓书院在岳麓山抱黄洞下，背陵向壑，木茂而泉洁；嵩阳书院在太室山南；石鼓书院在回雁峰下；茅山书院在三茅山中。""创设如此幽深的学校环境，其重要原因是想借山光以悦人

* 本文系杭州市教育局2010年委托研究项目《大学景观与校园文化研究》的研究成果。

性、假湖水以静心情。”[2]近现代以来，中外的高等学校大多集中在大中城市，这种状况的形成虽有其历史原因，但与这些城市交通便利、经济发达、文化繁荣、环境优美密不可分。如我国的清华大学、英国的牛津大学、美国的哈佛大学、日本的东京大学、德国的波恩大学、法国的巴黎大学等皆是如此。1927年，近代教育家蔡元培就任中华民国大学院院长，主张“以美育代宗教”[3]，倡议设立“国立艺术院”(浙江美术学院前身)，提出“国立艺术院”须建在环境适宜、风景佳胜之地，以“引起学者清醇之兴趣，高尚之精神”。他与著名画家林风眠亲自选择校址，最后将“国立艺术院”建在风景如画的杭州西湖孤山罗苑。[4]总之，大多国内外教育家虽处于不同的时代和地域，有着各自独特的文化背景，但在选择校址所持的主导思想上往往不谋而合。那就是选择环境优雅、交通信息便利的地方作为大学校址，充分为莘莘学子营造有利于其成长成才的良好的物质环境和教育环境。

2.学校规划与布局

学校的规划与布局是展现学校外在形象和整体风貌，反映学校环境育人宗旨的重要文化形式。大学校园一般有着明确的教学区、办公区、生活区和运动休闲区等功能分区，各个区域功能相异而又相辅相成。在其中，教学区、科研区和办公区等是学校的主要功能区域，是学校政治、教学和科研中心，是大学人工作与学习的主要场所，代表着一个学校的办学层次、办学实力和办学风格。该区域总体上应突出庄重、严谨、雅静的特征，既有理性而又不失生机，既有特色而又不显出格。生活区则是教师和学生的生活园地，一般以宿舍区为中心，设置有食堂、浴室、商店等生活场所，再适当配以假山、小亭等人造景观，将会极大地方便师生学习工作之余的日常生活，使他们能够充分体验到休闲放松的感觉，其设计总体上要体现和谐、明快、方便的特征。运动休闲区作为广大师生锻炼身体、增强体质的活动场所，主要应设置各类体育器材，为学校开设体育课程以及师生在工作学习之余进行运动锻炼提供有利条件，在总体设计上应反映安全、适用、便利的特点。这不仅是建设大学环境文化的基本要求，同时更是实现大学功能的必要条件。

3.校舍建筑

建筑是文化的容器。作为人类一种特殊品格的艺术，建筑是物质和精神、主体和客体、技术和艺术、形式和内容、自然与社会、历史和现实的多元整合。学校建筑一般通过建筑的造型、建筑的空间布局来表现一定的思想内涵和价值追求。作为一种潜在的教育信息和观念的本体，它对学校教育、大学人特别是大学生的行为产生潜移默化的影响，是大学环境文化的重要物质基础。学校建筑要达到使用功能、审美功能与教育功能的协调统一就必须做到以下几点。首先，学校建筑要有良好的采光和空间高度，能够保障大学人的身心健康，满足大学人的工作、学习和生活需要。其次，学校建筑要尊重历史、重视文脉、保持整体协调，给大学人一种和谐的美感。再次，学校建筑要以造型为载体，象征特定的精神和理想，陶冶大学人的身心和品性。

4.校园人文景观

校园人文景观主要是指被赋予一定人文色彩的物质景观。对于当代大学来说，坚持在以人为本、彰显个性、充分肯定人的行为及精神、尊重和维护人的基本价值的基础上，通过景观设计来表现出高尚的人文精神，是大学环境文化建设的重要环节。狭义的校园人文景观则主要是指校园雕塑景观，包括主题雕塑、纪念碑、文化墙和文化石等。对于历史悠久的大学而言，美好的人文景观能够充分展示学校厚重的办学历史，丰富学校环境的内容，使学校环境充分展现出时间上的延续性和空间上的整体性。人文景观往往与重要人物、历史事件有很大联系，因而具有特定的内涵和影响力，使大学人在人格上得到陶冶。如清华大学校园内的共产党员施幌烈士浮雕、闻亭、自清亭等，厦门大学校园内的共产党员罗扬才烈士、陈嘉庚、萨本栋、王亚南、陈景润的塑像，使在校师生既感受到共产党员与学术前辈的崇高伟大，同时又获得一种神圣的使命感与责任感。再如复旦大学校园里的毛泽东、鲁迅的雕像，重庆大学校园内的周恩来、马寅初、李四光的雕像，河南理工大学校园内的孙越崎雕像、焦作煤矿工人大罢工指挥部旧址、"好学力行"校风石等，无时无刻不在激励着大学人奋进、图强。对于这些宝贵的历史遗产，应当充分挖掘其价值，发挥其特有的育人功能。

## 三、大学环境文化的核心功能

大学环境文化是大学文化的"硬件"。它不仅能够对外直接展现大学鲜明的形象和文化氛围，而且也能够以间接的方式对置身其中的大学人产生潜移默化的影响。这些影响主要表现在对大学人的性情陶冶、品行历练、情趣培养和潜能激发等方面。因此，如果说大学中的教学环节具有显性教育功能的话，大学环境文化则有着重要的隐性教育功能。对于大学环境来说，无论是大学物质环境，还是大学精神环境，都像是一部立体的、多彩的、富有吸引力的教科书，一旦被大学人用心"翻阅"，就势必会赋予他们以蓬勃向上的力量，进而使他们在爱美、审美和创造美的过程中达到精神世界的升华。一方面，作为大学人工作、学习与生活的物质条件，大学物质环境不仅与大学人的自身利益息息相关，为大学人提供必要的活动场所，而且又是学校向大学人开展教育活动、陶冶情操、美化心灵、启迪智慧的重要手段。另一方面，作为大学学术氛围和校园风尚的集中体现，大学精神环境则主要肩负着塑造大学人特别是大学生高尚品质和优

良品行的重要使命。大学人在学习、工作和日常生活中时时刻刻都要受到大学环境的影响，即使离开大学之后，他们在思想观念、道德品质、纪律意识和文化素养等方面，都还会长期地印有大学环境的“文化胎记”。

“赏心悦目的环境，可以使人心旷神怡；奋发图强的气氛，可以催人奋进。”[5]高尔基这句脍炙人口的话，明确地向世人道明了大学环境文化所具有的那种隐性教育功能的重要作用。美国斯坦福大学第一任校长乔丹也曾经指出，大学校园里“那些长长的连廊和庄重的列柱也将是学生教育的一部分。四方院中每块石头都能教导人们知道体面和诚实”[6]。这充分说明，大学环境文化中蕴含的精神因素、信念因素、传统因素、道德风尚等，作为文化气息弥漫在大学校园中，大学人似乎不知不觉，但它却处处存在，以强大的感染力和内驱力对大学人的成长施加着外在影响。与此同时，大学环境文化还可以内化为大学人的人格追求和行为准则，对大学人起着一种软约束的作用，处处潜移默化地熏陶着、规范着大学人，使大学人发自内心地去自觉遵守，从而成为大学教育的一个重要组成部分和独特的育人载体。可以说，这一作用是大学制度文化和大学行为文化所难以达到和取代的。

“近朱者赤，近墨者黑”，“蓬生麻中，不扶而直”，这都是在强调环境影响人和事物成长发展的重要性。坚持用大爱之心优化育人环境，使人向善去恶、学业精进，最终实现精神境界升华、人生事业成功的例证，古今中外不胜枚举。早在2000多年前，孔子就重视和利用环境来教育培养他的弟子：“孔子之教人，于诗乐外，尤使人玩天然之美。故习礼于树下，言志于农山，游于舞雩，叹于川上，使门弟子言志，独与曾点。”在这方面，尽人皆知的“孟母三迁”更是一个优化育人环境的典型事例：“孟子生有淑质，夙丧其父，幼被慈母三迁之教。”

大学校园中的一砖一石、一草一木，无不浸溢着特定的高尚、高雅的精神文化内涵，无不发挥着育人的作用。“蕴含着人文、艺术、科学精神的校园建筑，就是传播文明、养成道德的生动教科书；各具特色的校园亭台、花园、草坪，就是培育栋梁的第二讲台；浓缩着历史的校内雕塑、人文景点，就是学校传统和精神的示范和延续……通过这一切，环境育人的功能得以体现，特色的校园文化跃然展现，美观大方、品位高雅、内涵丰富的文化特色，就成为校园环境文化的源头活水，随历史而常新，随时代而升华。”[7]

## 四、大学环境文化建设的创新途径与发展对策

一所现代化的大学，应该是在先进的物质文化、制度文化和精神文化支撑之上的学习型组织。大学环境文化是大学这一特定社会组织依据其特定社会使命经过长期发展形成的群体审美观、价值观和对未来理想追求的物化的精神

状态。环境文化对学生身心的健康发展、知识技能的掌握、世界观、人生观和价值观念的培养以及创造性、主体性的养成等，都会有直接或间接的影响。青年是大学的主体。他们将在大学里度过身体和思想的成长期，而校园里的每一幢建筑、每一尊雕塑、每一个花坛、每一棵树木都会让他们在以后很长时间里留下难忘的记忆。大学环境文化建设是一个相对漫长的过程。随着社会经济水平的提高，大学办学实力的增强，学校硬件建设逐渐向人性化方向发展，环境文化越来越受到重视，绿色校园、生态校园、和谐布局等设计理念已是学校规划的重点。

大学环境建设更加注重超前的理念和一流的规划。学校的硬件设施，既是师生教学、生活、活动的基础设施，又是学校文化的重要载体和学校文化精神的外在反映，是学校独有的文化特征的显性表现。它以独特的文化精神内涵，传播着精神文化，影响着师生。因此，在学校的整体规划与建设中，要有发展的意识和现代化的超前设计理念，学校的教学、生活、运动场地、校园环境的绿化美化、雕塑、亭阁、道路、宣传栏、校园广播系统、校园网络系统、教职工生活区等等都要有统一的规划，基础设施健全后管理更重要，一个垃圾桶的形状、颜色和保洁状况都可能流露出学校师生的精神状况与审美品位。

大学环境建设更加注重文化价值与生态价值。如今，人们对景观的认识程度和当代景观设计功能的体现，都已走出了传统造园活动的概念，景观的艺术价值不知不觉中与生态价值、功能价值、文化价值发生了关系，景观艺术的范畴较以前较多地指向了与人息息相关的各个方面，从而变得更加深刻和科学。一方面，人们为了表达自己的精神世界建造了一些实物形态，如建筑、亭台楼阁、庙宇、雕塑等；另一方面，又对一定的实物形态寄予特定价值期盼，如对名山大川的喜好，对天地造物的崇拜等。大学校园里的年轻学子，要在校园里学习、生活四年或更长时间，而这里的一草一木都会让他们在以后很长时期里记忆犹新。每一位经历过大学生活的人，都会对母校的校园有一种美好的回忆。

大学环境建设更加注重表现手法的多样性和系统性。雕塑作为一个标志性的景观，从中引申出的寓意应该是积极向上的；草地、灌木、树木、花卉组成的生态空间，为生活在这里的师生员工营造出恬静、怡心、自然的环境；广场可以丰富校园的院落感，亭阁则能使校园更庄重。当然，这些都要根据校园的地形地貌建筑布局，结合学校所处地理环境和办学特色进行创意，才能形成自己的环境文化。

大学环境建设更加注重师生员工的共建共享。大学校园环境的享用者是师生员工，因此，师生员工既是环境文化的创造者，也是环境文化的消费者，更应是环境文化的管理者和维护者。校园的景观设计、建筑过程都要有师生员工

的参与，因为参与过程本身就是一种文化的生产过程和理解过程。只有群体成员认识、理解了这种物化的文化蕴意，才能更好地激励其心志，也才能使其自觉地爱护环境资源，并做到举止文明得体。

高校校园环境景观的设计要体现高等学府的层次。如景观与周围建筑的和谐、亭阁廊道的使用价值、植被的气候和土壤条件等，要从科学的角度，做到在植物品种上乔、灌、草、花结合。在景观配置上，做到植物色彩与建筑小品有机结合。校园绿化规划要融入自然环境中，不但要注重形的统一，还要努力保留原有植物群落、植物品种、山体水面，实现人、建筑物、植物、地形地貌的和谐统一。

## 参考文献

[1]王少安.大学环境文化及其育人功能.中国大学教学，2009.

[2]毛礼锐.中国教育史简编.北京：教育科学出版社，1984.

[3]蔡元培.以美育代宗教.现代学生，1930(1).

[4]俞国良.学校文化新论.长沙：湖南教育出版社，1999:105.

[5]罗道全.谈高校物质环境的育人作用.西北工业大学学报(社会科学版)，2001(2).

[6]秦红岭.试论大学校园建筑文化的隐性德育功能.高等建筑教育，2004(1).

[7]郭贵春.着力建设更具先进性的校园文化.中国高等教育，2002:13—14.

# 校园环境设计中景观小品的构思与创作

上海市奉贤区教育保障服务中心　孙　冲

校园环境孕育着莘莘学子的希望和梦想，它传承了校园文化和地域特色，它反映了学校历史和人文精神。因此，创建一个环境优美的校园空间，让师生在校园内可学、可思、可游、可憩，调节视野、陶冶情操，营造校园独特的休闲与学习于一体的文化氛围，显得尤为重要。而在校园的环境设计中，景观小品以其丰富多彩的内容和造型美化了校园环境，虽然它在校园环境中不起主导作用，仅是点缀与陪衬，但是它"从而不卑，小而不卑，顺其自然，插其空间，取其特色，求其借景"，力争人工中见自然，给师生以美好的意境、高尚的情趣，故景观小品是校园环境中不可缺少的部分。

为了更好地发挥景观小品在校园环境中的作用，充分体现它的艺术价值，更恰当更合理地运用小品(这里是指景观建筑小品)，笔者在文章中谈一下本人在实践中的体会及对小品的粗略看法。

## 一、景观小品的分类和特点

1.景观小品可分两大类

观赏小品：如石材、喷泉、雕塑、景墙、景窗等装饰构筑物。它的作用是通过作品自身，从视觉感官上激发起人的审美情趣、美的联想，并将校园环境衬托得更加美观、更加宜人、更加和谐。

集观赏与实用于一体的小品：如供休息的椅、凳、桌、亭等；结合照明的灯基、灯柱、灯头、灯具等；用于服务的饮水泉、洗手池、栏杆、围墙、垃圾箱等；用于展示的布告板、指路标牌、阅报栏、画廊等。这些在校园中亦占一定的数量，若布置适中，体量适宜，造型新颖，会使校园空间环境更丰富、更具有人性化。

2.景观小品的特点

景观小品不同于一般建筑物，必须新颖独特、千姿百态，充分体现自身的艺术价值。

景观小品具有地域和民族风格，应反映当地的自然地域和社会文化地域的特征。小品的建筑形式应与自然景观和人文景观相协调。

景观小品具有强烈的时代气息，应体现时代精神和当时社会发展特征，是

这个时代的精神写照和人文景观的记载。

## 二、景观小品的构思与创作

1. 景观小品的创作意义

审美情趣的需要：景观小品分布在校园中，与师生的生活、学习发生着紧密的联系。因而它必须具有独特的体态、气质和表情，美化环境，丰富园趣，不仅为师生提供文化休息和公共活动的方便，而且能使师生从中获得美的感受和良好的教益。要做到这些，要求我们重视校园景观小品的创作。

环境艺术设计的需要：校园景观小品是校园环境中的一个重要组成部分，尤其是标志性小品，更有着重要的意义。所以，对小品的创作手法和艺匠经营不可小视。处理好了，小品可以起到点缀和美化的作用；处理不当，小品会破坏原有环境，甚至会毁掉整个环境。这就要求在创作中，小品的形式和风格应与主体建筑相协调，应与周围环境相协调。

2. 景观小品的创作要求

立其意趣，根据不同学校的文化背景和人文风情，作出小品的创作构思；合其体宜，选择合理的位置和布局，做到巧而得体，精而合宜；取其特色，充分反映景观小品的特色，把它巧妙地熔铸在校园空间之中；顺其自然，不破坏原有风貌，做到涉门成趣，得景随形；求其因借，通过对自然景物形象的取舍，使造型简练的小品获得景象丰满充实的效应；饰其空间，充分利用景观小品的灵活性、多样性以丰富校园空间；巧其点缀，把需要突出表现的景物强化起来，把影响景物的角落巧妙地转化成为观赏的对象；寻其对比，把两种明显差异的素材巧妙地结合起来，相互烘托，显出双方的特点。总之，景观小品创作时可以做到"景到随机，不拘一格"，在有限空间得其天趣。

3. 景观小品的构思技巧

与普通建筑作品不同，由于景观小品功能上限制较小。因而景观小品的构思出发点较多，在造型立意、材质色彩运用上都更加灵活和自由，分析归纳有以下两种构思技巧和思维方式。

原型思维法：众所周知，创造性的构思，常常来自于瞬间的灵感，而灵感的产生又是因为某种现象或事物的刺激。这些激发构思灵感的事物或现象，在心理学上称之为"原型"。正是由于原型的出现，使得创作有了一个独特的构思和立意。原型之所以具有启发作用，关键在于原型与所构思创作的问题之间有"某些或显或隐的共同点或相似点"。设计者在高速的创作思维运转中，看到或联想到某个原型，而得到一些对构思有用的特性，而出现了"启发"。原型思维法从思维方式来看，是属于形象思维和创造性思维的结合。对于景观小品而言，是具象思维（具体事物和实在形象）和抽象思维（话语或现象的感知）转化为创作的素材和灵感，在通过创造性思维，在发散性和收敛性思维的作用下，导致不同创作方案的产生。在这过程中，原型始终占据着创作思维的核心地位。

环境启迪法：在景观小品创作中，许多方面的因素都会直接或间接地影响到小品本身的体态和表情，从环境艺术设计及艺术原理来看，小品所处的环境是千差万别的，作为环境艺术这个大系统下的“小品”，它的体态和表情自然要与特定的环境发生关系。设计者就是要在它们之间去发现具有审美意义的内在联系，并将这种内在联系转化为小品的体现或表情的外显艺术特征。因而环境启迪法就是将基地环境的特征加以归纳总结，加以形象思维处理，形成创作启发，从而通过创造性思维发散，创作出与环境相协调共生的景观小品。

4. 景观小品的创作手法

在以上一种或两种构思技巧和思维方式的共同引导下，运用不同创作手法，结合实际情况探讨小品的创作手法。

雕塑化处理：这种手法是借鉴雕塑专业的设计方法，其创作出发点是将小品建筑视为一件雕塑品来处理，具有合适的尺度和部分使用上的要求，力争做到小品建筑与雕塑一体化。这是原型思维的一种表现。

植物化生态处理：手法的目的是为达到与自然相融合，使小品有“融入自然的体态和表情”。具体做法是在造型处理中，引入植物种植，通过构架和构造上的处理，在小品上覆盖或点缀绿色植物。从而达到小品构筑物藏而不露，适用于要求与自然相协调的环境。

仿生学手法：即在设计中模仿自然界的生物造型（原型），包括动物、植物的形态，以达到“虽为人工，宛若天成”的境界。

虚实倒置法：通过对常用形式的研究和观察（原型思维），进而在环境的启发下运用之，以收到出人意料之外的强烈对比效果。

延伸寓意法：该手法是在一般想象力上升到创造想象后，对一些有深刻意义的事物或词句（原型思维），加以创造想象和升华，将其意义融入到小品创作中，使人对小品产生无限的遐想和回味无穷的魅力，特别是纪念性小品更是如此。

## 三、景观小品和校园环境、校园文化和谐的统一

1. 景观小品和校园主体建筑

每个校园的主体建筑根据特定地域、特定人文历史背景，都有各自不同的风格、色彩、符号，外部空间是主体建筑的延伸，如建筑单体之间通过连廊等小品相连接。因而外部空间的设计与校园主体建筑是不可分的，应成为校园建设

发展中的一项重要工作。

从校园整体风格出发，外部空间的小品作为主体建筑的配角，在造型、尺度、色彩等方面，要考虑与校园主体建筑相协调，协调并不是单单只求形式表面的相同或相近，既要有空间意义上的协调，又要有时间意义上的协调，从主体建筑中找出那些诸如形态、色彩、文化等隐含着的因素，运用到创作中去，来提升校园的独特品位。

不同的小品用不同的方式，映衬出不同风格建筑的风采和神韵，表现出其独特的气质和性格。因此不管景观小品创作设计要体现何种风格，都要和校园主体建筑相呼应。比如在一个中国江南风格主体建筑的校园内，布置一些江南园林风格的休息亭、游廊、花墙、圆洞门等小品，小品与主体建筑相映成趣、彼此衬托、融为一体，共同体现出江南园林的风格特色，构成一幅优美的中国江南画。

因此，景观小品是校园主体建筑的延续，景观小品和校园主体建筑应该有机融合，并成为系统整体中的一个单元。

2.景观小品和校园历史文化、人文精神

学校是培养人才的地方。校园历史文化、人文精神对学生的影响作用具有不可替代性。优秀的校园景观能培养师生品格与情操，规范师生行为，激发师生对学校目标、准则的认同感，增强个人使命感，对学校集体的归属感，形成强烈的向心力、凝聚力和群体意识。校园景观小品创作也顺应校园历史文化和人文精神的诉求，传承校园文脉，延续学生们对于学校文化的群体性历史记忆。

校园既有其共同的文化格调，亦有其各自的历史文化和人文精神，在景观小品创作设计中必须考虑这一点，体现其个性特征，结合当地的教育特点、地域文化、历史文脉和学校特色营造学校的个性。情因景生，景为情造，一个吸引人的、有感染力的校园景观小品，一定具有典型丰富的情感空间，与物质空间组成校园的全部。正是各种情感空间的组合与构成，决定了我们对每所校园环境与校园文化的总体印象。缺少情感空间的校园是一个不完整的校园，因此校园景观小品的创作既要有典雅、庄重、朴素、自然的本质特征，又要有标新立异、自我突出的个性。通过不同的创作手法，诠释对校园精神的理解，反映校园文化的内涵。

3.景观小品和校园绿化植物

采用植物化生态处理，处理得当，不仅可以获得和谐优美的景观，而且还可突出单体，达到功能完美的效果。

小品建筑一般为淡色，灰色系列居多，而多彩多姿的绿化植物和景观小品的结合，可以弥补它们单调的色彩，消除与绿化环境之间的矛盾，为景观小品的功能和内涵表现增添另一种语言的表达。如围墙、栏杆、道路台阶边缘主要起到分隔和装饰的作用，在进行植物配置时常种植金银花、常春藤、紫藤等爬藤类，使其自然攀缘，这样不仅柔化、覆盖、遮挡了小品建筑的硬质棱角线条，而且也美化了环境，增添了亲近自然之趣。又如在廊架上栽植攀缘类植物，更加完善了廊架庇荫的效果和功能。

在校园空间中，许多小品都是具备特定文化和精神内涵的功能实体，需要表达特殊的作用和意义。如装饰性小品中的雕塑、纪念碑等，通过选择合适的植物与配置方式来衬托或者烘托小品本身的主旨和精神内涵。另外，园林中还有些功能性的设施小品如垃圾桶、厕所等，也可以借助植物配置或采用仿生学手法来处理和改变原景观不佳的效果。植物配置丰富了小品的艺术构图，突出了小品的主题，完善了小品的功能，协调了小品与周边环境的关系。

## 四、校园景观小品创作的误区

1.误区一：盲目崇洋，生搬硬套

小品创作“盲目崇洋，以洋为首选”，认为外来的和尚好念经，崇洋媚外，一味追求欧美时尚的景观小品，盲目追求国外名人的雕塑小品，不切实际的体现那些夏威夷海景、威尼斯水城、罗马风情等西洋景观。这些生搬硬套、形而上学与中华民族的文化传统、风俗民情不相符合，破坏整个校园的环境和风格。如某所九年一贯制学校，江南水乡风格，但音乐专业特色并不突出，却在主干道两侧大量布置贝多芬、施特劳斯等国外著名音乐家雕塑，效果适得其反。因此，因地制宜，才是校园景观小品创作的根本，才能创造出中国师生喜好的生活、学习环境。

2.误区二：以贵为美，片面追求“档次”

小品创作片面追求“档次”、宏大的气派、豪华高档的用材，消耗大量的人力和物力。盲目、刻意的追求，过分强调造型，过分体现夸张，过分豪华装饰，喧宾夺主，头重脚轻，忽视小品从属地位，达不到意想的效果，都是违背了教育的本质。

3.误区三：照搬照抄，似曾相识模仿校园是育人的地方

具有特定的精神，每个学校又有其自身的文化底蕴、历史背景、专业类别等，有自己的主张与特色。现在有很多学校，在小品创作中模仿之风盛行不衰，千篇一律，往往都有似曾相识之感，缺乏立意，缺少内涵。“有意无景，形同说教；有景无意，格调不高”，不能反映出寓教于景、寓学于意的校园环境，也不能表达出学校独特的个性、特色、历史文化及人文精神。

4.误区四：注重形式，忽略了功能需求

校园环境空间中的景观小品，除了景观作用外，还具有很多实际的使用功

能，如供休息的椅、凳、桌、亭等，用于服务的洗手池、垃圾箱等，供师生休闲、学习、交流的空间设施等等。在小品创作中，往往花很大的精力去研究观赏型小品，忽略功能型小品的创作布置，忽略师生最基本的需求，却乐道于它形式上的美。违背“以人为本”的原则，校园就变成了一个非人性化的空间，结果令师生失望，望景兴叹。如某职业学校校园中有一个较大的后花园，但在景观设计时缺少椅、凳、桌、亭的布置，师生置身于其中，很难产生场所感、认同感和归属感。

总而言之，景观小品像文坛的诗，像舞厅里的曲，欢快活泼、精巧多彩，为广大师生所喜爱。由于它的功能简明，造型新颖，立意有章，以其灵活多样的特点适用于任何校园空间。在景观小品的创作上，还应充分考虑师生在校园内学习、活动、休息时的行为特点。使景观小品在体量、造型、色彩等诸多方面，体现出校园风味，体现出校园风情，体现出浓郁的校园文化韵味。

# 生态绿化校园规划与分析

上海市松江区教育局基建装备资产中心　范林峰

21世纪是回归自然的世纪，现代城市所带来的大气、河川污染及热岛效应等不良现象接踵而来，人居环境矛盾突显……人们渴望绿地、渴望森林、渴望回归自然，城市生态建设已成为人们关注的焦点。校园作为城市的组成部分，特别是教书育人的主要场所，要更加重视生态建设，生态型校园规划设计理应成为今后校园规划的发展方向。

## 一、校园生态绿化规划设计的要求和思想

校园应是育人的环境，是培养学生具有健康的体魄、丰富个性的空间，它应使受教育者感受到一种个性成长的需要和心灵成长的力量，它应是积极向上、充满知识和趣味的室外大课堂，它应创造良好的人文环境、自然环境。

校园规划设计是要给青少年创造一个和谐美丽的环境，使它既有视觉效果，又会使人产生心理联想，犹如一个无声的课堂。在这大自然的课堂里，一花一草一木都孕育着丰富的思想内涵，有着高度的启迪感。它们对青少年的道德、品格、修养无时无刻不在起着潜移默化的影响。从某种意义上来说，它是课堂教学的延伸。

## 二、生态型绿化校园的特点

通过道路、建筑物、植物的合理规划布局，营造出生态环境优美的绿色，更适合师生的工作与学习。生态型校园应具备以下的特点：

1.校园整体规划布局合理，功能分区明确，交通组织顺畅；

2.校园绿化与建筑相协调，并自成系统，尽可能保留原有生态系统，包括河流、坡地、大树等；使其具备自我调节、发展、循环的功能。

3.绿化植物丰富多彩，力求做到四季有花，四季分明，达到以点带面的绿化效果。积极做到“春景秋色”，同时多种植对人体有益的植物，适当种植果树，创造一个良好的校园环境。

4.校园采取先进技术和严格、科学的管理方法，发展节约型绿化，充分利用雨、河水回收灌溉、生态停车、屋顶绿化等，使校园内形成一个清洁、优美、生态

良性循环的学习、生活环境。

## 三、校园生态绿化规划设计的原则

1. 体现生态环境艺术校园的原则

在布局上适量设置园林小品，强化校园的园林氛围。在绿化上以“春景秋色”为主基调，配置四季花卉，树木高低错落有致、疏密有序，形成优良的植物总体和局部效果，真正达到绿化、美化、净化、亮化、香化和静化校园的效果，从而产生一种安静优雅的绿化格调。

2. 以人为本的原则

生态景观规划上要以人为本，体现个性化，满足人们回归自然的渴望，各种空间中的设施设置、材料质感的应用、景观的创造应充分考虑人们钟情于自然的心理需求。比如，校园道路的设计走向要充分考虑到学生的出入方便；大乔木的位置要考虑到是否影响采光、通风；小学、幼儿园内严禁种植有毒、带刺等危害学生安全的植物等。

3. 平面绿化与立体绿化相结合的原则

在做好平面绿化和景观的基础上，进行垂直绿化和布景，设置紫藤架、绿荫停车场、檐口绿化、墙面（围墙）绿化，形成立体景观，丰富观赏视角。

4. 体现园林景观与生态保健相结合的原则

充分利用具有生态保健功能的植物来杀菌和净化空气，提高环境质量，以利师生身心健康。适量种植果树，体现“春华秋实”的意境。

5. 体现可持续发展的原则

以生态理论做指导，尽可能进行乔灌草复式绿化，增加单位面积上的绿化量，以有利于人与自然的和谐，使其可持续发展。

## 四、生态型校园规划设计的实践

五库学校整体规划结构以条带加组团的布局方式，三横四纵道路将学校教学区、体育运动区、生活区、教学实习区进行了整齐分割，又相互连接，导向明确。校园绿化系统主要分成两部分：

1. 中心绿地：为核心生态区

其内绿地连片布置，形成整个校区的中心绿岛，并与其他各功能区的条带状、环状、团片状绿地共同组成纵横交错的校园绿色系统。它由树木园、学生休闲区、景观河道三部分组成。树木园、休闲区内树种繁多，内置花架、铺装步道、坐凳；景观河道为学校增添了活力。此区不仅满足了师生的教学科研需要，而且方便学生课余休息和晨读。

2.分块绿地:按用地功能不同将其划分为四个区

教学区:利用校园中心干道连接,南为小学部,北为中学部。干道两旁人行道树挺拔高大,是校园内的林荫大道。两边绿地植物配置丰富,装饰性较强,其目的在于为全校师生教学和学习创造一个良好的环境。

体育活动区:以足球场、篮球场、羽毛球场等各类运动场为主体,适当配置耐践踏的草坪、生命力强的植物,供学生活动后短暂休息。西北角保留的生态坡地,富含乡土树种,有榉树、合欢、水杉等。

学生生活区:采用组团布局,各个组团镶嵌于大片绿地之间,通过道路、公共绿地,运用艺术手法将其内的建筑和大大小小的空地有机地组合,达到和谐的境界。从建筑的通风、采光、用材,植物的遮阴、减噪等方面充分体现出“以人为本”的生态型设计规划理念。组团内又分别包括食堂、浴室和休息运动广场,以满足学生各方面的需求,真正做到以人为本。

教学实习区:位于校园的西南部。集学生学农实践、果林生产、观光农业为一体。学生可以在此劳动,并能收获很多种果蔬品。

# 基于语言学背景的大学校园景观文本初探*

杭州师范大学　郑　炜

## 一、大学校园的景观语言

### 1.景观语言的符号本性

瑞士语言学家索绪尔认为“语言是一种表达观念的符号系统”[1]。同时,他还指出,符号一般分为语言符号和非语言符号。在这里,他所指的语言符号主要的符号载体是口头语言和文字语言,而非语言符号是除此以外的物质,比如肢体语言、色彩语言以及时空语言等。苏珊·朗格则在艺术领域发展了这一理论,将非语言符号总结为情感符号,将视觉、触觉、听觉、味觉、嗅觉这五种人类的感知作为情感符号的基础,将视觉和触觉统统归纳为形态语言符号。另外一位语言学家霍里达也曾指出:“自然科学是关于自然的语言,社会科学是关于社会的语言,语言学则是关于语言的语言。关于语言的语言就是元语言。”[2]在这里,我们可以看到,不管是索绪尔还是苏珊·朗格,或者是霍里达,都超越了传统“语言”的视听界限,而站在一个更广泛和包容的高度,将语言作为“表达感情的符号系统”带进了广义语言的概念中。在这样一种广义的语言背景下,我们不可避免地联想到景观无疑也可以理解成一种表达观念的符号系统,形成一整套完善的景观语言体系。

景观(landscape)是一个外来词汇,它的概念包含着复杂的内涵,并且在不断发展着。在地理学中,景观是指总体环境空间的可见整体以及区域特征,侧重于自然形态的形成与演化;在生态学中,景观是指具有结构与功能整体性的生态学单位,侧重于生态区域内的功能关系与历史发展;景观设计学在前两种自然科学角度认识的基础上,强调景观的人文属性,是指复杂的自然过程和人类文明的活动在大地上的结果,具有审美、栖居、生态、符号等多重功能。如果我们从符号学的角度来审视景观,我们会惊奇地发现景观所具有的符号本性。

景观既是人类社会生产的产物,同时也是人类艺术实践的结晶,它是一种基于物质性的进而空间化的文化创造。符号学家认为,一切文化现象都是符号

* 本文系杭州市教育局2010年委托研究项目《大学景观与校园文化研究》的研究成果。

现象，所以景观也呈现出一种符号现象的面貌，它是人类社会文化编码的一个重要现象。人类应用景观设计行为其中一点是为了传达，符号的基本功能也是为了传达。从符号学角度来看，任何景观生成的过程都可以被看做是一个众多景观符号元素的组合过程。这是一个多样化的“对象系统”，包含了图像的结构系统、指示的方向系统、象征符号贮备系统、自然的生态系统、环境的空间系统等等这些符号元素的存在状态。在对整体的景观符号系统的构建与解读过程中，传达与评价、叙述与描绘、编码与译码、抽象与概括、选择与组合、转换与再生等等，都是各种典型的符号化过程，因此景观系统本身就具有语言的符号本性。

2.景观语言与文字语言的异质同构性

无论是从符号学的理论层面剖析，还是从景观设计营造的实践体验，我们都不难发现景观系统自身与文字语言有着结构上的相似性。景观与文字语言同属符号系统，景观的形式构成与文字语言的规则有着某种难以言说的相似性。

(1)相似的组成元素

文字语言系统包括单字、词语、词组、句子、段落等，而景观语言系统则对应有景观元素、景观小品、景观节点、主题庭院等。我们可以发现它们之间存在着明显的对应关系，字、词对应着景观语言中的基本元素，词组对应着组合元素，类似于景观小品，而句子则对应着景观节点和主题庭院。

(2)相似的组织形式

单个的字词的意义是孤立的、不确定的，多向度的；而随着几个基本元素(字词)的组合和联系，形成句子、段落、直至完整的文本，才能系统地传达信息、表达情感。一个景观系统的完善和构成同样也是这样一个过程，从符号学的角度来看，这就是一个编码的过程。无论是文字语言还是景观语言，都一样地遵守着类似的语法规则，并依赖于特殊的语境。

(3)相似的叙说方式

历史比较语言学认为语言符号本质有两大要素：意义要素和关系要素，而景观同样具有意义要素和关系要素，景观的形式与功能以及景观各部分之间有着一定的逻辑关系。同时，在一篇景观文本中，往往要表达一定的意义转换生成。语言学的语构理论将语言分为两个层次：深层结构和表层结构。深层结构的句子是全句的语义所在，而以深层结构为基础用来表达人们思想情感的句子，被称之为表层结构，也就是我们所看到的外在形式。同一深层结构在不同前提下可以变换不同的表层结构，这里的表层结构对应于景观的形式，而深层结构对应于景观所蕴含的意义。

3. 校园景观语言的文化性

在当下的景观设计语境中，众多现代景观设计早已经赋予景观设计作品越来越多的内在意义，同时在景观设计的生成和建设过程中，这种景观文化性的倾向已经深入到创作思维的结构层面。从这个角度来说，大学校园景观由于自身所处的特殊地位和承担的特殊功能，这种文化倾向尤为强烈。

大学校园作为青年人学习、生活、成长的地方，不仅仅提供必要的空间使用功能，而且作为物质存在的实物教材对学生还能起到重要的精神层面上的熏陶教育作用。正如美国斯坦福大学第一任校长约旦(Jordan)在他的开学献辞中说到的："长长的连廊和庄重的列柱也将是对学生教育的一部分。四方院中每块石头都能教导人们要知道体面和诚实。"[3]在这里，把校园景观体系作为文化意义系统去解释形式本身的特性，即把形式的发生看做是一定文化内意义的特定作用的结果，并反向辐射和作用于一定文化的生成与生长，以解释形式自身的意义，追求对文化艺术的表现和文化内涵的传达。总之，校园景观语言的文化性是大学校园景观文本的独特品质。

## 二、大学校园的景观文本

1. 文本的属性

美国宾夕法尼亚大学景观建筑学教授安·维斯特·斯本(Anne Whiston Spirn)所著的《景观的语言》中说道：景观元素与文学作品一样，只有在和上下文构成关系时，它们的含义才是固有的、内在的。[4]基于现代语言学的研究成果，语言个体是抽象的、结构的、无机的，它只有通过具体的、综合的、有机的言说才能表情达意、完成它"心灵的书写"，而这个将语言个体组织成能言说的系统就是文本。索绪尔强调，人类的语言只不过是一种约定俗成的符号，重要的不是语言的内容，而是意义和符号的系统。系统化的书写，系统化的言说，人们正是在这样一种语言文本中生存生长的。"一个民族总是生活在自己的语言之中，他们的思想、感情、心灵活动无不在其语言中进行，语言直接影响和产生着一个民族的精神文明、文化和历史。"[5]而这种语言的神奇价值和作用正是以文本的形式进行的。因此，在大学校园景观体系的建构过程中，单一的景观语言最终也必然要通过系统的景观文本来展开言说。

从某种意义上说，文学文本与景观文本拥有一套类似的空间句法和架构规则。在景观设计和空间规划时，无论其形式是中心对称还是自由式发展，是依循严谨的序列性还是呈不规则构图，其路径是单一线性还是多线交织的，通常关注的不只是单个元素，而是若干场地之间的结构关系(先后关系、内外关系、交织关系等等)。这种空间上的结构关系就如同在文学文本中段落与段落的前后关系、句子与句子的衔接、词与词的连接，在故事中一个事件与另一个事件的关联。景观形态空间的组织构架就像文学文本一样，拥有它自己的空间文本结构。

2. 文本的阅读

景观文本是可以阅读的文本，就犹如景观本身是可以被阅读的一样。景观具有语言的所有特征，它包含着话语中的单词与构成——形状图案、结构、材料、形态与功能。所有景观都由这些组成，如同单词的含义一样，景观组成的含义是潜伏在景观文本之中的。在一个完善的景观空间内，人们行走其中，存在其中，同时也在不断解释、阅读、观察、体验这个文本的内涵。景观文本的阅读就其本质而言，是一个解码的过程，同时也是一个再创造的过程。现代语言学将景观从作为“客观存在的空间”提升到作为“诗意的栖息地”的高度，正是出于人类对景观文本的寄宿性的阅读和解码基础上的理解。人类在阅读中感受存在，在解码中创造自我。在大学校园景观中，这种阅读行为更为明显和突出，校园景观已经成为具有可被解读特征的文本（Text），景物（或景点）即为构成文本的“符号”（symbol），符号与符号之间相互的关联关系被书写进景观文本的空间结构中，文本的内涵和所指在阅读中突显。

3. 文本的书写

景观文本，是可以书写的，每个阅读者同时也是书写者。景观是指土地及土地上的空间和物质所构成的综合体，这个结果正是由复杂的自然过程和人类活动书写而成的。景观是多种功能（过程）的载体，人类生活其中的空间和环境，一个具有结构和功能、具有内在和外在联系的有机系统，一种记载人类过去、表达希望和理想，赖以认同和寄托的语言和精神空间。海德格尔认为，“存在在思想中形成语言。语言是存在的家”[6]。在他看来，语言不仅仅是交流工具，更是思想表达的有效方式，是一种文化现象，是人类和智慧的产物。大学校园景观同样具有语言的这种性质和功能。大学校园景观在青年学子成长的岁月中，不仅仅是学子们客观世界的家，校园景观的语言同样是他们思想的住所。学子们居住在其中，去思考和创造场所即自我表达。海德格尔研究过“居住（todwell）”。我存在因为我居住，我居住因为我建造。景观联系到人和场地，正是这种居住与建造的现实行为。由于景观这种传达思想的特点，景观设计作品也就成为一种思想的文本，而且是可以正在书写和创造的文本。大学学子们正是在这样的一种文本中，持续地阅读、言说、书写和建造，从而达到居住与存在。

## 三、大学校园景观文本的特性

1. 空间文本

毋庸置疑，校园景观文本首先是以一种空间的形态存在的。老子曰："埏埴以为器，当其无，有器之用。凿户牖以为室，当其无，有室之用。"[7]这句话阐述了空间的性质与功用。相比罐缸的器物空间，建筑的室内空间，景观的空间形态则更兼容、更广泛。景观文本的空间性是其最基本的本质属性。

(1)物理空间

作为校园景观，我们首先体会到的是其物理空间的一面，广阔的操场、幽静的林荫小道、幽雅的疏林草坡、精妙的庭院、清澈的湖泊、典雅的建筑——无论是从宏观层次的总体规划和空间布局，还是中间层次的建筑造型和园林形态，还是微观层次的文化设施、形象标志等，共同构成了大学校园景观的物理环境。

校园景观的物理空间给我们提供了最基本的功能需要，同时也是文化空间的物质基础。同时，这种空间形态的文本也导致了作为信息发出者和接受者的人而言，所更复杂和广泛的交流方式，也导致了景观文本表情达意的方式是含蓄和浸淫式的，而不是平面化的一一对应的沟通与反馈。这样的物理空间它所引起的是认知方式和认知类型的彻底改变，是一种体验性的阅读方式。

(2)文化空间

空间的符号系统具有多重层次的意义。借用符号学的理论，一个单纯的空间符号是由符号的能指(signifier)与符号的所指(signified)所构成。空间符号的能指，正是此符号的表述部分(expression)；而所指则是其内容(content)的部分。根据叶尔姆斯列夫(Hjemslev)的符号分析，每个符号的表述与内容的部分都有其形式(form)与实质(substance)的意涵。能指的形式部分，在空间的符号系统里，是空间建构物的物质性形构元素，也就是景观形态本身，或者说是景观语言的语形部分。但是在所指的部分，形式则是指此空间建构物所代表的符码化意义，而实质的部分则是此建构物与此空间对空间使用者的作用——空间与建构物对使用者所产生的非符码化的意识形态，此部分就是与整个社会文化与历史相关联的文化空间。

校园景观就是这个具有包容性和渗透性的文化空间，那些不能直接叙述的，或者无法自我言说的经验与文化的聚积。这个聚积的经验空间，这个故事的载体，从另一个角度来说，本质上是一个虚拟的主体。在文化层面，物理空间并不是一个真正的主体。它容纳各种事件与人物的发生与际遇，同时也承载着形式各样的符号，传达这丰富多彩但是有着同一指向的信息。校园景观的空间是一个心理的空间，一个不断成长、逐渐成熟的文化空间，一个社会、文化、政治、和意识空间。同时，文化空间的特性是多重的。它是各种思想与关系的聚合，是多重意义架构出的互涉文本(inter-text)，一个多重交互指涉的文化空间。空间意义的生产与再生产，或是空间活动背后深层的意涵，或是文化的现象等等，都根源于整个空间系统的范畴与符号的产生与形塑。

2. 时间文本

校园景观所创造的是四维空间，但是无法忽视的是，在形成实体三维空间之外还有非常重要的时间维度。大学校园景观文本在言说、叙述着许许多多的故事。校园景观犹如一部时间的留声机，拥有着场所的记忆。作为校园景观空间而言，标记着记忆与动态的叙述空间并不完全是一个自主的本体，它无法全然决定它的内容。周围环境条件的变化、自身的成长与衰败，生活在其中的人的故事，不断衍生变化的事件，有机构成了它的内容。它的成分不再是空的物理本质，也不仅是一些景观空间符号的构成，它承载着历史的过去与现在，孕育着场所的未来和思想发展的可能空间。有着多种的可能性和持续的成长性是校园景观空间的特质，它是个多重主体借以存在与相互作用的场所。特别是大学校园中遗存下来的历史景观，在保留原有的历史信息的基础上，通过创造性的记载着该地段的演化过程，新的手段手法与历史信息形成呼应，能较好地保持和延续原有地段的历史文脉。

当人们进入场所开始，就像是读者翻开了一本书，观赏者通过不同的路线对校园景观空间加以阅读，从不同的视点、在不同的时间进行观察，随着体验的进行、思想的漂移而随时产生不同的情景变化与感受，静止的空间结构被加入了动态的时间因素。

3. 地域文本

大学校园景观空间中最显著的，经久不变，且易于辨认的符号是由景观的形态与风格组成的。不同的大学景观文本之所以有差异的存在，有绝大的成分正是得自于不同的大学所存在的不同的地域。景观符号形成的体系，以及所代表的文化，是各有其地域性与历史性的。大学校园景观文本的符号体系依赖地区、城市的符号群体，与当地的文化、历史、地理水文等均构成关联，而其符号所指的文化意义也在形成之时即构成。

大学校园景观中各种景观所形塑的空间是整个城市的文化和历史的一部分。这样的景观空间与此空间中人们的行为与关系互动形成人们空间的印象与地方感。人们对其生存空间所产生的地方感，是他们日常生活中的行为的凭借与心灵的依赖。但是地方感并非是一种静态的印象，而是历史与意识累聚的产物。地方意象不只是被历史与意识形态建构出的一组空间符号关系，它也会经由空间中人们的实践而被再生产，同时，也赋予符号意义多重的解释，甚至改

变，影响整个空间符号系统的结构与意义。

4.行为文本

景观文本中的规范、符号、形态、空间，对不同的人原本应该有着相同的约束力和指向性，但是由于人的个体差异，事实上每个人的理解和再创作都可能是不同的，景观空间的解读其实是因人而异的。大学校园景观文本不但是可以阅读的，同时也是可以书写的，而且这种阅读和书写是混织在一起的，是在同一个时间和空间的纬度上展开的，并且不断循环滚动发展的。就景观文本的创作而言，一种景观空间的建构者也许是空间建筑与运用的最初书写者，但是一旦景观的空间文本书写完成，阅读者的参与便会使景观空间有着另类使用的可能，并启动了景观文本自身发展的进程。正如文学中"有多少个读者就有多少个哈姆雷特"一样，在大学景观文本中，基本上景观空间的符号系统会因不同的阅读者而呈现不同的面貌，都使文本进行再形塑与再生产，因而大学校园景观具有行为文本再使用与再生产的可能性。

大学校园是大学师生生活、工作、学习的场所，大学师生每天都在这空间中生活、交流、提升、感悟。生活在校园中的人们在校园的空间中活动，时时刻刻都成就着这个空间文本的阅读，倾听着这个空间文本的言说，同时也写下了自己与整个景观文本的互动。其实，阅读者同时也是书写者，读的是别人与自己在这个景观的空间中所亲自描绘刻画的空间文本故事。

大学校园景观文本以一种唯一的形态出现并"包裹"所有的人、事物以及各种行动。但是这个景观空间的主体却无法被单纯地解读。因为这个唯一的形态与呈现出的空间文本其实是有待更多重的解读。在其中的人们行为中，景观文本在不断地增生，也不断地改变它的面貌。最终，景观文本也不仅只有一个作者，它有无数个作者。校园中的居住者，并不单纯是个读者(或校园景观文本符号系统的译码者)，其实也是这个景观空间文本的作者，但是并不是唯一的作者。所有的故事与经验都是人的行为与叙述的痕迹，透过行动的主体与其经验，校园景观文本的叙述与故事才得以呈现。

大学校园景观文本意义的生产与再生产是复杂而多元的，是多重空间的交错，也是多重文本的会合。透过不同的阅读者，以及其本身的生活经历、价值观、人生观、思维特质等个体差异性，大学校园景观文本的书写与再书写循环发生。因此，这样的景观文本将单一系统符号与意义生成的过程解构了。

## 四、结　语

通过以上叙述，大学校园景观文本很明显不是简单意义上的叙述性文本，而是在复杂的语词能指中建构起的具有自身辩证法与文化性对话的情感文本、文化文本。在文本互动交流的“混乱”中，我们在文本内与外、文本和历史语境中找到了共通点和基准点，个性的塑造转为类性的延伸，形式的构成转为符号的关联，景观文本的互文空间结构就建立起来了。这也反映了校园景观在文化层面上的独特品质。

1980年著名学者布罗本特(Broadbent)建议：“符号学的概念和研究方法可以运用到景观的研究中。鉴于建筑符号学已逐渐运用到空间的研究中，景观设计也可以使用和建筑符号学类似的理论结构。”[8]在大学校园景观中引入符号学语言符号理论的研究方法，能更加清楚地了解校园景观意义的创造过程和文化的表达过程。而这正是现代主义运动在遭受“意义危机”之后亟待解决的问题，也是大学校园景观设计文化缺失必须更正的问题。景观语言符号理论是一门有着极强逻辑性、科学性和系统性的理论。在设计中，运用符号学语言符号理论的研究方法和看待事物的观点，能使景观设计更加有条理，使景观作品能有效地表达出蕴含于其中的意义。综上所述，笔者将大学校园景观在语言学方面的背景在进行理论梳理，力求初步建构起景观语言学层面的文本系统，从而为今后借助语言学已有的理论与研究方法，探求大学校园景观设计与建设的新思路、新方法奠定基础。

## 参考文献

[1][瑞士]索绪尔.普通语言学教程.北京：商务印书馆，1980.
[2]乔峰，王军.论高校校园景观环境的文化内涵.常州工学院学报(社科版)，2009(4).
[3][美]安·维斯特·斯本.景观的语言.耶鲁大学出版社，2000.
[4][德]海德格尔著，彭富春译.诗·语言·思.北京：文化艺术出版社，1991.
[5][德]海德格尔著，彭富春译.诗·语言·思.北京：文化艺术出版社，1991.
[6]老子.第十一章.转引自赵又春.我读老子.长沙：岳麓书社，2006.
[7]郭崔华.从符号学的角度感知景观.陕西农业科学，2006(6).

# 第三篇　工程管理

# 关于加强基建项目投资控制管理的研究与探讨

上海大学基建处　审计处

## 一、前　言

加强基建项目投资控制的管理，是基本建设目标管理的重要内容。由于基建投资控制涉及众多环节，包括计划投资的合理性、合同口径的差异性、建材及人工价格的波动性、强制性规范要求的提升性、市政配套价格的不可控制性、业主行为的不确定性、相关评审费用收取标准的随意性等等。可以说，任何一个工程项目的投资成本，从立项到审价结束，均客观存在着一定的变数。因此，加强基建项目投资控制，不仅是一个全过程的管理，也属一门系统管理工程。为了有效、合理地控制基建投资，体现基建投资的规范化、程序化、合理化，今年年初以来，我校的基建投资控制工作，根据学校党政领导的要求，由校经济工作联席小组牵头，校分管领导负责，并组织监察处、审计处、财务处、基建处等相关部门，对“基建投资控制”、“基建材料设备供应管理”等修订并形成了新的管理办法。以下就《上海大学基本建设项目投资控制办法》的基本思路与做法作一介绍。

## 二、基建项目投资控制指导思想

依据基建项目规范管理的要求，基建项目投资控制应贯穿于项目管理的全过程，落实到项目建设的各环节，并作为基建项目管理的重要工作内容进行管理。

## 三、基建项目投资控制目标

基建项目投资控制目标为：控制项目成本，追求投资效益，力争在项目批准的投资额度内保质保量地完成各项建设任务。

基建项目投资控制总体框架如图 1 所示。此框架体系在每个项目的投资建设中都会出现，并通过各环节数据的不断修正，最终实现基建项目投资的有效控制。

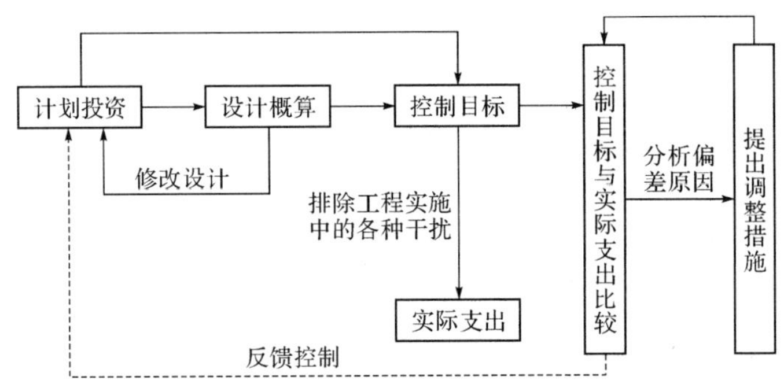


图1　基建项目投资控制总体框架示意

## 四、基建项目投资控制原则

1.严格估算、概算、预算、决算的原则。各阶段的工程估算、设计概算、施工图预算、竣工决算(结算)应严格审查复核。

2.严格按照投资监理的造价咨询制度实施投资管理的原则。

3.严格工程变更审核的原则。

4.严格按节点进行付款管理的原则。

## 五、基建项目投资控制内容

基建项目投资控制是一项系统工程，它与建设项目的事前、事中、事后控制密切关联，相互牵制。投资监理应参与全过程投资控制，以根据基建项目特点提供专业化服务。

全过程投资控制的主要流程见图2所示。按照投资阶段划分，基建投资控制需要做好可行性研究(估算)及设计(概算或预算)、招投标(施工图预算)、施工(变更)/竣工(结算)及工程完工后评估(竣工决算报告)等四个方面工作：

1.项目可行性研究及设计阶段的投资控制

(1)项目可行性研究阶段的投资控制

对于政府投资建设项目，基建处负责根据项目使用要求和学校领导决策，做好项目建议书，编制可行性研究报告并上报上级主管部门，及时落实建议书和可行性研究报告的批复，报请学校落实项目建设资金。

对于自筹资金建设项目，基建处则要负责根据项目使用要求和学校领导决策做好项目立项报告。

该阶段投资控制中要把握四项主要工作：

1)在可行性研究的基础上，组织分析论证项目的总投资目标。

2)分析实现总投资目标中的主要风险及对策。

3)编制设计任务书中有关投资控制的内容。

4)对设计方案提出投资控制方面的评价意见。

(2)项目设计阶段的投资控制

由基建处负责，根据上级对可行性研究报告批复的建设规模、建设标准、建安费用，以及设备、安装费用和室外工程费用等，进行设计招标(或委托设计，但仍需组织编制委托设计任务书)，签订勘测、设计合同。要求设计单位严格控制限额，在满足使用功能、不超过限定投资额的情况下，正确做出与设计图相符的设计概预算，不得随意扩大建设规模和提高建设标准。

在工程扩初设计阶段，由基建处负责，投资监理和相关部门协助配合，认真进行设计图纸(包括建筑、结构、安装、使用功能、面积等)、工程概预算的审核，严格控制建设规模、标准和总投资额。

由基建处负责，投资监理配合，做好建设项目所需材料、设备的性能、价格等咨询工作，同时做好工程材料、设备信息的收集工作。

该阶段投资控制需要重视的五大环节是：

1)根据设计方案审核项目总估算，并基于优化方案对估算作出调整。

2)审核项目总概算。在设计深化过程中，由基建处把关控制总概算的投资计划值，并协助设计人员提出解决投资控制的办法。

3)根据工程概算和项目进度计划，编制设计阶段资金使用计划。

4)审核施工图概预算，并以此为依据调整总投资计划，在此基础上进行投资控制目标的分解。

5)组织对设计变更进行经济技术分析，按规定办理变更手续，涉及对投资影响大的变更，需按程序进行审核、申报、报批手续。

当发生不可预计的因素，但增加工程投资不超过5%时，基建处应及时向分管校领导提出预警。当发生不可预计的因素，增加工程投资超过5%时，分管校领导应向校长提出预警。

2.项目招标阶段的投资控制

(1)在上海市建设工程招投标管理办公室的指导下，邀请或通过竞标方式请专业招标代理公司拟定建设项目招标方式、编制招标文件(含评标方法及标准、实物工程量清单)、编制评标报告、起草合同文本并参与合同谈判与签订。通过公开、公平竞争的方式寻找合适的承包商，根据评标结果选定施工队伍。

(2)加强拟定合同条件和进行谈判的管理。根据招标文件和中标单位的投标承诺，投资监理应在主要商务条款上提出咨询意见和建议，确保合同的完整性和严密性，避免施工单位漏项造成低价中标、高额结算。在合同中明确风险内容及其范围，工程量合理变更并加以确认的基础上按实结算。请专业法律人员或投资监理分析“合同条款”中“变更”、“价格调整”、“索赔”、“支付”等容易导致在履行过程中索赔事件发生的经济条款内容，分析其是否存在有合同履行时容易产生纠纷的条款内容，是否有前期项目中发现的问题，及时提出意见或建议。

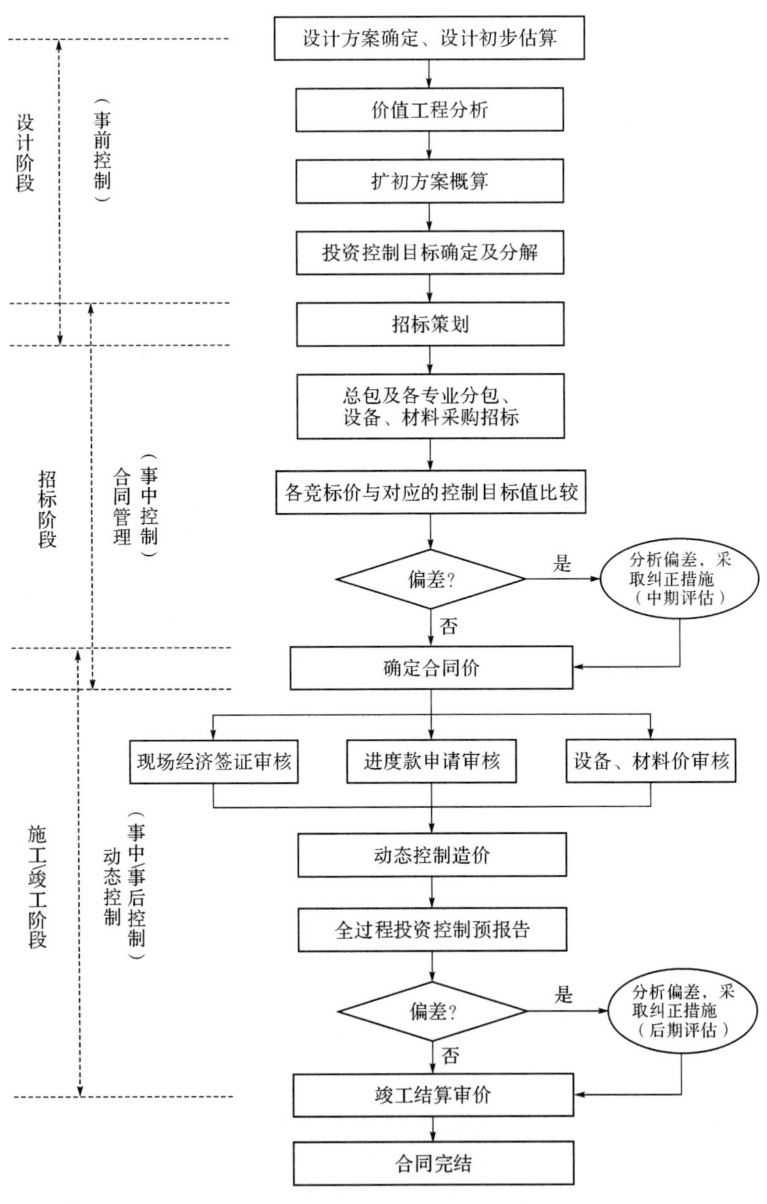


图 2　全过程投资控制流程示意

(3)针对各专业承包工程，尽可能实行内部招标进行价格比选。在施工图纸较齐全、工期较短、所用材料设备规格型号确定的前提下，方可优先考虑签约闭口合同(固定总价或闭口单价合同)。

(4)根据项目招投标情况并结合实际施工状况，及时进行投标工程量调整的复核，提出修正预算方案，作为后期预警工作的基础。

3. 项目施工/竣工阶段投资控制

(1)项目施工阶段的投资控制

由基建处负责项目建设的管理。在具体实施管理中，项目管理人员要熟悉施工图纸和施工组织设计，熟悉合同文件，熟悉项目允许的投资和施工图预算，严格按合同条款执行。严格审核现场签证，在把好工程质量关的同时，采纳合理化建议，减少工作环节，努力降低工程造价。积极做好工程项目的动态管理，项目施工阶段的投资控制需要把好“三道关”：一是严格控制增加投资的设计变更；二是在工程施工中严格执行工程变更与索赔审核的有关管理规定；三是工程项目材料、设备的采购，严格执行材料及设备采购管理的规定，并按规定进行相应的核算管理。

工程进度款的支付严格按照图 3 的流程执行。

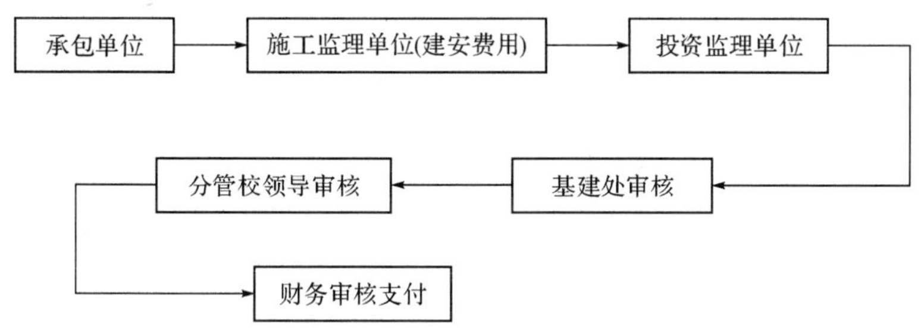


图 3　工程进度款付款流程

在分段付款的过程中，要注重七个环节的控制：

1)编制施工阶段月度资金使用计划并控制其执行；

2)办理工程付款及其他付款申请审核；

3)组织对施工方案进行经济技术比较论证；

4)审核及处理各项施工索赔中与资金有关的事宜；

5)工程变更的审核与管理；

6)进行投资控制计划和实际投资值的动态比较，编制有关报表与报告；

7)讨论工程决算的相关问题。

出现下列三种情况，基建处应在投资监理的配合下及时向工程建设指挥部提醒预警：

1)材料、设备、人工等大幅涨价，从而导致项目投资的调整。

2)施工阶段设计变更导致的投资调整。其中包括合理工程变更导致的投资调整、非合理工程变更导致的投资调整两个部分。

3)其他原因导致的投资变更。

非工程变更引起的投资调整，需要提供变更理由和变更依据，经投资监理审核，并报总指挥批准后，呈报校长办公会讨论通过执行。

(2)项目竣工结(决)算及项目后评估阶段的投资控制

工程竣工后，建设方、工程监理对竣工单位提供的竣工图进行核准。竣工决算严格以竣工图为依据，一般按照图4的流程进行：

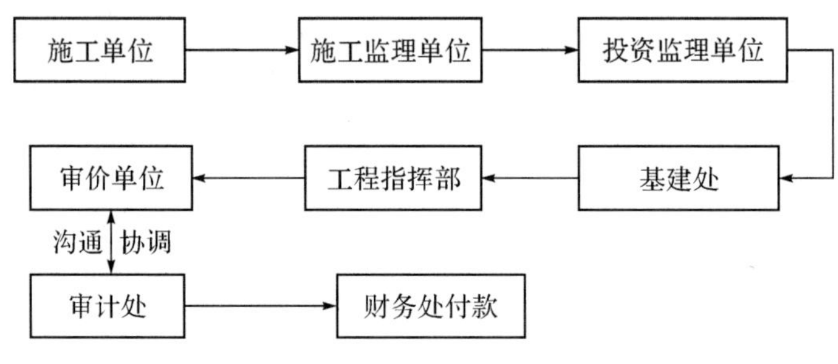


图4　竣工决算流程

竣工结算书是反映工程项目实际造价的文件，结算时应严格按照国家、上海市、建筑行业的有关标准、规范、规定以及该工程项目合同文件的有关条款进行。

工程管理人员要配合审价单位熟悉该工程项目的合同文件中有关工程造价的内容、条款；熟悉施工图纸；熟悉该工程项目的有关补充协议、设计变更、工程变更等涉及工程价款的资料。在此基础上认真进行结算审核，做到既不漏项也不重复计算。

对施工单位递交的工程结算，由工程项目现场管理人员先进行预审，然后交基建处相关人员进行复审，同时投资监理机构进行同步跟踪审核，最后根据学校关于工程项目审计的有关规定，交审价单位审定。

由基建处配合审价机构对工程项目进行分阶段审计，并应如实反映被审计工程的实际建设情况。在审价单位的审价过程中，基建处还应负责审价单位与投资监理单位、施工监理单位及施工单位之间的沟通，协调解决有争议的问题，对有争议的分部分项工程项目的结算，工程管理人员应提供现场技术资料，以便于审价单位掌握实际情况，作出的竣工结算能最大限度地反映工程的建安成本。审价结果无论增减，需及时将审价报告送交指挥部和学校审计处，以便对后续工程进行调整。

由基建处做好工程竣工项目结构、面积、造价等有关数据的统计，进行工程项目的后评估，并作为以后相关建设项目的参考。本阶段投资控制需要做好四项工作：

1)工程结束时，及时全面审查项目建设的其他各项费用支出，正确编制工程竣工结(决)算报表等资料文件。业主和施工单位应在合同约定的时间内办理工程竣工结算。

2)及时完成财务竣工决算的审核工作，以便反映建设工程项目实际费用和投资效果。

3)建立基建项目成本资料库，积累各个项目的造价指标，详细列示各分项子目的造价指标，以备今后的建设项目中参考。

4)建立基建项目问题库，以便在今后的基建项目中选择优秀的供应商和承包商。

4.工程索赔的规范管理

(1)索赔的依据。合同、招投标文件、设计变更、报告批准书等等。

(2)索赔范围。由于各种因素造成的工程承包合同范围以外的施工现场实际发生的工程变更。

(3)索赔分类。索赔分重大索赔和一般索赔两种：凡涉及特殊工程施工方案，重大技术措施、技术方案及技术标准，或者工程现场索赔费用在10万元以上的均属重大索赔，其余均属一般索赔。

(4)索赔的确定和审批。基建处组织方案的分析、论证工作，经承包商上报、施工监理单位、投资监理单位、基建处、指挥部逐级审核、签署、盖章。上报的方案需附工程费用预算，指挥部按以下权限审批：

1)一般索赔：施工监理、投资监理单位、基建处初审。

2)重大索赔：施工监理、投资监理单位、基建处初审，指挥部审批。

3)经审批后的索赔费用原则上一并纳入决算阶段结算，重大索赔费用经申报建设方同意后，在进行预算调整后方可计入月度付款中。

(5)无效索赔

1)资料不全、不规范、内容不具体。

2)方案未经许可的报告书。

3)隐蔽工程未经会签和认定的报告书。

4)超过时效的报告书(工程完成并检验合格后7日内及隐蔽工程覆盖前为有效),要严格控制设计修改和变更施工方法,一旦涉及费用的变更应慎之又慎,经反复论证、落实资金后方可修改或签发。

5)超出批复方案要求及因自身原因造成返工的索赔。

(6)及时审核因设计变更、施工实际情况变化等原因引起的投资偏差,确认合理的工程变更。

1)现场工程变更签发流程如图5所示:

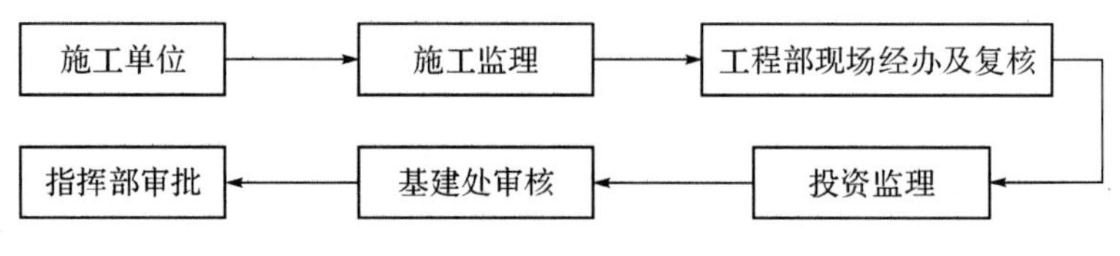


图5　现场工程变更签发流程

2)主要材料、设备(根据总承包合同约定)的价格签发流程如图6所示:

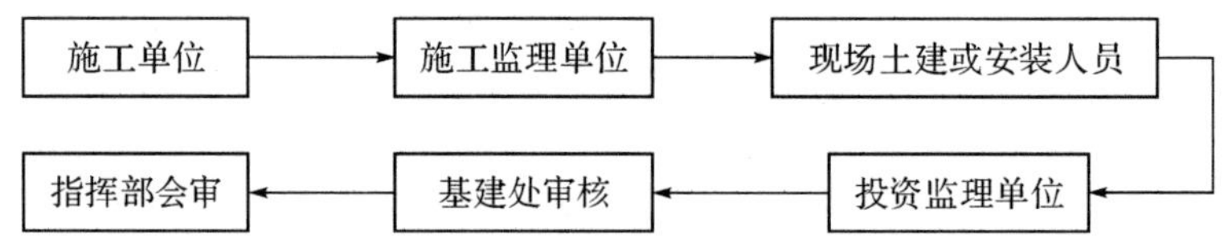


图6　主要材料、设备(根据总承包合同约定)的价格签发流程

## 附件一　基建项目经济风险预警书

项目名称________________　　　　　　　　　　预警(　)号

<table>
<tr><td>预警环节：</td><td>预警原因：</td></tr>
<tr><td>立项阶段(　)　设计阶段(　)<br>施工阶段(　)　结算阶段(　)</td><td>市场物价(　)　不可预见(　)<br>功能变化(　)　用户要求(　)<br>其　　它(　)</td></tr>
<tr><td>解决途径及方法：</td><td>预警增(减)费用及依据：</td></tr>
<tr><td></td><td></td></tr>
<tr><td>部门批复意见：</td><td>投资监理意见：</td></tr>
<tr><td>年　月　日</td><td>年　月　日</td></tr>
<tr><td>主管领导批复意见：</td><td>领导批复意见：</td></tr>
<tr><td>年　月　日</td><td>年　月　日</td></tr>
<tr><td>执行批示<br>情　　况</td><td></td></tr>
<tr><td>备　注</td><td></td></tr>
</table>

申请时间：　　年　月　日

## 附件二　基建项目重大变更审报表

项目名称＿＿＿＿＿＿＿＿　　　　　　　　　　　　　　　　　　　　　　　变更（　）号

<table>
<tr><td colspan="2">变更环节：</td><td>变更原因：</td></tr>
<tr><td colspan="2">设计阶段（　）　施工阶段（　）<br>竣工阶段（　）　使用阶段（　）</td><td>面积增减（　）　不可预见（　）<br>功能变化（　）　用户要求（　）<br>其　　它（　）</td></tr>
<tr><td colspan="2">变更内容及方法：</td><td>变更增(减)费用及依据：</td></tr>
<tr><td colspan="2"></td><td></td></tr>
<tr><td colspan="2">部门批复意见：</td><td>投资监理意见：</td></tr>
<tr><td colspan="2">年　月　日</td><td>年　月　日</td></tr>
<tr><td colspan="2">主管领导批复意见：</td><td>领导批复意见：</td></tr>
<tr><td colspan="2">年　月　日</td><td>年　月　日</td></tr>
<tr><td>执行批示<br>情　　况</td><td colspan="2"></td></tr>
<tr><td>备　注</td><td colspan="2"></td></tr>
</table>

申请时间：　　　年　月　日

# 浅谈业主方工程设计阶段的管理

上海高校工程建设咨询监理有限公司　奚　承

## 一、引　言

建设工程的设计阶段是一个创造的过程，是一个把构思变为现实逐步完善的过程，是建设工程项目实施中的重要环节。设计工作对整个建设工程项目的功能、质量、进度和投资并对项目能否成功实施起到决定性的作用。

建设工程的设计是一项高度专业化的，并由各专业工程设计协调配合的一项工作。同时，建设工程的设计不仅仅是设计单位的创造过程，还与业主方的参与和管理密切相关。建设工程的业主是建设工程项目全过程的最高决策者，也是项目功能需求的提出者，往往还是项目的使用者。因此，业主在建设工程的设计阶段积极主动地参与设计管理工作，解决设计单位与业主、政府有关主管部门以及其他项目参与各方的组织、沟通和协作等问题，对实现建设工程项目的功能、经济、技术和效益的平衡将会起到关键性的作用。

在建设工程设计阶段，业主方设计阶段管理的主要任务是编制设计要求文件、委托设计任务、进行设计阶段的控制及设计协调工作，如图 1 所示。

## 二、业主方设计阶段管理的实施

### 1. 设计要求文件的编制

在整个设计阶段管理工作中，给设计单位提出要求，编制设计要求文件，是业主方工程设计阶段管理的首要工作。设计要求文件是对项目设计的具体要求，这些要求是在项目总体目标、项目建设条件、详细的项目定义和功能分析的基础上提出的，便于设计者了解业主对项目功能的要求，了解业主对建筑风格的喜好，使设计者能在更大程度上满足业主的需求。设计要求文件是项目设计的重要依据之一。没有设计要求文件，设计者无法设计；或设计要求文件的详细程度不足，照此进行设计，将会造成后期大量图纸的返工、修改，对设计质量及进度产生很大的影响。因此，业主要根据项目建设的意图，给设计单位提出明确的要求。

设计要求文件由业主依据拟建项目的功能、城市规划文件、建筑工程设计

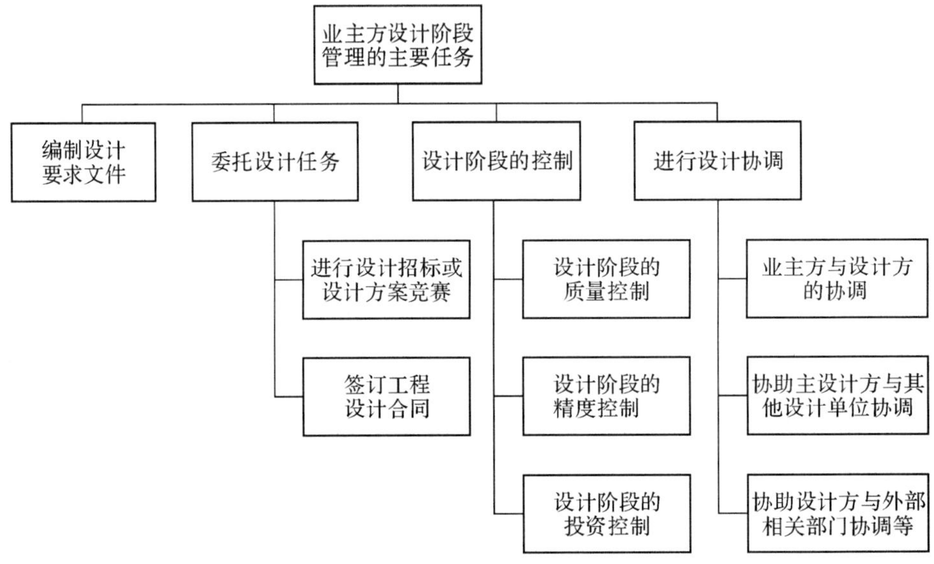


图 1　业主方设计阶段管理的主要任务

规范、项目市政设施条件、周边环境、国家相关文件及规定等，对拟建项目在规划、建筑、结构、设备等方面所要达到的目标进行系统地描述，体现出业主对建设工程项目的组成结构、空间功能、建筑总体、建筑设备、建设标准等的需求，使设计单位充分了解业主的预期目标。

由此可以看出，设计要求文件的重点是业主对项目功能的要求，关于建设工程功能描述的质量在很大程度上决定了设计成果的质量。业主在对项目功能要求的描述上要尽量具体、全面，还必须做到准确、严谨，充分体现业主的意图。只有这样，才能使设计最大限度地满足业主的要求，最大限度地减少图纸修改和返工，最大限度地提高设计质量。

2.设计任务的委托

(1)设计任务的委托方式

建设工程的设计任务委托主要有两种方式，即工程设计招标与设计方案竞赛。工程设计招标是用竞争机制优选设计方案和设计单位。工程设计招标侧重于其招标过程的全面竞争性，参与竞争者广泛，体现了公平竞争的原则并提高了工程建设市场的透明度和客观性。但工程设计招标耗时、耗力，未中标的设计单位往往得不到相应的经济补偿，因此，不利于提高设计单位的投标积极性。

设计方案竞赛，是指业主委托专业的工程咨询公司组织设计竞赛，从众多设计方案中评选出优胜的设计，业主可以将设计任务委托给竞赛优胜者，也可以组织多轮设计竞赛，不断地寻求设计优化的可能方案，还可以综合几个优胜设计，再行委托。设计方案竞赛作为一种选择设计单位的手段，与设计招标相比，设计方案竞赛的方式更有利于使业主获得优秀的设计方案，更有利于提高设计的质量。

在国际上，设计任务的委托通常采用设计方案竞赛的方式。在我国，按照目前现行法规的要求，大部分项目的设计任务委托须采用设计招标的方式。部分项目经招标管理部门的批准，也可采用设计方案竞赛的方式。虽然设计招标是我国设计任务委托的主要方式，但在评标过程中，业主不应过分追求完成设计任务报酬额的高低，应更多关注于所提供方案的技术先进性、方案的合理性，以及对工程项目投资效益的影响，以获得一个最优的设计方案。

(2)设计委托合同的签订

目前，国内设计委托合同主要采用国家原建设部和国家工商管理局联合颁布的建设工程设计合同示范文本。此外，各省、自治区、直辖市自行制定和颁布实施了地方性设计委托合同示范文本。业主需根据不同地区的实际情况选用合适的合同文本。

业主在签订设计委托合同时，应特别注意合同文本中特殊条款的起草，需要特别谨慎，仔细考虑。因为这些条款是对合同中标准条款的细化、补充和说明，容易存在漏洞。因此，需要深入地研究特殊条款的起草和审核，避免日后引起合同的争议和索赔事件的发生。如对设计单位提出明确的限额设计的要求，要求设计单位严格控制工程的造价，并在此基础上约定实际设计费以限额设计指标为基数的计费方式，可防止设计单位为增收设计费，不恰当地增加工程投资；在设计费支付方面，将最后一次付费时间约定为工程竣工验收通过后支付，可使设计单位能更主动地参与施工过程的设计服务，协助解决施工过程中的实际问题；对设计单位提交的资料提出具体的要求，明确提交文件的内容、规格、时间等，可减少由于设计的原因影响工程的实施进度。

业主通过签订严谨的设计合同，从而有效地保证工程设计的质量。但是，业主也应遵循平等的原则，在签订合同时，不能只利用业主的有利地位，对设计单位提出苛刻的要求，而有失公平，影响设计单位的积极性及设计工作的质量。

3.设计阶段的控制

(1)设计阶段的质量控制

设计阶段是影响工程质量的关键阶段。设计质量不仅决定了工程最终所能达到的质量标准，而且决定了工程实施的进度和项目投资。若设计质量低下，将会导致工程工期延长，降低工程的功能和使用价值，导致投资增加或造价失控的后果。因此，业主应在严格遵守技术标准及法规要求的基础上，对设计质量严加控制，使工程的设计能满足业主所需要的功能和使用价值，满足工程的安全性、可靠性、适用性、可实施性以及与自然、社会环境的适应性等要求，最终使项目投资的经济效益和社会效益得到充分的发挥。

业主进行工程设计质量控制的主要方法是依据国家有关工程建设及质量管理方面的法律、法规、技术标准、项目批准文件以及体现业主意图的设计要求文件等，对设计进行质量跟踪，定期地对设计文件进行审核。审核的内容主要包括图纸的规范性、建筑的造型与立面设计、平面设计、空间设计、结构设计、装修设计、设备设计、管道设计、施工可行性以及环境、交通、消防、卫生等部门的要求满足情况等。

业主方进行设计阶段的质量控制，既不是完全监督设计单位，也不是进行设计审图，其根本目的是尽可能将业主的意图和要求贯彻给设计人员，及时对设计成果进行确认，并调动设计人员的积极性，发挥其技术能力、综合经济、技术、资源等因素，最大限度地反映到设计成果上。

(2)设计阶段的进度控制

在工程建设过程中，必须先有设计文件。设计文件是施工的前提，只有控制好设计进度，才能保证施工工作的顺利开展以及工程进度的顺利实现。工程设计阶段进度控制的主要任务是出图进度的控制，通过采取有效的措施使工程设计单位按期完成各阶段的设计工作，并按时提交相应的设计文件。设计进度控制中，可以采取以下措施：

1)给设计单位提出明确的设计要求，编制内容详细、要求明确的充分反映业主需求的文件。设计单位照此设计，可减少图纸的返工、修改，保证设计的进度和质量。

2)提供完备的设计基础资料。在工程设计前，业主向设计单位提供完整、可靠的设计基础资料，使设计单位的工程设计有充分的依据。

3)在设计委托合同中约定明确的设计期限，通过合同的措施，约束设计单位按期提交设计成果。

4)督促设计单位自身加强设计进度的控制，要求设计单位编制设计进度计划和各专业设计成果的提交计划，并认真实施进度计划，加强设计内部各专业的协调，使设计工作有节奏、有秩序地进行。

5)加强工程设计进度的动态控制。业主落实专门负责设计进度控制的人员，在设计实施过程中，定期检查设计工作的实际完成情况，并与计划进度进行比较分析，一旦发现偏差，就应在分析原因的基础上协助设计单位采取纠偏措施，以保证设计工作按期完成。

6)加强工程设计及各相关单位的沟通协调,及时解决设计阶段中的问题和矛盾,有效地控制工程设计的进度。

(3)设计阶段的投资控制

工程设计阶段是影响建设工程项目成功与否的重要环节,设计质量的高低,设计标准的选择,设备材料的选用,建筑功能与艺术的合理结合等,都对项目投资产生直接的影响。国内外相关数据统计表明,在工程初步设计阶段对投资的影响程度为95%左右,在技术设计阶段对投资的影响程度为75%左右,在施工图设计阶段对投资的影响程度为25%～35%,在施工阶段对投资的影响程度仅为25%左右。由此可见,对工程项目投资影响最大的阶段是施工开始以前的整个设计阶段,而施工阶段对投资的影响程度较小。因此,加强工程设计的投资控制对节约业主的项目投资可取得显著的成效。

在工程设计阶段,应在确保项目的功能和使用价值的前提下,通过运用技术经济手段,对项目的造价进行控制,使其获得最佳的技术经济效果。设计阶段投资控制主要采取如下措施:

1)优选和优化设计方案。在设计方案比选阶段,可供业主选择的方案很多,但每个方案的技术特点、全寿命周期费用、实施难易程度等却相差较大。设计方案的优选结果直接影响到工程项目的综合投资效果,尤其是对工程造价的影响更是显著。业主通过采取定量分析的方法,应用价值工程的原理优选和优化设计方案,不仅考虑设计方案的功能性,还要比较设计方案的经济性,选择出经济合理的设计方案,并进一步对建筑的功能进行细化,把多余的功能实施重点控制,从而降低工程造价,实现建设项目的经济效益、社会效益和环境效益的最佳结合。

2)实行限额设计。在工程设计阶段,严格要求设计单位按照设计要求文件及投资估算控制初步设计,按照批准的初步设计概算控制施工图设计,同时要求设计单位各专业在保证达到使用功能的前提下,按分配的投资限额控制设计,通过层层限额设计来保证总投资限额不被突破。

4.设计协调

设计阶段是一个众多单位、部门和人员共同参与的复杂和特殊的过程。设计不仅仅是设计人员单方面完成的纯技术性工作,设计单位还要与工程参与各方沟通协调。设计协调工作主要包括业主方和设计方之间的协调、主设计方与其他设计单位之间的协调、设计方与外部相关部门的协调等。如在一些大型项目中,项目复杂,参与单位众多,除主设计单位进行工程的设计工作外,还需许多其他项目参与单位进行细节的设计,如室外装饰幕墙设计、钢结构设计、燃气管线设计、消防报警系统设计、综合布线系统设计、绿化景观设计等等。因此,与设计有关的各种协调工作是设计阶段管理的工作重点之一。业主通过有效地组织和协调，使设计工作涉及的众多单位、部门和人员有机地结合、顺利地运作，使项目设计工作顺利进行并获得期望的设计成果。设计协调主要有以下方法：

(1)建立设计协调会议制度

业主召集设计问题涉及的相关单位，对重大的设计问题进行协调，及时将业主对于项目功能需求的变化或对设计工作的意见与设计方进行交流和沟通，确保最终的设计成果满足业主的要求。

(2)建立设计报告制度，要求设计单位向业主提供设计阶段性的报告

如业主要求设计单位按月提交设计进度报告，说明设计工作所处的阶段、各专业当月设计的进度和内容、业主变更对设计工作的影响、设计中存在的需业主方解决的事项、需业主方提供的基础资料，以及下一步设计工作的打算等内容，使业主全面了解设计工作的进展状况，并及时做出决策或做好相关配合工作。

(3)采用设计管理函件的方式

设计协调会议适用于较为复杂，涉及单位较多的协调问题。对于某些较为紧急的问题或涉及单位少的协调问题，可采用发出设计管理函件的方式进行协调，及时将工程设计中发现的问题传递给设计单位，要求解决设计中的技术问题，提高协调工作的效率。

## 三、结　语

综上所述，设计阶段的管理是项目实施的关键环节，是工程项目管理的重点之一，是实现建设工程项目管理目标的有力保障。设计阶段是由业主、设计单位等相关单位共同参与的一个过程，其中业主方的参与是十分重要的。

随着工程项目的规模越来越大，建设标准越来越高和建筑领域中越来越多的新技术、新材料的应用，导致建设工程设计工作的高度专业化，对业主方的设计阶段管理提出了很高的要求。业主可根据自身的情况，充实管理人员或委托专业的工程咨询机构建立起设计阶段的管理体系，提高业主方设计阶段管理的参与程度和管理水平，使设计的内容能充分体现业主的意图，提高项目最终交付使用后的运营效果，最终实现项目预期的目标。

## 参考文献

[1]乐云，何清华，宋志航．设计阶段的项目管理．建筑经济，2007(8)．

[2]中国建设监理协会编写．建设工程质量控制．北京：中国建筑工业出版社，2007．

[3]中国建设监理协会编写．建设工程进度控制．北京：知识产权出版社，2007．

[4]柯洪等．工程造价计价与控制．北京：中国计划出版社，2006．

[5]乐云．浅议设计阶段的项目管理．建设监理，1997(4)．

# 关于招标人以“询标”方式“补台”合法性的思考与建议

浙江科佳工程咨询有限公司　闻　涛　浙江省教育基建学会　闻继孙

在日常招投标过程中，为数不少的招标人在发出中标通知书前，对一些招标文件的缺漏及认为有必要明确的事项，习惯于以“询标”方式形成书面纪要，作为下一步签订合同时的依据。笔者在长期工程咨询实践中，深感“询标”是问题之源，再加上操作不当，会给工程的实施留下后遗症。本文试图通过典型案例予以研讨。

## 一、案例简介

(1)某“高教园区新校舍建设工程”2002 年下半年实施招标。招标由学校自行组织。报价方式：以施工图预算造价为基础下浮后报价。招标文件存有重大瑕疵，文件中合同主要条款就一句话“根据标准建筑安装施工合同(略)”；(对专用条款：合同价款采用方式、风险费用结算；风险范围以外合同价款如何调整等均未作任何约定)。

(2)为弥补招标文件中合同主要条款未作约定的缺陷，中标通知书发出前，招标人对投标人(此时还不是中标人)进行询标并形成询标纪要。其中，与结算口径相关询标事项如下：

▲ 问 1：“今后在实际施工中，如增加工程量(设计变更)，优惠幅度同投标时同比例优惠，是否同意?”

答 1：“同意”。

▲ 问 2：“具体优惠幅度的计算方法：[1－(投标最终报价－暂定价部分价款)/(预算造价－暂定价部分价款)×100％]是否同意?”

答 2：“同意”。

▲点评：

既然已经询标，就该把今后合同需明确的关键点表达完整。例如：案例中对变更增加造价如何下浮作了“补台”；但如何计算变更造价则未相应补台。需知：变更量如何计算、变更价如何套取，也大有文章可做。

(3)正式签署的合同中，专用条款第 23.2 条(操作性条款)《风险范围以外

合同价款调整方法》又把“询标纪要”放在一边，另起炉灶。（合同专用条款第23.2条内容如下）

Ⅰ.工程设计变更（含联系单涉及的增减变动）工程量计算方法：增加工程量按实计算、减少工程量按施工方投标预算书中数据扣减。（该条为新增条款，在询标中未涉及。）

Ⅱ.对工程范围所涉及的材料价格计算；发包方有定价的材料按签证，未定价的按与工期相关的《造价信息》市场供应价。（该条规定基本符合业内常规操作，但表述欠完整，原询标也未涉及。）

Ⅲ.上述增减变动部分造价，按浙江省1994年版建筑工程预算定额及全统浙江省估价表及有关配套文件计算，并按承包方投标报价同比例优惠后为双方结算价（甲定价除外）。[询标纪要第2问被取消；第1问的表述被作了修改。]点评：既然不按询标纪要表述签合同；当时询标又为了什么？

（4）合同专用条款“合同文件及解释顺序”①合同协议书；②中标通知书；③询标纪要；④……（点评：要小聪明，把询标纪要写进了合同“专用条款”。）

由于本案例中，招标文件未对合同主要条款作出任何约定；补台的询标纪要内容在计价口径等关键点上又不完整；合同正式签订时又变更了询标纪要的表述。综上，招标文件、询标纪要、正式合同三者的随意处置，导致重要结算口径埋下了“地雷”：

Ⅰ.关于发生设计变更时的工程量计算口径

▲ 以“施工图预算总造价下浮”方式招标，发生设计变更时的工程量调整，业内常规做法为：施工图外增加工程量按实计量；施工图范围内增加、减少工程量依施工图为准，而不是如该合同第23.2条约定的工程量以施工方投标书工程量为准。（采用施工图预算报价的工程量由施工方自行计算，招标人不提供统一的清单工程量。因此工程量计算失误风险由施工方自行承担。一旦中标，合同包干价则视作完成施工图全部内容的总报价。与此相应，施工中变更工程量的计算及调整依据为施工图，而不是投标书工程量。）

Ⅱ.关于发生变更后，变更造价如何同比下浮的口径：

▲ 由于招标文件中合同条款（略），导致签合同时风险范围外合同价款调整，例如变更造价如何计量、计价及变更造价如何下浮等的处理，无招标文件依据可循。

▲ 为弥补招标文件瑕疵，招标人在发中标通知书前，以询标方式抛出了变更造价同比下浮率的具体计算公式，予以补台。

▲ 但正式签订合同时，专用条款第23.2条又取消了询标纪要中后补的同比下浮率具体计算公式。且在如何下浮的文字表述上也与询标纪要表述有差异：

（1）询标纪要：优惠幅度同投标时同比例优惠。（点评：同投标时的提法内涵较广，还存有一些解释余地。）

（2）合同第23.2条：按承包方投标报价同比例优惠。（点评：按投标报价，已是特指。）

本案例投标报价书中，投标报价即为投标预算总报价与下浮后报价。投标下浮具体内容及下浮率，投标人仅不着边际的作了降价（优惠）说明："为增强企业投标竞争力，此优惠费用从公司管理费和利润中扣除。"凭这句话根本无法推算出投标报价的具体下浮率。

## 二、该案例招标文件、询标及合同条款三者累积瑕疵，对工程竣工结算的影响

该项目2002年12月开工，至2004年7月交付。竣工结算审核阶段就相关结算口径与承包方争论多年，反复协商拖至2008年1月才审结。2010年国家审计中对该项目相关计价口径，例如：对"变更部分同比下浮率该如何计算"等还是提出了置疑……可谓好事多磨！

通过该典型案例，在以下几个方面须引起我们反思：

（1）招标文件是招标工作的纲领性文件，这个源头该如何强化？

（2）对招标文件中遗存的瑕疵，招标人可否补台？采用什么方式补台？

（3）"询标"这种方式有效吗？

## 三、必须高度重视"招标文件"的编制与审定

（1）关于招标文件的内容与深度

早在2000年1月1日起施行的《招标投标法》第19条即有明文规定："招标人应当根据招标项目的特点和需要编制招标文件。招标文件应当包括招标项目的技术要求、对投标人资格审查的标准、投标报价要求和评标标准等所有实质性要求和条件以及拟签订合同的主要条款。"[点评：本文案例，招标文件合同主要条款作省略处理，当事人可谓对合同管理、造价管理缺乏基本概念。]

（2）关于强化招标文件的管理

编制招标文件，是招标人在组织整个招标投标过程中最重要、最关键的工作之一。因此，除"招标人具有编制招标文件和组织评标能力的，可以自行办理招标事宜"外，需委托招标代理机构进行委托招标。同时，即使采用委托招标的情况下，招标人也不能放弃参与及行使把关的职责。招标文件编制的优劣将直接影响到招标的质量和招标的成败，且招标文件的组成内容又涉及技术、经济、合同管理、风险防范等方方面面，因此招标人需组织相关专业，相关部门的领导

与专业人员共同参与，针对项目特点强化对招标文件特别是对其中合同专用条款的审议。确保招标文件做到符合法规要求，内容完整无遗漏，文字严密、表达准确。

（3）重视“招标文件的澄清与修改”法定程序

对招标文件的澄清与修改是法律赋予招标人的权利。“澄清”是指招标人对招标文件中的遗漏、词义表述不清或对比较复杂事项进行的补充说明和回答投标人提出的问题。这里的“修改”是指招标人对招标文件中出现的遗漏、差错、表述不清等问题认为必须进行的修订。招标文件发出后，在规定时间内，无论出于何种原因，招标人均可以对发现的错误和遗漏，一次、二次甚至多次主动进行澄清或者修改，改正差错、避免损失。

如错失这一法定程序，而待专家评委评标结束以后、发中标通知书前，再进行“亡羊补牢”式的“询标”，已成为不得已而为之的“硬”补台，若处理上再存有瑕疵，则可能潜在较大的法律风险。

## 四、招标过程中遗存的瑕疵，招标人需不需要补台？采用什么方式补台？

如在规定时间内，经对招标文件澄清、答疑后，仍发现有遗存的遗漏或表述不清等问题，且这些问题在工程实施中又必须明确，例如：本文典型案例涉及的“风险以外造价调整及变更部分造价如何下浮等结算口径事项”。这个问题若不在合同条款中明确，即使延至竣工结算阶段，仍属必须补台的问题。因此如招标文件确有类似情况存在，笔者认为本着“纠正差错，避免损失”的原则，以适当方式在发出中标通知书前进行补台是必要的。但建议操作上需注意以下方面：

（1）“询标”不可取，“澄清”不宜用

在现有关于招投标的法律、法规及规范性文件中，没有招标人可在发出中标通知书前组织询标的规定；有的只是禁令：“在确定中标人前，招标人不得与投标人就投标价格，投标方案等实质性内容进行谈判。”而评标过程中澄清的主体则是评标委员会，招标人无权启动澄清（见下表）。

| 序号 | 分　项 | 澄　清 | 询　标（实际上的谈判） |
| --- | --- | --- | --- |
| 1 | 执行主体 | 启动澄清的主体是评标委员会。其他相关主体，不论是招标人、招标代理机构或是行政监督部门，均无权启动澄清。 | 实际进行中的询标，主体主要为招标人，也有招标代理机构从业人员参与。 |
|  | 法律法规及规范性文件依据 | 《招标投标法》第 39 条“评标委员会可以要求投标人对投标文件中含义不明确的内容作必要的澄清或者说明”。 | 询标则无法律规定。 |

续表

| 序号 | 分　项 | 澄　清 | 询　标(实际上的谈判) |
|---|---|---|---|
| 2 | 方法、范围和内容 | 评标委员会可启动澄清程序，但澄清要求不得违法。评标委员会仅能够依法对符合法定状况的投标文件提出澄清要求，不得提带有暗示性或者诱导性的问题，或者向投标人明确其投标文件中的遗漏和错误，更不能以澄清之名为要求，对实质性偏差或缺漏进行澄清或后补。 | 实际进行中的询标，招标文件中缺漏未提及事项，今后合同中觉得需补充明确事项；专家评标中建议需确认事项；建设方觉得需调整事项均可能作为询标问题。表述方法一般直接、明了。 |
|  | 法律、法规及规范性文件依据 | ①《招标投标法》第 39 条："……但是澄清或者说明不得超出投标文件的范围或者改变投标文件的实质性内容。"<br>②《评标委员会和评标方法暂行规定》七部委 12 号令第 19 条、第 20 条："评标委员会可以书面方式要求投标人对投标文件中含义不明确、对同类问题表述不一致或有明显文字和计算错误的内容作必要的澄清、说明或者补充。""评标委员会发现投标人的报价明显低于其他投标报价，可能低于其个别成本的，应当要求投标人作出书面说明并提供相关证明材料。" | 询标则无法律规定 |
| 3 | 法律后果 | 澄清是投标人应评标委员会的要求作出的。一旦评标委员会要求，投标人应相应进行澄清和说明。澄清、说明或补正的内容，不得超出投标文件的范围，不能提出在投标文件中没有的新的投标内容，否则有可能判为废标。 | 询标是招标人的要求，对评标委员会推荐为第一中标候选人的投标人如不接受招标人的要求，招标人无权以不响应"询标"为理由判为废标或不发中标通知书。 |
|  | 法律、法规及规范性文件依据 | 七部委 12 号令《评标委员会和评标方法暂行规定》第二十二条："投标人资格条件不符合国家有关规定和招标文件要求的或者拒不按要求对投标文件进行澄清、说明或者补正的，评标委员会可以否决其投标。" | ①《招标投标法》第 40 条："招标人根据评标委员会提出的书面评标报告和推荐的中标候选人确定中标人。"<br>②《招标投标法》第 43 条"在确定中标人前，招标人不得与投标人就投标价格、投标方案等实质性内容进行谈判。" |
| 综上，澄清是法定程序、必须依法实施；"询标"是无法律法规及规范性文件为依据的自定行为，询标达成的成果不受法律保护。 | | | |

(2)建议采用沟通方式，达到补台的目的

在发出中标通知书前，法律规定招标人与投标人不得就实质性内容进行谈判；但在任何情况下，法律从未禁止相关主体在"合法、合规、合理"的前提下，进行交流与沟通。只要遵循合同法关于"双方平等"、"公平"及"合法与公序良俗"等基本原则，按"有约定从约定，无约定从规定"的思路，平等协商达成共识，予以补台应是可行的。建议沟通结果拟以"备忘录"形式为宜，作为过程成果在发出中标通知书并签订合同后完成“使命”。但沟通从形式到内容决不能是“谈判”行为。那么，何为“谈判”，何为“沟通”？其实质区别在于：沟通成果应是招投标人双方真实意思的反映，是双方以合法性为前题，协商一致的结果。在表述上，不应是处于主导地位的招标方“把己方具体主张抛给投标方并令对方表态”。举一日常生活中的例子：在可还价商店购物，购者说法一：“这个东西××元成交，同意吗”，说法二：“请问，这个东西什么价位？”显然说法一属谈判范畴的表述方式；又如本文案例询标纪要的表述：“今后在实际施工当中，如增加工程量（设计变更），优惠幅度同投标时同比例优惠，是否同意？具体优惠幅度的计算方法：[1－(A－B)/(C－B)×100％]是否同意？”这样的询问显然比暗示、提示走得更远；是直截了当拿实质性内容进行谈判。

## 五、鉴于“询标纪要”的合法性会受到质疑；若赋予询标纪要“合法”身份；例如将“询标纪要”写入合同专用条款“合同组成及解释顺序”条款中，且次序放在前面可行吗？

如前分析，招标人的“询标”行为属法律、法规及规范性文件无规定的自定行为，“询标”结果不受法律保护。那么，将“询标纪要”写入合同专用条款合同组成内容，难道就当然地享有对顺序在后合同内容的解释权了吗？回答应是明确的，这样的变通只能是自欺欺人之举！

其一，现行 GF—1999—0201 建设工程施工合同（示范文本）通用条款第二条《合同文件及解释顺序》提出的组成本合同文件及优先解释顺序是一个能相互解释、互为说明、各自成章节且相关联的体系。撇开“询标纪要”的合法性争议，若询标纪要定的事项，招标人一一反映在合同专用条款中，也无所谓启用“优先解释权”；若询标纪要与合同其他专用条款各唱各的调，互不关联，即使再优先也仍然解释不清。

其二，更重要的是，“合法与符合公序良俗”是合同法的最基本原则。本身不受法律保护的“询标纪要”，不管怎么包装“万变不离其宗”，都难以具有“优先解释合同内其他合法组成内容”的法律地位。

## 六、结　语

“有法不依比无法可循更可怕”。招投标过程中因各种原因发生的不规范操作在所难免，但切记不规范操作可能带来的法律风险！有可能会使我们为之付出大量的精力与财力。

# 关于设计管理中协调问题的几点认识

上海工程技术大学基建处　叶　枫
上海工程技术大学管理学院　严小丽

## 引　言

现代建设项目中参建单位较多，常常有几十家、几百家甚至上千家，形成非常复杂的项目组织系统。由于各单位有不同的任务、目标和利益，项目中常存在激烈的利益冲突。因此，在项目管理过程中，各参建单位必须协调一致、齐心协力地工作，才能实现项目最终的建设目标。协调可以使矛盾的各方趋于统一，解决其界面问题和各种矛盾，使项目实施和运行过程顺利。

设计对建设项目的影响是全方位的。设计工作成果不仅对项目的投资、质量、进度有着直接的影响，而且对项目的运营管理效率、项目全寿命周期效益都有巨大的影响。设计管理过程又是一个特殊的、由多家单位、多个部门和众多人员共同参与的、复杂的生产过程，为了使这个复杂系统中所有参加元素有机结合、顺利运作，就必须进行有效的组织和管理协调。

## 一、设计协调中易出现的问题

工程项目设计管理协调涉及总设计、专业设计、甲方、施工、监理等，还包括设备材料供应商，以及相关政府部门之间的协调；同时，工程设计本身又是多专业技术工种参与协作完成的工作，设计自身存在较多协调问题，容易出现的问题从技术和管理角度归纳为：

1.技术角度

由于现代建筑的科技含量越来越高，专业化程度不断提高，涉及的专业增多，设计分工越来越细。传统民用设计主要是总体规划、建筑、结构、给水、暖通、电气专业等，工业设计除以上专业外还包括工艺设备、锅炉、污水处理、自动控制等专业。现代的专业设计包括幕墙设计、门窗设计、装潢设计、钢结构设计、舞台灯光音响设计以及楼宇智能系统设计等。楼宇智能系统还可细分为网络（有线、无线）、通讯、广播、音乐、监控、有线电视、系统智能控制等10多项。

每一个专业既有自己的特定位置、空间和技术要求，还需要其他专业提供支持（如水电），同时还必须满足其他专业空间位置的合理需求。设计时如果在技术上不能充分全面考虑，特别是一些交叉部位的细节，如果考虑不周，则极易产生问题。另外，由于现代建筑的个性化，每一栋建筑都是一件特有的产品，每一条管线、设备都有特定的要求，少有雷同，这也增加了设计技术工作难度及设计各专业之间出现矛盾和问题的可能性。

2. 管理角度

在设计管理协调方面容易出现的问题有：业主与设计单位之间协调的问题——业主提供的需求不够明确、前期沟通太少，致使设计单位与业主之间缺乏了解，业主在设计、施工中改变需求调整功能；设计院内部及专业设计之间协调的问题——设计院内部专业之间沟通协调不够，导致设计院内部专业之间出现问题，甚至留下隐患，设计院与专业设计之间沟通协调不够，导致部分设计内容不明确，甚至出现许多矛盾；设计与相关政府部门之间协调的问题——主要是设计与土地规划、环境、消防、给排水、供电等部门之间的问题。此外，由于现行的管理体制，各单位在工作范围的界定上很难做到十分明确。各单位在利益的驱使下，主观上希望相关单位承担更多的工作，往往造成工序上的遗漏，人为地引起一些问题，增加了协调管理的复杂性。

## 二、设计协调的工作内容

按照协调内容和对象进行划分，设计协调工作主要涉及各行为主体之间的协调问题。如图1所示。

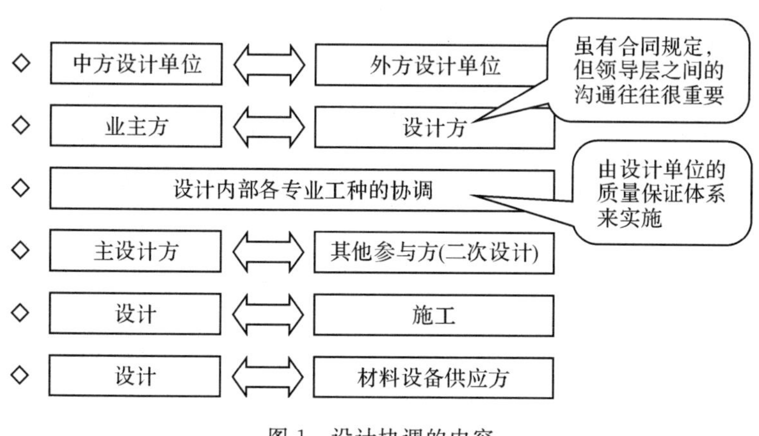


图1　设计协调的内容

1.业主方和设计方协调

业主必须在设计前将工程项目的建设目的和建筑功能需求以书面形式(即《设计任务书》和批复的《可行性研究报告》等设计要求与依据)提供给设计院。设计院需将方案提交业主审核确认后才能形成《扩初报告》,并提交政府部门审批或备案。对于方案的形成业主与设计院之间的沟通协调十分关键,建设单位往往希望建筑功能最合理、建筑效果完美,但资金有限、设计院的能力有限,寻求相对合理方案必然是互相沟通协调的成果。

2.设计内部各专业间的协调

工程设计是一项多专业共同参与、复杂系统的生产过程,它需要各种专业设计师进行密切合作,协调配合才能完成设计任务。设计中最常见的问题是由于专业之间协调配合不够引起的,并常在施工中被发现,需要现场协调解决或通过设计变更解决。

3.主设计与其他专业设计的协调

现代工程设计专业分工呈现越来越细化的趋势,同时建筑材料和建造技术发展也日新月异,所以,一般设计工作已不可能由一家设计单位来完成,需要有专业设计参与,因此,这些设计单位之间的协调同样是很重要的,协调工作水平通常取决于主设计单位的设计管理能力。

4.中方设计单位与外方设计单位的协调

由于中外合作设计模式在国内项目上应用日益广泛,主要合作形式:一是外方设计方案中标后由中方设计单位进行深化设计(初步设计和施工图设计);二是中外设计院合作联合设计投标联合设计。中外方设计单位之间的协调显得更为重要。由于设计规范、设计标准和理念不同,以及语言、文化和制度等方面上差异,给合作设计合同带来很多困难。双方需要有深入的沟通和协调才能充分理解对方的设计意图、理念,以及表达方式,使设计工作能够顺利完成。

5.设计方与施工方的协调

在设计中往往会采用一些新技术、新工艺或特殊的造型等以实现设计师的构想,但这些新技术、新工艺或特殊造型一般施工企业未必有把握、有能力实现或成本很高难以承受。这些如果没有与施工企业进行良好的沟通和协调,设计师追求的建筑效果或技术方案就难以实现。一些新技术设计师经常会采用,但每到实际施工时,由于施工企业能力的原因而不得不修改设计方案。

6.设计方与材料设备供应方的协调

在设计中一些设计师为了追求建筑效果或技术方案的先进性,看到一些报道或信息就采用特殊的材料和设备,没有考虑到材料和设备的成熟性、生产规模、生产周期以及价格等因素,在实际使用时无法获得设计选用的财力和设备。

因此设计人员重视与财力和设备供应商的沟通和协调，不仅需要切实掌握材料设备准确的信息、相关资料和技术参数等，甚至还应当了解产品的实际生产能力、市场供应状况、价格和供货周期等情况。

## 三、设计协调采用的工作方式

设计协调方式主要有口头协调、书面协调、会议协调等方式。沟通协调重要的不是形式而是内容，关键在于是否能够及时、有效、正确地进行设计协调，使各方理解设计最终要取得的成果。由于设计成果受到项目投资、工程技术发展水平、设计时间、设计单位和个人的能力等因素的限制，最完美和理想的设计成果往往无法实现，能够实现的通常是一个相对合理和优秀的设计成果。为此设计单位必须与合作各方进行良好、有效的沟通与协调，才能使各方接受设计成果。

1. 口头协调

口头协调是最便捷的沟通方式，分成面对面沟通和借助通讯工具口头沟通等方式，口头协调较其他类型的协调方式具有直接、有效、快捷的特点，沟通双方的态度、对问题的理解等通过口头沟通的方式能够及时得到传递，使问题得到较快的解决。

2. 设计协调会议

设计协调工作应建立起定期的设计协调会议制度。根据内容的差异，设计协调会议包括类型有：设计方与业主方设计协调会议；总设计方与专业分包设计（或外方设计）协调会议；总设计内部专业设计协调会；设计现场协调会，主要用于施工过程出现的设计问题的解决；设计方与材料设备采购方设计协调会议，是针对材料设备采购中出现需要设计方解决和确认的问题；主要用于设计方与业主方的定期交流和沟通，将业主方对于设计方工作的想法和意见反馈给业主方的设计协调会议等。

协调会议的参加人员、召开频率、讨论内容、主持人员都建议要在设计阶段以书面形式予以明确规定，形成规章制度。同时，还要做好会议记录管理和文件流转工作，保证会议上的决议能及时传递给相关各方。通常是由业主代表或是业主方项目管理公司主持该类例会的召开。

3. 书面协调

书面协调方式包括项目管理函件和设计报告等形式。项目管理函件除了根据项目管理手册要求，对工程日常事务进行记录和确认以外，还可以用于解决工程设计中突发问题，是对于设计协调会议制度的重要补充。它可以按照函件发出人或是接收人进行分类，比如对于业主方而言，可以将项目管理函件划分为设计方、承包商、供应商、政府部门、自行发出以及其他等6大类。此外，对于项目管理函件的格式、书写内容、收发流程以及管理归档都应当在设计阶段形成书面制度，予以明确规定。设计报告制度在设计阶段主要是指设计方向业主方提交的月报，它主要包括每个月的工作进度报告。

除了以上几种方式之外，在正式协调前后和过程中，在重大问题处理和解决过程中可以进行多种形式的非正式磋商。通过这种大量的非正式的横向交叉沟通协调能加速信息的传递，促进理解、协调。

## 四、做好设计协调工作应注意的问题

1.充分认识协调管理工作的重要性

作为业主项目管理人员首先要认识到设计管理工作的重要性，才有可能真正做好协调管理工作。作为工程的建设者、管理者，从设计、监理到施工的各单位首先要从对业主、用户负责的角度认识问题，要从履行合同中自己的责任义务的角度，认真对待协调问题。如设计中涉及的各专业的交叉部位多数都是一些小的问题，一般情况下对工程影响不大，但有时也会出现一些较大的问题很难补救，甚至无法挽救的问题。即便是这些小的问题，如果事先不设法解决，事后处理起来也很麻烦，有时甚至要花几倍的代价，而且还会影响工程的质量，造成经济损失。

2.注意加强技术协调的方法

技术方面的协调，要注意提高设计图纸的质量，减少因技术错误带来的协调问题。设计图纸的好坏直接关系到工程质量的优劣。图纸会签又关系到各专业的协调，设计人员对自己设计的部分，一般都较为严密和完整，但与其他人的工作不一定能够一致。这需要在图纸会签时找出问题，并认真落实，从设计阶段加以解决。同时，施工图会审与交底也是技术协调的重要环节。图纸的会审应将各专业的交叉与协调工作列为重点，进一步找出设计中存在的技术问题，再从图纸上解决。而技术交底是让施工管理人员和班组充分理解设计意图，了解施工的各个环节，从而减少交叉协调问题的出现。

3.建立科学的管理制度与模式

协调工作不仅要从技术下工夫，更要建立一整套健全的管理制度。在现有管理水平的基础上，针对影响设计协调的一些关键问题，从技术上、人事制度上建立更有效的、更加科学的管理体制，达到进一步提高管理水平的目的。必须明确施工企业不得直接与设计单位单独进行协调沟通，施工企业有问题需报告业主（或代甲方）和监理，切实需要与设计沟通，由业主组织协调会。

## 五、结　语

设计管理在工程项目管理中是至关重要的，设计阶段影响投资控制的70％。许多问题的出现往往是在设计管理过程中，很重要的原因是由于沟通协调不足造成的，在设计管理中要注意采取适当的设计协调方式，保证各参与方之间协调的顺利进行，良好的沟通与协调必定对项目的顺利实现起到重要作用。

# 高校基本建设前期工作探析

浙江理工大学　洪　奇

近10年来，随着我国高等教育办学规模的扩大，高校的基本建设也迅速发展，各地纷纷建设大学城和高教新区。在高校基本建设快速发展的过程中，遇到了一些问题和困难，特别是前期工作中出现的若干问题，值得我们认真思考。

## 一、高校基本建设前期工作的概念及主要内容

通常情况下，基建前期是指一项基建工程从起草项目建议书、可行性研究报告开始，到完成各项设计、办理好规划和施工许可证所需的各类审批手续，再到招投标结束，正式开工建设之前这一特定时间段的总称。

高校基建前期工作，根据行政审批条件和工程建设报建顺序，一般可分为三个阶段，分别为行政审批规划立项阶段、建筑工程设计及审查阶段、施工准备阶段。三个阶段的主要工作包括：

(1)行政审批规划立项阶段的工作包括项目建议书和可行性研究报告的编制、办理用地审批等手续；申领建设用地规划许可证、土地使用权证以及环境影响评估报告、可行性研究报告的审批等。

(2)建筑工程设计及审查阶段的工作包括总平面图设计、施工图等的设计；初步设计审批、施工图审查；申领建设工程规划许可证；消防和人防专项审核等。

(3)施工准备阶段的工作包括基建工程项目招投标；申领建设工程施工许可证；办理质监、白蚁防治等手续。

目前，高校基建工程项目涉及审批环节多、建设周期长、资金周转慢，加上市场发育不成熟、法律体系不完善、监督制约不着力，竣工交付一项基建工程需要耗费高校大量的人力、物力和财力。就基建前期工作而言，因涉及大量审批权力部门，以及因审批效率所决定的时间、资金成本等，会遇到一些问题和困难。

## 二、高校基本建设前期工作的若干问题及对策

### 1. 审批办理立项批文(可行性研究报告批复)和环境影响评估报告批复的矛盾

在前期审批过程中，审批办理立项批文与其他审批程序的先后顺序有一定

的交叉。譬如:由于近年来环境污染事件频发,国家从加强环境保护、促进可持续发展的考虑,从严调整环保政策,要求必须先通过环评再立项。但是环评报告的一项主要前置材料就是立项批文,这样在办理前期手续的时候就造成了矛盾。一些高校通过审批部门的附属单位来编制可研报告和环评报告,利用部门内部沟通的优势,以规避上述矛盾,顺利地拿到相关批文,这种方法的缺点是编制费用较高。建议相关职能部门能在前期审批的一些矛盾上多沟通,采用灵活的方式来解决问题。

2. 消防和人防专项审核环节中的问题

在高校基建前期报建过程中,消防、人防审核最为困难,也是最为重要的一大环节。消防部门是武警官兵,列入部队编制,对消防法规的理解与解释执行偏于严格。在消防设计的一些细节并不完全达标的情况下,要通过消防审查非常困难。而事实上,任何一项基建工程如果完全满足消防部门的规定,其投入资金非常巨大。而且很多消防规范的选择条款规定会影响建筑物的实际使用。

从 2009 年开始,根据新修订的《消防法》规定,消防审核进行了较大程度的改革:消防部门对建设工程项目全审全验改为针对性审验,仅对大型人员密集场所和其他特殊工程进行审验,其他建设项目则采取备案制。这就对设计、施工、监理和建设单位提出了一个严格要求自律的问题,尤其是对设计部门,要求既能出具合法的设计图纸,而且又能够被高校接受,并能够付诸实施。高校还要注意施工和监理单位在施工过程中不能违反《消防法》后规定。

人防部门属于政府部门,相对而言专项审核较为容易。不过,人防工程的造价成本至少是普通工程的 2 倍以上,而且人防设备价格较高,比如人防地下室 2 吨重的安全门,至少是普通安全门价格的 5 倍以上。且人防易地建设费也远高于建设地下室的工程费用。我们建议在前期充分做好规划和论证,把人防地下室的建设与车库、设备用房等的建设作统筹考虑。

3. 招投标过程中的问题

招投标制度在工程建设领域中已广泛实施。但由于体制相对不完善,市场竞争激烈,利益冲突明显。加上高校工程管理人员大多属于“半路出家”,对国家相关政策法规掌握程度不高,缺乏从事招投标工作的专业能力,所以在实际操作过程中存在较多问题。

(1)工程量清单的编制与审核不够细致

高校基建项目名目繁多,类型上有教学楼、实验楼、图书馆、运动场、办公楼、宿舍、食堂等,每类建筑都有特殊的行业标准和特点;而为了在开学前及时投入使用,基建项目的工期紧,给予前期工作的时间少,这很容易造成高校基建项目工程量清单编制存在漏洞,最终导致招投标工作的失败或在工程实施过程中碰到困难。

我们认为，在初步方案设计阶段，基建部门应充分听取使用部门意见，参考其他高校的类似项目，以确定最满意的方案。在施工图阶段，基建部门应尽可能委托经验丰富的咨询机构编制工程量清单，并委托另一家咨询机构审核；在涉及安装、装修材料等时，应编制清楚材料的规格、型号和品牌等相关参数，确保清单的准确性。

(2)对围标、串标现象难以控制，造成工程造价过高

目前我校在招投标工作中一直采取资格后审，即符合报名条件的都可入围参加招投标，这种办法虽然在一定程度上加大了招投标的工作量，但也增大了围标、串标的成本，从而使竞争相对更公平。

(3)最低价中标的办法尚需商榷

浙江省工程交易中心的评标办法以往一直采取最低价中标法，这往往会导致恶性竞争，合理低价在实际评标中难以界定。施工单位在低于合理价的情况下进入高校施工，导致高校施工管理难度增大，工程质量难以保证，甚至出现烂尾的现象。目前，采取最优价中标的评标办法对高校较为合适。

## 三、结　语

综上所述，高校基本建设前期工作纷繁复杂，从立项到开工，需要与 30 多个部门打交道，办理 40 多道各种手续，每个手续的审批时限少则七个工作日，多则十天半月，而且全得按程序一步步走，不管哪个环节出现问题，都有可能前功尽弃。而高校基建部门及管理人员在前期工作中不管是经验、能力及人手相对来说有一定的欠缺，如果新校区十几个项目一起上马，前期工作问题会成为工程进度的掣肘。

经笔者观察，杭州市政府推出的建设项目审批代办制已经起到了较好的效果，能提高效率，缩短审批时限；另外，高校建设工程的特点是功能多、周期紧、质量要求高、建设环境相对独立，政府在严格控制审批建设工程的前提下，不知是否对高校的建设工程能适当区别对待，例如进行消防审核的改革。

# 高校基建现场管理探讨

浙江工业大学　冯　敏

近年来,我国高等教育事业有了突飞猛进的发展。高等学校原有的教学、生活设施已明显不能满足师生正常的教学和生活要求。大多数高校紧紧抓住高教大发展的历史机遇,进行基建项目建设,以缓解现实的矛盾,改善办学条件。实践证明,切实加强高校基建项目的现场管理,是做好高校基建工作的关键。文章拟针对高校基建现场管理工作做一些探讨。

建设方现场管理工作任务,笼统来说就是根据具体的工作任务安排,按照合同文件、法律法规及规范标准等完成基建项目的安全管理、进度控制、质量控制和信息管理、组织协调等工作。为了详细分析建设方管理的影响因素和存在的各种管理问题,有必要从实际施工的得失来分析。

## 一、工程质量、进度管理

工程质量是建筑产品的最基本要求,它要求在竣工后建筑产品应达到设计图纸的技术要求,符合国家规范和质量标准。在工程施工中把好质量关,可控制和降低工程的质量成本。如果工程出现质量问题,则需要进行返修甚至返工,由此造成返修损失、停工损失及事故处理费用,或是在工程交付使用后因对存在的缺陷进行弥补所需的一切费用,这些额外支出,不仅对施工单位产生经济损失,也影响学校教学秩序,造成双输局面。施工单位作为建设施工活动的主体,对工程质量的保证起着决定性的作用。因此,分析问题首先应从施工单位入手,一般而言,由于建筑市场竞争激烈,施工单位为了中标往往采取高资源配置、低报价投标的方式,一旦中标,为了保证盈利,通常很难按照投标承诺如实配置人员和设备,从而造成工程质量目标值及施工成本定得过低的情况,给工程的工期保证、质量控制带来了一定隐患,也加大了现场管理的难度。尤其在某些单位要求工期短、造价低的情况下,这种问题尤为突出。这使建设方难以完整建立规范的施工管理体系并有效运行。由于施工单位无法建立有效的安全、质量、进度控制等管理要素的内部监控组织,整个施工活动不能正常有序运转,难以全面保证施工的顺利进行和全面控制。针对施工单位可能存在的问题,现场管理工作应努力做到:

推荐并辅助施工单位运用先进的管理经验，以合理利用资源，提高建设工程质量、保证进度与安全等要素，争取达到既节约施工成本、又提高建设目标期望值的目的。运用合理的奖罚措施对施工单位的违反法律法规合同文件等行为进行激励性纠偏，确保施工顺利地朝着预期方向进行。通过组织管理程序规范化及与各方关系的协调处理推进管理的有序化、规范化，建立以预促防、以预促管的管理体系，在合理的工作流程中明确各方职权责，做到管理有章可循、有据可依。深入施工现场，对现场的工程质量进行监督检查，总结施工问题，深究问题原因，与参建各方共同探讨问题解决方案，落实问题解决措施，把好验收关，从技术上给予施工单位以支持，并在此中过程合理利用建设方职权，对质量问题的预防以及整改落实进行三阶段控制，尽力保证工程趋向理想目标。密切配合施工，加强纵横向联系，严肃认真对待施工过程中分项、分部、隐蔽工程验收等工序，确保工程质量。慎重对待工程变更，必要时进行多方案评优，力求以最少的代价和最好的效果完成必要的变更。在进度控制上，根据确定的进度任务和施工方的施工进度作出计划安排。

## 二、工程安全管理

建筑业的生产活动危险性大，不安全因素多，是事故多发行业。安全管理中产生事故的原因，主要有以下三方面：

1. 人的不安全行为

这是指由于人的不安全行为导致在生产过程中发生各类事故，如：操作错误，以不安全的速度作业，使用不安全设备，用手代替工具操作，物体的摆放不安全，冒险进入危险场所，在起吊物下停留作业，有分散注意力的行为，未使用防护用品，不安全着装，工作时说笑打闹以及带电作业等。

2. 物（设备）的不安全状态

物的不安全情况有：施工电梯的限位失灵，造成冒顶；塔吊的钢丝绳脱丝，未及时更换，造成钢丝绳断裂，吊物坠落；电锯等用电设备电线老化，造成电线失火等。

3. 不良生产环境的影响

如：照明光线过暗或过强导致作业现场视线不清；作业场所狭窄、杂乱；地面有油或其他影响环境的危害物等。与建筑行业紧密相关的环境，就是施工现场。事实表明，整洁、有序、精心布置的施工现场，其事故发生率低于杂乱无章的现场。

综上所述，人的不安全行为、物的不安全状态及不良的生产环境是事故发生的直接原因，但都与管理有直接的关系。因此，在项目开工前，项目现场管理员均须与施工单位和学校签订三方《项目管理安全责任状》，使每个人都明确自己在安全方面的职责，通过积极努力来实现安全目标。应在工程概预算中考虑必要的安全投入，并在合同中要求施工单位不得因优惠压缩该部分费用的现场投入。除了要求施工单位的场容规范、文明施工外，还应注重对施工单位的安全生产责任制、从业者职业资格、安全教育、安全技术交底方面进行深入了解和督促执行。在预防安全隐患的"五定"和确保安全生产的"六关"的落实上以及现场安全设施和施工机械安全检查、电气设备使用、脚手架模板施工等问题上和监理、施工单位一起严格把关，督促落实安全预防措施和安全防护设施，努力做到查改结合，以确保现场安全。

依据各项安全制度，为了排除安全隐患，现场管理应加强日常的安全检查及监督，加强施工出入口的人员管理，防止闲杂人员及学生无故进入施工现场。每周例会强调安全问题，强调对学生安全的保护。每逢节假日及恶劣天气必须在主管校领导带领下组织相关单位开展安全大检查，以确保不留安全隐患。

## 三、工程协调

基建工程是一个系统工程。从专业特点角度来看，建筑工程存在许多分项，如建筑、水电、空调、通风、电梯、消防和弱电等。每个分项有自己的施工特点和要求，同时必须尊重和照顾到其他专业施工的顺序、特点和要求。各单位在利益的驱使下，主观上总希望相关单位承担更多的工作，由此容易造成工序的遗漏，人为地带来一些问题，增加协调管理的复杂性。再者，由于现代建筑的个性化，建筑安装质量要求越来越高，各种管线、预留洞越来越多。每一栋建筑都是一件特有的产品，每一条管线、设备都有特定的要求，鲜有雷同，这不但增加了技术工作难度和各专业之间的协调难度，而且出现矛盾和问题的可能性随之增加。要解决以上矛盾，加强协调管理，主要有以下几种具体措施：

1.提高设计图纸的质量

图纸会签关系到各专业的协调。设计人员对自己设计的部分一般都较为严密和完整，但与其他人工作就不一定能够一致。例如浙江树人大学学生公寓施工时就曾出现走廊端墙与走廊水表箱碰头的事故。设计院要提高设计施工图纸的质量，确保施工图纸无错误。图纸的会审应将各专业的交叉与协调工作列为重点，细心查找设计中存在的技术问题，力求从图纸上解决问题。技术交底是让施工充分理解设计意图，了解施工的各个环节，以减少交叉协调问题的发生。

2.做好各方面、各部门之间的协调工作

建立每周的工程例会制度，商讨、解决施工中出现的各种矛盾。通过管理减少施工中各专业的配合问题。在施工现场管理中，可以实施工程配合保证金制度，从而在有多个专业分包单位的重大工程项目中有效地理清各方关系，明确各自职责，保证了工程顺利、有序、健康地进行。同时，努力协调除设计、施工等单位外的各部门、单位的外界关系，如与使用单位、城管、质检站等部门的关系。良好的沟通、协调，是工程顺利进行的保证。

## 四、结　语

目前我国大部分地方建筑市场不够规范，难以完全按照国家法律法规标准规范和相关行业的规定进行建设。随着对安全重视程度的提高，施工单位在结构上的用材及质量监控都比较严格。然而，为了盈利，施工单位往往另辟蹊径，谋取利益。于是，在装饰工程和水电设备安装等不影响结构安全的分部分项上，就常常出现掺水现象。在安全、文明、组织机构完善、工机料等资源的投入方面也会偏于保守甚至出现应投入的不予投入的情况，以求最大限度地满足施工单位自身的利益。因此，为了保障建设方的利益，如何提高基建现场管理工作质量是非常重要的研究课题。施工现场管理是学校基建程序中的重要环节，要经常了解、检查和研究此项工作中的问题，不断地总结经验，提高管理水平，以确保基建工程按计划顺利完成。

# 限价并质检条件下材料采购招标评标方法研究

南京林业大学　高国民

南京林业大学"十五"时期建设工程用建筑材料的采购招标中，经常采用既限制投标单价又要进行样品质量预检条件下符合现行法律法规要求的评标方法。例如，钢材、涂料、阀门、墙地砖、胶合板、镀锌管、开关插座、铝合金窗、抗裂纤维、三聚氰胺板、XPS 板、BV 电线、PVC 窗、UPVC 和 HDPE 管材等等材料的采购招标都据此进行了有益的尝试，现小结如下供与大家探讨。

## 一、建筑工程材料采购招标评标方法的设计构想

### 1. 力争效益最佳前提下的评标方法设计

材料采购招标无疑可以实现两个效益，即经济效益和社会效益，而其经济效益最大化又是招标人的必然首选。因此，对于技术简单或技术规格、性能、制作工艺要求统一的货物，一般采用经评审的最低投标价法进行评标[1]。针对当前建筑材料市场鱼龙混杂、采购招标市场秩序混乱的情况，我们总结了过去的经验与教训，为保证材料质量并防止投标人串标或围标，在 EPS 板、水泥、钢材等材料的采购招标文件中明确限定了投标材料单价的上限，同时要求送样品并根据设计要求的性能参数进行预检且必须合格，在这样的基础上再应用经评审的最低投标价法进行评标。

### 2. 奉行质量优先原则下的评标方法设计

我们知道即使是同样的建筑材料由于不同生产厂家、不同工艺流程、不同原材料来源以及不同的质量控制方法，都会对最终产品带来质量上的差异，如果满足了设计参数与功能要求且招标人采购能力又允许，可根据材料质量状况择优录用。因此，我们对所招标采购的材料进行限制投标单价范围，再参照现行产品质量相关标准与建筑工程规范要求对所有投标人提供的样品进行质量预检，检测报告数据显示的综合质量最优者(采用参数打分法的即得分最高者)中标。这里需要说明的是对材料样品进行预检的，必须在招标文件中载明检测的项目、样品的抽取、指标量化以及综合质量评价的标准和方法等。例如，镀锌管、胶合板等材料的采购招标可以用这种方法进行评标。

3.追求高性价比情形下的评标方法设计

性价比评标法在政府采购项目中有时使用,而在建筑工程材料采购招标评标中很少见,我们提倡的优质优价就是着眼于性价比而言的。性价比中的性能即反映为材料质量,其优劣需要通过科学的方法和手段检测后才能得出结论,不能凭主观臆断,不同材料的其标准所反映的质量性能指标各不相同。在限制材料投标报价的前提下,我们先进行招标前的材料质量预检,由招标人根据其具体用途选择质量标准中的相关性能指标提供给检测机构用于检测,同时向潜在投标人统一公布送样要求并集中定时定点收样进行第一次编号,再由公证人员进行第二次编号并封样送检、提取检测报告送达评标现场,招标文件的评标方法中将所检测的各相关性能指标进行科学量化并设置分值,在材料质量检测总得分前三名中求性价比(总得分/单位报价),性价比值最大者即为第一中标候选人。为防止投标人偷梁换柱,要求投标人提供一份格式化的经投标人法人盖章和法定代表人签字的特别承诺书,郑重承诺确保中标后所送材料和投标预检样品一样,如若送货后用同样的标准和方法进行抽检即使符合国家标准要求但其总得分低于原投标前质量预检得分的95%时,同意招标人无条件从其合同货款中扣除20%的价款作为违约赔偿。例如,建筑涂料等材料的采购招标采用这样的评标方法既可以做到公开、公平、公正,又可以采购到物美价廉的材料。值得注意的是对有些采购项目含有售后服务、供货期、付款方式等要求的就需要将除价格因素外的各因素按照一定的方法折算成评标价后计算性价比。

4.综合商务技术因素下的评标方法设计

对于技术复杂或技术规格、性能、制作工艺要求难以统一的货物,一般采用综合评估法进行评标[2]。那么在有投标报价限制并对拟供产品进行预检前提下评标方法如何设计综合评估法呢?一般说来包括商务部分和技术部分,常采用百分制评判。具体设置为投标报价得分(40～45分,以所有投标人有效报价的平均数为基准价得基本分35～40分,高或低于基准价1%～2%的减或加0.5～1分、最多加减分为±5分、不足的按插入法计算)、原材料选择配置得分(3～5分三档)、技术与工艺先进性得分(2～3分三档)、付款方式要求得分(1～2分三档)、货物交货期限得分(1～2分两档)、售后服务承诺得分(1～2分两档)、投标人资信级别得分(2～3分三档)、品牌市场美誉度得分(2～3分三档)、样品符合程度得分(2～3分三档)、投标文件响应程度得分(1～2分两档)、产品质量预检评价得分(30～35分按检测指标的重要性分配)。其中质量预检项目、标准、方法、分值设置都必须在招标文件中明确,统一公布送样时间与要求,封样送检取报告由公证人员完成,根据评标方法中的质量分值权重与材料的具体使用功能再设计质量检测分值分布。例如,铝合金(或塑钢)门窗采购招标的质量预检可以结合建筑工程规范要求选择其“三性”指标进行预检比较评价，再应用综合评估法进行评标能够比较全面正确地评价每一个投标，选出产品性价比好且供应保障能力强、企业信誉佳的中标人。

## 二、实现评标方法设计预期应注意的问题与思考

1.采用“经评审的最低投标价法”要强调可比性

现在的建筑材料采购招标工作走入了怪圈，招标人为了获得充分的竞争和最大的经济效益，同时也为省事且不得罪人，不论什么材料采购，也不论是否有可比性，都采用“经评审的最低投标价法”进行评标，很显然不科学。即使控制了材料价位并进行了质量的合格性检测，但不同种类材料间的性能与价格差异仍然较大，例如，同样是合格的合成树脂乳液涂料，其对比率会出现 0.90～0.99 不等，耐洗刷次数有 200～5000 次不同，VOC 含量也高低有别。因此，当选用“经评审的最低投标价法”进行评标时，一定要进行市场调研，尽量筛选出品牌知名度高、产品美誉度佳、原材料组成相同、生产工艺相同、技术性能差异小的同类材料纳入招标范围，通过价格限制和约定指标质检来控制投标品牌产品的质量水平，但在材料质量预检时要参考设计与功能要求选择相关指标并规定其检测的基本参数要求，再在合格者中运用“经评审的最低投标价法”进行评标才有可比性，方能体现评标的科学性和公平性。

2.依据质量决定中标的需要市场调研并正确限价

如果材料采购通过限制材料报价并进行质量预检，进而选择材料质量最优者中标，应该是值得提倡的评标方法，但是容易出现两个以上品牌材料质量检测结果相差无几，而其投标报价却差距较大，导致材料质量微优而报价甚高的投标中标，因此，在招标文件中对采购材料的报价限制就显得十分关键，如何掌握和控制参与投标品牌材料的市场价格与投标报价上限，需要我们认真进行材料市场调查研究，结合招标人对采购材料质量要求的预期，正确给定报价范围，还要对材料质量进行比较全面的检测评价来反映其质量水平，防止质量相当的材料其中标价大幅偏离市场平均价并超出采购人的期望值。例如，屋顶用 600×600×(≥)7.5 同质砖(BⅡa 类细炻砖)的采购招标时，如果限制其报价为每块 12 元，经检测达到 GB/T4100－2006 干压陶瓷砖 BⅡa 类细炻砖的质量标准后选择价格低者中标，由于目前市场上该类陶瓷砖能够达到此质量标准要求的很少，容易让极个别投标人利用其市场无竞争的优势而大胆报上限价格，使招标人的利益受到损失，我校 2007 年 8 月采购招标的结果是每块 7.8 元。

3.增加性价比评审时要科学定性合理量价后求比

在限制材料投标报价的基础上通过质量预检择优选择中标人，其方法有多

种，我们认为筛选出检测结果优秀的前几名，综合考虑各商务因素后，再增加性价比的评价比较相对较科学和公平，然而怎样选择检测项目才能在既经济可行且满足设计要求条件下比较全面地反映材料的性能，又如何对除价格因素外的商务因素进行科学量化并折算成评标价，是值得我们不断探索的问题，一方面要根据具体材料和具体用途选择材料检测项目，例如，室内墙地砖的采购招标样品预检项目就要考虑其破坏强度、吸水率、耐磨性、尺寸偏差、耐污染性、放射性等；另一方面要在招标文件中设计好售后服务、供货期、付款方式等商务因素折算成评标价的标准与方法，如工期十分紧张，则可以设计为满足招标货物交货期要求的不增不减投标报价，交货期每提前 2 天折减报价若干（折减额一般为 1～2 天误工的工期索赔损失）后作为评标价，交货期因素最多折减额度（额度为投标总报价的 0.5%～1%左右），当然还要明确如果实际送货时却未能按投标承诺的时间交货则需要按评标时所折减额度的 2 倍进行违约赔偿等。

4. 应用多因素评标法应该考虑其权重设定有预期

采用多因素评标时不能没有合理的设计预期，但要防止明显的倾向性，避免采购招投标活动的公正、公平性受到挑战，让不法者有机可乘。我们对于不进行资格预审的采购项目（如灯具）招标时，为了能够选择到产品质量合格、供应保障能力强、企业信誉好、售后服务优的供应商，设计评标方法时质量因素权重可不大于 30 分，而其商务部分价格因素权重一般不大于 50 分，另增加设计投标人企业注册资本 300 万元得 1 分、400 万元得 2 分、500 万元以上的得 3 分，上年度销售（非同类型企业间）招标灯具（同类型）3000 万元以上的得 7 分、2500 万～3000 万元的得 6 分、2000 万～2500 万元的得 5 分、1500 万～2000 万元的得 4 分、1000 万～1500 万元的得 3 分、500 万～1000 万元的得 2 分、300 万～500 万元的得 1 分；投标人企业获得地市级工商行政管理部门颁发的“重合同、守信用”证书的得 1 分、获得银行或评估机构评定的 AAA 资信等级证书的得 1 分、被地方政府授予诚信企业称号的得 1 分；在有 5%合同尾款过保支付的前提下承诺质保期为 2 年的得 1 分、3 年的得 3 分、4 年的得 4 分。如果希望有更多的名牌产品参与竞争，则可以增加投标系列产品获得中国驰名商标的得 5 分、被评为中国名牌产品的得 4 分、被授予中国免检产品称号的得 3 分、获省优产品的得 2 分。总之，设计权重时既要反映招标人的招标预期，又要进行一定的市场调查，防止有为某一投标人而设计之嫌疑。

5. 邀请公证方介入招标活动全过程不能存有断层

我们知道建筑材料采购招投标活动的全过程中应当始终坚持“公开、公平、公正”的原则，但是现实中投标人经常质疑有些招标环节的“三公”性，又因举证困难而无法投诉，从而损害了投标人的权益，也导致了招标人或招标代理机构违法违规现象的蔓延，为此，我们针对目前材料采购招标活动中只对开标、评标环节进行公证的情况，主动邀请南京市公证处派人介入招标活动全过程进行公证如材料样品的封样封存、送检过程、检测报告的提取等环节，进一步提高了材料采购招标活动的公开性、公平性、公正性，进而有效提升了社会公认度，并有力推进了材料采购招投标市场的规范化与科学化建设。需要指出的是采购招标活动全过程应当是从招标公告开始至合同签订的全部过程，材料供需合同的签订过程是当前监督的盲区，也是实现"三公"的关键点，同时又是投标人"投机取巧"的重点，因此，有待于公证服务的继续延伸。另外，投标人对检测机构检测数据公正性的质疑令我们尴尬，我们虽感存有公证断层却又显得有些无奈，如何协调各相关职能部门的工作关系，充分实现采购招标全过程"三公"目标，需要我们创新思维、大胆实践，更需要各级领导的大力支持和不同职能部门间的精诚合作。

当前，材料采购招标评标的具体方法可谓是"百家争鸣、百花齐放"，但因建筑材料种类繁多、技术复杂程度各异，还无法设计一个具体标准方法来达到以不变应万变的理想结果。本文所设计的采购招标评标方法是实际工作中的经验总结，只希望它能起到抛砖引玉的作用。

## 参考文献


[1]高国民.高校建筑设备材料采购招投标管理研究.建筑管理现代化，2006(4)：46－49.

[2]高国民，钱华玉.建筑设备材料招标采购评标中的实务分析与探讨.建筑经济，2006(5)：62－64.

[3]国家发展和改革委员会，建设部，铁道部，交通部，信息产业部，水利部，中国民用航空总局令.工程建设项目货物招标投标办法〔2005〕第27号.

# 琴房建筑若干问题探讨

杭州师范大学　朱　强

音乐院校、乐团和歌舞团体内，都设有大量的琴房和少量的排练厅。由于它不属于独立的建筑类别，还没有相应的建筑规范和标准要求，设计人员无章可循。文章就琴房建筑的若干问题进行探讨。

## 一、琴房的类别和建筑特点

1.琴房的类别

琴房是乐器演奏、声乐演唱用的个人（或声部）练习小室，故又称练乐室和演唱室。因而建筑面积都很小，就目前已建的琴房，可按面积大小划分为大、中、小型三类，即：

小型琴房（个人练琴室）7～10 平方米；

中型琴房（个人练琴室）1～14 平方米；

大型琴房（分声部或三角钢琴室）15～30 平方米。

使用单位，通常是按琴房的用途分类，也即按乐器（器乐）和声乐分类：即打击乐、管乐（铜管或木管）、弦乐、弹拨乐琴房以及声乐琴房。从声学设计中噪声控制的要求考虑，通常根据乐器或演唱的声级进行分类，即：

高声级琴房演奏（唱）时的声级＞90dB(A)；

中声级琴房演奏（唱）时的声级在 85～89dB(A)范围内；

低声级琴房演奏（唱）时的声级＜85dB(A)。

2.琴房建筑的特点

琴房建筑的特点是建筑数量大、面积小、造价低（对多数琴房而言），但音质要求高，要在小面积的琴房内获得较为均匀的声场分布和良好的频率响应，就要求合理地选择室形。琴房间的噪声干扰是最突出的问题，因此，如何制定切实可行的噪声允许标准和提出控制噪声的具体措施是关键所在。

## 二、琴房的室形

由于琴房长、宽、高的尺寸与低频声波的波长很接近，因而房间的简正振动频率数在低频区很少，且由于共振产生的“简并”现象，引起声音的失真（或称染色现象)。因此,何种室形能减少或防止这种现象,就成为选择琴房室形的关键。据此,笔者对矩形、扇形、梯形和不规则形等四种形式的琴房进行了对比试验,内容包括声场分布测定、频率不均匀度测定和主观评价等三项内容,通过试验和主观评价,得出结论如下:

总的来说,无论何种室形,在低频域(125Hz 以下)声场分布都不均匀,频率不均匀度值较大;相比之下,不规则室形较好,其次是梯形和扇形,矩形最差;无论何种室形,在房角处声级较高,特别是不规则形的锐角处更为突出,因此,如果在不规则室形中切除锐角,则声场不均匀度将有明显的改善;室内加设吸声材料后,频率不均匀度会有明显地改善;主观评价确认不规则室形,音质优于矩形。

## 三、琴房的噪声控制

琴房的噪声控制包括确定噪声允许标准和控制技术两部分。前者应根据乐器演奏、声乐演唱时出现的最低声级和信噪比来确定标准;后者又包括防噪声规划和隔声两项内容:

1. 琴房的允许噪声标准

根据乐器和演唱声级的测定结果,并考虑到琴房内的背景噪声应低于演奏(唱)声可能出现的最低声级减去 10dB 信噪比的要求,以及工程实践所积累的经验,笔者提出供设计参考的允许噪声建议值,见表 1、2 所示。

**表 1　声乐演唱琴房的允许噪声级**

| 男、女声演唱用的琴房 | | 允许噪声级 dB(A) | 噪声评价曲线 NR— |
|---|---|---|---|
| 女声 | 女中音、女高音 | 40.0 | NR—30 |
| 男声 | 男低音、男高音 | 45.0 | NR—35 |

**表 2　乐器演奏用琴房的允许噪声级**

| 演奏下述乐器的琴房 | | 允许噪声级 dB(A) | 噪声评价曲线 NR— |
|---|---|---|---|
| 西乐 | 小提琴、中音提琴、低音提琴、竖琴 | 35～40 | NR—25～ NR—30 |
| | 单簧管、双簧管、长笛、钢琴、大提琴 | 45 | NR—35 |
| | 小号、长号、圆号 | 50 | NR—40 |
| | 定音鼓、小军鼓 | 55 | NR—45 |
| 民乐 | 琵琶、二胡、板胡 | 35～40 | NR—25～ NR—30 |
| | 扬琴、筝、三弦 | 45 | NR—35 |
| | 笙、唢呐、管子、笛子 | 50 | NR—40 |
| | 锣、板胡 | 60 | NR—50 |

2. 琴房的噪声控制

琴房的噪声控制包括琴房的防噪声规划、琴房的隔声和减振等几方面的内容：

(1)琴房的平面配置和噪声分区

琴房的噪声控制，首要任务是防噪声的平面设计。琴房本身应不受外界的噪声干扰，同时也不应干扰周围的建筑和毗邻房间。因此，合理的平面配置至关重要。

琴房建筑有单独修建的琴房楼，也有作为音乐厅、剧院和歌舞团建筑的配套用房。前者仅限于琴房数量很大的音乐院校，多数属配套用房。但不论何种情况，由于面积小，均采用集中配置的方式，构成一个噪声区。为防止琴房区(噪声区)对周围用房的干扰，通常把它隔离在一个独立的区域内，如广州星海音乐厅：琴房区配置在交响乐厅与室内乐厅之间，两端通过设置休息厅作为“过渡”，以减少直接毗邻的噪声干扰。

对于音乐院校，因琴房数量很多而集中修建的琴房楼，主要须解决琴房相互间(包括上下、左右)的空气声和撞击声干扰。此外，还要防止受环境噪声的干扰和污染周围环境两方面的问题。

由于琴房楼集中了大量的琴房，而各类乐器和演唱的声级有很大的差别，有些乐器还有较大的振动。因此，在琴房楼的噪声控制设计中，首先应按乐器或演唱的声级进行噪声分区。例如把乐器按声级分高、中、低三类(见表3)分别配置在不同的楼层或同一层楼的不同部位，并将高声级的琴房作隔离措施，对有冲击的乐器进行隔振处理。这样就可用最少的投资获得较好的效果。

**表3　按演奏(唱)声级的高、低分类**

| 声级分类 | 声级别分 | 乐器或演唱类别 |
| --- | --- | --- |
| 高声级 | >90dB(A) | 小号、长号、圆号、定音鼓、锣、笙、唢呐、管子、板鼓、男高音和男低音演唱 |
| 中等声级 | 85～89 dB(A) | 单簧管、双簧管、大管、长笛、钢琴、大提琴、扬琴、筝、笛子、三弦、女中音和女高音演唱 |
| 低声级 | <85 dB(A) | 小提琴、中音提琴、低音提琴、铝板琴、竖琴、琵琶、二胡、板胡 |

(2)隔声和减震的设计

琴房的隔声设计包括墙、门窗和楼板等构件。为了隔声的需要，琴房间的隔墙和走廊内侧墙均应采用重墙、半砖墙和一砖墙的空气声计权隔声量分别为47～53dB，在所调查的25个琴房中，无一例外地采用砖墙。原因是价廉、隔声性能好(特别是对于低频)和便于做内装修。此外，琴房楼高层的较少，一般在6层以下，因此，采用轻墙的意义不大。

琴房外墙的隔声主要取决于外墙窗的隔声性能。琴房窗的隔声是琴房噪声控制中最薄弱的环节，也是难以解决的问题。原因是：窗具有采光和通风的双重功能，对琴房面积小，窗间墙很窄，因而毗邻窗之间的距离很近，在春夏季节开窗时，相互干扰很大。对此，很多建筑师试图寻求一种既能通风、采光，又能隔声的窗构造：例如西安艺术学院琴房在窗亮子上设消声百叶；上海音乐学院则在窗台下设“室式”通风口，但都由于风量不足或百叶上吸声材料积灰等原因，学生仍然可以打开窗户，实际未能解决问题。

常用锯齿形的平面配置，以此提高毗邻琴房的隔声量，如浙江省歌舞团琴房楼就采用了这种方式。但通过隔声测定表明，在开窗的情况下，在低频仅有 1～2dB 的隔声作用，中高频略高为 3～5dB 改善量。还有一种方式，即在窗外独立设置一组锯齿形墙体，则毗邻窗之间的隔声量改善值：低频（125Hz）可达 4～5dB；中高频可增至 8～10dB，而且上、下层琴房之间的隔声量也有所提升。

另一种比较有效的方法是把高声级的琴房（如打击乐，铜管乐等）隔离在一个区域内，局部采用空调，并把中等声级和低声级琴房也进行分区配置。

在我国气候寒冷的北方地区，由于夏季开窗的时间很短，采用双层窗就可满足隔声要求，如沈阳音乐学院琴房楼即采用了双层钢窗，由窗引起的噪声干扰就很小。在南方地区采用中空玻璃塑钢窗也可以满足。

以上几种措施，有在特定条件下，才起到一定的作用。要从根本上解决问题，只有采用空调加新风系统，设双层窗。在音乐厅、剧院和要求较高的琴房内均采用这种措施。

琴房门的隔声优于窗的隔声，因为练琴时，均关门。因此毗邻琴房通过门的干扰，再加走廊内的声吸收，已有相当大的隔声能力。原先的问题是，琴房门绝大多数为双层夹板门，隔声能力太差，且走廊吊顶又未做吸声处理，因而造成隔声不良，同时走廊内噪声过大。因此，适当提高门的隔声能力（如实心木门），并在走廊内作吸声是可以圆满解决琴房间通过门的隔声干扰。

琴房间的噪声干扰除了空气声外，还有撞击声。声源主要是打击乐器和钢琴。前者数量少，通常配置在首层，一般在房间地面设“浮筑”构造即可解决，因而主要是钢琴。在音乐院校和歌舞团体内，无论是器乐、声乐、作曲或指挥各专业，钢琴是必修课。每间琴房均有一台钢琴。因此，振动较大。由于是撞击声，楼板即使很厚，也难以控制。如采用“浮筑”构造，造价高施工复杂，不适用于音乐院校建筑。比较实用的措施有如下两种：在琴房地面钢琴的位置上，局部设置“浮筑”构造。如中央音乐学院琴房内采用这种方法获得良好的效果；在琴房地面上局部设弹性垫层（软垫），如北京师范大学琴房，同样取得了实效。

# 高校新校区建设中如何做好图纸会审与专业协调工作

盐城工学院　李　飞　徐晓蕾

高校新校区建设是一项复杂的系统工程，需要由学校职能部门(一般由新校区建设指挥部或基建规划处)统一指挥、组织和协调各总包单位实施多专业、多工种的交叉作业，以保证工程质量和现场安全为前提，按时间要求科学合理的分阶段完成进度计划。但近年来，不少高校因为要赶新生入学或教学评估等需要，在政府有关部门批准立项和办理完规划审批的相关手续以后，为提前开工，往往都是给设计单位限定时间，致使正常的方案设计、扩充设计、施工图设计周期被缩短，必要的调研、论证、审核和专业设计协调被压缩和挤占，加上设计人员现场实践经验参差不齐，因而很难避免设计疏漏。特别是一些时间紧、任务重，“边设计、边施工、边整改”的三边工程，更难保证设计质量。

施工图会审与专业协调，就是要提前解决土建、设备安装、装修等各专业之间交叉影响的技术难题，最大限度地减少返工和浪费。作为学校和各总包单位，在组织设计人员、工程监理人员及施工单位各专业工程技术人员参加的图纸会审中，应重点对各专业施工图进行交叉会审，认真做好专业协调工作。要提前发现施工图纸中的问题，提前发现各专业之间可能存在的相互制约、相互交叉影响设备安装、工程质量、工程进度等技术问题。有些问题带有普遍性，笔者结合自己近年来新校区建设管理的经验教训，作为前车之鉴和抛砖引玉提出来与同行共同探讨。

## 一、设备安装专业在结构工程施工中的预留孔洞问题

混凝土结构中设备的孔洞，设计院在下发施工图纸之前总设计师已经组织过专业协调。截面大的孔洞，在结构图上一般都有标注，断面小的孔洞结构图上没有标注，由各安装专业在配合结构施工时自己预留。在孔洞预留的过程中，大部分需要断钢筋，而且还要做局部钢筋加固，如果要全部做到预留孔洞的位置准确，断面大小合适，安装设备管道时不剔不凿，很不容易。有的则是结构工程刚完就大面积修洞、改洞、留错了位置又重新剔洞。有的涉及切断主筋，因此，不但质量部门很不满意，还需要同设计协商处理方案，所以组织好前期的图

纸会审，力争把后期造成的经济损失减少到最低限度，必须对不同部位的专业预留孔洞，有所了解和掌握。

混凝土结构中预留设备孔洞比较复杂，它涉及工程各种设备的安装，如果在结构施工期间处理不好，将会直接影响工程后期土建装修和设备管道的安装。例如：

(1)有的标高不对，导致吊顶标高提不上去，直接影响装修效果和装修的档次。

(2)有的不同专业之间的孔洞位置重叠，安装管道时，互不相让，相互扯皮。

(3)有的位置不对，安装时挤占其他专业的预留孔洞，造成相邻专业重新开洞，在预留孔洞集中的部位，几个专业的孔洞距离太近，管道上、下翻弯翻不上去，相互之间躲不开，有的甚至连检修时开启阀门的空间都没有，操作时手都伸不进去，最后不得不把吊顶标高往下降。

出现以上几方面的问题，既有设计方面的原因，也有施工单位的原因，还有我们建设单位的原因，如建设单位直接指定的分项工程，在结构施工期间未确定分包单位，孔洞没人预留。因此，建设单位和总包单位要组织设计、监理和各机电安装专业，对预留孔洞会审，相互核对。对重点部位、关键部位要放出实样，单独出节点大样图，提前解决专业之间交叉影响的因素，减轻后期的施工压力。结构预留孔洞的图纸会审必须由土建总包单位负责组织采暖通风，强、弱电专业、空调、给排水等专业技术人员参加，而且要出会议纪要。

## 二、多家施工单位施工对基础设施等室外工程质量的影响问题

由于行业控制，多家施工单位参与新校区建设工程的基础设施等外线工程施工，已经屡见不鲜。特别是一些市政专业，如煤气、热力、电力、电信和给排水等，基本上都由市政管理部门负责，而且都是由学校直接对市政专业的施工单位进行单项工程分包。市政的施工单位同工地总包单位没有直接的经济关系，因此，很难对其进行协调与管理。当然，行业控制有行业控制的优势，它可以按行业特有的施工及验收规范指导专业施工，用专用的仪器对设备及管道按行业的标准进行检测，可以保证安装质量。但是专业施工单位虽对自己承担的专业有专长，不可能对建筑行业内所有的专业都有所长。比如：有的行业管理的专业施工单位，在挖土时不按规范的要求放坡和加固，致使沟边多处坍塌；有的管道垫层和设备基础混凝土不按设计要求的配合比施工，致使设备和管道还没安装，混凝土垫层和设备基础已裂缝；有的在管沟回填土时不执行规范，回填土不过筛，有的甚至用建筑垃圾回填，造成日后的管道破裂；有的不按规范分步夯实，竣工以后，(有的还没到竣工时间)由于雨水浸泡和地面车辆辗压，造成局部

庭院或道路坍塌。由于地下多专业管道交叉，专业施工单位之间互相推脱责任，最后只能不了了之，学校一般不得不重新组织施工单位来收拾残局。

由于多家施工单位参与外线基础设施施工，为避免对室外工程质量造成影响，建设单位在与承担总包单位管理范围之外的外线单项工程签订分包合同时，把外线的挖填土方、管道垫层、设备基础等施工项目，从分包单位的报价中划分出来，交给工地总包单位负责以便于管理和协调；出现问题可直接向工地总包单位追究责任，杜绝互相推诿扯皮的现象。

## 三、地下出楼管线及其他备用管线处理问题

高校图书馆、行政楼等学校重要建筑一般都设计人防地下室及地下停车场。建筑工程地下部分渗、漏水是建筑工程最难处理的通病。虽然造成地下部分渗、漏水的原因是多方面的，有防水材料质量的原因，有操作工艺方面的原因，有受温度、潮湿度及环境影响的原因。就地下防水工程而言，如果防水材料质量好，工艺做法合理，外墙防水层一次性做完，其渗漏的概率很低；如果各方面考虑不周，造成防水套管改位或增加，三番五次修补，造成外墙渗漏的概率会很高。由于地下的出楼管包括的专业管线多，在组织各专业图纸会审时要组织协调好。

1. 出楼管的截面和标高的问题

(1)市政外线出口的方向位置不对

这与市政管理部门在确定设计方案以后有的又做了新的调整。如原设计是从建筑物南侧进口后改为从北侧进，最后不是造成大量的室外开挖土方，就是原预留出楼管作废，再重新打孔做套管穿破地下防水层，所以在审图时要特别注意，一定要同建设主管部门及时协调好。

(2)出外墙管遗漏或截面与楼内系统不符，不同专业的出楼管位置重叠

在审图的过程中，经常会发现图纸上出楼管，给排水和电气专业系统图上的标注有的是数量不符，有的是截面不对，有的排水管、污水管与电气专业或其他专业的出楼管位置重叠，所以在图纸会审时要组织几个专业相互逐项核对。把发现的问题提前处理，把重叠部位的不同专业出楼管错开位置。基本上把问题解决在施工之前，防止日后造成损失。

(3)出楼管的高低位置要错开

消火栓、消防结合器、雨水、污水管等的出楼管，以及电气专业的出楼管，标高一般变化不大。图纸会审时要特别注意，其高低位置是否符合施工和规范要求，因为它直接影响楼前管的敷设，涉及室外各种接口井的布置。敷设楼前管时，经常发现各种管道标高非常接近，管路安排不开，有压的楼前管(上水、消火

栓和煤气管）还可以上下翻弯，无压力的管（雨水、污水管）如果做成上下翻弯，日后会经常出现堵塞。

2.专业设计涵盖不到的出楼管以及适当增加的其他备用管

在工程后期或竣工以后经常出现由于功能的增加和专业系统的调整而增加出楼管，作为建设单位管理人员要有一定的超前意识，要考虑到今后几年甚至十几年发展的需要，预留出一部分备用管路。这部分预留管路有时不包括在各专业设计范围之内，如：

(1)建筑物紧邻城市主要交通干线，要考虑到政府部门对城市整体形象需要的要求，适当地在显著位置预留出灯光喷泉的水电管路，随时准备为城市增光添彩。

(2)室外安防系统的摄像机等。

(3)有线电视的地下进户管。

(4)建筑物四周的地面投光灯的电源。

(5)建筑物四周草坪上浇花草的喷淋预留管。

(6)室外强、弱电进户部位要在原设计要求的基础上适当增加几根备用管，作为日后增加宽带入网和扩容。

(7)由于电子元器件的参数受环境影响，包括温度、潮湿温度的影响，有的还要求恒温条件。因此，设在地下的通讯机房、高低压变配电室的值班室、网络电脑机房、楼宇自控系统的中心控制室、保安监控的中心控制室、消防报警系统的中控室、卫星电视及有线电视的前段室、手机信号增强装置的机房、电梯机房等，都要求安装独立空调。这部分独立空调的室外机，要预留出外墙的防水套管（但要考虑到空调冷凝水的排放条件）。

(8)其他增加的专业管路，如横穿主干道路、过桥等预埋的有关管线等。

以上这8种出楼管及其他备用管很可能不包括在各个专业的设计范围之内，但必须包括在建设单位专业技术人员的超前考虑之中，俗话说有备无患，多留几根备用管在施工期间可谓举手之劳，但日后可以避免很多剔凿打洞、破路等所造成的地下部位渗水、漏水和返工浪费。

不管预留出楼管或其他的备用管多与少，都分布在地下外墙的各个角落或道路下，有的可能在几年之内用不上。要特别注意的是，对于在备用管的出外墙处，在预埋时其外口都要用盲板封死，防止雨水季节往地下室漏水。日后如果使用，再用气焊割开。

3.施工期间塔式起重机、外用电梯的混凝土基础底座对出楼管的影响

在工程后期组织外线及庭院工程施工期间经常发生出楼管被压在塔吊和外用电梯基础下面，而且是楼越高混凝土基础越厚。剔不动凿不开，有的租用

破碎炮进行破碎作业，但有的部位甚至连最小的破碎设备都进不去，更谈不上破碎所需要的操作空间，只能让出楼管改位重新打孔躲开基础部位，这就涉及楼内和楼前管的重新调整，处理这部分工作难度很大。因此，图纸会审期间应组织各相关专业，结合本工程的施工方案，查清塔吊和外用电梯基础的定位，基础的厚度，查出压在基础下部的出楼管根数，会同专业设计人员协商处理。处理方案一般有两种：一种是在塔吊和外用电梯安装之前，把出楼管引到设备基础以外。此方案要求横穿基础的管必须用厚壁钢管还要做好防护，受重压不变形。第二种方案是调整楼内管路的走向，躲开塔吊及外用电梯的基础。

## 四、装修阶段的审图与协调问题

工程进入装修阶段，包括设计上存在的问题和施工过程中出现的问题都会暴露出来。有的部位交不上圈，有的部位碰不上头，而且大部分是设备安装专业之间的交叉问题。对图纸的交叉会审，不能采取结构施工期间审图的模式，装修期间比较灵活，调整量较大。因此在建筑装修期间多采取审图与专业之间的相互协调相结合，许多问题可以在协调会上，由校方和设计人员确定。学校和工地总包单位要经常组织有针对性的专题会和协调会来解决施工过程中随时出现的问题。对一些节点的处理因为涉及很多相邻专业，设计部门要出节点大样图，有时图纸不明确不清楚，或者设计要求与施工做法不符，或者同质量和规范要求有冲突，作为建设单位和总包单位一定要组织设计与现场的专业技术人员协商处理。在施工和加工订货之前处理好，不能造成加工订货的材料进场以后，安装过程中发现不符合要求，如果更改已进场的材料损失太大，总包单位便千方百计地找原因，胁迫校方改变做法(这种情况在很多工程施工过程中都发现过)。

在整个装修过程中，经常发生由于各专业协调配合不利，造成对土建装修成品的损坏。例如：有的地漏上口高出地面面层，土建做完防水层以后，又剔凿修改；有的由于电线管不通或接线盒位置不对，剔凿已铺好的大理石或通体砖地面；有的吊顶或隔墙封完面层板以后，又改管、改盒或穿电线；有的管路没打压、试水，封完板后管道漏水，不得不拆吊顶修改。另外，高档装修的面层材料价格昂贵，拆改剔凿一次经济损失很大，特别是有的面层材料被拆改剔凿后，其损失单纯从经济上是很难弥补的。比如大理石、花岗石和高档次的通体砖，同一批进场安装的材料颜色很相近，安装时调整适当，基本上没有什么色差，如果局部被剔凿损坏后，补装面层材料与原来安装的面层材料就会出现非常明显的色差，因此影响了整体的观感效果，使装修结果大为逊色。

为避免上述情况的发生，校方和土建总包单位要加强管理，在关键工序实施之前，必须组织所有专业的技术人员进行检查，并且建立健全互相监督和制约机制，以及必要的索赔和经济制裁措施。

## 五、施工过程中工程变更的管理与协调问题

"一次规划，分期建设"，不可避免地带来部分建筑功能调整及工程变更。为了尽可能满足使用功能需要，又要控制工程变更，尽量减少返工和损失，一定要按照程序提前提出工程变更要求。具体有以下几种情况：

(1)由学校提出的工程变更，多由学校有关建筑物使用部门提出和分管领导确认，学校基建部门填写工程变更通知单，经监理签认，委托设计单位编制设计变更文件，签转监理单位，再由总包单位和各分包单位签认。

(2)由设计单位提出的工程变更，应填写工程变更通知单并附设计变更文件，提交学校并签转监理单位。

(3)由总包单位或分包单位提出的工程变更，应填写工程变更通知单报送监理单位，监理单位同意后转呈建设单位，经校方确认并委托设计单位编制设计变更文件签转监理单位。

工程变更记录的内容均应符合合同文件及有关规范、规程和技术标准的规定，表达准确，图示规范。工程变更洽商经几方签认后，校方和监理单位要监督施工单位实施工程变更。所有洽商变更的内容都要反映到施工图纸上。由工程变更所涉及的增减费用，由总包单位、监理和建设单位共同签认后，作为调整增减造价的依据。学校基建职能部门对所有的工程变更洽商要按专业、按系统进行分类管理，建立明细表，为竣工结算做好准备。

总之，在高校新校区建设工程管理过程中，校方对各工程总包单位及各专业、各系统的配合、协调工作既十分繁重又至关重要；如果协调不好，往往会出现影响系统使用功能、拖延施工进度以至影响整体工期等问题，还可能造成大量拆改返修以至加大工程成本，甚至会影响结构工程、装修工程和整体工程的质量。因此，学校一定要十分重视并认真做好对各总包单位、分包单位及各专业、各系统的图纸会审和专业协调工作。

# 论工程建设招投标工作存在的问题、原因及对策

浙江理工大学基建处　卢　山

随着市场经济体制的逐步完善，工程建设领域的招投标制度也在不断完善和规范。实践证明，招投标制度目前是比较成熟并且是科学合理的工程发包方式，它在提高工程质量、发挥投资效益、防止腐败和不正当竞争等方面起到了很好的促进作用。由于建设行业目前还存在着管理上的不足，一些资质较低和施工经验不足的企业或个人利用各种不法手段达到了中标的目的。1999 年《中华人民共和国招标投标法》出台以后，招投标工作中一些不合理的招标方式得到改进，使得工程招标更为规范。下面就工程建设招投标工作存在的问题、原因及对策提出探讨。

## 一、工程建设招投标工作目前存在的主要问题

1. 利用职权人为干预的现象还普遍存在

有的地方或部门为了本地、本部门的利益或个人的私利，以种种方式设置障碍；一些有着特殊权力的部门，凭借其职权，向建设单位"推荐"承包队伍。目前这种现象尽管较以往有所减少，但少数领导干部对工程的发包或明或暗地利用职权牵线搭桥的现象依然存在。

2. 肢解工程、规避招标现象仍然存在

主要表现有：一是一些建设单位，为了自身需要，想方设法找借口规避招标，对工程项目进行议标或直接发包；二是通过肢解工程规避招标，将依法必须招标的工程项目化整为零或分段实施，使之达不到法定的招标规模和标准，以达到直接发包、逃避招投标的目的；三是隐瞒工程量，取得议标报批，或是只对项目的部分工程如主体工程进行招标，配套附属工程则规避招标。

3. 明招暗定，陪标、串标时有发生

个别建设单位在招标前，与投标人或招标代理机构相互串通，利用围标、串标的方式，串通几家或更多企业组成临时联盟，制造公开招标的假象，最终达到联盟企业中标的目的。有的是施工企业串通相关人员共同作弊，实施暗箱操作，最终达到中标的目的。

4.借用资质参与投标竞争的现象经常出现

因评标过程主要是对投标文件的评审。一些施工企业为了中标，在资质上大做手脚，有的挂靠资质高的企业进行投标，有的借用他人证件参加投标。评标过程是背靠背的过程，在很大程度上只能是以标书编制的好坏代替企业的形象。为此，一些企业高薪聘请经验丰富的人员编制标书，从标书看很规范，实际上却不具备相应的施工能力和管理水平。因此，报名和资格审查过程中，若不能严格按照规定程序操作，或缺少相应的制约措施，必然导致假借资质、以他人名义报名竞标现象的发生。

5.招标方暗箱操作

一是在招标文件的编制上做手脚，制定倾向性条款，让一些资质低的企业采用不正当手段取得中标资格；或人为设置门槛，为意向中的投标单位开绿灯；有的在资格预审时，不严格按照要求进行，而是按照个人意愿确定投标范围，致使部分符合条件的企业不能入围。二是控制信息，限制投标。在实际操作过程中，找借口随意缩短信息发布时间、缩小公告发布范围，客观上造成了潜在投标对象获知信息的不平等。三是排斥潜在招标人，将依法必须公开招投标的工程，找借口搞邀请招标或缩小招标范围达到阻止其他投标人中标的目的。

6.评标专家委员会履行职责受到限制

目前评标过程普遍采用的是在专家库中随机抽取专家组成委员会进行评标的方法，在实际运作中评标委员会不能很好地发挥职能。主要原因有：一是评标时间相对较短，专家不能很好地理解招投标文件，评标很难达到客观、公正；二是专家素质参差不齐，导致对招投标文件的标准理解不同。

7.中标后非法分包、转包现象严重

主要有：一是有的企业通过正常程序中标后，将中标项目直接转包或违法分包给其他单位，自己从中收取管理费；二是一些资质不够、不具备施工能力的企业通过各种关系中标后再转包、分包给其他企业施工；三是低资质企业挂靠高资质的企业参与竞争，获得中标。分包、转包现象的存在使一些资质不够，没有经验的企业也进入施工现场，为施工管理带来困难，为工程质量和安全埋下隐患。

8.权力寻租的现象依然存在

有的单位领导直接干预招投标，既当裁判员又当运动员。表面上招投标双方是在平等互利的基础上进行交易，制定的规则也符合法律规定，而实际上工程由谁中标，不是取决于投标的合理报价及招标人的正确决策，而是取决于“后台”的权力大小，使投标人之间的竞争演变为一场权力角逐。

## 二、工程建设招投标工作存在问题的原因分析

1.建设市场供求关系存在失衡

从目前的情况看，建筑市场里，生产能力出现过剩，施工单位相对多，工程项目少，不平等的竞争导致恶性循环，为了追求利益，一些不法承包商甚至不择手段。

2.相关法律法规不够健全

行政主管部门目前主要依靠《招标投标法》、《建筑法》的有关法规来负责招投标监管工作，但在实际工作中缺乏实施细则。特别是法律规定的条款中有些较难把握，导致行政自由裁量权过大，容易发生越位行为，给暗箱操作提供可乘之机。还有少数领导干部或工作人员，不能正确运用手中权力，经受不住“权、钱、情、色”的考验，把人民赋予的权力变成致富享乐的捷径。

3.评标专家的作用难以发挥到位

不少地方或部分行业评标专家在数量上明显不足，随机抽取的评标专家，虽有法律的约束，但行政上的约束力度不足。当前工程招标项目众多，规模以及专业差异都较大，对大部分项目而言，评标时间仅仅几个小时，在这么短时间内要求评标专家客观、公正地评出高质量的结果确实很困难，至多只是履行相关程序。

4.建设体制不顺，改革的步伐缓慢

现有的建设体制，项目法人都不是本质意义上的法人，它是各级政府的委托代理人，他们有法律上提供的弹性空间，在执行公务（选择招标代理、资格审查、评标、定标）时，决策往往受个人或部门利益约束，甚至一些政府投资工程仍沿袭计划经济时期的管理模式。以工程担保、工程保险为发展方向的工程风险管理制度在我国尚未完全建立起来。

5.监督管理难以到位

主要表现：一是由于工程招投标管理部门的人员少、监管力量的不足，致使招投标监管难以到位。二是行政主管部门缺乏在权力行使中对所辖部门的监督，特别是少数基层行政主管部门，往往把监督管理的重点放在工程质量上，在对工程招投标制度执行的监督上重视不够，重权力、轻制约，重业务、轻反腐。三是监察部门监督不力。监察机关参与工程招标投标活动的人员，大都是临时指派，很难掌握招投标的全过程。而司法监督、社会监督基本上也是难以介入，无法发挥作用。四是重场内管理、轻后续监督。对事后的合同签订、设计变更、竣工决算等后续情况监管往往不能到位。由于招投标后续监管上的空当，使得一些本可以通过后续检查发现的问题，不能得到及时地发现和纠正。

6.查办案件缺乏力度

招标投标活动中出现的问题之所以屡禁不止，与案件查处的力度密切相关。一是权力运行还缺乏规范、制约、透明度。各自的权力范围有一定的寻租空间。一些建设单位，掌握着国家投资的项目，在经费支出和使用上有随意性，易造成国有资产流失。对于施工单位，项目中标后的层层转包与分包，其中的不良行为也很难查证。二是在查处的过程中还存在着袒护、说情的现象，从而出现违纪违法者得不到惩处的问题。正是由于违纪违法的成本低、风险小，而所获取的利益却大，使得无视法纪、顶风作案的问题难以杜绝。

## 三、解决问题的方法与对策

针对当前工程建设招投标工作中存在的突出问题，笔者提出如下对策和建议：

1.进行宣传教育，坚持依法办事

大力开展招投标法律法规的宣传活动，利用各种形式向有关各方包括中介代理机构宣讲政策法规。建设行政主管部门的相关工作人员更应做到自觉学法、知法、守法，重点做好对相关领导和建设单位的宣传，使领导和建设单位熟悉法规，各项工作都能按程序办事，以“法治”取代“人治”。

2.加快推进投资建设管理体制的改革

全面推行项目法人自我决策、自担风险的运行机制，逐步取消工程造价的计划经济管理模式，在政府宏观调控的指导下，实行市场竞争定价。许多发达国家和地区，政府投资工程都是由专门的政府机构负责实施管理，有关政府部门之间分工明确，并有严格规范、制约有效的管理体制和运行机制。因此，借鉴国际通行做法，结合我国国情，积极开展政府投资工程管理方式的改革，是整顿和规范建设市场秩序的治本之策，也是保证工程质量、提高投资效益，从源头上遏制腐败的重要举措。

3.修订、完善招投标的法规性文件

根据《招标投标法》、《建筑法》，管理部门要制定操作性强的实施细则，实施细则要明确对涉案主体、客体及各个环节责任人实行处罚的标准，明确执法主体的职责权限和工作方法、程序，为相关案件的查处提供制度保证。对于地方性法规，滞后的要作修改或废止，不成系统的要规范，使违法分子钻不到法规的空子。制定严格的奖惩条款，使不符合资质条件的企业望而却步。

4.充分发挥评标专家的作用，确保评标结果的公平性

一是提高专家库成员的进入门槛，从学历、职称、专业上严格把关；二是不断扩充、更新专家库成员，确保数量；三是确保评标时间的落实，充分了解、熟悉

招投标文件，使评标更趋公平和公正。

5.加强信息技术和信用档案建设，为工程招投标活动的监管提供有力保障

要充分发挥信息技术在工程招投标监管中的作用，尽快建立建设市场监管体系，对发生工程质量事故，严重违反工程建设强制性标准，或有违法违规行为的单位以及负有责任的专业人员，建设行政主管部门要在作出处罚决定后，将受处罚的有关单位和责任人员在有关信息网络上公布，并作为不良记录载入有关数据库，形成其信用档案，必要时建立企业的资质、信用的全国联网，制止挂靠、借用等不良行为。

6.建立工程担保和工程保险制度

工程担保和工程保险制度，要普遍用于工程招投标、质量保修等施工案例，通过经济杠杆约束建设市场各方主体的行为，使“守信者得偿酬，失信者受惩罚”，有效地解决工程担保和工程保险问题。当前应当参照国际惯例，结合我国国情，尽快建立这项制度，以降低转包、分包带来的风险。

7.完善公告制度，接受社会监督

为保证投标人及时、便捷地获取招标信息，依法招标的工程建设项目必须发布招标公告，必须严格按照《招标投标法》规定，在国家或省、市、县人民政府指定的媒体发布，在招标人自愿的前提下，可以同时在其他媒介发布。任何单位和个人不得违法指定或者限制招标公告的发布地点和发布范围。加快招投标信息公开的步伐，提高政府监管和公共服务的能力，充分利用政府网站为平台建立综合招投标信息系统，实现网上发布招标公告、中标结果、招标代理机构代理活动情况，网上提供政策咨询，网上接受投诉，及时公告对违规招投标行为的处理结果，公开招投标活动当事人不良行为记录等相关信息，以便接受社会监督，使招投标活动更加公开、透明。

8.规范代理行为，加强行业自律

依法整顿和规范招标代理活动，加强对招标代理机构的管理。招标代理机构必须与行政主管部门彻底脱钩，解除隶属关系或者其他利益关系。从根本上切断政企不分的状况。要建立健全招标代理市场准入与退出制度。招标代理机构应当依法经营，平等竞争，对严重违法违规的招标代理机构，要取消招标代理资格。招标代理机构可以依法跨区域开展业务，鼓励和支持更多的招标代理机构进入市场，促进招标代理机构业务能力的提高。建立和完善招投标行业自律机制，建立招投标执业人员资格制度，全面提高从业人员素质，逐步构建起在统一平台之上的招投标机制：一是加强以诚信为核心的职业道德建设。二是加强对招标机构的资质管理和信用评级。提高中介服务的透明度、使中介活动有效地处于社会的监督之下。三要加强行业管理，保持良好的行业竞争秩序。四

要建立健全依法管理机制，制定执业准则和标准体系，健全中介违法违规的责任追究制度。

9. 确实加强行政监督力度

一是要加强工程招投标监督执法队伍的建设。严格执法程序，严肃执法纪律，不断提高执法人员的业务素质和执法水平。二是要严格依法行政。加强各执法部门的沟通和协调，建设行政主管部门要建立建设市场综合执法稽查队伍，加强对建设市场的综合执法检查，加大对招投标活动中违法现象的处罚力度，促进建设市场交易行为的进一步规范，最大限度地杜绝权力寻租。

## 四、结　语

《中华人民共和国招标投标法》出台后，我国的招投标制度逐渐趋于成熟并得到广泛应用，但在实施过程中也暴露出了一些弊端，现行的评标方法和标准还不能准确识别投标信息的真实性。因此，为不断丰富和完善我国现行的招投标制度，使招投标制度更能适应社会主义市场经济的发展，目前应完善我国的建设市场，提高招投标的管理水平，建立和完善评标方法和评标标准的信息化工作。加强清单招标在招投标中的广泛运用，不断完善现行的招投标制度，提高招投标代理人员的素质，使之熟悉招投标程序和相关规定，使招投标工作有序、规范、健康地发展。

# 基于 WEB 的高校基建项目管理系统

苏州大学　王　东

## 一、概　述

近年来，计算机硬件技术及相应的软件开发发展迅捷，更新迅速，Internet 和 Internet 技术日趋成熟，计算机软件正在向集成化、可视化、智能化和网络化的方向发展。在工程建设领域，项目在各阶段管理的手段、技术和水平都取得了长足的进步，各种管理系统在建筑、水利交通等行业中得到了相当程度的作用。

第一代信息技术以大型机为主体，提供了高度的集中控制，但不易于操作。第二代信息技术的主流，是 PC 与传统的网络技术的结合，即文件服务器结构。但由于整个系统的总体开销和维护成本大大提高，企业信息化系统的整体执行效率不高。客户、服务器体系结构虽然解决了上述问题，使企业信息系统网络化变成现实。但由于 PC 的多样性，如何有效地管理控制整体系统并不断予以更新始终是一个难题。WEB 技术有效解决这一难题。

WEB 数据库即是在万维网环境下实现数据库检索与管理的机制，它一般由万维网客户机、万维网服务器、CGI 网关程序、数据库服务器构成，可通过超文本标记语言 HTML、WEB 编程语言、公共网关接口 CGI 和数据库设计这四部分的结合来实现。

WEB 技术的出现使企业应用系统能有一个简化的、低廉的、WEB 为基础的客户端，并重建了一个高效率的服务器端。这种新型的以服务器为中心的结构体系，使企业摆脱了以往那种需密集人力资源的高成本的操作及管理方式，而把注意力集中到如何建立高效灵活的应用系统上。这种以服务器为中心的体系，立足于数据库服务器的能力，可管理性以及向应用程序提供必需数据的灵活性。

自 1980 年世界银行在国内推行项目管理制度以来，我国的水利和交通行业率先实行了项目监理和项目咨询，随着 1996 年后建设部推行全面项目监理制度，从施工企业到监理企业，都积极推动计算机管理与工程建设的结合。由于先期软件开发的不足，不少单位仅利用计算机作一些文字处理工作，使大量工程数据信息不能得到有效组织和利用。近年来，伴随软件开发门槛的降低以及网络技术的飞速发展，不少单位都在加大计算机管理技术应用的投入，通过自行开发、购买、租用等各种形式，逐步做出了项目信息化管理的探索。但由于国家没有出台相应的软件标准，目前仍存在着通用性差、质量良莠不齐的状况，至今仍没有一款适合建设单位使用的管理系统。

高等学校由于教育体制的原因，基本建设管理机构普遍存在从业人员来源复杂、专业知识不足的现象，近年来，随着工程专业人员的加入以及监理制度的实施，计算机使用得到加强，但使用效率和管理水平未见显著提高，下面拟就高校基建管理可以与计算机管理结合之处作一探讨。

## 二、项目管理的基本知识

改革开放初期，国内很多项目吸纳了世界银行的投资，世界银行根据其多年的管理经验，将国外咨询公司引入到项目全过程，使国内建设主管单位和施工企业切实体会到项目管理带来的效益和效率。随着各类项目的不断经验积累，项目管理理论及实施得到了普遍认同。

项目管理的母科学是组织论，项目管理所涉及的远不只是某一具体建设工程，也不只是建设单位、施工单位、设计单位、监理单位、设备供货单位等相关单位，它是一个系统工程。

项目管理的主要实现手段是控制，而且是全过程控制。据统计，项目管理最重要的是在设计阶段，实际上一个办公楼的建设投资只占整个工程全寿命同期支出的19%左右，今后维修费用、能耗问题等都需要考虑，而这些基本问题在许多建设工程的项目管理中都没有考虑进去，其原因就是一般认为项目管理是施工阶段的事。

项目管理的核心是使项目增值。建设单位在施工期要确保工程建设安全，提高工程质量，进行投资(成本)控制和进度控制，而使用期则包括确保工程使用安全，有利于环保和节能，满足最终用户的使用功能，有利于降低工程运营成本，有利于工程维护等，它们都属于增值的范围。

项目管理实务包括投资控制、进度控制、质量控制和合同管理等。动态调控是重要的方法之一，这是基于一条非常重要的基本哲学思想：即变是绝对的，不变是相对的；平衡是暂时的，不平衡是永恒的；有干扰是必然的，无干扰是偶然的。实际工作中，投资、进度、质量控制以及合同管理每一项工作，都有很多数据需要处理，手工做根本不可能，所以必须使用有效的工具来处理。

项目管理水平的提高，最重要的是建立项目文化。项目文化是一个总体理念，即项目利益高于一切的理念。过去，都习惯于将建设单位(甲方)和施工单位(乙方)作为一个矛盾来认识，这是有误区的，其实所有项目参与方都应该为项目的增值服务，对项目有利的就去做。

据项目管理专家、同济大学丁士昭教授介绍，目前我国在项目管理上与国外差距较大，主要体现在三个方面，即项目管理的组织、方法和手段。首先表现在组织上，缺乏全过程管理概念；其次是方法上，做不到动态控制；最后在手段上缺少细致深入的工具。总的来说，这与我国目前建设领域的粗放型管理，没有做到定量管理有关。同时，政府在先进管理手段的推行上缺少系统规划、统一标准，现今管理技术推广中重设计勘察行业、轻施工企业、放建设单位，使项目投资主体不能认识到项目管理先进手段的实际意义。

要缩短与国外的差距，首先要加强学习，华罗庚教授曾经讲过，知识的学习是一个从薄到厚，再从厚到薄的过程。现在是知识管理时代，竞争就是核心知识和能力的竞争。其次是要与国际通用管理软件接轨，推进计算机和网络技术的应用，比如 Buzzsaw 在美国有几十万个公司用户，几十万个项目在使用。某设计院在做深圳地铁四号线项目时，需要跟香港地铁公司合作，香港方提出如果不用 Buzzsaw，就不合作。恰好该设计院使用了这种技术，这就为合作提供了很好的条件。

## 三、高校基建项目管理的基本内容

高校基建项目管理是对项目自立项、规划设计、建设、竣工验收的全过程进行管理和监控，由于整个过程生命周期长、涉及专业多、管理复杂而且繁琐，同时资金状况、人才流动、政策法规变化等因素，会对其管理和实施产生重大影响。高校基建项目管理主要工作可分解为以下各项：

1. 项目策划

项目基本信息：项目基本信息主要包括名称、开工时间、完成时间、相关法定程序、计划投资额、主要建设内容和工程规模等信息。

项目计划与进度：对项目从前期立项至工程完工、使用移交和工程评价全过程实施计划进行管理和监控。

项目策划管理：在对需求信息进行充分调研与分析的基础上，将项目的建设意图转换成为定义明确、系统清晰、目标具体的项目策划。通过与学校管理系统结合，实现策划过程的规范化、科学化，策划内容的全面化、综合化，策划成果的共享化、知识化。

项目可行性研究：项目可行性研究是项目前期工作的重点与核心，从流程、内容、方法等多方面保证可行性研究的规范性、科学性与充分性。具体包括：方案设计与优先管理，经济分析与评价、编制可行性研究报告、可行性研究报告评审等。

项目立项管理：对项目立项的流程按照不同的建设项目类型进行规范化管

理。同时对各类关键性的政府批文与许可证进行统一管理。

2.前期准备

项目设计管理:在设计阶段,采用限额设计的方法科学地控制项目的投资,并通过优化设计来保证项目的投资始终控制在项目的成本目标以内。主要包括设计内容管理、制定限额指标、概算管理、限额控制等功能。

设计过程管理:对项目设计计划、进度及审核进行全面综合管理。

工程招标管理:按照国家、地区及行业主管部门的工程招标程序和规定,对工程招标过程进行全面管理。建立招投标信息沟通平台,统一管理项目的设计、施工、监理、材料采购等招标工作,从而使项目的招投标更加高效与科学。

施工准备:对项目施工的前期准备进行管理。

3.进度管理

形象进度:主要包括项目的总进度计划与实际进度、项目的年度计划进度与实际进度。

投资进度:主要包括项目的总投资计划与实际完成投资、项目的年度计划投资与实际完成投资的综合统计分析。

投资分析:对项目的计划投资、实际完成投资、项目实际付款数据进行统计分析。

进展汇总表:对项目的概算、投资、进度、付款、费用等进行统计汇总。

项目决算:管理项目决算信息。

项目总结:项目竣工后根据项目有关资料编写工程项目管理总结,使管理工作规范化。总结内容主要包括工程概况,工程质量、进度、投资及安全管理情况,组织协调工作情况,建议和意见等。

4.资源管理

实现对材料与设备的全面管理,实现材料设备的计划、采购、比价、库存、使用等的全过程管理。主要包括材料计划、采购管理、材料管理、结算支付、材料比价查询等功能。

5.投资控制

项目总投资概算:对建设工程总投资进行估算,根据模板或直接设定计算公式来计算工程各种费用的投资情况。

工作量清单:填报和审核合同所含施工项目的总工作量、中标单价等资料。

变更管理:登记和管理合同执行过程中所发生的设计变更、现场签证等变更资料,执行变更预警机制,从而有效控制变更幅度。

进度填报:按工程项目对进度填报资料进行管理。主要包括工程所含各合同的进度填报、工作量清单的审核。

乙方进度审核：对乙方上报的本期完成造价进行审核。

计划支付审核：对已填报的合同计划付款数据进行审核。

项目资金动态：从项目概况、立项总投资、工程进展概况、费用等方面了解建设工程项目造价、付款情况、变更、动态成本等项目信息。

6.合同管理

合同基本信息：对工程合同资料进行管理。

合同结算：登记和管理合同执行完成后的合同结算。工程竣工后由承包人申报结算，监理、造价咨询、业主审核，专业审计单位审定，结算工程余额。

合同评估：合同执行完毕后各级机构对其进行的综合评价和总结，作为考核相关单位、人员和指导今后工作的必要依据。

合同台账：合同资料的全方位信息查阅。包括合同的基本信息、变更、进度款支付及审核、实际付款、合同结算、工程验收、质量评估，从而实现信息的充分利用。

合同投资进度：对合同的计划投资和实际投资进行分析统计。

单位信息：管理工程相关单位资料。

单位考核：项目实施过程中对单位的考核结果、奖罚情况进行管理。

单位台账：单位台账是有关业务单位的全方位信息的查阅，主要包括与该单位有关系的合同、变更、计划付款及审核、付款信息、单位考核等资料。

7.质量安全管理

质量安全月报：登记监理单位质量安全月报上资料。

质量安全检查：对项目过程中的现场巡视、质量安全联合检查、对主要建筑材料和半成品的抽检、资料抽查等进行管理。

质量安全事故：对项目过程中发生的质量安全事故和隐患以及相关调查、处理与补救措施进行管理。

奖惩情况：对因项目质量安全检查、评比、事故的奖惩资料进行管理。

8.财务管理

项目投资计划：对年度投资进行评估，制订年度投资计划，实现资金有效控制。

项目资金收入：对财务资金收入情况进行管理。

财务付款：对资金财务付款情况进行管理。系统增加付款性质（工程预付款、项目付款、合同支付、其他费用）。

收入管理：对项目过程中其他收入进行管理。

支出管理：对项目过程中的其他费用计划、实际支出进行管理。

资金收付统计表：统计工程项目资金收入、付出、控付差额、控收差额、收付差额。

收支入统计表:对项目收入、支出资料进行汇总统计。

合同付款汇总表:对合同的财务付款资料进行汇总统计。

9.验收管理

工程验收:根据项目建设单位提供的申请资料对项目进行验收,项目验收的内容包括工程质量评估、工程质量检查,同时根据实际检查结果生成竣工验收报告,确定工程质量等级。

产权登记:工程验收合格后,负责项目产权登记、档案并办理有关手续,并负责保修段的管理工作。

工程保修:对工程保修阶段的保修工作、维修验收、保养金及工程余额进行管理。

10.工程文档

工程文档:对工程涉及相关资料、收发文进行管理,主要包括工程文档资料的资料设置、归档等。

文档查看:查阅工程文档资料。功能包括:工程文档类别和明细资料列表,工程文档资料的查看、归档。

## 四、基于 WEB 的程序设计

1.界面设置

终端用户的访问入口一般为部门的网页,首页的主要内容包括部门的职能介绍、机构设置、规章制度、新闻报道等,基建项目管理系统可以作为其中一个点击窗口。点击后,首先出现的是登陆界面,输入事先分配设定的用户名及密码,即可进入系统前台。

系统前台的主要内容除相关机构介绍外,以建设项目为主干,就项目所处阶段显示其动态进度;同时,在项目建设程序图表中,通过点击相应的文字,可调用数据库中存储的该阶段工作成果。

系统后台提供建设单位及监理单位、跟踪审计单位就项目所产生的日志、会议记录、申请、专题报告等内容的输入窗口,经过审核后即存入数据库,形成完整、系统的过程全记录。

系统还提供内部文件流转窗口,使只要在基建部门内部讨论解决的事项能及时得到书面意见,并完整存储在数据库内,便于查询。

2.模块设置

本系统在前台设置以下模块:机构设置、科室职能、项目总览、项目详情、内部办公、系统帮助等,用于不经授权用户作一般查询。

后台设置模块有:数据处理、数据查询、数据统计及系统维护。各模块功能如下:

数据处理:主要是通过友好的用户界面进行联机或批处理数据加载的原始数据进行数据录入、数据的修改、数据的删除等操作。

数据查询:主要是根据用户的权限级别和要求对原始数据的各种单项指标或多项组合指标进行方便灵活的查询。

数据统计:主要是按照用户的需求实现本单位所有房屋维护基本信息的统计分析,并将各种统计报表进行屏幕或打印输出。

权限管理:添加删除用户,对用户进行权限管理、身份识别,给予不同用户不同的操作界面等功能。对于系统安全将采取数据信息、人员分级管理,身份认证、密钥管理等办法。

系统维护:实现对整个系统进行各种必要的初始化设置,对系统数据进行备份和恢复,以及数据的上报与接受等功能。

系统的用户分为三级:注册用户、管理员、超级用户。注册用户具有最基本的权利,只能进行管理员赋予的特定的诸如添加、修改和删除等操作;超级用户一般为单位领导,具有对各子系统内或各子系统间信息的查询和浏览权利;管理员拥有一切权限,对用户注册的认证和权限的设置,对任何资料都有删除修改的功能。

3. 系统实施

(1)系统内核设计

系统可采用 Microsoft Windows 2003 Sever 操作系统,利用其内置的 IIS (Internet Information Server)作为 WWW 服务器,利用 ASP(Active Server Pages)技术开发动态网页并实现与 SQL Server 数据库的数据访问,客户端通过 HTTP 协议与 WWW 服务器实现交互,最终获得预期的效果。

Microsoft 公司的 IIS 其主要优点为软件性能好、安装、配置、管理简单,与微软的其他相关产品软件兼容性好。ASP 是 Microsoft 公司推出的包含在 IIS 服务器中的一个组件,它提供在服务器端的脚本运行环境,主要由服务器端脚本、对象及组件可以开发出动态、交互、高性能的 WEB 服务器端应用程序,且能较容易地实现复杂的 WEB 扩展功能。Microsoft SQL Server 是一个可伸缩的、高性能的关系型数据库管理系统,专为分布式客户机、服务器环境而设计,具有安全、可靠、可灵活伸缩等特性,其内置数据复制功能、强大的管理工具和开放式的系统体系结构为 WEB 方式的数据处理提供了一个卓越的平台。

(2)系统界面设计

利用微软的网页制作工具——Front Page,可以建立和管理应用程序的网页,这类文件以.htm或.asp为后缀,存储在WEB服务器上,再建立网页之间的连接。在.asp文件中可以嵌入VB2 Script各ActiveX组件完成复杂的应用。其中ActiveX组件之一ActiveX Data Object(ADO)提供了与数据库相连的机制。

## 五、系统优点与不足

高校基建管理系统建设给项目实施管理带来了前所未有的改革,具有如下:

1.优点

(1)实现项目关键要素的实时动态监控

系统通过计划、跟踪、反馈和控制来实现对项目整个生命周期的动态管理,对项目实施过程中的成本、质量、进度、资金等关键要素实时分析、预测,为决策提供信息支持,达到监控目的。

(2)控制工程项目成本,提高企业投资效益

把握项目计划时间、进度等管理要素和招标、合同、质量等业务要素,提高项目管理的及时性和准确性,更为有效地进行实现全面资金管理,提高资金使用效率,实现项目资金的动态平衡。

(3)强化管理职能,提高工作效率

方便快捷地进行工作任务分解,建立完整的大纲任务结构,实现项目计划的分级控制与管理,明晰工作职责,科学考核绩效,实现多角度、多要素的项目信息化管理。

(4)建立高效的沟通平台

提供满足管理需求的项目管理平台,建立信息共享和高效协调沟通环境,实现各项业务环节全面集成管理的连贯性、合理性和实时远程监控,适应现代化工程项目管理的需求。

(5)涵盖项目全过程的有效控制

涵盖项目生命周期的全过程,从项目前期、设计规划、投资管理、项目施工到项目验收的全过程进行管理,为项目决策人随时提供多方位的价值评估和分析,高效解决高层领导最关心的宏观总体问题。

2.不足

(1)高校基建项目管理内容多、范围广,系统很难全面覆盖,一段时间内只能起到改革传统管理方法,推动工作深入的作用。

(2)管理系统的使用离不开各级领导和使用人员的支持,当使用者体会到其便捷及易用后,才利于推行下去,否则可能束之高阁。

(3)网络安全是必须考虑的问题,在防病毒、防黑客等方面还需加以研究。

## 六、结　语

充分利用计算机各网络技术，指导工程项目管理是大势所趋，在通用软件缺乏的情况下，研发适合高校基建管理特点的应用系统仍有必要。在建设节约型社会、提高工作绩效的背景下，利用 WEB 的管理系统必将层出不穷。

## 参考文献

[1]Hector Garcia-Molina & Jeffrey D. Ullman & Jennifer Widom. 数据库系统实现. 北京：机械工业出版社，2001.

[2]Michael Widenius & David Axmark. MySQL 参考手册，2002(6).

[3]专访. 工程项目管理专家丁士昭. 项目管理技术，2006(1).

[4]吴波，许薛军，符锌砂. 基于 WEB 道路施工管理系统. 中外公路，2003(3).

# 建筑施工合同中的索赔与反索赔

南京市江宁区教育局　孙爱春

索赔管理是施工合同管理的一部分，广义的索赔管理包括索赔和反索赔。索赔是指在工程承包或者经济贸易中，合同当事人一方因对方违约、其他过错或者虽无过错但由于无法防止的外因致使本方受到损失时，要求对方给予赔偿或补偿的权利，而反索赔则是为避免对方索赔造成经济损失而实施的合理行为。

## 一、索赔与反索赔在合同管理中的作用和意义

索赔管理是合同管理的重要环节，它在建筑工程建设中起着不可忽视的作用。主要表现在以下几点：

(1)有利于强化施工现场管理者把合同管理始终贯穿于工程建设全过程的意识，增强危机感和责任感。索赔和合同管理有直接的联系，合同是工程索赔的依据。整个索赔处理的过程就是执行合同的过程，从项目开工后，合同人员就必须将每日实施合同的情况与原合同对照分析，若出现索赔事件，就应当研究是否提出索赔。索赔的依据在于日常合同管理的证据，如想索赔就必须加强合同管理，从而克服合同签订阶段对合同斟字酌句，合同实施阶段把合同打入冷宫的倾向。

(2)有利于管理和信息研究，有利于建设单位、施工单位双方自身素质和管理水平的提高。索赔和反索赔证据的成立，必须具备真实性、全面性、及时性和符合特定条件，这就有赖于完整的基础资料，如招投标文件、施工合同文件及附件、各种签约、工程图约、技术规范、施工组织设计、会议纪要、施工现场有关文件、工程检查验收报告和各种技术鉴定报告、国家物价和工资指数及法律、法令、政策文件、材料进场凭据等，都必须认真系统地收集积累，任何一方由于信息管理不善，都会错失有效的索赔和反索赔。

工程建设索赔直接关系到建设单位和施工单位双方的利益，索赔和处理索赔的过程实质上是双方管理水平的综合体现。作为建设单位为使工程顺利进行，如期完成，早日投产取得收益，就必须加强自身管理，做好资金、技术等各项有关工作，保证工程中各项问题及时解决。如我区教育局下属的每一个项目都

派了有关技术人员现场把关，出现问题及时解决，保证了施工质量，也保证厂工期，得到了下属有关学校的一致好评。作为施工单位要实现合同目标，取得索赔，争取自己应得利益，就必须加强各项基础管理工作，对工程的质量、进度、变更等进行更严格、更细致的管理，进而推动建筑行业管理的加强与提高。

(3)索赔是合同双方利益的体现。从某种意义上讲，索赔是一种风险费用的转移或再分配，如果施工单位利用索赔的方法使自己的损失尽可能得到补偿，就会降低工程低报价中的风险费用，从而使建设单位得到相对较低的报价，当工程施工中发生这种费用时可以按实际支出给予补偿。也使工程造价更趋于合理。作为施工单位，要取得索赔，保证自己应得的利益，就必须做到自己不违约，全力保证工程质量和进度，实现合同目标。同样，作为建设单位，要通过索赔的处理和解决，保证工程顺利进行，使建设项目按期完工，早日投产取得经济收益。

去年暑假，我区上坊中学修建塑胶跑道操场，原先的合同价为 189 万元人民币，作为合同价一般都有一点让利行为，利润较少。后来，在施工中，发现该操场地基淤泥层较多，土地也不规则，必须先清淤、排水、平整场地，还要改走向。整个项目施工内容增加，工期要延长，施工单位作了详细的记录，我们教育局作为建设单位也作了跟踪调查，并请监理在现场监督，最后核实工作量，合理解决了施工单位提出的索赔要求。这样，既保证了操场的正常使用，也弥补了施工单位的损失，使他们的利益得到保证。同时，因为保证了进度，该校园在 2007 年优美校园评比中获得了二等奖，还得到上级嘉奖。

(4)索赔是挽回成本损失的重要手段。在合同实施过程中，由于建设项目的主客观条件发生了与原合同不一致的情况，使施工单位的实际工程成本增加，施工单位为了挽回损失，通过索赔加以解决，显然，索赔是以赔偿实际损失为原则的，施工单位必须准确地提供整个工程成本分析和管理，以便确定挽回损失的数量。

(5)索赔有利于国内工程建设管理与国际惯例接轨，有利于按基本建设程序和工程建设管理规律施工。索赔是国际工程建设中非常普遍的做法，尽快学习、掌握运用国际上工程建设管理的通行做法，不仅有利于我国企业工程建设管理水平的提高，而且对我国企业积极参与国际工程承包、国外工程建设都有重要的意义。实际工作中，“三边”工程、政绩工程、献礼工程、拍脑袋计划等不按基本建设程序和工程建设管理规律组织建设的现象屡见不鲜，极易为索赔埋下伏笔，因此行政主管部门认真研究索赔管理，依法行政，走合理程序，本身就是反索赔的重要前提。

## 二、应提高对施工索赔和反索赔的认识

从以上几点就能看出，索赔在工程建设、工程管理、建筑业发展上都起着举足轻重的作用，我们要认真对待它、重视它，还要更好地利用它。作为施工单位，正确认识索赔问题，会大大提高公司的利润。据国外有关资料统计，在正常情况下，工程承包项目的利润为工程造价的3％～5％，而通过索赔可以使工程收入达到造价的10％～20％。索赔管理本身的费用并不多，但产生的经济效益非常可观。

施工索赔要求施工单位索赔管理部门能预测索赔机会，能从合同实施中寻找和发现索赔机会，同时处理索赔事件，解决索赔争执。这就要求施工单位在必须熟悉可能出现索赔机会的主要内容的同时。还要具备索赔意识，主要有：

1.法律意识

索赔源于合同的变更，而合同则是工程承包双方共同遵守的最高准则，这是法律赋予双方的正当权利。强化索赔意识，也就是强化了施工单位的法律意识，这不仅加强了施工单位的自我保护，而且还能提高施工单位履约的自觉性。合同是一种制约和保护，它体现了双方的责、权、利关系的平衡。工程中的内外干扰会破坏这种平衡，而索赔就是调节这种失衡的主要工具。

2.经济意识

在市场经济社会，经济效益是企业生存之本。如果忽视经济效益，必然会被无情的市场遗弃。而索赔就是在合同规定的范围内，合理合法地追求和维护施工企业的正当权益，使施工单位减少经济损失。不讲索赔或忽视索赔机会，就是不讲经济效益，放弃自己应有的权益。

3.规范意识

索赔管理贯穿于工程项目全过程，涉及工程项目管理的各个方面，它是一个动态过程。要取得索赔的成功，必须提高整个工程项目的管理水平，规范各项管理工作。索赔的依据是工程中的各种相关材料，并且还要求有一定的时效性。如果材料不全或是超出索赔期限，都将使索赔无法进行，所以有关索赔的各项管理都应该规范起来。

4.合作意识

索赔反映了由于干扰事件所引起的实际损失，它是一种合情合理的要求，需要双方在合同指导下共同解决，应该从合同双方整体利益的角度出发，消除干扰事件的影响，这反映的是双方的合作关系。如果采用不正当手段甚至非法手段搞索赔，滥用索赔，漫天要价，将会导致矛盾的激化甚至合同的破裂，这就偏离了索赔的目标，从而造成更大的损失。所以索赔的解决应该建立在合作的

基础上，在法律的保护下，通过协商和谈判来解决问题。

施工单位为了企业的利益，提出合理的索赔，这是正当合法的。当然，作为建设单位在建设工程项目管理中发现施工单位有不履行合同的行为，也可提出反索赔。往往遇到的情况有：

(1)工期延误反索赔。即施工单位支付延期竣工违约金，一般按每延误一天赔偿一定的款额计算，累计赔偿额一般不超过全合同总额的10%。

(2)施工缺陷索赔。指施工单位的施工质量不符合施工技术规程的要求，或使用的设备和材料不符合合同规定，或在保修期未满以前未完成应该负责补修的工程时，建设单位有权向施工单位追究责任。如果施工单位未在规定的期限内完成修补工作，建设单位有权雇佣他人来完成工作，发生的费用由施工单位承担。前不久，我区一所小学的教学楼没有通过竣工验收，主要原因是施工方并没有按图施工。原设计图纸中要求楼地面做保温隔热层，但施工单位擅自修改，没做保温隔热层，致使工程验收受到影响，耽误了工程的投入使用。作为建设单位主管部门——教育局校舍管理办公室立即责成施工单位必须在规定的时间内完成楼地面的正确做法，造成的损失由施工单位负责，同时还扣除施工单位的一部分保证金。

(3)建设单位合理终止合同或施工单位不正当放弃工程的索赔。如果是这样，则建设单位有权从施工单位手中收回由新的施工单位完成全部工程所需的工程款与原合同未完成部分的差额。

## 三、结　语

总之，施工过程就是甲乙双方执行合同的过程，正当的“索赔”与“反索赔”也是为了更好地执行合同。随着我国工程建设体制的改革特别是建立社会主义市场经济的今天，工程建设日益走向市场，竞争日趋激烈。通过实践和总结，处理好“索赔与反索赔”是为了保证双方利益，进一步促进建筑业的发展。索赔与反索赔的研究和运用，无论是在法律意义、经济意义上，还是在工程管理意义上都有不可低估的价值，必将对经济合同法的实施起到重要作用。

## 参考文献

[1]冉立平．索赔与反索赔的内涵界定．建筑管理现代化，2001(4)．

[2]邱闯．国际工程索赔中的若干注意问题．工程建设与设计，2001(1)．

[3]陈贵民．建设工程施工索赔与反索赔．北京：中国建筑工业出版社，1995．

# 努力成为合格专家　切实提高评标水平

南京林业大学　高国民

2009年是《中华人民共和国招标投标法》颁布10周年，回顾这10年来我们招投标事业的发展历程，可以说是事业蓬勃发展，监管日益规范，体系逐渐完善，社会效益显著。与此同时，我们见证了评标专家队伍逐步完备、评标专家管理逐步科学、评标水平逐步提高、评标质量逐步提升的可喜变化。然而，我们也应该清醒地认识到当前招投标活动参与各方存在着亟待解决的问题，其中专家评委方面的如职业道德不佳、专家评标不专等问题，结合贯彻落实全国、全省、全市关于工程建设领域突出问题专项治理工作会议精神，我作为一名评标专家从专家角度出发，根据自己的评标工作实践与学习思考，就怎样才能做一名合格的评标专家，不断提高评标工作水平，粗浅地谈谈自己的体会，供与大家探讨：

## 一、坚持资格条件是前提

"专家"是指对某一门学问有专门研究或者说擅长某项技术的人，只有当一个人在所从事的业务领域工作了一定的年限而获得相关专业技能和技术并积累了相关经验，才能被称为专家。《招标投标法》第37条要求："专家应当从事相关领域工作满8年并具有高级职称或者具有同等专业水平"，现行法律法规为专家设定了前述入门资格条件，它是合格专家的前提，也是参与评标的前提，我们应当坚持专家入门的条件，但是入选为评标专家，只能说明符合了评委成员的基本要求，还不能算作是合格的评标专家，仅仅满足了这个前提的专家很难评出高质量高水平的标。

## 二、恪守职业道德是基础

职业道德是同人们的职业活动紧密联系的符合职业特点所要求的道德准则、道德情操与道德品质的总和。我们认为评标专家的职业道德至少包括：忠于职守、尽职尽责的从业精神，认真仔细、一丝不苟的从业态度，诚实守信、公平公正的从业原则，服务业主、奉献社会的从业宗旨，遵纪守法、廉洁高效的从业追求。七部委第12号令《评标委员会和评标方法暂行规定》第11条对评标专家提出了"能够认真、公正、诚实、廉洁地履行职责"的职业要求。良好的职业道德是评标专家的执业基石，也是高质量完成评标任务的基础。它要求评标专家在评标过程中不能擅离职守、一心二用，应该力求精益求精；要有对评标工作负责的高度责任感，本着对招投标人，对国家、对社会负责的精神，公平公正依法评标；不以权谋私、不主观臆断，客观维护各方合法利益，争取社会效益最大化；自觉遵守评标纪律如评标不迟到、不早退，标前守口、标后保密，抵挡诱惑、廉洁自律，牢记评标的同时也是在完成自己的职业考卷。

## 三、熟悉法规知识是条件

其实评标工作中除了需要应用一定的专业知识外，还有就是要靠评委掌握的招投标方面的法律法规知识来评判各投标人的投标文件，对专家来说熟悉与评标相关的法律法规是必需的，同时又是必不可少的。所以七部委第 12 号令第 11 条对专家也提出了“熟悉有关招标投标的法律法规”的要求。试想如果一名评标专家对相关法规不了解，又怎么能够作出正确的判断？例如，投标报名时投标申请人是“××消防器材股份有限公司”，而实际投标人则为“××消防器材有限公司”，两者的投标人名称及其组织结构发生了明显的改变，根据七部委 27 号令和七部委局 30 号令之规定：资格预审通过的投标申请人和实际投标人的名称及组织结构不一致且未提供有效证明的其投标不予受理，就更谈不上评标了。再如投标人组成联合体投标的，但在其投标文件中并未发现附有联合投标协议书的，根据《招标投标法》第 31 条和七部委 27 号令第 41 条之规定应作废标处理。可见作为评标的专家对评标工作所涉及的法律法规知识必须熟悉才能正确评标，否则就会出现本应该废的标却中了标的评审尴尬，评标的公正性受到质疑，其投诉随之而至，所以说熟悉现行的法律法规及规范性文件要求是公正评标的充分必要条件。

## 四、强化责任意识是根本

评标专家的责任意识直接影响着评标质量与评标结局，现在部分业主反映的评标质量有待提高以及社会对专家的信任度下降的问题就是佐证。由于大多数专家是从政府专家库中随机抽取的，评委会在评标开始时组建、评审结束时解散，中标决定是集体作出的，对他们个人来说评标的结果好坏与否、最终项目建设成败如何与自己关联不大，也追究不到他们的责任，由此不难想象目前存在的因少数专家评标责任意识弱化、社会责任意识匮乏、法律责任意识淡薄，而在评标过程中时常发生滥用自由裁量权或者敷衍了事的现象：本应由评标产生自然结果的正评过程却演变成由必然结果产生评标的反评过程；时而又见少数评标专家为了节省时间和精力而极力寻求多废标、因此少评标的情况，以至于有的投标人戏称评委为“废标专家”，如此不仅损害了评标专家的声誉和形象，也有损于招标评标活动的权威性与严肃性，实践充分证明专家的责任感关系到评标工作的成败与否，关系到评标结果的公平公正，关系到社会效益的优劣程度。《招标投标法》第44条明确指出：“评委应当客观、公正地履行职务，遵守职业道德，对所提出的评审意见承担个人责任。”因此，对专家的最根本的要求就是要有高度的责任感，让他们肩上担职、心中装责。我们应积极推行评标专家责任追究制度，用制度约束专家评标行为，让制度强化专家责任意识。

## 五、及时更新知识是保证

《招标投标法》已经颁布实施10周年了，这10年来与之配套的相关法规也陆续出台，例如七部委12号令，七部委局11号、27号、30号令，国家计委29号令，以及省市地方法规规章、规范性文件如江苏省招标投标条例、南京市《关于规范政府投资工程建设项目招投标活动的若干规定》等等，而我们的专家大多来自全市不同单位专业技术岗位的业务骨干，平时工作繁忙，很难及时系统学习新法规、新文件，只能靠自己平常工作中逐步点滴积累，所以才出现了评标专家新法规常识知之甚少或仍采用已经废止的法律法规条文评判投标的窘境，评标时遇到相关问题往往不知所措，相互跟抄评标结果的现象就不足为怪了。所以我们对专家的培训工作应该与时俱进，采用多方式多途径更新知识，如集中培训、网上宣传、邮发资料、短信通告等；专家自身学习同样需要与时俱进，自行学习吐故纳新，如关注江苏建设工程材料价格信息杂志、时常链接浏览南京招标与采购网、南京建设工程信息网等。这样才能及时掌握现行法律法规的变化，为正确评标提供有效保证，充分体现出专家的“专”。专业技术知识的学习同样如此，随着科学技术的飞速发展和建设新形势的需要，各种建设工程管理的新规范、新标准不断推陈出新，不及时钻研业务技术，学习掌握新知识，就难以胜任评标工作，如果评委专家自己都没有了解招标采购产品的质量执行标准，又怎么能为业主把好采购的选择关与产品质量的头道关。例如，2009年下半年，在建筑外门窗招标评标中如果发现投标文件的技术要求部分仍采用GB/T7106～7180—2002、GB/T13685～13686—1992质量标准时，我们评委专家应当知道它已被2009年3月1日起实施的新标准GB/T7106—2008所代替，其投标存在明显技术标准不符合现行规定要求的情形，就要根据七部委第12号令第25条第4款判作重大偏差而废标。由此可知，我们专家的“专”是动态变化的、是需要与时俱进的，只有不断地学习新知识、钻研新知识、实践新知识、积累新经验，才能保持“专”，否则“专家”就“不专”，高质量高水平、公平公正的评标就无从保证。

## 六、提升评标质量专家是关键

众所周知，评标工作的质量主要取决于一支专业知识扎实、技术经验丰富、工作责任心强、廉洁奉公、乐于奉献的评标专家队伍，要不断提高评标水平、提升评标质量就要首先选拔出优秀的评标专家，我们不仅要重视其学历、职称及相关专业知识、工作经历，更要得到其工作单位对其人的客观评价，应侧重考虑其敬业精神、工作态度、社会责任感、实践经验、业务能力等，切忌采用职称加专业再加填表等于“专家”的简单选择方式，同时对专家实行准入与清出的动态管理，坚持严入宽出、优胜劣汰，不定期进行法规与专业知识培训，开展网上模拟评标考核，推行实际评标跟踪评价；不定期对专家进行问卷调查，开展民主评议专家活动，推行专业细分、从业分类、分抽组合的评委组成模式，让优秀的专家在科学管理中脱颖而出领衔评标，让平庸无为者在评议监督中得以清理劝其出库。实践告诉我们没有优秀的评标专家，就不可能有“优质、高效、廉洁”的评标活动，他们是提高评标水平的关键因素，也是实现社会效益的关键载体。

总之，作为评标专家就要努力成为名副其实的合格专家而无愧于专家称号，尽心尽职无私奉献，在评标实践活动中实现专家价值，不断自我完善，不断提高评标水平以适应不断变化的新形势。

# 论建设单位如何高效实施工程项目管理

绍兴文理学院　潘　浩

近几年，我国经济高速发展，建筑行业作为支柱产业功不可没。工程项目建设单位作为项目的所有者和建设市场上的买方，对项目目标实现起着主导作用，是工程项目的责任主体。

目前，我国很多工程建设项目都委托监理公司进行全程管理。但是，国内的建设行业里，真正专业化程度很高、业务能力很强，且能够对工程项目的全过程进行有效掌控的监理单位还寥寥无几。与国外先进的工程项目管理手段相比，监理单位专业化程度较低，人员素质参差不齐。因此，为了达到对工程建设项目更高效的管理，许多建设单位(特别是高校和房地产开发商)在项目建设前期就组织一个项目管理班子，全过程参与对项目的市场调查、可行性研究、立项、设计、招投标、施工现场管理和竣工决算等工作。所以在很大程度上，建设单位在工程建设项目管理中实际上承担的责任和内容要远远大于监理公司，所以往往存在以建设单位管理机构为主导、监理单位为辅的管理模式。

基于上述原因，又由于工程建设项目实施的一次性，为了保证工程项目质量、进度、造价目标得到有效控制，建设单位如何高效地进行工程项目管理成为项目成败的关键因素。笔者在工作经验积累基础上，对建设单位如何高效实施工程项目管理作了一些总结。

## 一、工程建设项目准备阶段

### 1. 工程建设项目评估及报批阶段

评估阶段的项目管理目标是做好《项目建议书》和《项目可行性研究报告》的审批，申请办理好项目立项、用地选址、用地预审意见、环境影响评估、交通影响评估等专项审批手续。在此过程中还要做好项目管理部的筹建、工程投资估算、项目的社会与经济效益评价及融资方案的确定。工程投资估算对工程总投资起控制作用，所以建设单位必须全面认真地审查工程估算，杜绝漏列、少列、错列及重大投资测算失误。特别是政府投资项目，如果竣工决算超过了投资估算，重新报批的程序是相当繁琐的。融资方案的确定也要慎重，要明确有多少是自有资金，多少是社会参与投资或银行贷款。一旦项目开始建设，如果资金链断裂，项目容易成为烂尾楼，同时还要应付众多的法律纠纷。

2.工程建设项目设计阶段

项目的设计一般经过三个阶段：方案设计、初步设计和施工图设计。初步设计审查包括三大内容：工程技术性方案专家审查、政府部门准许及公用部门协作性审查和工程设计概算的审查。建设单位应主动配合发改委完成工程技术性方案专家审查和设计概算审查，并通过政府各公用部门准许性协作性审查，收集日后项目外协管理应该兼顾的工作、办理的手续、协调的事宜。建设单位要在项目建设前明确项目的建设规模、建设标准、功能要求，并向设计单位提供一份全面准确的设计任务书。建设单位在项目设计过程中应与设计单位加强联系，让设计单位充分了解建设单位的想法和意图。但现在有些设计人员没有现场施工经验，设计和现场施工脱节，并且设计单位是按项目计酬，做的项目越多往往报酬越高，因而设计时间仓促，难免工作粗糙，即使发现了一些问题，设计人员也不愿意花费更多的精力去做大量的修改。另外，各专业设计人员之间缺乏交流和配合。如笔者所在学校一幢教学综合楼地下室施工过程中发现部分喷淋管与暖通风管标高重叠不能施工。根据自动喷水灭火系统施工及验收规范要求，通风管道宽度大于等于1.2米时，要在通风管道腹面以下部位增设喷淋头，而图纸却没有表述，结果只好根据现场实际情况发生变更，增加费用。对于这种情况，建设单位在与设计单位签订设计合同时不仅要采用通用条款，而且还应该通过专用条款来更加明确设计单位由于设计深度不够、设计失误而导致变更增加费用所应承担的经济责任。在施工图设计完成后到开工建设期间，还应组织各参建单位及专家进行图纸会审，听取各方意见，参照国家政策法规、行业技术标准和实际施工经验，做好查看建筑物标高、尺寸、管线连接是否准确，材料的规格、型号、数量是否符合要求，设计说明和详图是否符合一致等工作。通过图纸会审对图纸进一步修改、补充、完善，保证项目设计的经济合理性，减少施工过程中的变更，对工程质量、造价进行有效控制。

## 二、工程建设项目实施阶段

1.工程建设项目招标阶段

此阶段建设单位首先要编制招标文件和工程量清单，重点审查、控制招标文件的质量及工程量清单的准确性。选择综合素质好的总承包企业，优选有相似项目业绩经验的项目班子，招标后完成与施工总承包的合同签订，要做好涉及工程成本的专项条款（包括材料价格、工程量增减、设计变更、合同变跟、索赔、单价分析、工程措施费分析、甲供材料及暂定价等）、涉及进度和成本管理的施工组织设计条款及财务支付管理条款的确定。

2. 工程建设项目施工阶段

此阶段建设单位要对项目的质量、进度与造价进行全过程和全方位的管理，管理人员需注意对整个项目系统的把握，任何片面、武断的决定都将对整个项目造成不良影响。

(1)工程项目合同管理

合同是对施工单位实施管理的依据。目前，建筑市场大量存在挂靠现象。一旦实际施工的项目班子与投标时承诺的项目班子不符，会给后续工作带来很多不必要的麻烦。因此，在合同中必须明确随意更换项目班子的惩罚措施，对项目班子成员到位率进行考核。

(2)工程项目质量管理

施工质量控制是工程建设质量管理的非常重要环节。质量是一个复杂的系统，涉及许多生产要素，某一个要素出问题，就会影响质量。因此在施工阶段应推行以动态控制为主、事前预防为辅的管理办法，做好提前预控，从预控角度主动发现问题，对重点部位、关键工序进行动态控制。工程总的质量目标在招投标文件及合同中已明确规定。为了实现这个总目标还可以将总目标分解为许多子目标。子目标是实现总目标的具体步骤。例如在主体结构施工过程中，应特别注意钢筋的绑扎情况，施工单位往往会遗漏一些板负弯矩筋、箍筋没有加密及弯钩长度没有达到规范要求等情况。又如在场外工程中要监督施工单位是否按要求完成对管线进行黄沙包管、涂刷防腐漆等工作。

(3)工程项目进度管理

工程推进过程中，会出现各种各样的问题，如事故、采购周期偏长、设备供应滞后、人员管理混乱等，加之建设单位、施工单位、监理单位在工程进展过程中未能及时就发现的问题进行协商并解决，就可能导致工程返工，这意味着工程进度将大大减慢，参建各方也会不同程度地蒙受损失。

要保证工程项目的进度，按时支付工程款也是必不可少的，这也印证了做好融资方案的必要性。

(4)工程项目造价管理

工程项目实施过程中的造价管理是十分重要的。特别是由于工程变更的存在，将导致同一项目工程数量的增减。工程标高、基线、尺寸变更，材料、功能变更以及施工顺序变化，必将对项目的造价产生重大影响，控制不好甚至会导致项目投资的失败。建设单位应该全面地掌握和运用招投标文件、合同协议书及有关设计、施工文件。以合理的工程量清单为依据，分清建设单位、施工单位、设计单位等各方所应承担的责任，及时采取返修、加固、拆除重建方案，认真审核支付申请，使每笔资金都能得到合理的控制和支付。

(5)工程项目安全管理

安全责任重于泰山。要把这项工作贯穿整个施工管理过程。笔者以为，可以利用建设单位或监理主持的各种会议进行安全教育，并在日常工作中监督检查，发现安全问题及时解决，在保证安全的前提下，按计划完成项目目标。

## 三、工程建设项目收尾阶段

1.工程建设项目竣工结算阶段

一般情况下，施工单位的投标文件已包含了完成整个工程项目建设的所有费用，但是由于施工图设计失误、工程量清单漏项、材料的替换等原因，工程项目或多或少存在着变更。工程变更是不包括在工程量清单和合同造价内的，这就存在减少或者增加工程费用的问题。但并不是所有变更都要确定新的价格，一般有两种情况需要确定新价格，一是增加或减少工程量超过合同约定的，可以按照合同约定双方进行协商定价；另一种是变更项目在招标工程量清单之外的，可以根据相邻时段信息价、当地定额及通过市场调查进行定价，也可以利用可比性原则，根据相近时间段其他工程的同一施工过程参考定价。根据变更费用大小还可采用分级审批制度，对于成本有重大影响的工程变更要采取谨慎的态度定价，力求精确，在有不确定因素的情况下不轻易做出判断。

2.做好工程建设项目资料归档工作

工程项目资料是项目建设全过程的系统反映，也是编制竣工图和竣工决算的依据。如果由于建设单位的管理不善而使资料丢失，一方面不能保证资料的完整性，给决算和日后维修带来不便；另一方面只能以施工单位的提供的资料为决算依据，若施工单位对资料进行了利己删改，建设单位也就无据可查了。因此，建设方必须安排专人对工程项目资料进行收集整理，分类归档，保证能够查阅到原始资料。

工程项目建设是一个纷繁复杂的过程。笔者认为，工程项目的有效推进是建立在各参与方有效沟通、协调一致的基础之上，并以“诚信”为基本前提。因此，建设单位不仅要在项目进行之前做大量的调研工作，在项目实施过程中也要对人力、物力和财力进行量化分析，及时与各部门沟通，发现问题并协同解决问题。另外，建设单位也要严格履行相应的承诺，以确保工程顺利有序开展。

# 论工程招投标中的不平衡报价及其防控

杭州电子科技大学　胡月娣

在建筑工程项目的招投标过程中，随着工程量清单计价模式的推广和发展，我国建设市场逐步形成了“市场形成价格、企业自主定价”的新格局，招标人承担着“量的风险”，投标人承担着“价的风险”。现行建筑工程工程量清单招标大多实行经评标后的低价中标模式，大量投标人经过该招标发包方式的适应阶段后，在投标时往往采用不平衡报价策略，就是在不影响投标总报价的前提下，将某些分部分项工程的单价定得比正常水平高一些，某些分部分项工程的单价定得比正常水平低一些。如果招标人不能及时准确识别和防范，必将导致低价中标，高价结算，造成经济损失。研究掌握投标人所采用的不平衡报价策略和手法识别投标人不平衡报价的特征，制定有效的防范对策，既可以保护招标人的利益，也有助于将投标人由投标报价的竞争引导到自身实力、技术和管理水平的竞争上，以实现真正意义上的合理低价中标。

## 一、投标人不平衡报价

1. 按建筑工程项目开展的先后，将先开工的项目报价提高，后期实施的项目报价降低，比如，土建工程清单中基础结构工程量报较高价格，建筑装饰工程量报较低价格；安装工程清单中预埋工程量报价较高，面饰安装工程量报价较低。这样可以让投标方在前期收到比实际更多的进度款和结算款。这就增加了招标人前期资金压力和项目资金成本。即使中标人后期违约，招标人对其在经济手段上也不能进行有效控制。

2. 建筑工程项目施工图设计不到位的、详图不详细的，对某些有特殊专业设计要求的、半成品工艺要求等未具体明确的，如大型铝合金门窗的分割细化专业设计、地下室后浇带细部做法等，投标人会降低报价，中标后根据招标人实际需要提出较高价格签证。

3. 工程量清单中对材料设备技术指标、外观等级等项目特征要求描述不到位的，以后按图施工需要调整的项目，投标人将会降低投标报价或在综合单价分析时将错误不一致的材料用量和价格尽量降低，在施工过程中再提出综合单价调整，进行高价索赔。

4.工程量清单数量较图样所示的少，对于工程量核对必须调整的项目，投标人将会提高投标报价，以获得更高的利润空间，反之投标人将会降低投标报价，在结算时减少的金额将会较小。

5.对于没有工程量、只报综合单价的项目，比如，室外附属工程，由于很多不确定因素，出图要迟后一步，一般只报费率。因为工程量为零，这时投标报价对总价不产生影响，不影响中标。投标人将会提高投标报价，当实际发生时，可有高额利润空间。

6.工程量数量很大、工期较长的项目，投标人在进行综合单价分析时，将会对人工费、机械费、管理费和利润作较合理报价，将材料费尤其是主要材料的报价降低。按照招标文件的规定，按照国家、省、市的相关调价文件的执行，材料价格异常波动时可以调整合同价格，因现阶段世界经济局势对材料价格影响较大，所以在工程实施和结算时，合同价格容易被调整。

7.根据工程项目地质资料以及现场踏勘资料，结合招标文件的相管规定，估计施工过程中可能会增加工程量时，招标人多会提高其报价单价。这些都将给招标人增加工程造价的风险。

## 二、招标人对不平衡报价的防范和控制措施

不平衡报价是招标人在建筑工程施工招标阶段的主要风险之一，这种风险难以完全避免，但招标人可以在招标前期策划和编制招标文件时防范不平衡报价，降低不平衡报价带来的损失。

首先要提高施工图设计的深度和质量。施工图是招标人编制工程量清单和投标人投标报价的重要依据，目前，大部分工程在招标投标时，由于建设方、设计方等众多原因，设计施工图还不能完全满足施工需要，在施工过程中还会出现大量的补充设计和设计变更，导致了招标的工程量清单跟实际施工的工程量不一致。虽然使用工程量清单计价方法一般采用固定综合单价和工程量按实计价的计价模式，但是这也给投标人实施不平衡报价带来了机会。因此，招标人要认真审查施工图的设计深度和质量，避免出现边设计边招标的情况，从源头上减少工程变更的出现。

其次要提高造价咨询单位的工程量清单编制质量，以免给不平衡报价留有余地。招标人要重视工程量清单的编制质量，消除那种把工程量清单作为参考、最终要按实结算的依赖思想，要把工程量清单作为投标报价和竣工结算的重要依据、工程项目造价控制的核心、限制不平衡报价的关键。

不平衡报价一般是抓住了工程量清单中的漏项、计算失误等错误，因此，要安排有经验的造价工程师负责该工作。工程量清单的编制要尽量周全、详尽、

具有可预见性，同时，编制工程量清单时，要严格执行《建筑工程工程量清单计价规范》，要求数量准确，避免错项和漏项，防止投标单位利用清单中工程量的可能变化进行不平衡报价，对每一个项目的特征描述必须全面、准确，需要投标人完成的工程内容要准确详细，以便投标人全面考虑完成清单项目所要发生的全部费用，避免由于描述不清楚引起的理解上的差异造成投标人报价时不必要的失误，进而影响招投标工作的质量。

在招标文件中增加关于不平衡报价的预防性限制，也是有效的，可以从三方面来考虑：

第一，某些重要的分部分项的综合单价的限制，或者是某个重要的分部的总价的限制，不平衡报价的幅度大于某临界值时(具体工程具体设定，一般综合单价不超过 10%)，则该标书为废标。

第二，主要材料价格的限制。招标人要掌握工程涉及的主要材料的价格，在招标文件中，对于特殊的大宗材料，可提供适中的暂定价格(投标报价时的政府指导价)，并在招标文件中明确地涉及暂定价格项目的调整方法。

第三，完善主要施工合同条款，在招标文件中，应将合同范本中的专用条款具体化并列入招标文件中。合同专用条款用语要规范，概念要正确，定性、定量要准确，要树立工程管理的一切行为均以合同为根本依据的意识，强化工程合同在管理中的核心地位。工程量清单作为合同的一部分，是工程量计量和工程款支付的依据，必须与合同配套。工程量清单报价中的变更需要依据合同来调整。

最后，工程项目评标工作是克服不平衡报价的核心。目前，评标时基本上是对不同的项目特征采取不同的评标、定标方法，主要有经评审的最底投标价法、综合评估法、综合评分法等。无论采用哪种方法，评标者都要深刻理解低标中价的原则，注意防止投标人隐性的不平衡报价。即在审查投标单位报价时，不但要看总价，还要看每项的单价，因为总造价低并不等于每项报价最低。对于分项工程单价价值较高，工程量较大，主要材料的单价价值较高，分项变更的可能性较大的项目，要重点评审。评标评审内容包括：符合性审查、工程总价评审、分部分项工程综合单价评审、主要材料设备价格评审及措施项目费评审等。

## 三、工程实例分析

杭州下沙，2008 年建设，19 层学生公寓，1.78 万平方米建筑面积，该工程设计施工图说明“寝室外墙做保温砂浆，具体做法；其余的外墙为普通砂浆”，那么是否可以理解为：不是寝室的外墙不做保温，不是外墙的寝室墙也不做保温。该工程南北两面有大量的阳台，阳台两侧墙体封顶，正面开口，房间与阳台之间的墙体算不算保温？造价咨询单位在编制工程量清单时，没有计算这部分工程量。由于工程规模大、阳台数量多，这部分工程量大，而且建筑保温节能的强制要求刚刚实行不久，在杭州地区采用保温墙体还属新工艺，施工不多，所以投标报价的参考值也不多。投标单位抓住这个机会，利用不平衡报价的方式，等待中标后，核对工程量清单时提出此部分漏项，要求按高出市场价的投标单价报价追加这部分的工程量和造价。

实例原因分析：(1)设计方对工程的说明再细化些，指出到具体部位（立面标注、各房间、轴线等），避免模棱两可，工程量漏算和决算扯皮的可能性会小很多；(2)造价咨询单位编制人员应有丰富经验，特征描述准确、工程量计算准确，这样，即使图纸内容有疑问也会及时发现，及时与业主、设计方联系并出设计更改单，把问题解决在工程项目投标前；(3)招标方的招标文件编制时，能更加全面、细致地分析招标工程，对工程量大、造价高的分部分项工程的单价，限制报价的一定范围，比如超出有效投标价的单价报价的平均值的10%为废标，那么对投标单位的不平衡报价也有所约束；(4)评标专家在评标时，对分部分项的施工工艺、材料及价格的组成不够熟悉，或是对标书评审不够仔细没有发现问题，否则也可以通过及时的询标，或评标评议，澄清、明确此疑问，不再为今后的工程施工带来麻烦，避免决算时业主的经济损失；(5)如果经过核算，单价明显高于市场价的，投标方有较为明显的恶意报价的倾向，结算时是否按其报价单价计算，也是值得讨论的问题。

# 普教系统基建档案管理和利用

上海市松江区教育基建装备资产管理中心　徐　敏

学校基本建设档案管理是学校基建维修等工作的重要依据，是学校进行整体规划和科学管理的重要组成部分，是学校基本建设管理中一项重要的管理内容。随着学校基本建设规模的不断扩大和因改善办学条件而出现的旧房改造，对基建工程档案管理的要求日益提高。

## 一、普教系统基建档案的内容和特点

### 1.普教系统基建档案的内容

普教系统是指由区、县教育局所属的中学、小学、幼儿园、职校、少年宫、青少年活动中心、少科站等单位所组成。

普教系统的基建档案是在基建工程项目建设和管理活动过程中直接形成的具有保存价值的文字、图表、声像等文件材料。它是学校各种建筑物、构筑物以及地上、地下管线等基本建设工程的规划、设计、施工和使用、维护、检修等活动的直接记录。基建档案是记载了整个基建过程的原始资料，是对工程进行检查、维护、管理、使用、改建、扩建的依据和凭证，是学校档案中不可缺少的重要组成部分。

普教系统基建档案的基本内容包括基建工程的立项依据性文件、设计技术文件、施工技术文件、竣工验收文件、竣工图、现场声像资料等等。

### 2.普教系统基建档案的特点

基建档案是普教系统科技档案的一个重要组成部分，其特点较多，主要有四点：

(1)成套性。基建档案的基础是工程项目文件材料。基本建设过程的完整性决定了一个工程项目的档案文件材料是一个有机联系的整体，基建档案是工程竣工后经整理归档反映该项工程建设全过程的前期文件资料、施工技术文件资料、竣工验收文件资料和竣工图，以及工程结算书等完整、准确的整套工程档案资料。因此基建档案具有很强的成套性特点。

(2)滞后性。基建档案的滞后性体现在两个方面：一方面，基本建设项目的完成是一个周期长、投资大的工程建设过程，基建档案滞后于它所反映的基建项目；另一方面，由于基建项目在竣工验收期间，各有关单位会提出各种意见，就需要补充相应资料，所以只有等验收工作完成后才能按照需要整理出2～4套文件资料用于归档，这就反映基建档案的全部形成相对于工程项目具有滞后性。

(3)复杂性。基建档案的内容广泛，既有文件材料，又有设计、地质勘探、施工、竣工图纸，还有工程现场声像资料等，林林总总名目繁多，需一丝不苟发扬抽丝剥茧精神来完成归档的复杂工作。

(4)长期性。一是工程建设周期长，基建工程项目从项目立项到竣工验收往往需要2～3年，甚至更长的时间；二是使用周期长，基建工程项目竣工后的使用时间往往长达几十年，其档案的使用和管理将伴随着校舍的长期存在而持续进行。

## 二、普教系统基建档案的作用

普教系统基建档案是在学校基本建设过程中积累起来的科技文件材料，它真实地记载了学校的土地来源和建筑物的新建、扩建、改建、拆除等方面的情况，反映了学校校舍变迁的建设历史。

### 1.对同类工程设计具有重复利用和参考价值

学校基建档案是学校在建设过程中形成的各种文件、凭证、函件、图纸、预算、结算和各项记录等技术资料，它客观地记载了当时的历史情况，反映学校基本建设的完整过程。其中工程设计档案的最大特点是可以重复利用，这是基建工程档案通用性强的特征决定的，例如一些学生公寓、教室、变电所和道路等都可以借鉴以往的施工图略加修改后重复使用。基建工程设计档案一般已经过了施工考验，承受了实践的检验。重复利用或参考这些图纸和资料，不仅可以加快速度，还可以提高设计质量减少设计成本，常常在原基础上有“锦上添花”的奇效。

### 2.对日常维修具有参考借鉴和利用价值

档案利用工作是档案工作中最富有活力的一个环节。每年年初教育局编制修建专项和投资估算，然后立项申报，校舍维修工程的图纸设计，工程招标前的工程量清单编制以及竣工款项的结算等都需要利用基建档案，基建档案的利用价值得到了充分体现。利用档案中工程竣工结算书上的相关项目造价加以调整，就是一份准确的投资估算；利用设计档案的竣工图纸对维修内容和要求进行详细说明，就是一套完整的维修施工图纸；利用竣工档案中工程量计算书和审计工作底稿，就是一张工程价款结算的参照清单。地下管网的改造、维修和新建工程的地基开挖，要避免无谓的“开膛破肚”，更离不开基础设施基建档案。可见，学校基础设施的维护与管理需要基建档案提供详细信息。对于总结建设过程中的经验教训，彻底消除质量隐患，便于日后管理及事故追究都将起到积极的作用。

## 三、普教系统基建档案管理和利用的现状

目前，普教基建档案管理部门在基建档案的收集和整理环节上，通常是处在等学校基建项目竣工验收后，由项目负责人把工程的规划、设计、施工和竣工资料等交基建档案部门整理、装订、归档，处于一种被动的状态之中。在这种状态下，常因与项目负责人沟通不充分，造成缺少部分需要归档的资料；也由于与施工方沟通不充分，会发生竣工图的修改没有到位，施工技术核定单与竣工图不相符，甚至有竣工图与现状不相符的情况。编制资料的不完整、不准确、不真实，会给基建项目的管理工作带来困难，甚至造成不应有的损失。比如归档时，备送资料未注明修改部分的内容，造成日后维修时困难重重。另外，基建档案的利用也处于一种被动服务的状态，经分析主要原因是：

1. 档案意识不强，重视程度不够

对基建档案的重要性，宣传力度不够，造成一些基建工程管理人员档案意识淡薄，存在“重建设、轻档案”的思想。由于基建工程管理人员在取得竣工验收报告之后往往有万事大吉的想法，对善后的归档工作重视度不够，一股脑儿上交了事，加大了档案系统整理难度。

比如，在基建工程管理人员方面，有些基建工程已竣工验收并投入使用，但还缺少部分配套部分的验收资料和竣工测绘成果报告；有的是由于种种原因未及时办理相关手续，那么对于这个案卷来说应归档的资料就不齐了。在工程施工方，出现竣工图与现状的不一致；竣工图上的修改部分没有和技术核定单一一对应，没有按照规范修改后进行标注说明；桩位偏差表和桩位图上标示有差异；在施工资料 A、B、C、D 手册中缺少部分所需资料或者用复印件代替等等。

2. 基建工程管理与基建档案管理工作的脱节

由于经济利益或赶工期等原因，人们重视工程建设，轻视工程档案管理，基建档案的收集、整理与归档工作与工程建设不能协调开展，造成了基建档案工作滞后。领导和档案人员对基建档案重要性认识不够，基建工程队伍流动性大，人员不稳定，使档案资料管理工作严重脱节，档案资料流向不清。

3. 基建档案管理人员的业务水平需要提高

档案管理人员如对建筑领域专业知识一知半解，对某项工程的来龙去脉不够清楚，势必造成无法分析判断该项目档案资料是否收齐，是否准确。在进行装订时，也不能保持其成套性、准确性、系统性，从而直接影响了档案质量，造成

日后的查阅不便，甚至多年之后还要找当时工程施工人员查询某些环节。

4.基建档案的管理手段相对落后

档案管理工作现代化的进程越来越迅速，无论是管理理念、控制手段，还是处理技术、处理设备都发生了很大的变革。但当前在硬件设施方面和管理手段方面，在普教系统基建档案管理中还是普遍采用以手工操作为主、以计算机录入和检索为辅的方式，与档案现代化管理的要求还有很大差距。

## 四、提高普教系统基建档案管理水平的措施

学校基建档案具有历史凭证、重复利用和日常维修作用，因此必须重视基建工程档案工作，要把基建工程档案的收集整理、管理和日常使用摆到应有的工作议程上。

1.健全档案管理制度，规范档案管理

档案管理工作是一项严肃的、条理性很强的工作。建立完善的规章制度，可以减少档案管理的随意性，保证档案管理工作的健康、持续发展。根据《档案法》、《基建档案管理办法》等有关法律法规，结合实际，逐步完善档案管理的归档、保管、借阅、移交、保密、销毁及库房管理等各项规章制度，使档案工作每个环节的运行都有章可循，都有明确的要求和制度的约束。日常管理制度中尤其要重视建立档案借阅制度，借阅需签名，重要档案借阅需经领导批准，对于超期未能及时归还的要查问到底，杜绝档案流失现象。

2.增强档案意识，提高人员素质

档案管理员要具有较高的档案管理知识，较强的立卷意识、管理意识和利用意识，并逐步形成自觉习惯。要改变“在档案收集时你送我要，在档案利用上你查我调”的状态，档案人员不能仅仅是档案材料的保管员，而应是档案的形成者、管理者、解读者，这样才能做到心中有数，调档准确迅速。考虑到基建工程档案的特殊性，要从基建管理和档案管理两方面进行培训，不断提高档案管理人员的业务水平。

3.完善管理机制，健全岗位职责

在重视基建工程进度、质量、造价等环节的同时，要建立和完善基建档案管理的有效机制。由于普教基建工程档案内容多、种类杂、收集时间长，它的冗繁特征要求必须建立岗位责任制，责任到人，分工合作，奖励先进，鞭策落后，这是一项难度较大的管理工作，它需要多方配合方能落到实处。新建松江区小昆山学校、叶榭学校时，由于局领导的重视，在成立筹建组初，就配备了专职的档案员，使得基建档案的形成与整个工程同步进行，这样不仅确保了基建档案材料的收集齐全，而且保证了档案的质量。

施工单位应做好收集和提供原始凭证工作，包括开工、竣工报告，施工组织设计，隐蔽工程验收记录，图纸会审纪录，设计修改通知、定位放线测量记录，材料出厂合格证，材料质量鉴定书，混凝土工程施工记录，主体结构验收记录，钢筋、混凝土、砂浆及各种材料检验报告，工程竣工验收报告和工程质量评定报告等。

监理单位应收集在监理活动中形成的具有价值的文件，如开工令、停工令、返工令、竣工令、工程大事件、工程质量检查记录以及等级评定材料，包括分项工程、分部工程、单位工程质量等级评定、基础工程施工记录、现场监理例会记录、监理月报、监理指令，沉降观察记录等各种验收文件等。

基建部门应收集作为基建职能部门在进行建设过程中与有关部门之间产生的相关工程建设的文件、公函，如设计文件、招投标文件、政府有关职能部门批文等。

审计部门应收集在审计过程中对施工单位所提供城建档案，审计资料的真实性、完整性、可靠性等确认资料，市场材料价格确认资料、收集工程量计算书、结算过程的初审意见、核对后意见、终审意见及完整的结算审计报告及审计底稿等。

总之，基建管理部门要明确将档案工作纳入基建各科室的工作职责范围，对于施工过程的经济技术资料不能一味依赖施工单位收集提供，变被动为主动，形成人人关心档案，自觉收集、保管、爱护档案的习惯。

4. 明确归档范围，确保资料齐全

基建档案管理部门要明确基建档案的归档范围，它包括建设单位从呈报立项报告开始至工程竣工验收合格为止，贯穿整个基建工程的全过程资料，主要包括综合性文件、立项依据性文件、设计技术文件，施工技术文件(含综合管理性文件、测量类文件及沉降观测、桩基类文件、质评类文件、施工材料质量保证文件、设计变更依据性文件、监理文件)、竣工验收文件和竣工图。归档范围中，除了要明确本单位所需归档的内容，同时也要明确报送上海市城建档案馆的归档范围，并要明确归档材料中哪些必须是原件，以及文件材料的份数。只有明确了基建档案的归档范围和要求，才能确保归档资料收集的齐全。

5. 参与建设管理，提高归档精度

基建档案工作人员要全面参与建设工程管理的施工前、施工中和竣工验收阶段等各个阶段，才能有效保障基建档案收集齐全。同时应坚持基建档案“三同步”管理原则。“三同步”是国家对基建档案管理提出的基本要求，主要包括基建工程一开始就与建立档案工作同步进行；工程建设过程中，要与竣工材料的积累、整编、审定工作同步进行；工程竣工验收时，要与提交一整套合格的施工图的验收同步进行。

要充分发挥基建档案管理部门监督、检查、指导作用。在开工前阶段，我们的做法是基建档案部门邀请区规划管理局基建档案部门的专管人员一起和基建工程管理人员及施工单位进行沟通，明确基建档案的归档范围和要求。在施工阶段，由基建档案工作人员定期到工地检查施工资料的完成是否和工程进度基本一致，施工资料是否符合要求，重点检查施工单位和监理单位的资料，同时不定期地邀请区规划管理局基建档案部门的专管人员到工地现场指导，发现问题及时上报及时修正。在竣工验收阶段，先由基建档案部门进行初验，初验合格后再请区规划管理局基建档案部门的专管人员对归档资料进行验收，如发现问题则及时改正，缺少资料及时补全。待竣工资料收集齐全，内容完整，整理系统，符合归档要求后，由区规划管理局基建档案部门开具档案验收合格证明。只有档案验收合格后，基建工程管理人员和施工单位才能到区质量监督站办理验收备案手续。

6.重视维修改建，完善资料归档

工程投入使用后，由于建筑物的改造、装修时有发生：如门窗拆换、隔墙拆除或新砌，弱电系统增加，强电部分改造等，这些工程有的有图纸，有的用文字叙述，也都应该进行资料的整理，如补图纸、拍照、写备忘录，连同工程结算资料一起纳入变更档案管理，保持学校的基建工程档案的完整。

7.加大硬件投入，建立电子档案

加大硬件投入，引进现代化管理技术，为档案管理现代化、电子化提供物质基础。计算机的运用极大地方便了档案的整理、检索等工作。随着档案电子化的发展，基建档案管理工作面临的一个主要问题就是将工程图纸电子化。要求设计单位提供电子版竣工图纸，把设计变更完整地在图纸上进行反映。对以前大量的有保存价值的文件和图纸档案，可通过扫描转化为电子档案。电子存档必须利用移动硬盘或光盘进行备份保存。

## 五、结束语

健全的建筑档案是建筑物的历史记录，反映了学校基础设施和固定资产的整体情况。随着学校规模的扩大，办学条件的改善，育人环境的优化，学校的基本建设档案会逐步增加，随之而来的维修工程也会逐步增量，档案的开发利用价值更会不断显现。学校基建档案的管理是学校基建管理的基础，在学校基本建设中起着不容忽视的作用，只有认识其重要性，加强其建设，才能更好地发挥它的作用。

## 参考文献

[1]陈传华，刘学应.对高校基建档案管理的认识.科技情报开发与经济，2005(10)：236—237.

[2]张琼.李昊.基本建设项目档案资料的收集与管理.当代建设，2000(5)：61—62.

[3]徐条珍.试论高校基本建设档案的价值功能.苏州大学学报(工科版)，2002(6)：177—178.

[4]李芳.论电子文件的归档管理.河南社会科学，2004(5)：149—150.

# 注重档案管理建设　发挥档案功能作用

上海市杨浦区教育工程设备综合管理站　张　琴

科学规范的档案管理,可以不断提升一个单位的管理水平。做好档案的开发利用工作,可以不断提高档案管理工作的自身价值,可以为经济发展和社会进步作出贡献。档案工作虽是一项艰苦细致的工作,只有在思想上充分认识到这项工作的重要性,才能在实际工作中付之行动。目前,档案管理工作已经成为我站管理工作的重要组成部分,基建档案资料在教育系统的工程管理、校舍管理和校舍土地权属争议等方面发挥着不可替代的重要作用。加强档案管理建设,发挥档案功能作用,应注重做好以下几项工作。

## 一、领导重视,克服难题,扎实做好档案基础性工作

做好档案管理工作是一个单位健康发展的需要,是提高单位工作质量和工作效率的必要条件。领导充分认识到基建档案管理工作的重要性,为此配备了专门的档案管理人员,并投入了必要的人力、物力和财力。

1. 配置完善档案室硬件设施,使档案资料存放、保管的安全性得以保证

在档案室建立初期,投入资金 10 万余元,按照市级档案室标准,建立了 35 平方米的档案存储室,12 平方米的工作室,配备了可容纳 2 万册的移动密集档案架,增加了除湿设备和档案室必备的搜索、查阅、制作、存放等专用工具,使档案室达到"八防"要求,初步具备了档案室应有的全部功能。

2. 整理陈旧档案资料,使其分门别类归档

由于多年对档案未整理,很多图纸资料都是装在麻袋和大箱子里,满是尘土,毫无头绪。要想把这些资料整理好,成为有价值能发挥作用的档案,困难可想而知。在领导的重视和鼓励下,我们卷起袖管钻进资料堆里进行筛选、整理、编号,连续奋战数月,把遗忘了很久的大量零散资料,全部分别归类,整理出五六十年代重要的建筑资料 80 多卷,校舍档案资料 380 卷,文书档案资料 50 卷。站全体职工还利用中午休息时间将收集好的资料再进一步整理,把不符合档案要求的案卷拆开重装、编号、装订、填写目录,按照各类档案的归档范围和要求把全部档案梳理一遍,分别建立了基建档案、设备档案、校舍档案、产证档案和其他档案。

3.补办产证,使校舍产权证逐步完善

由于多种因素,中原整个地区60多所学校都没有房地产权证,学校遇到房屋大修等问题无法解决,矛盾很大。当时正值酷热天气,档案管理员与房产部门进行反复沟通,并力求弥补所缺资料,争取办出一部分产证。通过领导协商,在征得房地测绘部门同意后,双方共同配合,上午去学校测量校舍,下午取证跑材料,在测量校舍的过程中,档案管理员钻树丛、爬房顶,衣服经常被划破,有时连水都喝不上一口。经过辛勤劳累,仅一个季度办出产证50多本,现中原地区98%的学校都有了产证,极大地提高了全局的产证拥有率。

## 二、提高业务水平,完善各项制度,把档案工作纳入良性循环的轨道

科学规范的管理档案,是衡量一个单位管理水平的重要尺度。基建档案的专业性很强,为了提高档案业务水平,我们经常组织职工学习档案工作相关文件,档案管理员参加市基建档案的培训,多次邀请市城建档案馆和区规划档案室的专家上门指导,使大家了解基建档案资料的科学正确积累方法,比如:哪些资料是整个工程中十分重要的,哪些资料是建设方一定要留原件,而不能只保留复印件等等。同时,我们从源头上抓资料的规范存留和收集,给工程队资料员办班上课,把符合要求的基建档案管理新办法和新信息及时传递给施工单位,提高他们对高质量完成施工资料收集重要性的认识。

明确职责,各司其职,档案制度日渐完善。档案室先后制订了《档案工作实施细则》、《档案管理制度》、《基建档案的管理流程》等10多项管理制度,规定了档案管理员一定要参与工程验收,按章办事,把档案管理工作纳入了制度化、规范化的轨道。职工大会上站长、书记经常宣传《档案法》,提高职工对档案工作重要性的认识。现在各科室能严格按要求做好档案的收集、整理和按时归档等工作,档案意识明显增强。目前我站档案室的档案总量已经达到3257卷,其中基建档案1066卷,产证档案284卷,校舍档案547卷,文书档案303卷,其他档案1057卷。档案利用率越来越高,除接受本单位、基层单位查阅外,外单位查阅也逐渐增多,每年来我站翻阅档案、查找各类资料的有100多人次。

近年来,校舍正在采用计算机软件管理,建立了一校一台账制,对校舍的损坏原因、报修时间、报修内容和处理意见等都有详细的记录,为以后查询校舍情况,准确地判断是否进行维修等提供了便捷的途径和可靠的依据。

## 三、发挥档案资料的功能作用,更有效地为基层单位服务

档案管理工作做好了,为单位管理人员及时了解基层单位整体管理状况,适时调整管理策略提供准确依据,为管理决策提供支持。档案工作的规范,不

仅使我站的管理水平和工作水平上了台阶，也使基层学校及施工单位得到了很大的便利和实惠。比如：学校下水道堵塞，污水溢出，严重影响正常的教育教学秩序，没有图纸，下水道无法疏通，学校急，我们也急，学校来时带着忧虑和期盼，我们尽自己的所能让他们走时带着满意和微笑，类似这样的例子举不胜举。我们感到，帮助学校解决困难，是我们档案室、档案工作者义不容辞的责任。

在以往的“实事工程”、“环境整治”等工程项目的实施过程中，我站档案室提供了大量有价值的参考资料，为基层学校的工程设计、建设和改造提供了重要依据。每年房屋大修，有的学校要对校舍部分使用功能进行调整，为了尽可能满足学校的要求，首先为他们查阅整幢楼的建筑图纸。如：有一所学校，墙面出现裂缝，看起来有危险，有的认为是使用不当造成，有的认为是工程质量问题，众说不一。通过看图纸，找到了问题症结，消除隐患，得到了学校的赞扬。

杨浦区最近几年校舍建设和改造发展速度很快，内行人知道基本建设的资料众多而又复杂，从立项筹建到竣工验收以及审价结算，一系列的程序形成了大量的基建档案资料，一旦疏忽很容易遗失。因此，在新建、改造、维修校舍完成后的半年到一年时间里，我站档案室要求把资料收齐归档。每年到暑期大修时间，为了高效、有针对性地对校舍进行维修，事先负责学校大修工程的同志会陆续来到我站档案室查阅、复印有关房屋的各种竣工图。由于我站档案室及时提供基建档案资料，使学校房屋大修改建工程得以顺利进行。如宁武职校大楼土建图纸，为工程开工、初验及竣工验收结算，提供了有力的证据和参考价格。再如食堂扩建时，在施工期间不慎将一水管挖破，正当大家焦急不安时，档案室及时提供食堂的管线分布图，使施工队很快找到原因排除故障，保证了扩建工程的顺利进行，提高了工作效率。

档案对学校土地的维权作用至关重要，一旦发生房地产纠纷，我站资料室及时提供资料作为法律依据，使教育局免遭不必要的损失，有力地维护了教育资源的合法权益。如：一所学校旁边有一块不起眼的空地，长期给居民占据，堆放垃圾，无人管理，学校很无奈，校容校貌也因此受到影响。我站档案室同志得知后，立即查找相关的图纸和产权证资料，与学校一起找区房地局、小区物业、小区居委会等部门进行协商，我们据理力争，以理服人，依法行事。在确凿证据面前，居民只能放弃占着的空地，还学校以整洁的周边环境。档案的有效利用，对保证教育教学秩序的正常进行起到了保驾护航的作用。

从 2009 年开始的全国中小学防震校舍安全加固工程启动后，由于杨浦区学校多，老校舍比例也较大，在前期房屋检测的过程中，我站的档案室提供了近 80%学校的基建图纸档案材料，共完成检测校舍总面积 60.36 万平方米，排查学校 163 所，借出档案资料 135 册。为检测单位提供了极大的方便，也为后续加固工程赢得了宝贵的时间，更为国家节约了大量的资金。

在我国经济全面发展的历史背景下，做好档案管理工作，不断更新档案管理观念，勇敢探索和尝试新的档案管理手段，以全面、真实地反映我系统校舍整体发展的状况，我们的工作也得到了上级领导的充分肯定。2001年我站被评为杨浦区档案管理先进单位，2002年被评为上海市档案管理先进单位，是全市普教系统基建站中唯一的档案市级先进单位。虽然取得了一些成绩，但我们感到，随着科学技术的发展，现代化技术、现代化管理为档案工作带来了新的发展契机。如何对基建档案实行电子文档管理；如何加快实现从手工检索向计算机检索过渡，提高查找档案的速度；如何加快建立档案管理网站，使站档案室与基层学校、其他业务部门进行网络连接，实现档案信息的网上查询和借阅等等，都是值得我们探索的。我们要不断地开拓进取，努力学习，严格按照《档案法》的要求，认真做好档案管理工作，为基层学校提供优质服务，为杨浦教育事业的发展作出我们应有的贡献。

# 校舍安全工程档案管理初探

上海市崇明县教育局基建设备管理站　陶惠红

2008年汶川地震发生后，党中央高度重视学校建筑质量，决定从2009年开始，用三年时间，对全国各级各类城乡中小学存在安全隐患的校舍进行抗震加固、迁移避险，提高综合防灾能力，消除安全隐患，把学校建成最牢固、最安全、最让家长和人民群众放心的工程。又从校舍安全工程的特点出发，制定了《全国中小学校舍安全工程档案管理办法》，对建立校舍档案的责任主体、档案内容、组卷编目、保管期限等做出了规定，从而建立完整的纸质档案和电子档案系统。

崇明县根据《上海市中小学校舍安全工程实施方案》精神，从2009年8月5日开始至11月10日止，邀请上海同济大学建设工程抗震鉴定委员会专业人员对全县75所学校537栋校舍进行排查鉴定，建筑面积共616171平方米。鉴定结果是：118栋建筑物需要进行加固改造，改造面积为116710平方米；建筑物拆除后需重建的有19栋，重建面积为39168平方米。在校舍安全排查鉴定的基础上，按照《崇明三岛总体规划》及县教育事业发展规划精神，结合崇明县教育设点布局规划，进行调查论证，编制了《崇明县中小学校舍安全工程规划》。根据规划，2009学年度完成加固面积30140平方米；2010学年度完成加固和重建面积85884平方米；2011学年度完成加固和重建面积39854平方米。共需资金35008.55万元。目前2010年的校舍安全工程项目已接近尾声，笔者结合自己从事档案管理工作的实际，对校舍安全工程档案管理谈几点认识。

## 一、建立校舍安全工程档案的必要性

1.党和政府对民心工程的要求

2009年4月8日，国务院办公厅印发的《中小学校舍安全工程实施方案》，明确提出各地人民政府组织对行政区域内各级各类中小学现有校舍（不含在建项目）进行逐栋排查，按照抗震设防和有关防灾要求，形成对每一座建筑的鉴定报告，建立校舍安全档案。国务委员刘延东2009年5月8日在全国中小学校舍安全工程工作电视电话会议上的讲话，强调在排查鉴定的基础上，实现在全国每一所学校都有校舍安全档案，每一个地区的教育和建设主管部门都要掌握辖区内每一座校舍的安全信息。

2. 校舍安全工程自身的要求

(1)资料文件多

校舍安全工程的实施时间是三年，面广量大，涉及各级政府、校安办和有关部门，将印发大量的管理文件和资料，这些文件和资料必须进行系统的整理和归档，以全面反映校安工程的实际。

(2)工程环节多

校舍安全工程增加了排查鉴定的环节。排查既包括对学校场址的排查，也包括对所有单体建筑物的排查。根据不同地区的特点，对校舍的鉴定包括抗震鉴定、安全鉴定、抗淹没抗洪水冲击等综合防灾能力的鉴定等。这些排查鉴定报告是对校舍进行加固改造的重要依据，必须妥善保管。

(3)标准要求高

校舍安全工程不仅仅是危房改造，要求既要达到新的抗震设防标准，又要达到综合防灾要求。因此，每一个建设环节都必须高度重视，必须严格按照基本建设程序施工，将各种施工文件保存下来，确保将校舍安全的责任落实到每一个环节。

3. 学校基建档案发展的要求

在科教兴国的思想指导下，学校硬件设施不断更新，校舍建设快速发展，基建档案查阅、利用越来越频繁。崇明县各学校校舍经历了薄弱学校更新改造、校舍达标建设、幼儿园三年改造计划，一直到现在的校舍安全工程，期间虽然形成了大量新的基建档案资料，但是在校舍改、扩建过程中，需要反复利用的还是原始的基建档案资料，为制定新的设计方案进行调研论证。校舍改造往往会涉及校舍结构、水、电、煤等管线的变动，为使校舍改造既达到标准要求，又体现投资效益，就要在设计过程中反复地利用原有基建资料作为参考依据，甚至在施工过程中也需要时常核对原来的设计图纸，这都会使基建档案资料的利用率大大增加；检查、督导、总结时需要相关数据，也需要查找基建档案资料，使基建档案资料利用频率越来越高。因此要确保校舍基建档案按规定完整地收集、整理、立卷、归档。

## 二、校舍安全工程档案管理的内涵及主要方面

所谓校舍安全工程档案是指校舍安全工程在实施过程中和各校舍项目在排查鉴定、规划、加固改造等各个阶段所形成的，与校舍安全有关的、具有保存价值的各种类型的资料和记录。

校舍安全工程档案主要分纸质档案和电子档案两种，电子档案应与纸质档

案内容相一致。

1. 纸质档案

纸质档案分综合卷、规划和经费卷、监督监察卷、学校总卷、项目分卷。其中项目分卷又分为安全工程实施前项目建设和加固改造文件、排查监督文件、工程准备阶段文件、监理文件、施工文件、竣工图、竣工验收文件。以学校为基本单位，做好学校基本情况简介、学校规划、平面图等资料的采集整理收集。各个学校以每一个单体建筑物为基本采集信息，对当前的校舍基本信息、校址校舍排查信息、校舍鉴定信息、校园校舍规划信息、校舍加固改造或重建迁建信息等进行全面信息资料收集填报。校安工程在实施过程中，每个环节所形成的、与校舍安全有关的、具有保存价值的各种形式的记录都要及时收集。要对每一个校舍单体建筑的纸质档案进行整理归档，做到一栋房子一盒档案，每一盒档案里含有设计图纸、排查资料、整改方案、校舍图片等。

2. 电子档案

电子档案管理即对归档的纸质档案材料进行数字化处理，实现纸质档案和电子档案的对应，按要求纳入《全国中小学校舍信息管理系统》，通过归集电子文档、扫描、照相等形成电子档案。系统内的数据由三部分组成，分别为学校及校舍基础数据、校舍安全排查鉴定规划数据、校安工程实施数据。每一部分数据录入完成后，均需依次审核，审核后方可录入下一部分数据，实现所有项目纸质档案和电子档案的一一对应。

## 三、校舍安全工程档案的重要性

1. 对推动学校可持续发展具有十分重要的意义

校安工程档案是学校校安工程建设活动中形成的第一手材料，档案管理的最基本目的是记载工程项目在建设、改建、维修、使用过程和结果的技术状态记录。校舍安全工程档案是从项目排查、鉴定、规划、招投标、设计、施工、监理、竣工验收、办理基建财务决算等环节中直接形成的、必须进行整理立卷的、具有保存价值的（文字、图纸、图像、声像等）各种载体的文件材料。这些档案是学校校安工程建设的真实记录，它既为学校的建设、改扩建、维修、管理服务，又为学校的教育事业的不断发展服务。所以，做好校安工程项目的档案管理工作对推动学校教育事业可持续发展具有十分重要的意义。

2. 为学校规划、建设、管理工作提供现状和历史依据

校安工程档案作为基建档案的一个特殊门类，它依据的就是原有的基建档案资料，在原有的基础上进行加固改造或拆除重新建造。它涉及工程的排查鉴定、规划、设计、施工、监理、建设单位以及建设单位的主管部门和其他有关部

门,任何基本建设缺少基建档案,就缺少了使用和改造的依据。基建档案不仅反映了建筑物的变化和发展,也为学校规划、建设、管理工作提供了现状和历史依据。如校安工程的前期工作中,需要对学校校舍逐一进行排查、鉴定,必须查阅大量的过去和现在的档案资料,为校舍抗震加固提供科学依据。

3. 校舍安全工程档案是校舍后续各项管理的凭证和依据

校舍安全工程档案记录了工程建设的全过程,真实反映了工程项目管理过程和工程实体的现实面貌,校舍安全工程档案具有比工程实体本身更长久的寿命,规范、准确的档案资料是工程进行维修、管理、改扩建、使用的凭证和依据。基建档案中存有大量的图纸,可以更为直观地反映建筑物的内部构造,这是其他文件所无法替代的。如学校对管线进行维修、改造的时候,需要了解该校舍工程管线的具体位置,就要到档案室查找相关工程竣工图,这时档案资料充分发挥了其应有的作用。

## 四、校舍安全工程档案管理目前遇到的问题

1. 学校校舍基础数据收集难度大

基建档案收集难是众所周知的问题。由于基建档案具有成套性、专业性、形成周期长、涉及部门多等特点,使基建档案的收集工作具有相当难度。基建档案收集除了我们所能观察到的地面以上的建筑物以外,还包括隐蔽工程、地下管网等,这些工程多隐藏于地下或墙体内,具有不可见性,这种不可见性往往导致相关档案收集时的疏漏或缺失。校舍安全工程主要是在原有校舍基础上进行加固改造,而许多校舍的原始资料已经残缺不全,给排查、鉴定以及加固设计造成一定的困难。另外《全国中小学校舍信息管理系统》中要求采集的138项基础信息中大部分都是校舍原有的各种信息,事隔数十年,许多档案资料如今都无法查询到,主要是当时的建筑施工和管理不太规范,导致相关档案收集时的疏漏或缺失,因此许多学校的校舍档案资料都是不完整的,使采集工作困难重重。

2. 办公设施设备不足

目前崇明县中小学校档案工作人员的办公条件比较简陋,库房面积狭小。办公所需的电脑能基本保证,但摄像机、照相机、扫描仪、复印机、吸湿器等设备缺乏,导致难以提高档案质量。

3. 基建档案管理人员配备不足,业务素质参差不齐

基建档案的综合性、专业性较强,涉及很多的专业。但与之矛盾的是档案管理人员的业务素质参差不齐,大部分只能提供一些原始图纸、批文等档案资料,很少能提供准确、系统、高效的服务,更不用说进行档案编研。目前崇明县

许多学校和工程施工队从事基建档案管理工作的人员多数是兼职的，由于人手不够，造成基建工程与档案资料管理工作严重脱节，档案资料流向不清，从而影响了档案管理的质量。例如崇明某学校，是整体迁建的，2008 年 9 月已正式投入使用，由于该校基建档案人员是由文书档案人员兼职的，不熟悉基建档案业务，对于基建档案的整理、归档无从着手，到 2010 年 6 月该校的基建档案资料还没有整理归档，由于没有及时归档，导致了一些原始资料的缺失，给后续档案利用造成了不便。

4. 重建设、重使用，不注重档案管理

校舍安全工程档案和基建档案一样，同样具有多样性、复杂性、成套性等特点。但由于经济利益或赶工期等因素，学校和施工单位领导往往只重视工程建设、校舍使用，忽视工程档案管理。造成基建档案的收集、整理、归档工作与工程建设不能协调开展，使工程项目管理和技术文件资料处于分散、损坏、丢失等情况下，形成了基建档案归档滞后的局面。随着时间的推移，有些重要的档案材料由于散放而造成丢失。有的为了应付上级部门的检查东拼西凑，形成“回忆录”式的档案，造成档案资料质量不高。如随意使用纯蓝墨水、圆珠笔、铅笔等书写，这些不耐久字迹会随着时间的推移磨损脱落，扩散褪变，造成信息记录看不清、看不准。有的材料和图纸不注明日期，有的有日期却无原始签名和印章，影响了判断。

## 五、如何解决校舍安全工程档案管理中遇到的问题

1. 提高认识，统一思想

要充分认识到中小学校舍安全工程档案是提高中小学校舍安全管理的基础工作之一，规范校舍安全工程档案管理是做好中小学校舍安全的一项重要工作，对全面掌握中小学校舍安全信息，充分发挥档案资料在校舍建设、改造、维修、使用、管理中的作用具有重要意义。

2. 加强领导，完善校舍安全工程档案管理组织

要做好校舍安全档案管理工作，必须从源头重视。首先要建立校舍安全工程管理领导小组，完善校舍安全工程管理机制，安排专项工作经费，为顺利开展全县校舍安全工程工作提供可靠的组织保障。其次要专门抽调人员具体负责校舍安全工程档案工作，并负责对各学校校舍安全工程档案人员进行定期培训、指导工作，以提高校舍安全工程档案人员的整体水平。再次是硬件设施要配备到位。要设置恰当的办公场所，配备电脑、照相机、刻录机、扫描仪等办公设备，添置档案专柜，创设合格的办公条件。

3.健全管理制度,规范校舍安全工程档案各环节的管理

(1)健全制度,规范管理。按照《全国中小学校舍安全工程档案管理办法(试行)》、档案管理的法律法规及国家规定的有关规定与标准,制定切实可行的校舍安全工程档案管理制度,明确档案管理人员的职责。如制定《档案人员岗位制度》、《档案收集、归档、保管、统计、保密制度》等相关规定,确保校舍安全工程档案工作有章可循,促使校舍安全工程档案管理制度化、档案装订规范化、档案流动程序化、远程查询信息化。

(2)齐全资料,完整内容。校舍安全工程档案主要包括纸质档案和电子信息档案,纸质档案以学校为基本单位,以校舍单体建筑物为基本采集信息点,做好资料的收集整理。纸质档案的收集对象有各种正式文件(请示、批复)、学校的平面图、规划图、工程图纸、报表、排查鉴定表、学校简介、建筑物明细表等。由于历史原因,造成基建资料不齐全的,在档案收集时要注意补缺补漏。校安工程实施后的校舍资料、排查鉴定报告、规划制定、组织实施、竣工验收各个阶段产生的原始资料要及时、完整的收集。对于无法取得原件的归档资料,可由提供单位确认一致后将复印件加盖公章归档。电子信息档案收集应按校安办对图像视频的要求进行收集整理。

(3)及时管理,规范立卷。为确保校舍安全工程档案齐全、完整、系统,就要把校舍安全工程档案工作与工程建设的各个环节密切联系,同步进行,要严格按照《全国中小学校舍安全工程档案管理办法(试行)》、《建设工程文件归档整理规范》等文件要求,做好校舍安全工程档案的整理、分类、立卷、归档。整理要按规定对每个校舍单体建筑物的纸质和电子档案进行整理归档,做到一栋建筑一盒档案,每一盒档案里含有设计图纸、排查鉴定资料、整改方案、建筑物图片等,确保档案立卷做到格式统一、字迹工整、图像清晰。使档案资料做到文件齐全、分类准确、体系鲜明、方便管理、方便利用,实现校舍安全工程档案为校舍安全工程服务,为今后学校建设提供有价值的资料依据。

4.严格把好校舍安全工程项目竣工档案验收关

中小学校舍安全工程建设项目的竣工验收是对工程质量进行全面的检验和考核。它不仅对工程的实体验收,也是对工程档案的验收。档案人员在接受竣工档案资料时,应按照《全国中小学校舍安全工程实施细则》的标准,结合所签订的合同和协议,对其进行严格审查。检查各个阶段形成的档案是否符合规范要求,以保证档案的完整性;检查归档资料上是否有相关负责人的签字、盖章,以保证档案的有效性;检查文字及图表数据内容是否与实际项目相符,以保证档案的准确性;检查归档文件是否分类进行整理和编目,以保证档案的系统性。如发现有缺项、少项,要求其及时一次性补齐,不留后患。

5.档案管理者及其相关人员的应增强档案意识，加强业务学习

针对一些工作人员档案意识薄弱、档案管理人员业务水平参差不齐等现状，一要积极开展宣传教育，增强全员档案意识。结合“校安工程”的特点，加强对基建管理部门、工程质量监督机构、项目设计及建设施工单位档案管理人员的培训，使每个工作人员都知道、了解、重视校舍安全工程档案管理这项工作，各负其责，把好自己的关口。二作为基建档案管理人员应具备熟悉基建专业知识，掌握电子文档管理和网络技术、现代管理理论的技能。以业务素质的提高为着重点，创造条件参加《档案法》及《全国中小学校舍安全工程档案管理办法》等有关基建政策文件、档案知识的学习，不断提高业务能力，自觉增强责任意识，积极主动，实行跟踪收集、动态收集、严把质量关。

校舍安全工程是一项功在当代，利在千秋，重于泰山的民心工程，校舍安全工程档案是反映校舍安全工程项目全过程的真实面貌，校舍安全工程档案管理工作是一项对历史负责，为现实服务，替未来着想的工作。档案人员要爱岗敬业、认真踏实地做好校舍安全工程档案管理工作，实现校舍安全工程档案工作自身的价值，为校舍安全作出应有的贡献。

## 参考文献

[1]宗培岭.科技档案管理.上海:上海社会科学院出版社,2002.
[2]周玲.文件管理.上海:上海社会科学院出版社,2002.
[3]杨红.档案管理.上海:上海社会科学院出版社,2002.

# 浅谈学校基建项目档案的管理

杭州市教育资产营运管理中心　屠世章

**摘　要**:学校基本建设档案是学校进行整体规划和管理的重要组成部分,更是保证学校的正常运转和日后改建、扩建工作的重要凭证和依据。而加强基建档案管理水平需要利用办公自动化;增强基建部门的责任感;制定收集归档制度,作为工作行为规范准则;逐步实现档案工作网络化管理等手段来实现。

**关键词**:学校;基建;档案管理;办公自动化;网络化管理

学校基本建设档案是学校进行整体规划和管理的重要组成部分,更是保证学校的正常运转和日后的改建、扩建工作的重要的凭证和依据。而档案管理工作是保证档案记录的连续性、真实性和完整性的可靠保证。如果忽视了基建项目档案形成的各个环节,势必影响基本建设档案的成套性和完整性。如何管理好基本建设档案,笔者从以下几个方面谈几点拙见。

## 一、学校基建档案的主要内容和特点

学校的基建项目实施同其他的基建项目一样,大体要经过立项、设计、施工、竣工验收四个阶段。这四个阶段按建设内容和任务又可分为六个步骤:(1)提出项目建设建议书;(2)进行可行性研究和编制可行性研究报告;(3)申请年度计划;办理建设项目前期手续;(4)委托设计或招标选择设计单位、地质勘察,通过设计审查和消防等审查,取得建设规划许可证;(5)招标选择施工企业、监理公司、大型设备供应商,并实施具体的建设工作;(6)竣工验收。不难看出,一套完整的基本建设项目档案的形成,需要每一个环节的文字或图纸记录,其特点是建设周期长,涉及面宽而广,内容繁杂,在实际操作过程中又有弹性因素存在,因此,对学校而言,必须派专人进行基建项目档案的管理工作,及时掌握基本建设档案的每一个环节是至关重要的。

## 二、影响学校基本建设档案真实性和完整性等几个方面的问题

### 1. 建设单位存在的主要问题

学校是建筑工程项目管理的主体,而学校管理部门自然地成为学校基建档

案管理的主体。因此,就必须建立完善的档案管理组织体系和制度制约体系。然而,在实际工作中,学校只重视工程进度、质量、工期等硬件效果,而往往忽视档案资料软件的随时收集工作,造成收集、整理基建档案难度加大。那种只靠档案员来协调这项工作的情况,在实际中是比较困难和难以实施的。因此,要想做好这项工作,首先,主管学校基建的领导必须重视档案工作,要把这项工作摆到进度、质量、投资同等重要的地位。其次,基建管理部门的规划、计划、工程等管理人员之间互相协作,密切配合,认真负责,也是十分重要的。只有这样,才能更好地完成这项工作。

2.施工单位存在的主要问题

由于各种人为因素的存在,加上施工单位管理人员自身素质不高,就导致了基本建设档案长期以来受弹性操作的影响,形成了基建档案管理状态松散。施工单位对图纸及有关资料的保管没有引起足够的重视,工程结束后,缺张少页是常事,收集数据不准确,相互推诿、扯皮、不交、迟交、遗失或损坏基建档案的问题也不同程度存在,这样就严重影响日后办理建设项目竣工验收、产权登记等手续,导致基本建设档案不完整。

上述存在的问题,最终导致学校基本建设档案缺乏真实性和完整性。因此,加强学校基本建设档案管理工作迫在眉睫。

## 三、提高学校档案管理人员水平的有效措施

1.在基本建设工程的实际运作中,因基本建设档案材料形成的周期长,涉及的面广,专业技术性强,要求工程承包单位是实施运作该项工作的保证

目前,一个工程建设项目完成后不论是总承包还是分承包,都应按照《城建档案归档条例》及《学校档案归档条例》要求负责整理所承包工程的基建文件材料,统一向建设部门提交完整的、准确的、系统的学校基建档案材料。基建部门要把好文件材料形成的质量关,为今后办理建设项目竣工验收、产权登记以及建筑物维修、改、扩建提供第一手资料。

2.加强学校档案管理部门的科学管理水平是做好档案管理工作的基础

办公自动化的普及是历史发展的必然。不科学管理学校基建档案,将阻碍档案工作的正常运转,最终直接影响到学校基建档案的开发利用工作,同时制约和影响着档案管理现代化的进程。那么如何科学管理呢?第一,要提高档案人员的管理水平。除了要有较高的档案基础知识技能外,还要懂得基建方面的工作程序以及法规政策。档案人员具备了这些知识技能,才能有效地把握档案形成过程中的关键环节,确保档案质量。学校档案部门应努力提高服务质量,结合现代化手段强化基建档案的开发和利用。第二,要增强基建部门的责任

感。学校基建部门是收集、利用大量档案基础材料进行基建规划的设计者，又是基建档案的形成者。所以基建部门应有专人负责分管档案工作，并配备具有专业知识的专(兼)职档案人员，负责基建文件材料的形成、收集、积累和归档工作。档案部门和基建部门之间要建立良好、密切的协作关系，制定制度和管理办法，宣传集中统一管理的重要性，档案人员和基建管理人员应密切配合，消除他们的心理障碍，使之能主动将竣工档案交到档案部门集中管理。第三，制定收集归档制度，作为工作行为规范准则。基建档案工作制度应在基建部门立项的同时下达，在基建部门与施工单位签订合同时，把此制度作为附件附上，使施工单位明确基建档案要求，保证能在竣工验收时提供完整的档案材料。第四，做好“三个同步”。基建与基建档案工作纳入基建规划、计划、管理制度和工作技术人员职责范围之中，做到三个同步：基建一开始就与建立基建档案规划同步进行；工程建设实施过程，与竣工材料积累、整编、审定工作同步进行；工程交工验收与提交一整套合格的竣工图同步进行。对竣工图等材料编制不够完整、准确、不符合归档要求的，都要及时进行查漏补缺。工程交工验收时，必须要有学校档案部门参加验收，如果竣工档案归档不全，档案部门不能验收，有关部门也不能办理正式交工的其他手续。

3. 实现档案工作网络化管理

学校基本建设档案的管理工作，已经从经验管理转向科学管理，逐步采用信息化管理。如果管理手段停滞不前，将不能有效地保护及利用基建档案为学校服务，尤其是要参与学校网络整体建设，基建档案不能例外地进行的网络化管理，使基建档案管理及利用更为科学、便捷。

# 第四篇　工程技术

# 温州地区中小学校教学楼节能及维护结构热工设计问题的探讨

温州市教育基建中心　黄建鸿

## 一、引　言

建筑节能是指在建筑物的规划、设计、新建(改建、扩建)、改造和使用过程中,执行节能标准,采用节能型的技术、工艺、设备、材料和产品,提高保温隔热性能和采暖供热、空调制冷制热系统效率,加强建筑物用能系统的运行管理,利用可再生能源,在保证室内热环境质量的前提下,减少供热、空调制冷制热、照明、热水供应的能耗。

我国是一个发展中大国,又是一个建筑大国,每年新建房屋面积高达17亿～18亿平方米,超过所有发达国家每年建成建筑面积的总和。随着全面建设小康社会的逐步推进,建设事业迅猛发展,建筑能耗迅速增长。建筑耗能总量在我国能源消费总量中的份额已超过27%,逐渐接近三成。

建筑节能是缓解我国能源紧缺矛盾、改善人民生活工作条件、减轻环境污染、促进经济可持续发展的一项最直接、最廉价的措施,也是深化经济体制改革的一个重要组成部分。

近年来,建设部和浙江省建设厅分别发布实施了国家标准《公共建筑节能设计标准》(GB 50189—2005)和浙江省标准《公共建筑节能设计标准》(DB33/1038—2007),对公共建筑节能设计作出相关规定。但是对于中小学教学楼来讲,由于其使用的特殊性,现有节能规范中维护结构热工设计的规定对其是否适用,还是值得探讨的。

## 二、现有节能措施的问题分析

### 1.节能效果分析

根据建筑气候分区,温州属夏热冬冷地区,最冷月平均温度7.6℃,最热月平均温度27.9℃。该地区为亚热带海洋性季风气候,温暖湿润,雨量充沛,四季分明,光照充足。

由于这些气候特点,该地区建筑物的能耗主要是夏季用于制冷降温的能耗；建筑节能的热工设计，涉及防热、除湿和过渡季节的自然通风等内容，以夏季防热节能为主，兼顾冬季保温。

由于学校的特殊性，教学楼在每年冷热负荷处于峰值时停用2～3个月，且不设置空调系统，为此，浙江省公共建筑节能标准对此做了分类，将其列为丙类，对外墙传热系数限值的要求做了适当降低。但是由于教学楼没有采暖和供冷系统，其主要能耗是以照明为主，从节能的角度讲，对维护结构传热系数进行限制意义不大。教学楼的节能设计重点应在于如何增加采光、采用高效节能照明产品、降低照明灯具能耗。

从传热原理来讲，窗户的传热过程是辐射传热、对流传热和导热的综合过程，太阳辐射热是影响建筑环境的主要热源，也是建筑热环境四个参量中影响最大的一个，夏热地区窗户节能的重点是尽量减少通过窗户进入室内的热量，由此可知夏热冬冷地区夏季窗户由太阳辐射进入到室内的热量比基于室内外温差的热量大，尤其是西向窗户的辐射热量比温差得热大的多，占热流的绝对主导地位。因此减少辐射得热是夏热地区建筑物外窗节能的首要任务。但是在使用中，教室人员密集，需要自然通风，因此教室窗户基本敞开，教室内没有密闭性，对外窗的传热系数进行限制也毫无意义。

2.与传统建筑相比，增加了造价

目前，温州地区学校建筑保温做法基本上是采用外墙外保温系统，采用聚合物保温砂浆及断桥隔热铝合金＋中空玻璃组合窗，与传统没有保温的做法相比，提高了造价，加大了投资。

例如，某教学楼为2008年建造，6层，建筑面积3404平方米，中标价580万元。其外墙做法为：加气混凝土砖墙＋界面剂＋30厚聚合物保温砂浆＋热镀锌钢丝网＋8厚抗裂防渗砂浆＋6厚1∶2.5水泥砂浆找平＋外墙弹性涂料，与传统不保温墙体相比，增加了界面剂、保温层、钢丝网等，每平方米增加造价约40元，外墙面共1700平方米，此项增加造价约7万元。外窗采用中空玻璃断热型铝合金组合窗，每平方米造价约700元，与普通塑钢窗相比，每平方米增加造价约470元，外窗面积约600平方米，此项增加造价约28万元。两项合计共增加造价35万元，占工程总造价的6％。

3.外墙保温系统的使用寿命需要技术突破

除了制造成本等因素，保温材料的使用寿命成为一个需要技术突破的问题。“在正确使用和正常维护的条件下，外墙外保温工程的使用年限不应少于25年”，这是参考了欧洲技术认定组织EOTA ETAG 004《有抹面复合外保温系统欧洲技术认定指南》的规定。外保温工程的使用年限只有25年，与主体建筑设计使用年限50年，相差了一倍，这意味着，在外保温工程寿命到期后，对于房屋的保温系统的更新又是一个浩大的工程。外保温工程不等同于装修工程，投资大、工序多、影响面广。

25 年的使用寿命是基于欧洲的经验及相关的耐候性检测得出的，而国内的外保温才做了 10 年的时间，根据实际情况，由于材料、施工等综合因素，其实际的使用年限又大打折扣。

4. 存在质量问题

目前外墙外保温系统是国际上建筑围护结构节能的主流技术，夏热冬冷地区常见的外墙外保温系统有：EPS 板薄抹灰系统、XPS 板薄抹灰系统和胶粉聚苯颗粒保温系统。其缺点是：薄抹灰系统发展的历史不长，在北方寒冷地区虽有较成熟的经验，但在夏热冬冷地区使用的建筑物尚未经过时间的考验，保温企业没有根据夏热冬冷地区的实际气候条件进行改进和实验。北方寒冷干燥，而夏热冬冷地区闷热多湿、冬夏温差大，在技术上是否可行，目前还没有经过实例检验。XPS 板薄抹灰系统目前很难通过国家级的检测机构进行的系统认证，胶粉聚苯颗粒保温系统保温性能不理想，且施工质量控制难以控制。EPS 板薄抹灰系统饰面层采用粘贴瓷砖的技术还没有相关的国家标准及行业标准，也没有通过系统的检测。

另外，由于材料、设计、施工等综合原因，目前保温工程还存在许多质量问题，如保温层大面积隆起、开裂、渗水、脱落，或者是墙角结露、甚至长霉。

5. 建造耗能成为主要耗能

据统计，普通办公楼的建造能耗与用电能耗及供暖能耗的比为 1∶2.2∶1.8，而教学楼没有空调及供暖系统，因此建造能耗成为主要能耗。而建造能耗主要来自材料生产过程和施工过程。建材生产能耗可以用含能来表示，根据国内外数据的收集，作为一种保温材料，聚氨酯的含能是钢材的 2.5 倍，是水泥的 13.5 倍，是木材的 41 倍。因此，外墙保温系统的建造能耗在教学楼建造过程也占了一定的比例。

## 三、教学楼维护结构热工设计重点

从以上分析可以看出，从节能的角度来讲，目前公共建筑节能设计标准中关于外墙及外窗的传热系数限值的规定还不适用于中小学教学楼。但是，为了给师生提供舒适的室内教学环境，还是应当从建筑体形、朝向、通风、遮阳等方面来考虑教学楼的热工性能。

1. 建筑体型

体型设计时，注意用最少的围护结构面积形成满足功能要求的室内空间体积，外墙表面积越少越有利于建筑节能，平面应形状规整，尽量减少外围护结构面积，其意义在于减少不必要的墙体外表面积，减少热传递。在满足使用功能要求的前提下，平面形状设计为长条形，增加冬季直射室内的阳光，夏季减少太阳辐射。

2. 建筑朝向

温州地处浙江东南部，围护结构外表面受到的日晒时数和太阳辐射强度，以水平面为最大，东西向其次，东南和西南又次之，南向较小，北向最小。受季风气候影响，风向和风速变化比较明显。夏季为东南偏东风，冬季为西北风，全年最多风向为东风。

为使建筑物在夏季减少日晒和太阳辐射，增加通风，冬季尽可能多的获得太阳辐射，同时考虑避开冬季主导风向，因此必须综合考虑环境等其他因素，正确选择房屋的朝向。

3. 自然通风

自然通风散热对于夏热冬冷地区夏天隔热是有效而且经济的方法，其原理主要是风压通风和热压通风。总平面布置时，建筑错开摆放、前低后高、利用道路和绿化组织风道，建筑物内部可以通过设置中庭、天窗、天井、廊道等办法，传造热压通风的条件，带走室内的热量。

4. 遮阳

由于大面积玻璃窗由玻璃和金属结构组成，而玻璃表面换热性强，热透射率高，故对室内热条件有极大的影响。在夏季，阳光透过玻璃射入室内，是造成室内过热的主要原因。特别在南方炎热地区，如果人体受到阳光的直接照射，将会感到炎热难受。为了改善建筑的室内热环境，采用遮阳技术无疑是一项重要的技术手段，它不但可以防止眩光，还可以在夏季阻挡直射光透过玻璃进入室内，防止阳光过分照射造成围护结构温度过高；在冬季又能使阳光进入室内，提升温度。

水平和垂直遮阳综合使用是有效的办法。教学楼的设计尽量采用南廊布置，南面的走廊可起到水平遮阳的作用。在外窗上设置遮阳系统，也是减少阳光直接照射的有效做法。与过去相比，目前这样材料除了钢筋混凝土外，还有铝合金、钢塑、原木等，构造也多种多样，为建筑师提供了良好的创作条件。

遮阳板的设置也要注意避免影响室内空气的流动速度，因为遮阳板的存在会对建筑物周围的风压产生影响，当其角度与风向不一致时，风速将会大大降低，而且，遮阳的设置方式也会对气流产生不同的影响。而对于垂直遮阳来说，由于风向是经常变化的，所以固定的垂直遮阳板应顺应夏季的主导风来设置相应的角度，而更好的方法是采用可调节的垂直遮阳板，使建筑最大限度地适应气候的变化。目前较为先进的智能建筑，其外遮阳构件都是根据太阳辐射、风向等气候因素变化由电脑控制自动调节，具有相当高的气候适应能力。

5. 其他措施

合理选择导热系数小、蓄热性能大的外围护结构材料，如使用加气混凝土砌块作为填充墙；绿化周围环境，降低环境辐射和气温；对外围护结构外表面，可铺设浅色、平滑、热反射系数大、辐射系数小的粉刷和饰面材料，以减少对太阳辐射热的吸收，降低室外综合温度，减少传进室内的热量，实现白天隔热好，夜间散热快。

因工程造价方面的因素，许多更先进的节能设计技术如双层通风玻璃幕墙、带空气间层的双层砌块墙、外墙绿化、太阳能、风能可再生能源应用技术目前还难以在学校建筑中得到应用。

综上所述，从节能的角度出发，目前节能设计规范中对外墙及外窗的传热系数限值还不适用于中小学教学楼。为了给师生提供舒适的室内教学环境，在设计时应着重从建筑朝向、自然通风、遮阳、外墙材料、绿化等方面来重点考虑教学楼的热工性能。

# 粘贴碳纤维布加固法在某建筑结构补强中的应用

浙江师范大学 朱 斌

同济大学 朱 宁

## 一、工程概况

某公共建筑使用功能为某学校国际交流中心，建于 2007 年。主体结构为 11 层框架结构，设有 2 层裙房，主体与裙房间设有抗震缝。现由于裙房局部使用功能改变，需将局部屋面原有孔洞封堵。按照现行《混凝土结构设计规范》(GB5010—2002)对结构进行验算，计算结果表明封堵区域原有结构梁的承载力不够，需采取加固措施。孔洞封堵区域结构平面布置及需加固构件布置示意图见图 1。

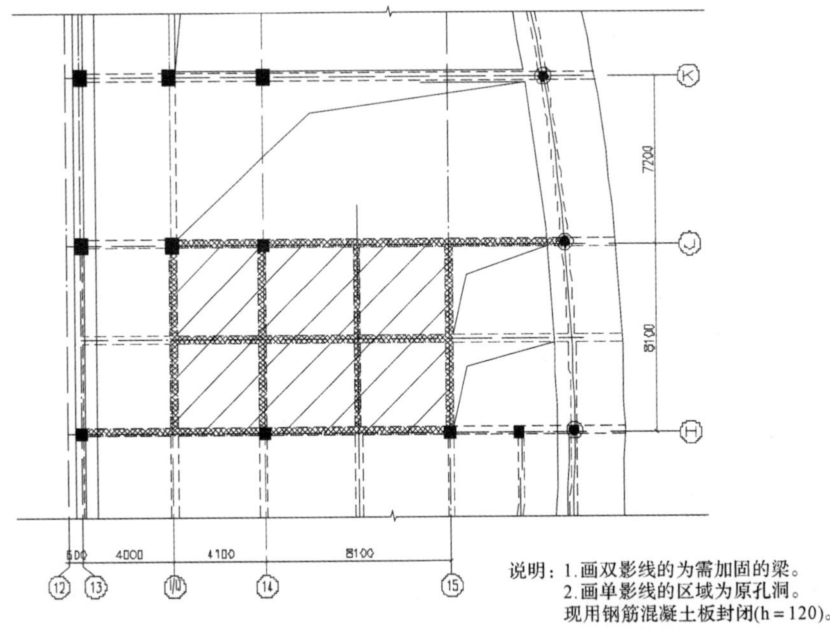


图 1 孔洞封堵区域结构平面布置及需加固构件布置示意

## 二、加固方案选择

目前我国在钢筋混凝土结构加固修补技术方面，经常采用的方法有加大截面法、粘钢加固法、预应力加固法等。本工程由于工期、资金和建筑功能的要求，对加固方案提出了较多限制。综合考虑，本工程确定采用近年来在国内兴新的加固技术——粘贴碳纤维复合材料(CFRP)加固技术。它是利用树脂类胶结材料将碳纤维布粘贴于混凝土表面，从而达到对结构构件补强加固及改善结构受力性能的目的。

粘贴碳纤维复合材料(CFRP)的优点有：(1)抗拉强度高，是普通钢材的10多倍，可达到高效加固的目的。(2)自重轻，厚度薄，密度只有普通钢材的1/4，对结构自重和截面尺寸影响很小。(3)具有良好的耐腐蚀性和耐久性，增加了结构耐酸碱和抗大气环境腐蚀的性能，对混凝土结构起到保护作用。(4)施工方便，不需要大型机械，易裁剪，方便灵活，功效高，工期短。(5)适用面广泛，可用于各种类型结构和结构任何部位的补强和加固。

## 三、加固设计

1. 基本假定

依照加固梁的破坏特性，在极限状态下受拉钢筋屈服、碳纤维失效、混凝土被压坏的原则，并结合现行的《混凝土结构设计规范》中关于正截面受弯承载力计算的基本原理，做出如下假定：

(1)梁受弯后，截面的平均应变始终符合平截面假定，即混凝土、钢筋及碳纤维布的平均应变保持线性关系；

(2)不考虑受拉区混凝土的作用；

(3)应力—应变的物理关系为：

①钢筋采用理想弹塑性应力应变关系，即当应力小于屈服强度时，应力应变呈线性关系；当应力大于屈服强度时，应力取屈服强度。

②混凝土采用如下应力应变关系：

当 $\varepsilon \leqslant \varepsilon_0$ 时，$\sigma = f_c[2 \times \varepsilon\varepsilon_0 - (\varepsilon\varepsilon_0)^2]$；

当 $\varepsilon_0 \leqslant \varepsilon \leqslant \varepsilon_u$ 时，$\sigma = f_c$。

③碳纤维布采用线弹性应力应变关系，即 $\sigma_{cf} = E_{cf}\varepsilon_{cf}$。

(4)达到受弯承载力极限状态之前，碳纤维与混凝土不发生剥离破坏。

根据上述假定，截面应力分布图如图2所示。

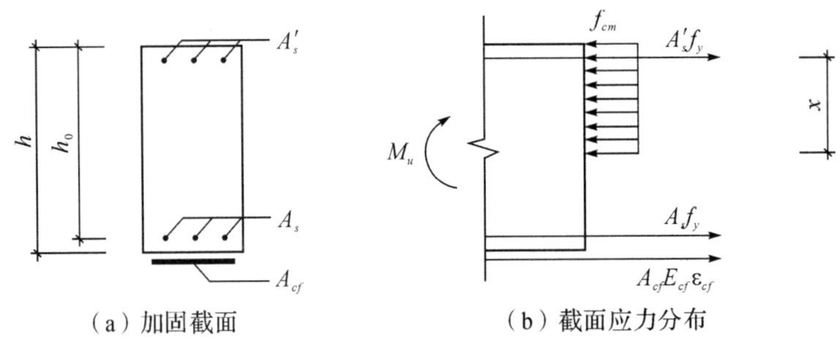


（a）加固截面　　（b）截面应力分布

图 2　加固梁的截面应力分布

2. 材料及设计强度的选取

混凝土的强度等级为 C25，强度设计值取 $f_c = 11.9\text{N/m}^2$；钢筋采用 HRB335 级钢筋，强度设计值 $f_y = 300\text{N/m}^2$；采用Ⅱ类碳纤维布，碳纤维设计强度按表 1 选取。碳纤维布黏结胶采用 A 类胶，与碳纤维布采用同品牌配套胶。相关指标符合《混凝土结构加固设计规范》(GB50367—2006)的相关要求。

**表 1　碳纤维布的主要力学性能**

| 项　　目 | Ⅰ | Ⅱ |
|---|---|---|
| 单位面积重量($\text{g/m}^2$) | 200 | 300 |
| 抗拉强度标准值(MPa) | ≥3 000 | ≥3 000 |
| 弹性模量(MPa) | $\geqslant 2.1\times10^5$ | $\geqslant 2.1\times10^5$ |
| 极限延伸率(%) | ≥1.5 | ≥1.5 |
| 名义厚度(mm) | 0.111 | 0.167 |

3. 计算方法

破坏模式：

粘贴碳纤维片材进行受弯加固时构件的破坏形态主要有以下几种：

(1)受拉钢筋先达到屈服，然后受压区混凝土压坏，此时碳纤维片材未达到其允许拉应变 $\varepsilon_{cf}$；

(2)受拉钢筋先达到屈服，然后碳纤维片材超过其允许拉应变 $[\varepsilon_{cf}]$，并达到极限拉应变而拉断，而此时受压区混凝土尚未压坏；

(3)加固量过大，在受拉钢筋达到屈服前受压区混凝土压坏；

(4)在达到正截面极限承载力前，碳纤维片材与混凝土产生剥离破坏。

受弯加固按前两种破坏形态进行设计计算。

计算公式：

(1)第一种破坏形式，即 $x > \zeta_{cf}h$ 时，

由平衡条件得：

$$\sum F_x = 0, A_s f_y + A_{cf} E_{cf} \varepsilon_{cf} - A'_s f'_y - bx f_{cm} = 0$$

$$\sum M = 0, bx f_{cm} \left(h_0 - \frac{x}{2}\right) + A'_s f'_y (h_0 - a'_s) + A_{cf} E_{cf} \varepsilon_{cf} a_s = 0$$

其中，$x = \dfrac{0.8\varepsilon_{cu}}{\varepsilon_{cu} + \varepsilon_{cf}}$

(2)第二种破坏形式，即 $x \leqslant \zeta_{cf} h$ 时，

由平衡条件得：

$$M = A_s f_s \left(h_0 - \frac{\zeta_{cf}}{2} h\right) + A_{cf} E_{cf} [\varepsilon_{cf}] \left(1 - \frac{\zeta_{cf}}{2}\right)$$

其中，$[\varepsilon_{cf}] = 0.01, \zeta_{cf} = \dfrac{0.8\varepsilon_{cu}}{\varepsilon_{cu} + [\varepsilon_{cf}]}$

4.梁碳纤维加固详图

以 15 轴处的梁为例，按上述计算公式，为满足设计要求，梁底需粘二层碳纤维布，H 轴处梁顶需粘三层碳纤维布，J 轴处梁顶需粘一层碳纤维布。加固截面如图 3 所示。

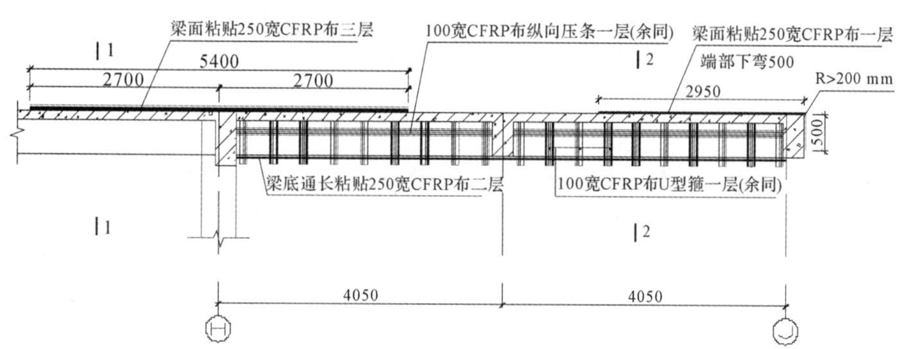


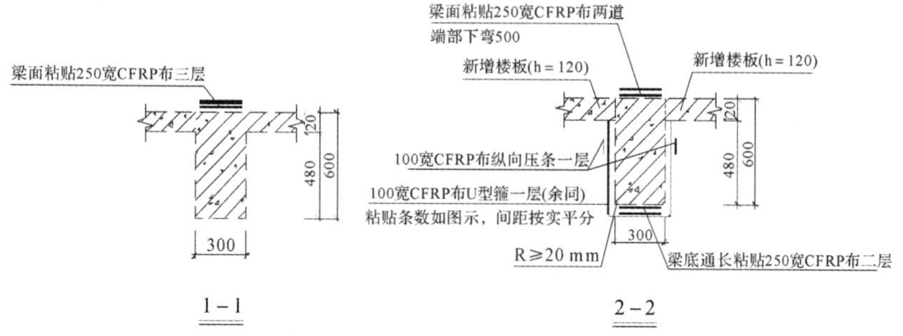


图 3　粘贴碳纤维布法加固梁示意

## 四、结构加固施工

1. 步骤

(1)清除构件表面的剥落、疏松、蜂窝、腐蚀等劣化混凝土，并修复平整；

(2)粘贴面应进行打磨，直至露出混凝土新面；

(3)用丙酮擦拭粘贴面，使之清洁无污垢；

(4)配置、拌匀并在混凝土粘贴面均匀涂刷一层胶打底；

(5)按设计和实际量测尺寸剪裁碳纤维片材，待底胶指触干燥后立即进行粘贴施工；

(6)在粘贴面和碳纤维表面均匀涂刷胶水后进行粘贴，用滚筒顺纤维方向多次滚压，以挤除气泡并使碳纤维充分浸润；

(7)重复以上步骤，进行下层或下道碳纤维的粘贴施工；

(8)干燥后，表面涂刷碳纤维胶做保护层，并均匀撒粘一层洁净的河砂便于今后粉刷。

2. 结构加固效果

本工程对封堵区域原有结构梁采用碳纤维材料加固处理后，梁断面尺寸和重量没有明显增加，构件外形没有改变，其加固效果较好、施工方便、工期短。

## 五、结　论

本工程的主体结构加固改造已完工，碳纤维粘贴量为 $300\text{m}^2$，整个工期为 20 天，工期短，加固质量保证，收到了很好的综合效益。在建(构)筑物的补强加固中，有许多问题有待我们去研究解决，本项目作为粘贴碳纤维加固法应用于钢筋混凝土结构补强加固中的一个实例，可为其他同类工程提供借鉴。

# 钻孔灌注桩施工中监控易忽略的几个问题的探讨

上海高校工程建设咨询监理有限公司　杨　震

## 一、引　言

随着我国建设工程事业的发展，钻孔灌注桩作为桩基础中常见的一种基础形式，以其施工速度快、占地少、相邻干扰小、承载力大等优点，在建设工程中被广泛应用。然而由于钻孔灌注桩施工的隐蔽性，很多因素（地质因素、钢筋笼的上浮、钻孔工艺、护壁、灌注、混凝土的配置等）会影响施工的质量，作为监理单位，如何有效避免钻孔灌注桩施工中一些工程质量问题的发生，则是我们需要解决的首要问题。笔者就钻孔灌注桩施工中几个比较容易忽略的问题加以探讨，以期大家在钻孔灌注桩的监控过程中加强重视。

## 二、护筒直径控制

护筒一般采用钢板卷制，应有足够刚度。钢护筒主要作用是：在施钻前主要起初步固定桩位，引导钻锥方向；在钻进过程中主要保证灌注桩施工中孔口不因钻机的连续钻进而发生坍塌，影响钻孔质量和施工进度。按照《建筑桩基技术规范》(JGJ 94—94)要求护筒的内径应大于钻头直径100毫米，通常来说桩径(∅)的大小即为选用的钻头直径，因此护筒的直径 $D \geqslant \varnothing + 100$ 毫米。但在实际施工中对于护筒直径的控制容易忽略。检查发现有的施工单位加工钢护筒时，直径按桩径大小加工，有的甚至按照规范规定的“桩径的负偏差”作为直径加工的依据进行加工，从而使 $D \leqslant \varnothing$，产生不合格品。诚然，钢护筒不可能像钢筋等原材料一样具有齐全的质保资料和复试要求，但是作为监理方，对于它必要的验收测量工作还是不可少的，对于上述提到的护筒在进场验收时监理都应作为不合格品作退场处理。因为以上行为不是在施工中积极地消除或减少质量偏差，而是人为提前制造偏差，这种偏差累积到一定程度就可能产生质量问题乃至质量事故，是一定要杜绝的。究其原因：一是有关施工技术人员对规范的要求没有真正领会，业务素质较低；再就是承包商受偷工减料利益的驱使，故意所为。

## 三、钻孔跳打

按照规范要求，当桩与桩的中心距小于桩管外径4倍时，相邻的桩施工时，其间隔时间不得超过水泥的初凝时间，中途停顿时，应将桩管在停顿前先沉入土中，或待已完成的邻桩混凝土强度达到设计强度的50%时方可施工，桩距小于3.5倍桩径时，应跳打施工。这里不难看出，灌注桩施工跳打的是基于混凝土初凝时间的考虑，也就是说对于桩距过小不满足相关要求的，在混凝土初凝前如若不采取跳打施工，很容易造成相邻前桩混凝土初凝前内部扰动，影响混凝土正常凝结，降低强度，影响工程质量。

但在实际施工中，钻孔跳打事宜容易忽略。对于钻孔灌注桩跳打事宜，桩基施工单位常常表现出抵触情绪，他们认为：一是来回挪动桩机费事，影响工程进度；二是施工跳打时很容易碰坏已施工完的桩，影响工程质量。同时，有些大的桩基施工单位根本不按照规范的相关要求，只凭经验施工。作为监理方，对此我们决不能忽视放任，我们都知道桩基施工单位在施工前都要编制施工组织设计，而施工组织设计中必然会结合场地情况对人力、打桩机械及行走路线作出合理调控，并且作为施工依据用来指导施工，从而有效对工程质量和进度进行控制，况且施工组织设计经过施工单位上级有关部门和监理方两次审批，其内容通常来说都是符合规范要求的，既然有章有据可循，就不应随意更改。即使现场施工中确有困难需要调整线路，也要根据相关流程经过监理方确认。因此，在实际施工中，监理对于钻孔灌注桩施工时需要跳打的监控，一定严格按规范要求执行，决不能马虎。

## 四、钻进过程中泥浆性能检测

在实际施工中，监理人员和施工质量人员往往对第一次清孔和第二次清空时泥浆的比重按要求进行质量控制，而忽略在钻进过程中对护壁泥浆性能的检测控制，这也是不可取的。我们知道，在钻孔灌注桩的施工过程中，为了防止坍孔，稳定孔内水位及便于挟带钻渣，必须用泥浆进行护壁，泥浆护壁是利用泥浆与地下水之间的压力差来控制水压力，以确保孔壁的稳定。在施工中，只要按规定配制符合要求的泥浆，即使在细砂土的孔中，孔壁四周都应是相对光滑的。这是因为泥浆经过钻机旋转搅动，在离心力的作用下，泥浆被甩落到孔壁上，形成一定厚度的泥皮，加之孔中水头作用，孔壁土面基本上得到封闭，土层中的地下水、承压水很难进入孔中。实践证明，如果钻孔中的泥浆比重过小，泥浆护壁就容易失去了阻挡土体坍塌的作用，较大比重的泥浆，护壁效果更佳，但是如果泥浆的比重过大，则会影响钻进速度，并容易使泥浆泵产生堵塞甚至使混凝土的置换产生困难，使成桩质量难以得到保证。因此泥浆配制质量的好坏将直接影响到钻孔质量的好坏，在灌注桩钻进过程中绝不能忽略对护壁泥浆质量性能的检测。监理应监控好以下几点：

(1)泥浆制备应选用高塑性黏土或膨胀土，杜绝施工方图省事盲目地就近取不合要求的泥土制备。

(2)钻孔过程中，加强对护壁泥浆的比重(稠度)、黏度、稳定性等性能指标的跟踪检查，对不符合要求的、影响成孔质量的泥浆要及时调整更换。

## 五、钻进压力和转速控制

钻孔灌注桩施工时，钻进压力和转速是否适当，不但影响工程进度，而且对桩成孔的质量也会产生很大的影响，如果钻进压力和转速不当，会造成孔斜、缩径(扩径)、甚至坍塌等质量事故。但是在实际施工中，有些相关单位一味追求进度，盲目施钻，忽略对钻进压力和钻机转速的控制，造成工程质量事故、产生经济损失的现象时有发生。因此，在钻孔灌注桩施工时，监理方一定要重视钻进压力和转速控制的监控。

在施工前，监理方可与施工方做好沟通，在施工记录和监理旁站记录中加入钻进压力和转速控制方面的要求，对于钻孔灌注桩施工时钻进压力和转速控制可遵循以下几点：

(1)开孔时应小水量、轻压力、慢转速，以防扩径过大。

(2)护筒脚附近要慢速钻进，使护筒脚有一定的黏泥皮。

(3)正常钻进时，应根据土层变化、孔径、孔深等因素，合理地选择钻进参数。结合常见地质特点：

①杂填土，松散，该层钻进速度快，钻进参数选用中等压力，快转速，大泵量，采用高黏度、大密度的泥浆护壁，力求快速钻穿；

②黏土，可塑，厚度 2～3 米，钻进参数选用中等压力，快转速，大泵量，低密度泥浆；

③淤泥，饱和，软塑，厚度 10～15 米，宜用笼式钻头钻进，采用快转速，大泵量，低密度泥浆并反复扫孔；

④粉质黏土，中硬塑，厚度 3～5 米，选用中等压力，快转速，大泵量，低密度泥浆。

## 六、沉渣厚度的控制

在实际施工中，监理人员常常忽视对沉渣厚度的监控，往往以测量孔的深度是否合格来代替对沉渣厚度的控制，也就是说如果测到钻孔的深度符合要求了，就疏于再对沉渣厚度测量控制了，这是极不可取的。因为沉渣厚度是影响桩的承载力的一个重要因素，过厚的沉渣将在桩底形成一松软层，从而降低桩的承载能力。鉴于规范(JGJ 94—94)对沉渣厚度进行了严格规定：端承桩≤50毫米，摩擦桩≤300毫米，摩擦端承桩≤100毫米。有些桩由于疏忽而超钻，即使深度符合要求，但沉渣厚度也应严格控制在设计或规范允许的范围内，这是钻孔灌注桩质量控制的一个关键环节，绝不能忽略。沉渣过多的主要原因为：

(1)泥浆浓度不适当，比重过小，无法将沉渣浮起；

(2)清孔时间太短，未将沉渣清理干净。

可以参考的防治监控措施：

(1)加强对泥浆比重和浓度的监控。

(2)重视第一次清孔。通常情况下，清孔是否干净的关键应在于一清。因为一清利用钻杆，吸力大、清孔能力强，可以将绝大部分沉渣吸走，这样二清时速度又快质量又好。如果忽视一清，把重点放在利用导管清孔的二清上，不仅费时，而且费力(因为导管清孔的吸力较钻杆小)。每次清孔时间保持30分钟左右，清孔时应来回升降钻杆或导管，增加清孔效果。

(3)混凝土灌注时导管应距离孔底50厘米左右，这样可以利用混凝土强大的冲击力将沉渣翻到桩顶。

## 七、水下混凝土的浇筑

在钻孔灌注桩施工中，因为水下混凝土浇筑前的各项工作既费时又费力，施工人员往往比较重视，而往往忽略水下混凝土的浇筑工作，认为这个工序简单、用时少、比较轻松，这也是一种极其错误的行为。因为灌注水下混凝土是钻孔桩成败的关键，导管提升与灌注过程中，任何一个环节发生故障，都可能会引发浮笼、断桩事故，使灌注过程陷于停顿，因此，在灌注混凝土之前，必须做好充分准备，考虑周到防止意外。

在水下混凝土浇筑时，监理应提醒施工方并做好以下方面的监控：

(1)混凝土应一次连续浇筑完成，中间不能停顿，在灌注时要有足够的灌注高度和足够的首批混凝土储量。

(2)所用导管的第一节长度应不小于4米，灌注混凝土前，导管中应设置球塞用于隔水，导管下口至孔底的距离为25～40厘米。

(3)导管底端埋入混凝土中不小于1.0米。在以后的灌注过程中，应保持导管下端插入混凝土中的深度不小于2米和不大于6米，以此要求来计算确定导管每次提升的高度与拆除的节数。

(4)当混凝土面进入钢筋笼1～2米后，可适当提升导管，导管提升要平稳，避免出料冲击力过大或钩带钢筋笼而发生上浮事故。

(5)当混凝土灌注到接近桩顶一段时,导管上口超出护筒内水面高度不小于4～6米,以使混凝土充满漏斗与导管时,在导管的下口混凝土有足够的压力,促使混凝土向四周翻涌,强迫泥浆被顶托上升,不让泥浆裹入桩内而影响桩身的混凝土质量。

## 参考文献

[1]黄耘.浅谈钻孔灌注桩施工中泥浆的选用配置及管理.中国科技财富,2010(16).

[2]张金星.泥浆护壁钻孔灌注桩施工技术要点及常见质量问题防治.工会博览·理论研究,2010(7).

[3]娄雪峰.浅谈钻孔灌注桩施工工艺与流程.中国科技财富,2010(6).

[4]苏德涛.钻孔桩施工中的易出问题及解决对策.城市建设·下旬刊,2010(4).

[5]虞陈红.钻孔灌注桩施工质量控制措施浅谈.科技与生活,2010(15).

# 钢结构施工技术在教育建筑中的应用设想

温州市教育基建中心　俞昱旻

世博场馆中层出不穷的钢结构建筑令无数人叹为观止。在教育建筑中，是否可以推广钢结构施工技术呢？文章将予以论证。

## 一、钢结构建筑性能特点

1.建筑钢材强度高、塑性和韧性强

钢与混凝土等相比虽然密度较大，但强度要高得多，其密度与强度的比值较混凝土等传统结构形式要小；在一般条件下，钢结构不会因超载而突然断裂，变形增大，能够被及时发现；由于优越的韧性，钢结构建筑能够适应在动力荷载下继续工作，因此适合在地震区采用。

2.钢结构重量轻

钢材密度大、强度高，但制成构件却比较轻。我们可以通过密度与强度比 $\alpha$ 来衡量，$\alpha$ 值越小则结构越轻。建筑钢材 $\alpha$ 值在 $1.7\sim3.7\times10^{-4}$/米之间；木材的 $\alpha$ 值为 $5.4\times10^{-4}$/米；钢筋混凝土 $\alpha$ 值约为 $18\times10^{-4}$/米。以同样的跨度承受同样的荷载，钢结构的重量最多为钢筋混凝土结构的 1/3～1/4。

3.材质均匀

在材料力学中有三项重要假定：假定材料是绝对刚体；假定材料各向同性；假定材料为均质体。钢材内部组织比较均匀，接近各向同性，可视为弹塑性体材料。因此，钢结构实际受力情况和工程力学计算结果比较符合，计算的不定性小，结果相对可靠。

4.工业化程度高，工期短

钢结构所用材料皆可由专业厂家轧制成各种型材，加工制作简便，准确度和精密度都较高。成品构件运至现场拼装，采用焊接或螺栓连接。钢结构构件安装方便，施工机械化程度高，故而工期短，能够适应学校建设特殊的工期要求。

5.抗震性能好

钢结构由于自重轻且结构体系相对较柔，受到的地震作用小。钢材又具有较高的抗拉、压强度以及优越的塑性和韧性，因此钢结构是公认的抗震设防地区最合适的结构类型。在新修订的抗震规范中加大了对学校建筑的抗震要求，设防类别从原先的丙类提升到乙类，等级的提高意味着对抗震措施的要求提高，而钢结构建筑恰恰能够满足高抗震能力的要求。

## 二、实例分析

**案例 1**　性能卓越的远大馆

远大馆主体分别为一幢“L”形和一幢金字塔形的建筑，“L”形建筑最高为 8 层，另一面为 2 层。远大馆是一个可以自由移动的场馆，除了地下基桩外，整个远大馆在一天时间内完成包括结构、墙面、窗户等组件的安装。建设过程就像搭积木，一台吊车从平板车上吊装起特制的钢材、墙体泡沫板、管材、地板等配件，安装工人将其依次组装到预定的位置。该建筑可抗 9 级地震；墙体采用保温材料，冬暖夏凉；新风经静电除尘后引入室内，比室外空气洁净数十倍。不仅如此，由于 100%实现工厂化制造，建筑垃圾只有传统施工所产生垃圾的 1%；此外，该建筑的耗能也只相当于传统建筑的 20%，充分体现了上海世博会“低碳、节能”的理念。远大馆之所以能抗击高烈度的地震，源于该建筑具有远大独创的三大抗震法宝，即“斜撑、轻量和工厂化”。该馆无普通砖瓦，其天花板与上层楼地板合而为一，均是长 11.9 米、宽 3.9 米、厚 0.35 米的统一规格，在工厂流水线完成预制。也正因为如此，全部材料进入世博园后，不仅创造了一天之内建设完成的奇迹，并融会了“9 度抗震、6 倍节材、5 倍节能、1% 建筑垃圾、100%工厂制造”的特色，成为一座拥有强大科技依托的可持续建筑。

图 1

图 2

教育建筑往往对工期有特殊的要求。钢结构建筑工业化程度高、工期短的特点能够极大地满足教育建筑的工期要求，大批量的构件在工厂加工，现场安装，也削弱了市中心学校建设施工对周边环境的影响。温州地区属于浙闽山丘地带，地质情况复杂多样，为地质勘测工作带来很大难度，从而导致新建校舍在桩基施工阶段出现各种突发情况。钢结构轻质高强的特点降低了建筑整体自重，更能适应复杂多变的地质条件。钢结构建筑卓越的抗震能力同样能满足现今规范对校舍抗震的新要求。

**案例 2**　功能与外观并重的丹麦馆、西班牙馆

丹麦馆将采用喷涂为白色的单体钢结构，整个展馆设计由两个环形轨道构成，形成室内和室外部分，由一个连贯性的平台连接，从上俯瞰形似一个螺旋体，超越传统型的展览形式。丹麦馆由室内和室外两条环形轨道连接，室外轨道用于连接展馆和展览区的高架露台，包括一条丹麦式自行车道、一个带有自然景观游乐场的屋顶花园和自行车停车区。室内轨道则通往展览区底层，并包括展厅、会议室和工作区。这座占地约 3000 平方米的展馆，其室内与室外展示空间分别为 1∶2。它不仅造型独特，还能给参观者带来不断穿梭于室内与室外的感受，颇有异趣。

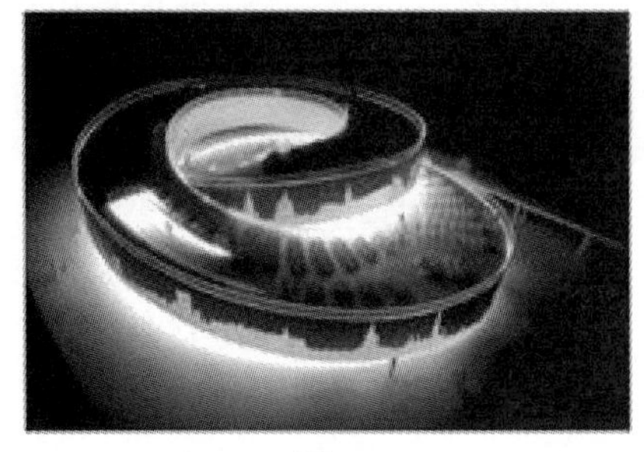

图 3

图 4

西班牙馆是一座复古而创新的“藤条篮子”建筑，整座建筑外立面由 8524 个不同质地、颜色各异的藤条板组成，通过钢支架支撑，钢丝斜向固定，呈现波浪起伏的流线型。阳光可透过藤条缝隙，洒落在展馆内部。它们会略带抽象地拼搭出“日”、“月”、“友”等汉字，表达设计师对中国文化的理解。馆内一些细节的布置同样极具参考价值，如圆钢柱以粗麻绳缠绕，装饰成树木的造型，古朴自然，令人赏心悦目。

图 5

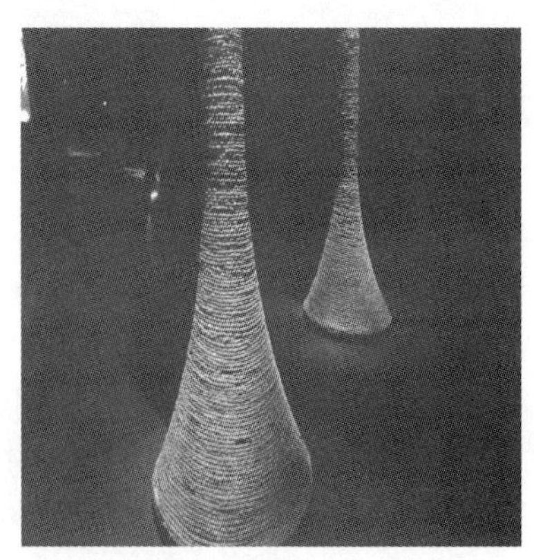

图 6

教育建筑以钢筋混凝土结构为主，由于材料特点和施工工艺条件的制约，整体建筑风格偏向于厚重、严肃。结合丹麦馆和西班牙馆的建筑风格来看，钢结构建筑相较于钢筋混凝土结构建筑，是传统的单调几何体块向复杂和立体的多样性空间的巨大跨越。钢结构建筑的造型更加轻盈独特，置身于其中更能启发学生丰富的想象力。校舍建筑应当能够体现本地的文化特色以及该校本身的特点，而钢结构建筑造型的纷繁多样能够更好地表达多元因素，无论是现代感的玻璃幕墙，还是有地方特色的工艺材料，都能完美地展现出来。

# 对多层建筑梁底纵向钢筋截断的刍议

江苏科技大学　崔秉安

## 一、现行规范只讲了梁顶负弯矩钢筋的截断

本来，根据弯矩图变化切断钢筋的原则，对正负弯矩区(梁底、梁顶)都是适用的。但《混凝土结构设计规范》(GB50010—2002)第10.2.3条，“钢筋混凝土梁支座截面负弯矩纵向受拉钢筋不宜在受拉区截断”。该条的说明，“在连续梁和框架梁的跨内，支座负弯矩受拉钢筋在向跨内延伸时，可根据弯矩图在适当部位截断”。由该条及其说明，给人一种强烈暗示，就是梁底正弯矩受拉钢筋不能根据弯矩图在适当部位截断。新规范培训读本[2]更是强调“支座负弯矩钢筋的延伸长度”，从而进一步将跨中正弯矩钢筋的截断排除在外。查2002年以来根据新修订的《混凝土结构设计规范》编写的十几本混凝土结构设计原理的高校教材，没有一本说到梁底纵筋可以截断。其中有的说“梁下部纵筋一般只能弯起，而不能切断”。大多说法为“对于梁底部承受正弯矩的纵向受拉钢筋，通常将计算上不需要的钢筋弯起作为抗剪钢筋或作为支座截面承受负弯矩的钢筋，而不采用截断钢筋的配筋方式”[3]。这是复述1989年以前出版的教科书中论点，早在20世纪50年代翻译的苏联混凝土结构教科书就是这样说的，对于单孔简支梁，梁底可以有≤1/2的弯起筋，对于连续梁中间支座，底部通长筋不少于2根，其余作弯起筋。[4]可是在1989年混凝土结构设计规范(GB510—89)已经提出:“在采用绑扎骨架的钢筋混凝土梁中，承受剪力的钢筋，宜优先采用箍筋。”2002年规范继续强调“宜采用箍筋作为承受剪力的钢筋”。20年来，在建筑工程的现浇梁中，已极少见到弯起钢筋的身影。计算上不需要的梁底钢筋既没有弯起又不能截断，结果全部伸入支座。查1989年规范第6.1.5条“纵向受拉钢筋不宜在受拉区截断”及该条说明，均没有在名词“纵向受拉钢筋”前附加“支座截面负弯矩”这一定语，我认为老规范是对的，而新规范加上这一定语则是个笑话。

## 二、全国通用图集抗震框架梁底纵筋都是全部伸入支座的

1984年以来，北京市建筑设计院先后编制的全国通用图集《建筑物抗震构

造详图(民用框架……)》CG329(二)、94G329(一)、97G329(一)、03G329-1,各版图集现浇框架梁均未有下部纵筋可以截断的表示,仅1984年版有弯起钢筋的虚线图示。1994年以来的第二、三、四版图集,无弯起钢筋图示,梁底钢筋全部伸入柱内。受规范影响,近20年来,我所看到的地震区多层现浇框架梁中间节点,下部纵筋几乎都是全部从两侧交叉锚入柱中的;因为地震区的框架是纵横向都有的,实际左右前后一般有4根框架梁的下部纵筋全部密集交叉锚入柱中(若是4梁同高或是跨中钢筋在二排以上,则麻烦更多),影响柱节点核心区混凝土的浇筑质量,节点处梁底布筋过多,有碍"强柱弱梁"原则的落实。

## 三、关于梁底正弯矩钢筋的截断

(1)有关作钢筋截断的延伸长度试验[6],试验布置在负弯矩区,这是为了加载和观测方便。对分批截断负弯矩纵向受拉钢筋情况下延伸区段受力状态的实测结果,理论上应同样可以作为正弯矩纵向受拉钢筋分批截断所需延伸长度的依据。以单跨简支梁为例,若跨中有一集中荷载P,则有支座反力P/2,正弯矩M=0～PL/4;若将该梁绕中轴转180°,荷载点变支座,支座变荷载点P/2,成双向悬臂梁,则正弯矩变负弯矩M=0～−PL/4,可见正弯矩、负弯矩,彼此并没有本质的区别。

(2)既然规范许可梁底部承受正弯矩的纵筋在不需要该钢筋截面处弯起,也就没有理由不允许在弯矩图不需要该钢筋的理论截断点外延伸一个长度后切断,延伸长度同规范关于负弯矩钢筋截断的规定[7]。

(3)美国混凝土学会ACI规范,对正弯矩纵筋是允许截断的。对于接近等跨的均布荷载梁,截断的梁底受拉钢筋约不多于其一半,图1所示的钢筋位置可满足要求。[8]

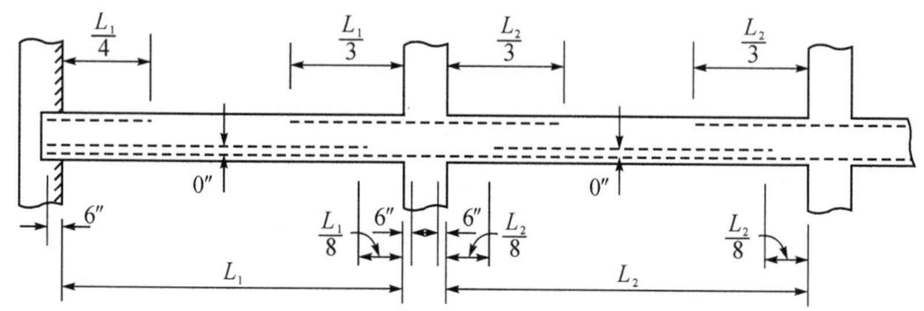


图1 近似等跨的均布荷载梁中钢筋的标准截断点

(4)按英国规范,在弯矩明显地小于最大值的地方,有的钢筋就多余,这些钢筋可予截断。简支梁:≮50%的跨中受拉钢筋应伸过支点中心以外≮12d,其余应伸到距支点 0.08L 以内。连续梁。跨中受拉钢筋，≮30％应伸到支点；其余应伸到内支点的 0.15 以内和外支点的 0.1L 以内[9]。

(5)国振喜编的手册[10]，抗震构造一章，作者提出：框架梁的下部纵向钢筋，除其中一部分按计算要求及构造需要伸入节点内锚固外，其余可在柱边附近切断，从切断点至完全不需要该钢筋的截面距离，不应小于 20d。

(6)国内权威的混凝土结构构造手册[11]认为，对多层框架梁的下部伸入支座的纵筋，规定不少于 2 根，不少于跨中最大正弯矩处钢筋截面积的 1/4；按 7 度抗震设计时，还需满足规范伸入支座的梁下部纵筋与上部纵筋截面积之比不小于 0.3 的要求；在满足上述条件后，梁下部伸入支座的纵筋不宜过多配置。

(7)10 多年来，国家和建设部重点推广的图集《混凝土结构施工图平面整体表示方法制图规则和构造详图》96G101、00G101、03G101-1，先后均有“不伸入支座的梁下部纵向钢筋断点位置”构造详图，断点位置离柱边分别为 0.05Ln (96G101、00G101)、0.1Ln(03G101-1)，注明该构造详图仅不适用于框支梁。说明该图集的编制者、审批者都认为，梁下纵筋也是允许截断的。只是缺少在什么情况下可以截断多少的说明，又没有将可以截断底部钢筋直接表示在框架梁、连续梁纵向钢筋构造主图上，影响甚微，很少有人应用。

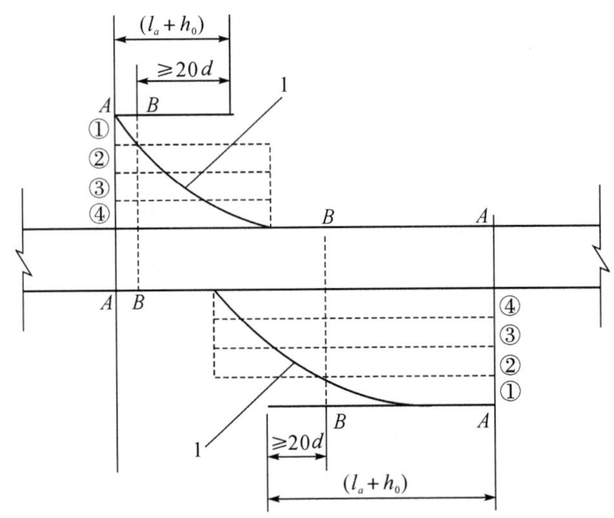


A—A：钢筋①、②、③、④强度充分利用截面；

B—B：按计算不需要钢筋①的截面；①、②、③、④—钢筋批号；1—弯矩图

图 2　纵向受拉钢筋截断时的延伸长度

(8)交通部《公路桥涵设计规范》9.3.9 条钢筋混凝土梁内纵向受拉钢筋不宜在受拉区截断；如需截断时，应从按正截面抗弯承载力计算充分利用该钢筋

强度的截面至少延伸 ($l_a + h_0$) 长度(见图 2),此处 $l_a$ 为受拉钢筋最小锚固长度,$h_0$ 为梁截面有效高度;同时应考虑从正截面抗弯承载力计算不需要该钢筋的截面至少延伸 $20d$ (环氧树脂涂层钢筋 $25d$ ),此处 $d$ 为钢筋直径。纵向受压钢筋如在跨间截断时,应延伸至按计算不需要该钢筋的截面以外至少 $15d$ (环氧树脂涂层钢筋 $20d$ )。

综上所述,我认为根据我国多层建筑结构的现实情况,结合国内外有关规范,《混凝土结构设计规范》(GB50010—2002)第 10.2.3 条应删去"支座截面负弯矩"7 字及该条 3 款"负弯矩"3 字,并补充纵向受拉钢筋截断时的延伸长度图。

## 参考文献

[1]徐有邻,周氏.混凝土结构设计规范理解与应用.北京:中国建筑工业出版社,2002.

[2]赵顺波.混凝土结构设计原理.上海:同济大学出版社,2004.

[3][苏]A.M.依维扬斯基.钢筋混凝土结构学(上册).章守恭译.上海:龙门联合书局,1953.

[4]混凝土结构设计规范(GBJ10—89).

[5]滕智明,罗福午,施岚青.钢筋混凝土基本构件(第 2 版).北京:清华大学出版社,1987.

[6]崔秉安,混凝土梁下部纵筋的截断问题.新世纪现代结构工程技术进展.北京:中国环境出版社,2002.

[7][美]A.H.尼尔逊.混凝土结构设计(第 12 版).过镇海等译校.北京:中国建筑工业出版社,2003.

[8][英]B.P.休斯.钢筋混凝土设计的极限状态理论(第 3 版).俞同华等译.上海:同济大学出版社,1995.

[9]国振喜.简明钢筋混凝土结构构造手册.北京:机械工业出版社,2002.

[10]中国有色工程设计研究总院.混凝土结构构造手册(第 3 版).北京:中国建筑工业出版社,2003.

# 动态平衡电动阀在变流量异程式水系统中的应用

南京邮电大学　张　沂

随着节能环保、可持续发展意识的不断加强，变流量系统在暖通空调工程中占据越来越重要的位置。同时一种新型的水力系统——变流量异程式暖通空调水系统也得到越来越广泛的应用，而动态平衡电动阀是这一水力系统的关键因素。

## 一、同程式与异程式的比较

按回水管布置方式区别，空调水系统可分为异程式与同程式两种。同程式每一环路的管路长度不等。供、回水干管中的水流方向和每一环路的管路长度相同，其特点是水量分配、调节方便，便于水力平衡，缺点是需设同程管，管道长度增加，初期投资较高。异程式水系统供、回水干管中的水流方向相反，其优点是不需回程管，管路长度较短，管路简单，初期投资较低，缺点是水量分配、调节较难，水力平衡较麻烦，而应用动态平衡电动阀使这一问题得到解决。

## 二、动态平衡电动阀的特点及优点

动态平衡电动阀主要分为两类：用于风机盘管调节的动态平衡电动二通阀以及用于空调机组、新风机等调节的动态平衡电动调节阀。

### 1. 动态平衡电动二通阀

(1)动态平衡电动二通阀是区别于传统的电动二通阀的新一代产品，它不但具有传统的电动二通阀的电动调节作用，即通过房间温控器控制电动二通阀的启闭来调节房间温度，还具有动态平衡的作用，即能在系统压力波动时始终维持电动二通阀开启时的流量保持不变，避免了传统的电动二通阀在系统处于部分负荷运行状态时由于压力波动较大从而使输送的水流量波动变大、温度控制误差较大、房间忽冷忽热的缺点。

(2)动态平衡电动二通阀的工作原理等同于一个动态平衡阀与一个风机盘管电动二通阀的串联，在电动二通阀开启时，通过动态平衡阀的恒流作用使系统在压力波动时维持流经风机盘管的流量不变。

(3)动态平衡电动二通阀与传统的电动二通阀的比较(见表1)。

表1　动态平衡电动二通阀与传统电动二通阀的比较

| 比较内容 | 动态平衡电动二通阀 | 传统的电动二通阀 |
|---|---|---|
| 控制温度精度 | 较高 | 一般 |
| 房间舒适度 | 较高 | 一般 |
| 二通阀流量 | 在工作压差范围内始终维持不变 | 随着系统压力波动忽高忽低 |
| 二通阀启闭影响因素 | 仅受房间温度影响 | 受房间温度和系统压力波动影响 |
| 二通阀启闭状态及时间 | 启闭状态稳定,启闭时间相对恒定 | 在系统压力波动较大时<br>启闭状态不稳定,时间忽长忽短 |
| 抗干扰能力 | 强 | 弱 |
| 最小压差要求 | 必须维持最小压差以保证动态平衡 | 无最小压差要求 |

2.动态平衡电动调节阀

(1)动态平衡电动调节阀是区别于传统的电动调节阀的新一代产品。暖通空调系统一般要求电动调节阀具有直线流量特性曲线,即流量变化与阀体开度变化的比值是一个定值;对于系统负荷波动较大的变流量系统,还要求电动调节阀具有等百分比的流量特性曲线,以满足在小流量时平缓调节,而在大流量时调节灵敏。

(2)传统的电动调节阀理想的流量特性曲线一般都是直线的或等百分比的。但是在实际的工作过程中,特别是在系统负荷波动较大的变流量系统中,由于调节阀进出 El 压差的波动,其实际的工作流量特性曲线会偏离理想的流量特性曲线,使电动调节阀的调节特性变差,调节精度降低。这种电动调节阀工作时不但受到标准控制信号的控制,还受系统压力波动的影响,抵抗系统干扰的能力较差。在系统压力波动较大或者阀权度较小时,调节精度变差甚至无法调节,导致调节的温度忽高忽低,达不到系统对电动调节阀调节特性的要求。

(3)动态平衡电动调节阀是动态平衡与电动调节一体化的产品。它采用全新的设计理念,使得调节阀在系统压力波动时,能动态地平衡系统压力变化。因此,这种动态平衡电动调节阀工作时的流量特性曲线与理想的流量特性曲线是一致的,没有偏离。特殊的设计保证了电动阀的调节只受标准控制信号的作用,而不受系统压力波动的影响,而且,对应电动阀的任一开度位置,其流量都是唯一和恒定的,对于暖通空调系统来说,意味着电动阀在任一调节位置输送的热(冷)量都是稳定的。因此,这种电动阀特别适用于系统负荷变化较大的变流量系统中,具有抗干扰能力强,工作状态稳定,调节精度高的特点,避免了传统的电动调节阀即使在同一开度位置,由于系统压力的波动,随着其流量变化、电动阀输送热(冷)量不稳、抗干扰能力差、调节精度低的缺点。动态平衡电动调节阀根据其结构形式分为阀前定压式（如 FLOWCON 公司）和阀后定压式（如 OVENTROP 公司）两种，但原理相同。

（4）在系统负荷波动较大的变流量系统中，当系统压力变化时，动态平衡电动调节阀两端的压力也随之变化：当进口压力升高时，通过阀体内部引压通道的引压作用，动态平衡电动调节阀的动态平衡阀芯向上运动，阀体内部压力升高，从而保证电动调节阀芯端的压差维持不变；当进口压力降低时，通过阀体内部引压通道的引压作用，动态平衡阀芯向下运动，阀体内部压力降低，从而保证电动调节阀芯两端的压差维持不变。因此，无论系统的压力如何变化，通过动态平衡阀芯的调节作用，使电动调节阀芯两端的压差始终维持不变。因此这种电动阀的抗干扰能力强，具有动态平衡的功能；当电动执行器接受控制信号使电动调节阀芯开度变化时，不论系统压差如何变化，电动调节阀芯两端的压差始终维持不变，对应于任一开度位置。其输送的水流量都是一定的，并且这种电动阀实际的流量特性曲线与其理想的流量特性曲线是一致的，没有偏离，因此这种电动调节阀较传统的电动调节阀具有更好的调节特性。动态平衡电动调节阀与传统的电动调节阀的比较（见表 2）。

**表 2　动态平衡电动调节阀与传统电动调节阀的比较**

| 比较内容 | 动态平衡电动调节阀 | 传统的电动调节阀 |
|---|---|---|
| 调节精度 | 较高 | 一般 |
| 输送流量 | 在任一开度位置的流量<br>是唯一和恒定的 | 即使在同一开度位置，<br>其流量也随着系统压力的波动而波动 |
| 输送热（冷）量 | 在任一开度位置输送的热（冷）量<br>都是唯一和恒定的 | 即使在同一开度位置，其输送的<br>热（冷）量也随着系统压力的波动而波动 |
| 调节阀开度变化 | 只受标准控制信号的控制，<br>不受系统压力波动的影响 | 既受标准控制信号的控制，<br>又受系统压力波动的影响 |
| 工作状态 | 稳定，不受系统压力波动的影响 | 不稳定，受系统压力波动的影响 |
| 抗干扰能力 | 强 | 弱 |
| 最小压差要求 | 必须维持最小压差以保证动态平衡 | 无最小压差要求 |

## 三、效益分析

目前动态平衡电动阀大多为国外品牌，如 NOWCON、DANFOSS、OVENTROP 等，价格较高。但通过有效的价格控制手段，动态平衡电动阀调节的变流量异程式空调水系统投资与采用同程式水系统传统电动调节阀投资控制基本相同，且与同等规模的定流量空调水系统（吸收式溴化锂机组）相比，可节约燃料 20％～40％，而且水力平衡几乎不用调节，节省了大量时间和调试费用。

## 四、结束语

目前建筑物的能耗约占全国能耗的 1/3，中央空调系统的能耗占了我国建筑物能耗的 65%，因此，针对中央空调系统节能问题，国内各有关科研和设计单位正在积极寻找解决方案，而动态平衡电动阀由于其具有较大的能耗节省率，将在变流量异程式水系统中得到越来越广泛的应用。

# 体外预应力技术及其在板结构加固中的应用研究

东南大学　孙　蔚

## 一、体外预应力技术概述

1. 体外预应力的特点

国际预应力协会(FIP)1996 年定义体外预应力为预应力筋布置于截面之外的预应力。作为后张法预应力体系的重要分支之一的体外预应力结构，因其截面尺寸小，自重轻，预应力筋替换、维护管理方便，预应力损失小，缩短施工工期以及耐久性高等优点，已越来越受到工程界的重视。体外预应力结构应用非常广泛，既可用于预应力混凝土桥梁、特种结构和建筑工程结构等新建结构，也可用于旧有的混凝土结构的重建、加固及维修，同时还可用于临时性预应力混凝土结构或施工临时性钢索。随着斜拉桥和高强混凝土技术的发展，体外预应力结构技术的应用将是现代预应力施工中的主要趋势之一。体外预应力技术的再发展本身也得益于其在加固方面的完善。特别是将斜拉索的防护技术应用于体外预应力束之后，体外预应力筋的防腐蚀问题得到根本解决，作为一种主动的结构加固技术，体外预应力有着体内预应力所无法比拟的优势而备受青睐。

体外预应力结构具有如下优点：

(1)因截面中只有体外力筋，很少或没有体内力筋，截面尺寸相应减小，尤其是腹板，故减轻了恒载。

(2)主要的施工工序较为简单，使浇注混凝土较方便，质量容易得到保证。

(3)体外预应力筋容易设置，使用期内容易检查和更换。

(4)体外力筋仅在锚固区和转向块与结构相连，摩阻损失明显减小。

体外预应力桥梁结构亦有缺陷：

(1)体外力筋易损坏和着火，并因为承受着振动要限制其自由长度。

(2)转向块和锚固区因承受着巨大的纵、横向力因而特别笨重。

(3)对于体外力筋，锚头失效则意味着预应力的丧失。

(4)体外力筋的实际偏心通常较小，极限状态下体外力筋的抗弯能力小于体内有黏结力筋。

(5)体外预应力结构在极限状态下可能因延性不足而产生没有预警的失效。

2.体外预应力关键技术

(1)分析方法。体外预应力混凝土结构一般采用简化的折线预应力束;体外预应力筋仅在锚固区域和折角块处与结构相联结,体外预应力结构的受力特性与无黏结预应力结构类似。在使用荷载状态下,可采用弹性分析方法设计。在极限状态下,体外预应力混凝土结构一般应按无黏结预应力混凝土结构分析设计。

(2)极限承载力。体外预应力混凝土结构达到极限状态时,一般多由于结构的过量变形,而不是因体外预应力筋的断裂而破坏,因此,必须配置合理的最小钢筋量,以控制裂缝的分布及宽度,并保证结构产生塑性变形的特征。非预应力钢筋在体外预应力混凝土结构中有两个重要作用:一是由于结构的受力特征类似无黏结预应力混凝土结构,非预应力筋可改善结构受力特性;二是由于预应力曲线为折线型,而且预应力筋在结构混凝土之外,某些区域存在拉应力,非预应力筋可以弥补体外预应力混凝土结构局部产生裂缝的问题。由于体外束的应力增量并非取决于截面上的应变,而是取决于整个结构变形,其应力增量很小。尤其是对于采用于接缝的节段施工桥梁,混凝土的受压区局限在接缝截面之内,能够达到的极限压应变较小,导致了体外预应力结构的承载能力较低,延性也较差。对这种结构的分析必须来源于对结构的全过程仿真分析,才能较为精确地确定结构极限承载力。国外不少学者对体外无黏结结构的极限应力计算进行深入研究,世界各国及有关协会的规范标准亦作了规定。

(3)耐久性。体外预应力结构的关键技术之一是体外预应力束的耐久性。早期体外预应力混凝土桥梁结构的失效或损坏大多数是由于预应力钢材的锈蚀而引起。由于体内预应力结构在腹板内往往布置大量的钢筋而且弯道也多,从而造成混凝土浇筑的困难,灌浆质量也无法保证。而体外束线形简洁,灌浆容易,钢束暴露在外,可以随时方便地进行检测、修补乃至替换。近 20 年来,国际上的普遍看法已倾向于体外束的耐久性更好。鉴于耐久性在工程中的重要性,各国规范和各种外预应力体系对于预应力钢材的防护(包括体外预应力孔道管、孔道内浆体或防护材料)提出了一系列要求及指标。锚固系统和转向块导管构造由体外预应力体系提供可靠的耐久性保证。体外力筋在锚固处应做专门的钢索防锈处理。此外,需要开发既便于监视预应力筋工作状态,又易于撤换的锚固装置。

(4)动力性能。对于体外预应力结构的研究主要集中在静力特性研究上,而对体外筋加固后由于弯曲和其他振动产生的动力特性的影响研究则很少。

梁桥的动力问题包括振动问题、由于主梁弯曲刚度产生的噪声和由于往复荷载产生的疲劳。一般情况下这些问题与桥的振动特性有关。

(5)疲劳问题。许多建筑物要承受往复荷载，这样容易产生疲劳变形。往复荷载下的疲劳问题也是动力问题的一部分，国外的一些科研单位进行了一些研究，但是相对较少，在国内则还没有这方面研究的报道。大多数体外预应力的试验集中在梁施加荷载之前通过提供附加的体外预应力连同内部钢筋一起来提高抗弯强度，没有进行一些试验来检验体外预应力在提高工作荷载下的性能并同时提高构件的承载力。

## 二、板加固方法的比较研究

目前，对钢筋混凝土板结构加固方法常用粘贴方法，包括黏钢加固和黏碳纤维布加固等即通过用结构胶将高强片材(钢板或 FRP 材料)粘贴于被加固构件的受拉表面以提高其承载力和抗裂性。这种方法存在许多施工难点，如混凝土板底的大面积打磨处理、黏胶的大面积涂覆和厚度控制、胶层气泡不易排除等问题都使其在工程实践中的应用受到限制。此外，当工程加固量较大时，粘贴补强的加固方法可能不再经济适用。粘贴加固方法的一个致命缺点是其存在较为重的应力滞后现象，加固材料仅对后期施加的荷载发挥作用，这影响了加固效果。因此，有不少工程采取先行卸载，然后进行粘贴加固的方法，显然造成了施工的繁琐。

而体外预应力加固技术由于可以主动地控制张拉力，消除新加部分的应力滞后，不仅可以提高结构的极限承载力，而且还可减少结构在正常工作阶段的挠度变形和裂缝宽度，具有在不影响结构正常使用的条件下进行加固补强增加结构的安全性、使用性及改善结构的耐久性等优点而受到工程界的广泛欢迎，被认为是混凝土结构加固方法中最有效的技术之一。目前，有关体外预应力加固技术的研究主要集中在钢筋混凝土梁的加固方面，对于混凝土板的研究则甚少。近年来，应用体外预应力技术加固钢筋混凝土板已有不少工程实例。本文通过 5 块钢筋混凝土简支双向板的现场单向体外预应力加固试验，研究在均布荷载作用下预应力筋的张拉控制力及其布筋型式对双向板受力性能的影响。

## 三、体外预应力加固的试验研究

### 1. 试件及材料

本次试验共浇筑了五块钢筋混凝土简支双向板，它们具有相同的外形尺寸(4000 毫米×3600 毫米×100 毫米)，采用 C25 混凝土现场浇筑，双向配置～8@200 钢筋，材料特性详见表 1。

试验板的编号为PB、JG2128、JG3068、JG4066、JG5066，其中PB是对比板，其余为加固板。加固板的变化参数主要有三个：预应力筋的数量、间距及张拉控制力。这三个参数已在板的命名中体现，如JG4066板的前两个字母“JG”表示此板为加固板，“4”表示4根预应力筋对称布置在板的短跨方向，“06”表示预应力筋间距为600毫米，最后一个“6”表示张拉控制力为60kN。

**表1　试件材料特性及规格**

| 材料类别 | 规格 | 屈服强度(MPa) | 抗压强度(MPa) | 极限强度(MPa) | 弹模×$10^5$(MPa) |
|---|---|---|---|---|---|
| 混凝土 | C25 | — | — | 30.1 | 0.3 |
| 钢筋 | ∅8 | 415 | 500 | — | 2.07 |
| 钢绞线 | ∅12.7 | 1670 | 1860 | — | 1.95 |

2.试验结果与分析

试验表明，各板的裂缝发展及其最终形态差别不大。都在板底中央区域先出现纵向(板长跨方向)裂缝，然后这些裂缝随着荷载的增加不断发展逐渐形成4至5条向板角发展的主裂缝，当这些裂缝发展到接近板角时，开始向板角两边分叉，形成“角块”状，至此，板的裂缝形态已初步形成。各试验板的开裂荷载和屈服荷载见表2。

**表2　荷载特征值**

| 构件编号 | PB | JG2128 | JG3068 | JG4066 | JG5066 |
|---|---|---|---|---|---|
| 开裂荷载 Pεy(kN/平方米) | 4.9 | 7.84 | 7.84 | 5.88 | 9.8 |
| 屈服荷载 Py(kN/平方米) | 14.7 | 17.64 | 19.60 | 19.60 | 23.52 |
| Pεr 相对增量 | — | 60% | 60% | 20% | 100% |
| Py 相对增量 | — | 20% | 33% | 33% | 60% |

从表2可以看出，单向张拉体外预应力钢筋能够较大幅度地提高混凝土双向板的开裂荷载，JG2128板、JG3068板的开裂荷载比PB板提高了60%，而JG5066板则达到了100%(JG4066板可能是因为混凝土浇筑时的局部质量缺陷，导致其开裂荷载的提高幅度不大)。此外，单向体外预应力还能进一步提高双向板的屈服荷载。至于极限承载力，虽然由于现场加载条件所限，各试验板未进入极限破坏阶段，但是，所有加固板的最后一级荷载要明显高于原型板PB的极限荷载值(17.64kN/$m^2$)，因此，可以推知，体外预应力加固也能较大幅度地提高双向板的极限承载力。

试验表明，在混凝土开裂前，各试验板的刚度相差不大；开裂后，预应力钢筋开始发挥作用，加固板的刚度要大于原型板，其中JG5066最大，其他加固板比较接近。此外，试验还表明，提高预应力筋的张拉控制力、选择合理的布筋型式、增加预应力筋的数量均能有效地提高试验板的变形刚度。但相比起来，合理的预应力筋布置型式对加固板的刚度和承载力的提高最有效。虽然 JG3068 板底只有 3 根预应力筋，但由于其在双向板变形最大的中央板带区域布置有预应力筋，使板在受荷变形时更能发挥体外预应力筋的作用，JG30681 刚度的衰减要比 JG4066 慢。由此可知，应采用在双向板的中央板带“集中布置”预应力筋的方式进行加固以提高承载能力。关于这一点，尼尔森及郑文忠等在研究体内无黏结预应力混凝土双向板的布筋型式时也都得出了类似结论。

试验表明，在混凝土开裂前，预应力筋的应力增量很小；开裂后，应力增量开始加大；达到屈服荷载后，开始快速增长。由于预应力筋的应力增量与其所在板条的挠度曲线密切相关，所以 JG5066 板底的三根体外预应力筋的应力增量在同级荷载下也呈现从小到大的变化。并且，这种差值随着荷载的增加也逐渐加大。

试验还表明，JG5066-0 与 JG3068-0 的应力增量对比曲线。在加载前期，JG5066-0 与 JG3068-0 的应力增量对比曲线非常接近，随着荷载的增加，JG3068-0 的应力增量开始大于 JG5066-0，并且其差值随着外荷载的增大而增大。这主要是因为 JG5066 板比 JG3068 板多了两根预应力筋(JG5066-12)，虽然它们在加载初期对 JG5068-0 的帮助不大，但当荷载逐渐增加时，它们的应力也在不断增长(加载结束时它们的应力增量已达 123MPa，是其初始张拉应力的 61%)。由此可见，在中央板带“集中布置”预应力筋的同时，建议在边板带也布置预应力筋，即采取“中密边稀”的布置方式。这样可以使板底预应力筋在意外“超载”时应力增量不至于过高，保证双向板的正常工作。

由于体外预应力近 20 年来才在工程中开始大量应用，所以与体内无黏结和有黏结预应力相比研究较少，目前国内外对体外预应力的二次影响和正截面承载力的计算方面的研究相对较多，但是大多试验都是针对简支梁，有的研究刚刚开展且大多是定性的研究，有的则还没有进行相关的研究。今后迫切需要进行更加全面而系统的试验研究，更深入了解体外预应力体系的工作性能，并将定性与定量问题结合起来，给出计算承载力、短期和长期刚度、裂缝宽度、动力反应及预应力损失等方面简单实用并和我国规范相统一的计算公式。

运用体外预应力技术进行板结构的加固是一种有效的加固方法。它能有效地提高加固板的开裂荷载及极限荷载，改善板的抗裂与变形性能。从加固板的荷载—挠度曲线关系可以看出，各加固板仍然具有较好的延性，并不因为刚度的增加而导致双向板延性性能的大幅度降低。此外，试验板的刚度及钢筋应变的变化规律也表明提高预应力钢筋的张拉控制力、选择合理的布筋形式以及增加预应力钢筋的数量等均能有效提高双向板的加固效果。但相比之下,合理的预应力筋布置形式对加固板的刚度和承载力的提高最为有效。因此在工程实践中,建议采用“中密边稀”的布筋方式加固双向板。

# 中小学校计算机网络相关设计分析

上海市徐汇区教育局校舍基建管理站　康　杰

## 一、总体设计

1. 总体设计思想

徐汇区 A 中学需要进行计算机网络的综合布线、设备更换、设备添加等网络改造。

信息化建设是一个整体工程，在初期就应该有完善的规划。系统总体设计是校园网络系统建设的总体思路和工程蓝图，是搞好校园建设的核心任务。进行校园信息化总体设计，首先要进行对象研究和需求调查，明确系统建设的需求和条件；其次，在应用需求分析的基础上，确定系统建设的具体目标，计算机布线应包括网络综合布线等方面；第三，确定网络拓扑结构和功能，根据应用需求，进行系统分析和设计；第四，确定技术设计的原则要求，如在技术选型、布线设计、设备选择、配置等方面的标准和要求；第五，规划安排校园网络系统建设的实施步骤。

2. 设计原则

基于以上的一些状况，我们提出校园计算机网络系统建设的原则应该是：

先进性，先进的设计思想、网络结构、开发工具，采用市场覆盖率高、标准化和技术成熟的软硬件产品，能够保证在一个很长的时间段内不落后，如三网合一。

实用性，建网时应考虑利用和保护现有的资源、充分发挥设备效益，经济合理，有良好的性能价格比。

开放性，系统设计应采用开放技术、开放结构、开放系统组建和开放用户接口，以利于网络的维护、扩展升级及与外界信息的沟通。

灵活性，采用积木式模块组合和结构化设计，使系统配置灵活，满足学校逐步到位的建网原则，使网络具有强大的可增长性。

可靠性，具有容错功能，管理、维护方便。对网络的设计、选型、安装、调试等各环节进行统一规划和分析，确保系统运行可靠。

标准性，所采用的设计方案，涉及的产品均应该符合相关行业的标准。

兼容性，能够最大限度地兼容各个品牌的产品，使各系统有机地融合为一个整体，也可以让将来升级扩容时不出现兼容性问题。

保护性，保护学校投资，既体现在项目完成度、目标的实现度与运行的稳定度，也要体现在总拥有价值的保值程度。

设备选型的原则应该是：

集成化原则：选择高度集成的设备，以便控制，管理和维护。

模块化原则：在软、硬件上都采用商业化、通用化、模块结构的设备，使系统具有较强的扩展能力。

选型设备应为主流设备，且有稳定运行的成熟案例和类似学校的多个应用案例。网络逻辑设计应包括：确定网络类型，网络管理与安全性策略，网络互联和广域网接口等。

遵循实事求是、先进、可靠、节约，完善的后期服务体系原则。

## 二、计算机网络综合布线

A 中学原先已经在进行过综合布线建设。但是随着信息化建设在 A 中学的不断推进，原有的布线系统已经无法满足现在以及将来的需要。故需要在现有的基础上再次进行综合布线。

A 中学原有信息点 250 个，根据目前规划，拟在全校现有综合布线系统的基础上进一步完善综合布线系统。新增信息点共 45 个，网络中心机房设置在综合楼 2 楼。本次新增的布线网络分布在教学楼的 2、3 和 4 楼的办公室里，其中 2 楼和 3 楼各有两间办公室，1 楼有一间办公室，每个办公室有 9 个信息点。24 个教室的信息点延伸到教室的办公桌下。教学楼的信息点都接到三楼的机柜中。

综合布线系统是计算机数据传递的基本通道。应由工作区子系统、水平子系统、管理子系统、垂直干线子系统、设备间子系统和建筑群子系统构成。方便学校进行管理、维护及升级。

## 三、结构化综合布线的设计

1. 设计原则

◇ 先进性和实用性：

采用先进的铜缆和多芯光缆满足计算机网络的带宽要求。

◇ 开放性：

能兼容目前主流厂家的网络产品和结构。

◇ 可扩展性：

综合布线系统内所有的接插件均须为可替换、可组合的标准件，以确保管理和扩展的简易性。

◇ 可靠性：

对使用环境具有良好的适应性，并确保具有极低的故障率，至少提供20年以上的质保。

2. 布线产品的选型

在产品的选择上应遵循以下几个原则：

(1)标准化。产品必须符合国际和国家标准。目前综合布线系统标准包括CECS72：95和美国电子工业办公楼、美国电信工业办公楼的EIA/TIA系列标准，以及ISO/IEC 11801(建筑物通用布线标准)。

(2)实用性。实施后的综合布线产品都满足国际标准，具有良好的用户使用界面。同时，网络管理功能完善且方便使用。

(3)灵活性。系统中的任一部分连接都应是灵活的，即从物理接线，到数据通讯设备的连接都不受或极少受物理位置和这些设备类型的限制。

(4)模块化。所有用于连接设备的适配件(Adapter)都是积木式标准件；不用很多有关这些领域的专门知识，就能够连接这些设备。

(5)可扩充。由于所有基础设施(材料、部件、通讯设备)都采用国际标准，因此，无论计算机设备、通讯设备、控制设备随技术如何发展，将来都可很方便地将这些设备连接到系统中去。

(6)可靠性。系统中的各个部分都采用高质量的材料、组件和设备，并谨慎施工和精心测试，以保证各个环节都是可靠的。

(7)管理性。在工程结束后系统将移交给学校，学校将面临日常管理和维护的问题。所以在进行产品选型时，应尽量考虑到产品的可管理性和管理界面的友好性。

此外，产品选择时要考虑到中远期10～15年内布线系统能满足网络技术发展的要求。以目前的布线产品来看，主流产品都已达到或超过六类标准。必须保证达到千兆应用。

综上所述，建议的布线产品应是这样一种产品：主流、易管理、物美知名，在六类线方面有完整的解决方案。本分析选择德国KRONE的整体布线系统。

## 四、计算机网络布线具体规划

综合布线系统是弱电系统数据传递的基本通道。在布线系统的基础上，可以形成遍布整个学校的计算机网络。布线系统是信息系统中最基础的组成部分，它的性能直接影响到信息系统的性能和寿命。

本综合布线系统方案将作为数据、多媒体信息的传输介质，主要应用于网络系统。以下将采用综合布线系统实现计算机系统资源的综合利用。

综合布线系统由工作区子系统、水平子系统、管理子系统、垂直干线子系统、设备间子系统和建筑群子系统构成。安装中，线缆长度、跳线和端接开绞的长度以及连接数的限制必须遵守"商业建筑布线标准(2002年)"的规定；光纤的安装应避免强力拉伸和过小的扭曲半径，必须遵守"商业建筑布线标准(2002年)"的规定；所有的部件安装应牢固、可靠，并能根据环境防潮、防湿、防鼠害，避免意外损坏。

图1是结构化布线系统各子系统的示意图。

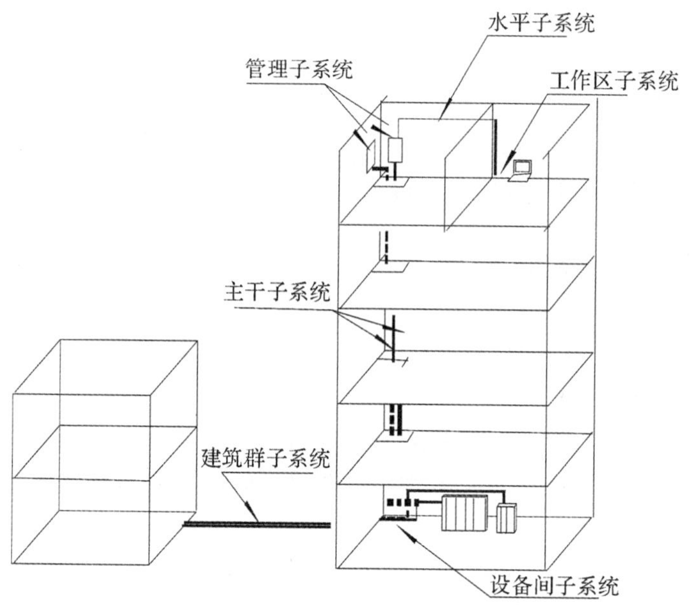


图1　结构化布线子系统示意

结构化综合布线的机柜设置在教学楼2楼，而我们要的是设备间子系统到工作区子系统。楼宇接入间设置为设备间，作为布线系统的楼宇汇聚点；所有布线产品均使用阻燃材料。

## 五、工作区子系统设计要求

工作区布线子系统由终端设备连接到信息插座的连线(或软线)组成，它包括装配软线、适配器和连接所需的扩展软线，并在终端设备和I/O之间搭桥。

在本系统中，由于各层水平电缆的两端(插座面板和配线面板)均采用了六类非屏蔽RJ45模块，大大方便了今后的实际应用。

1. 实施工艺

(1)标记规则

所有的 RJ45 插座、面板和配线架管理系统模块都有标记。标记符号表明不同特性的应用及物理位置。

(2)信息插座的布局

计算机到信息插座用六类跳线连接。所有的 RJ45 插座、面板和配线架管理系统模块都有标记,标记符号表明不同特性的应用及物理位置。信息插座的安装采用墙上安装法、地板下安装法。对于办公室,一般采用墙上安装。

(3)产品要求

1)信息模块

◇ 可反复端接,避免意外损坏;

◇ 国际认证证书。

◇ 性能:符合 TIA/EIA 568B、EN50173-1 和 ISO 11801:2002 要求。

◇ 阻燃级别:符合 UL94V-0 等级。

2)面板

满足国家标准;有标签,防尘盖。

2. 水平子系统设计要求

水平子系统解决布线系统的水平连接问题,它将干线子系统延伸到工作区,使用超六类水平电缆。

由于采用了四对超六类非屏蔽双绞线 UTP,因此对用户而言,就可以很方便地实现所有的数据点之间的互换。该双绞线的传输带宽为不少于 100MHz;数据传输速率 100Mbps 以上,最高可达 1Gbps。能满足图形、影像等多媒体信息和高速数据传输要求。

A 中学各楼已有水平桥架。本设计采用电缆桥架方式敷设水平线缆。

用电缆桥架方式,电缆将从设备间出发,分配到各房间附近,再沿 PVC 管至信息插座处,安装明盒。任何改变系统的操作(如增减用户、用户地址改变等)都不影响整个系统的运行,增减用户只需做必要的跳线即可,为系统的重新配置和故障检修提供了极大的方便。最大距离水平不超过 90 米。

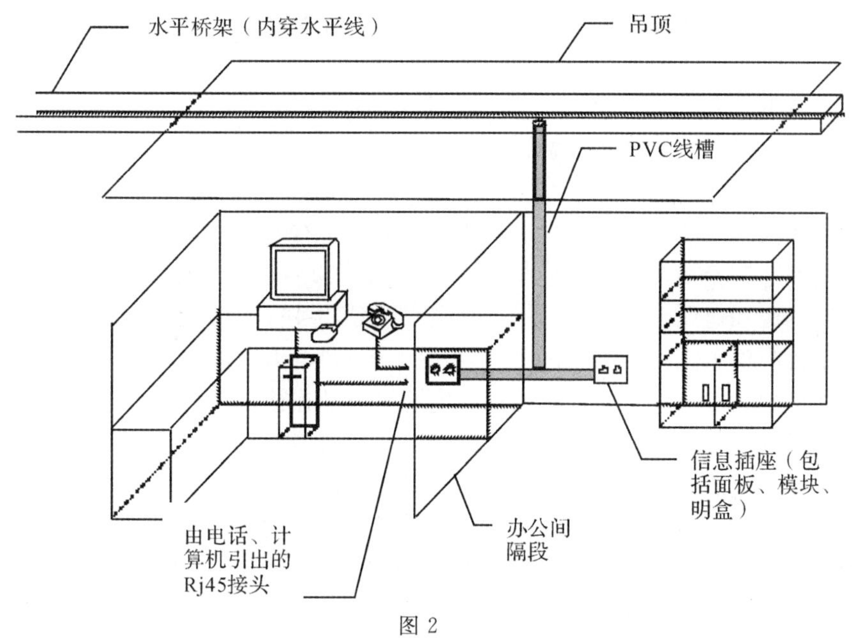


图 2

## 六、管理子系统及设备间子系统要求

管理子系统由交连、互连和配线架及相关跳线组成。管理点为连接其他子系统提供连接手段。交连和互连允许你将通信线路定位或重定位到建筑物的不通部分，以便容易地管理通信线路。通过卡接或插接式跳线，交叉连接允许你将端接在配线架一端的通信线路与端接于另一端配线架上的线路相连。插入线为重新安排线路提供一种简易的方法，而且不需要安装跨接线时使用的专用工具。

楼层配线架管理的信息点不超过 200 个，否则会管理不便和走线的混乱。

水平信息点采用 24 口模块式配线架。同时配置封闭式水平线缆管理器，使得机柜内跳接环境更加整洁。根据结构化布线系统设计规则，管理设备全部安装在机柜中。布线产品中的 24 口配线架、线缆管理器和网络产品中的交换机安置于机柜正面。

设备间子系统数据部分的部件集中在几个机柜内安装、管理。配线间不应是一个“壁橱”，而应当是一个真正的操作工作室，其特点如下：

◇ 面积：其规模根据安装在此的设备大小而定。

◇ 电源供应：主设备间要考虑用 UPS 总电源，其他设备间为独立电源。

◇ 低阻抗接地：接地电阻≤4 欧姆(建议值)。

◇ 空调系统：保证良好的通风功能，温度控制在 21 度上下。

◇ 与竖井相连。

◇ 照明至少 200 勒克司。

◇ 门宽至少 75 厘米，带锁。

◇ 远离所有电磁干扰源。

配线间的面积应当不仅满足容纳布线统的所有连接器具，而且也能满足容纳所需的通讯设备及配件以便构成所有网络。这些设备规格一般是 19 号，要求电源供应和通风。

配线间应距离强力电动机（电梯和发电机）和电力电源变配电室至少 2 米。配线架框架的两端应当与设在工作室里的接地带连接（根据接地等级），否则应与工作室的主要接地端子连接。配线架应当与电缆金属通道连接。在同一配线架的各轨道之间应保证电的连续性。

配线间应关上门以保证所装网络的安全。而大楼配线间应该由校内指定一个部门作统一管理和维护。如果有几个部门同时使用，可以共享配线间，但是这时可能会出现管理混乱，并容易发生安全和保密问题。

配线架附近的环境要求这里所指的配线架包括所有安装 RJ45 配线面板和电话配线架的地方。由于配线架使用管理子系统，因此它是整个布线系统的核心。它的布局、选型及环境条件的考虑是否恰当，都直接影响到将来信息系统的正常运行及维护、使用的灵活性。在此，将对此提出以下建议：

◇ 室内照明不低于 150Lx；

◇ 系统是无源布线系统，本身不需要电源。但为了保证在安装、测试及今后维护时可能使用电源，建议安装若干电源插座，每一个电源插座的容量不小于 300W（如有其他设备另加）；

◇ 根据网络设备对电源的实际需求，配备能够满足使用的电源系统；

◇ 配线架应尽量靠近弱电竖井，以方便布线并节省投资；

◇ 配线架旁网络设备所在地的环境工作温度应保持在 18～27℃之间；

◇ 配线架旁的湿度应保持在 30％～50％之间；

◇ 为确保配线架上各种插座工作性能良好，要求配线间内具有良好的通风，并做到室内无尘；

◇ 为施工及维护方便，建议楼层配线间的尺寸大于 10 平方米（布线系统）。

## 七、垂直干线子系统设计要求

垂直主干采用大对数铜缆，将子配线管理间（IDF）与主配线管理间（MDF）用星形结构连接起来，作为信息传递的主干道。

我们选择垂直子系统拓扑结构为星型拓扑结构，这是因为星型拓扑结构：

1)便于管理，星型拓扑结构的所有通信都要经过中心节点来支配，所以维护管理比较方便。

2)便于重新配置。用户可以在楼层配线架上任意增加、删除或移动、互换某个或某些信息插座，而且仅仅涉及它们所连接的终端设备。

3)便于故障隔离与检测。由于各信息点都连接到楼层配线架，相互之间保持相当大的独立性，因此可以方便地检测故障点，并清除。

4)便于系统的分段、级连与扩充。

垂直干线子系统由楼宇中心通过垂直桥架和水平桥架敷设至各管理间的干线电缆构成。在设计时，应充分考虑到汇聚交换机到接入交换机之间高速数据交换需要，并且还考虑到支持将来的业务需要和技术发展。本方案设计所有接入层交换机通过一条垂直干线直接连接到汇聚层交换机，为将来扩容打好基础。

## 八、建筑群子系统设计要求

建筑群子系统将一个建筑物中的电缆延伸到建筑群的另外一些建筑物中的设备和装置上。它是整个布线系统的一部分(包括传输介质)并支持提供楼群之间通信设施所需的硬件，其中有导线电缆、光缆和防止电缆的浪涌电压进入建筑物的电气保护。

学校建筑群之间敷设多模室外光纤，采用光纤作为传输介质具有：支持距离长，频带宽、通信容量大、不受电磁干扰和静电干扰的影响、在同一根光缆中邻近各根光纤之间几乎没有串扰、保密性好、线径细、体积小、重量轻、衰耗小、误码率低等优点，大大提高网络可靠性，同时使系统具备极高的升级能力。

# 浅谈钢—混凝土组合结构半刚性节点的研究现状与展望

浙江工业大学　马成畅　赵滇生

钢—混凝土组合结构是在钢结构与钢筋混凝土结构基础上发展起来的一种新型结构，可以充分发挥钢材和混凝土各自的材料性能，具有承载力高、刚度大、抗震性能和动力性能好、构件截面尺寸小、施工快速方便等优点。[1]

钢—混凝土组合节点是组合框架结构中连接与传力的枢纽，对框架的整体受力性能影响很大。在传统的框架分析方法中，一般假定节点连接为完全刚接或理想铰接。然而在实际工程中，几乎所有的组合节点都呈半刚性的特征，其性能介于完全刚接和理想铰接之间，既可以传递一定的弯矩，在各构件之间又会产生相对转角。[2]

## 一、研究现状

我国对组合结构半刚性节点研究的起步较晚，但从 21 世纪开始，国内学者对组合结构半刚性节点进行了大量的试验研究与理论分析。

2001 年，向黎明等[3]对钢管混凝土柱—钢筋混凝土梁节点形式的柱轴力对节点抗震性能影响进行了低周反复荷载试验研究，认为，随着柱的轴向力的增大，该类型节点的延性降低，刚度退化趋于严重，耗能能力降低。彭福明等[4]进行了钢框架梁柱采用梁端外伸端板与柱翼缘之间高强螺栓连接的半刚性节点在循环往复荷载作用下的试验研究，得出外伸端板半刚性梁柱节点在反复荷载作用下具有较好的延性和耗能能力主要是依靠端板的变形来实现，在节点区域配置加劲肋可以增大节点刚度，提高其承载能力，梁端外伸端板厚度对节点的延性有较大的影响，外伸端板与梁端之间应采用可靠焊缝连接。

2002 年，胡夏闽等[5]通过假定计算对半刚性钢—混凝土组合节点受弯承载力进行公式推导，并用实验论证了受弯承载力计算公式的准确性。指出：半刚性组合节点的钢梁部分与混凝土板内的钢筋共同参加抗弯，改善了结构的受力性能，而且还节约了钢材。并且该连接方式施工简便，抗震性能较好。厉见芬等[6]采用有限元软件 ANSYS 对高强螺栓外伸端板连接进行三维非线性有限元分析，讨论了钢结构半刚性梁柱节点连接的杠杆力分布及杠杆效应对节点连接受力性能的影响，推导了节点连接杠杆力的最大值，并提出在设计高强螺栓外伸端板连接时，必须考虑杠杆力的作用和端板中的剪力，以避免栓杆被拉断和端板剪切破坏这两种脆断情况的发生。王新武等人[7]通过分析几种典型的梁柱半刚性连接的弯矩一转角曲线，讨论了半刚性连接具有的一些特性，介绍了半刚性连接的柔性对钢框架的影响，提出半刚性连接刚度和承载力的影响因素很多，需要进行大量的研究。

2003 年，王燕等人[8]在弹性阶段近似的用节点初始刚度来模拟节点半刚性，用线性化的模型代替非线性化的 $M—\theta$ 曲线，给出了考虑节点半刚性连接的线性化模型初始刚度的计算公式，推导了半刚性连接在荷载作用下的内力计算公式，讨论了半刚性连接对框架内力的影响。通过分析表明，半刚性连接的初始刚度主要与连接件的抗弯刚度、板厚以及螺栓的分布位置有关。并指出钢框架按刚性连接设计不符合实际受力情况，在分析和设计中，应考虑半刚性的影响。

顾正维等人[9]应用非线性有限元软件包 ANSYS 对有无柱加劲肋的顶、底角钢连接和顶、底腹板角钢这两类半刚性连接在不同荷载作用下的受力性能进行了精细的非线性有限元计算，得出结论：有无柱加劲肋对角钢连接节点的受力情况有较大的影响，而高强螺栓的直径大小、角钢的厚度、螺栓的预紧力也能影响节点的受力情况。

张莉若等[10]为了检验钢管混凝土柱与型钢混凝土梁节点设计构造的抗震性能，对该类型节点进行试验研究。发现在反复荷载下，节点破坏发生在梁端，节点强度储备较高，具有一定的耗能能力。型钢混凝土梁中混凝土的抗裂性能、钢梁上下翼缘的可靠焊接对梁承载力有较大影响。

施刚等[11]结合国外常用半刚性端板连接的设计方法及国内外对半刚性节点的研究情况，指出几个待解决的问题：半刚性节点转动刚度的取值、半刚性节点对柱的计算长度取值的具体影响以及相应的构件和框架的整体稳定问题、半刚性钢框架的抗震性能。

房贞政等[12]通过对劲性混凝土柱—裸钢梁节点进行中边柱节点的拟静力试验研究，得出劲性(SRC)柱—钢梁节点具有较好的延性与耗能能力。在节点中配置一定数量的水平箍筋，对约束混凝土、减少节点剪切变形和增加延性均能起到重要作用。在应力较大处应设置剪力栓以增强混凝土与型钢的黏结作用。

2004 年，胡夏闽等人[13]通过简化节点计算模型推导出半刚性组合节点初始转动刚度计算公式，并与试验结果进行对比，得出该公式适用于接触板型节点，而对于角钢支托型节点与端板型节点累计误差稍大。王新武等人[14]通过 2

个采用上下角钢的梁柱半刚性连接节点原型试件在往复荷载作用下的试验研究，得出：此类连接具有很好的抗震性能，也具有一定的初始连接刚度和弯矩承载能力。影响此类连接主要的因素包括上、下角钢肢的厚度，摩擦型高强螺栓的预拉力以及柱节点域的横向加劲肋。文献对一跨两层带双腹板顶底角钢连接钢框架进行了非线性有限元分析，得到了钢框架的弯矩图以及应力梯度图等分析结果。同时进行了有限元分析结果与实验结果的对比，并得出梁柱连接的刚度会影响梁柱构件上的内力分布和框架的侧移反应。[15]

2005 年，过轶青、胡夏闽[16]应用 ANSYS 有限元分析软件分析静力荷载作用下钢—混凝土半刚性组合节点的荷载和变形非线性性能，并试验验证了所采用的有限元简化计算模型的精确性。得出对于混凝土配筋率较低的节点类型，混凝土对节点初始转动刚度有一定的影响。对于完全剪力连接的组合节点，混凝土板与钢梁的相对滑移对组合节点受力性能影响很小。

李成玉等人[17]分析了节点刚性的判断方法，指出节点刚性的实质就是节点的转动能力。节点的转动变形本质上就是节点域的局部变形，即节点域各个构件变形的集中反映。还提出节点刚性并无好坏之分：刚性节点容易出现脆性破坏，但抗弯承载能力强；半刚性节点延性大，但相应地就牺牲了部分抗弯承载力。所以，要根据实际情况来确定节点类型。

王文波等[18]对钢框架梁柱平端板连接组合节点进行了三维有限元模拟并用试验结果验证，指出，端板厚度、螺栓直径、钢筋直径的增加能增加节点的初始刚度和抗弯极限承载力。但当端板厚度较小时，增大螺栓直径并不能有效地提高节点的极限抗弯承载力，但却对节点的初始刚度有一定贡献，而增大钢筋直径是提高组合节点的初始刚度和抗弯极限承载力的有效方法。节点形式的改变对节点的性能有显著的影响，增大梁截面和考虑组合效应均能有效地提高节点的初始刚度和抗弯极限承载力。

2006 年，向芳等人[19]采用有限元软件 ANSYS 精细分析上下翼缘角钢半刚性梁柱节点，得出该连接的弯矩转角曲线并进一步探讨了上下翼缘角钢半刚性连接节点的受力性能。指出，增加角钢的厚度可以明显提高连接节点初始转动刚度和极限抗弯承载力。增大螺栓直径可以提高节点极限抗弯承载力。预拉应力的施加能提高节点的初始转动刚度，但对极限抗弯承载力帮助不大。

完海鹰等人[20]结合国内其他单位的研究成果，把课题组 5 年来对半刚性理论与试验的研究进行总结分析。完海鹰课题组从 2000 年开始对双腹板、顶底角钢半刚性连接在周期荷载作用下的破坏机理及其影响因素、滞回性能和耗能性能做了大量的试验研究。得出提高半刚性节点在弹性阶段的初始刚度，保证其在弹塑性阶段的延性和耗能性能是这种连接能否大量推广应用的关键，而半刚性连接是有可能代替"强柱弱梁"设计概念的。

闫兴华等[21]对钢—混凝土混合结构中梁柱节点和钢梁与混凝土墙连接节点的三种不同连接形式做了综述。该文也概述了组合节点和组合暗箱梁的设计研究，指出我国规范对节点的设计方法基于完全刚接和理想铰接的假设并不是非常符合节点的实际受力情况。

李煜[22]利用有限元分析软件ANSYS8.0建立了端板型半刚性组合节点的有限元模型，在验证模型的正确性的基础上，利用该模型分析了混凝土板厚度对组合节点初始转动刚度、塑性极限弯矩和塑性极限转角的影响。得出，端板型半刚性组合节点的初始转动刚度、塑性极限弯矩和塑性极限转角都随组合节点中混凝土板厚度的增加而增加。

2007年，李国强等[23]综合了大量半刚性梁柱组合节点试验研究和理论研究，提出大多数的研究都是针对端板型组合节点，但对许多其他类型的组合节点研究不足。

2008年，完海鹰等[24]通过试验的方法，充分研究双腹板、顶底角钢半刚性连接节点的滞回曲线模型，并运用了模拟试件的滞回曲线，发现与试验结果相比，改进的双线性模型拟合精度不高，即使在弹性阶段也很难保证其数值在滞回曲线范围内。通过对试验数据的拟合，提出一个精确度更高的滞回曲线试验模型并确定了模型的参数。

翟厚智等[25]给出了考虑外伸端板半刚性节点连接的线性化模型初始刚度的计算公式，推导了半刚性连接在荷载作用下的内力计算公式。得出，半刚性连接的初始刚度主要与连接件的抗弯刚度、板厚以及螺栓的分布位置有关。半刚性连接能真实反映构件的实际受力情况，而刚性连接低估了梁的跨中正弯矩。并指出，端板螺栓连接半刚性节点在荷载作用下的剪切滑移现象不能忽视。

2009年，完海鹰等人[26]对半刚性连接钢框架结构进行了拟动力实验研究，得出半刚性钢框架在地震力荷载作用下首先是节点的顶底角钢屈服，然后是节点的腹板角钢屈服，节点屈服后柱脚截面开始屈服。节点刚度的降低，可以有效地降低结构的层间刚度。节点刚度的减弱将增大结构的侧向位移，但能引起结构楼层剪力的减小，使结构所受的地震作用效应减小。在结构侧向位移满足的前提下，可以适当考虑半刚性连接的有利影响。

同年，完海鹰等[27]采用PATRAN系统进行有限元建模，利用MARC有限元分析软件对9个双腹板、顶底角钢半刚性节点进行了数值模拟，并将数值模拟分析结果与真实实验室试验得到的数据进行了对比，发现该节点形式具有良好的滞回性能，得到了刚度低周反复荷载作用下的退化规律，分析了梁截面高度、顶底角钢厚度、角钢与柱相连的螺栓孔中心到角钢长肢边的距离以及螺栓直径等因素对节点的初始刚度和极限弯矩的影响程度，验证了用有限元模拟分析对双腹板、顶底角钢半刚性节点在低周反复荷载作用下相关性能的研究的可行性。

徐伟良等[28]采用轻钢结构梁柱半刚性端板连接节点转角的计算方法，并与有限元软件计算结果进行对比，验证了该计算方法运用于轻钢结构梁柱半刚性端板连接弯矩—转角的计算的可行性。

2010 年，樊健生等[29]结合中国科学技术新馆工程对两组四个钢骨混凝土柱—钢桁梁组合节点进行试验研究，得出钢骨混凝土柱—钢桁梁组合节点具有良好的承载力、延性、耗能能力以及变形恢复能力，抗震性能优越。梁端弯曲破坏形式的承载能力、刚度、延性以及耗能能力明显高于节点区剪切破坏，设计时应确保点区受剪承载力高于梁端受弯承载以避免节点区剪切破坏发生。

## 二、结　论

国内对组合结构半刚性节点的研究表明，双腹板梁顶底角钢半刚性连接或单腹板梁顶底角钢半刚性连接中，有无柱加劲肋、螺栓直径、角钢厚度、螺栓的预紧力对连接节点的受力情况影响较大，预拉应力的施加能提高节点的初始刚度，但对极限抗弯承载力影响不大。外伸端板半刚性连接中，端板厚度、螺栓直径、钢筋直径对节点的初始刚度和抗弯承载力影响较大。半刚性节点普遍具有较优越的抗震性能，但在提高节点转动能力的同时，抗弯刚度有所下降，但内力重分布比较充分，导致梁的正负弯矩更为接近，对等截面梁更有利于充分发挥截面承载力。节点刚度的下降也会使钢梁或框架的稳定承载力有所下降，对纯框架高层建筑的结构侧移影响较大，而对以混凝土核心筒或剪力墙为抗侧移结构的高层建筑影响较小。节点刚性的大小并无绝对好坏之分，设计中应根据实际工程需要来选择和设计节点类型。

## 三、展　望

虽然半刚性节点近年在国内的研究应用日趋广泛，但正如完海鹰[20]、李国强[23]所说，国内对半刚性节点的研究主要还是集中于双腹板、顶底角钢半刚性连接，顶底角钢半刚性连接和外伸端板半刚性连接，对这些节点还需要做进一步研究，而对于其他类型的半刚性节点，研究工作也应该展开，以充实半刚性连接的设计理论。

而且综合以上研究都是基于半刚性梁柱节点连接形式的试验研究与理论分析，而对于半刚性梁梁节点连接形式的研究讨论却几乎没有，虽然梁梁节点连接与梁柱节点连接有一定的相似性，但鉴于两者的荷载约束条件的不同以及破坏形式的不同，未来有必要在结合半刚性梁柱节点研究的基础上，对组合框架半刚性梁梁节点进行试验研究与理论分析。

## 参考文献

[1]聂建国. 钢—混凝土组合梁结构——试验、理论与应用. 北京：科学出版社，2005. 1—2.
[2]郑德胜，胡夏闽. 钢—混凝土组合节点的分类探讨. 工业建筑，2005，35(11)：31—34.
[3]向黎明，吕西林，曹阳. 新型钢管混凝土柱—梁节点抗震性能研究. 结构工程师，2001，(3)：20—24.
[4]彭福明，王燕. 外伸端板半刚性节点在循环荷载作用下的研究. 青岛建筑工程学院学报，2001，22(4)：75—79.
[5]胡夏闽，过轶青，高华杰，刘建平. 半刚性钢—混凝土组合节点受弯承载力的计算. 南京工业大学学报，2002，24(5)：25—29.
[6]厉见芬，王燕，王新. 钢结构半刚性梁柱节点连接的杠杆力分析与计算. 青岛建筑工程学院学报，2002，23(3)：104—108.
[7]王新武，孙犁. 钢框架半刚性连接性能研究. 武汉理工大学学报，2002，24(11)：33—35.
[8]王燕，李华军，厉见芬. 半刚性梁柱节点连接的初始刚度和结构内力分析. 工程力学，2003，20(6)：65—69.
[9]顾正维，孙炳楠，童根树，徐和财. 螺栓角钢钢节点的三维非线性有限元分析. 钢结构，2003，18(2)：48—52.
[10]张莉若，王明贵. 钢—混凝土组合结构梁柱节点承载力试验研究. 建筑科学，2003，19(5)：16—18，25.
[11]施刚，石永久，王元清，李少甫，陈宏. 钢结构半刚性端板连接的设计方法与应用. 工业建筑，2003，33(8)：52—55.
[12]房贞政，陈伟恩，郑则群. 劲性柱—钢梁节点拟静力试验研究. 地震工程与工程振动，2003，23(2)：45—50.
[13]胡夏闽，过轶青，刘建平. 半刚性组合节点初始转动刚度计算. 工业建筑，2004，34(3)：71—73.
[14]王新武，李凤霞. 采用上下角钢的梁柱半刚性连接试验研究. 施工技术，2004，33(3)：50—51.
[15]王新武. 半刚性连接钢框架有限元分析和研究. 世界地震工程，2004，20(2)：77—80.
[16]过轶青，胡夏闽. 半刚性组合节点物理非线性分析. 南京工程学院学报(自然科学版)，2005，3(3)：21—25.
[17]李成玉，郭耀杰. 钢框架节点刚性的力学特性. 武汉大学学报(工学版)，2005，38(1)：129—132.
[18]王文波，邵永松，暴伟. 框架梁柱平端板连接组合节点性能研究. 低温建筑技术，2005，

(6):52－54.

[19]向芳，詹根华，刘世美. 上下翼缘角钢半刚性梁柱节点的力学性能研究. 工程建设与设计，2006，(12):49－51.

[20]完海鹰，周涛. 半刚性节点研究综述及展望. 钢结构，2006，21(1):37－40.

[21]闫兴华，朱清峰，苏志宏. 钢—混凝土混合结构节点抗震设计方法研究综述. 北京建筑工程学院学报，2006，22(2):1－6.

[22]李煜. 混凝土板厚度对端板型半刚性组合节点力学性能的影响分析. 云南电大学报，2006，8(3):60－64.

[23]李国强，石文龙，肖勇. 半刚性梁柱组合节点的研究现状. 建筑钢结构进展，2007，9(4):11－22.

[24]完海鹰，奚敏. 双腹板、顶底角钢半刚性节点的滞回曲线模型. 钢结构，2008，23(12):12，21－23.

[25]翟厚智，肖亚明. 外伸端板半刚性节点的初始刚度和内力分析. 工程与建设，2008，22(2):157－159.

[26]完海鹰，王建国，王秀喜. 半刚性连接钢框架的拟动力实验研究. 实验力学，2009，24(4):299－306.

[27]完海鹰，王建国，王秀喜. 双腹板、顶底角钢半刚性节点的数值模拟分析和试验研究. 中国科学技术大学学报，2009，39(12):1311－1318.

[28]方垒，徐伟良. 梁柱半刚性端板连接弯矩—转角全曲线计算方法的实际应用. 浙江工业大学学报，2009，37(4):464－468.

[29]樊健生，陶慕轩，聂建国，李婷，赵楠. 钢骨混凝土柱—钢桁梁组合节点抗震性能试验研究. 建筑结构学报，2010，31(2):1－10.

# 基于抗裂抗渗性能的新型墙体材料工程应用研究

浙江理工大学　傅　军

随着国家针对节能、环保、资源节约和再利用提出的各项要求，越来越多的建筑中都采用了新型墙体材料，但它在使用中存在着开裂渗漏较难控制的问题，进而影响到在建筑工程中的应用与推广。由于材料组成的多相性和影响因素的复杂性，需要从各个环节进行研究以适合工程应用。笔者自 2004 年以来，通过调研、室内试验、现场测试、数值分析、工程设计等多个手段进行了系列研究，得出了一些规律和结论，有助于更好地推广和使用新型墙体材料。

## 一、调研情况

影响新型墙体材料质量的原因很多，为此笔者走访了浙江省近 20 家企业，产品类型包括蒸压加气混凝土砌块、混凝土多孔砖、混凝土实心砖、烧结页岩多孔砖等，试图从源头找到质量问题的根源。

笔者对生产工法及生产后期运输及保养的调研中发现：有 75%以上的企业都能按照国家或行业检验标准、规范进行出厂检测，而少数企业还未形成一个标准的工法，这对块材生产质量有一定影响。而后期的运输、养护、保管等方面，还没有一个统一的标准，机械运输的方式不固定，养护条件方法不统一。

笔者通过对企业的调研发现：浙江地区新型墙体材料在生产质量上不大稳定，表现在企业规模层次差距太大，使得生产、养护设备及管理人员层次相差大，导致质量不稳定；原材料规格和级配控制相差较大，即使同一地区、同一生产水平企业，采用的原料、级配不同，以及企业是否有专门实验室级配或是否采用电脑调控等都对质量产生影响；在市场经济作用下，价格成为影响质量的重要因素，导致不同企业在考虑自身成本的情况下降低产品质量。

笔者通过对设计、施工、监理、质检单位的调研发现：对新型墙体材料的抽检、巡检制度不完善，造成部分生产、施工企业检测指标偏重于外观尺寸及强度，而忽略了导致墙体裂缝的密度、干缩率、含水率、组成成分等主要影响因素；补强措施不到位，如墙面网格布孔距过大，强度不足，拉结筋与柱的连接采用后锚时，黏结剂没有打好导致滑移等；施工工艺间隔没有很好地控制。

笔者通过对管理部门的调研发现：虽然国家鼓励发展新型墙体材料，也出台了相关政策,但是仍然存在着需要改进的问题:制定和完善各项产品检验标准和相应的施工规范,严抓质量,使产品的发展走向规范;新型墙体材料虽然综合造价及宏观效益好,但是价格却比原始材料高,因此应想办法降低材料成本及安装费用;对墙体开裂和渗漏的检测方法不多,验收环节也容易被忽视,应完善检验设备及技术手段。

## 二、数值分析

目前关于墙体裂缝产生的原因与控制技术,很多文献从墙体抗侧力性能、构造措施以及温度效应方面进行了大量的研究,而关于干缩效应下填充墙裂缝影响因素分析的文献较少,因此,笔者采用了有限元法作为数值分析手段,并考虑计算效率,提出"半分离—整体式"计算模型,对不同跨度、开洞率、柱刚度的框架填充墙的干缩过程进行模拟,并对相关的影响因素进行分析。详细的求解策略和结论参见文献[1],部分计算结果如图 1 所示。

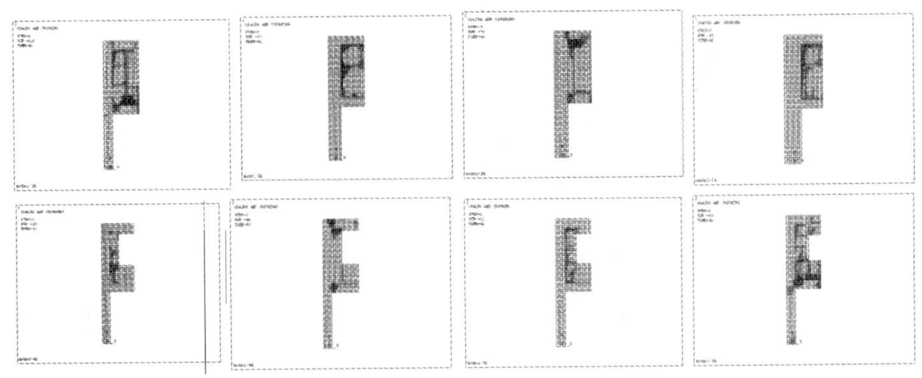

图 1　各种框架填充墙模型在−40°C 下裂缝开展

数值模拟分析表明:(1)数值模拟时不能忽略自重和竖向荷载的影响;(2)干缩会导致窗洞等产生非结构性的损坏;(3)不同的柱刚度、洞口率和连接刚度下的裂缝发生位置、发展趋势和结构变形有差异,采用统一的构造措施并不能完全解决问题;(4)对于没有采取任何构造措施的框架填充墙结构在等效温差−5℃下即发生局部的微裂缝;(5)干缩下最终的裂缝宽度预计会超出使用范围。

## 三、收缩试验

对混凝土单砖进行了含水率、吸水率等指标的测定,然后针对不同龄期砌筑的墙体进行了持续测试,包括墙体端部位移和即时应变,然后进行了分析和估算，详细的试验过程和结论参见文献[1]，部分计算结果见图 2、图 3。

试验结果表明：(1)部分未达到标准龄期的混凝土砖块在不同湿度环境下表现出初期自由湿涨的特点，墙体收缩表现出干缩和湿涨循环；(2)墙体的初期收缩率在 1.6～2.0×$10^{-4}$左右，测试得到的墙体即时应变初期表现为受压状态，随后转为受拉状态并趋于稳定，不同龄期混凝土砖墙体初期即时应变与时间的关系近似服从指数下降规律；(3)低龄期混凝土砖材料性能不稳定，计算参数的离异性影响了数值模拟的准确性；(4)在实际工程应用中，考虑到参数的影响因素比较复杂，建议采取“定性分析＋构造措施”的概念设计方法。

由于实际应用中存在未到龄期已经上墙使用的情况，根据试验结果，建议区别具体情况分别进行处理：(1)龄期未到 14 天的多孔砖、由于其材性不稳定，处于干湿交替状态，应予以拆除；(2)理想的上墙相对含水率要略高于相对平衡含水率，对于一般的地区，要控制上墙的含水率在 35%附近；(3)墙体的收缩与块体收缩相比，有一定的滞后性，因此，已经上墙的低龄期混凝土砖墙体，应延长保养时间（至少 10 天），并采用面层处理进行约束，可以减少干缩量。

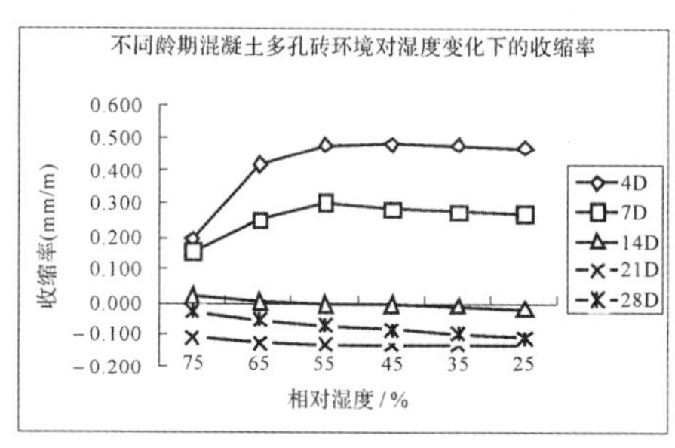


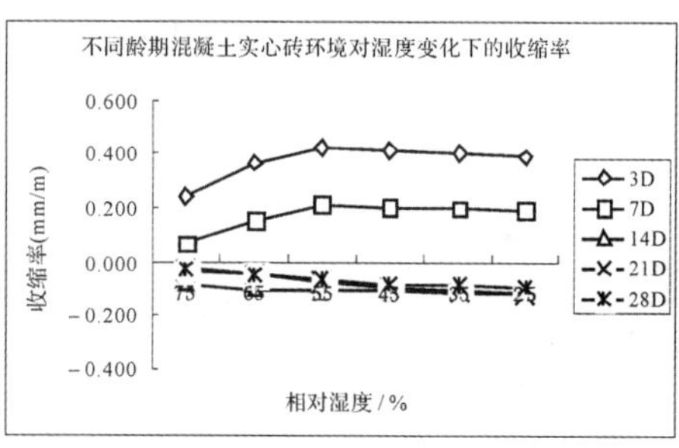


图 2　混凝土砖块体收缩率与龄期、含水率、湿度关系

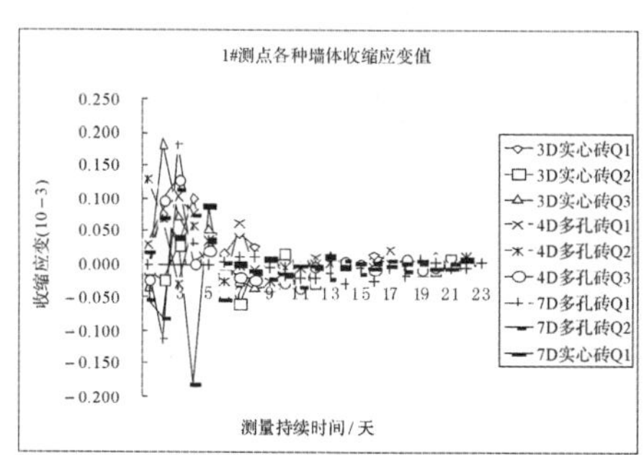


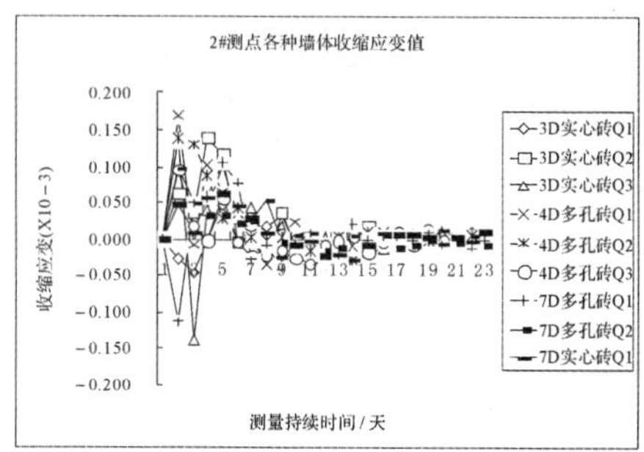


图 3　混凝土砖块墙体部分测点墙体应变值

## 四、渗透性能现场试验

采用丹麦进口仪器 germanns water permeability tester(透水性测试仪)(图 4,以下简称 GWT),对已经上墙的混凝土砖填充墙的渗透性能进行了现场测试(试验地点位于浙江理工大学研究生宿舍楼)。该建筑为 15 层框架结构,填充墙采用 MU15 混凝土多孔砖 M10 砂浆砌筑,砌块尺寸为 240 毫米×115 毫米×90 毫米。

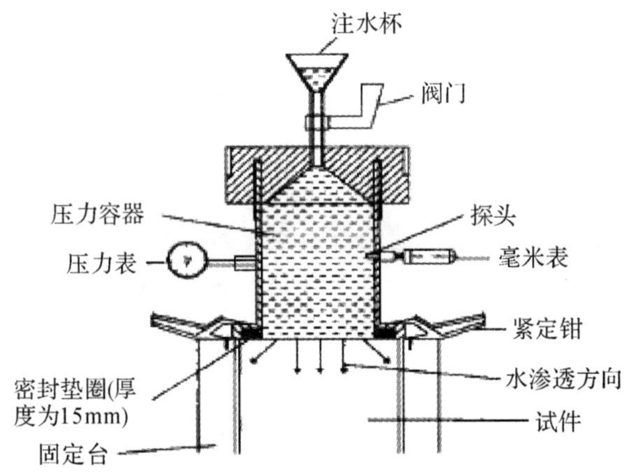


图 4　Germanns 表层渗透仪工作原理

对 7 天、14 天、21 天三种不同龄期砂浆抹面混凝土多孔砖墙进行试验。根据试验步骤及所得表 1 中数据,通过下式计算水的流速:

$$q=\frac{B\times(g_1-g_2)}{A\times t}=78.6\times(g_1-g_2)/3018t$$
$$=0.026(g_1-g_2)/t\quad(\mathrm{mm/s})$$

式中:$B$ 是毫米表探头的面积,本次试验采用 10 毫米探头,$B$ 值为 78.6 平方毫米;$A$ 是压力作用面积,本次试验采用直径为 62 毫米,则 $A$ 为 3018 平方毫米;$g_1$ 和 $g_2$ 是毫米表的初读数和末读数(毫米);$t$ 是与毫米表的初读数与末读数所对应的时间表(sec)。

**表 1　水流速度及表层渗透系数**

| 7 天砂浆抹面混凝土多孔砖墙体 | | |
|---|---|---|
| 位置 | 水流速度 $q$ | 表层渗透系数 $C_{cp}$ |
| 阳台门边 | 0.001521 | 0.304 |
| 外墙 | 0.002562 | 0.512 |
| 内墙 | 0.004323 | 0.865 |

续表

| 14 天砂浆抹面混凝土多孔砖墙体 | | |
|---|---|---|
| 位置 | 水流速度 $q$ | 表层渗透系数 $Ccp$ |
| 阳台门边 | 0.001014 | 0.203 |
| 外墙 | 0.002524 | 0.505 |
| 内墙 | 0.003133 | 0.627 |
| 21 天砂浆抹面混凝土多孔砖墙体 | | |
| 位置 | 水流速度 $q$ | 表层渗透系数 $Ccp$ |
| 阳台门边 | 0.000589 | 0.172 |
| 外墙 | 0.002401 | 0.480 |
| 内墙 | 0.002889 | 0.578 |

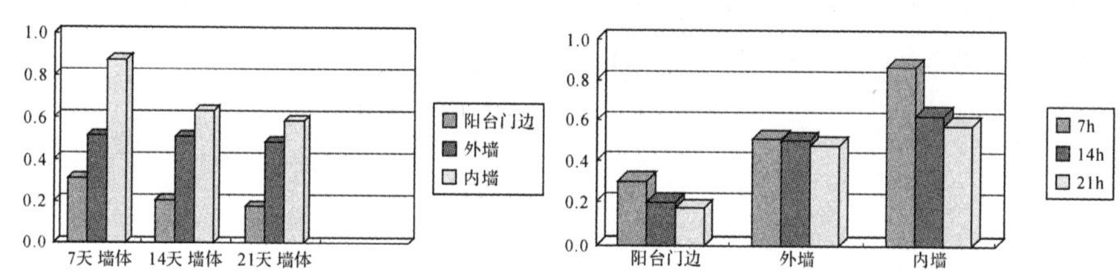


图 5　不同龄期、不同位置墙体渗透系数比较

根据达西定律公式，表层渗透系数 $C_{cp}$ 可以按下式计算：

$$C_{cp} = q/(b \cdot (\Delta p/L)) \quad (\mathrm{m^2/s \cdot bar})$$

式中：$q$ 是通过试件水的流速；$b$ 是混凝土多孔砖中水泥的质量百分含量；$\Delta P$ 是特定的压强值所对应的毫米表读数（毫米）；$L$ 是密封垫片的厚度，为 15 毫米。

归类、统计、整理得出混凝土多孔砖墙的渗透性系数，见表 1。根据表 1 计算的数据整理如图 5（注：计算结果已经对文献[2]中的错误进行了修正）。

试验结果表明：对于同部位的混凝土多孔砖而言，随着抹面龄期的增长，其表层渗透系数值呈现减少趋势；同时墙体渗透性能受试验方法、环境条件和结构条件影响很大。

该试验方法具有如下优点：(1)现场试验不受场地、时间制约，能够得出墙体在施工过程中各个阶段的渗透性；(2)现场试验比试验室试验更能反映实际的情况，数据更真实；(3)采用透水性测试仪进行现场试验，试验容易上手，操作方便简单；(4)数据分析简单，只要根据试验结果按公式进行计算即可得出墙体的渗透性系数，从而进行比较分析。该仪器和方法可以方便、迅速地应用于工程监理的无损检测中，有着广泛的应用前景。

## 五、结　语

影响新型墙体开裂和渗漏的因素是多方面的，除了材料本身的原因，还包括生产过程的质量控制、建筑物的结构形式和构造措施、环境条件的影响等。对于已经产生的墙体裂缝，需要通过合适的检测和评价后采取适当措施。总之，对于墙体抗裂抗渗问题，需要进行系统性和渐进式的研究。

## 参考文献

[1]傅军.新型墙体抗裂抗渗水性能工程应用研究[D].浙江大学博士学位论文，2010.

[2]崔旸，傅军，刘杭运等.表层渗透试验方法在混凝土多孔砖砌体渗透性能现场评价中的应用.墙体革新与建筑节能，2010(3).

# 砖混结构房屋的墙体温度裂缝控制

江苏科技大学　陈　林

砖混结构是我国房屋建筑使用最广泛的结构形式之一，大量的工业和民用建筑采用砖混结构，如多层住宅、办公楼、学生宿舍及单层厂房等建筑均大量采用砖混结构。砖混结构造价低廉，设计、施工简便，因而得到了广泛的应用。多年来，温度裂缝问题一直困扰着砖混结构房屋，成了不易治愈的顽疾。通常，砖混结构房屋建成1～2年就会出现温度裂缝，随着现浇楼板应用的增加，加强了楼、屋盖与墙体的整体连接，温度裂缝问题也越来越突出。

温度裂缝的产生影响结构的安全性、实用性和耐久性。裂缝会导致砖混结构建筑整体刚度降低，影响建筑的抗震能力；裂缝会造成使用者的心理压力，使人产生恐惧感；裂缝还会使墙体、屋面、楼面发生渗漏，影响建筑的使用功能并使建筑过早老化，降低建筑的耐久性。随着我国住宅制度改革的逐步到位，住宅已实现了商品化和私有化，人们对住宅安全性、适用性、使用寿命、使用功能包括观感质量都有了更高的要求。因此，预防砖混结构房屋温度裂缝，减轻乃至消除温度裂缝对砖混结构房屋的不利影响，是一个十分紧迫的课题，有着重要的现实意义。

## 一、现象及特点

通过调查发现，砖混结构房屋温度裂缝一般发生在顶层墙体，其他各层墙体偶有出现。内纵墙两端易在钢筋混凝土圈梁下口出现水平裂缝或正八字形斜裂缝；外纵墙两端会在钢筋混凝土圈梁下口出现水平裂缝或在门窗洞口处出现水平或正八字形斜裂缝；横向尺寸较大的房屋也会在横墙两端钢筋混凝土圈梁下口产生水平裂缝或正八字形斜裂缝；在山墙和外纵墙交界处还可能产生包角裂缝。

砖混结构房屋纵、横墙裂缝有一些共同的特点：一是裂缝基本上都在钢筋混凝土圈梁以下墙体上产生，且多为水平裂缝或正八字形斜裂缝。二是钢筋混凝土平屋面房屋顶层墙体产生裂缝的几率较大，其他各层墙体产生裂缝的几率较小。三是房屋长度越大，两端产生裂缝的范围越大，端部的裂缝宽度越宽。

## 二、原因分析

根据有关资料，混凝土的线膨胀系数是 $10\times10^{-6}$钢材的线膨胀系数是 $12\times10^{-6}$；故钢筋混凝土的线膨胀系数在 $10\times10^{-6}\sim12\times10^{-6}$之间，而砖砌体的线膨胀系数为 $5\times10^{-6}$，钢筋混凝土的线膨胀系数是砖砌体的两倍多。相应于一定的温差，钢筋混凝土结构的伸缩变形也是砖砌体的两倍多。由于钢筋混凝土结构楼、屋盖（以下简称楼、屋盖）与墙体相互约束，所以在墙体和楼、屋盖上就会产生温度附加应力，而温度附加应力正是产生温度裂缝的根本原因。

当环境温度高于结构的成型温度（初温）时，房屋就会以其中轴线为中心向两端膨胀。楼、屋盖的较大膨胀变形受砖墙的较小膨胀变形约束，会在砖墙中产生剪应力和拉应力，在楼、屋盖中则会产生剪应力和压应力。如果墙体是连续无洞口的，楼、屋盖对墙体的剪应力和拉应力可能导致墙体剪拉破坏产生水平裂缝或正八字形斜裂缝。然而，由于大量洞口的存在，墙体大部分是不连续的。对于单片墙体，因为顶部受剪就有可能发生剪切或弯曲破坏产生水平裂缝或正八字形斜裂缝。对于楼、屋盖而言，由于其抗剪、抗压能力远大于砖墙的抗剪、抗拉能力，所以不会产生不利影响。

当环境温度低于结构的成型温度时，房屋就会从两端向中轴线方向收缩。楼、屋盖的较大收缩变形受砖墙的较小收缩变形约束，就会在砖墙中产生剪应力和压应力，在楼、屋盖中则会产生剪应力和拉应力。如果墙体是连续无洞口的，楼、屋盖对墙体的剪应力可能导致墙体剪切破坏产生水平裂缝，因砖墙具有一定的抗压能力，压应力对砖墙一般不会形成破坏。由于大量洞口的存在，楼、屋盖下墙体大部分是不连续的，对于单片墙体，楼、屋盖的收缩将在其顶部产生收缩剪力，有可能剪切或向内弯曲破坏产生水平裂缝或倒八字形斜裂缝。对于楼、屋盖而言，由于砖墙约束会在圈梁和楼板中产生拉应力，因钢筋混凝土结构具有一定的抗拉能力，所以一般也不会产生严重的不利影响，圈梁或楼板有可能出现裂缝，但因钢筋的存在，裂缝宽度较小。

通过对砖混结构房屋温度裂缝的调查分析发现，大部分裂缝是水平及正八字形斜裂缝，且主要产生在钢筋混凝土平屋面房屋和钢筋混凝土屋面房屋的顶层墙体上。这就说明砖混结构房屋温度裂缝产生的主要原因是屋面钢筋混凝土结构的膨胀。由于夏季阳光长时间照射，房屋屋顶表面温度可达 60°C 以上，屋面的保温结构效果不佳，致使屋面的钢筋混凝土结构温度过高，钢筋混凝土屋盖膨胀变形过大，是顶层墙体温度裂缝比较严重的重要原因。

## 三、控制措施

根据温度裂缝产生的原因,在设计和施工时采取适当的措施,预防或减少温度裂缝的产生,主要有以下两个思路:“防”和“抗”。

1.“防”的思路

“防”是指针对温度裂缝产生的原因,在设计和施工时采取适当的措施,降低或消除温度裂缝产生的原因,避免温度裂缝的产生。“防”的思路主要有以下几种方法:

(1)严格控制房屋长度及伸缩缝的设置间距,使之符合规范要求。

(2)采用新型性能优异的墙体材料,尤其是顶层墙体应采用与钢筋混凝土线膨胀系数相同或相近的墙体材料。如混凝土砌块(线膨胀系数为 $10\times10^{-6}$)或粉煤灰砖(线膨胀系数为 $8\times10^{-6}$)等。

(3)屋面尽可能采用不易产生温度应力的结构体系,消除钢筋混凝土整体屋面对顶层墙体的不利影响。如采用有檩体系瓦材坡屋面。

(4)尽可能控制主体结构的施工温度,减少房屋的最大温差,从而减少温度变形和温度应力,降低温度裂缝出现的可能或减小温度裂缝的宽度和范围。我国幅员辽阔,气候差异很大,夏季最高气温达摄氏 40 度左右,北方地区冬季最低气温达摄氏零下 20 多度。但北方寒冷地区房屋冬季普遍采暖,加上保温较好,冬季房屋结构的温度一般都在摄氏零度以上。冬季南方不采暖地区的房屋结构的最低温度一般也在摄氏零度左右。所以,冬季我国砖混结构房屋的结构最低温度在摄氏零度左右,而夏季我国砖混结构房屋的结构最高温度一般将达摄氏 40 度左右。根据我国房屋冬夏的极端温度分析,从控制温差的角度看,摄氏 20 度左右是比较合适的施工成型温度。

(5)采取有效的保温及隔热措施,防止墙体和屋面结构过热、过冷。如结合节能要求设置外墙外保温,屋面设置保温层并采用架空隔热层或蓄水屋面、覆土种植屋面等能有效防止夏季屋面结构温度过高的措施。

2.“抗”的思路

“抗”是指从设计和施工的角度对墙体进行抗裂处理,进而避免墙体在受到温度应力影响时开裂形成温度裂缝。“抗”主要有以下几种方法:

(1)适当提高顶层墙体的强度,顶层墙体及女儿墙的砂浆强度等级不低于 M5,砌块强度等级不低于 MUIO。

(2)房屋顶层两端和伸缩缝处 2～3 开间圈梁下的墙体内适当设置水平钢筋,增加墙体的抗裂性能。

(3)在房屋顶层两端和伸缩缝处 2～3 开间内的门窗洞口处设钢筋混凝土

抗裂套(柱)，抵抗可能的开裂。

(4)房屋顶层两端和伸缩缝处 2～3 开间内增设构造柱，提高墙体刚度，防止屋盖水平推力使墙体产生水平裂缝和斜裂缝。该范围的纵横墙交叉处均设构造柱，山墙构造柱的间距不宜大于 4 米。

我校对近年来建设的砖混结构住宅采取了控制房屋长度使符合规范要求、采用有檩体系瓦材坡屋面、对钢筋混凝土平屋面房屋采用保温层加架空隔热层、尽可能控制主体结构施工温度在摄氏 20 度左右等预防措施以及适当提高顶层墙体强度、在房屋顶层两端增设构造柱等抗裂措施，取得了较好的效果，基本没有发现比较严重的温度裂缝，仅有少量住宅因为阁楼屋顶有部分是全现浇钢筋混凝土结构而引起房屋两端阁楼墙体有温度裂缝产生。从我校近年采取的控制措施取得的效果来看，本文提出的“防”和“抗”的思路及控制措施对预防砖混结构房屋温度裂缝是有效的。

## 参考文献

[1]丁大钧.砌体结构学.北京:中国建筑工业出版社,1997.

[2]王铁梦.工程结构裂缝控制.北京:中国建筑工业出版社,1997.

[3]彭圣浩.建筑工程质量通病防治手册.北京:中国建筑工业出版社,1984.

# 砌体抗压强度的影响因素分析及控制对策

盐城高级职业学校　陶继勇

## 一、概　述

砌体工程因其抗压强度高、就地取材、施工方便等优点而被广泛应用于结构工程。影响砌体抗压强度的因素很多，如砌体中块体和砂浆的强度，块体的厚度、平整度及含水率，砂浆的和易性、饱满度及灰缝厚度、砌筑方法等。其中，块体的含水率，砂浆饱满度、灰缝厚度、砌筑方法等质量指标在施工中都作了明确规定。为保证其质量，我们在施工中必须对照因素，采取针对性措施对砌体质量加以控制。

## 二、影响因素分析

就砌体抗压强度的影响因素来说，同一因素对砌体抗压强度的影响程度会因砌筑材料的不同而有所差别，但其影响的原理基本相同。现以烧结黏土砖(240 毫米×115 毫米×53 毫米)为例作简要分析。

1. 含水率

适宜的含水率能有效地提高砌体的抗压强度、抗剪强度和砂浆饱满度。其原因是：在砌体中砖愈湿，砖面上多余的水分就能使砂浆中的水泥正常水化，从而保证砂浆强度的正常增长，随着砂浆强度的提高，砌体的强度也得到提高。同时，湿润的砖与砂浆的粘接较好，提高了块体之间的粘接力，从而提高了砌体的抗剪强度。此外，当砖愈湿时，砌筑时砖面上有流浆现象，由于砂浆流动性好，砂浆在粗糙的砖面上易被均匀摊铺，有利于改善砌体内复杂的应力状态，使砖的强度得到较好的利用，也使砌体的抗压强度有所提高。

不同含水率状态下砌体抗压强度的变化的试验结果如图 1 所示。分析试验结果，砌筑时的含率 $\xi_w$ 对砌体抗压强度的影响系数理论值 $\alpha_w$ 可按下式计算：

$$\alpha_w = 0.8 + \frac{\sqrt[3]{\xi_w}}{10}$$

根据上式，当 $\xi_w = 0$ 时，$\alpha_w = 0.8$；当 $\xi_w \leqslant 8\%$ 时，$\alpha_w < 1.0$ 即应考虑砌筑时的含水率对砌体抗压强度的不利影响。如果取全国砖砌筑的平均含水率 $\xi_w =$

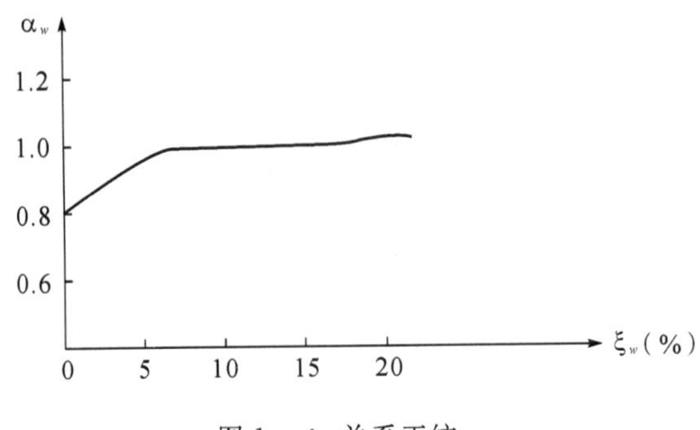


图1 $\xi_w$ 关系正纹

9.2% 时，$\alpha_w = 1.01$；当 $\xi_w = 8\% \sim 10\%$ 时，$\alpha_w = 1.0 - 1.015$，可取 1.0；当 $\xi_w > 10\%$ 时，$\alpha_w > 1.0$。因此当不考虑 $\xi_w > 10\%$ 时有利影响时，所谓浇水湿润要求，就是应使砖砌筑时的含水率控制在 8%～10% 范围内，为留有余量，GB50203—2002 规定：普通、多孔砖的含水率宜为 10%～15%，灰砂砖、粉煤灰砖的含水率宜为 8%～12%。

2. 灰缝厚度

砖砌体受压后，单砖在砌体中承受着拉、弯、剪等复杂应力。随着砂浆水平灰缝厚度的增加，灰缝内砂浆的横向变形增大，加剧了砌体内的复杂应力状态，比如单砖内的拉应力增大。研究结果表明，砂浆水平灰缝厚度 $t$ 对砖砌体抗压强度的影响系数 $\alpha_t$，可按下式计算：

$$\alpha_t = \frac{1.4}{1 + 0.04t}$$

式中 $t$ 按毫米计，$t$ 与 $\alpha_t$ 的关系可用图 2 表示。

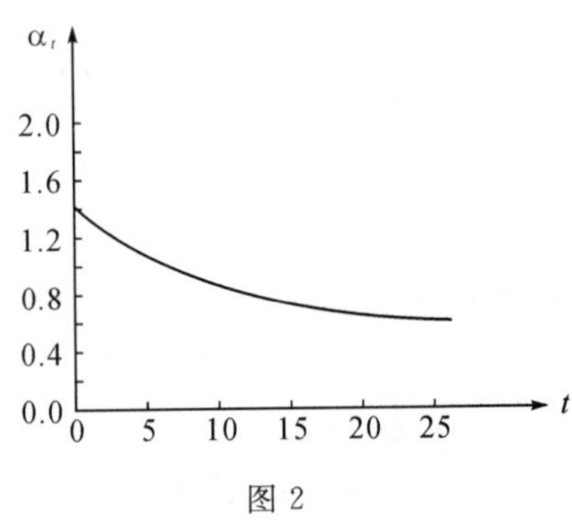


图 2

由上式可知：当 $t=12$ 毫米，$\alpha_t=0.946$，即砌体抗压强度比 $t=10$ 毫米时约减少 5%；当 $t=8$ 毫米时，$\alpha_t=1.061$，砌体抗压强度约提高 6%，当 $t=25.4$ 毫米时，$\alpha_t=0.694$，砌体抗压强度减低约 30%，可见灰缝厚度 $t$ 对砌体抗压强度的影响是不可忽视的。考虑施工方便，GB50203—2002 规定，砖砌体水平灰缝厚度宜为 10 毫米，但不应小于 8 毫米也不应大于 12 毫米。

3. 灰缝饱满度

砂浆水平灰缝不饱满，必将影响竖向荷载的均匀传递，加剧砌体中单砖的复杂应力状态，使单砖早裂，从而降低砌体的抗压强度。造成砌体灰缝饱满度偏低的主要原因有：一是砖的形状不符合要求。如尺寸偏大，使灰缝厚度变小，遇到砂浆里有较粗颗粒时，砖块不容易把灰缝挤实。有的砖挠曲变形使灰缝不匀，也不容易挤实。二是砂浆和易性不好。如砂浆太干、骨料太粗、无塑化剂等，使砂浆和易性不好而挤不实。三是砖不浇水。砌筑时砖很快把砂浆中的水分吸走而使砂浆失去和易性。四是操作方法不当。如铺浆过长，砌筑速度跟不上，砂浆表面失水而与砖失去粘接等。

4. 砌筑方法

砌筑时如出现上下两皮砖的搭接长度小于 25 毫米，则为通缝。砖砌体受压破坏的最终特征是形成半砖小柱后的失稳破坏，连续通缝的皮数愈多，在砖砌体受压时愈容易形成纵向通缝和半砖小柱，大大减低了砌体抗横向变形的能力，因而对砌体的抗压强度和整体性的影响就愈大。在正常受压的砖砌体中。一旦发生若干砖块折断，意味着该砖砌体的压应力已到达其极限抗压强度的 60%～70%；而一旦发生连接折砖裂缝和竖向灰缝的竖向通长裂缝，则标志着它所承受的压应力已到达其极限抗压强度的 80%～90%。对于非正常的受压砖砌体来说，如采用包心砌筑的砌体、有四皮以上通缝的砌体等。由于这些方法容易造成墙、柱失稳，因此它们的抗压强度将比相应正常砌法砌筑的砌体强度低得多。

## 三、提高砌体抗压强度的对策

为提高砌体的抗压强度，我们除了要保证砖本身的抗压强度，砂浆原材料质量合格、计量准确之外，尚应针对抗压强度的影响因素，在施工中采取以下控制措施：

1. 保证砖的含水率

为保证砖有适宜的含水率、GB50203—2002 规定在砌筑前，应提前 1～2 天对砖浇水湿润。目前，在大部分施工现场都能意识到要浇水湿润，却往往忽视 1～2天的提前量，常常是随浇随砌，这样操作会因为分子表面张力的作用而在砖表面形成水膜，从而影响水分的融入，因此一定要保证足够的融水时间，施工中可采用断砖法经常检查：当砖截面四周融水深度为 15～20 厘米时，认为含水率符合要求。

2. 选择合适的灰缝厚度

砌体灰缝的厚度应根据砌筑高度、门窗洞口位置等因素确定，针对抗压强度的影响因素，我们应在规范规定的 8～12 毫米范围内选择合适的灰缝厚度，特别注意灰缝不能过大，当然，要取得较小的灰缝厚度，所用砖就必须要有较好的外观质量，有时，由于砖的外观质量较差，尺寸不准，加上操作人员图省事，“齐不齐，一把泥”，使灰缝明显增厚。这就要求我们在原材料选用和施工现场注意控制。

3.规范砌筑方法

首先要选择正确的砌筑方式，其次要注意上下错缝、内外搭接。这里要特别注意两种情况：一是不得采用先砌四周后填心的包心砌法，因为这是连续通缝中最严重的情况；二是所有的砌层均应用整砖砌筑，因为若用半截砖拼砌实质上就会形成大面积的通缝情况，这种现象在管道预埋时尤其容易出现。因此我们在施工中如发现包心砌筑、多处通缝时应严格禁止和纠正。

4.注意砂浆的和易性

砌筑砂浆应有良好的和易性，需控制其流动性和保水性指标，即稠度和分层度。一般地，稠度指标按下表选用，分层度不宜大于30毫米。施工中可采用简易的检测方法加以控制，这样能有效地提高砂浆的饱满度。

**表1　砂浆稠度**

| 项目<br>次数 | 砌体种类 | 砂浆稠度(厘米) |
|---|---|---|
| 1 | 实心砖墙、柱 | 7～10 |
| 2 | 实心砖平拱式过梁 | 5～7 |
| 3 | 空心砖墙、柱 | 7～9 |
| 4 | 空斗墙、筒拱 | 5～7 |
| 5 | 砖砌烟囱 | 8～10 |
| 6 | 毛(料)石墙、柱 | 3～5 |
| 7 | 砌块墙、柱 | 5～7 |

另外，当施工中遇到砂浆代换时，应考虑性质的差异对砌体抗压强度的影响。水泥砂浆不含塑化剂，强度高、耐久性好，而水泥混合砂浆由于掺入了塑化剂，水泥用量相对减少，强度约降低10%～15%，但相对水泥砂浆来说，水泥混合砂浆和易性、保水性好，便于砌筑，可提高砌体抗压强度10%～15%。因此，如采用水泥砂浆代替水泥混合砂浆时，应考虑水泥砂浆对砌体抗压强度的不利影响，重新确定砂浆强度等级。

## 四、结束语

以上着重分析了砌体工程施工过程中抗压强度的影响因素，只要我们在操作时能从原理上对其充分了解，措施得当，工艺合理，在质量管理上能砌筑标准，控制到位，就一定能有效地提高砌体的抗压强度。

# 从行知中学教育事业研究中心工程，探讨钻孔灌注桩的质量控制

上海市宝山区教育局校舍基建管理站　陆尧财

钻孔灌注桩在各类建筑工程中广泛应用，具有抗震性好、承载力大、施工噪声小，可以解决特殊地基承载力等诸多优点。但钻孔灌注桩地下施工不可预见的因素较多，工程质量难以控制。桩基施工既有机械操作，钢筋加工，又有混凝土灌注等多道工作，工序种类繁多，水下混凝土施工要求严格。因此，必须严格监控施工质量。本文从行知中学教育事业研究中心工程对钻孔灌注桩的质量控制进行分析与讨论。

## 一、工程概况

1. 行知中学教育事业研究中心工程为地下一层，地上四层，建筑面积为9271平方米，由各类教研室、普通教室、报告厅和地下车库等组成。本工程基础采用桩基加板式底板，地下室与地上部分为框架结构。由于本工程位置受环境限制，因此桩型采用钻孔灌注桩，桩长27米，桩径Φ600，总桩数207根。

2. 本工程土层在45.45米深度范围的地基土均居第四系滨海～河口，滨海～浅海沉积层，主要由黏土层，粉性土组成，共5层。由于是古代河道沉积区，因此每层土层分布稳定，但第3层与第4层土层含水量高、孔隙比大、压缩性高，呈流塑状态，土性软弱，成孔时易产生断裂、缩径、孔底沉泥等不良现象。根据工程勘察报告对该地块土质分析与评价，认为：钻孔灌注桩应以第5层黏质粉土层为持力层。

## 二、质量控制要点

钻孔灌注桩的质量控制是指保证标准规范规定的质量标准对钻孔灌注桩施工进行的质量控制。

1. 质量目标风险分析

本工程采用的钻孔灌注桩桩径较大、深度较深、成孔时间较长，容易出现塌孔现象，施工的工序较为复杂，工艺变化较多。其中成孔工艺、泥浆护壁性能及水下混凝土灌注质量对钻孔灌注桩质量目标影响较大。稍有不慎就可能出现

桩位偏差、孔斜、断桩、缩径、夹渣、桩身混凝土疏松、沉淤超厚及钢筋笼上浮等质量事故。

2. 桩位放样控制

以轴线控制点检测桩位放样，对群桩允许偏差20毫米，单排桩10毫米。

3. 桩位偏差控制

灌注桩的桩位偏差必须符合表1的规定。

**表1　灌注桩的平面位置和垂直度的允许偏差**

<table>
<tr><th rowspan="2">序号</th><th rowspan="2" colspan="2">成孔方法</th><th rowspan="2">桩径允许偏差(毫米)</th><th rowspan="2">垂直允许偏差(毫米)</th><th colspan="2">桩位允许偏差(毫米)</th></tr>
<tr><th>1～3根、单排桩基垂直于中心线方向和群桩基础的边桩</th><th>条形桩基沿中心线方向的群桩基础的中间桩</th></tr>
<tr><td rowspan="2">1</td><td rowspan="2">泥浆护壁钻孔桩</td><td>D≤1000毫米</td><td>±50</td><td rowspan="2"><1</td><td>D/6，且不大于100</td><td>D/4，且不大于150</td></tr>
<tr><td>D≥1000毫米</td><td>±50</td><td>100+0.01H</td><td>150+0.01H</td></tr>
<tr><td rowspan="2">2</td><td rowspan="2">套管成孔灌注桩</td><td>D≤500毫米</td><td rowspan="2">−20</td><td rowspan="2"><1</td><td>70</td><td>150</td></tr>
<tr><td>D>500毫米</td><td>100</td><td>150</td></tr>
<tr><td>3</td><td colspan="2">干成孔灌注桩</td><td>−20</td><td><1</td><td>70</td><td>150</td></tr>
<tr><td rowspan="2">4</td><td rowspan="2">人工挖孔桩</td><td>混凝土护壁</td><td>±50</td><td><0.5</td><td>50</td><td>150</td></tr>
<tr><td>钢套管护壁</td><td>±50</td><td><1</td><td>100</td><td>200</td></tr>
</table>

注：1. 桩径允许偏差的负值是指个别断面。

2. 采用复打、反差法施工的桩，其桩径允许偏差不受上表限制。

3. H为施工现场地面标高与桩顶设计标高的距离，D为设计桩径。

4. 桩长、桩径控制

桩长控制是保证灌注桩承载性能的重要措施。控制措施一：检查钻具长度。措施二：检查钻孔转盘标高，控制钻杆上余量，确保实际钻杆上余量与理论钻杆上余量之差控制在误差范围内(5厘米)。

桩径控制是反映桩承载力的另一个重要指标，为保证桩径，主要采取控制成孔操作、钻头直径，测井以及钻孔静止时间。

## 三、质量控制的目标值

1. 事前控制

由于施工阶段是业主及设计意图最终实现并形成工程实物的阶段，也是最终形成工程实物质量的系统工程，施工阶段的质量控制是一个对投入的资源和条件的质量控制，所以事前控制也是对施工准备阶段的质量控制的有效手段。

它的目标值:(1)逐级进行设计图纸与方案的交底工作。(2)施工单位管理体系的审查:它包含着质量管理、技术管理、安全管理等体系的审核。(3)原材料质量检测控制。(4)测量复核、场地平整、探明和清除桩位处的地下障碍物。

2. 事中控制

由于钻孔灌注桩施工主要是成孔、成桩的各工序操作工艺,它是施工质量的核心,所以事中控制是施工阶段质量控制的重中之重。它的目标值:(1)测量定位:确保护筒埋设准确与稳定。控制护筒与桩位中心线偏差不得大于 50 毫米,倾斜度不大于 1%。(2)成孔:根据具体地层差异、合理选用不同的转速和合理调整泥浆性能。钻进泥浆比重宜控制在 1.10~1.20,控制钻进垂直度<1%。(3)清孔:成孔后,在保证护壁的前提下达到初步稀释泥浆,泥浆比重控制在 1.15~1.2 尽可能将孔底岩屑、泥块打碎并随泥浆浮出孔外。(4)钢筋笼制作与下放:钢筋笼宜分段制作,连接时 50%的钢筋接头应错开焊接,对钢筋笼的焊接质量要特别加强检查控制。钢筋笼下放时,应保持垂直状态,严禁强行下放,造成钢筋笼变形,孔壁塌孔。钢筋笼就位须严格控制安装深度±100 毫米。(5)二次清孔:泥浆比重控制在 1.15~1.20,泥渣厚度须控制在端承桩≤50 毫米,摩擦桩≤150 毫米。对清孔达不到泥渣厚度要求的,坚决不能验收灌砼。符合要求后 0.5 小时内灌注混凝土。(6)混凝土灌注:在灌注前必须检查砼坍落度,每桩不少于 3 次,控制在 160~220 毫米,严格控制初灌量,保证初灌后导管埋入混凝中大于 1.2 米。勤灌勤提,控制埋管深度 3~10 米,避免"埋管事故",后续灌砼必须及时跟上,保证混凝土连续灌注,杜绝中断时间过久,消除"堵管事故",控制桩顶标高与设计要求混凝土充盈系数≥1.1 和混凝土上翻余量不小于 2 米。

3. 事后控制

对已完成的钻孔灌注桩进行质量检测与验收,是对其进行事后控制的必要手段。质量检测:质量检测可检验钻孔灌注桩成桩后的承载力是否达到设计要求和桩体质量。承载力检验:对于地基基础设计等级为甲级或地质条件复杂,成桩质量可靠性低的灌注桩,应采用静载荷试验的方法进行检测,检测桩数不应少于总数的 1%,且不少于 3 根。当总桩数少于 50 根时,不应少于 2 根。桩体质量检测应符合设计规定。根据设计要求本工程静载荷试验的检测为 3 根,低应变动测为总桩数的 50%,即 104 根。当设计无具体规定时,对设计等级为甲级或地质条件复杂,成桩质量可靠性低的灌注桩,抽检数量不应少于总桩数的 30%,且不应少于 20 根,每个柱子承台下不得少于 1 根。

通过对行知中学教育事业研究中心工程的钻孔灌注桩施工总流程的质量控制经静荷载试验检测 3 根;单桩竖向抗压极限承载达到设计要求≥1680KN。

104 根低应变动测Ⅰ类桩达到 101 根，占检测桩数的 97%，Ⅱ类桩 3 根，占检测桩数的 3%，通过了钻孔灌注桩分项工程质量的验收。

## 四、结束语

以上虽然对行知中学教育事业研究中心工程钻孔灌注桩质量控制在实践上进行了初步探讨，但在具体施工管理中还应详细制定预防对策，分析钻孔灌注桩常见质量问题产生的原因及处理方法，做好事前预控。

# 现浇空心楼板在教育基建项目中的应用

上海长宁区教育局基建管理站　潘一飞

## 一、前　言

长期以来，现浇混凝土楼板一直使用肋梁楼板或带柱帽的实心楼板，前者因梁的存在而降低了建筑净高、管线安装不便、隔音效果差、施工周期长；后者自重大，不宜大跨度、大开间，柱帽不便于装修。随着建筑行业的不断发展和科学技术的不断进步，各种新工艺、新材料在建筑施工中得以广泛应用，并且更好更快。现浇混凝土空心无梁楼板技术就是为克服这两种结构形式的弊端应运而生的一种新结构体系。

此类结构技术在国外已有几十年的历史，如美国的“现浇（铁皮管）芯板体系”、法国 SITOTO 公司的“充气模板”等。2002 年 12 月，《现浇混凝土空心无梁楼板中的应用技术》通过了我国建设部科技发展促进中心的评估，获得建设部科技成果评估证书。评估单位认为，该项成果可广泛用于大跨度、大空间、大荷载的建筑中，主要适用于学校、桥梁、阅览室、办公写字楼、商场、厂房、地下停车场、大开间住宅等项目，满足了人们对建筑的层高、大开间、灵活隔断以及抗震等诸多方面的更高要求。该项技术突破了传统建筑结构模式，实现了现浇混凝土楼板空心、无梁、无柱帽，从根本上解放了设计思路，减轻了建筑物自重，降低了建筑物综合造价，优化了建筑物使用功能，提高了建筑室内净高，具有明显的经济效益和社会效益，符合国民经济可持续发展的战略。2002 年，现浇混凝土空心无梁楼板技术这一科技成果，在第十届中国专利新技术新产品博览会上获得金奖，并被英国大不列颠国际专利开发中心授予国际发明金奖。目前，全国已有许多建筑开始陆续采用该结构体系。根据建筑发展的需要，由中国建筑科学研究院主编的《现浇混凝土空心楼盖结构技术规程》于 2004 年 12 月完成，2005 年 4 月 1 日正式实施。

本文将结合校舍建设，浅谈现浇空心楼板技术在教育基建项目中的应用。

## 二、工程项目概况

我站从 2007 年底便开始制订“某小学整体改造工程”的实施方案，该小学地处程家桥路，位于长宁区西南角，周边有着众多的居民小区，该学校的校舍建于20世纪80年代，主教学楼为单排的三层楼建筑，教室的数量和面积均不达标，已经无法满足现有教育形式的需求。根据新教育设施建设标准的要求，局领导班子经过多次实地调研后，决定实施总体改造工程，即在拆除原教学楼的基础上新建一栋新的教学楼。届时新教学楼内的普通教室和专用教室等均要满足新的校舍建设标准，这就意味着新教学楼的占地面积和建筑高度都要远远超过原教学楼。该建筑基地正好属于虹桥历史风貌保护区范围内，学校周边被居民小区紧紧包围，著名的历史建筑“罗别根花园”与学校仅一墙之隔，市规划局景观处对该地区的建筑经济指标有着非常严格的规定。设计方案一改再改，既要满足规定指标又要满足教育的需要。当时为了通过设计方案的审批，我站项目组成员会同设计单位拟订了许多的方案，克服了重重难关，却有一项指标始终难以达成，即新建教学楼的建筑高度必须控制在18米以内，这项指标对于这栋设计为地上五层、地下一层的教学楼来说非常苛刻。当时最先想到的办法就是降低每层的层高，这个方法虽然简单，但原本低矮的层高再加上梁的高度，势必会造成极大的空间压迫感，长期待在这样的建筑内对师生的心理健康非常不利，而且还有许多大跨度的专用室，如会议室、多媒体演播室、包括顶层的多功能厅等，都不适宜低矮的层高。另外两个方案是去掉一个楼层和扩大占地面积，但前者会减少教室数量，无法满足今后的班级配置；后者则会超出占地面积的规定范围，更是不可行。

考虑到上述难题，我站在多次听取专家及设计意见，经过反复商讨后，果断采用了新的建筑结构技术，运用现浇空心楼板技术来有效解决上述难题。新建教学楼总建筑面积4600平方米，一至五层楼板均采用现浇空心楼板，现浇空心楼板的面积约2600平方米。该技术有效提升了室内净高，使得建筑高度得以控制在18米以内，顺利通过了市规划局景观处的设计方案审批，并于2008年年底正式开工，2010年3月竣工。在使用近一年后，根据学校师生反馈，新校舍的建成取得了一致好评和良好的社会效应。

## 三、施工工艺介绍

现浇混凝土空心无梁楼板是国家建设部重点推广应用的一项新技术，其原理就是在现浇楼板结构中，按设计间距放置高强复合薄壁空心管，柱间设置暗梁，浇筑混凝土后形成现浇无梁空心板。现浇空心楼板是在现浇楼板的截面中部沿受力方向设置相互间隔的空心管材，结构的梁一般暗设在板内，浇筑混凝土后楼板变成空心结构，与普通梁板结构相比自重减轻、跨度增大、隔音防噪效果提高，有效减少模板材料和人工消耗。尤其适用于大跨度的楼板，具有建筑节能效果显著、施工经济方便、综合经济效益提高、工期缩短、净高提升等优点，其中放置的高强复合薄壁空心管是具有专利保护的核心技术。

本工程采用的空心管是CHF玻纤增强抗浮筒芯，是该技术推广筒芯中的优秀产品，它具有强度高、重量轻、安装简便、材料环保，是符合节能、环保的内膜。CHF复合筒芯现场安装需与各专业工种密切配合。为确保安装优质高效、按期完成，我站要求供应商派专业技术管理人员协助总包单位完成CHF复合筒芯安装、混凝土浇筑工序，并与我站项目组协调解决技术问题。

现浇空心楼板的施工工艺与普通混凝土楼板大不相同，要复杂得多。正确合理的施工顺序可减少许多不必要的返工，既节约时间又节省劳动力，具体如下：

1.前期准备

大面积施工之前，为了避免不必要的返工，应先选1～2跨具有代表性的作为样板跨来施工。全部施工人员到现场观看，熟悉正确的施工工艺，并注意容易出现问题的环节，提早预防。还可以通过操作人员的实际操作和丰富的经验，摸索出更为合理的施工方法。

2.材料进场

CHF复合筒芯进场前要先进行验收，在安装前应检查其是否破裂，是否平直，两端堵头是否严密牢固，不符合要求的严禁使用。外观要逐根检查，要求无贯通裂缝和穿孔，蜂窝每管不超过3处，并填写验收记录单。堆放与吊运时要小心轻放，严禁抛掷，堆放场地应坚实平整和干净。

3.浇筑要求

混凝土等级为C30，为保证工程质量，采用预拌混凝土，由于空心管之间的间距只有5厘米，距板底也只有5厘米，浇筑的混凝土石子粒径应控制在5～30毫米并采用中砂，为保证其流动性要大一些，适当掺入一定量的减水剂和粉煤灰等掺和料，混凝土的坍落度控制在14－16厘米。

4.摆放空心管

空心管由指定生产厂家直接提供，空心管进场后应仔细检查其直径、圆度、长度、平整度、壁厚和两端堵头的牢固程度，不符合要求的不得使用。空心管检查合格后，按排管图摆放空心管，边摆放边将空心管垫块垫好，并将空心管位置校正后固定。

5.空心管的抗浮措施

现浇混凝土空心管楼板使用的为大流淌性混凝土，空心管自重很轻，混凝土一旦流到空心管下部，就会将空心管连同钢筋网顶起来，上浮力很大。具体的抗浮措施是在距管端约1/4处，分别放入2条钢筋作抗浮压筋，使空心管连成一体。然后在底层竹胶模板上打眼，每隔 3 根空心管设一个拉结锚固点，用铅丝将抗浮压筋与下部支撑钢管拉紧。

6. 混凝土浇筑

浇筑时“工”字形梁和管间的小肋梁应用小型插入式振动棒振捣，暗梁可用 5 厘米振动棒振捣，平板表面用平板振动器振捣，要控制振捣力，不得将振动器直接接触压薄壁管进行振捣，布料与振捣应同步进行，以保证薄壁管底部被充填饱满，无积存气囊、气泡。

7. 成品保护

浇筑完成后应用薄膜覆盖，满 24 小时后每隔 4 小时浇水养护，不得事后在板面上开孔洞，板底打膨胀螺栓时应避开钢筋，不得打断。空心楼板强度必须达到 100%后方可拆模。

## 四、应用后的效果

该小学总体改造工程于 2010 年 3 月竣工后投入使用，地处虹桥历史风貌保护区内的这所小学在改造后，其各项经济技术指标均符合规划控制要求，新建教学楼内的各个教室宽敞明亮，专用教室、会议室、多功能厅等大跨度的房间都符合校舍建设标准。各个楼层室内净高适宜，师生们在这样一所崭新的学校中能够更好地工作和学习，彻底解决了教室紧张、硬件设施不达标的问题。作为该工程的项目负责人，对于此次现浇混凝土空心楼板的实际运用，相比较于传统混凝土楼板结构，我总结了以下几个优点：

1. 节省费用

首先降低了钢材用量：由于减少了次梁及楼板自重的降低，支承楼板的柱、墙和基础的荷载也相应减少，这样既可减少构件截面，又可减少配筋，降低钢材费用。其次节省了混凝土的用量：由于内部摆放空心管用于填充，跨度越大节省混凝土用量越多。再次减少了模板裁损：由于提高了模板重复使用的次数，节约机械、周转材料的租用费及其他不变成本。大模板的铺设降低了施工难度，减少了损耗，节约了支、拆模人工费用，模板损耗降低 30%。

与原先的设计方案即梁板结构体系比较，采用现浇空心楼板结构技术后，该项目降低了建筑结构造价约 10%，由于楼板下无梁、无柱帽，楼板平整，房间无需吊项，同时又降低了内外墙装修等费用约 10%。

2. 缩短工期

现浇混凝土空心楼板施工工序和工人熟练程度是缩短工期的关键，完善的前期培训和施工方案显得尤为重要。由于施工安排科学合理，施工工序方便快捷，特别是省去了梁的支模工序，施工工期比传统工艺缩短了近 20%，在缩短施工周期的同时也降低了施工成本。另外空心管楼板的使用，省去了吊顶和二次装修，这样在装修方面也可节约一定的时间。

3.优化了使用空间

无梁的设计提高了室内净空高度约 40 公分，由于楼面是平板只需固定卫生间隔墙，其他房间隔墙可以由校方自行布置，增加了使用面积。隔断灵活，让使用功能更贴近人性化。

4.提高了建筑物的防火及抗震功能

与一般楼盖相比，现浇混凝土空心楼板是一次性整体浇筑而成，其整体性好，大板、无柱帽，实现真正平板，无凸出部位。空心楼板的刚度大、自重轻、变形小，抗震效果明显优于传统有梁楼板。同时，不会因火灾丧失应力而导致结构破坏，降低楼板和建筑自重，超高标号的空心管和混凝土协同受力有利于改善混凝土的受力性能。

5.保温隔热、隔音效果优良

由于现浇混凝土空心楼板是封闭空腔结构，夹气层保温隔热，效果非常明显。同时，由于封闭空腔结构，大大减少了噪音的传递，使楼板隔音效果提高约 10 分贝，克服了上下楼层的撞击噪音干扰。再结合中空断热玻璃的安装，有效降低了教室、办公室、阅览室等噪音。

## 五、结束语

现浇混凝土空心楼板的设计及使用，虽不能说是在主体结构设计方面的一大革命，但它是对传统结构设计的挑战，是在楼板结构形式上的大胆创新。目前该技术发展趋势看好且前景无限，与人民生活紧密相关，符合国家产业政策。该项成果的普及推广将产生不可估量的综合效益。总而言之，现浇混凝土空心楼板结构是一项不同于其他结构形式的新型楼板结构，而这项技术在教育基建项目中的成功应用，也坚定了我站在基建领域不断探索创新的决心。

# 学校建筑渗漏产生的原因与防治的施工技术

上海市浦东新区教育局资产管理中心　王美英

随着经济的发展，城市住宅如同雨后春笋遍地林立。而学校作为新建住宅区配套建设的内容之一，也在加快的建设中。在人们的生活条件、学习环境获得改善的同时，对学校功能的要求也越来越高，但建成校舍的屋面、墙体、门窗等部位的渗漏问题时有发生。校舍存在的这些渗漏问题，成为困扰建设单位、使用单位、管理部门的一大难题。每年用于学校建筑渗漏维修和翻修方面的费用相当惊人。因此，对造成学校建筑各个部位渗漏的原因进行分析，对症下药，并采取必要的措施，具有重要的意义。

## 一、学校建筑存在的渗漏现象

1. 屋面渗漏。

(1)屋面设施与现浇层之间的节点部位的渗漏；

(2)女儿墙与墙角部位接触处墙角部位的渗漏；

(3)现浇屋面条状渗漏；

(4)现浇坡屋面的局部渗漏。

2. 外墙渗漏。

3. 外墙门窗渗漏。

4. 卫生间沿墙根、墙面渗漏；落水管节点渗漏；上下水管管笼积水渗漏。

5. 现浇钢筋砼楼面裂缝而造成的渗漏。

## 二、产生渗漏的原因

1. 女儿墙和墙角部位温度应力裂缝造成墙角部位渗漏。

2. 现浇屋面的不均匀沉降裂缝和温度应力造成条形渗漏。

3. 坡屋面浇捣缺陷造成的局部渗漏。

4. 风载荷及温度交变导致的压差通过防水缺陷和坡顶湿铺瓦节点的缺陷形成的压差渗透。

5. 保温层和防水层由于施工不当引起的起壳积水造成重力渗透。

6. 施工不当，防水层与基层脱离空鼓或自身脱水开裂导致渗漏。

7. 建筑材料本身基质吸水导致的毛细渗透。

8. 外墙砌体及装饰面和抹灰工程，一因上海市暴风雨尤其是东山墙雨水往往通过施工缺陷进入墙体；二因施工操作不严谨。其主要渗漏原因有：

(1)外墙面穿墙螺栓洞和脚手眼堵塞不严；

(2)砌筑工程砂浆不饱满或干砖砌筑，导致砖和砂浆分离，砌体整体刚度下降而产生裂缝；

(3)饰面和抹灰工程，造成空鼓、龟裂而导致渗漏。

9. 外门窗框的节点处密封填充不实，导致门窗框周围空腹积水，形成重力渗漏，造成门窗洞周围墙体渗水。

10. 卫生间的渗漏均是重力渗漏造成的。

11. 现浇砼楼面：

(1)因温度或收缩裂缝而造成渗漏。

(2)因施工质量缺陷而造成渗漏。

(3)因现浇楼板钢筋保护层太小或楼板内的护套管：①过于集中；②交叉重叠严重，导致楼板易产生裂缝，产生重力渗透。

12. 组织管理松弛，建设管理、设计管理、施工管理、监理管理对新建建筑要求执行"全面、全过程、全员、全天候"的管理不严格，措施不得力，落实不到位，防渗漏意识不强。

13. 执行强制性规范、检查验收标准贯彻不利，组织上不落实，措施跟踪落实不及时，消除质量缺陷和隐患决心不大，马虎凑合，甚至偷工减料现象。

14. 对建筑材料的质量选择和控制不严格。

15. 学校任意进行室内改造，改变使用功能，导致房屋结构受到一定程度的损害而引起的渗漏。

## 三、预防学校建筑渗漏的具体技术措施

### (一)屋面渗漏的防治措施

无论平屋面还是坡屋面，出现渗漏的主要原因均在于混凝土屋面板的浇筑质量，因此，做好混凝土屋面板的浇筑施工至关重要。

1. 首先对现浇砼屋面结构的质量控制，要检查模板的刚度，支撑的牢固。保证钢筋位置的正确，防止浇筑混凝土的工人及安装模板的木工踩踏负弯筋和架立筋而至钢筋变形，控制好钢筋保护层厚度，外墙转角处要增加放射筋。

2. 严格控制混凝土的配合比及强度等级。水的含量应相对一般楼层少一些，水灰比太大会造成混凝土收缩加大，抗拉强度降低，容易因塑性收缩而产生

裂缝。砼必须碎捣夯实，不得漏捣。浇筑时需先捣梁、柱，梁柱振捣完毕后再捣斜屋面板。斜屋面板处先用振动棒进行均匀点插振动一遍，间隔约30厘米，待混凝土略干后（视混凝土稠度及天气状况决定时间），才能拖平板振动器以免因过早的振动引起滑浆进而拉裂底板的情况。其他细部处理要符合规范要求，特别是对穿过屋面板的管道孔道四周要分层捣实（不少于两次）并做成50毫米高的砼馒头状后做防水层。做好成品保护工作，加强养护，严禁过早拆模。拆模时注意不能直接抽出扎模的钢丝，以免造成钢丝带孔出来，形成贯穿楼板的细孔。发现结构外观质量缺陷，及时整改，消除渗漏的隐患。

3.找平层应按规范要求留设分格缝，缝距为4～6米，每块面积不超过36平方米为宜，缝宽一般要求20毫米，并且嵌填密封材料。基层与突出屋面结构（如女儿墙、山墙、上入孔处等）交接处或基层转角处，找平层要做成圆弧形，增设附加层，采取隔热防晒措施，且基层应干燥。

4.屋面基层处理剂，接缝胶黏剂。密封材料等应与铺贴的卷材材性相容。

5.审查防水工程施工方案或技术措施，必须满足设计要求和执行施工质量验收规范。

6.进场的防水材料必须有相应的质保资料，如生产许可证、产品合格证、生产日期等，实物必须与书面资料相吻合，并见证取样，送检合格后才准予使用。

7.防水屋面施工前必须对前道工序、结构层、保温层、找平层等由监理进行验收并认可才能继续下道工序的施工。板面要平整，屋面坡度（含天沟坡度）必须符合设计要求，基层板面应平整，光洁，不得有酥松、起砂、起皮、裂缝。对低凹深度超过20毫米的位置应用砂浆补平，以确保做找平层时抹灰厚度均匀，这样可避免收缩开裂，减少渗漏。

8.卷材铺贴的方向要符合屋面坡度的要求。当屋面坡度小于3%时宜平行屋脊铺设，坡度在3%～15%时可垂直或平行屋脊铺设。铺贴高分子防水卷材时，切忌拉伸过紧，以免使卷材长期处于受拉应力状态，加速卷材老化。卷材铺贴时要黏结牢固，顺直不空鼓，密封严密，不邹折翘边等。卷材接缝的结合面要清洗干净，胶黏剂均匀涂刷，控制好涂刷与黏合的间隔时间，黏合时排净接缝间空气，辊压黏牢，接缝口用密封材料封严，以确保防水层的整体防水功能。

9.要做好每道工序的验收工作，发现问题及时整改。屋面防水层完工后，对屋面淋水2小时（或雨后）检查有无积水渗漏？排水是否畅通，发现漏胶、脱胶、翘边和黏结不良部位，应及时采取措施进行整改。屋面防水层不得分两天进行施工。

10.加强管理，不得在防水层完工后再在屋面上凿孔打洞或重物冲击。

（二）外墙渗漏的防治措施

外墙渗水不仅直接影响建筑物的使用功能，也是室内装修工程质量的一大隐患。而外墙的防水涉及结构以至装饰安装的全过程。结构是前提，装饰安装是关键。所以在结构施工时，就应考虑如何防水，做好结构性的防水措施。外墙防水措施可采用下列方式：

1. 砌体质量是外墙防水的先决条件，故在施工过程中杜绝不合格的材料上墙，补墙不准使用裂缝砖。

2. 禁止干砖上墙，严格控制砂浆的配合比，保证砂浆的饱满度。用干砖砌墙时，砖会吸收砂浆中的水分，砖缝砂浆不易饱满，砌体黏结性差，抗剪强度低，所以墙体砌筑前，砌体要提前1～2天浇水湿润，且砖含水率控制在10％～15％。砂浆灰缝须饱满且均匀，不能有透明缝、瞎缝和落缝，保满度要达到80％以上。

3. 墙体砌筑前，砌筑部位的楼地面必须清除垃圾及浮灰。每天砌筑高度不应超过1.5米。

4. 外墙砼墙与填充砖墙交接处在粉刷前，应敷设宽度不小于20厘米的钢丝网片，网片应绷紧分别固定于砼与砖砌体上的粉刷层内，确保网片黏结牢固。砼墙与砖砌体相接处应按设计要求留置拉结钢筋。

5. 施工过程中要尽量减少墙体砌筑后再次凿洞。如有预埋暗管，砌筑砌体时可事先于安装管道位置两侧留通缝，缝间竖向每隔600毫米留拉结钢筋，拉结筋伸入墙内各250毫米，砌后浇C20细石混凝土。对支模用穿墙螺杆洞要小心留设，避免把墙凿裂。对诸如脚手架眼，缆绳孔等造成的墙体缺陷要先修补完成后方可打底粉刷，不留隐患。

6. 砂浆用砂宜用中砂，砂的含泥量不应超过20％。

7. 监理要经常核查现场砂浆比，砂浆中外掺剂量要严格控制。砂浆要随拌随用。

8. 外墙抹灰和饰面前，首先要求对外墙施工中留下的孔洞，如脚手架洞、螺杆洞、施工洞等按照批准的施工方案精心处理。填嵌填实，监理要把此作为一道工序进行检查，验收合格后才能抹灰，对不饱满的灰逢，空头缝、瞎缝均须用水泥砂浆嵌实。

9. 抹灰前要清除墙体表面灰尘、污垢。对墙体隔夜浇水湿润，对砼面要用界面剂进行基层处理。抹灰中厚度大于或等于35毫米时，应采取加强措施（如增加铺设钢丝网片）。不同材料基体交接表面采用防裂加强措施（采用加强网），与基层搭接宽不应小于100毫米。分层抹灰时，均应待前一层抹灰层凝固后再进行下道工序的施工，防止因湿砂浆黏在一起，起不到分层作用，造成收缩率过大而引起空鼓、裂缝。

10. 受上海地区主导风向的影响，学校建筑东山墙的砌筑与粉刷应引起高度重视。在采用“铁板抄”时应掺 10% 的建筑胶，水泥、砂、建筑胶的配合比为 1∶3∶0.1，并随即抹“铁板抄”。面层的抹灰层在凝结前应防止过快干燥和暴晒、水冲，以及撞击、振动，以保证面层有足够的强度。

11. 墙体的细部下口要做滴水线，挑檐、雨篷、阳台、空调板顶部要避免倒返水。施工时应注意靠墙边的阳台板灌缝要比板面低 20 毫米，待干硬后用柔性防水密封膏密封嵌平。找平层施工要从水落口面标高拉坡度线，清扫冲洗板面，先刷一遍素水泥浆，用细石砼或砂浆找平，拍实抹光，隔 24 小时浇水养护，检查排水情况，不得有倒泛水和积水现象。还要防止雨水从挑梁斜面流淌渗入内墙，要在挑梁底做滴水线。

12. 抹灰必须黏结牢固，无脱层、空鼓，面层应无裂缝。抹灰工程应分层进行。为了增强抹灰层的抗裂能力，在砂浆中掺入一定量的聚丙烯纤维。不同材料基体交接处表面的抹灰，应采用防止开裂的加强措施，当采用加强网时，加强网与各基体的搭接宽度不应小于 100 毫米。

13. 饰面砖（板）的铺贴，首先材料质量必须符合要求，严格按规范操作。镶贴面砖前，先检查找平层有无空鼓、起壳、裂缝和不平处，如有应及时修补合格，然后用纯水泥浆（掺 10% 的胶水）满刷一遍后，再进行面砖的铺贴。勾缝要保证连续，顺畅，密实，防止缝内积水造成渗漏，并注意适当养护。

### （三）卫生间渗漏的防治措施

卫生间等有防水要求的房间的地面工程是建筑的重要组成部分，其渗漏是建筑工程的通病之一，严重影响了建筑的使用功能，因此卫生间等有防水要求的楼地面工程的渗漏必须根治。预防卫生间等楼地面的渗漏的技术措施有：

1. 卫生间楼板要严格控制砼的浇捣质量，即使是商品砼也要审查其配合比的准确性。要检查钢筋位置的准确性，及其保护层的厚度（保护层的厚度不应小于 10 毫米）。如有外墙阳角，板内要加放射筋。商品砼每立方米水泥用量不得超过 180 千克，粉煤灰掺量不得超过水泥用量 15%。砼振捣要密实，确保养护期和养护工作质量。底模和支撑拆除时，砼强度不低于设计强度的 75%。

2. 不得在卫生间部分留设施工洞，楼板四周除门洞外，应做砼反梁（最好与楼板砼一起浇筑），其高度不应小于 120 毫米，如果为后浇砼导墙，其导墙与楼板结合处在施工时要按照施工缝处理。

3. 要严格控制楼板管洞预留位置的准确性，避免事后凿洞。

4. 为防止预留洞渗漏，预留洞补缺混凝土时要认真渣除洞口垃圾，洒水湿润，用高标号细砼(内掺适量微膨胀剂)分层封堵(不少于 2 层)，每次浇捣完工后要做盛水 24 小时的试验，目测无渗漏，对穿楼板管边四周做出 5 厘米高的砼馒头。

5. 检查地坪坡度。卫生间楼地面的坡度要求距排水点最远距离应控制在 2‰，而且不大于 30 毫米，坡向准确，不得有倒返水的现象。

6. 严格控制地漏的标高，地漏应低于排水地表面 5 毫米，地漏处的汇水口应呈喇叭口形，确保排水畅通，严禁地面有倒坡和积水现象。

7. 卫生间楼地面必须设置防水隔离层。防水材料铺设后，应做蓄水试验，蓄水深度为 20～30 毫米，且 24 小时内无渗漏为合格。

(四)外墙门窗周边渗漏的防治措施

门窗口部位渗漏的主要原因是门窗框与砌体连接不牢固、松动，嵌缝工艺不符合要求，采用的材料水密性差而引起的。为了确保门窗工程质量，防止渗漏，对学校建筑常用的铝合金门窗和塑钢门窗的施工，采取如下的措施：

1. 在结构阶段，要尽量保证门窗预留洞口尺寸的准确，一般窗框四周空隙为 2.5 厘米(窗台处为 4 厘米)。

2. 窗台向外坡度应大于 5%。窗的上口要做滴水线，面砖要做鹰嘴处理。

3. 门窗框安装前要清扫窗周边及接触处墙体，冲水湿润、刷水泥素浆一遍，窗框两侧墙面粉刷和面砖厚度与窗框基本平齐，或略大于窗框 2 毫米；安装后缝隙要用发泡剂填嵌密实，洞口内外侧与框之间再用水泥砂浆填抹，并留 5～8 毫米的深槽口，内外嵌填密封材料。打发泡剂时要采取临时堵挡措施，防止发泡剂随流随涨而产生进出不一和不密实的现象。嵌填弹性密封材料时，应全部填嵌饱满。表面要求整齐、进出一致，尤其在固定脚头和窗的转角交接处，要注意膏剂的流向，要做到先难后易、先里后外、从上而下进行操作。

4. 窗框下距离窗台砖面不低于 45 毫米，挑出窗台面流水坡上口要缩进窗下框，并做 20 毫米的圆弧，下口做 10 毫米×10 毫米的滴水槽。

5. 窗框上开设排水孔，同时窗扇上也应设排水孔，其位置和数量应保证雨天下槛排水畅通，不积水。

6. 为防止窗口砼浇捣不密实引起渗漏，施工时应重点检查：填充墙的窗台在浇捣细石混凝土时，要确保外口混凝土厚度不小于 60 毫米，并伸出窗间墙 60 毫米，捣成内高外低形状。浇捣前，空心砖的砖眼要灌实，砖面要湿润。细石混凝土要浇捣密实、无开裂。固定窗下框时，要防止震动而产生细石混凝土开裂松损的情况。

7.门外窗安装好后，施工方要做喷淋抽检（每种类型不少于三樘），发现问题要及时整改，不姑息，不留隐患。

## 四、结束语

总之，预防学校建筑的屋面、外墙、外墙窗边、卫生间的渗漏，创建学校建筑“无渗漏”工程是一个系列的、连续的、动态的工程，每一道工序的施工操作都至关重要，稍有不慎，就有可能对前道已经通过验收的工序造成质量隐患。但是只要在施工中强化工程质量意识，严格施工操作规程，建筑物的渗漏问题是可以防范和解决的。

# 高校公建项目中的学生宿舍卫生间渗漏原因及其解决方案

浙江工业大学　蔡　军

## 一、渗漏发生主要部位及形成原因

1. 楼板四角裂缝渗漏

宿舍卫生间管道较多,往往集中在四角,施工过程中布筋较乱,又因为施工中的人为踩踏,楼板上部钢筋起不到应有的作用,容易发生楼板面四角弧形裂缝。

2. 楼板与四周墙体连接处渗漏

宿舍卫生间地面地漏偏高、汇水集水性能差、楼面不平导致积水,以及混凝土翻边高度不够、混凝土翻边施工质量不合格都会引起四周墙体根部渗漏。

3. 穿越楼板的通风管道、给水排水立管四周渗漏

由于管孔材料(各型通风管道,常用 PVC 下水管管材)与混凝土楼板材质差异,穿越楼板的预留孔、预留管周边容易出现渗水。施工中,孔洞、套管未按图纸布置,或预留位置出现偏差,待安装管道时随意打凿现浇楼板,二次浇筑又未严格按规范施工,套管尺寸过长,管道与套管孔隙未使用柔性防水材料等均易引起周边渗漏。

## 二、设计预防措施

1. 卫生间布局干湿分离

平面布局上根据宿舍床位分析,尽量将相邻宿舍的卫生间并肩相邻布置,减少卫生间墙面对其他空间的干扰,同时又有利于管道的集中布置。卫生间布局按干湿程度分级分离布置,地面标高作相应调整,减少汇水面积。卫生间地面相对于其他板面下沉 5 毫米左右,坡度恰当,有利于走水坡向,避免积水、漫水现象;将淋浴位置设置低地漏处。

2. 优化管道孔道平面布置

管道孔道集中布置,减少在卫生间四角的分布,尽量避免在淋浴位置布置上下穿越管道孔道。可采用同层排水技术,减少穿越楼板的管道数量。如台盆

废水同层接入排水支管排入排水管道系统。

3. 卫生间现浇混凝土翻边抬高或四周墙体采用实心砌体

实心砌体更有利于管道内埋，减少墙面裂缝的产生，也有利于管道渗漏位置的查找和维修。如实心砌体使用受限可抬高卫生间现浇混凝土翻边，从而最大限度减少洗澡溅水引起空心砌体渗水。

4. 设置柔性防水层

在混凝土结构层找平后铺设柔性防水层，可采用高分子防水卷材（厚度≥1.2 毫米）或防水涂料。防水卷材或防水涂料在孔洞位置及墙裙翻边 200 毫米以上。

5. 布置双层钢筋网

对面积不大的卫生间，可按全面积布置较密的双层钢筋网（间距 100 毫米的钢筋网抗裂效果较佳）。

6. 结构、给水排水专业互相配合

在结构图纸上准确标明楼板上预留孔洞的大小位置；并在图纸会审时交代清楚，减少在现浇楼板上打洞穿孔，既破坏楼板结构又产生漏水的隐患。

## 三、施工预防措施

把握施工质量，严格按照规范施工可以有效地防止渗漏的发生，同时管道施工应与土建施工密切配合，各个工序互相照应。

1. 确保钢筋在施工中处于最佳受力状态

尽量避免对钢筋网人为地踩踏，注意对钢筋的保护，确保钢筋处于最佳受力状态；建议在楼板预埋管道施工完成后进行上层钢筋的放置绑扎，在楼板混凝土浇捣前对楼板钢筋做一次全面的检查。

2. 做好预埋套管的选择和固定

使用内径大于管孔直径 10～20 毫米的套管；常用钢套管应与楼板中的钢筋焊接牢固，表面除锈处理，确保钢套管与混凝土黏结严密。避免用钢丝固定，以免钢丝锈蚀后沿钢丝进行渗漏；预留管道、孔道的位置要正确，避免混凝土浇捣后对现浇楼板进行敲打切割。

3. 保证卫生间楼板浇捣质量

浇筑过程中要按照设计要求保证楼板厚度，对混凝土级配、坍落度、浇捣密实度、初凝时间、养护严格把关，保证混凝土的质量，减少收缩裂缝的产生。卫生间楼板面四周混凝土翻边与楼板一次整浇，翻边高度大于 120 毫米为佳。如需两次浇捣，可考虑设置凹型止水带。翻边混凝土要求浇捣密实，具有足够的强度和抗渗性。

混凝土翻边可以和混凝土楼板一起整浇，也可以分两次浇捣；但分两次浇捣时必须在结合部预留插筋。同样，在预留孔四周的混凝土楼板内应设置加强钢筋，并使混凝土翻边高出混凝土楼板面设计标高50毫米以上。在安装时，管道从预留孔内穿过楼板，管道与预留孔之间用柔性防水材料填塞封闭应分层分次进行，不得一次完成。应在管子四周做出高于地坪30毫米的锥体(或方体)，以便镶贴。

4.保证卫生间墙地砖及柔性防水层施工质量

卫生间墙地砖铺贴时要注意坡度及勾缝的密实度，柔性防水层要严格控制材料的厚度、压接宽度及翻边高度。

5.落实"三蓄水和一闭水"试验

为确保卫生间无渗漏现象，应做到地面坡向正确、排水通畅，在整个施工过程中需进行三次检查：首先，在完成楼板浇筑和混凝土翻边后进行一次蓄水试验，检查楼板是否存在渗漏，蓄水深度为20～30毫米，待24小时后检查是否渗漏，发现问题及时处理；其次，在涂膜防水层和修补管道、地漏、排水管周围混凝土后，进行一次蓄水试验；最后，在全部工程完成后再做一次蓄水试验，以彻底根除渗漏因素。

## 四、发生渗漏的处理方法

1.钢筋混凝土楼板裂缝引起的渗漏

若裂缝在规范允许范围之内，可以仅对裂缝进行局部处理。即局部凿除钢筋混凝土楼板表面粉刷层后，沿裂缝凿出30毫米宽、10～20毫米深的V型凹槽，灌环氧树脂或JGN结构胶；若裂缝较为严重，范围较广，则除了进行上述处理外，还应对钢筋混凝土楼板进行加固。板结构层处理后，在上部做柔性防水层或用防水砂浆粉刷，以确保抗渗漏。

2.楼板预埋管、预留孔周引起的渗漏

重做翻边，并做一道柔性防水层自钢筋混凝土楼板面至混凝土翻边顶上。此时还应注意新老混凝土的黏结，以及转角部位柔性防水材料的处理。

3.卫生间四周墙体根部渗水

将卫生间四周混凝土翻边重做即可。如果条件不允许，则将四周墙根部位，用高标号水泥砂浆(掺防水剂)重新粉刷，在确定没有裂缝后做一道柔性防水层，并注意防水层与钢筋混凝土楼板面的充分搭接，以及转角部位柔性防水材料的处理。需要指出的是，选用适当的防水剂涂刷混凝土楼板面也能起到一定的抗渗水作用。不过，对于明显的混凝土楼板裂缝渗水，使用防水剂效果并不理想。

## 五、结　论

根治学生宿舍卫生间渗漏，要提高宿舍卫生间工程质量，做到严把材料关，采用合格的管材；混凝土浇捣密实，养护到位；穿越楼板的预留孔道的填塞封闭；地面坡度正确、顺滑。力求杜绝裂缝的产生，保证排水的顺畅。

在使用过程中也应注意引导教育学生正确使用卫生间，不应贪图方便拔除台盆、地漏滤塞。避免杂物、卫生用品堵塞排水管道，万一堵塞要及时疏通，以免造成严重后果。

# 聚氨酯灌浆法在地下室砼裂缝修补中的应用

浙江工业大学　金　靖　丁志浩　童晓蕾

地下室主体结构出现裂缝，地下水可以直接渗入到地下室的主体结构内，不仅影响到地下室结构的正常使用，而且严重地危害到结构的寿命。因此，地下室主体结构一旦出现裂缝，就必须对其进行治理。

某学校地下车库，建筑面积 8400 平方米，地下一层，上为绿化带，工程于 2005 年通过竣工验收投入使用，使用后不久陆续产生了裂缝而漏水。后经相关单位和专家的分析，认为裂缝主要是由于覆土超载引起，在对上方覆土进行相应卸荷后，经过检测单位 6 个月的监测，得出结论：监测期间地下车库沉降基本稳定，裂缝开合度较小。根据裂缝成因及现状，要求对地下车库裂缝处理以防渗为主、结构补强为辅。通过比较，最后选择采用聚氨酯灌浆法。

聚氨酯灌浆法是修补和补强混凝土结构缺陷或裂缝的常用方法之一，它是通过专用设备，用灌浆泵等压送设备将聚氨酯灌浆材料灌入混凝土缝隙或疏松多孔性基材中时，与缝隙表面或疏松基材中的水分接触，发生扩链交联反应，最终在混凝土缝隙中或基材颗粒的孔隙间形成有一定强度的凝胶状固结体。聚氨酯固化物中含有大量的氨基甲酸酯基、脲基、醚键等极性基团，与混凝土缝隙表面以及土壤、矿物基材颗粒有很强的黏结力，从而与之形成整体结构，起到了堵水和提高地基强度等作用。目前，聚氨酯灌浆材料因其优越的性能已被广泛地应用于工程建设中的基础加固、堵漏止水、帷幕防渗和裂缝修补等诸多工程领域。

## 一、聚氨酯化学灌浆法的特点

聚氨酯化学灌浆材料主要有两大系列：水溶性（亲水型）聚氨酯和油溶性聚氨酯。通常，水溶性聚氨酯灌浆材料亲水性好、包水量大、弹性大，适用于潮湿裂缝的灌浆堵漏、动水地层的堵涌水、潮湿土质表面层的防护等；油溶性聚氨酯灌浆材料的固结体强度大、抗渗性好、弹性小，比较适合混凝土静缝的防渗堵漏及地基加固、防水堵漏兼备的工程。

聚氨酯化学灌浆法的优点：可灌性好、渗透力强；充填密实，防水性好，浆材固结后强度高。

## 二、聚氨酯灌浆法修补裂缝工艺流程与效果检测

工艺流程由现场裂缝调查→凿缝→清缝→布孔埋管→封缝→压力注浆→凿管封孔→表面修复等阶段组成。

1. 现场裂缝调查

在进行化学灌浆前，应现场了解裂缝的成因、地下水的渗漏情况、环境条件、地质情况等，充分掌握现场第一手资料和数据，以利于施工。

将裂缝周围的渗漏水排走或用棉纱吸擦干，以确定裂缝的准确位置、宽度、深度等情况。裂缝的宽度可用精确钢尺进行测量，也可用读数显微镜进行量测。裂缝的深度一般用钢丝和放大镜进行探测。并在原有裂缝两侧埋设监测标志，监测期间定期定量观测，提供裂缝变化监测结果。

2. 凿缝：切 V 型槽

人工除去裂缝周围砂浆保护层，沿缝面骑缝切 V 型槽，槽深 6 厘米，宽度宜为 5 厘米。

3. 清缝

将糟内的残渣清除，并用棉纱擦干或用氧乙炔气烘干。

4. 布孔埋管

沿缝面钻孔，孔径 12 毫米左右，在裂缝两侧一般 0.5 米左右布置一孔，注浆孔位置用快干水泥预埋一定长度的注浆管，注浆孔的数量按裂缝越宽间距越小的原则布置，每条缝不得少于两个注浆孔。

5. 封缝

埋好注浆管后，对缝面进行封闭，确保灌浆时不漏浆、不跑浆。

6. 压力注浆

在灌浆前，应首先选择灌浆材料，按工程需要将灌浆材料的黏度、固结体硬度及固化间的指标通过试验调整到最佳，用注浆泵(也可用手压泵或注缝器等)把浆材压灌入裂缝中。

7. 凿管封孔

浆液固化、灌浆达到要求后，切除高出混凝土表面的注浆管。

8. 表面修复

对混凝土进行表面修整处理。

9. 效果检查

(1)盖帽检查法

在埋好注浆管 12～24 小时后，用胶管套盖在注浆管头上，再用铁丝捆扎，然后观察周边是否还有水渗漏，即可判定埋管和封缝质量。

(2)表观检查法

在灌完浆 24 小时后，用肉眼或手触摸补灌混凝土结构的干爽情况，即可定性检查灌浆质量。

## 三、聚氨酯灌浆法在地下车库工程中的应用情况

某学校地下车库投入使用后出现裂缝，宽度小于 0.2～1.5 毫米，长度为 0.3～1.8 米，裂缝部位明确，建筑沉降均匀、较小现场地下室顶板呈放射性裂缝，多数发生在梁板交接处，且已出现了不同程度的渗漏情况。对于出现的裂缝，我们采取先观察后修补的原则进行处理，即先观察裂缝的发展情况，待裂缝发展较为稳定后再进行灌缝修补。在进行卸土下荷、连续半年监测期间地下车库沉降基本稳定，裂缝开合度小于 0.1 毫米情况下，采用 HW 水溶性聚氨酯对裂缝进行了灌浆处理，取得了较好的效果。

施工采取的具体方法是：对裂缝进行凿缝处理，形成“V”型槽，然后在“V”型槽中按方案设计的位置下注浆管(亦做导水管用，将裂缝渗出的水引走)，然后用快干水泥砂浆将“V”型槽抹平。注浆采用单孔纯压式单液灌注，水平裂缝的一端向另一端进行，垂直裂缝从低处往高处进行灌浆，灌浆压力为 0.2～0.3MPa。由于是地下工程，灌浆过程中采取了通风措施。

修补后，该地下车库裂缝位置渗漏情况得到控制，达到了加固防渗效果。

## 四、结　语

实践表明：聚氨酯化学灌浆法是修补混凝土结构裂缝较好的方法，它具有简单、方便、快速、有效等诸多优点，不仅可以起到防渗堵漏的作用，而且还有一定的结构补强加固作用。此外，灌浆材料的选择是保证裂缝修补效果的关键，水溶性聚氨酯灌浆材料亲水性好、包水量大、弹性大，适用于潮湿裂缝的灌浆堵漏、动水地层的堵涌水、潮湿土质表面层的防护等；油溶性聚氨酯灌浆材料的固结体强度大、抗渗性好、弹性小，比较适合混凝土静缝的防渗堵漏及地基加固、防水堵漏兼备的工程。根据施工需要，选择合适的材料灌浆，也可把水溶性与油溶性聚氨酯灌浆材料按合适的比例混合后进行灌浆施工。

# 第五篇　建筑节能与防震减灾

# 上海世博会节能技术应用对校园建设的启示

温州市教育基建中心　李　旗

随着人类能源消费的剧增、化石燃料的匮乏以及生态环境的日趋恶化，人们不得不思考人类社会的能源问题。学校作为城市建设中很重要的一个组成部分，也应该树立生态化，低碳化的新观念。2010 年上海世博会为我们留下了很多启示。

## 一、太阳能技术的应用

在 2000 年德国汉诺威举办的世博会上，展示了当时世界上最先进的太阳能建筑、光伏发电装置和当时世界最大的太阳能游艇，点燃了 21 世纪“太阳能世纪”的星火。随后的几年里，全球的太阳能技术日新月异，太阳能产业以每年 30%的速度递增。在 2005 年的日本爱知世博会上，出现了输出功率分别为 200 千瓦、30 千瓦和 100 千瓦的多晶硅、双面受光型单晶硅和非晶硅的太阳能电池。所展示的这些太阳能发电技术表明太阳能等可再生能源能够以较高的效率提供电力。而在上海世博会园区内，太阳能俨然成为了使用量最大的绿色能源。

太阳能技术集中应用于各场馆，与建筑融为一体。太阳能还被充分运用到世博会的景观设计中，园区各种各样的太阳能景观灯太阳能指示系统和太阳能亭随处可见。

太阳能光伏发电系统作为建筑电源系统或多能互补的建筑能源系统，如何与建筑有机结合，是光伏技术工程化应用必须解决的问题。世博会中的中国馆、世博中心和主题馆作为世博会太阳能应用的代表，交上了让人满意的答卷。

1. 中国馆的太阳能应用

中国馆作为一座光伏建筑一体化的典型，太阳能应用主要是在屋顶面的应用。在建筑的高顶面平台四周采用高效单晶硅光伏组件，为建筑顶面镶了一圈黑色的边，与红色的主框架交相辉映，增强了建筑的层次感。并且在挑檐上采用光伏玻璃幕墙组件，增强了整个挑檐部分的美观性。中国馆光伏建筑一体化系统装机容量为 0.3 MW。

中国馆作为保持着中国传统特色的建筑，融合了太阳能发电系统，使中国馆建筑将传统与现代、科技与美学完美地结合在一起。同时，中国馆在应用太阳能组建的时候没有局限在屋顶上，大胆地采用了光伏玻璃幕墙，又将发电与节能合为一体，在减少热辐射对室内的影响的同时，也实现了建筑对美观的要求。

图 1　中国馆屋顶太阳能应用示意图

图 2　中国馆挑檐光伏玻璃幕墙

2. 世博中心的太阳能应用

世博中心外表面多为平面结构，宽广、方正的外形特别适合太阳能组件的设置。世博中心的屋面是个规整的长方形，而屋面上又设有屋顶花园、采光天井、设备间等各类建筑结构。根据建筑物的特点，世博中心的太阳能应用主要集中在屋顶，在屋顶中心及四周铺设常规的高效单晶硅太阳电池组件，在设备间南立面设置光伏遮阳式组件。世博中心光伏建筑一体化系统总装机容量约 1.04 MW。

世博中心是在建筑设计阶段就充分考虑了太阳能的特点并结合建筑本身特点，统筹考虑光伏建筑一体化系统的可实施性，设计出符合世博中心建筑整体效果的太阳能应用方案，使得光伏和建筑成为一个和谐的统一体。而光伏遮阳式组件提高了光伏电池组件在建筑上的设置面积，极大地增加了建筑光伏发电的设计装机容量，同时，通过设置光伏遮阳式组件，也极大地改善了建筑的遮阳特性，丰富了建筑立面。

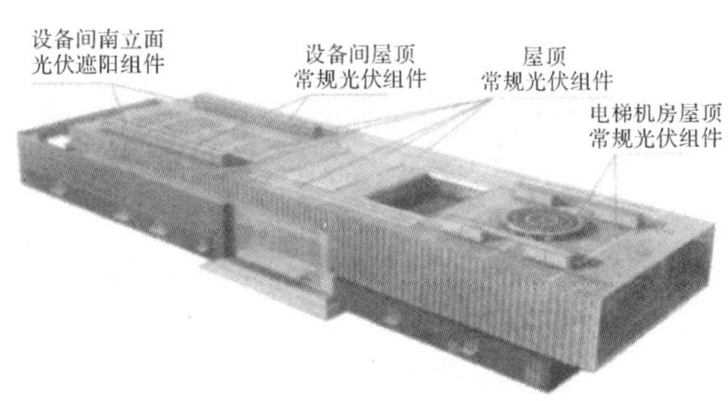

图 3　世博中心太阳能应用效果

3. 主题馆的太阳能应用

图 4　光伏技术在主题馆屋顶应用，营造出形如波浪的动态感觉

主题馆的太阳能依然主要应用于屋顶，考虑到从世博园周边卢浦大桥、南浦大桥上可以完整地看到该幢建筑的屋顶，设计者匠心独运，在太阳能组件的布置上采用菱形和三角形相结合的方式，制造出波浪式的动态感觉，使得主题馆的屋顶富有艺术色彩。主题馆光伏建筑一体化并网系统是亚洲最大的单体建筑光伏建筑一体化并网发电系统，装机容量为 2.83 MW。

现在学校建筑都希望能体现出学校自己的特色，对建筑美观的要求也越来越高，世博场馆的建设给我们一个提示，传统观念中太阳能发电系统蠢笨、生硬的形象已经改变了，只要从建筑设计阶段就开始考虑太阳能应用，结合建筑自己的特色，对光伏组件加以利用，一样能达到美观的效果。

同时我们也应当注意的是，就中国目前的能源情况来说，太阳能还处于示范阶段，很多也还是政府行为而非市场行为。除了经济性和可复制性因素之外，还有诸多影响推广的原因。太阳能由于其周期性强、稳定性和能量密度不理想等特点，其常规利用技术还存在很多问题和困难。应该说，任何一种太阳能利用技术都不是完全独立的个体，只有通过加强各种技术间的综合应用，才能够克服很多单一技术的缺陷，才能更好地应用于学校建设。

## 二、雨水的回收利用

水资源的缺乏，是目前全球共同面对的困境，节约用水已经变成人们共同遵守的生活原则。创建节水型校园是一项复杂的系统工程，应该是节约与开发并举。在传统的水资源开发方式已无法再增加水源时，收集利用雨水已成为一种既经济又实用的水资源开发方式。

对雨水的回收利用也是本次上海世博会在实践“低碳世博”这个主题的一个亮点。

世博园区阳光谷的 6 座倒锥形玻璃幕墙建筑像一朵朵喇叭花盛开在世博轴边上，太阳谷除了美化园区的功能外，还有个更重要的功能就是收集雨水。阳光谷从地下 6.5 米一直延展到地上 35 米。每个“阳光谷”都形似广口花瓶的环状玻璃幕墙，巨大的喇叭口敞向天空，雨水经过这里流入地下二层的积水沟，再汇集到地下 7000 立方米的蓄水池里。而事实上，阳光谷收集起来的雨水经过简单的处理就能直接应用在园区，这些雨水不仅可以为整个世博轴内几十个厕所提供用水，而且还有盈余可用在道路冲洗、场馆清洗、绿化浇灌等方面。

法国馆则把雨水收集起来用于喷泉景观。法国馆中心广场中空的地下一层起到蓄水池作用，雨水顺着雨水收集系统汇聚到这里，当水池的水达到一定量时，喷泉就自动启动。

挪威馆甚至将雨水收集起来经过净化处理变成了饮用水。

笔者认为，在学校建设设计阶段就应考虑雨水回收系统的安置，与建筑统筹规划，将环保的理念渗透到建筑的各个角落。学校建筑因功能各不相同可以采用综合收集利用的模式，可以利用屋顶做集雨面，将雨水收集起来，用于冲洗洗手间、浇灌植被、洗车等；还可以利用屋顶绿化的土层将雨水收集、蓄积、过滤处理；也可以通过校园绿地或者铺装有透水材料的广场、道路及各种活动场地直接下渗到地下补充地下水。

打造节水生态示范校园意义深远。首先，校园雨水利用产生直接的经济效益。雨水是免费的水资源，综合运行费用低廉，节约效益突出。校园雨水利用的教育意义也十分明显，可以让学生自然接受环保教育。此外，校园雨水利用还具有很明显的社会和生态意义。校园雨水利用工程的直接作用就是减少基地向市政管网排放的雨水量。这样可以减少雨季溢流污水，改善水体环境，减轻城市污水处理厂受到的冲击负荷。

节能减排，走低碳可持续发展道路已经成为全世界积极倡导的必由之路。倡导低碳理念和应用低碳科技已经成为 2010 年上海世博会的特色。我们应该继承和发扬世博低碳节能的精神，在校园建设中努力实践。

# 巴士一汽停车库改造项目的建筑光伏集成系统

同济大学基建处　高　欣　赵海鹏

## 一、工程概况

巴士一汽停车库改造项目位于上海市四平路1230号同济大学四平路东校区内。该项目主要功能是设计和创意学科的教学和科研用房，是环同济知识经济圈的组成部分。

该项目是对原上海巴士一汽公司立体停车库的改造，改造后总建筑面积68236平方米，高度24米，地上5层。建设单位为同济大学。建筑光伏集成设计单位为同济大学建筑设计研究院和新奥光伏集成有限公司。设备提供商和承建单位为新奥光伏集成有限公司。该项目是2009年财政部、建设部的光电建筑示范项目。

该项目属于老建筑改造，利用原巴士停车库主体结构进行改造，避免了巨大的建筑拆除时钢筋混凝土垃圾的产生，可节约混凝土方量约1.8万立方米，按照每立方米混凝土在全生命周期内共产生二氧化碳480千克计算，相当于减少二氧化碳排放8640吨。另外，该项目还采用了建筑保温、中水回用等措施。该项目也是同济大学推行节约型校园建设的又一举措(如图1)。

图1　巴士一汽停车库改造项目建筑效果

## 二、建筑光伏的集成设计

1. 建筑光伏的集成设计理念

建筑光伏集成设计的关键在于光伏组件与建筑构件的集成，用光伏组件代替部分建筑构件，同时还能产生电力和带来崭新的建筑效果。在集成设计过程中，应该充分理解光伏组件作为建筑构件在建筑上的创新运用。同时，光伏组件从太阳能电站的发电组件向新型建筑构件转变时，在技术上应有所创新，以满足建筑审美和构造的要求。

2. 建筑设计方案

巴士一汽停车库改造项目在屋面和东、西、南立面安装了光伏系统。

(1)建筑设计方案的屋面部分

该项目屋面的中间部分为锯齿形结构屋面，每个锯齿型屋面倾角约为 12 度，四周边缘部分为倾角小于 6 度的近似水平屋面。光伏系统的屋面部分采用沿屋面结构平铺的形式。屋面是一个比较连续的平面，对阵列的设计和施工都极其有利。屋面安装根据建筑物的实际状况，将系统设计成了构件式建筑光伏集成系统，屋面电池板与屋面板保持平行，屋面板专用夹具锁固于屋面板的直立边，锁固点均匀排布，使电池板荷载均匀加载于屋面板龙骨结构之上，保证了电池板安装稳定性(如图 2)。

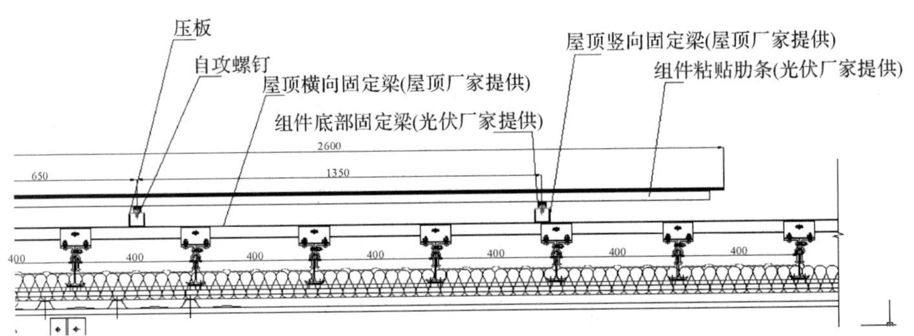


图 2　屋面光伏组件安装形式

屋面板专用夹具锁固利用的是夹具与屋面板直立边的摩擦力，不在屋面板之上打孔钻眼，不破坏屋面板，确保了屋面板系统防水性能。屋面板专用夹具均匀锁固之后，通过不锈钢螺栓固定 U 型座，作为龙骨方通的连接点，同时 U 型座在使用不锈钢螺栓连接龙骨方通时，具有垂直方向上的调整能力，可消除屋面板及专用夹具的施工误差，确保龙骨系统的平整性并与屋面板保持平行。

电池板安装时，采用垂直螺钉固定，无论是施工安装还是今后的维修更换，均易于操作，快捷简单，节省了大量的施工时间，有利于保证预期工期的圆满实现（如图3、图4）。

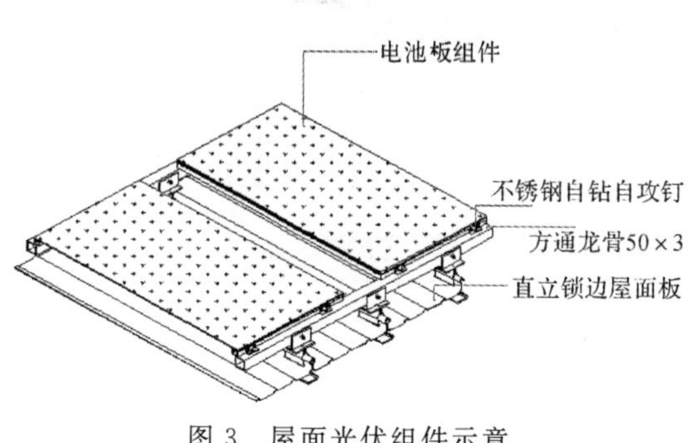


图3　屋面光伏组件示意

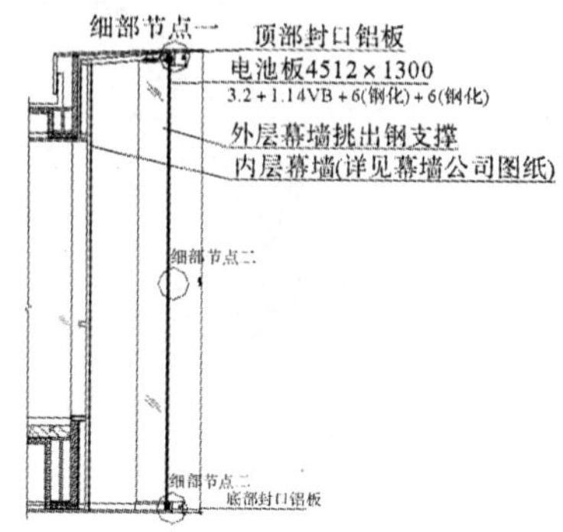


图4　光伏幕墙节点示意

（2）建筑设计方案的立面部分

立面光伏系统采用幕墙的安装方式，利用光伏组件代替原来的玻璃和装饰板材。这样，既发挥了原有幕墙的作用，同时还使系统具有了发电功能。另外，光伏系统的存在还阻挡了太阳光，防止太阳光直接照射到建筑立面，减少了室外通过立面向室内的传热，尤其是能有效地降低西晒的影响，减低了建筑物的制冷能耗。立面光伏系统采用透光型薄膜组件，这样在保证外观的情况下，也能照顾到建筑物本身的采光性要求（如图7、图8、图9）。

3. 光伏系统的设计

（1）光伏系统的屋面部分

巴士一汽停车库改造项目屋面总共安装ESS-190单晶硅组件1392块和ESP-200多晶硅组件168块，占屋面面积约2100平方米；安装EST-225V双结硅基薄膜组件1085块，占屋面面积约3100平方米。

由于薄膜太阳电池组件比晶体硅组件有更加优异的抗遮挡性能和高的工作温度系数等特点，在保证屋面装机容量的前提下，将硅基薄膜组件排布于中间锯齿型屋面上（如图5、图6）。

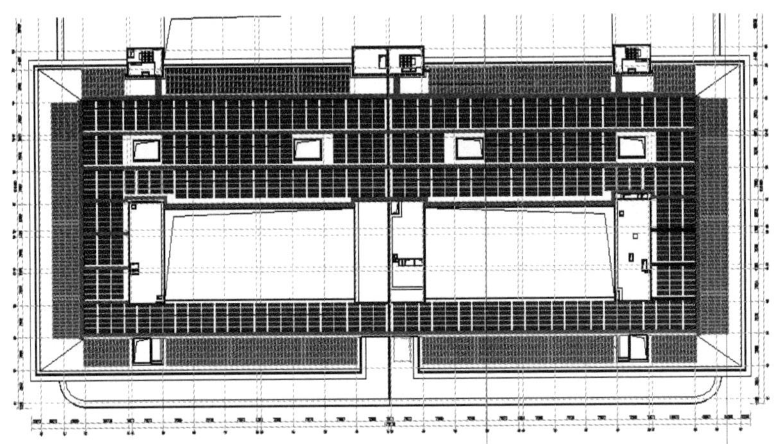

图 5　巴士一汽停车库改造项目屋面光伏阵列排布

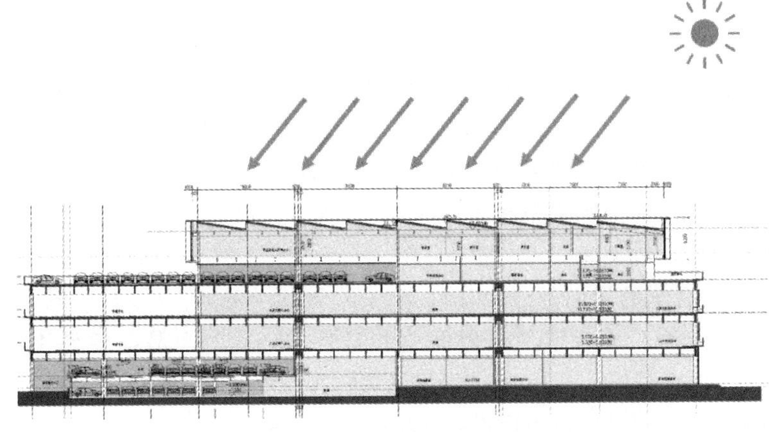

图 6　巴士一汽停车库改造屋面光伏系统剖面

(2)光伏系统的立面部分

巴士一汽停车库改造项目的立面光伏阵列主要有两种形式，即二三层光伏遮阳板和五层的多角度垂直放置竖向遮阳板。该部分采用了硅基薄膜建筑光伏集成组件，该组件集成度高，与建筑结合十分美观。

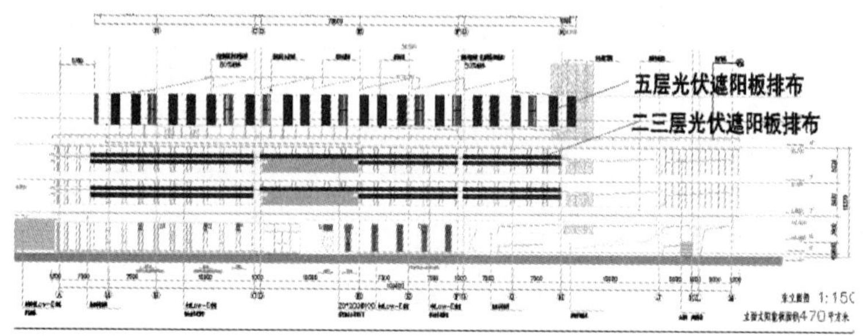


图 7　东立面光伏阵列排布

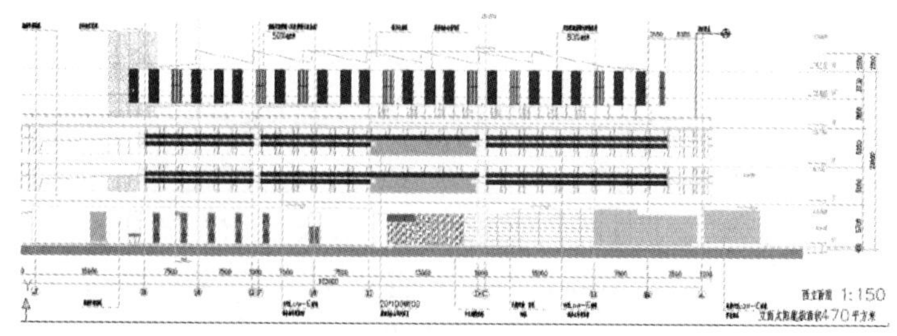

图 8　西立面光伏阵列排布

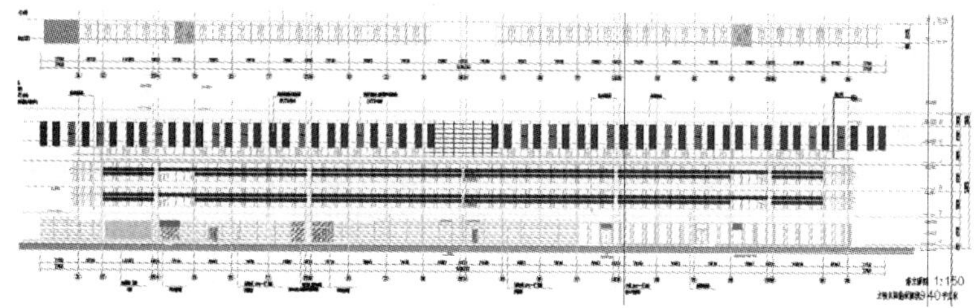

图 9　南立面光伏阵列排布

## 三、建筑光伏集成效益分析

1. 系统效率与发电量

该项目中系统的发电效率计算考虑了组件串并联损失、电缆的线损、逆变器的损失、辐照度损失、建筑方位角分布损失，温度引起的功率降低等因素。根据上海地区不同条件下的实际辐照状况，以及电池板性能前 10 年衰减不超过 10%，25 年不超过 20%，估算出光伏系统各部分 25 年发电总量如表 1 所示。

**表 1　巴士一汽改造项目光伏发电系统 25 年内发电量和减排效果预测值**

| 部　位 | 系统容量/W | 发电量/千瓦·时 | | 25 年节能减排/吨 | | | |
|---|---|---|---|---|---|---|---|
| | | 第一年 | 25 年 | 标煤 | $CO_2$ | $SO_2$ | $NO_x$ |
| 屋面 | 502160 | 518910 | 11597636 | 4685.4 | 12275.9 | 39.8 | 34.7 |
| 南立面 | 56960 | 39162 | 875267 | 353.6 | 926.5 | 3.0 | 2.6 |
| 东立面 | 34450 | 22289 | 498161 | 201.3 | 527.3 | 1.7 | 1.5 |
| 西立面 | 34450 | 17631 | 394044 | 159.2 | 417.1 | 1.4 | 1.2 |
| 总　计 | 628020 | 597991 | 13365109 | 5399.5 | 14146.7 | 45.9 | 40.0 |

2. 成本与综合效益分析

巴士一汽停车库改造项目的整个光伏系统总功率 628.02 千瓦·时，其中屋面光伏系统共计 502.16 千瓦·时，东、西、南立面光伏系统共计 125.86 千瓦·时。

根据国家发改委公布的数据，发 1 千瓦·时电相当于节省标煤 404 克，而燃烧 1 吨标煤要释放 2620 千克二氧化碳、8.5 千克二氧化硫和 7.4 千克氮氧化物。由此可以核算出，依据本项目的发电能力，25 年的发电量相当于节省标煤 5399.5 吨，减排二氧化碳 14146.7 吨、二氧化硫 45.9 吨和氮氧化物 40.0 吨。

光伏系统的建设减少了太阳光对建筑物的直接辐射，从而降低了夏天外界热量向室内的传导，起到了减少建筑能耗的作用。

## 四、小　结

巴士一汽停车库改造项目的建筑光伏集成设计利用光伏组件作为新型建筑构件，既体现了新能源技术在建筑运用上的创新，又为学校建筑提供部分所需电力，降低了校园供电容量，在突发的供电中断时提供给一个备用电源，为校园设施提供安全可靠的供电保障。同时，该项目在可再生能源利用、既有建筑改造及光伏发电与建筑集成应用方面发挥了重要的示范作用，将成为校园中一个永久性的展示，并成为科研教学实践基地，发挥出校园特有的示范教育作用。

# 节能环保，建设绿色校园

温州市教育基建中心　王斌庚

低碳节能已经成为人类生存的发展方向，中国 2010 年上海世博会以“城市，让生活更美好”为主题，在低碳节能方面作出了表率。

## 一、以可持续发展理念引领世博园区的规划和建设

全面落实世博会规划区总体规划环境影响评价的环保低碳要求，将可持续发展理念落实到园区选址、场馆空间布局、绿地系统和景观设计、旧厂房利用与老建筑保护、场馆后续利用以及周边地区环境整治等方面。园区选址黄浦江两岸老城区，实施区域旧城改造和功能提升；按适宜步行距离、自然通风和能效提高的需要设计场馆和设施的空间布局；园区内绿化覆盖率达到 50%以上；80%以上场馆采用屋顶绿化、立体绿化和室内绿化；老建筑的保护和利用占园区总建筑面积的 1/5；基础设施和一轴四馆等作为永久设施予以保留后续利用；临时建筑采用易于组装、拆卸的环保建材；世博会结束后园区设施和总体布局与后续开发利用相衔接。

## 二、集中应用环保低碳技术

积极使用清洁能源和节能技术，清洁能源和可再生能源使用比例达到 50%以上，太阳能光伏发电总装机容量超过 4.68 兆瓦，80%的照明光源采用 LED 技术，世博期间投入 1000 辆左右新能源汽车，园区内公共交通实现“零排放”。另外，示范性地应用江水源热泵、地源热泵、冰蓄冷、非氟利昂燃气驱动等节能空调技术，节水及雨水回用技术，以及自然通风、自然遮阳、生态绿墙、独特外形设计等控温降温技术，并大量应用环保建材，推广绿色建筑。

## 三、加强世博园区生态建设及保护

建成后滩公园、白莲泾公园、世博公园等大型公园以及其他景观绿地。开展白莲泾河道综合整治，恢复白莲泾生物多样性。开展园区污染土壤调查与修复，有针对性地选择和利用植物逐步改善原工业用地的土壤性质。建设 30 吨/日的垃圾管道气力输送系统，使世博园区浦东世博轴两侧永久场馆区域实现垃

圾全封闭、无异味自动输送。世博园区内工程建筑废弃物和垃圾100%回收，资源化利用率达到50%以上。

在低碳世博的带领下，倡导绿色生产、生活和消费方式，推动城市生态文明建设已经成为我们这个时代的主题，而创建“绿色校园”，将低碳节能思想引入校园建设也自然成为了一大亮点。

要将低碳节能理念引入校园建设，可从以下几方面着手：

1.环保材料的广泛使用

目前流行的环保装饰材料主要有以下几种：

(1)环保地材。植草路面砖是各色多孔铺路产品中的一种，采用再生高密度聚乙烯制成，可减少暴雨径流，减少地表水污染，并能排走地面水。

(2)环保墙材。新开发的一种加气混凝土砌砖，可用木工工具切割成型，用一层薄沙浆砌筑，表面用特殊拉毛浆粉面，具有阻热蓄能效果。

(3)环保管材。塑料金属复合管，是替代金属管材的高科技产品，其内外两层均为高密度聚乙烯材料，中间为铝，兼有塑料与金属的优良性能，而且不生锈，无污染。

(4)环保漆料。生物乳胶漆，除施工简便外还有多种颜色，能给家居带来缤纷色彩。涂刷后会散发阵阵清香，还可以重刷或用清洁剂进行处理，能抑制墙体内的霉菌。

(5)环保照明。这是一种以节约电能、保护环境为目的的照明系统。通过科学的照明设计，利用高效、安全、优质的照明电器产品，创造出一个舒适、经济、有益的照明环境。

2.可再生能源太阳能的使用

就目前来说，人类直接利用太阳能还处于初级阶段，主要有太阳能集热、太阳能热水系统、太阳能暖房、太阳能发电等方式。而我国则蕴藏着丰富的太阳能资源，太阳能利用前景广阔。目前，我国太阳能产业规模已位居世界第一，是全球太阳能热水器生产量和使用量最大的国家和重要的太阳能光伏电池生产国。我国比较成熟太阳能产品有两项：太阳能光伏发电系统和太阳能热水系统。太阳能热水器具有热水温度稳定，节省电能，高安全性等诸多优点，是热水器的未来模式，现在很多学校的宿舍已经开始广泛使用。而另一个现在开始逐渐走入人类生活的是太阳能路灯，其以太阳光为能源，白天日照给阳光太阳能电池板给蓄电池充电，晚上蓄电池给负载供电使用，无需复杂昂贵的管线铺设，可任意调整灯具的布局，安全节能无污染，无需人工操作工作稳定可靠，节省电费免维护。

3. 建筑节能技术措施

(1)围护结构节能技术

墙体采用岩棉、玻璃棉、聚苯乙烯塑料、聚氨酯泡沫塑料及聚乙烯塑料等新型高效保温绝热材料以及复合墙体，降低外墙传热系数。

采取增加窗玻璃层数、窗上加贴透明聚酯膜、加装门窗密封条、使用低辐射玻璃(low-E 玻璃)、封装玻璃和绝热性能好的塑料窗等措施，改善门窗绝热性能，有效降低室内空气与室外空气的热传导。

采用高效保温材料保温屋面、架空型保温屋面、浮石沙保温屋面和倒置型保温屋面等节能屋面。在南方地区和夏热冬冷地区屋面的采用屋面遮阳隔热技术。

采用综合考虑建筑物的通风、遮阳、自然采光等建筑围护结构优化集成节能技术。例如，双层幕墙技术是中间带有可调遮阳板且可通风的方式，夏季可有效遮阳和通风排热，冬季又可使太阳光透过，减少采暖负荷。

(2)能源系统节能控制技术

采暖空调系统的控制技术是对既有热网系统和楼宇能源系统进行节能改造、实现优化运行节能控制的关键技术。主要有三种方式：VWV(变水量)、VAV(变风量)和 VRV(变容量)，其关键技术是基于供热、空调系统中“冷(热)源——输配系统——末端设备”各环节物理特性的控制。

(3)热泵技术

热泵技术是利用低温低位热能资源，采用热泵原理，通过少量的高位电能输入，实现低位热能向高位热能转移的一种技术，主要有空气源热泵技术和水(地)源热泵技术。可向建筑物供暖、供冷，有效降低建筑物供暖和供冷能耗，同时降低区域环境污染。

(4)采暖末端装置可调技术

主要包括末端热量可调及热量计量装置，连接每组暖气片的恒温阀，相应的热网控制调节技术以及变频泵的应用等。可实现 30%～50%的节能效果，同时避免采暖末端的冷热不均问题。

(5)新风处理及空调系统的余热回收技术

新风负荷一般占建筑物总负荷约 30%～40%。变新风量所需的供冷量比固定的最小新风量所需的供冷量少 20%左右。新风量如果能够从最小新风量到全新风变化，在春秋季可节约近 60%的能耗。通过全热式换热器将空调房间排风与新风进行热、湿交换，利用空调房间排风的降温除湿，可实现空调系统的余热回收。

(6)独立除湿空调节电技术

中央空调消耗的能量中，40%～50%用来除湿。冷冻水供水温度提高 1℃，效率可提高3%左右。采用除湿独立方式，同时结合空调余热回收，中央空调电耗可降低30%以上。我国已开发成功溶液式独立除湿空调方式的关键技术，以低温热源为动力高效除湿。

(7)各种辐射型采暖空调末端装置节能技术

地板辐射、天花板辐射、垂直板辐射是辐射型采暖的主要方式。可避免吹风感，同时可使用高温冷源和低温热源，大大提高热泵的效率。在有低温废热、地下水等低品位可再生冷热源时，这种末端方式可直接使用这些冷热源，省去常规冷热源。

(8)建筑热电冷联产技术

在热电联产基础上增加制冷设备，形成热电冷联产系统。制冷设备主要是吸收式制冷机，其制冷所用热量由热电联产系统供热量提供。与直接使用天然气锅炉供热、天然气直燃机制冷、发电厂供电相比，上述方式可降低一次能源消耗量10%～30%，同时还减少了输电过程的线路损耗。

(9)相变贮能技术

相变贮能技术具有贮能密度高、相变温度接近于一恒定温度等优点，可提供很高的蓄热、蓄冷容量，并且系统容易控制，可有效解决能量供给与需求时间上的不匹配问题。例如，在采暖空调系统中应用相变贮能技术，是实现电网的“削峰填谷”的重要途径；在建筑围护结构中应用相变贮能技术，可以降低房间空调负荷。

节能环保、建设绿色建筑是贯彻可持续发展战略、实现国家节能规划目标、减排温室气体的重要措施，符合全球发展趋势。虽然节能环保很多时候也意味着高投资、高投入，但今天的高投入就意味以后可以少投入甚至不投入。提高建设成本、努力建设绿色校园也是校园建设中值得关注的问题。

# 节水型校园建设实践与探索

无锡工艺职业技术学院　曹仲良

## 一、问题的提出

水是人类赖以生存的元素，是社会发展所必需的能源。早在1977年，联合国水资源会议就向全世界发出警告："水，不久将成为一项严重的社会危机，石油危机下一个危机便是水"。珍爱生态环境，合理和节约利用水资源，是当前世界各国共同面临的课题。我国已被联合国认定为世界上13个最贫水的国家之一。目前，全国每年因缺水造成的经济损失已经超过洪涝灾害所造成的损失。且随着社会经济的快速发展，水资源的供需矛盾将日益突出。因此，大力加强节约用水工作对于社会经济协调可持续发展具有重要意义。

高校作为培养高素质高级专门人才的基地，理应成为节约型社会建设的实验区、示范区，当代大学生理应成为节约型社会的实践者、引导者。通过人才培养、文化传承，可以为社会输送一批批有节约意识、资源意识和效益意识的优秀人才。高校理应在资源节约型社会的建设中发挥重要作用，承担重要使命。这就要求高校首先要把自己建设成为一个节约型的社会主体，也就要创建节约型的高校。

## 二、高校内部节水管理的现状

目前高校在合理、科学用水和节水意识及理念方面在部分师生员工中认识不足，观念淡薄，特别在管理方面还存在一些认识上的误区。主要表现在：

其一，重建设轻管理。近几年高校扩展迅速，新校区建设如火如荼，设施先进、配置齐全，学生住宿公寓化等等。硬件设施建设已完全满足高校事业的发展需要，生活设施配套趋于人性化，但节能节水管理还远落后于高校事业的发展，与科学发展观提倡的协调可持续发展不相适应。不少高校把对学生用水的管理工作看做是简单劳动，在资源配置上不能充分满足，管理部门职能没有充分发挥，管理粗放，对细节问题缺少应有的关注，长流水、滴漏跑冒现象时有存在，人为损坏用水设施、设备的现象也时有发生。水资源浪费问题比较严重。

其二，强调教书育人，弱化服务管理育人。部分高校自后勤社会化改革以来，用水纳入后勤实体管理，学校减少了对用水管理的投入，甚至认为用水管理仅是单纯的提供服务，跟育人毫无关联。如果对无节制的用水浪费问题熟视无睹，听之任之，不采取积极有效地加以防范和纠正，对教书育人工作不但无补，反而不利。

其三，节水技术含量低，新材料、新技术应用不广泛，导致节水成效不显著。目前高校大部分用水设施和设备应用新技术、采用先进监控手段仍趋于低级阶段。如节水设备的普及率不高，供水设施远程控制和实时监控技术程度不高，江苏省高校中能采用远程控制和实时监控的不足10%，已成为节水型高校建设的一个瓶颈，一定程度上制约了节水工作的开展。

## 三、节水型校园建设的实践与成效

2006年起，江苏省水利厅和教育厅联合在全省120所高校中开展节水型高校创建活动，准备用3～4年时间达到使90%以上高校建成“节水型高校”的总体目标要求。2008年5月份，住房与城乡建设部和教育部联合提出的《关于推进高等学校节约型校园建设，进一步加强高等学校节能节水工作的意见》精神，明确了“十一五”期间的总体节能目标是：实现已有用能项目，人均用能在2005年所耗能源的基础上降低15%；已有用自来水项目人均用量在2005年所耗水量的基础上降低15%。

在创建节约型社会的大背景下，实施节水型高校建设，加强高校内部的用水、节水管理是高校后勤工作面临的一个新课题。笔者所在学院在节水型校园建设方面进行了一些有益的实践和探索，主要采取了以下的措施：

1.领导重视，明确责任，扎实有效地开展各项创建工作

为切实抓好“节水型高校”创建活动，学院成立了以分管后勤的院领导为组长的节水工作领导小组，下设创建办公室，负责整个活动的组织领导，并落实专人具体负责宣传活动、制度建设、设施改造等计划安排、组织实施。制定了明确可行的实施方案：一是定期召开节水工作会议，研究节水方案和技改项目；二是全院发动，全员参与，集思广益，想办法，出主意，力求在创建工作的软件和硬件建设上取得突破；三是发扬主人翁意识，要求师生紧密配合，在工作、学习、生活中落实每项节水措施，增强对水资源的保护和节约用水的责任意识，培养学生的水忧患意识，倡导节约用水的文明消费方式；四是节水办公室组织人力、物力、财力协调好全院的节水工作。为检查用水器具及水表完好率和漏水率，节水办公室组织人员深夜在无人用水的情况下对全院所有用水器具和所有水表进行检查，确保了全院用水器具和水表的完好率及漏水率减到最低限度。

2.加大宣传,强化学习,增强师生员工的节水意识

由学院学工处、团委、宣传部、后管处牵头组织,在全院按系、部、科室开展形式多样的节水宣传活动;开展节水宣传周活动、“节水用水我们共同的责任”的宣传、“绿色奥运节水先行”的签字活动、“节约用水从我做起”宣传讲座及倡议、节水标语征集活动、“了解水知识,节约水资源”手抄报展览等系列活动。

将节水教育纳入学生行为准则和德育考评之中,将节水措施、节水考核纳入部门、班级和职工的年终考评之中,提高全院师生员工节水的紧迫感和责任感。利用“世界水日”、“中国水日”和学院节水宣传周(每年5月份第四周)等有利时机,开展节水宣传教育,做到校内有节水宣传标语,班级有宣传专栏,用水设施和器具有节水宣传标志,营造了良好的氛围。

3.健全制度,狠抓落实,确保水资源管理工作落到实处

根据学院用水的实际情况,为了把节水工作落到实处,在节水管理、用水规范、设施的检查维护、平时的监督巡视等制度方面进行了进一步修订和完善,用规章制度来规范用水行为,提倡节约,反对浪费,引导全院师生员工以及物业全体人员的合理用水,节约用水。重视对全院用水的分析,对重点用水部位和用水设施设专人管理,对承包经营单位实行包干收费办法,对能计量计划用水的探索定额包干与奖惩挂钩的办法实行用水管理。后勤与设备管理处还建立节水巡查组,负责对全院用水设施进行检查、计量抄表,做到及时发现问题,及时处理解决,确保了用水设施处于良好的状态,杜绝浪费现象。

4.加大投入,常抓不懈,推动我院节水工作持续有效

我院宜兴校区2007年全部建成,新校区在设计和建设过程中就十分重视节水设施的建设。从设计入手,选材层层把关,新校区选用的用水设备和用水设施全部符合节水型高校评判指标要求。节水器具投入89.1万元;计量水表安装与改造138只,投入经费7.5万元;浴室、开水炉智能刷卡系统建设投入15.8万元;修筑人工蓄水河系工程投入40余万元,最大蓄水2500立方米。

学院经过近两年的努力和探索,节水型校园创建工作已初见成效,相关数据分析测算见表1所示。

**表1　2007—2009年全校节水情况统计**

| 年份 | 计划用水量（立方米） | 实际用水量（立方米） | 节　水 | | 备　注 |
|---|---|---|---|---|---|
| | | | （立方米） | （%） | |
| 2007年 | 350000 | 297291 | 52709 | 15.06 | 含基建用水 |
| 2008年 | 320000 | 280360 | 39640 | 12.38 | |
| 2009年（1—9月） | 210000 | 182350 | 27650 | 13.16 | 在2008年基础上计划用水量减4万吨 |

表 2　2008—2009 年生均日用水量统计

| 年份 | 定额用水量（升/生日） | 实际用水量（升/生日） | 节　水 | | 在校生（人） |
|---|---|---|---|---|---|
| | | | （升/生日） | （%） | |
| 2008 年 | 180 | 125 | 55.0 | 30.5 | 6100 |
| 2009 年（1—9 月） | 180 | 93.6 | 86.4 | 48.0 | 7100 |

## 四、结束语

笔者所在的学院对节水型高校建设进行了一些有益的探索和实践，也取得了一定的成效。但“节水型高校”创建活动是一项长期和复杂工作，节水活动和成效不能只求一时一地，学校要从培养人才和建设节约型社会的高度来倡导和实施“节水型高校”建设，加强引导，严格管理，以“点滴”抓起，从“细节”入手，积极营造良好的节水型校园氛围，增强广大教职员工和学生的节约观念，提高节约意识，使节水利国、节水利民、节水利校成为学院每位师生员工的自觉行为。

# 地震与防震减灾

南京艺术学院　林木英

2008年5月12日，四川汶川发生了里氏8.0级特大地震。

曾经是一座山川绮丽、景色秀美，堪称龙翔凤翥之乐土的村镇；曾经是繁华锦绣、生机勃勃、欣欣向荣、享受现代文明的山城，就在那一瞬间化成了一片片残垣断壁、满目疮痍的废墟，吞噬了近7万同胞的生命，成了令人倍感伤情的坟场！成千上万个家庭在这次灾祸中丧失了亲人、家园，给我们国家、人民带来了无比的悲痛和巨大的损失，真是“可怜繁华锦绣地，郁勃腾昂尽消失”。

地震之后，引发了以房屋建筑防震、抗震为议题的全国性大讨论。

笔者作为一位房屋建设工作者，愿以本人对地震与防震减灾的粗浅认识，与各位同行进行探讨。

## 一、地震的相关知识

### (一)地震的定义

地震，又称为地动。是地球内部的运动、变化引起地壳、地幔内部某个区域发生急剧的应力释放而产生震动波，从而引起一定范围内的地面激烈振动的现象。它就像刮风下雨、雷鸣电闪等一样，是地球上经常发生的一种自然现象。大地震动是地震最直观、最普遍的表现。地震是频繁发生的灾祸。据统计全球每年发生地震约500万次。强烈地震，会直接和间接地造成山体、河流、地面、道路、桥梁、建筑等等的破坏，进而危及人畜，形成灾祸。

### (二)地球的构造

要了解地震的知识，首先需要了解地球的构造。

目前大多数学者共同认识是：地球可分为：地核(core)、地幔、地壳三个基本圈层。中心是地核，半径约3500公里，它可进一步分为外核和内核两层：中间是地幔，又称“中间层”，平均厚度约2800多公里：又可分为上地幔和下地幔两层，上地幔距地面约为35～1000公里：最外层是一层薄薄的地壳，平均厚度约为35公里，陆地上的地壳相对比较厚，海洋下面的地壳比较薄一些，最薄的厚度只有5～8公里：地壳和上地幔之间夹了一层坚硬的岩石圈。地震一般就发生在地壳和上地幔之中，目前人们测到的震源最深的地震，是发生在地下700公里的地方，即地幔上部。

地球的地壳、地幔和地核是在不停地运动、变化着的，因此地壳、地幔内部会因运动而发生应力的变化，当应力积聚到超越地壳、地幔岩层耐受力的极限时，它们就会发生变形、断裂、错动等运动，于是地震便发生了。

## (三)地震的类型

引起地壳表层振动的因素很多，根据地震的成因，可以把地震分为自然地震、人为地震两大类，笔者认为天体撞击地球也会引发地震。

### 1. 自然地震

(1)构造地震——因为地壳或上地幔岩层破裂、错动将长期积累起来的能量急剧地释放出来，以振动波(称为地震)的形式向四面八方传播出去，引发地壳表面的振动称为构造地震。此类地震影响面积最大、破坏力最大，并且发生的次数也最多，约占世上地震的90%以上。

(2)火山地震——因为火山爆发(岩浆活动、气体爆炸)的作用引发的地震称为火山地震。这类地震只局限于火山活动区附近，地震破坏力和发生的次数比不上构造地震，约占全世界地震的7%左右。

(3)塌陷地震——发生在溶洞密布的石灰岩(喀斯特地貌)地区之地下岩洞或大规模地下开采的矿区之矿井塌陷而引发的地震称为塌陷地震。这类地震的规模很有限，次数也很少。

### 2. 人为地震

(1)诱发地震——因为水库蓄水、油田注水等人类活动会使地壳的压力增加，由此引发的地震称为诱发地震。它仅仅发生在某些特定的水库库区或油田地区。

(2)人为地震——地下核试验、工业爆破、采用爆破法开凿地下巷道或勘探石油时的探测地震等人为活动，所引发的地面振动称为人为地震。

### 3. 天体撞击地震

天外小行星撞击地球、大陨石冲击地面也会产生地震，称为天体撞击地震。这是很难得见到、几率很小的地震，是罕见的天文现象。

## (四)地震的形式和现象

### 1. 地震的形式

地震的表现形式有以下两种：

(1)三段式，即：前震——主震——余震。邢台地震就属此类形式；

(2)二段式，即：主震——余震。这次汶川的地震就属此类。

也许后一种形式并不存在，只是前震没有被我们觉察罢了。

2. 地震的现象

地震发生时，人们觉察最明显的现象是左右晃动的地面连续振动，其实在极震区的人有时首先感觉到的是上下的颠动，而后才感觉到左右的晃动。地震所引发的地面振动是一种复杂的运动，是由纵波和横波共同作用的结果。在震中区，纵波使地面上下颠动，横波使地面水平晃动。纵波传播速度较快，衰减也较快；横波传播速度较慢，衰减也较慢。因此离震中较远的地方，往往感觉不到上下颠动，但能感到水平晃动。此外，因为横波传播速度慢，衰减也较慢，因此由于横波而产生的水平晃动持续的时间就比较长，其破坏也相对较大。

## (五)地震的特点

从目前掌握的资料可知，地震具有一定的时空分布规律，有如下几个特性：

1. 突发性

地震一般是在猝不及防的情况下突然发生，持续时间短暂。

2. 破坏性

地震波引起的地面连续振动，对地面建筑物具有极大的破坏力，而它的突发性更加大了它的杀伤力，所以它是具有破坏性很强的灾难。

3. 连续性

普遍都有前震——主震——余震持续发生的现象。

4. 周期性

它时而活跃、时而平静地呈周期性交替出现。

5. 区域性

地震频发区呈带状分布，称地震带。根据地震研究部门目前的研究成果可知。全球的地震带主要集中在环太平洋和地中海至喜马拉雅两大地震带。太平洋地震带几乎集中了全世界80%以上的浅源地震，全部的中源和深源地震，所释放的地震能量约占全部能量的80%。

## (六)描述地震的术语

震源——地震波的发源地，称作震源。

震中——地面上离震源最近的一点，也就是震源在地面上的垂直投影，称为震中。它是接受振动最早的部位。

震源深度——震中到震源的深度称为震源深度。

表 1　中国部分地震震源深度

| 震　中 | 震源深度 |
|---|---|
| 河北邢台 | 9 千米 |
| 河北唐山 | 12 千米 |
| 甘肃古浪 | 12 千米 |
| 云南普洱 | 5 千米 |
| 宁夏海原 | 17 千米 |
| 云南通海 | 10 千米 |
| 辽宁海城 | 16、21 千米 |
| 台湾南投 | 8 千米 |
| 四川汶川 | 10～20 千米 |

浅源地震——震源深度<70 千米的，称为浅源地震。它发生震频率高，占地震总数的 72.5%，所释放的地震能占总释放能量的 85%，其中，震源深度在 30 公里以内的占多数，是地震灾害的主要制造者，最具破坏性。

中源地震——深度在 70～300 千米的叫中源地震。

深源地震——深度>300 千米的叫深源地震。

对于同样大小的地震，由于震源深度不一样，对地面造成的破坏程度也不一样。震源越浅，破坏越大，但波及范围也越小，反之亦然。

极震区——地震发生时，地面振动最强烈的区域称为极震区，极震区往往也就是震中所在的区域。

地震波——由地震震源产生的向四面传播的震动波。有横波和纵波两种。

震级——是指地震的大小。是表征地震强弱的量度。地震时释放出来的能量越大、越多，震级就越高，它是以地震仪器实测的每次地震活动释放的能量多少来计算确定的。通常用字母 M 表示。我国目前使用的震级标准，是国际上通用的里氏分级表，共分 9 个等级。

地震烈度——是指某次地震发生时，在波及范围内一定地点地面振动的激烈程度，也就是指地震对地面造成的实际影响，造成地面运动的强度和对地面上建筑物以及构筑物的破坏程度。两次震级大小相同的地震，造成的破坏不一定相同；同一次地震，在不同的地方造成的破坏也不一样。为了衡量地震的破坏程度，地震学家又制定了另外一种度量概念——地震烈度。判断烈度的大小，是根据人的感觉、家具及物品振动的情况、房屋及建筑物受破坏的程度以及地面出现的破坏现象等。在中国地震烈度表上，对人的感觉、一般房屋震害程

度和其他现象作了描述，可以作为确定烈度的基本依据。

## 二、地震引发的次生(或称“衍生”)灾祸

除了地面建筑物以及构筑物会因为地震而遭到破坏以外，自然界的景观也会因为地震而遭到极大的破坏。

1. 出现地面断层和地裂缝，而产生较明显的垂直错距和水平错距，能够明显地反映出震源处的构造变动特征。

2. 由于地震波造成的次生灾害：

(1)沉积层较厚的地区的边坡、河岸和道路两旁出现地裂缝，表土松垮和崩裂。

(2)局部地形可能由于地震而隆起或沉降；还可能于地表土下沉，浅层的地下沙、水受挤压而沿地裂缝上升至地表，形成喷沙冒水等现象。

(3)城乡道路坼裂、铁轨扭曲、桥梁折断。

(4)在城镇中地下管道破裂和电缆被切断而造成的停水、停电和通讯受阻。煤气、有毒气体和放射性物质泄漏可导致火灾和毒物、放射性污染等次生灾害。

(5)在山区，它还能引起泥石流、山崩和滑坡而造成掩埋村镇的惨剧。此外，崩塌的山石堵塞上游的江河而形成堰塞湖等，都是威胁人们生命、财产的灾祸。

(6)在海底或滨海地区，它还可能会引发巨大的海浪，称为海啸。

## 三、防震减灾

房屋建筑是为人类躲避风、霜、雨等自然灾祸的庇护所，这是人所共知的，但是，人们常常忽略它同样也可能成为死亡陷阱这样一个事实，以至灾难来临时出现惨祸，这种切肤之痛已重复多次。因此，房屋建筑抵御地震灾祸的能力事关民生大计，房屋建筑的建设者们，理应以“关爱民生”为己任，尽心尽力搞好房屋建筑的防震减灾设计，增强它们抵御灾祸的能力。

1. 从国家行政管理部门的层面上来讲，需要做如下七个方面的工作

(1)补充、完善、修订现有的国家标准

据笔者所知，我国房屋抗震设防标准的制定工作，仅有50多年的历史，目前的《房屋建筑抗震设计规范》和《中国地震动参数区划图》是根据专家们对地震灾区实地考察、借鉴外国的经验进行研究取得的成果，在“小震不坏，中震可修，大震不倒”的原则指导下制订出来的，它经历过7次不同程度的修订、补充和完善。《规范》中所列的设防标准，是依据国家监测地震动参数区域分布，划分不同地方应该设防的水平。

大家都知道，人类文明发展的历史，在某种意义上说是一部认识和应对自然灾祸的历史。人类对自然灾祸的认识是逐步的、渐进的、不断积累的，对于地震规律的认识也是如此。在我国，地震领域内的科学研究尚属“年青”的边缘学科，不可能在短时间内将诸多因素一一研究透彻，还存在许多尚未被认识的因素和规律。随着科学研究的深入发展，科研成果的累积、技术的进步、测试水平的提高和经济实力的增长，根据国家各监测点采集到的更为精确的数据，地震动参数区域分布将得到修订，房屋抗震标准也需要随之进行相应的修订。

笔者建议：在补充、完善、修订国家标准的时候，将各地区房屋建筑抗震的设防标准在现有的基础上提高一度；一些已经探明是属地壳运动频繁活动的地质断裂带和历史上地震多发地区甚至可以提高二度。

并建议：下面所列的房屋建筑，应当在《规范》中明确规定按照高于当地房屋建筑的抗震设防标准设计、施工。

①城镇建设规划中作为救灾避难场所而设置的建筑；

②自主、自救能力较差的弱势群体聚居的房屋，如幼儿园、儿童福利院、学校、医院、敬（养）老院、安怀院等；

③军事指挥中心和重要的办公用房；

④影响人民生活和救灾的供水、供电、供气、交通、通信等生命线工程；

⑤超高层建筑和容纳大量人群的大型公共建筑，如大会堂、影剧院、大型商场、体育场馆、会展中心等；

⑥地震时容易发生次生灾害地段周边的房屋建筑。

《建筑抗震设计规范》（GB50011－2001）和《中国地震动参数区划图》（GB18306—2001），由 2002 年 1 月 1 日开始实施以来，已经过去几年了，近几年必定又取得许多科研新成果，还有汶川地震中许多值得借鉴的经验教训，应当及时地补充到规范中去。

（2）科学评估选址

人类的生存、生活空间（一座城市、一个村镇、乃至一所学校）的规划和建设，“相地”选址是最关键的首要任务，其中风险分析评估工作是为重点。

笔者认为这个工作要以严肃认真、科学谨慎的态度，从地形地貌、地理地质、水文气候、自然生态乃至人文情况等要素出发，进行风险的分析评估；从自然因素方面着手分析论证，必要时可以采用遥感、航拍、地理信息系统和空间分析等高科技的手段进行缜密的分析，摸清哪些区域是地震断裂带；哪些是非断裂带；哪些是容易发生滑坡、泥石流的危害区域；哪些是洪水多发的区域……将人们生存空间的选址，定位在能够避开容易遭受灾祸的区域上来规划建设，同时，我们还得注意建设它们的安全格局——灾祸发生后的救助系统和庇护设

施，来塑造全新的人与自然和谐的关系，过去那种不顾一切、忘乎所以地挖高山填沟壑，使人和自然对立之盲目建设工作，应当被唾弃。

(3)强化监督机制，加大监督力度

当今，人们生活在一个充满科学技术和知识的时代，却又不懂得、不自觉遵守必要的科学规范和原则，这也是增大灾祸破坏力和杀伤力的原因之一。所以，国家行政管理部门必须强化监督机制，加大监督力度。

监督机构的监督工作必须要从房屋建筑设计的阶段开始介入，在我们国家，各省、市都设有房屋建筑设计施工图的审核部门和建筑施工质量监督部门，只要赋予这两个部门以执法权，只要责成他们勇于认真负责地行使执法权，确实担当起审查、监督的职能，我想增强房屋建筑抵御灾祸的能力，应当不成问题。

(4)适度规划，控制规模，避免过度开发

人类生存、生活空间的建设与自然条件、地理环境密切相关，一定要有一个限度，需要有个“容积率”的严格限制，要根据地域的大小情况确定建设规模和建筑密度，以求得与环境相适应的人类聚居地“容积率”这是一个规划建设者们耳熟能详的概念，这个概念至今没有过时，我们仍须十分重视它，甚至需要强化它。关键的问题是“容积率”的确定，这就要求我们遵守科学原则，去做缜密而又实事求是地调查研究，认真负责地研讨论证，寻找出一个与自然条件、地理环境相适应的、科学的合理的“容积率”。没有“容积率”的限制，房屋建设的规划建设将处于无政府状态而失控，追求政绩、追逐利润的思潮就会像洪水一样泛滥。那种不顾一切扩大规模、肆无忌惮地挖山填壑的局面将无法控制，最终形成规模超限、人口爆炸等形势，使我们的生存空间处于危机四伏的境地。其后果是放大自然灾祸的破坏力和杀伤力，从而增大灾祸的救助难度。

(5)唤起全民忧患意识

加强抵御灾祸理念的教育和宣传，克服侥幸、漠视心理，增强领导和民众防灾减灾意识，这是国家行政管理部门长期而又艰巨的任务。

防灾，是在灾祸发生之前的预防工作。笔者认为，防灾要持有“宁防有祸，勿信无灾”的理念。在我们的身边常有这么一说：我们这个地方不是断裂带，不属地震带，历史上也没有大地震的记录，不会发生大地震的。这是忧患意识淡薄的表现，是典型的侥幸、漠视心理，这种心理状态很普遍，不仅群众有，也许有少数领导也存有这种心态。须知自古以来地球始终是运动着的，地壳也不停地运动、变化，原来是高山地带，后来可能变成了大海；原来是大海，后来可能变成了高山。同理，原来是非地震带的地方，也可能变化为地震带，在“板块”边沿发生地震的几率很高，但发生在“板块”内部的地震也不少。因此，我们要大声疾呼：灾祸无时不有，无处不在，在地球上，不存在绝对安全的地方。本世纪以来我国大陆共发生6级以上地震390多次。再请看地震研究部门的如下统计记录(≥7.0级)：

1556年陕西华县地震(8.0级)死伤83万人

1920年12月16日宁夏海原县地震(8.5级)死亡23万人

1950年8月15日西藏墨脱地震(8.6级)

1966年3月8日至29日河北邢台地震(7.2级)

1969年7月18日渤海湾地震(7.4级)

1970年1月5日云南通海地震(7.7级)

1973年2月6日四川炉霍地震(7.6级)

1974年5月11日云南大关地震(7.1级)

1975年2月4日辽宁海城地震(7.3级)

1976年5月29日云南龙陵地震(7.4级)

1976年7月28日河北唐山地震(7.8级)死亡24万人

1976年8月16日四川松潘—平武地震(7.2级)

1996年2月3日云南丽江地震(7.0级)

1999年9月21日台湾花莲西南地震(7.3级)

2001年11月14日青海昆仑山地区地震(8.1级)

2008年5月12日四川汶川地震(8.0级)

本世纪2001年以来，地球上发生了8级以上地震灾祸6次，其中2004年苏门答腊发生的地震灾祸，震级高达9.1级。上述6次灾祸，都发生在环太平洋地震带和喜马拉雅地震带，而我们中国的国土正巧跨越了这两个高危地震带。有权威专家根据历年得出的数据分析预测：全球地震已进入新一轮活跃期，在东南亚及附近地区尤其集中，并估计在今后的15年内，中国境内有可能发生多次7级以上地震灾祸。笔者列举上述地震的统计，不是危言耸听，也不是在宣扬灾祸恐怖论，只是要提醒我们的同胞(包括少数领导)不要存有侥幸心理，打消漠视心态，随时都要有防灾、抗灾的思想准备，目的是希望唤起全民的忧患意识。

此外，还有"科学普及"这一方面的工作，需要大力普及地震的基础知识，使领导和民众掌握抗灾减灾的知识，并将抵御灾祸的理念转换成领导、房屋建设者们和民众的自觉行为。应当说我们国家自邢台、唐山地震之后，科普工作者做了不少有关地震科学的普及工作，也卓有成效。从媒体报道汶川地震的新闻中，我们看到有位教师在地震发生的第一时刻，组织学生迅速有序地撤离而成功逃生的消息报道。这一成功，除了应当褒奖那位教师之外，科普工作者也应

享有这个荣誉。但是我们的科普工作做得还很不够,还不能乐观,或者说普及面还不够广泛,甚至还有许多盲区。汶川地震之后,有些人提问:我们的房子能抗几级地震等概念模糊的问题,发问者中不乏学生、教师、市民、乡民甚至还有少数资深的文人墨客,网络上提这类问题的也不乏其人。笔者毫无嘲笑他们的意思,只是想从这点来说明我们国家的地震科普工作的不足,因此我们还需要继续做大量的科普工作,让民众有个比较清晰的地震基础知识。

(6)制定抗灾预案,建设避难建筑

我们时时避祸,然而始终不可避,灾祸总要袭来。

抗灾,是灾祸发生之后的救援工作,这很重要,是降低灾祸杀伤力、减少损失最有效的措施。事实上我们上述的防震抗震工作,准确地说是防震减灾工作。因此,我们应当在灾祸发生之前制定一系列缜密的抗灾预案,防患于未然。有了抗灾预案,一旦灾祸发生,就立即启动它来实施救灾工作,这样就可以把损失降低到最低限度。

基于“宁防有祸,勿信无灾”的理念,我建议凡是规划建设具有一定规模的人类聚居地——城市、乡镇的居住区或学校,需要规划设置相应数量的高设防标准之建筑,作为救灾避难的场所。汶川大地震,绵阳九州体育馆为灾民提供了一个安全可靠的避难所,这是一个很好的实际案例。

(7)现有房屋的抗震加固工作

就目前的情况来说,我国早年建设的学校、幼儿园、住宅、办公楼、甚至很多公共建筑中,尚存在不少抗震设防能力较低的房屋建筑。我们的国家、地方行政管理部门——防震抗震办公室,应当组织力量对此类房屋进行认真的鉴定评估,并根据建筑物的结构形式和使用功能,考虑长期使用或短期应急的不同要求,采用安全、科学、合理、经济的技术,进行抗震加固的改造工作。

房屋的抗震加固工作,面广量大,任务艰巨。因此周期不会很短,投入的资金也是巨大的。但这是很有必要的。所以,我们的国家和地方财政部门应当设法斥资,投入一定的资金支持这项工作的开展。

2.从工程建设这一层面上讲,需要做如下一些工作

(1)房屋建筑的体型及平面形状

建筑的体型及平面形状对防震、抗震影响甚大,一般体型比较规整的,比如球形、正多面体、圆柱体、立方体等,其防震、抗震性能都比较好;而体型较为复杂的,其防震性能都比较差。建筑的平面形状也一样,形状较为规整的要比形状复杂的性能好。平面形状设计上的缺陷不仅会给结构设计带来极大的困难和麻烦,而且还可能留下许多隐患甚至导致削弱房屋建筑防震性能的缺憾。

在这方面,中国古典建筑为我们留下了很可贵的经验和典范。

中国古建筑大多是体型简洁的、对称的矩形体。其他复杂体型很少见。其平面形状也大多采取圆形、正多边形、正方形、矩形等。建筑群落的组织，也基本上是由多个矩形体组合成为正方形或矩形院落，著名的四合院就是典型的案例。

山西应县木塔1000多年以来，经历了多次地震，至今依然完好地耸立着，原因固然很多，但最主要的就是得益于其规整的平面形状——正八边形。

(2)房屋建筑的结构形式

房屋结构形式的选择对防震、抗震也有很显著的影响。根据我国地震科学工作者历年来对数个震区的实地考察研究认为：钢结构优于——钢筋混凝土框架—剪力墙结构优于——钢筋混凝土框架结构优于——混合结构。

所以我们认为：

①除低层建筑可以选用混合结构外，其他建筑不宜采用；

②多层建筑，宜采用现浇式钢筋混凝土框架结构；

③高层(包括小高层)，宜采用现浇式钢筋混凝土框架—剪力墙结构；

④超高层建筑，宜采用钢结构。

上述结构形式的选择，是从防震、抗震这个角度来分析的，其实如果经济实力雄厚、施工技术条件较好的地区、单位，不论高层、低层或多层建筑，都选择钢结构是为上策。

(3)重点设防的安全疏散通道

所有房屋建筑，都必须设有导向明了、逃生快捷的安全疏散通道。走道和楼梯是这逃生通道最为关键的部件，因此，笔者认为进行房屋建筑的平面设计时，应当将它们作为重点来考虑设防，采取适当的构造措施使之成为该建筑的“安全岛”，以保证灾祸发生时，使房屋内的人群能够在较短的时间内迅速撤离出去。

(4)地基的处理

对于一栋单体建筑来说，地基是它的支撑面，整栋房屋的荷载都由它来承担，而要增强房屋的防震抗震性能，地基的处理就成了首要的问题。

通常的做法是：在选择土质较好的地层做房屋地基的前提下，把基础加大一点，埋深一点。尽可能避开软土层，特别是流沙层。

而当该房不可避免地处在软土层时，从抗震的角度来看，最好的选择是修改规划、改换建设选址，但这往往不太现实，因为对于某一栋单体建筑的建设选址来说，一般是由总体规划事先规划好的，轻易不得改换，因此怎么样处理软弱地基，就成了问题的关键。在这种情况下，一般宜采用：

①强夯法；

②换土法；

③深层搅拌；

④各种桩加固地基。

(5)基础的形式

选择好的基础形式也是提高房屋建筑防震、抗震能力的关键措施之一。基础的形式一般有如下几种：

①独立基础，建议：加设基础联系梁；

②带(条)形基础，建议：纵横方向互为连通，形成整体，最好取断面为倒 T 形的基础；

③筏型基础；

④满堂(也称整板)式基础；

⑤箱型基础等形式。

处在土质较好的地基上的房屋基础，可以选用以上任何一种形式；处在软弱地基上的，则应尽量避免采用独立基础，而选用后三种形式。

(6)混凝土粗、细骨料的选用

骨料的选用也是一个不可忽视的问题。

①粗骨料，不宜选用河卵石，应选洁净的颗粒状碎石，标号高的混凝土，还需要注意它们的级配和清洗工作。

②细骨料，即为沙子，有海沙、江沙、河沙、山沙之分。国家禁止使用海沙，也不推荐使用山沙，一般推荐使用粒径为 0.35～0.5 毫米的中沙。

(7)护坡、挡土墙的形式

山区、丘陵地区的房屋建筑场地往往需要建设护坡、挡土墙等构筑物，选择什么样形式的挡土墙对防震、抗震有利，也是考虑抗震、防震的因素之一。根据我国地震科学工作者历年来对数个震区的实地考察研究认为：

①钢筋混凝土挡土墙的抗震性能最佳；

②如果土质坚硬选用锚杆喷浆，其抗震性也很不错；

③重力式浆砌块石挡土墙最差，因此本人认为不宜选择此类土墙。

(8)防止家具倾倒

在房间内摆放高大的居家、办公家具，比如，衣柜、书柜、文件架等，应当设法将它们的上部库房屋墙体或梁、柱进行有效的拉接，防止它们在地震中倾倒，而造成人身伤害。

# 李惠利中学教学楼的抗震鉴定与加固施工

上海市卢湾区教育局校产管理站　李鸿海　陈智远

原规范设计的砼框架结构、砌体结构未考虑抗震或等级较低，使用年代过长后会出现承载力不足的问题，需对原结构按新规范进行全面检测和抗震鉴定，若鉴定结果表明该结构不符合抗震要求，则需进行加固处理。本文结合一个实际工程对检测程序和加固方法做全面论述。

## 一、工程概况

卢湾区李惠利中学综合教学楼(图1阴影部分所示)，房屋的原设计单位为上海市卢湾区建筑设计室(工程编号90-2-9，设计时间为1990年)，房屋建造后主要作为教学楼、食堂及锅炉房使用。房屋的建筑平面大体呈L形，框架结构六层，总建筑面积为5023平方米，由主体教学楼、食堂及锅炉房三部分组成，各部分之间均设有沉降缝。

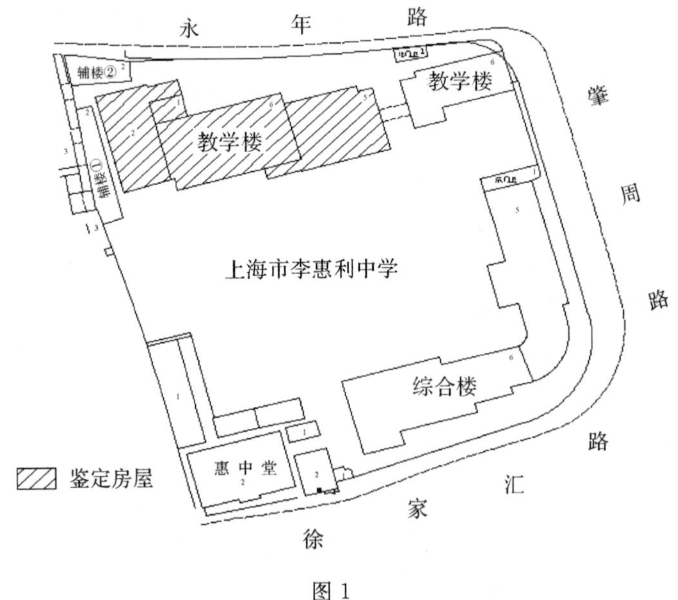


图1

1. 主体部分

该建筑主体部分地上 6 层，局部 5 层，建筑总高为 20.7 米，室内外高差为 0.600 米，其中底层层高为 3.600 米，二层至六层层高均为 3.300 米。目前，主要作为教室及办公室使用。

2. 食堂

食堂地上 2 层，建筑总高为 8.700 米，室内外高差为 0.300 米，其中底层层高为 3.900 米，二层层高为 4.500 米。目前，底层为厨房及餐厅，二层为会场。

3. 锅炉房

锅炉房地上 2 层，局部 1 层，建筑总高为 6.550 米，室内外高差为 0.150 米，其中底层层高为 4.050 米，二层层高为 2.800 米。目前主要作为锅炉房及浴室使用。

## 二、抗震鉴定与设计

根据《建筑抗震鉴定标准》(GB50023—2009)判定，房屋的后续使用年限为 40 年，采用 B 类建筑的抗震鉴定方法进行抗震鉴定。抗震鉴定结果表明房屋不能满足抗震鉴定要求。具体抗震鉴定结果表明：

房屋在层数和高度、外观和内在质量、材料强度等基本满足规范要求，但在结构体系、梁柱构造、填充墙及其连接构造中存在不满足规范的要求。其中：

1. 教学楼，主要表现

框架为单向布置且局部为单跨框架，立面呈不规则，梁端加密区箍筋直径为 6 毫米(小于 8 毫米)，底层全部、二层大部分、三至四层个别框架柱的轴压比大于 0.8，柱的加密区箍筋直径为 6 毫米(小于 8 毫米)，填充墙与框架柱之间未设置沿墙全长拉通的拉筋等。因此，房屋的抗震措施不满足规范要求。

2. 食堂，主要表现

框架为单向布置，梁端加密区箍筋直径为 6 毫米(小于 8 毫米)，柱的加密区箍筋直径为 6 毫米(小于 8 毫米)，填充墙与框架柱之间未设置沿墙全长拉通的拉筋等。因此，房屋的抗震措施不满足规范要求。

3. 锅炉房，主要表现

西侧无墙体、墙体布置在平面内不能闭合，未在外墙四角等部位设置钢筋混凝土构造柱，墙段的实际局部尺寸偏小等。因此，房屋的抗震措施不满足规范要求。

根据《建筑工程抗震设防分类标准》、《建筑抗震鉴定标准》等规定，参考抗震鉴定报告，确定对李惠利中学综合教学楼的各建筑单体进行抗震加固，以满足《建筑工程抗震设防分类标准》、《建筑抗震鉴定标准》对校舍建筑抗震设防类别为乙类的要求。按7度计算地震作用，并按8度采取抗震措施等相关要求进行加固设计。同时在加固设计的方案选择上应考虑到在可能条件下，通过加固使结构的刚度沿高度方向均匀分布，并使刚度中心和质量中心尽可能地接近，以减少结构的扭转效应。对难以实现上述两点的结构，应通过加固提高其变形能力和耗能能力，并适当提高其总体强度。但应注意一部分结构的加固由于其局部刚度的变化也可能引起另一部分结构的地震反应变大。加固工作还应尽可能注意建筑物的美观。

## 三、抗震加固

1.针对综合教学楼主体结构检测结果，对于轴压比超限、截面尺寸不足以及配筋不足相差较大的框架梁柱，应采取加大截面的方法进行加固处理。

具体施工措施：

(1)严格按照规范及设计要求对原柱子混凝土表面进行凿毛施工时，应按规范及设计要求将表面打成沟槽，沟槽深度为10毫米，间距不大于200毫米，原混凝土柱的棱角打掉，同时除去浮渣、尘土。

图2

图3

(2)采用界面剂使结合面混凝土的黏结抗剪强度和黏结抗拉强度接近或高于混凝土本身强度，避免结合面过早开裂破坏，在浇筑新混凝土前，淋洒1层30%白乳胶水泥浆界面结合剂。

(3)在混凝土中加入AEA微膨胀剂提高结合面的黏结性能，保证新旧两部分混凝土能整体工作，共同受力，控制好加固混凝土的收缩性。本工程在混凝土中加入12%的AEA膨胀剂以减少后浇混凝土的收缩。

(4)在混凝土中加入减水剂。由于后浇混凝土仅为150毫米(300毫米)厚，并且在该范围内配有大量的钢筋。为保证混凝土的浇筑质量，混凝土的坍落度不能太小，加固混凝土设计强度为C35，水灰比不能太大，因此在混凝土中按水

泥用量的1%掺入FDN-Ⅱ型高效减水剂，以保证混凝土的强度和坍落度。

(5)加强混凝土的振捣保证混凝土的质量。浇筑时不可一次下料过多，在下料500毫米高度后应停止下料，待振捣密实后方可再次下料。由于加固部分截面较小，且柱子较高，为防止出现断柱现象，在下料时，应用铁锤轻敲模板外壁，以使混凝土在中间不被隔断，并且以此方法检查以浇筑混凝土部分是否饱满。振捣时以小直径插入式振捣棒振捣为主，同时模外也应用外震动器振捣。

(6)加强浇水养护。因后浇混凝土比较薄，其背面就是原有混凝土面，在养护的过程中要保证混凝土对水分的需求，现场要定时洒水，保证其表面长期保持湿润状态。养护期不得小于14天。

2.对于配筋不足，但相差较小或抗震构造措施不满足要求的结构构件，可采用粘贴碳纤维布的加固方法进行加固。

具体施工措施：

基本施工工艺为：施工准备→结构表面处理→底胶配制并涂刷→找平胶配制并修复、平整→粘贴胶配制并涂刷→粘贴纤维布→表面喷砂防护

图4

(1)基底处理。(2)混凝土表层出现剥落、蜂窝、腐蚀等劣化现象的部位应予以凿除，对于较大的面积的劣质层在凿除后应用聚合物水泥砂浆进行修复。(3)对表面有裂缝的部分如有必要应首先进行封闭灌浆处理。(4)用混凝土角磨机、砂纸等工具去除混凝土表面的浮浆、油污等杂质，构件基面的混凝土要打磨平整，尤其是表面的凸起部位要磨平，转角粘贴处要进行倒角处理并打磨成圆弧状(R≥25毫米)。(5)用吹风机将混凝土表面清理干净并保持干燥。(6)涂底胶。按规定的比例将主剂与固化剂先后置于容器中，用电动搅拌器均匀搅拌，根据现场实际气温决定用量并严格控制使用时间。用滚筒刷均匀地涂抹于混凝土表面，等胶体固化后(固化时间视现场气温而定，以指触干燥为准)，再进行下一步施工。施工现场严禁出现明火，注意通风。用整平材料予以找平。混凝土表面凹陷部位及模板接头出现高度差的部位要用整平材料进行填平，尽量减少高度差，使混凝土表面平滑，以利于粘贴碳纤维布。转角的处理也应用整平材料将其修补为光滑的圆弧，半径不小于20毫米。(7)粘贴碳纤维布。按设计要求的尺寸裁剪碳纤维布。调配、搅拌粘贴树脂，然后均匀涂抹于所要粘贴的部位，在混凝土搭接、拐角等部位要多涂抹一些。粘贴碳纤维布，在确定所贴

部位无误后剥去离型纸，用特制的滚子反复沿纤维方向滚压，去除气泡，并使粘贴树脂充分浸透碳纤维布。多层粘贴应重复上述步骤，待纤维表面指触干燥后方可进行下一层的粘贴。在最后一层碳纤维布的表面均匀涂抹一层粘贴树脂。

3.锅炉房二层个别墙段的承载力不能满足要求，采用在原墙体两侧粉钢筋网水泥砂浆面层进行补强加固。

具体施工措施：

原墙面清底——钻孔——清洗原墙面——刷素水泥砂浆——铺设钢筋，安设锚筋——浇水湿润墙面——逐层抹水泥砂浆——结硬后进行养护——装饰施工。

图 5

用夹板墙加固砖墙后，墙体的抗剪能力有较大程度的提高，在试件开裂前夹板墙的刚度较普通墙有一定的提高，但开裂后，提高程度减小，当试件达到极限荷载时，加固对刚度的影响不明显，加固后墙体的变形能力及延性将有明显提高。

## 四、加固施工中需注意的问题

加固工程中施工要有针对性地主要解决以下三个问题：

1.对学校正在使用中的房屋进行加固施工，施工中如何减少施工干扰是需要解决的基本问题。采取的措施：一是利用两个月暑假的集中时间，组织甲、乙双方全员强化施工管理，合理安排施工组织，采用高密度流水搭接施工；二是施工区域与教学区域尽可能分隔明显，建筑材料与垃圾的进出场通道与师生通道分离。

2.夏季高温时节，要着重保证混凝土工程、镶面工程及屋面防水工程的质量。凡涉及水泥为主要材料的工程，都采取了阴藏、预冷和日内低温时段施工，注意留好施工缝和必要的后浇（制）缝等措施。而屋面防水工程为确保质量采取了两条措施：(1)先补好屋面每一条裂缝，再做 1∶6 水泥炉渣找坡隔热层，最后做焦油聚氨酯涂膜厚 2 毫米，做面层用水泥砂浆保护层屋面以耐热性、物化稳定性。(2)按设计要求做好屋面分格（变形）缝和油膏嵌缝工艺。

3.钻孔填锚筋技术。对墙外或墙内附建的构造柱，每高 500～600 毫米；对圈梁每隔梁轴长 500～800 毫米，都设置此项锚筋与原墙体牢固联结。(1)锚筋埋入深度，视墙厚而定，最小不少于 120～800 毫米；用Ⅱ级钢筋制作。(2)充填

用的砂浆，采用水灰比0.3～0.45，灰砂比1∶1～2；选用普通425号新鲜普通硅酸盐水泥或膨胀水泥。(3)锚筋孔道用压力水冲洗净，充分湿润；在无积水的情况下，先填入少许干硬性砂浆于孔底，再打入锚筋就位至设计深度；然后边填砂浆、边用小扁凿将砂浆干捻填实。(4)拉拔试验检查：充填完毕的锚筋，稍候即以3Kg的拉力作拔出试验，以不松动为合格。否则应再加干硬砂浆夯实，当仍不合格时，则应在附近重新钻孔、安装锚筋。

图6

## 四、结　论

通过以上加固措施后，该综合教学楼可以满足应有的抗震要求，同时对建筑的使用功能未造成影响。通过此案例，可普及至其他原结构不满足抗震要求的教学建筑，在不影响使用功能的同时，也增加了结构的安全系数。

## 参考文献

[1]中华人民共和国标准(O/13 50010—2002).混凝土结构设计规范[S].北京：中国建筑工业出版社，2002.

[2]中华人民共和国标准(O/3 50003—2001).砌体结构设计规范[S].北京：中国建筑工业出版社，2002.

[3]中华人民共和国标准(O/3 50009 —2001).建筑结构荷载规范[S ].北京：中国建筑工业出版社，2002.

[4]中华人民共和国标准(CE CS 25:90).混凝土结构加固 技术规程[S ].北京：中国建筑工业出版社，1992.

[5]李爱文，黄奕辉，杨勇新.结构抗震加固方法概论.福建建筑，2010(7).

[6]陈自钢，钱斌.试论抗震加固的原理和方法.山西建筑，2010(23).

[7]夏多田，唐艳娟，王玉山，石磊.碳纤维布加固钢筋混凝土柱的抗震性能试验研究.石河子大学学报(自然科学版)，2010(4).

[8]吴本华，王静峰，李向民.中小学教学楼现状及加固设计研究.安徽建筑工业学院学报(自然科学版)，2010(3).

[9]王志永.关于现代建筑结构的抗震加固技术探讨.价值工程，2010(21).

# 基于性能的抗震设计方法

## ——能力谱法简介

上海市教育基建管理中心　张　晶

结构抗震设计方法的发展历史是人们对地震作用和结构抗震能力认识不断深化的过程。基于性能的抗震设计方法将是21世纪结构抗震设计方法的主流。20世纪70年代后期，新西兰的T. Paulay和R. Park提出了保证钢筋混凝土结构具有足够塑性变形能力的能力设计方法。该方法是基于非弹性性能对结构抗震能力贡献的理解和超静定结构在地震作用下实现具有延性破坏机制的控制思想而提出的，可有效达到结构抗震设防目标，同时又使设计做到经济合理。

到20世纪80年代，各国规范均在不同程度上使用了能力设计方法的思路。能力设计法的关键在于将控制概念引入结构抗震设计，有目的地引导结构破坏机制，避免不合理的破坏形态。该方法不仅使得结构抗震性能和能力更易于掌握，同时也使得抗震设计变得更为简便明确，即后来在抗震概念设计中提出的主动抗震设计思想。

能力谱法是ATC－40所推荐的方法，也为日本新的建筑基准法所采用。能力谱法设计的核心是：(1)引导框架结构或框架—剪力墙结构在地震作用下形成塑性铰机构，即控制塑性铰变形能力大的梁端先于柱出现塑性铰，即所谓的“强柱弱梁”；(2)避免构件剪力较大的部位在梁端达到塑性变形能力极限之前发生非延性破坏，即控制脆性破坏形式的发生，即所谓的“强剪弱弯”；(3)通过各类构造措施保证将出现较大塑性变形的部位确实具有所需要的非弹性变形能力。

能力谱法的基本思想是建立两条相同基准(横坐标为谱位移，纵坐标为谱加速度)的谱线，一条是由Pushover曲线转化的能力谱曲线，另一条是由加速度反应谱转换的需求谱曲线，把两条曲线画在同一个坐标系中，两条曲线的交点即为结构性能点，再与性能指标限值比较，确定结构是否满足预期的抗震性能目标。其具体步骤如下：

1. 按现行规范进行结构承载力设计。

2. 选择合适的加载模式进行Pushover分析，得到结构的Pushover(基底剪

力 $V_6$—顶点位移 $\delta_r$)曲线,见图 1。

3.建立能力谱曲线,见图 2。对于不很高的建筑结构,地震反应以第一振型为主,可用等效单自由度体系代替原结构,计算公式如下:

$$S_a = \frac{V_b}{W_1}g \tag{1}$$

$$S_d = \frac{\delta_r}{\Gamma_1 \Phi_{N_1}} \tag{2}$$

式中:$V_b$为基底剪力;$\delta_r$为顶点位移;$\Phi_{i1}$为第一振型第自由度的向量值,通常按顶层向量值正则化为 1;$N$ 为结构总层数。$\Gamma_1$、$W_1$ 分别为结构第一振型的参与系数和模态重量,可按下式计算:

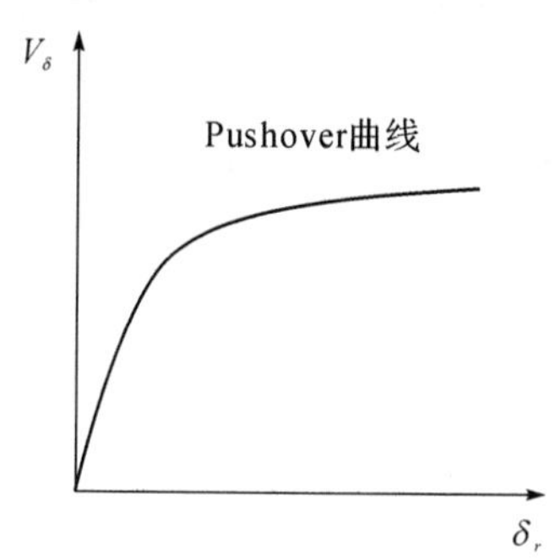


图 1　Pushover 曲线

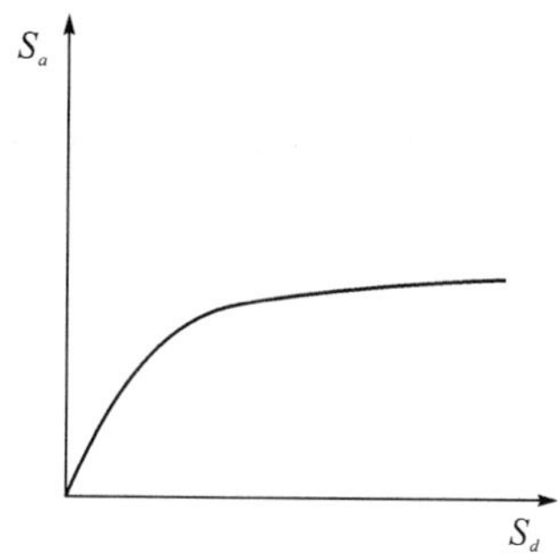


图 2　能力谱曲线

$$W_1 = \frac{\left(\sum_{i=1}^{N} W_i \Phi_{i1}\right)}{\sum_{i=1}^{N} W_i \Phi_{i1}^2} \tag{3}$$

$$\Gamma_1 = \frac{\sum_{i=1}^{N} W_i \Phi_{i1}}{\sum_{i=1}^{N} W_i \Phi_{i1}^2} \tag{4}$$

式中:$W_i$ 为第 $i$ 层的重量。

4.建立需求谱曲线。目前能力谱法中的地震需求曲线可以用两种不同的方法来表示,一种是与等效阻尼比有关的弹性需求谱;另一种是与结构延性有关的弹塑性需求谱(改进能力谱法)。

弹性需求谱的建立过程如下:

(1)给出具有 5%阻尼比的弹性需求谱曲线,通常各国规范给出的是加速度谱($T-S_a$),则谱位移可由下式转换:

$$S_a = \left(\frac{T}{2\pi}\right) S_a \tag{5}$$

(2)假定结构顶点位移为 $\delta_r$。

(3)计算结构在假定顶点位移下的等效阻尼比,计算公式如下：

$$\zeta_{eq} = \frac{E_D}{4\pi E_S} \tag{6}$$

式中：$\zeta_{eq}$为等效阻尼比；$E_D$为结构耗能；$E_S$为结构在顶点位移处的应变能。

(4)根据阻尼比 $\zeta = 0.05$ 的需求谱曲线,建立考虑了结构弹塑性性能,阻尼比为 $\zeta_{eq}$的需求谱曲线,见图 3。

弹塑性需求谱是通过强度折减系数对弹性反应谱进行折减,其具体过程如下：

(1)根据结构所处的场地、近远震和所考虑的烈度,确定用于结构抗震分析的弹性加速度($T-S_a$)反应谱。

(2)建立强度折减系数 $R_u$ 和结构延性系数的关系。目前建立 $R_u-u$ 关系的方法较多,例如对于双线性体系,Vidic-Fajfar-Fischinger 给出的 $R_u-u$ 计算方法如下：

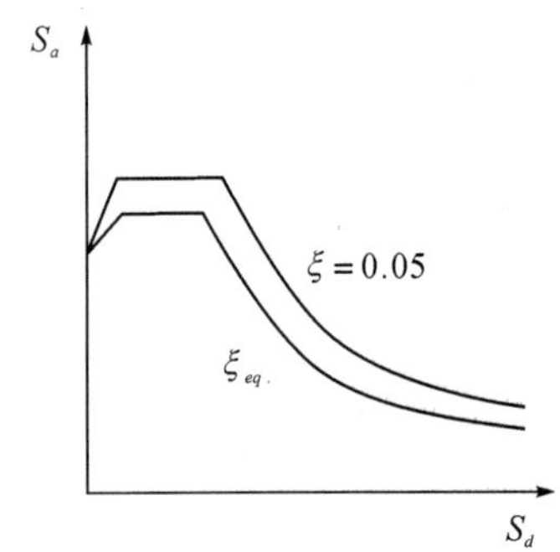

图 3　弹性需求谱曲线

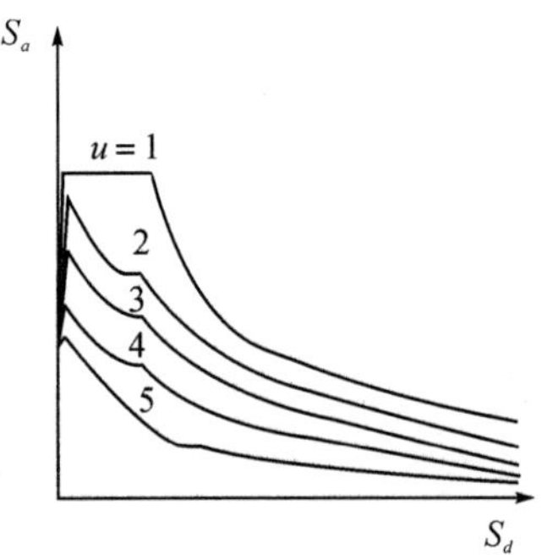

图 4　弹塑性需求谱曲线

$$R_u = \begin{cases} 1.35(u-1)^{0.95}\dfrac{T_n}{T_0}+1, T_n \leqslant T_0 \\ 1.35(u-1)^{0.95}+1, T_n > T_0 \end{cases} \tag{7}$$

其中

$$T_0 = 0.75u^{0.2}T_g \leqslant T_g \tag{8}$$

$$u = \frac{\delta_r}{\delta_{ry}} \tag{9}$$

式中：$T_n$为结构体系弹性自振周期；$T_g$为场地特征周期。

(3)建立弹塑性需求谱,见图 4。计算公式如下：

$$S_{au} = \frac{S_a}{R_u} \tag{10}$$

$$S_{du} = u\frac{1}{R_u}\left(\frac{T}{2\pi}\right)^2 S_{au} \tag{11}$$

5. 确定结构顶点位移。

对于弹性需求谱，能力谱曲线和需求谱曲线画在同一坐标系中后有两种情况，一种是两条曲线没有交点，则说明结构的抗震能力不足，需重新设计；另一种情况是有交点（$S_a$，$S_d$），见图 5，则按下式计算结构顶点位移：

$$\delta_t = S_d \cdot \Gamma_1 \Phi_{N1} \tag{12}$$

假如 $\delta_t$ 与假定的顶点位移 $\delta_r$ 在容许误差范围之内，则 $\delta_r$ 即为结构在所确定的地震风险水平下的顶点位移；如果不一致，则回到第 4 步，直到一致为止，这是一个循环迭代的过程。

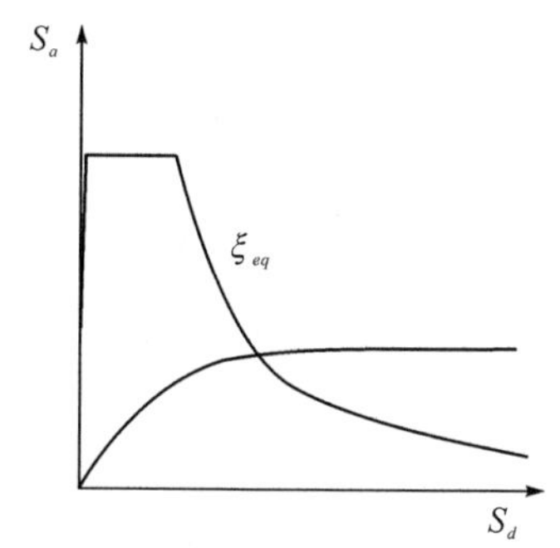


图 5　能力谱与弹性需求谱

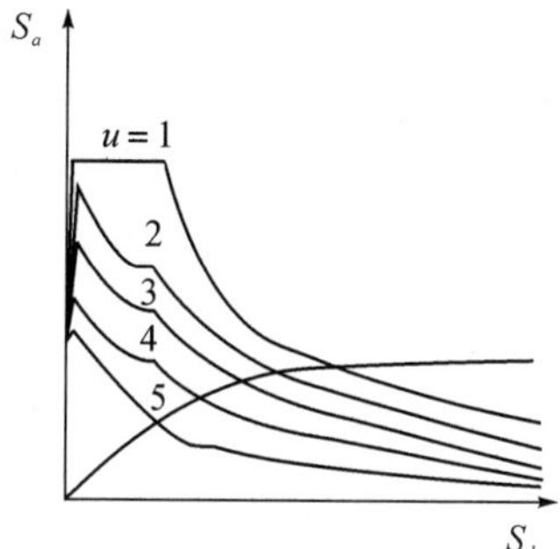


图 6　能力谱与弹塑性需求谱

对于弹塑性需求谱，能力谱曲线与需求谱曲线相交于若干个点（见图 6），按公式（12）计算出结构顶点位移，再按公式（9）计算结构延性系数 $u$，然后根据计算的 $u$ 与图中弹塑性需求谱的延性系数是否相等来判断计算的结构顶点位移是否为真实解，必要时可在两根等延性曲线之间进行插值。

6. 性能评估。得到结构顶点位移以后，可以确定结构在该地震风险水平下结构的塑性铰分布、杆件的应力和各层层间位移角等，综合评估结构的抗震性能。

# 震害对浙江农村中小学校舍抗震防灾工作的启示

浙江工业大学　杨　艳　金　靖　童晓蕾

汶川地震总共造成50多万间房屋倒塌，其中包括6898间校舍。在倒塌的中小学房屋中，没有经过正规抗震设计的砖砌建筑倒塌最为严重，而经过正规抗震设计、结构合理的钢筋混凝土框架结构的建筑所受地震损伤相对较轻，破坏的主要是填充墙。

目前，浙江省一些中小学校舍有部分达不到抗震设防和其他防灾要求，危房仍有存在。尤其是20世纪90年代以前和“普九”早期建设的校舍，问题更为突出；已经修缮改造的校舍，仍有一部分不符合抗震设防等防灾标准和设计规范。为了减小地震灾害，提高中小学建筑结构体系的综合抗震能力，采取措施提高其抗震性能是十分必要的。

## 一、中小学建筑不同结构类型校舍震害情况分析

砖木类建筑损毁严重。由于木屋顶整体性差，缺乏足够的刚度，因此地震力无法沿水平方向传递，致使承重墙在弯、剪力的双重作用下发生垮塌，进而使屋架坠落损毁。据不完全统计，地震中中小学砖木结构校舍倒塌或完全损毁的比例在80%以上。

砌体结构房屋破坏比较严重，抗震性能较差的教学楼震害严重，甚至发生了局部或整体倒塌，按国家规范和标准正常设计、正常施工和正常使用的砌体房屋，地震中只是墙体产生了斜裂缝等损坏现象，但仍然具有较好的抗倒塌能力。

钢筋混凝土框架结构在此次地震中抗震性能表现良好，特别是按现行规范、规程设计和施工的钢筋混凝土框架破坏较轻，主体结构基本完好，只是局部损伤或填充墙破坏比较严重。

大部分结构体系不明确的混合结构房屋破坏严重，甚至倒塌，抗震性能较差，混合结构体系混乱，受力机理和抗震性能不明确，由于在地震作用下框架和砌体承重墙抗侧力构件的刚度和变形能力不协调，砌体结构刚度较钢筋混凝土结构大很多，大部分地震荷载由砌体结构承担，极易导致严重破坏，而墙体一旦破坏。钢筋混凝土框架所受荷载迅速增大，超过钢筋混凝土结构极限承载力，

导致钢筋混凝土结构也迅速破坏，整个结构被各个击破，损毁较多。

汶川地震中很多建筑被地震引起的山体滑坡所掩埋或推倒的，如北川中学新区、曲山小学及曲山幼儿园等建筑，这种破坏可以归结为工程的选址不当。

平、立面不规则的建筑物震害严重。平面凹进和突出的角部、L形的角部破坏较严重；不等高建筑、阶梯形立面的建筑震害较严重。防震缝设置不合理或防震缝被建筑垃圾等杂物堵住，没有发挥作用，会加剧房屋的震害。

## 二、浙江省农村中小学校舍情况分析

浙江属地震安全区，境内可诱发地震的地质断裂带较少且不活跃。有文字记载以来，浙江是我国3个至今未发生过6级以上地震的省之一。根据国家《建筑抗震设计规范》2010版规定，浙江省除岱山、嵊泗、舟山、宁波抗震设防烈度为7度，其余为6度。部分地区地质灾害严重。浙江省部分山区，特别是丽水地区山洪、山体滑坡等地质灾害严重，山区校舍存在安全隐患。农村中小学已建校舍以砖混结构为主，框架和砖木共存，部分年久失修，存在安全隐患，需要加固。根据中小学发展规划，农村中小学逐渐合并、集中的新趋势，部分学校新建，迁建、重建校舍较多。

## 三、震害分析对浙江省农村中小学校舍抗震防灾的启示

### 1. 对已建的校舍要进行排查和采取相应措施

对全省中小学校舍进行分析和排查，对不满足国家抗震防灾要求的校舍，要采取加固；对达不到要求并不适合加固的校舍，进行废弃、拆除、拆除重建或者新建。

### 2. 重视校园的选址和总平面规划

对于新规划建设的校园尤其依据考虑地震安全评估进行校园的选址。建筑师还应结合人群的逃生路线进行规划，规划时还需考虑应急情况下的应急避难场所，控制楼房之间的间距，提供足够的疏散场地。要防止地质灾害及地震引发的次生灾害对校舍的危害，特别是在山区的学校，要防止山体滑坡、泥石流、山洪暴发等造成的灾害。

### 3. 建筑设计遵循人性化要求

在进行建筑设计时要回归建筑的本质，以实用为目的，避免因追求新、奇、特等视觉效果而采用对结构抗震不利的建筑方案。

### 4. 重视单体建筑物的结构选型

在结构选型上，进行合理结构布置，采取可靠的抗震构造措施，提高结构抗震性能。根据经济情况，优先考虑钢筋混凝土结构，尽量减少砖混结构和装配

式结构校舍，停止使用木结构。校舍采用砖混结构的必须有构造柱、圈梁及相应拉结措施；而且在砖混结构的抗震设计验算时，应该留有较大的富裕度，这样才能使砖混结构有更高的抗震能力。

从结构概念设计角度提高抗震设计的质量，控制横墙的间距，每开间均布置构造柱，采用现浇楼板和封闭的圈梁，从严限定小墙肢的局部尺寸。部分小墙肢可改为钢筋混凝土构件。

5.科学施工，科学管理

确保让有能力的施工单位承包工程，禁止非法转包。严格监督，防止施工单位偷工减料降低抗震标准。只有保证施工质量才能确保结构的抗震能力.

6.制定并落实相关地震应急预案

严格落实《浙江省地震应急预案》，根据学校实际情况制定相应的应急预案，加强在日常生活中的预演，提高应变能力。

## 四、结　语

“5·12”汶川大地震为提高学校建筑的建筑抗震防灾能力敲响了警钟。我们应在选址、规划、单体设计到施工管理的各个环节上最大限度地提高建筑物的防震、抗震、防灾能力，真正把校舍安全工程建成“阳光工程”、“放心工程”。

# 第六篇　建筑经济

# 论高校基建项目全过程造价的管理与控制

浙江理工大学　梁跃安　郁勤芬

工程造价的管理与控制是项目投资管理的一项非常重要的内容，是高校基建管理人员面对的重要任务，建设工程造价控制是一项集经济、技术、合同管理与信息管理为一体的系统工程。

## 一、科学合理的项目决策是合理确定与有效控制工程造价的前提和基础

项目决策是产生工程造价的源头，这一阶段所需费用约占总投资额的0.5％～3％，但影响工程造价的程度最高，可以达到80％～90％。项目投资决策是选择和决定投资行动方案的过程，是对拟建项目的必要性和可行性进行技术经济论证，对不同建设方案进行技术经济比较选择及作出判断和决定的过程。项目决策失误主要体现在对不该建设的项目进行投资建设或者项目建设地点的选择错误，或者投资方案的确定不合理等。诸如此类的决策失误，会直接带来不必要的资金投入和人力、物力及财力的浪费，甚至造成不可弥补的损失。在这种情况下，合理地进行工程造价的确定与控制已经毫无意义了。因此，项目在立项决策中确定的建设规模和标准，是影响工程造价是否经济合理的前提，直接关系到工程造价的高低，对投资需要量进行估算是一项必不可少的内容。作为基本建设工程投资方和工程建设全过程控制管理方的高校，是控制基本建设工程造价的主体。合理的建设规模与合理的建设标准确定的投资估算，应成为高校基本建设工程造价的控制目标。无论是建设单位还是设计人员，都必须在工程可行性研究论证和设计阶段下工夫，实事求是地、科学地、公正地做出论证和评价，使学校的有限资金得到充分利用。

## 二、做好工程设计阶段的造价控制是有效控制工程造价的关键

设计阶段是建设项目工程造价控制的龙头，据有关资料显示：工程设计费用虽然只占工程全部费用的2％～3％，但在决策正确的条件下，它对工程造价的影响程度可达75％以上。设计阶段不仅对工程造价的控制起着关键性作用，而且对于工程项目建设工期、工程质量以及建成后能否获得较好的经济效益、社会效益，都起着决定性作用。在满足项目使用功能的前提下，技术经济合理

的设计，可以降低5%～10%的工程造价，甚至可达10%～20%。

工程设计是建设项目进行全面规划和具体描述实施意图的过程，是工程建设的灵魂，是处理技术与经济关系的关键性环节，是确定与控制工程造价的重点阶段。一项优秀的设计，不但外观美，结构安全，布局合理，功能齐全，而且还有一项重要指标就是造价合理。目前，设计招标推广滞后，设计市场较为混乱，挂靠设计、业余设计等不规范行为较为普遍，设计单位凭关系、靠情面承揽设计任务的情况频频发生，由此带来了一系列负面影响，主要表现在：一方面设计深度不够，不能适应工程施工招投标的需要，尤其不能满足现在建设工程无标底施工招投标的要求；另一方面设计个性及变更频繁，给工程造价控制带来一定的难度。一些设计单位片面追求项目数量和经济效益，淡化了设计的精品意识，设计时从简、从速，甚至直接套用结构工程计算软件，在规范的许可范围内增大结构的保险系数。这种过于保守的设计思想必然会在结构施工图上出现“超筋、肥梁、胖柱、厚板、深基础”的情况，从而给建设方造成大量不必要的资金浪费。其次，部分设计者责任心不强，导致“错、漏、补”问题突出。一些设计图纸漏项情况严重，造成不必要的设计变更甚至返工补项。甚至有些还存在片面追求高标准和豪华装修的现象。这些问题的存在造成了资金的大量浪费，提高了工程造价，还可能导致工程造价的失控。

因此，在工作实践中，可采取以下措施做好对工程设计的管理：一是设计工作引进竞争机制，全面实行工程设计招标，把工程设计推向市场，不但在技术指标上优胜劣汰，而且在经济指标上也要有所要求和比较，从而增强对投资的有效控制。二是实行限额设计，建立风险机制。高校基建管理部门应要求设计单位在工程设计过程中，按批准的投资估算控制初步设计，按批准的初步设计总概算控制施工图设计。将上阶段设计审定的投资额和工程量先分解到各个专业，然后再分解到各单位工程和分部工程。各专业在保证使用功能的前提下，按分配的投资限额控制设计。这样不仅可以保证总投资限额不被突破，同时还可以使设计人员更认真仔细地对待设计工作，提高设计质量，避免后期变更的发生，对于不得超限额部分应用价值工程进行分析取舍。设计单位和个人不仅对设计质量和安全性要承担责任，对因设计问题造成的工程浪费、投资失控也要承担责任。三是引进奖励机制，使设计人员参与到造价控制工作中来，从根本上扭转设计人员不关心投资的状况。

## 三、严格实行项目建设全过程公开招投标制度是有效控制工程造价的保障

招投标制现已在全国普遍推广，并在合理降低工程造价、缩短建设工期、提

高建筑产品质量及投资效益等方面取得了明显效果。随着我国建筑市场的逐步规范和招投标体制的进一步完善，工程项目的招投标已成为我国建筑市场中招标、择优、低价选择投标人的主要方式。实行招投标制加剧了投标企业间的竞争，这种市场竞争最直接、最集中的表现就是价格上的竞争，通过企业挖掘竞争后确定的工程价格更趋于合理，有利于降低工程造价。

然而，由于种种原因规避招标、将公开招标变为邀请招标、虚假招标、串通投标、明招暗定等严重违反建筑市场秩序的现象仍然存在。政府投资项目要实行从项目方案、设计、勘测、监理、到施工、装饰等全过程公开招标，所有招投标活动均在有形建筑市场内公开进行，提高招投标活动的透明度，为投标企业创造一个公开、公平、公正的市场竞争环境，择优选择承包人，有效控制工程造价。

根据我国加入 WTO 的承诺，建设业市场也逐步对外开放，基本建设行业管理也正在向国际惯例接轨，为适应建设行业的竞争方式，在施工招标中重点推行工程量清单方式。为引导并规范建设工程招标投标活动健康有序地发展，2003 年 7 月 1 日国家实施了《建设工程工程量清单计价规范》，逐步形成政府宏观控制、企业自主报价、部门动态监管的机制。2008 年 5 月 1 日，国家颁布了《标准施工招标文件》，对于进一步统一工程招标投标规则、提高招标文件质量、规范招标投标活动、加强政府投资管理，预防和遏制腐败，促进形成统一开放、竞争有序的招标投标市场，具有重要意义。2008 年 12 月 1 日，国家对《建设工程工程量清单计价规范》进行了重要的修订。这些规范性文件的颁布实施，有利于规范建设市场计价行为和秩序，促进了建设市场有序竞争和企业健康发展，为工程造价的确定与控制提供了有效的保障。

## 四、加强施工过程管理是有效控制工程造价的重要环节

工程建设项目实施阶段即施工阶段是把设计图纸和原材料、半成品、设备等变成工程实体的过程，是实现建设项目价值和使用价值的主要阶段。一般在施工阶段承包合同价已确定下来，造价控制的目标已明确，施工阶段是资金投入的关键阶段，管理不好，直接影响整个工程造价。在这种情况下，充分发挥人的作用，采用各种有效措施加强对工程成本管理对工程造价控制具有十分重要的意义。

1. 严格合同管理，强调过程控制，是做好施工阶段造价控制的保证

工程项目的施工过程实际上就是履行合同的过程。合同一经签订也就确立了工程实施和管理的主要目标，所以它是合同双方在工程中进行各种经济和管理活动的主要依据。高校基本建设的造价管理应该是建立在合同基础上的管理和控制。注重合同管理是提高工程造价管理水平的重要方法和手段。在

实际工作中，存在着将施工总承包合同中一些本不需要分包的内容拿出、由甲方另行分包的现象。这种做法一方面造成施工过程中总分包相互协调管理的困难，一旦工程质量达不到合同规定标准，给最终的责任界定带来很大难度，使总合同目标难以实现。另一方面，这种分包会影响原招标目的的实现，一般另行分包后，分包内容造价都会突破原总包合同内该部分工程的造价，造成原总包合同造价管理的失控。另外，这种做法也给腐败创造了机会。

2. 严格变更管理，规范现场签证是施工过程造价控制的关键

在工程项目的实施过程中，经常碰到来自业主方对项目要求的修改，设计方由于业主要求的变化或现场施工环境、施工技术的要求而产生的设计变更等情况。对基建工程施工过程的造价管理来说，最难、最复杂的就是对工程变更的管理。工程变更对工程进度及造价都有直接影响，工程变更越多，影响就越大。严格控制工程变更，就要做到不随意变更，不随意增加项目，不随意提高设计标准。有效的造价管理应加强对工程变更的严格管理，重视对变更的必要性及合理性论证。在提出变更的同时，测算出相应的造价变化，程序上贯彻分级审批和互相监督的审查原则，规范相关部门的管理，避免滥用权力的现象发生。现场签证是工程施工过程中的一项经常性工作，不慎重对待现场签证，工程造价控制极易出现漏洞。严格现场签证管理，要求基建管理部门的技术人员与造价管理人员相配合，不仅要做到“随做随签”，还应该做到严格签证制度和程序，保证签证内容与实际相符。现场工程管理人员在签证前，必须熟知招标文件及投标文件内容，明确合同范围，保证签证的范围正确。

3. 合理的材料价格是保证工程造价合理性的基础

材料是构成建筑物的物质基础，建筑材料费用一般约占工程总投资的 60% 左右，对工程造价的影响是十分巨大的。这就要求基建管理部门把好材料的质量和价格关，认真做好材料的认质认价。掌握可靠的建筑材料市场信息，不但要从政府发布的信息主渠道了解情况，而且还要从主要市场、生产厂家了解情况。对工程造价影响较大的特殊建筑材料和设备由学校自行采购。加强施工方供应材料设备的管理工作，尤其是涉及工程造价和质量方面。在工程量清单计价方法下，建设方和施工方分别对工程量准确性风险和工程的价格风险负责。施工方采用了不平衡报价，容易造成实际工程中部分子项报价与实际市场价格的悬殊，施工方会找各种理由，企图把那些报价偏低的材料和分项工程转嫁给甲方，从报价高的项目上谋取额外利润。高校作为建设方必须确保招标文件或合同明确由施工方负责的项目，包括所需供应的材料设备。此外，施工方超领的由高校供应的材料必须按照市场价扣回，施工中施工方如提出材料设备替换问题，除非该材料设备市场上购买不到或已不再生产，否则不予更换，即使

履行程序后可以替换的，也要处理好由材料代换而引起的材料价差问题，不给施工方钻空子。

## 五、做好工程竣工结算是有效控制工程造价的重要防线

竣工结算是工程建设项目实际造价和投资效果的最终体现，是施工单位向建设单位结算工程价款的依据，是对工程造价的最后确认。因此，建设单位对工程竣工决算的审查是控制工程造价的最后一道防线，也是工程造价管理的重点之一，更是防止工程造价"三超"的重要环节，必须对以下几个方面进行认真、严格的审查：一是要认真审查工程台账。因为在施工过程中经常会出现各种变更，所以，在工程竣工决算时，应付给施工单位的工程款总额往往不等于签订施工合同时的工程造价。这就要求我们基建管理人员在整个施工过程中做好各种变更的记录，建立健全工程台账，及时将设计变更、工程量追加和削减、材料代换等情况记入台账，这样才能有据可查，有效防止施工单位通过虚报多报材料量、工程量、高套定额、重复计算等方式套取工程款，加大工程造价。二是要准确计算工程量。工程量是计价、计算材料用量的基础数据，对工程造价有连续影响，所以，必须计算准确。三是要正确计取工程直接费、间接费。直接费、间接费的计取必须严格执行国家在工程造价方面的有关定额、取费标准和具体政策规定。这就要求高校造价管理人员一定要掌握工程造价管理方面的新知识、新规定，这样才能使工程取费准确合理，达到有效控制工程造价的作用。四是在建设单位基建管理部门对施工单位所做的工程决算进行严格审查的基础上，还要请校外有资质的审计部门复审，防止不合理的工程造价进入决算。

## 六、结　语

工程量清单计价模式是一种与市场经济相适应的、允许承包单位自主报价的、通过市场竞争确定价格的、与国际惯例接轨的计价模式。因此，推行工程量清单计价是我国工程造价管理体制一项重要改革措施。高校应尽快适应新的计价机制代替以定额为主的计价管理模式。工程造价控制贯穿于工程建设的各个阶段，对工程造价进行全过程控制是工程造价行业发展的必然趋势，熟悉和掌握构成工程造价内容和关键环节，对高校在建和拟建项目的工程造价控制具有一定的积极意义。

# 国有教育资产规范化管理探讨

## ——以杭州市为例

杭州市教育资产营运管理中心　余玲玲

长期以来，国有学校单一的财产组织形式和封闭的管理体制导致国有教育资产处于低效营运甚至无效营运状态，教育产权革命成为我国教育体制改革不可回避的重大问题。只有通过教育资产的规范化管理，使那些低效甚至无效使用的资产流入到更加有效使用这些资产的部门与学校，才能实现教育资源的优化组合、提高教育资产营运效率、保证社会主义市场经济条件下国有教育资产的高效营运和有效管理。近年来，在杭州市市委和市政府、市教育局的正确领导下，杭州市教育事业发展迅速，教育资产日益增加，教育资产规范化管理的课题就摆在了我们面前。本文拟从经济学角度对杭州市教育资产规范化管理的若干问题作些探讨。

### 一、教育资产的涵义

资产这一范畴，在经济学中是指对能为所有者带来收益的一切生产物与非生产物、有形物与无形物的统称，既包括劳动生产的物品，也包括具有资产属性的自然资源，还包括货币和各种有价证券，以及各种知识产品和具有内在价值的无形因素。本文所说的教育资产是指特定教育机构的财产，既包括房屋、设备等有形的实物资产和货币、有价证券等金融资产，又包括专利、专有技术等可确指无形资产和社会信誉等不可确指的无形资产以及股本金投资。

### 二、杭州市教育资产规范化管理的必要性和相应措施

如何对各类教育资产进行规范化管理，下面分四大类教育资产浅析规范化管理的必要性和相应措施。

1. 房屋设备类教育资产的规范化管理——加大执行力度

房屋设备类教育资产主要是指各类符合固定资产的各类有形资产，包括房屋建筑物、专用设备、一般设备、文物和陈列品、图书及其他固定资产。对于这类资产，杭州市财政局、杭州市教育局相应出台过《杭州市市级事业单位国有资产管理暂行办法》、《杭州市市属高校、直属学校（单位）财产物资管理办法》等管

理办法和审批办法，并建立了网络审批平台。杭州市财政局又于2008年对《杭州市市级行政单位国有资产管理暂行办法》征求意见，于2009年8月出台《杭州市市级行政、事业单位国有资产处置管理办法(试行)》，使固定资产的审批有据可依，有章可循。但从以往几年的执行情况来看，执行的力度远远不够，出现房屋固定资产入账不及时，报废报损申报不及时，审批不及时，鉴定不及时，报废物资处置不及时等等问题。

要做好房屋设备类教育资产的规范化管理，需要从以下三个方面着手进行：

(1)从实践出发制定完善的适合杭州市教育资产的管理办法

虽然杭州市财政局的管理办法从各方面对固定资产有了相关的管理程序及审批程序的规定，且可操作性强，但管理办法中也缺少明确的资产报审、报废时效等问题，使各类资产报废报审出现不及时，固定资产的预算管理相对滞后的情况。而且，杭州市教育资产有其特殊性及系统性，比如普通高中、职业高中有其共性的资产、资源，如何进行调剂使用，资源共享，减少资源浪费，还有杭州农村教育资产的闲置利用等问题，这在现行的制度或管理办法中都是缺乏的。因此，针对杭州教育资产的特性，在财政局的管理办法基础上出台一个适合杭州教育资产的管理办法是当务之急。

(2)建立房屋产权占有、使用的管理系统

学校的办公用房、教学楼是国有资产的重要组成部分，是各学校单位工作正常运转的基本条件。由于一些历史原因及杭州市人民政府关于房地产确权发证的工作实施意见，很多学校的房产未能办理房产证和土地证，这在一定程度上导致学校产权不清、责任不明的结果。因此在配合做好市政府对市直属单位房地产统一管理，督促学校做好两证的办理工作之外，还必须及时开展对教育资产占有使用权的登记、清查统计、资产评估等工作，并对学校教育资产的产权变动、资产处置等进行管理，包括学校单体的使用面积、实验室体育馆的使用率、师生占用面积、师生绿化率等等，建立房屋产权的管理系统，使学校的房屋占用和使用一目了然，有助于教育资产的合理调配使用，教育资源的整合、重组，并加强办公用房的管理，防止国有资产流失。

(3)加大执行力度，制定和执行有效的监督管理制度

杭州市财政局出台的管理办法对资产的采购、使用、管理、报废等进行了明确的规定，但在实际执行过程中却存在执行不到位且执行力度不够等问题，比如报废物资的处置。在管理办法中已经明确规定了报废物质审批同意后可采用集中变卖、捐赠等方式进行处理，上级主管部门也于每年统计报废物质的处理情况，但在2008年、2009年固定资产专项检查中发现部分单位报废物资仍然

堆积在仓库中，等着上级主管部门集中统一处理，因迟迟没有得到回复，致使出现报废不及时、处置不及时的情况。因此制定一套行之有效的监督管理制度迫在眉睫，这个制度包括检查各类固定资产的入账、审批、处置等是否到位，对检查单位执行情况的奖惩等。

2. 基建装修类教育资产的规范化管理——制定统一标准

随着杭州市大杭州的规划格局的形成，各学校新建、迁建的基建重点项目日益增多，新学校、老学校的校园规模、新旧程度日渐呈现出差距，且随着经济的发展，教育体制的改革，以及各种建设标准的出台，校舍装修日益向豪华型发展，有的装修费用达到工程总造价的 30%～50%，且有不断上升的趋势。而前一次装修对后一次装修的可利用价值低，有的甚至完全没有利用价值，也就是说可收回的净残值少。另外，装修一般 5～8 年就必须更新一次，对于新开设的课程的教学楼、实验室等的装修间隔期可能还更短。而与此同时，学校的要求也越来越高，攀比现象严重，这个学校今天新装修一个报告厅，那个学校打报告要求装修一个会议厅，而实际利用率却不高。针对装修这样一次投资大、重修间隔期短、残值回收低、比主体建筑结构更新快的特殊业务，采用规范化管理程序，对学校资产以及资产的保值增值具有现实意义。

(1)集中专业管理，制定统一的学校装修标准

杭州市教育系统的基建管理按照职能是由本级教育局的计财处负责，包括基建项目的计划申报、资金审批拨付等，有些城区教育局还专门成立独立法人单位承担大型基建项目的实施建造，但各类单体的建设仍然由各个学校自己报批承建，这就出现了由于学校实际操作人员不熟悉业务导致的建设效率的滞后，投资资金的使用率低下，建设工期的拖延等问题。要从实质上解决这些问题，除严格基建审批程序外，还需要建立由专业技术人员组成的基建团队，制定一个适合杭州市教育系统的学校装修标准，包含按师生占用面积比、学校房产使用率、学校集团化资源使用率等指标分配的装修规模、资金上限、资金使用的面积单价等内容，并由专业基建团队根据基建流程按照统一的学校装修标准进行审批和管理和建设，再统一交付学校使用。这样不仅可以避免学校之间的相互攀比，还可以避免由于专业技术限制导致的学校硬件设施配备的不合理的问题。

(2)加强建设项目的进度管理，建立基建维修的督促审查制度

项目进度管理是指项目各阶段的工作顺序及持续时间进行过程规划、实施、检查、督促协调及信息反馈等一系列活动的总称。项目进度管理是基建管理“四控制”即安全、质量、进度、造价的主要控制手段之一，因此作为建设单位，要做好与施工单位、监理单位、代建单位等的协调工作，布置好基建进度节点，

控制好每一个时间节点，最终实现尽早竣工启动，尽早发挥投资效益。而主管部门做好进度统计上报工作，及时分析原因，查找差距，建立督促审查制度，保证基建项目实现“四控制”。

3.收益类教育资产的规范化管理——统一集中管理

本文所讲的收益类教育资产主要是指可出租、拍卖的房屋、设备、报废可处置的教育资产。由于社会经济事业的快速发展，部分学校单位办公条件的改善及单位地理位置等原因，不少学校存在闲置房屋、设备对外租赁情况。但在租赁过程中，普遍存在三个方面的问题：

(1)部分单位对外租赁房屋、设备工作不透明、不公开

大部分单位在将国有非经营性资产转为经营性资产时，未提出申请，未经主管部门审核同意，也未报同级国有资产管理部门或财政部门批准。

(2)租赁收入未纳入财政预算统一管理

由于部分行政事业单位资产登记不完整、房屋租赁不规范，从而导致房租收入未完整地纳入预算统一管理，有的形成了“小金库”，严重违反了财经纪律。如将收取的房租收入直接计入往来科目，在往来款中列收列支；将房租收入转移至本单位的工会账、食堂账、协会账等，在这些账户中列支费用；将房租收入纳入下属单位经营收入或挂下属单位往来科目，在下属单位结算收支等。

(3)租赁收入不能足额计缴税费，造成国家税源的流失

通过调查发现，行政事业单位实现的房屋租赁收入，有相当一部分单位未能按规定足额申报缴纳房屋租赁的相关税金。从收取的房屋租金看，有开具行政事业单位往来款收据或普通收据收取租金的，也有开具场租费发票收取租金的；也有以物业管理费或水电费的名义收取房租的，逃避了国家的税收。

为确保行政事业单位国有资产安全完整、合理配置、有效使用和保值增值，从源头上杜绝腐败及损失浪费现象的发生，亟待规范学校房租、设备租赁行为：

1)规范审批手续、规范出租行为。行政事业单位出租房屋前，须向市国资部门办理非经营性资产转为经营性资产的审批手续，实行公开拍租或招租，明确细化房屋租赁合同各条款内容，并报市国资、市财政局备案。条件成熟时，也可将国有资产租赁纳入政府采购范围。

2)严肃财经纪律、严格收入管理。房屋租赁收入应开具税务发票按规定及时收缴，并实行财政“收支两条线”管理。严禁设置账外账、“小金库”等。

3)进一步规范行政事业单位房屋租赁行为的管理办法。杭州市财政局于2009年出台了《杭州市市级行政、事业单位房产出租管理办法(试行)》(杭财综〔2009〕535号)，对出租(租入)房产的审批、招租手续都有了明确的规定，但同时也出现审批手续的相对滞后，在杭州市教育局系统事业单位进入会计结算中心

进入统一结报，严格“收支两条线”后，出现招租积极性不高等情况。因此，要加强管理办法的执行力度，加大房屋、设备出租行为的督查力度，确保足额上缴租金，防止腐败发生。

4.投资类教育资产的规范化管理——重视投资收益

事业单位对外投资是指事业单位利用货币资金、实务资产和无形资产向其他单位的投资。对外投资按投资权益属性分债权性投资（如债券投资）和权益性投资（如股票投资等），按投资期限分短期投资（一年以内）和长期投资（一年以上），按出资形式分货币资金出资、实物资产出资和无形资产出资。

在当前市场经济条件下，大多数事业单位可利用规定范围内的财力、物力对外投资，以盘活现有资产，取得一定的投资回报，达到多渠道、多形式筹集资金发展事业的目的。相对于债权性投资，事业单位权益性投资存在合同、协议等未到期前不能随意收回，投资报酬不固定，投资风险相对较大的问题。因此，要做好对外投资的规范化管理，应从以下三个方面着手：

(1)完善对外投资的决策和审批制度，建立经营责任制和严格的奖惩制度

事业单位经过一定的审批程序进行投资后，部分事业单位存在重投资、轻管理的现象，对投资项目的经营决策、经营管理情况、财务状况、经济效益等情况重视不够。而且由于多数事业单位未对全资或控股的投资项目规定实现销售额、上缴利润等具体经营指标和严格的奖惩制度，使得事业单位选派的经营管理者责任心不强。部分事业单位对外投资项目甚至出现经营管理不善导致亏损，继而投资无收益，造成国有资产流失。因此，完善对外投资的决策和审批制度，建立经营责任制和严格的奖惩制度是对外投资规范化管理的必要条件

(2)加强对事业单位权益性对外投资的会计核算，提高事业单位对外投资效益，保持国有资产的保值、增值

在会计核算方面，事业单位一般采取收付实现制。在收付实现制下，事业单位权益性投资是以实际支付的款项或非货币性资产的评估确认价值计价，投资发生时的损益往往不在账面上反映，也无须像企业那样进行摊销，投资计价不随被投资单位所有者权益的变化而变化，投资期内取得的股息、红利等各项投资收益计入当期的收入（相当于企业会计的“成本法”）。因此在现行制度下，事业单位权益性对外投资存在着损益无法在账面上反映，投资计价不随被投资单位所有者权益的变化而变化容易虚增或虚减事业单位对外投资的价值等问题。同时，现行制度对事业单位权益性投资涉税事项的会计核算规定欠明确。因此为加强对事业单位权益性对外投资的管理，笔者认为一方面可在“事业基金——投资基金”科目下设置“投资损益”这一三级明细科目用来核算和反映权益性投资发生时账面价与评估价的差额，以便随时反映对外投资的投资收益，

更好地管理对外投资。

(3)进一步规范国有教育资产有偿使用费的管理办法

杭州市教育局、杭州市财政局2006年曾经出台《民办、国有民办中小学校有偿使用国有教育资产管理办法》(杭教计〔2006〕77号)，该办法明确了国有教育资产为财政投入的建设资金(股本金)、固定资产(有形资产)，并且规定了使用国有教育资产办学的民办、国有民办中小学校，每年以不超过其使用国有教育资产额8%的比例计提国有教育资产有偿使用费，具体计提比例由市教育行政部门和市财政部门确定。但在实际执行中，往往只是用备忘录、会议纪要的形式明确某某项目是以股本金形式投入，占多少比例，但往往忽视国有资产有偿使用费的计提比例、支付方式等的约定，致使股本金投入只是一纸空谈，虽然从另外一个角度来说都是国有资产，无非是从这个口袋到另一个口袋，但却可能导致国有资产的流失。因此，在实际执行过程中要严格按照管理办法执行，明确国有资产有偿使用费的计提比例和计提方式，及时足额上缴国有资产有偿使用费。

# 对建设工程项目跟踪审计的认识与思考

南京林业大学　黄成林　高国民

## 一、前　言

目前，许多高校基建项目的审计仍停留在事后竣工决算审计的方式上，往往很难达到审计监督的最佳效果。为了克服以往高校内部审计监督采用事后审计的弊端，从而摆脱事后审计的被动局面，对高校基建项目实施全过程跟踪审计就显得尤为重要。

全过程跟踪审计实际上就是全程同步审计，是指审计机构和人员依照现行法规对建设工程项目从立项开始到竣工决算为止的投资建设全过程的合法性、真实性、效益性，独立进行事前、事中、事后的咨询、审查、评价、签证的经济监督活动。其主要目的在于及时、有效地监督建设资金筹集、使用与管理的各个环节，防止建设资金流失和不法行为的发生，进一步促进审计在项目建设过程中有效规范建设程序、切实加强建设管理、不断提高资金使用效益以及反腐倡廉阳光运作等方面发挥更大的作用。

## 二、跟踪审计是监督与管理需要，也是审计发展之趋势

1.项目投资决策管理需要跟踪审计

在社会主义市场经济体制下，高等学校发展建设的资金来源已经趋向多元化，其中主要是银行贷款，因此更要重视投资结构和效益；更应充分管好、用好有限的建设资金，最大限度控制工程造价、节约投资成本、提高资金利用率，这就需要有审计监督提前介入，从项目的可行性研究开始；针对可行性研究所依赖的数据资料的准确性和来源的可靠性、规划与布局的合理性、项目实施方案优化性进行跟踪审计监督，通过审计提出合理化建议，从而达到有效利用建设资金的目的。

2.工程建设防腐倡廉需要跟踪审计

建筑领域已成为腐败的重灾区，常常是“建筑一栋栋竖起来，干部一个个倒下去”。所以我们大力提倡建设工程实施“阳光工程”，力求要做到“建筑工程项项优良、基建干部人人优秀”。形势需要，基建人要求加强工程管理并对项目实

施全过程监督，它为跟踪审计的实施提供了可能。

3. 全过程全方位监督需要跟踪审计

全过程全方位监督的要求改变了传统事后静态审计模式的同时，也大大拓宽了审计领域，将审计工作延伸到全寿命过程的各个阶段实施动态审计。不仅着眼于决策、管理、财务、技术不同方面，不断强化行政监督，还对资金使用、造价构成及技术措施的真实性、合法性、效益性分阶段进行全面审计监督。跟踪审计模式可以有效解决全过程连续监督问题，提高审计的社会效益和经济效益。

3. 有效防范审计风险需要跟踪审计

在以往的工程结算审计实践中，尽管审计人员按照比较规范的审计程序和审计方法对工程项目进行了审计，但仍然存在着作出错误判断的可能性。若作出了错误的审计判断，就会导致不良后果，因而审计工作存在着一定风险，这就是审计风险。审计风险是由工程审计本身的复杂性和审计手段的局限性所决定的。当事后审计开始时工程已竣工验收，许多施工过程已无法看到。隐蔽工程和现场观察取证更难再现，如钢筋绑扎、垫层浇捣等。而工程项目的全过程跟踪审计，可以比较全面地掌握准确翔实的基础资料，因此对所审项目做出较为正确的审计判断。

5. 拓展工程审计内涵需要跟踪审计

工程项目审计从最初单一竣工决算量、价、费的审计实践中逐步发现决算审计只是工程项目审计的一小部分内容，工程项目审计还应当对可行性研究、立项、设计、概算、施工预算、投标书、合同、签证、变更、材料设备价格、施工、索赔、隐蔽工程等环节进行全面的审计，因此审计工作还有很大的拓展空间，而跟踪审计是一次创新与探索，它可以进一步拓展和延伸工程审计的内涵。

6. 充分发挥审计作用需要跟踪审计

以往的静态审计模式由于时间滞后，只能将所有送审资料证据视为事实就事论事。而跟踪审计关口前移，提前介入，将事前、事中、事后审计有机地结合起来，做到事先咨询评估风险、事中审查控制风险、事后签证化解风险。加之建设方的基建、财务相关管理部门发挥各自作用，相互支持配合形成合力，不仅可以揭示所存在问题，预警潜在危险，而且可以有效防范、化解项目投资建设的各种经济风险，从而最大限度地发挥审计的作用。

## 二、跟踪审计具有明显的优越性，也同样面临许多问题

1. 全过程参与可以促使项目管理更规范

建设工程全过程包含了决策、设计、招投标、施工、工程竣工结(决)算及后

评估阶段，而传统审计范围仅涵盖了工程施工和竣工结(决)算两个阶段。且也只是事后环节才介入，事前事中工作全无。显然，审计工作存在一定的片面性、被动性和局限性，不能全面真实反映出对其他阶段经济活动的审核监督。因此，整个工程项目审计过程出现了监督的“真空”与“盲区”。工程项目实施跟踪审计可以从工作机制上克服过去那种事后审计监督带来的局限性与被动性，由于审计人员的提前介入到项目建设的各个重要环节，能够及时发现项目建设管理中的各种漏洞和问题，从而帮助建设方进一步规范工程项目管理。

2. 全方位监督可以防止工程建设出腐败

当前，由于现行的工程审计监督处于事后，仅起亡羊补牢之效，没有事先的预防，也缺少事中的监控，监督更缺乏广度、深度、力度，所以高校基建项目中违规问题屡见不鲜，工程项目前期工作不落实，招投标工作不规范，年底突击搞决算，变更多且不规范，“三超”(概算超过计划、预算超过概算、决算超过预算)十分严重，要从根本上有效防范，就需要在事前、事中、事后的各阶段各个环节上严格把关，及时发现和预防违规问题的发生，从而实现既全面有效控制工程造价，又保护基建一线管理干部的目的。

3. 立体化控制可以防范项目投资产生风险

高校建设工程项目投资的风险主要指的业主风险，它通常包括投资风险、经济风险、社会政治风险、管理风险等，而业主风险的防控由于有了跟踪审计，应用不同的方法及手段对全过程各环节的“督防”与“整治”，大大降低或化解了显在与潜在的风险。

4. 参与建设监督各方职责权限界定不清

从具体审计实践中所反映出来的跟踪审计的监督职能与建设单位的管理职能开始交融，监督建议演变成直接管理，审计人员转变为管理者，例如为工程新增材料设备签证认价、参与并影响决策等，由于跟踪审计的规章制度尚未建立，各方责权关系界定不清晰，于是出现了一方管理不到位，而另一方监督又越位的情况。

5. 现场跟踪审计人员专业面窄力量不足

现有建设工程跟踪审计队伍几乎都是由造价审核类专业人员组成，缺乏建筑、结构、设备及投资咨询等方面的专业知识和技能，且同时是一个人管理三四个项目，显然力不从心，最终只能应付了事。

6. 赶场听会坐审资料，主动服务意识不强

以往跟踪审计人员的精力和时间都放在赶场子开会，坐等被审方提交资料然后埋头对其数据和文字进行审核，对新工艺、新材料不熟悉。对施工程序和工艺也不了解，由于传统工作模式已习以为常，一些审计人员很少深入现场或

者到现场不及时，经常耽误时间，影响工程的顺利进行，而实地取证、记录更谈不上主动，经常是等待建设方多次通知，也很少自己动手操作，常常以领导指挥者自居。

7.跟审人员缺少监督，自我约束能力不够

对于提供审计服务和审计监督的跟踪审计人员的监督工作，目前仍然是一个空白。而其自我约束又不够，经常现场需要解决问题时却又找不到人，有时需要某项目过程审计意见时也是一拖再拖，甚至影响工程进展。加之学校审计和基建两部门是审与被审的关系，平时这方面的交流不够，基建部门不想知道怎么跟踪审计，审什么，而审计部门也不告之，故其跟踪审计工作内容、方法与深度、广度听凭跟踪审计人员自由裁量。

8.过度使用审计权威，对被审人说理不力

目前，由于建设单位基建管理人员为避嫌而远之，施工单位人员怕得罪而从之的原因，加上跟踪人员以“内行”和“审判者”自居，又听不进其他人员的意见与解释，也不充分说明其审核理由，现在就形成了跟踪审计人员“金口玉言”、“毋庸置疑”的权威状况。

9.审计手段单一僵化，人员综合素质不高

全程跟踪同步审计将对我们审计人员的素质提出严峻考验，它不仅要求跟踪审计人员具有较高的政治素质，能做到“常在河边走，坚持不湿脚”；而且还要求跟踪审计人员具有较为全面的多学科相关专业知识和综合协调能力，灵活应用多种技术手段，及时处理业务问题。然而，现在跟踪审计人员多数是学财会专业的，部分学工民建专业的，少数是学审计专业的，缺乏实际工程项目管理经验，专业知识面窄，他们以一成不变的单一审计手段来应对不断发展的建设工程管理模式多元化趋势，不能及时发现、协调并处理工程项目实施过程中与审计关联的问题，安于造价审核，因此其综合素质不高，已经成为社会跟踪审计业务发展的“瓶颈”。

10.缺乏法律法规保证审计，被动效果不佳

当前关于工程项目跟踪审计的法律法规以及运作规章还未健全，没有法律法规作保证，缺乏规章来规范程序，疏于跟踪审计规程指引，常使工程项目的跟踪审计工作处于被动状态，建设方不支持、施工方不配合、监理方不协作，进而导致跟踪审计不顺畅，直接影响了审计效果。

## 三、正确定位、科学设计跟踪审计，才能贯彻审计新理念

1.健全法律法规，加强制度建设，保驾跟踪，护航审计

建设工程全过程跟踪审计是一个全新的审计模式，其法律法规以及制度建

设都相对滞后，因此要尽快出台一系列工程项目全过程跟踪审计的法律法规及规章制度，确保全过程跟踪得以实施，同时制定出具体科学的、切实可行的全过程跟踪审计的操作规程或指导性意见，进一步规范跟踪审计的程序与行为，保证审计沿着既定路线进行。使跟踪审计人员在为建设单位项目管理当好“谋士”的同时，也为政府部门资金管理当好“卫士”。

2.按需配置人员，提升个人素质，施行责任追究机制

工程项目全过程跟踪审计应当根据项目的性质、规模、特点以及不同阶段的需要，合理配备所需相关专业人员，并加强其相关多专业的综合培训和法律法规及行业规范的再教育，不断提升审计人员的个人综合数质，同时实施项目跟踪审计责任追究制度，明确责任，渎职追究，奖惩分明。

3.正确定位工程项目跟踪审计，防止偏离审计目标

高校建设工程项目的跟踪审计应按照“预防咨询、发现问题、提出对策、全程监督、促进管理、确保质量”的总体要求，立足以跟踪审计是社会审计和政府审计的基础与前提，进而对我国国有高校基本建设投资进行事前、事中、事后的全过程跟踪审计。虽然审计人员进人建设现场进行审计，促使被审计单位及时纠正问题和改进工作，是审计监督的职责，但很容易使跟踪审计人员偏离原先的定位而越位介入工程项目的管理，会使其与项目管理人员产生岗位职责的冲突，导致审计风险加大、工作协调难度增大。

4.科学设计跟踪审计程序方法，提高跟踪审计质量

程序控制方向，方法决定结果，科学的审计程序与方法是确保审计质量的前提，因此，在对具体工程项目实施跟踪审计前，应当针对性质差异、规模大小、具体特点以及不同阶段，分别根据内容设计出审计程序和方法，列出“重点”与“关键”，并且编写审计大纲报内审职能部门备案与监管。

5.优化工程项目跟踪审计环境，确保审计顺利实施

优化跟踪审计环境，包括其内部环境和外部环境。就内部审计环境而言，即全体审计人员要同心同德、齐心协力，保持高昂的工作热情与和谐的工作氛围。而良好的外部环境则需要上级领导的支持，各有关部门与有关方面的理解和配合。跟踪审计是内审部门为适应新形势而推出的审计探索，它还不具备国家审计的权威性与强制性，只有通过自身积极努力力争各方面的理解和支持。与此同时还要提高跟踪审计工作的宣传力度，多与相关被审计单位进行沟通、协调，做到以理服人，确保工程项目跟踪审计能够顺利实施，并达到预期目的。

6.预防、服务、监督三位一体，实现现代审计理念

传统的工程审计监督主要是事后的结算审计监督，对建设单位来说是查错堵漏，亡羊补牢，但对施工单位来说就是“秋后算账”。而全过程跟踪审计监督

则力求服务于全程、督促于运作、防患于未然、掌控于结果。它强调寓审计监督于跟踪服务之中，同时坚持“以防为主、控治结合”的方针，把“预防、服务、监督”三者融为一体，推进传统审计职能向现代审计职能的转变，从而实现现代审计新理念。

## 四、结束语

我们认为建设工程的跟踪审计是工程审计的拓展与延伸，也是审计工作的发展与创新。实践证明其具优越性的同时，也孕育着巨大的发展潜力、并预示了广阔的应用前景。跟踪审计作为一项创新工作，实际工作中还会有许多问题值得我们去探讨与研究。

## 参考文献

[1]时现，朱尧平，薛蓓儿.建设项目跟踪审计路径选择.审计与经济研究，2006(3).

[2]刘忠平，谢柿龙，李庆红.关于高校建设项目跟踪审计的实践和研究.华中师范大学审计处网.

[3]宋耀国，谌政强.关于高校建设项目跟踪审计的实践探索.战略与管理，2004(4).

[4]邓卫宁，裴蕾.对建设工程跟踪审计的分析.建筑管理现代化，2005(3).

[5]曹慧明.论建设项目跟踪效益审计.审计研究，2005(1).

[6]支海坤.高校基本建设中“全过程跟踪审计”的新思路.审计与经济研究，2006(4).

[7]吕江华.高校工程跟踪审计存在的问题与对策.东南大学学报(哲学社会科学版)，2005(5).

# 内部审计在高校基建投资控制中的应用

东南大学　虞志霞　陆惠民

随着我国高校招生规模的不断扩大，各地高校都加大了对软、硬件投资的力度，高校新校区和基建项目越来越多，投入资金规模也越来越大。如何发挥内部审计职能，加强高校基建投资的监督审计力度，节约建设资金，提高审计质量，防止商业贿赂的发生，是当前高校基建审计面临的一个新的问题。目前，各个高校都成立有内部审计部门，并配备了相应的基建投资内审人员，开展了基建工程审计工作，但审计方法并没有统一的规定及做法。对此，笔者结合多年来从事高校基建工程结算审计的经验，对如何做好高校基建工程施工全过程跟踪审计谈一点自己的看法。

## 一、设计阶段的审计内容

设计阶段是决定建设工程价值和使用价值的主要阶段，通过设计工作使建设工程的规模、标准、组成、结构、构造等各方面都确定下来，同时使工程的基本功能具体化、细化；设计阶段也是影响建设工程建设投资的关键阶段，设计质量对建设工程总体质量有着决定性的影响。因此，审计人员对建设项目设计阶段要格外关注，重点的建设项目设计的各个环节的管理工作质量进行监督和评价。

(1)审查设计招标文件及设计合同的合理性、合法性、完整性；

(2)审查设计方案是否严格按批准的可行性研究报告进行，是否严格按批准的可行性研究报告所要求的建设标准及定额规定编制，有无擅自提高建设标准的现象等；

(3)审查设计工作是否在保证设计质量的前提下开展了“限额设计”工作，是否对设计进行了技术经济分析、比较和论证；

(4)审查设计涉及的众多不同专业领域，其专业分工和协调是否做到统筹兼顾，是否具有高度的综合性和系统性；

(5)审查工程概(预)算，在保障建设工程具有安全可靠、适用的基础上，概算不超估算，预算不超概算。

## 二、准备阶段的审计内容

项目准备阶段包括招投标及合同签订。项目准备阶段的审计是基建工程审计的前提，是指对工程招标阶段进行的审计。随着建筑市场的规范及体制的健全，高校基建项目普遍采取了公开招标的形式。要对基建项目实行有效的监督，高校内部审计部门应提前介入，从源头参与，依法参与项目准备阶段的审计监督，防止弄虚作假、暗箱操作。特别要对投标资格预审、招标文件的制订、工程量清单编制、开标评标定标过程等进行重点审查。

(1)招标文件的审查。招标文件是招标工作总的说明，招标活动的一切内容均在招标文件确定的范围内进行。招标文件的内容和条款也是中标后双方签订合同条件的一部分，招标文件的内容必须符合有关法律法规的规定。因此对招标文件的审查很有必要，招标文件审查的内容主要是对进度款的付款办法、计价取费的依据、工程价款的结算办法、保修工作的措施、承诺等进行审查，通过审查招标文件，能够及时发现错误和漏洞，避免日后施工企业在施工过程和工程结算时产生不必要的争议。

(2)工程量清单的审查。工程量计算的准确与否，直接影响标底的编制与投标单位的报价，从而直接影响工程造价，因此必须准确的计算工程量。工程量如果计算不准确，就会给施工方钻空子，施工方投标时就会采取不平衡报价策略，造成投资资金损失。工程量计算尤其要注意的是多算、重算、点错小数点以及错套定额等常见的问题。

(3)开标、评标、定标过程的监督。审查招投标程序的合法性及操作的规范性，避免开标、评标定标过程的主观性及随意性；监督、审查评标办法的合法性和操作的规范性，避免开标、评标、定标过程的主观性，随意性。

(4)对工程合同的审查。首先要审查工程施工合同的合法性，审查承建单位是否具备施工资质，有无违法分包、转包现象，各有关条款是否符合法律法规的规定；其次要审查合同内容与招标情况是否一致，有无未进行招标的情况。

## 三、施工阶段的审计内容

内部审计应发挥对工程项目熟悉的优势，在工程建设过程中，深入施工现场进行实地查看，重点对材料的质量与价格、施工标准、质量控制、设计变更、现场签证及隐蔽工程等展开审计。首先参与工程的设计交底和施工图会审，领会设计意图，熟悉工程施工的具体做法；其次参与施工过程中的隐蔽工程验收、变更签证、材料及设备的招标及比价采购工作，主动搜集相关资料和进行施工过程监控；最后要参加工程项目的竣工验收等。通过审计，确保工程用的材料、设备质量优良、价格合理，确保设计变更与隐蔽工程签证的真实、客观与全面。通过审计，能及时发现和解决项目管理中存在的问题，便于为项目完工后的竣工结算审计做好准备，为结算审计提供线索及依据。

(1)检查与建设项目有关的各单位(设计单位、监理单位、建设单位)是否认真履行合同条款，有无违法分包、转包工程；

(2)检查建设工程的质量、进度、投资目标在施工阶段是否得到有效控制，合同与信息管理是否流畅；

(3)工程设计变更是否建立了严格的审批程序，施工现场签证手续是否合理、合规、及时、完整、真实，工程索赔是否按以国家规定或合同约定的依据、施工组织设计及索赔原则进行；

(4)加强设备、材料价格控制，尤其要对基建部门关联企业所供设备、材料价格进行检查，防止从中加价，对已购设备、材料因故不能使用的，要分析原因，分清责任，并督促及时处理，避免造成更大的损失；

(5)核实建设工程建安费用是否按照合同、协议规定足额支付给施工单位，核实工程建设其他费用是否合乎规定，等等。

## 四、竣工验收阶段的审计内容

竣工验收阶段的审查是指对已完工建设工程的验收情况、试运行情况及合同履行情况进行的检查和评价。竣工结算审计是传统工程审计各环节的最为关键的工作，也是审计效益较为明显的阶段。

目前，高校基建工程审计大多采取内部审计与外部审计相结合的办法，以充分发挥社会中介机构的专业审计力量的作用。内部审计与外部审计相结合，内部审计人员参加审计，不仅发挥监督职能，而且可以随时了解与解决审计过程中的问题。在建设工程审计中应注意做好以下几点工作：

(1)要实事求是、客观公正、规范化地开展内部审计工作。内部审计人员要站在客观公正的立场上对待每一个环节，审计前要制订审计方案，审计程序要严密、科学，要从管理的角度出发，以现场审计为主，深入现场收集资料，全面掌握各主要环节的真实情况，审计所反映的每一个问题都必须真实。

(2)严格要求送审资料的完整性和真实性。对每一个送审项目都要求施工单位将工程结算资料按有关规定分类并装订成册，由基建部门审查合格后方可报审。所有工程结算资料要真实完整，杜绝后补和补签资料现象。

(3)重点审核工程量的计算情况。查看施工图纸、工程量清单、设计变更记录、隐蔽工程记录等资料，对施工单位所报工程量逐一进行计算核实，防止施工单位高估冒算。

(4)对计价单价进行重点审计。随着市场经济的发展，建筑新工艺、新方法不断涌现，与定额不相同做法的项目越来越多。在审计过程中，审计人员应重点审查施工单位计价单价是否合理准确、编制依据是否充分。

(5)重点审计材料价差的调整情况。一是审查有无将不允许调整材料价差的材料进行价格调整；二是审查材料用量分析是否正确，有无虚列材料用量的现象；三是审计未明确材料价格的材料单价是否合理。

内部审计人员对建设工程进行跟踪审计，是提高建设项目管理水平，节约建设资金的重要方法。通过对建设工程的全过程审计监督，不仅可以有效防止工程高估冒算、弄虚作假、质量低劣等现象，还能够达到加强学校内部管理，维护学校利益，防止商业贿赂现象的发生，提高高校基建管理水平和节约资金的目的。

## 参考文献

[1]周国明.浅议建设项目全过程跟踪审计的现实意义及做法.科技经济市场，2006(4).
[2]郭向伟，段铸.浅议建设工程项目的跟踪审计.集团经济研究，2007(6s).

# 关于《08 清单规范》实施情况的几点思考

常州市教育局　姚登峰

《建设工程工程量清单计价规范 GB50500—2008》(简称《08 清单规范》)已于 2008 年由省建设厅颁布实施。《08 清单规范》是在《03 清单规范》的基础上，结合目前工程实际，对原清单规范进行完善和补充，使其更加合理，便于操作实施。《08 清单规范》不单对工程招投标、工程量清单作出了调整和完善，同时也对工程施工管理和工程竣工结算进行了必要的补充和规范。经过前一阶段对《08 清单规范》的学习和操作实施，现就其在招投标阶段、工程量清单编制阶段、工程施工管理阶段、工程竣工结算阶段的具体运用情况谈几点体会。

## 一、工程招投标阶段

1. 根据《08 清单规范》规定：国有资金投资或国有资金投资为主的工程建设项目，必须采用工程量清单计价。相应配套的招投标办法实施细则规定需采用合理低价的评分办法。但由于现阶段工程施工企业成本难以确定，对合理的概念难以界定，评标时对过低的报价很难作出准确的判断，工程招投标时恶意竞争时有发生。因此，在设定评分细则时应加大技术分的分值，重视企业的资质及项目经理的能力和业绩，尽可能地选择实力强、信誉好的施工队伍。

2.《08 清单规范》中工程合同价款的约定(4.42 规定)中指出："实行招标的工程，合同约定不得违背招、投标文件中关于工期、造价、质量等方面的实质性内容。招标文件与中标人投标文件不一致的地方，以投标文件为准"。此条规定把施工企业和建设单位摆在同一高度来看待。但现阶段工程建设的各项规定对建设单位有很多限制，如评委的选择，名义上是由建设单位聘请，实际是开标前在当地招标市场的评委库中随机抽取，建设单位最多只能有一名评委参与。有的工程实行远程评标时是抽取的外地评委，要求评委在很短的时间内对所有标书进行全面细致的审查是不现实的(采用资格后审，投标单位可能会有几十家)，如果投标书中有与招标之件不一致的条款或投标单位的附加条款时，评委很可能会疏忽，此风险最后却由建设单位承担。因此在初步评审确定中标候选人后，在中标公示结束前建设单位必须请专业人员对预中标单位的标书再次审核，以尽量减少此类风险的发生。

3.《08清单规范》规定：采用工程量清单计价的工程，应在招标文件或合同中明确风险内容及其范围（幅度），不得采用无限风险、所有风险或类似语句规定风险内容及其范围（幅度）。强化发、承包双方风险共担的原则。根据我国工程建设特点，《08清单规范》对施工风险进行了划分：投标人应完全承担的风险是技术风险和管理风险，如管理费和利润；应有限度承担的是市场风险，如材料价格、施工机械使用费等的风险，应完全不承担的法律、法规、规章和政策变化的风险。在应对物价波动对工程造价的影响上，《08清单规范》较为公平地提出了发、承包双方共担风险的规定。一般规定材料涨（跌）超过10%（5%）时，超过部分可以调整。但其调整方法在招标文件中需明确，我局在实际操作中是原投标综合单价不变，施工时材料信息价（按月份平均）与投标时信息价比较，涨（跌）超过10%（5%）时，超过部分可以计算差价，列入分部分项费用。

在措施费用的调整问题上，我们一般在招标文件中作如下规定：赶工措施、优质优价等按费率计取的，可以以结算时的分部分项费为基数按投标时费率计取；脚手架、模板工程等按工程量计算费用的项目，可根据实际变更增加（或减少）工程量按投标条件计算；临时设施费用强结算价中分部分项工程费变更超过（或减少）15%，超过（或减少）部分按投标条件调整。

4.暂估价项目按招投标实施细则应由建设单位和总包单位定价后由总包单位负责施工，根据相关规定建设单位无法自行选择相应的分包单位，因此在实际施工过程中可能会出现总包单位漫天要价，建设单位不答应就不施工的情况。而由于教育投资项目属国有投资项目，无权另行指定分包单位。因此建议部分暂估价项目（如幕墙、铝门窗等）由建设单位另行组织招标，确定平行发包单位实施；部分暂估价项目或通过政府采购方式确定分包单位，纳入总包管理范围。

## 二、工程量清单编制阶段

1.《08清单规范》规定：招标控制价应由具有编制能力的招标人，或受其委托具有相应资质的工程造价咨询人编制。建设单位具有造价工程师等相应资质的专业人员时，可以自行编制工程量清单以及招标控制价。而且自己编制工程量清单时，对建筑功能、装饰要求及施工管理会更加清楚和方便。如专业技术人员充足时，甚至可以自行组织招标、工程管理及工程决算。

2.《08清单规范》规定：工程量清单由分部分项工程量清单、措施项目清单、其他项目清单、规费项目清单、税金项目清单等五部分组成。其中分部分项工程量清单的五个要件：项目编码、项目名称、计量单位、工程量和项目特征。与《03清单规范》相比，新增加了项目特征，解决了工程量清单计价活动中对项目特征欠缺规定而带来的困惑。

项目特征的描述是区分清单项目，投标单位确定综合单价的重要依据。由于工程量清单项目的特征决定了工程实体项目的实质内容，也就必然直接决定了工程实体的自身价值。因此，工程量清单项目特征描述得准确与否，直接关系到工程量清单项目综合单价的确定。实行工程量清单计价、工程量清单及其综合单价是施工合同的组成部分，因此，如果工程量清单项目特征的描述不清甚至漏项、错误，从而引起在施工过程中的更改，都会引起分歧，导致纠纷。因此，清单项目特征的描述，应根据计价规范附录中有关项目特征的要求，结合技术规范、标准图集、施工图纸，按照工程结构、使用材质及规格或安装位置等，予以详细而准确的表述和说明。

对计量计价没有实质影响的、应由投标人根据施工方案以及当地材料和施工要求确定的、应由施工措施解决的内容等可不描述，还有一些项目可不详细描述，但清单编制人在项目特征描述中应注明由投标人自定，如土石方工程中的“取土运距”、“弃土运距”等。首先要清单编制人决定在多远取土或取、弃土运往多远是困难的；其次，由投标人根据在建工程施工情况统筹安排，自主决定取、弃土方的运距可以充分体现竞争的要求

3.《08清单规范》规定了国有资金投资的工程建设项目应实行工程量清单招标，并应编制招标控制价。使用的计价标准、计价政策应是国家或省级、行业建设主管部门颁布的计价定额和相关政策规定。采用的材料价格应是工程造价管理机构通过工程造价信息发布材料单价，工程造价信息未发布材料单价的材料，其材料价格应通过市场调查确定。国家或省级、行业建设主管部门对工程造价计价中费用或费用标准有政策规定的，应按政策规定执行。同时，招标人应将编制的招标控制价明细表报工程所在地的工程造价管理机构备查，并且在开标前五天公布招标控制价及其组成，提供给各投标单位核对。

## 三、工程施工管理阶段

1.《08清单规范》对工程进度款的支付也作了规定，合同约定工程预付款一般为中标价(需扣除暂列金额)的10%～30%，工程竣工时一般付至工程款的60%～90%。工程实施过程中发生工程变更及索赔时，其增加的费用应与工程进度款同步支付，有了工程进度款的及时支付，才能确保工程施工的有效推进。

2.《08清单规范》规定工程价款调整报告应由受益方在合同约定的时间内向合同的另一方提出，经对方确认后调整合同价款。受益方未在合同约定的时间内提出工程价款调整报告的，视为不涉及合同价款的调整。由于施工单位常年从事建设项目，对政策法规的领会比较专业，对其有利的价款调整施工单位

肯定会及时提出，而建设单位具有专业工程造价人员的情况较少，对于工程价款的调整不会很清楚，一般只会从工程量的增减考虑，对于其他情况引起的工程价款调整常常会忽视，因此建议在工程建设管理过程中，建设单位必须聘请具有工程造价专业知识的人员加入到工程管理队伍中来，保障建设单位的利益。

3. 工程施工过程中，有许多增加或变更项目，其综合单价一般是由承包方提出，经建设方认可后实施，因此建设方要根据现场实际情况，遵循招标文件中关于综合单价调整方法来确定，其基本原则为：工程报价中已有的综合单价执行原投标单价，原投标中有相似的材料或项目可参照同比优惠，如果投标报价没有，属于新增加的材料的项目或经过市场询价，经双方协商定价。同时在工程管理过程中遵循先定价、后施工的原则，在规范规定的时间内及时定价，确保工程有效推进。

4. 严格把好工程签证关。按原来工程管理的经验，一般按变更的项目和实际发生的工程量办理签证。在《08 清单规范》实施后这样签证就不一定适合。对于工程实体数量，招标文件规定可以按实调整，施工过程中可按实签证；对于一些属于施工单位措施性内容，就不一定能签证，如施工临时围墙、临时道路、施工中的基抗支护、基坑放坡、支模方式、成品保护等，这些内容都已经包含在措施费的报价中了，不能再另外计算。有的内容可能施工单位根据自己投标时施工方案已有报价，如果建设单位另外签证，结算时就会被认为是建设方要求改变施工方案，施工方会提出调整原有的综合单价。因此现在的工程签证不但应实事求是，还应该分清什么可以签证，什么不能签证。

## 四、工程结算阶段

1. 工程竣工结算由承包人或受其委托具有相应资质的工程造价咨询人编制，由发包人或受其委托具有相应资质的工程造价咨询人核对。而且《08 清单规范》对于工程决算的送审时间和工程决算的审核时间都有规定。竣工结算办理完毕，发包人应将竣工决算书报送工程所在地的工程造价管理机构备案。竣工决算书作为工程竣工验收备案、交付使用的必备文件。因此，竣工决算的审核应尽量在合同约定时间内及时完成。

2.《08 清单规范》的分部分项工程量清单采用的是综合单价计价，结算时，工程量可以根据建设工程工程量清单计价指引的计算规则（招标时工程量清单编制说明中明确计算规则的按编制说明执行）按实计算，综合单价按投标单价结算，变更及索赔项目按现场签证的变更综合单价结算，如变更发生时没有及时确定综合单价，结算时仍按合同条款中规定的综合单价调整办法确定综合单价。措施项目费用分包干项目和可调整项目，执行合同条款中的调整办法。工程优质奖、文明施工费等见证书收取(优质奖是在竣工验收后再评审，竣工结算又是竣工验收备案的条件之一，因此我们在决算时优质奖暂不计，评审后再补)。甲供材的核对也是竣工结算时建设单位的重点工作之一，一般要求甲供材料汇总单上有供货商、总承包单位、建设单位三方会签，在分部分项清单中按实际施工数量列入，最后计算完税金后按供货数量扣除。

3.《08 清单规范》规定在工程计价中，对工程造价计价依据、办法以及有关政策规定发生争议事项的，由工程造价管理机构解释，发承包双方发生工程造价合同纠纷时，应通过下列办法解决：(1)双方协商确定。(2)提请调解。工程造价管理机构负责调解工程造价问题。(3)按合同约定向有关仲裁机构申请仲裁或向人民法院起诉。这规定了当发生工程造价合同纠纷时的解决渠道和方法，但从工程的进度等各方面考虑，还是尽量通过双方协商解决。

以上所述，是在学习《08 清单规范》及实际工程实施过程中的一些体会与想法，随着建设工程环境的不断变化，建设工程管理也会不断出现新的问题和情况。《08 清单规范》的实施，对工程管理人员来说是挑战，同时也是机遇，我们将在不断的学习和实践中，有效加强建设工程管理，进一步提高投资效益。

# 苏州农业职业技术学院基本建设投资效益分析

苏州农业职业技术学院　李正茂　孙宏林　孔婷婷　陈箭飞

## 1 导　言

投资一般是指将一定的资金或资源投入某项事业，以期未来获得收益或效用的经济活动。本课题主要研究我院基本建设投资的总体效益、结构效益和建设项目效益等方面。

### 1.1 研究背景

随着经济发展进入现代化和高度社会化社会，特别是经济发展货币化程度的不断提高，对基本建设投资理论的研究也越来越多。

近年来，随着我院办学规模的不断扩大，基本建设投资明显增加。自 1996 年以来，我院共投资 8400 多万元用于学院的基本建设，先后建成学生食堂、电教楼、教学楼、学生宿舍楼、仙客来宾馆等总计 7.2 万多平方米。基本建设投资作为学院快速发展的重要因素，是学院整体投资的重要内容和办学规模扩大的有效保证，因此立足于不断扩大学院的办学规模而提高基建投资的使用效益，对我院今后的基本建设投资及投资效益进行分析和研究，并探索提高投资效益的途径，在现阶段乃至今后学院的长期发展中具有一定的指导意义和实践意义。

基本建设的特点是投资比较集中，建设周期较长，耗用的人力、财力、物力数量巨大，在较长时间内消耗活化劳动和物化劳动，投资回收期较长。因此，在确定一个项目的基建投资时，须对学院的总体布局、发展方向、招生规模、教学模式等进行慎重的可行性研究。待项目建成后，合理规划，整体协调，环境优美，经济适用，同时获得较好的投资回报。

长期以来，我国的基本建设由于管理体制上的弊端，事前对项目的投资效益不加研究，盲目建设、重复建设情况相当严重，造成很大浪费。为了改变这种状况，国家计委、财政部、建设银行总行作出了《关于国家预算内基本建设投资全部由拨款改为贷款的暂行规定》：从 1985 年起，凡是由国家预算安排的基本建设投资全部由财政拨款改为银行贷款，归还本利的资金来源必须从企业新增的利润中支付。而对于我们学院来讲，主要是从招生收费和发展校办产业来归还本利。因此，在决定投资某个基本建设项目时，必须全面权衡学院扩大招生能力、教育教学质量、校办产业规模等方面的互动关系，同时还必须测算偿还能力和投资回收期，以便确定最佳建设方案。

## 1.2 基本概念和理论演变

### 1.2.1 基本建设投资的概念及其作用

(1)基本概念

基本建设是企业、事业、行政单位以扩大生产能力或工程效益为目的的新建工程及有关工作。包括工厂、矿山、铁路、桥梁、港口、农田、水利、商店、住宅、学校、医院等工程的建造和机器设备、车辆、船舶、飞机等的购置。

基本建设投资是指投资额在50万元以上(含50万元)用于购置、更新、改造及新建、扩建和改建基本建设的投资，实际上主要是固定资产的扩大再生产。

从经济活动性质上考察，基本建设投资包括建筑业的生产活动和对机器、设备等的单纯购置活动。其特点主要包括两方面：一是从使用价值形态上看，建筑业产品的特点是坚固耐久，可长期使用，形态体积庞大，空间位置固定，类别、品种、规格、式样极其复杂而又各不相同等；二是从价值形态上看，建筑业产品是许多人协作劳动的结晶，是社会劳动的直接成果，价值量比较大。

(2)基本建设投资的作用

基本建设投资的作用是由基本建设在社会生产中的作用决定的。基本建设投资在教育部门可分为教育性基本建设投资和非教育性固定资产投资。

第一，教育性基本建设投资是保证学院快速健康发展的重要物质条件。通过教育性基本建设投资，可以为学院各部门提高日益增多的、质量更高的、效能更大的教育性基本建设资产，以便增加学院的招生能力、提高教学科研水平，从而保证学院持续快速健康发展。

第二，教育性基本建设投资是促进学院教学手段不断提高的重要条件。基本建设的扩大再生产是为了不断适应学院发展的重要物质基础。为了实现学院各方面的快速发展，基本建设投资必须从学院的实际出发，重在建成后的使用效率，从而不断提高学院的综合发展能力。只有通过基本建设和交付使用新的高技术水平的基建项目才能不断提高学院的教学水平和教学质量。

第三，教育性基本建设对调整专业结构、培养具有高职特色的人才起着重要作用。对专业结构进行战略调整要靠对现有基本建设进行存量调整和靠增加投资进行增量调整，最重要的是增量调整。通过调整教育性固定资产投资特定结构，可以更多地培养学生的动手能力和操作技能，达到高职院校培养学生的目标。

第四，非教育性基本建设投资可以增加教职工住宅、生活辅助设施等非教育性基本建设，直接满足学院教师工作和生活的需要，使他们能够更加安心地工作，为学院的跨越式发展作出贡献。

### 1.2.2 投资效益理论的演变

对基本建设投资效益的研究，自凯恩斯主义宏观经济学诞生以来，许多经济学家从各种角度进行过深入探讨，取得了一些有价值的成果。这对于研究我院基本建设投资效益具有十分重要的意义。

凯恩斯对投资的研究相当深入，但只是间接地涉及投资效益问题。他认为国民收入由消费和投资组成，投资的数量取决于资本的边际效率和利息率。他提出资本边际效率取决于资本资产的预期收益现值和资本资产的供给价格，利息率取决于货币数量和流动性偏好。这里的资本效率就是投资效益的范畴。凯恩斯把投资和就业结合起来，认为增加投资可以作为解决失业的重要手段，或者说增加投资的重要结果——增加就业。凯恩斯的投资乘数理论也是投资效益的范畴。

一般认为，哈罗德增长理论是20世纪30年代西方资本主义经济理论发展的一个重要成就。哈罗德增长模型中的资本—产出比率，即增加单位收入需要的投资，可作为投资效益的重要指标。新古典综合派对投资效益进行了深入研究，有代表性的是20世纪60年代的索洛和托宾。索洛提出了投资收益率的概念和计算公式。他用储蓄代表投资，把消费增加量作为投资效果，由此得出投资平均收益率公式为$K/n$。$K$为消费增加量，$n$为同期储蓄量。

索洛的最优增长模型中，反映了深刻的投资效益理论。他提出人均储蓄有两个用途：一是用于人均资本拥有量的增加，即为每个人配备更多的资本装备，称为资本的深化；二是用于为每一新增人口提供平均的资本装备，称为资本的广化。如果储蓄转化为投资后，用于这两部分比例合适，就能促进经济最优增长，这就是投资效益的优化。

根据投资效益理论的形成过程和最新发展，结合本课题的任务，主要从经济角度研究基本建设投资效益。将投资定义为资本形成，主要是指在一定时期内学院实际资本的增加，包括教学楼、实训楼、学生公寓和教学设备的增加等，可见投资是流量指标。而由逐年投资最终形成的一定时期实际资本的总和就是资本，显然这时的资本是存量指标。

## 1.3 研究方法

### 1.3.1 投资的最优化原则

投资效益应该把投资未来收益和现在投资支出相比较。投资最佳化应该是投资边际收益率(*MEC*)等于边际资本成本率(*MCC*)，这是经济运行中边际收益等于边际成本为效益最大化原理的应用。

投资边际收益率(*MEC*)是指最后增加一元投资所带来的收益率，边际资本成本率(*MCC*)是指最后增加一元投资的成本率。二者相等就是最佳投资规模。如图1所示：

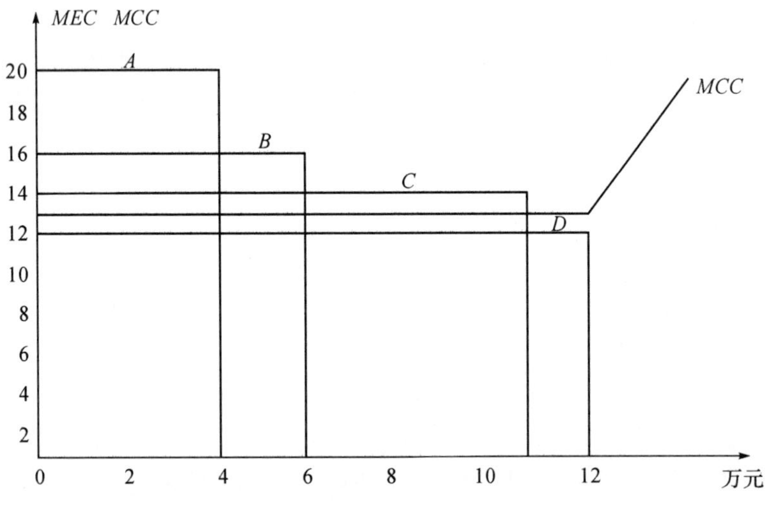


图1 最佳投资规模的确定

图中，横坐标为投资额，纵坐标为投资边际收益率和边际资金成本率。

假定投资期为一年，共有四个项目，其投资规模和投资收益率分别为：A项目：400万元，20%；B项目：300万元，16%；C项目：200万元，14%；D项目：100万元，12%。从图中可以看出，假定边际资金成本率为13%，则最优投资规模为1100万元，因为A、B、C三个项目可行；如果边际成本率为15%，则最优投资规模为900万元，因为只有A、B两个项目可行。

从上述分析可看出，根据边际投资收益率和边际资金成本率相等的原则，上述项目的最佳投资规模应该确定为1100万元。如图2所示。

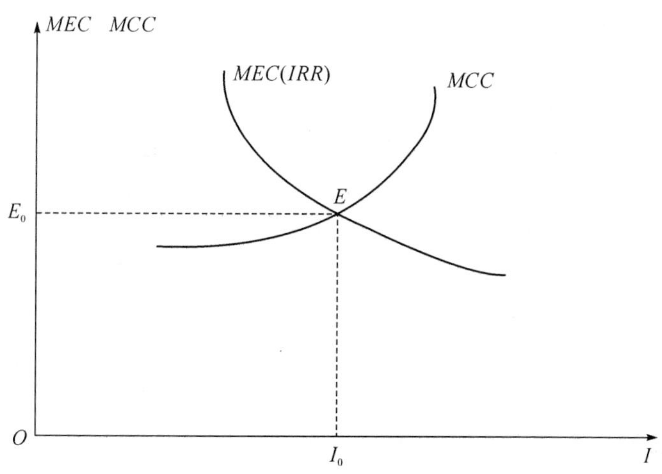


图 2　最优投资规模理论模型

图中 $MEC$ 为投资边际收益率曲线，$MCC$ 为边际资金成本率曲线，两条曲线相交点为 $E$，则 $I_0$ 为最佳投资规模或取得最大效益的投资规模。

1.3.2　静态投资效益评价方法

所谓静态投资效益评价方法是指不考虑货币时间价值或不考虑贴现的方法。这种方法主要有三类指标。

(1)投资报酬率 $E$，亦称投资收益率，是指年均投资净收益与投资额之比，即单位投资所获得的净收益，用公式表示为：

$$E = \frac{NR}{I}$$

其中 $NR$ 为年均投资净收益，$I$ 为年投资额。$E$ 反映着单位投资所带来的净收益，和单位投资利润率相近。此项指标是投资效益的微观指标，主要分析单个项目经济效益。

(2)投资回收期 $T$，亦称投资偿还期，是指用于该项目的投资额在基本建设交付使用后收回来的期限，用公式表示为：

$$T = \frac{I}{M}$$

其中 $I$ 为该项目的全部投资额，$M$ 为基本建设交付使用后年均上缴的利润和税金。一般来说，投资回收期短的项目好。

如 2002 年建造的 1～3 号学生公寓，总投资为 1500 万元，建筑面积 10958 平方米，能容纳 1152 人住宿，扣除正常宿舍管理支出，按每人每年 1000 元收费计算，每年可收 115.2 万元，投资回收期为 1500/115.2＝13.02 年。而 2003 年建造的4～5号学生公寓，总投资为1600万元，建筑面积1.14万平方米，能容纳1392人住宿，扣除正常宿舍管理支出，按每人每年1000元收费计算，每年可收139.2万元，投资回收期为1600/139.2=11.49年。很明显，2003年所造宿舍比2002年所造宿舍投资回收期短，从经济效益上来看要好。

(3)投资效益系数，是指当年基本建设投资额与新增收入(一个国家是指当年国家的国民收入，学院是指当年学生收费和其他用于基本建设投资的所有投资额)之比。

投资报酬率和投资回收期是从微观角度考察的静态投资效益指标，投资效益系数是从宏观角度考察的静态投资效益指标。

1.3.3　动态投资效益评价方法

所谓动态投资效益评价方法是指考虑货币时间价值或不考虑贴现的方法。这种方法主要也有三类指标。

(1)净现值NPV。在进行投资效益分析时，涉及不同时期每项投资和带来收入的对比问题。进行对比时，要根据货币时间价值原理计算每笔收入现金的现值，以现值为依据进行对比。

货币时间价值是指现在的一定数量货币到将来要获得一定利息而增殖。无论是资金的流入或流出，都要考虑货币的时间价值，将其计算成现值进行对比分析。如果用$V_t$表示$t$年后的价值，$V_0$表示货币数量的现值，$R$表示年利率，$t$表示年限，则某一笔资金$V_t$的现值$V_0$计算公式为：

$$V_t = V_0 \times (1 + R \cdot t)$$

对建设项目进行动态分析就是计算和分析该项目净现值，即每个项目的投资现值$PV(I)$、成本现值$PV(OC)$和收益现值$PV(R)$之差。建设项目的可行条件可表示为：

$$PV(I)+PV(OC)\leqslant PV(R);$$

即　$$PV(R)/[PV(I)+PV(OC)]\geqslant 1;$$

则　$$NPV=PV(R)-PV(I)-PV(OC)\geqslant 0。$$

上述公式中表示的经济含义是一致的，保证建设项目有效益或不亏损。

(2)内部收益率IRR。净现值能全面反映基建项目存续期内现金流出流入及净流入的现值，但它不易确定企业利润率，内部收益率可克服这一弊端。

内部收益率是净现值等于零时的贴现率，或者收益现值和投资成本现值相等时的贴现率。用公式表示为：

$$\sum A_t/(1+i)^t = 0$$

其中$i$为内部收益率，$A_t$为第$t$年的资金净流入。利用内部净收益指标判断建

设项目，可用 $IRR$ 和市场利率 $R$ 相比：

$IRR \geqslant R$，可行；$IRR \leqslant R$，不可行。

(3)获利指数 $E$，它是指在投资项目使用期内的现金净流入的现值总额与原始投资的比率。用公式表示为：

$$E=[\sum A_t/(1+i)^t]/I_0$$

其中 $I_0$ 为原始投资，分子为项目使用期内现金净流入的现实之和。判断项目的标准可表示为：

$E>1$，可行；$E<1$，不可行。

## 1.4　研究内容和基本框架

### 1.4.1　基本建设投资效益的内容

如果从基本建设投资目的角度考察，基本建设投资效益应该包括两部分内容，即直接效益和最终效益。

直接效益用公式表示为：

基本建设投资的直接效益＝新增基本建设或生产能力/基本建设投资

这是基本建设投资直接效益的综合性指标，比较全面地反映基本建设投资和新增资产的关系，其最直接的经济含义是单位基本建设或单位生产能力造价。很显然，单位基本建设或单位生产能力造价高，意味着投资效益经济效益不好；反之，投资的经济效益好。

最终效益用公式表示为：

基本建设投资的最终效益＝学院新增收入/基本建设投资额

这是基本建设投资最终效益的综合指标，反映了基本建设投资和学院新增收入的关系。其直接的经济含义是增加单位收入耗用基本建设投资，其倒数为单位基本建设投资学院新增加收入，前者为投资效益系数，后者为投资系数。

### 1.4.2　基本建设投资效益的基本框架

(1)我院基本建设投资效益的总体分析

①基本建设投资效益的内涵

②我院基本建设概况

③我院基本建设投资的直接效益分析

④我院基本建设投资的最终效益分析

⑤我院基本建设投资效益的动态考察

(2)我院基本建设投资的结构效益分析

①基本建设投资结构效益的内涵及其衡量指标

②基本建设投资结构优化的理论模型

③基本建设投资的费用结构效益分析

(3)建设项目效益分析

①建设项目效益的财务、经济和社会评价

②生产能力造价与材料消耗的效益评价

③建设项目规模效益分析

④提高建设项目效益的制度措施

## 2　学院基本建设投资效益的总体分析

### 2.1　基本建设投资效益的内涵

#### 2.1.1　早期范畴

由于早期投资是资本的一部分，所以，投资效益也是资本效益的组成部分。如斯密的“经济人”假设，即每个人都力图应用其资本得到最大的价值，客观上都在追求利润最大化的原理，也适用于投资。帕累托的最优状态理论，即保证不使任何一人减少福利的情况下，任何人也不能增加福利的实现最大效率标准的原理，也适用于投资。现代西方经济学中的“效用人”假说，即经济效益最大化分析，也适用于投资。

#### 2.1.2　马克思主义效益观

马克思在阐述资本主义生产目的时，揭示了经济效益的内容。他说：“资本主义生产的始终不变的目的，是用最小限度的预付资本生产最大限度的剩余产品。”这里，马克思所说的预付资本就是资本投入，所说最大限度的剩余产品就是资本的产出。

### 2.2　学院基本建设概况

自1999年以来，我院共投资8400万元用于基本建设投资，主要项目是建造了用于教育教学、学生生活等教育性基本建设和教工宿舍等非教育性基本建设，在基础设施等方面满足了学院因扩大招生对基本建设的需要，极大地促进了学院的发展。

**表 1　我院 1999—2003 年基本建设情况一览表**

| 年份 | 基本建设项目 | 投资额(万元) |
|---|---|---|
| 1999 | 仙客来宾馆、第二教学楼 | 2100(1300、800) |
| 2000 | 教工宿舍 | 150 |
| 2001 | 实验农场改成教育用地 | 120 |
| 2002 | 1～3 号学生公寓及第三教学楼、运动场 | 3000 |
| 2003 | 4～5 号学生公寓及实训楼、图书阅览楼、食堂、浴室 | 3000 |

从以上数据可以看出，在 1999—2003 年 5 年期间，1999 年、2002 年和 2003 年是学院基本建设投资较多的年份，主要原因基于招生规模的不断扩大。因此学院多方筹措资金，根据市场生源情况的变化，缓解了资金发展的“瓶颈”，对有限的资金合理配置、有效投资，一方面促进了学院的发展；另一方面提高了资金的使用效益，实现了基本建设投资效益的最大化。

## 2.3　学院基本建设投资的直接效益分析

从投资和新增基本建设的关系考察，一般认为，直接投资效益好就是指用一定的投资在最短的时间内增加较多的基本建设，或增加一定的基本建设耗费较少的投资。主要有两个分析指标：基本建设交付使用率和项目建成投产率。

2.3.1　基本建设交付使用率的理论分析

基本建设交付使用率是指在一定时期内新增基本建设占同期基本建设投资额的比例，用公式表示为：

基本建设交付使用率＝(同期交付使用的基建总价值/基建投资额)×100％。

显然，基本建设交付使用率反映的是各时期基本建设交付使用速度，这是衡量基本建设投资效益的一个综合性指标。从理论上分析，基本建设交付使用率可能有三种情况：

(1)基本建设交付使用率大于 100％，表明当年基本建设交付使用价值大于当年基本建设投资额。这是由于期初未完工程量大于期末未完工程量所致。即上一年有大量未完工程量须在下一年交付使用，这是不正常情况，一般来说在基本建设投资规模缩减时期可能会出现这种情况。

(2)基本建设交付使用率等于 100％，表明当年基本建设交付使用价值等于当年基本建设投资额，即年初年末未完工程量变化不大。

(3)基本建设交付使用率小于 100％，表明当年基本建设交付使用价值小于当年基本建设投资额，这是正常的。这主要是由于一方面多数基本建设投资项目在本年度不一定交付使用，因为开工时间不一定在年初；另一方面，当年基本建设投资中总有一部分不会是增加基本建设的投资，假定当年基本建设投资额全部交付使用，也要小于当年基本建设投资额。因此从理论上分析，基本建设交付使用率一般来说小于100％。

2.3.2 基本建设交付使用率的实证分析

我院基本建设交付使用率如表2所示。

**表2 我院1999—2003年基本建设投资交付使用率一览表** （单位：万元）

| 年份 | 基本建设投资额 | 基本建设新增固定资产 | 基本建设固定资产交付使用率(％) |
|---|---|---|---|
| 1999 | 2100 | 1600 | 76.19 |
| 2000 | 150 | 90 | 60.00 |
| 2001 | 120 | 80 | 66.67 |
| 2002 | 3000 | 2400 | 80.00 |
| 2003 | 3000 | 2700 | 90.00 |

从表中可看出，1999年以来，我院基本建设项目交付使用率尽管不是很高，但基本上满足了学院发展的需要。主要特点有：

(1)基本建设项目交付使用率呈不断上升的趋势。如从2000年60％上升到2002年的80％、2003年的90％。

(2)2000年、2001年基本建设项目交付使用率较低，这主要是由于施工项目的难度所形成的。如教工宿舍改造、实验农场的回填土工程。

(3)2002年、2003年基本建设项目交付使用率上升，这主要是由于项目确定时间早、工期紧等原因形成的。

2.3.3 基本建设项目建成投产率的理论分析

基本建设项目建成投产率是指一定时期内全部建成投入使用项目个数与同期正式施工项目个数的比率。用公式表示为：

项目建成投产率＝(全部建成投入使用项目个数/全部施工项目个数)×100％。

从我院1999—2003年5年基本建设情况来看，基本建设的项目建成投产率要小于100％，因为不可能每年的施工项目都全部建成，由于近年来随着招生规模的不断扩大，每年都会增加一些新的基本建设施工项目，所以，项目建成投产率不会很高。

2.3.4 基本建设项目建成投产率的实证分析

我院基本建设项目建成投产率如表3所示。

**表 3　我院 1999—2003 年基本建设项目建成投产率一览表**　（单位：万元）

| 年份 | 基本建设施工项目 | 基本建设建成投入使用项目 | 基本建设项目建成投产率(%) |
|---|---|---|---|
| 1999 | 2 | 1 | 50.00 |
| 2000 | 1 | 1 | 100.00 |
| 2001 | 1 | 1 | 100.00 |
| 2002 | 5 | 4 | 80.00 |
| 2003 | 6 | 5 | 83.33 |

从表中可以看出我院 1999—2003 年基本建设项目建成投产率呈现以下特点：

(1)尽管 2000 年、2001 年基本建设项目建成投产率较高，主要由于建设项目较少，每年都只有一个项目；

(2)2002 年、2003 年基本建设项目建成投产率不是很高，主要是由于施工项目较多，而且工期有所交错。

## 2.4　学院基本建设投资的最终效益分析

从投资和新增收入关系考察，一般来说教育性基本建设投资的最终效益好，就是指一定的基本建设投资带来最多的收入或获得一定的收入耗用最少的投资。主要有两个分析指标：投资回收期和投资效益系数。

### 2.4.1　投资回收期和比较效益系数

从微观角度考察，教育性基本建设投资的最终效益可用投资回收期来反映，这在导言中“静态投资效益评价方法”中已分析。

如对若干个投资方案进行对比取其最佳方案时，要补充投资回收期 $t$ 或其倒数比较效益系数 $E$，可用公式表示为：

$$t=(K_1-K_2)/(C_2-C_1)$$

$$E=1/t=(C_2-C_1)/(K_1-K_2)$$

式中 $t$ 为补充投资回收期；$E$ 为比较效益系数；$K_1$、$K_2$ 为两个投资方案的基本建设投资额，其中 $K_1>K_2$；$C_1$、$C_2$ 为两个投资方案的生产成本，$C_2>C_1$。

如果两个基本建设投资项目，投资额和年生产成本甲方案都比乙方案低，当然选甲方案，不必用补充投资回收期计算选择。如果两方案 $K_1>K_2$，$C_1<C_2$，这时可用补充投资回收期计算选择。具体方法有两种：一是和定额补充投资回收期对比，假定定额补充投资回收期为 $t_0$，则 $t<t_0$，可行；$t>t_0$，不可行。也可和定额比较效益系数相比，假定定额比较效益系数为 $E_0$，则 $E>E_0$，可行；$E<E_0$，不可行。二是几个方案同时对比，可和同一方案对比，选 $t$ 值最小或 $E$

值最大的方案。

在用补充投资回收期选择投资方案时，不同基本建设投资项目必须新增生产能力或建设期限相同，否则没有可比性。

2.4.2　投资效益系数或投资系数

从宏观角度考察，投资的最终效益可用投资效益系数 $E$ 或投资系数 $F$ 来表示，用公式表示为：

$$E = \Delta Y / I$$

$$F = 1/E = I/\Delta Y$$

式中 $\Delta Y$ 为由该项投资引起的收入增加额，$I$ 为投资额。投资效益系数 $E$ 表明，单位投资增加的收入，其倒数投资系数 $F$ 表明增加单位收入需要的投资，有时也称为资本系数。

我院 1999—2003 年 5 年的基本建设投资效益系数和投资系数如表 4 所示：

**表 4　我院基本建设投资效益系数和投资系数**　（单位：万元）

| 年份 | 学院收费增加额（$t$ 年） | 基本建设投资额（$t$ 年） | 基本建设投资额（$t$—1 年） | 基本建设投资额（$t$—2 年） | 基本建设投资效益系数（$Et$ 年） | 基本建设投资效益系数（$E't$ 年） | 基本建设投资效益系数（$E''t$ 年） |
|---|---|---|---|---|---|---|---|
| 1999 | 700 | 2100 | 400 | 500 | 0.3333 | 1.75 | 1.40 |
| 2000 | 360 | 150 | 2100 | 400 | 2.40 | 0.1714 | 0.90 |
| 2001 | 900 | 120 | 150 | 2100 | 7.50 | 6.00 | 0.4286 |
| 2002 | 1180 | 3000 | 120 | 150 | 0.3933 | 9.8333 | 7.8667 |
| 2003 | 2100 | 3000 | 3000 | 120 | 0.70 | 0.70 | 17.50 |

从表中可看出，1999 年以来，我院基本建设投资效益系数的变化趋势有如下特点：

(1)2000 年、2001 年投资效益系数较高，这主要是由于基本建设投资较少而形成的。

(2)1999 年、2002 年、2003 年投资效益系数较低，这主要是由于学院实行了积极的招生政策，招生规模不断扩大，学院需要加大基本建设的投资，满足教育教学、实习实训、学生运动和生活等各方面的需要。

(3)1999 年、2002 年、2003 年和 2000 年、2001 年相比，投资效益系数较低，这主要说明了在不同时间基本建设满足了当年教育和非教育性的需求。

(4)2001 年起基本建设投资逐步加大，主要原因是学院升格后要不断适应高职教育对学院发展的要求。因此各项基本建设投资不断增加，使学院在升格后很快适应了高职教育的要求。

## 2.5 学院基本建设投资效益的动态考察

在分析投资和收入关系时要进行动态考察，即分析建设项目的经济寿命周期和投资带来收入的时滞问题。

### 2.5.1 建设项目的经济寿命周期

在分析经济效益时，不能简单的分析投资回收期，必须考虑建设项目的经济寿命周期。因为不同的建设项目收回投资后的服务期不同。如有两个建设项目，其投资额为 $I$，投产后可增加收入为 $P$，不考虑经济寿命期的投资回收期 $T$，考虑经济寿命期的投资回收期 $T_0$，可增加收入为 $P_0$，如表 5 所示。

表 5 投资回收期计算表

| 项目 | $I$(万元) | $P$(万元) | $T$(年) | $T_0$(年) | $P_t$(万元) | 评价 |
| --- | --- | --- | --- | --- | --- | --- |
| 甲 | 500 | 25 | 20 | 10 | 100 | 差 |
| 乙 | 500 | 20 | 25 | 15 | 150 | 好 |

如果按建成项目的投资回收期 $T$ 考察，甲项目为 20 年，乙项目为 25 年，应选择甲项目。但考虑到建设项目的经济寿命期，则乙项目好，因为乙项目在使用期内可增加收入 150 万元，而甲项目在使用期内只增加收入 100 万元。

为考察建设项目的经济寿命期，可用效益系数 $E$ 分析建设项目的可行性。如不考虑货币的时间价值因素，则项目的效益系数($H$)可用公式表示为：

$$H=\frac{P}{I}$$

### 2.5.2 产出效益时滞问题

在实际规划设计和施工过程中，投入和产出经常存在着时间差，即投入之后经过一段时间后才有产出，这就是经济效益时滞问题。基本建设投资效益的滞后效应是客观的，但可以采取措施尽量减少其滞后效应，使基本建设投资尽快发挥效益，以实现在短期内用一定基本建设投资带来较多的收入增长。

解决这一问题，关键是加快基本建设投资项目建设速度、缩短建设工期，使基本建设尽快交付使用。这主要是在规划建设项目时，要确定科学合理的建设工期，在保证质量、节约开支的情况下尽量缩短工期，同时在施工中采用先进设备、先进工艺和改善管理等有效措施，不断加快施工进度、缩短建设工期。

如：学生公寓建设的工期，2002 年 3 月开工，按国家定额工期要 9 个月完成，为了满足学院新增学生开学能使用，必须压缩到 6 个月完工，工期压缩 3 个月，为此学院增加赶工措施费 25 万元，从而保证了新增 1152 名学生的正常入学。而这些学生的入学费就要500多万元，提前一年减少学院利息支出35万元以上，取得了经济效益、社会效益双丰收。

## 3 学院基本建设投资的结构效益分析

基本建设投资结构效益是从资源配置角度分析和考察总体投资的经济效益，其核心问题是投资的资源配置效率以及投资的合理程度。这对于制定科学、合理的投资政策具有十分重要的理论意义和现实意义。

### 3.1 基本建设投资结构效益的内涵及其衡量指标

#### 3.1.1 投资结构效益的内涵

投资结构是指投资各个组成部分之间的联系方式和构成比例，包括投资的费用结构、投资规模结构等。投资结构效益包括两个方面的含义：一是指系统内各要素组成的效应，也就是系统内各组成部分之间的关联方式和要素比例关系的合理程度，各要素的组成是否合理、是否存在着资源的浪费。这是一种静态的结构效益。二是指由于结构的变化，即系统内各要素关联方式和比例关系的变动所带来的效益，它反映了结构变化与效果变化之间的因果关系，即动态结构效益。

#### 3.1.2 投资结构效益的衡量指标及方法

衡量投资结构效益的指标可分为投资结构静态效益指标和投资结构动态效益指标。

(1)投资结构静态效益指标

根据经济学原理，社会资源配置的帕累托最优条件是在基本建设中所涉及的各投入要素的边际生产率相等。即

$$\mathrm{d}y_i/\mathrm{d}I_i = M$$

公式表示新增投资所带来的产出是相等的。可以用学院投入资本边际产出效益的均方差来反映投资结构的组成部分的效益配置。用公式表示为：

$$\sigma = (1/n)\sqrt{\sum (M_I - M)^2}$$

其中$\sigma$代表均方差，$M_I$为学院投入资本边际产出效益，$M$为学院投入资本边际产出效益的平均值，$n$是样本数量。$\sigma$越大说明投资的边际产出效益差别越大，资源配置结构越不合理，静态投资结构效益越差。反之，这一指标越小，意味着投资的边际产出效益趋同，静态投资结构效益趋好。$\sigma$等于零意味着投资结构达到了帕累托最优。

(2)投资结构动态效益指标

根据投资的动态结构效益的涵义,衡量投资结构效益的指标实际上表现为投资结构的变化所带来的结果。由于我院基本建设投资均由学院自筹,因此不涉及投资结构,所以这里不作详细分析。

## 3.2 基本建设投资结构优化的理论模型

### 3.2.1 投资结构优化的理论准则

(1)投资结构优化的理论原则

以完善的市场经济体制为基础的经济理论认为,从静态来看,实现资源最优配置的基本准则是选择的各种经济活动或各投入要素的边际生产率相等。这一原则直接的经济意义是,资本边际生产率反映的是各项基本建设投资活动追加投资带来整体目标的边际收益。当经济处于非均衡状态时,投资边际收益高的项目应优先获得追加投资,然而追加的投资又会使其边际生产率降下来,这样在追加投资的过程中,会使各项目投资的资本边际生产率趋于一致,从而呈现出一种均衡状态。也就是说,只要这种均衡不满足,就必然存在一种使投资从资本边际生产率低的项目流向资本边际生产率高的项目的趋势,这样的流动会进一步提高整体的经济收益。

与静态投资结构优化准则相比,在动态形式中增加了影子价格的概念,即投资结构最优的基本原则是各项目的资本边际生产率与影子价格的乘积相等。其经济意义表现为影子价格较高的基本建设项目,也就是对学院发展举足轻重的基本建设投资项目,追加的投资比重应该大一些,此时资本边际生产率向下运动;反之,影子价格较低的基本建设项目,则追加的投资比重应该小一些,使其资本边际生产率向上运动。这样,必然会使各基本建设投资项目的规模与其在特定的经济目标中所处的地位相适应,从而也最终地趋于某种均衡状态。只要这种均衡状态没达到,就仍然存在着某种潜力,能够进一步提高学院的整体投资效益。

(2)投资的均衡分布原则

投资的均衡分布是指投资结构与需求结构相适应的投资分配。在均衡状态下,如果需求收入弹性小于1,表明对该基本建设投资的需求增长慢于收入的增长,应减少对它的投资;反之,需求收入弹性大于1,表明对该基本建设投资的需求增长快于收入的增长,应增加对它的投资。

在非均衡状态下,出现“瓶颈”基建项目,那么就需要再引入产出收入弹性,并根据需求收入弹性和产出收入弹性的差额来进行投资分配。若这一差额大于0,则表明该项基本建设可以进行投资,而且应加大投资比重;反之,如果这一差额小于 0,则表明该项基本建设可以暂缓投资或应减少投资。

(3)非均衡的投资分配标准

非均衡投资分配标准是超越需求结构的变动来进行的投资分配,此时投资分配应向教育一线涉及学院发展的基本建设项目如招生、教学、实训、科研等方面倾斜。

①赫希曼原则。这一准则主要是提出了经济发展战略选择理论,实际上是用来选择具有主导地位的投资结构。把这一原则运用到学院基本建设投资中主要是根据各基建项目之间的关联效果或关联系数的大小来选择重点建设的基建项目。关联效应是指一个基建项目对相关基建项目以及对学院发展所产生的影响。可见投资分配优先于关联系数较大的基本建设项目。如教学楼、学生公寓和学生食堂等方面的建设投资要优先考虑。

②筱原准则。这是日本经济学家筱原三代平在 20 世纪 50 年代提出的旨在促进产业结构成长的基准。即“收入弹性标准”和“生产率上升标准”。收入弹性是指在价格不变的条件下,产品需求的增加率和人均国民收入增加率之比。这一准则引用到学院基本建设投资中,是指学院要将资金投向影响学院发展的重点基本建设项目上,促进学院在教学、科研和生产实践等方面的综合发展,并通过这方面发展来带动学院在培养人才等方面的发展。

按照筱原标准的基本思想,在考虑基本建设投资时须同时具备两个条件:一是该项基本建设投资建成后所带来的收入弹性较高;二是该项基本建设投资建成后学院的生产率上升较快,进一步激活学院的发展。

### 3.2.2 投资结构安排的标准

上述投资最优分配的原则都是从某一方面而言的,比如高收入弹性标准是从需求方面考虑的,高生产率上升标准是从供给方面考虑的,赫希曼原则主要是从基本建设投资交付使用后所影响的基建项目间的相互关联角度来考虑的。我院在发展过程中,应结合自身特点来建立符合经济发展实际的投资结构优化原则。主要从以下几方面来考虑:

(1)投资结构优化标准选择的基点

①优化标准的确立要有阶段性。一个学院的发展和经济的发展一样是个漫长的过程,它有明显的阶段性特征。从投资结构的演化规律来看,在不同的发展阶段和水平上,由于学院发展对基本建设投资的需求结构不同,学院基本建设投资结构的重点都是各不相同的。

②优化标准的确立要有整体性。投资结构的优化也是对整个学院的发展过程的优化,它涉及学院的各个方面,投资结构的变化规律在某种程度上决定学院的发展方向。所以在基本建设投资决策过程中,对于关系学院长远发展的

投资结构安排必须从学院全局出发,一方面把握投资结构优化的内在规律;另一方面把握投资结构优化的实质,即投资结构优化的整体性。

③优化标准的确立要有动态性。从长远来看,支撑学院发展的投资结构是要适应整个教育市场发展的规律以及社会对输送人才的需求状况的这种动态要求,及时对投资结构作出调整,这是社会发展的内在规律所决定的。所以投资结构优化标准要考虑到其动态性特征。

④优化标准的确立要有效益性。优化投资结构的根本目的还在于优化资源配置,提高资源使用效率,进而实现效益最大化。所以投资结构优化要树立效益观念。这里的效益既包括直接效益,即通过进行基本建设投资给学院带来的直接效益,也包括间接效益,即对某项基本建设投资所引致的学院其他方面效益的增加。

(2)我院投资结构优化的准则

基于上述对投资结构优化准则的考虑,对我院来说,均衡与非均衡的相机选择应该作为我院中长期投资结构选择的准则。相机选择的根本要义,在于要根据学院发展的阶段性特征以及社会经济发展环境等因素而作出相应的安排。在总体上和长远的发展角度,投资结构应力争做到均衡,而在中短期则应根据现实发展的要求以及所面临的资金状况,实行必要的投资结构倾斜政策。

均衡的投资结构准则主要体现为投资结构与需求结构相适应。基本建设投资的根本目的在于为学院的发展打下物质基础,适应社会发展的需要,满足社会需求对人才培养的变化。因此投资在构成上应与社会需要构成相对应。这主要表现在三个层次上:

①投资结构要与社会最终需求相适应。根据马斯洛层次需求理论,随着社会经济的发展与进步,以及人民生活水平的提高,人们的需求结构将发生变化。具体按恩格尔定律,随着居民收入水平的提高,食品消费支出在总支出中的比重将不断下降,而享受型、发展型消费支出的比重则不断提高。为了满足社会消费需求结构的变化,我院在基本建设投资结构上必须作出相应的调整。

②投资结构要与中间需求相适应。社会需求不仅包括最终消费需求,而且还包括中间需求。那么,基本建设投资结构既要满足最终需求结构的变化,同时也要满足最终需求变化而引发的中间需求结构的变化。

③投资结构与需求结构始终处于动态和相互促进的对应状态。学院的发展是一个动态的不断升级的循环过程,这就要求学院的各个部门、各个专业必须互相协调,共同促进学院的发展,从而形成一个良性循环的机制。学院基本建设投资的安排必须与这种循环相适应。从理论上讲,各个基本建设项目投资的前后关联系数是不同的,各项基本建设的投资结构的循环具有波及效果,如

果在安排投资结构中忽视这种关联效应以及波及效果，势必会影响学院的整体投资结构。所以，投资结构与需求结构的对应关系要体现一种动态特性。

非均衡投资结构的准则一般是按照赫希曼原则和筱原准则来选择重点投资的基本建设项目，但是这仍然要受到投资结构状况等多方面因素的制约。

3.2.3 均衡的投资结构优化模型

根据上述关于投资结构优化的基点及基本准则，考虑到投资结构与最终需求结构、中间需求结构相适应，考虑到各项基本建设投资项目之间的相互关系，以投资结构效果最大化为目标，以投入产出理论为基础，来建立均衡的投资结构优化模型。

(1)投资结构优化的目标函数

投资结构优化的根本在于优化资源配置，进而提高投资的整体效益。也就是一定量的总投资通过优化投资结构使经济效益最大化，或者是在产生一定经济效益的前提下，通过优化投资结构使总投资最小化。那么，如果只考虑在一定投资规模的约束条件下，投资结构的目标函数为：

$$\mathrm{Max}E = \Delta Y/I$$

其中，$I$ 代表新增总投资，$\Delta Y$ 代表由 $I$ 所引起的学院收入总值的增量，$E$ 代表投资效果。其经济意义是将最大的投资效果作为投资结构优化的目标函数。

(2)投资的约束条件

所谓投资的约束条件，是指实现投资结构优化的目标函数所要受到的客观或主观条件的限制。也就是投资的分配，根据均衡投资分配原则，一方面投资的配置要保持一定的比例关系，既要满足最终消费需求，也要满足中间需求；同时，投资分配还要能体现决策者的投资方向。

一般来说，投资的基本约束条件包括两个方面：

第一，学院的基本建设投资要能促进学院的发展，同时满足社会对学院培养人才的基本需求。即：

$$Y_i - S \geqslant I_i$$

从学院的整体发展来看，总投资也不能超过一定限度，要促进学院的发展、满足社会对人才的需求，即：

$$Y - S \geqslant I$$

第二，新增基本建设投资不能为负数。则有：$I_i \geqslant 0$。

将上述两个约束条件结合起来，并且 $I_i = I_{X_i}$，$X_i$ 为投出比例，$1 \geqslant X_i \geqslant 0$，则有：

$$Y_i - C_i \geqslant X_i \geqslant 0$$

根据投入产出方法，$X_i = \sum b_{ij} P_j B_j$，

则有：$(Y_i - C_i)/I \geqslant \sum b_{ij} P_j B_j \geqslant 0$

设$(Y_i - C_i)/I = G$，$G$是各种有关基本建设方面的政策的函数，也就是$G$取决于学院在投资决策中的投资方向，并通过各种政策来影响各项基本建设。即：

$$G = F(\text{各项政策}) = F(g)$$

则有：$F(g) \geqslant \sum b_{ij} P_j B_j \geqslant 0$。

所以优化投资结构的模型为：$\text{Max}y = \sum (1 - q_j) P_j B_j$。

上述模型中，$b_{ij}$投资系数和$B_j$项目的投资效果是状态变量，表示不同的决策可能产生的状态；$g$是控制变量，它取决于学院在投资决策中的投资方向；$P_j$为基本建设投资分配系数，是决策变量。这个模型的经济意义是：根据学院投资决策$F(g)$，在满足$F(g) \geqslant \sum b_{ij} P_j B_j \geqslant 0$，$P_j \geqslant 0$，$\sum P_j = 1$的条件下，使学院的整体投资效果$\sum (1 - q_j) P_j B_j$最大，此时的投资结构分配是最优的。

## 3.3　基本建设投资的费用结构效益分析

### 3.3.1　投资费用结构变动分析

基本建设投资费用结构主要包括：建筑安装、设备购置和其他费用三方面。随着大规模基础设施的不断完善，在不同的发展时期，基本建设投资费用构成中用于建筑安装工程的投资比重将不断下降，设备投资将大幅度上升。表6反映了我院1999—2003年5年期间基本建设投资费用结构的变化。

**表6　1999—2003年期间学院基本建设投资的费用结构一览表**

| 年份 | 建筑安装工程（万元） | 投资比重（%） | 设备购置（万元） | 投资比重（%） | 其他费用（万元） | 投资比重（%） |
|---|---|---|---|---|---|---|
| 1999 | 1280 | 60.95 | 400 | 19.05 | 420 | 20.00 |
| 2000 | 130 | 86.67 | — | — | 20 | 13.37 |
| 2001 | 100 | 83.33 | — | — | 20 | 16.67 |
| 2002 | 2400 | 80.00 | 400 | 13.33 | 200 | 6.67 |
| 2003 | 2700 | 90.00 | 500 | 16.67 | 300 | 10.00 |

表6反映了我院1999年以来基本建设投资费用结构的变化。从总体上来看，建筑安装工程的费用从投资额来看上升了，但从投资比重上来看，变化并不是很大。2000年、2001年这两年由于招生规模及其他方面对基本建设的投资要求不是很高，可比性不是很大。从2002年、2003年来看，随着学院升格及招生规模的不断扩大，基本建设投资不断增加，投资比重比较合理，推进了我院的

发展，基本建设投资的质量比较高。

3.3.2 投资费用结构变动对增加学院收入作用的分析

一般来说，当投资费用结构的变化对收入增长的弹性系数为负值时，投资费用结构的变动可致使经济增长率降低。因此对于建设发展中的我院来说，要进一步优化投资结构，提高资源配置效果，用较少的投资推进学院的发展。

## 4 学院基本建设项目效益分析

基本建设投资规模和投资结构对投资效益有着至关重要的作用，但投资总额和投资分配最终都要落实到具体的投资施工项目上。每个建设项目的效益高低，都将对投资总效益产生作用。

### 4.1 基本建设项目效益的财务、经济和社会评价

4.1.1 基本建设项目效益的财务评价

基本建设项目效益的财务评价是从财务角度根据国家现行财税制度和现行价格，分析、测算项目的效益和费用，考察基建项目的获利能力、清偿能力等财务状况，以判断基建项目的财务可行性。

财务效益评价指标较多，一般按照指标反映的内容为盈利性分析指标和清偿债务能力分析指标。在盈利性指标中，按是否考虑货币的时间价值，分为静态指标和动态指标，静态指标又称效益比率分析指标，包括投资利润率、投资回收期和补充投资回收期等。动态指标又称收益现值分析指标，包括净现值、内部收益率和获利指数等，这里指财务收益净现值、财务收益净现值率、财务内部收益率等。清偿债务能力分析指标主要有投资回收期、借款偿还期。

(1)财务收益净现值 FNPV

这是反映基建项目在计算期内获利能力的动态评价指标。它是按一定的折现率将投资者在计算期内各年所享有的项目净收益值折算成项目建设起点的现值之和。利用财务收益净现值指标，可以分析建设项目获利能力是否符合投资者的最低获利要求。如果净现值等于零，则与投资者的最低要求相符；如果大于零，则高于投资者的最低要求；如果小于零，则低于投资者的最低要求。因此，财务收益净现值大于等于零的建设项目在财务上是可行的。

(2)财务收益净现值率 FNPVR

该指标是指财务收益净现值与全部总投资现值之比，也称投资—收益净现值率。这一指标应用于多个投资不同的基本建设方案的比较，一般选择净现值率大的方案。

(3)财务内部收益率(FIRR)

财务内部收益率是反映项目获利能力的动态评价指标，它是基建项目在整个计算期内各年净现金流量的累计折现值等于零时的折现率。财务内部收益率把基建项目的财务收益与投资总额联系起来，通过与财务的折现率比较判断某项基本建设项目是否可行。

因此我院基本建设投资效益的财务分析可以根据以上3个指标进行分析，判断某一个建设项目投资是否可行。

4.1.2　基本建设项目效益的经济评价

经济评价是从学院的整体出发，采用费用与效益分析的方法，运用影子价格、影子汇率、影子工资和社会折现率等经济参数，计算分析基建项目需要学院付出的投入和招生的贡献，考察投资行为的经济合理性和宏观可行性。

经济评价以财务评价为基础和前提。基本建设的经济评价中采用的大多数指标与财务评价类似，但更侧重动态指标，同时须对财务效益和费用范围作相应地调整，并以影子价格取代财务价格，对费用效益数额重新计算。主要指标有：

(1)经济内部收益率(EIRR)

该指标是计算期内使基本建设项目各年经济净效益流量的现值等于零时的折现率，反映基本建设项目占用的投资对学院发展的净贡献能力。

(2)经济净现值(ENPV)

经济净现值是用社会折现率将基本建设项目计算期内各年的净效益折算到建设初期的现值之和。一般来说，该指标大于或等于零的项目是可以接受的。

(3)经济净现值率(ENPVR)

经济净现值率是反映基本建设项目占用投资对国民经济净贡献能力对比的相对指标。它是经济净现值与投资现值之比。一般来说，该指标大于零的基本建设项目是可以接受的，在多个投资额不同的方案中，一般选择净现值率大的方案。

4.1.3　基本建设项目效益的社会评价

在对基本建设项目本身的费用和效益进行比较的同时，还要考虑到项目的外部效益，即间接费用与间接效益，这就是对项目的社会评价。社会评价是对基本建设项目的社会效益的评价。社会效益是指该基本建设项目为社会发展所做的贡献与影响。社会发展目标包括两方面：一是效率目标，即经济增长；二是公平目标，即公平分配。社会效益评价的内容主要包括：

(1)项目的环境效益评价

评估内容包括项目的选址、布局以及在项目实施过程中和项目建成后对周边环境等方面的影响。

我院有百年的发展历史，近几年的发展在区域环境效益中更是发挥了重要作用。如学院统筹规划学院时，考虑到校内学生人数的不断增加，将原来的实验农场用地改造成了教学用地，新建了 6 幢学生公寓、学生食堂、学生浴室、运动场等基础设施，改变了学院的整体面貌，同时在区域环境建设中增加了亮点。在每年的区域范围评比中都获得了优秀，同时在区域内获得了创建国家卫生城市的试点单位。

(2)项目影响的招生效果评价

近几年我院的招生情形十分喜人，这除了由于近几年来整个社会生源丰富及我院地处苏州这个经济繁华地区具有一定的吸引力以外，我院这几年的基本建设还是起到了很好的宣传效果。现代社会经济发展迅速，人们对物质生活条件要求不断提高，尤其是家长对子女在校期间的生活、学习环境越来越重视，如我院公寓楼的建设在某种程度上就极大地满足了这方面的需求。经过这几年的基本建设，我院校园环境也发生了很大的变化，既保留了苏州园林的某些特色，还加入了现代元素，许多家长及考生在参观完校园后都会选择报考我院。

## 4.2 生产能力造价与材料消耗的效益评价

### 4.2.1 反映生产能力造价与材料消耗效益的指标

基本建设项目的生产能力形成、造价、材料消耗、建设工期等因素直接影响项目效益。这些因素的效益通过项目投入与项目完成后所形成的对学院发展所带来的影响和基本建设之间的对比关系，反映基本建设项目设计、施工质量、项目管理等多方面的工作质量。

(1)单位生产能力造价

一般以单位生产能力形成所须投资额表示。不同行业生产能力造价的影响因素不同，主要有两个影响因素：一是各种价格的变动，包括建设用的各种物质的价格、设计、施工等人工费用的价格；二是国家的政策性因素。

(2)建设工期

建设工期是指项目从施工开始到完全建成可以交付使用为止的时间跨度。在保证建设质量的前提下，建设工期越短，越节省建设投资，项目发挥生产能力或工程效益越早，项目效益越高。

### 4.2.2 影响生产能力与材料消耗效益的因素分析

影响生产能力与材料消耗效益的因素是多方面的，通过对这些因素的分析有助于提高基本建设项目效益。

(1)对基本建设项目要进行科学的论证。学院在进行基本建设决策前，要对基本建设项目进行市场调查,对投资建成后的基本建设项目使用情况进行分析,以确保提高基本建设项目的使用效益。

(2)对基本建设项目要进行科学的设计。在基本建设过程中,要对勘察、图纸等方面的设计进行深入细致的调查,要加强监督审查,以省却施工阶段对项目设计进行修改,从而减少无谓的耗费,缩短建设工期。

(3)对基本建设项目要进行科学的管理。这主要包括:项目招投标管理、项目施工质量管理、项目工程造价管理、项目专项资金管理等方面。在基本建设前期、中期和后期要加强这些方面的管理,以不断提高基本建设投资的效益。

## 4.3　基本建设项目规模效益评价

### 4.3.1　基本建设项目规模效益的评价基础——MES

在基本建设项目投资中,通过对项目规模效益进行评价,将有助于提高资源配置的效益和效率;有利于抑制过度竞争,形成有序的竞争秩序。

规模效益分析的是一个学校发展规模与长期成本之间的关系。简单来讲,规模效益是指单位产品的成本随学院发展规模提高而降低的规律现象。当然,成本不可能无限度降低,当规模增长到一定程度后,单位成本下降不再明显甚至开始上升,一般将这时的规模称为最小经济规模,或最小最佳规模,简称MES(minimum efficient scale)。大于等于 MES 的规模才具有规模效益,所以可视 MES 为判断是否具有规模效益的临界规模。

通过图 3 所示的规模成本曲线,可以计算 MES。常用的规模成本函数是:

$$C = C_0(n_0/n)^{\alpha}$$

其中 $C$ 为单位成本,$C_0$ 为起始规模成本,起始规模是现有技术条件下可以生产的最小规模;$n_0$ 是起始规模产量;$n$ 是能力产量,且 $n>n_0$;$\alpha$ 是规模成本指数,一般 $\alpha<1$。

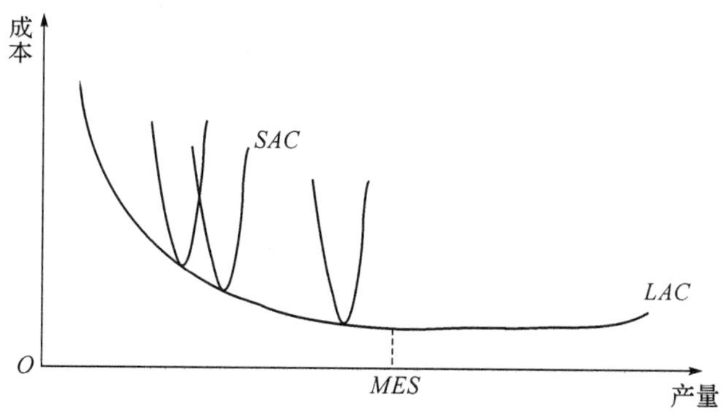


图 3　成本曲线与 MES

根据不同规模的教育成本或同一学校不同时期、不同规模的成本，或将两类数据结合，绘制出规模成本曲线，确定规模成本函数，进而依据边际成本最小或成本规模变化率最小的准则确定 MES。

4.3.2 基本建设项目规模效益评价

(1)反映基本建设项目规模效益的指标

①招生人数、招生规模及其学院在招生过程中的影响综合反映建设项目投资的最终结果，直接反映产出与成本费用关系。

**表 7 1999—2003 年期间学院基本建设投资和招生情况一览表**

| 年 份 | 投资额(万元) | 招生情况(人) |
|---|---|---|
| 1999 | 2100 | 1024 |
| 2000 | 150 | 57 |
| 2001 | 120 | 1624 |
| 2002 | 3000 | 2553 |
| 2003 | 3000 | 2914 |

通过表 7 可以看出，基本建设投资与招生(学院发展能力)之间的关系概括为以下几点：

——1999 年是我院基本建设投资迅速增加的一年，一方面主要是有着充足的生源市场；另一方面学院增加投入逐步改变基础设施，从而增加了招生的数量，1999 年比 1998 年增加招生近 300 人。

——2000 年基本建设投资额下降，同时由于生源市场紧张，导致该年招生数量下降。

——2001 年是学院发展的转折之年，随着学院的升格以及招生力度的加大，招生数量明显比 2000 年有了大幅度上升。

——2002 年、2003 年学院进一步加大了基本建设投资力度，新建了学生公寓、食堂、浴室等基础设施，满足了所有在校学生学习、生活等各方面的需要。通过基本建设投资为学院的发展增加了活力。

②招生情况受到诸多与规模无关的因素影响。

③进行比较的需要。

从我院这几年的招生情况来看，我院的考生报考率及投档线与本地区高校相比是相对较高的，这主要由于经过这几年的基本建设，我院校园环境也发生了很大的变化，充分发挥我院在园林方面的特长，校园环境整体优美，在同类型院校中有很大的竞争力。

(2)行业规模效益评价

行业规模效益评价是根据一定时期建设项目投资完成后所形成的行业规模结构情况,评价投资效益中的规模效益状况,也是未来新上项目规模的确定基础。

①MES 院校的市场份额。达到最小经济规模的院校一般称为 MES 院校。可用 MES 院校的数量占全省高校总数的比重反映我院规模效益水平,比重越大,说明我院的规模效益越好。比较精确的方法是用 MES 院校的招生总量占所有院校的比重来反映。这一比重称为 $D$ 值,$D$ 值越大,说明我院达到规模效益院校的比重越大,行业平均成本越低,效益越好。

②院校集中度。集中度是西方产业组织理论中反映市场垄断和竞争程度的基本指标。集中是伴随着工业化进程而出现的,生产要素的适度集中有助于促进规模经济性的形成,防止过度竞争,实现资源的有效配置。在资源和市场容量有限的情况下,集中和部分院校的规模扩大是相伴随而产生的,因此对行业集中状况的研究,可以反映行业规模经济的发展状况。

常用的测定集中度的指标有三个:

第一,绝对集中度。通常用本行业规模最大的前 $n$ 位院校的招生人数的累计数占整个市场相应指标总数的份额表示。前 $n$ 位集中度表示为 $CR_n$。利用绝对集中度指标来计算行业市场集中度时,一般取行业内最大的 3 或 5 家、4 或 8 家院校来计算大学校的市场占有率。

第二,相对集中度。一般用洛伦茨曲线和基尼系数表示。洛伦茨曲线是用来描述分配性质的一种曲线,常用于衡量收入分配不平等程度。在这里用以反映院校规模分布和集中程度,以市场作为分配对象,考察它在院校之间的分配情况。洛伦茨曲线偏离对角线的距离越大,院校规模分布越不均匀,可以通过基尼系数进行量化,基尼系数越小,院校规模分布越接近于均等,反之则说明集中程度越高。

第三,哈菲德尔指数。这是反映集中度的综合指数。一般在 0 与 1 之间,越接近 1,集中程度越高。

4.3.3 提高基本建设项目规模效益的基本途径

(1)完善教育市场体系,促进教育资源的合理流动和配置,建立有效的招生竞争秩序。

(2)增强学院发展活力。增强学院发展活力的目标是建立学院内部积累机制,增强学院生存意识和扩张。使学院作为独立的“生产者”进入市场,在市场竞争中优胜劣汰,不断扩大规模。

### 4.4 提高基本建设项目效益的制度措施

基本建设项目效益是学院固定资产投资效益的微观基础，是提高学院固定资产投资效益的着眼点和出发点。要提高基本建设项目的投资效益，应从建立投资主体的硬预算约束机制，建立投资项目的法人责任制，实现项目监管的市场化和法制化等几方面加强投资管理，不断提高建设项目的投资效益。

4.4.1 建立投资主体的硬预算约束机制

(1)建立现代企业制度

建立投资主体的硬预算约束机制，首先应该消除投资主体内部超预算的扩张冲动，即要强化基本建设项目投资的"权、责、利"约束机制。基本建设项目投资的"权、责、利"，亦即项目经营决策权、风险责任和利益享有权，应该有机地统一于投资活动过程中，这是解决投资领域中诸多矛盾的根本性措施。此措施有效实施的关键是建立现代企业制度。

现代企业制度的基本特征在院校中可以概括为：①明晰的产权关系。②学院以其全部法人财产，自主经营，自负盈亏，发挥财产功能，实现效益目标，承担资产保值增值责任，并通过投资获得效益。③出资人按出资数额享有所有者权利，包括资产受益、重大决策和选择管理者。④行政不直接干预学院的招生等方面的事宜，学院在市场竞争中优胜劣汰。⑤建立科学的学院管理机制，协调出资人、经营者和教工之间的关系，形成激励和约束机制。可以看出，在项目建设中现代企业制度所形成的微观约束机制要求投资人必须对出资人负责，对建设项目进行科学的论证和高效率的运作，以确保自身利益，提高建设项目的经济效益也必然成为项目投资的最直接追求。因此，积极进行企业制度改革，明确企业权益，强化风险约束，以建立企业投资活动的自我约束机制，抑制盲目扩张冲动，是实现投资主体硬预算约束的基本方略。

(2)商业银行投资贷款体制的配套改革，也可以起到强化预算约束的作用

建立投资主体与商业银行之间的双向选择关系，各商业银行按照国家有关法律法规和金融政策，根据资产负债比例管理原则，对投资项目独立评审，自主决策，自担风险。由于商业银行依据资金的安全性和项目效益评估结果，严格贷款条件和还款制度，行使贷款的"否决权"，不但可以规避金融风险，而且可以对建设项目进行有效监督。

(3)强化预算管理。首先，预算编制应采用科学、规范的方法，尽可能将预算支出细化，提高预算编制的准确程度和到位率，尽量避免预算机动性过高，到位率低，预算执行过程中又频繁追加的情况。其次，加强预算执行过程中的控制和监督工作。一方面，逐步建立起各相关部门组成的控制监督体系和监督制

度，健全和完善效益评价和考核指标体系，运用经济手段对预算支出实行全过程的管理和监督；另一方面，为保证监督和管理的有效性和及时性，预算执行要定期检查工程进度和付款情况，以保证信息的畅通。第三，尽可能减少预算外支出，将支出全部纳入预算管理范围，并增加预算的透明度和公开性。第四，强化预算的法律约束力。

4.4.2　实施投资项目法人负责制

(1)建立清晰的产权关系。法人投资责任制是与现代企业制度相适应的改革措施，法人责任制实施的微观基础是企业法人实体地位的确定，即建立市场经济条件下真正意义的现代企业制度。

(2)推行项目资本金制度。项目资本金制度是建设项目在科学概算总投资后根据项目预算效益和风险承受能力，确立一定比例的最低资本金。

4.4.3　建设项目监管的市场化和法制化

建设项目的监管是增强项目决策的科学性，节约成本，提高项目投资效益不可缺少的约束手段，是建设项目投资活动的有机组成部分。

建立市场化和法制化的项目监管体系是与整个经济的市场化进程和法制建设紧密相连的。

(1)市场建设

市场机制在基本建设项目监管中发挥作用，要求做好几项基础工作：第一，对市场信号作出反应，学院要从自身利益出发，充分发挥资金的投资效益；第二，在完善的市场竞争机制、价格机制、利润机制下，学院的基本建设要主动适应市场监管；第三，学院基本建设要适应市场管理制度。①建立项目咨询评估制度和设计服务体系。发展为宏观决策服务、为基本建设项目进行可行性研究、为项目实施阶段服务的咨询机构，勘察设计逐步走向社会化、市场化、企业化。②决策责任制度。学院要承担决策责任，因此学院要在科学评估和论证的基础上，严格决策程序。③招标投标制度。严格按照招标投标原则和要求选择施工单位。④全面推行工程监理制度。社会工程监理机构是受学院委托，对建设项目全过程进行监督管理，确保项目的成本工期和质量控制。

(2)法制建设

健全的法律法规是保持良好市场秩序的根本保证，学院基本建设项目的投资活动必须在法律的保护和约束下，才能健康进行。因此学院一方面要结合新的形势作相应的调整和完善，以强化监管力度；另一方面要加强执法力度，做到有法必依，严格执法。

(3)中介机构的服务体系建设

建立完善的市场服务体系是投资全面走向市场化的要求，也是项目监管的有效手段。首先,中介服务机构要为学院投资提高客观、公正、科学的咨询意见,为建设项目编制工程建议书、可行性研究报告、设计文件等。第二,全面推行工程监理制。工程监理是建设项目实施科学规范管理的重要内容,是项目建设过程中提高投资效益和工程质量的关键环节。实行专职的工程监理机构对基本建设项目进行监理,有利于投资的合理使用,提高资金使用效益,有利于保证项目的合理工期和质量。第三,建立健全以审计监督为核心的基本建设项目监督体系,加强审计监督力度。

# 校舍基建项目造价的全过程控制

上海市徐汇区教育局校舍基建管理站　黄忆平

校舍基建项目的建设是一个周期长且复杂的过程，在项目生命周期内的各个阶段对工程造价的影响是不同的，我作为一名校舍基建建设方的工程项目管理人员，有幸参与了项目建设开发的过程，并结合理论知识，对建设工程的开发全过程分成五个部分进行展开。

## 一、项目决策阶段是有效控制工程造价的基础

项目决策阶段指参加土地投标、中标至项目立项的过程。正确决策是项目投资的前提，也是控制投资的基础。

要达到项目投资的合理性，首先，要对建设项目进行可行性研究，由总设计师(室)或者委托专业设计单位配合土地投标的主控部门对地块进行实地考察，并结合规划设计条件进行内部评审，然后根据市场预测、调研、计算和论证，形成项目建议书，为领导提供决策依据。由此，在此阶段至少要做好以下两点：

1. 进行多方案的技术经济比较，择优确定最佳建设方案

首先，要择优选择最佳方案，其规模应合理，规模过小，使得资源得不到有效配置，经济效益低下；规模过大，超过了校舍基建项目的入学需求量，则会导致学校周边居民的入学需求量供大于求，造成资源浪费，致使项目经济效益也会低下。项目规模合理化受三方面的因素制约：

(1)生源因素

生源因素是项目规模决定中需考虑的首要因素，学校周边居民的入学需求状况是确定学校校舍规模的前提。

(2)技术因素

先进的生产技术及技术装备是项目规模效益赖以存在的基础，而相应的管理技术水平则是实现规模的保证。

(3)环境因素

校舍基建项目的建设、生产和使用离不开一定的社会经济环境，项目规模确定中主要的环境因素有：政策因素，协作及土地条件，地区发展趋势，等等。

2.建立科学决策体系，合理确定投资估算

投资估算是工程项目投资管理的龙头，只有抓好估算才能真正做到宏观控制，而搞好投资估算的前提是项目决策的科学化和合理的投资估算指标。决策科学化的关键在于科学的决策体系（含经济评价参数体系）和决策责任制。合理的投资估算主要取决于投资估算指标。因此，建立科学的决策体系，明确决策责任制，编制高质量的估算指标，是抓好投资估算这个龙头的关键。

## 二、优秀的工程设计是有效控制工程造价的前提

在日常的管理工作中发现，有的设计部门重形式轻经济，对设计文件重视不够，对设计技术先进性和经济合理性的关系认识不足。

如我区某学校要建一个图书馆，在我站内部方案评审中看到，宽敞的场地上图书馆的布置却是东西朝向，东西向的外墙全部用深色玻璃幕包裹，采光、通风无从谈起，屋顶又布置透明的玻璃，夏天阳光直逼馆内。建筑物的朝向布置不合理，又大面积使用幕墙，势必带来工程造价的增加及日后的使用成本的提高。

经分析，由于设计走向市场化，设计费由政府拨款改为实行向业主收取的设计收费制后，设计要尽可能服从业主的要求，在旧的制度被打破而新的制度又不完善的情况下，目前市场上出现一种现象，在方案设计和初步设计阶段往往重视形式，忽视经济。方案创作时为了中标，设计的作品往往是为了迎合业主。许多年轻设计师没有过多的实践经验，思维还没定式化，方案创作阶段在形式方面比较出新，方案评选中又特别看重形式；领导凭着模型、几张效果图就做出决策，因而设计师在追求新、奇、怪表面化的东西时，却忽略了其背后的功能、造价、技术的可行性、使用维护成本等方面的因素。重形式的弊端往往导致建成后使用效果不理想，建造成本难以控制等问题。由此，很有必要全面实行设计招投标制度和设计监理制。

1.实行工程设计招投标制

为了缩短设计周期、提高设计质量、最佳设计方案的出台，对于每一项工程设计，都应成立专门的招投标工作小组，按照规范程序进行招投标，由中标者承揽设计。为此急需建立公平、公正、公开的设计市场，这是提高工程质量、开展全方位服务竞争、控制工程造价的保证。在设计招投标中，不但要对建筑方案进行招标，更要对结构方案、工程造价进行考核。

2.工程建设监理制

设计监理的工作十分重要，它对建设项目的投资与进度均有重大影响。而现实中，往往对有可能节约投资35％～75％的设计阶段监理缺位，而把节约投

资的可能性仅 5%～35%的施工阶段作为重点，这反映了我们不太重视工程前期工作。加强设计监理也正是我们加强工程造价控制的主要手段。设计监理的核心任务是进行投资控制、设计进度控制和设计质量控制。在经过对建设项目的总投资、总进度和质量目标进行论证的前提下，依据总目标编制项目的投资计划、设计阶段资金使用计划、进度计划，明确设计质量标准要求。

3.限额设计

限额设计是确保设计阶段工程造价不突破投资限额的前提。采用限额设计是控制投资支出，有效使用建设资金的有力措施。要严格按照批准的投资估算来控制初步设计，按照批准的初步设计概算来控制施工图设计，同时在保证达到使用功能的前提下，各专业按分配的投资限额控制设计，严格控制不合理变更，保证投资不被突破。

## 三、建设项目工程招投标是有效控制工程造价的核心

2010 年，一所学校的校舍加固修缮工程在施工招投标阶段回标时最高报价超过 580 万，而最低报价只有 490 万。在评审询标时，低价单位对其行为做出了解释和承诺，考虑到该单位曾有过良好的业绩，故最后确定其为中标方。可是中标后，在签订合同及项目实施过程中，这家施工却想通过一些变更来改变原有的承诺。由于招投标文件及合同中对造价控制和管理都有十分详细的制约条款，使这家企业无空子可钻，最终只得按照其投标时的价格进行结算。这不仅使区教育局节省了不少投资，也使该中标单位对低价中标的风险有了更深切的感受。

一般情况下，基建站作为建设方会委托具有工程造价咨询资质的单位进行招标代理工作。但“委托”不等于“放手”，我基建站还要针对每个项目的实际情况，向招标代理单位提出要求。并在以下关键点上加以控制：

1.项目招标过程中的成本控制

工程招投标包括设备、材料采购招投标和施工招投标两个方面，通过招投标选择施工单位或材料供应商，这对项目投资乃至质量、进度的控制都有至关重要的作用。我认为，在招标过程中，校舍基建建设方应注意与加强以下几点：

(1)招标工作应遵循公平、公开、公正、诚信的原则。招标应严格审查施工单位资质，必要时进行实地考察，避免“特级企业投标，一级企业转包，二级企业进场”等不正常现象，这对项目成本控制非常不利。

(2)做好招标文件的编制工作，造价管理人员应收集、积累、筛选、分析和总结各类有价值的数据、资料，对影响工程造价的各种因素进行鉴别、预测、分析、评价，然后编制招标文件。对招标文件中涉及费用的条款要反复推敲，尽量做

到“知己知彼”，以利于日后的造价控制。

(3)合理低价者中标。目前推行的工程量清单计价报价与合理低价中标，作为校舍基建建设方应杜绝一味寻求绝对低价中标，以避免投标单位以低于成本价恶意竞争。所谓合理低价，是在保证质量、工期前提下的合理低价。

2.做好合同的签订工作

施工合同是办理工程结算、拨付工程款及处理索赔的直接依据，也是工程建设质量控制、进度控制、费用控制的主要依据。在签订的过程中，对招标文件和设计中不明确、不具体的内容，通过谈判，争取得到有利于合理低价的合同条款。同时，正确预测在施工过程中可能引起索赔的因素，对索赔要有前瞻性，有效避免过多索赔事件的发生。

此外，应争取工程保险、工程担保等风险控制措施，使风险得到适当转移、有效分散和合理规避，提高工程造价的控制效果。工程担保和工程保险，是减少工程风险损失和赔偿纠纷的有效措施。特别是采用费率招标时，更应弄清业主与施工单位各方的责、权、利。

对于其中的风险包干费，必须把握其费用的内涵，这对于招投标双方来说都是非常重要的。风险包干费是，投标企业根据各自实力、施工经验以及对现场及周边环境考察，结合对招标文件的理解，进行综合投标报价，中标后签订合同，包死造价，对风险范围内的造价，竣工结算时不再调整，实行“零签证”。

## 四、施工管理是有效控制工程造价的重要环节

在 2009 年开工建设的某学校综合楼，当时的人工和材料都达到了一个比较高的涨幅。在当年《建材与造价咨询》上，“上海市建材业市场管理总站”也发布了《关于建设工程要素价格波动风险条款约定、工程合同价款调整等事宜的指导意见》，承包商就拿着这份指导意见作为提高人工费的依据。但基建站认为任何情况下的指导意见只能作为一个阶段的参考意见，合同条款内的约定才是有法律保障的，所以对承包商这次提出的人工单价的增加不予考虑。通过这次较量，真正体现了合同法律性和严密性带来的保障。

由此可见，此阶段不但是基建站工作的重点，也直接关系着施工企业的经济命脉，是工程建设管理的重要环节。首先，分析施工企业工程造价的特点有：

(1)市场性：施工企业的工程造价是施工企业通过招投标方式在激烈的竞争中形成的，它充分反映了市场的供求关系和竞争的激烈程度，具有市场性和风险性。

(2)单体性：作为施工企业，其生存条件就是能够向社会交付资质范围内的各类合格工程产品。在建筑产品的完成过程中，由于建设规模的不同、技术难

度的差异、施工条件的制约，每项工程都具有自身的单体造价。

(3)网络性：从横向来看，施工企业的工程造价是在预算、劳动调配、材料供应、施工技术、机械配置、财务成本等诸多部门的相互配合、相互约束下完成的；从纵向来看，施工企业的工程造价是通过信息跟踪、招标投标、合同签订、组织施工、竣工结算等阶段逐步完成的。可见，在企业内部，工程造价的管理就形成了一个经纬交织的网络结构。通过以上对施工单位的分析，基建站作为建设方在施工阶段成本控制的关键是：

①合理控制工程及材料价格的洽商；②严格审查承包商的索赔要求；③做好工程进度款的审核控制。

在上述几点中，会涉及工程变更以及工程签证这两项重要的工作内容：

(1)由建设方引起的变更，主要是设计变更、施工条件变更、进度计划变更和工程项目变更。基建站为此建立了工程变更管理制度，明确工程、预算等有关部门、人员的职权分工，确保对变更内容的把关，杜绝不实及虚假签证的发生。

(2)为了确保工程签证的客观、准确，在项目管理工作中首先强调办理工程签证的及时性。一道工序施工完，时间久了一些细节容易忘记，如果第二道工序又将其覆盖，客观的数据资料就难以证实，所以对签证一般要求自发生之日起 20 天内办妥。并且，对签证的描述要求客观、准确，隐蔽签证要以图纸为依据，标明被隐蔽部位、项目和工艺、质量完成情况。如果被隐蔽部位的工程量在图纸上不确定，还要求标明几何尺寸，并附上简图，不能笼统地签注工程量和工程造价。签证发生后应根据合同规定及时处理，审核应严格执行国家定额及有关规定，经办人员不得随意变通。要加强预见性，尽量减少签证。

## 五、竣工结算与项目后评价是有效控制工程造价的关键

竣工结算阶段是一项集技术与经济为一体的工作，同时也是多部门相互配合、集体力量出成果性文件的阶段，最终要完成建设单位和施工单位之间的合同关系和明确经济责任。

后评价是对整个建设项目的一种综合性评价，也是对该项目已完成造价控制工作的总结。

1.竣工结算

竣工结算是工程造价合理确定的重要依据，同时竣工结算的审核也是控制投资的最后一个环节。它是施工企业所承包的工程按照建设工程施工合同所规定的施工内容全部完工交付使用后，向发包单位办理工程竣工后工程价款结算的文件。在这一阶段，作为基建建设方，总结竣工结算时有以下原则：

(1)分清责任,注意防止重复计算

在安装工程施工中,管道穿墙开洞、楼板开洞、预埋铁件等通常由土建施工完成,而在土建施工中往往要求建设方现场签证确认工作量。我们认为,这是施工单位承包范围的内部协调,不符合现场签证条件,予以否决。这样做对施工单位在决算中可能发生的重复计算问题,也能起到预防作用。

(2)抓住施工环节"偷漏"点

因为我国目前采取的是计量(监理)与评价(结算)分离的工程监管模式。搞结算审核工作的造价工程师施工时一般不到现场,结算审核时工程量的计算依据主要就是施工图和建立签证,这就为施工环节(尤其是隐蔽工程)偷工减料提供了可能。

(3)防止虚设费用

有的工程在建造过程中没有使用大型机械和特种机械,但竣工结算中欺骗甲方不懂,列入许多机械费用;有些工程根本不需要抢时间进度,但竣工结算中却列入了夜间施工增加费、赶工措施费等。

2009年,我区的一所学校食堂综合楼项目的部分楼层装饰项目完成后,为了保护成品,承包商砌筑了分割墙,制作了安全门,于是在竣工结算阶段提出费用补偿的索赔要求。我们则认为,施工承包范围的成品保护问题已在合同的措施费中明确规定,并非我们另加的特殊保护事项,不应由建设方另行支付,因此坚决否决了承包商提出的索赔要求。

2.项目的后评价

建设项目的后评价阶段也是工程造价咨询单位参与较少的一个环节。一般说来,受委托的造价咨询单位应做好三个方面的工作:

(1)数据资料的积累、分析和整理归类。一个建设项目从立项到投入使用经历了较长的建设周期,产生了大量有关工程造价的数据资料。造价咨询的专业人员,应认真细致地对待这些数据资料,通过与实际的联系分析、筛选,得出影响工程造价的各项因素。有条件的可建立相关数据库,为今后搞好其他工程的造价控制作相应的铺陈。

(2)工程造价咨询单位应充分重视业主、施工、监理、设计单位等各方的意见和建议,集思广益,分析造价控制如何在各环节得到有效衔接,如何有效防范价格风险等,真正达到工程造价由被动控制向主动控制转化的目的,并防止"三超"情况的出现。

(3)后评价阶段工程造价咨询单位自我总结非常重要,一方面总结整个项目建设期有效控制、全面管理造价的经验。另一方面分析自身在全方位控制造价方面的不足之处,尽可能找出因主观原因而影响全过程造价管理的因素,并加以克服。

总之,通过建设项目的后评价,也使得我们的造价管理(控制)工作做到有始有终。

## 六、结束语

在校舍基建项目的开发中必须对影响成本的各个阶段实施全过程控制,以利于资金的合理流动,实现投资的良性循环。也只有这样,投资才能真正可控,管理才会出效益。

# 浙江省中小学校舍状况及加固造价探析

浙江省教育厅校舍安全工程办公室　童晓蕾

浙江同济科技职业学院　吴闽黎

“5·12”汶川大地震对中小学校舍造成了严重破坏，致使数千名学生遇难，引起了全社会的广泛关注。胡锦涛总书记、温家宝总理做出重要指示，要求把学校校舍建成最牢固、最安全、让群众最放心的建筑。2009年4月，国务院决定在全国范围内实施中小学校舍安全工程，计划从2009年开始，用三年时间，对地震重点监视防御区、七度以上地震高烈度区、洪涝灾害易发地区、山体滑坡和泥石流等地质灾害易发地区的各级各类城乡中小学存在安全隐患的校舍进行抗震加固、迁移避险，提高综合防灾能力。其他地区，集中重建整体出现险情的D级危房、改造加固局部出现险情的C级校舍，消除安全隐患。

根据国务院的统一部署，浙江省于2009年6月全面启动中小学校舍安全工程，省政府成立了由分管省长为组长、13个部门为成员单位的校安工程领导小组，印发了《浙江省中小学校舍安全工程实施方案》，开展对各级各类中小学校舍的排查鉴定和加固改造工作，使学校校舍达到重点设防类的抗震设防标准。

## 一、浙江省中小学校舍现状

根据教育部等11个部委印发的《全国中小学校舍安全工程技术指南》等文件以及国家《建筑抗震鉴定标准》、《民用建筑可靠性鉴定标准》，2009年7月至10月，全省各市、县(市、区)委托具备资质的排查鉴定机构，对全省7000多所中小学、4.9万幢单体建筑物、6976万平方米校舍开展了以建筑抗震和结构安全为主要内容的排查鉴定，并对每一所学校、每一幢建筑出具排查鉴定报告。

从全省校舍排查鉴定结果来看，2000年以后建造的校舍大多采用钢筋混凝土框架结构，抗震整体性能较好，建设过程资料较为齐全，基本满足抗震要求。个别存在构件连接部位薄弱、节点区域的箍筋加密间距不满足要求等情况。而20世纪90年代及以前建造的砖混结构、砖混＋框架结构、砖木结构，大多结构整体性差、抗震性能较低，主要存在以下几方面的问题：

(1)圈梁、构造柱设置不满足要求。设置圈梁和构造柱是最基本的抗震措施，经排查鉴定发现，部分校舍圈梁、构造柱设置的数量和要求不满足规范，20

世纪 80 年代建造的部分校舍甚至未设置圈梁或构造柱，存在构造措施缺失或抗震缺陷。汶川地震灾害资料表明，这类教学楼很难经受大地震考验，具有很大的隐患。

(2)大开间校舍不利于抗震。由于学校教学功能上的特殊要求，教学楼具有空间大、横墙少、门窗洞多、层高等特点。这种大开间、大采光窗的建筑形式，抗震墙体面积少且不连续，刚度或抗剪强度不足，在地震作用下，很容易遭到破坏。

(3)单跨外廊式结构。单跨外廊式校舍具有采光好、交通便捷等优点，在我省中小学教学楼、宿舍中广泛采用。但是由于单跨外廊式为非对称结构，偏心作用明显，不利于结构抗震。

(4)楼板多为预制板。根据排查鉴定报告显示，绝大多数砖混结构校舍，楼板及屋盖均采用装配式预制多孔板，楼板与楼板之间、楼板与墙体之间的整体性较差，特别是在施工中，预制多孔板嵌固或构造达不到规范要求，还存在楼板开裂、钢筋锈蚀等现象。

(5)承重墙抗震承载力不足。砖混结构中，墙体是主要承重结构。检测结果表明，部分校舍墙体使用的砌筑砂浆标号低，砖的质量差，强度等级不能满足现行规范要求，而且年久失修，局部损坏严重，墙体风化、开裂，存在较大安全隐患。

(6)混凝土强度不达标。2000 年以前的校舍以现浇现拌混凝土为主，施工单位水平参差不齐，有的在施工过程中还偷工减料，造成混凝土强度不符合设计或规范要求。部分混凝土构件保护层脱落、钢筋锈蚀，直接影响结构构件强度。

## 二、浙江省校舍加固主要方式

针对排查鉴定出的校舍安全隐患，各地纷纷采取措施，加固或重建校舍。考虑到中小学校舍的特殊使用功能，如果大面积重建，从时间、资金等方面来说都不允许，故采用加固改造的方式来提高校舍抗震性能和整体性。目前，建筑加固方式较多，浙江省采用的加固方法常见的有以下几种：

(1)增大截面。通过在原建筑结构构件表面叠浇新的钢筋混凝土外加层，增大原构件的截面积，增加配筋，从而达到提高结构构件承载力和刚度的目的。此方法施工工艺简单、适应性强，在梁、柱、基础等构件上大量使用，加固后承载力有较大提高，有成熟的设计和施工经验。

(2)墙体外加层。原有墙体经表面处理后，在原有砖墙的单面或双面采用钢筋网水泥砂浆面层、现浇钢筋混凝土板墙或外包钢板加固。这种方法既可以提高砖墙抗震能力，又可同时提高砖墙的变形能力，建筑结构的整体性增强。砂浆强度不能满足要求时，可以采用喷射混凝土面层。

(3)外包钢或碳纤维布。在梁、柱等混凝土构件表面采用胶黏剂粘贴钢板或碳纤维布，使钢板或碳纤维布与原构件成为一个整体，补足原有构件配筋不足，以提高原结构构件承载力的方法。这种方法既能大幅度提高抗震承载力，又不占用建筑空间，在校舍的加固改造中大量使用。

(4)增设抗震构造。缺少构造柱、圈梁的校舍，根据建筑加固技术规范要求，增设钢筋混凝土构造柱和圈梁，从底层设起，沿房屋全高贯通，形成闭合系统，并与墙体进行可靠连接。

(5)楼板加固。对于预制多孔板，通常采用在板下增设足够刚度的角钢或在多孔板上现浇一层钢筋混凝土楼板等方式，提高校舍的整体抗震性能。

(6)改变结构形式。在单跨悬挑式外廊外加一排廊柱，使单跨结构改成双跨结构。

## 三、校舍整体加固造价分析比较

在浙江省地震基本烈度为7度、6度及6度以下的地区，我们各抽取了10个砖混结构校舍整体加固案例进行造价分析，在扣除项目实施过程中附带的水电管线改造、铝合金门窗改造、外墙贴墙砖等相关费用后，各校舍加固的单方造价(总投资/建筑面积)见表1。

**表1　加固改造抽样案例单方造价情况**

| 所在区域的地震基本烈度 | 加固单方造价(元/平方米) |
|---|---|
| 7度 | 519,554,570,578,590,592,614,635,643,677 |
| 6度 | 453,476,479,490,502,525,528,535,570,594 |
| 6度以下 | 223,255,282,301,309,315,342,361,370,387 |

注：以上费用包含加固过程中必要的拆除、新增圈梁和构造柱、基础、梁、柱、板的加固以及表面修复、涂料等相关费用。

### 1.7度区与6度区抗震加固分析比较

同样是校舍抗震加固，加固方式也无外乎是在上一节中提到的几种常见加固方式，但7度区的抗震加固费用相对比6度区更高，究其原因，主要是7度区的建筑抗震设防要求要比6度区高，根据《建筑抗震设计规范》，在校舍抗震加固设计上存在一定的区别：

在结构计算上，6度区建筑设计地震加速度为0.05g，而7度区为0.1g或0.15g，是6度区的2～3倍。抗震计算地震加速度越大，对结构抗震越不利，建筑抗震要求越高。

两类地区在抗震措施上的不同有:(1)构造柱设置:7度乙类建筑设置要求高于6度乙类,以四层校舍建筑为例,7度乙类建筑要求所有墙体的交接处以及内墙的局部砖垛处设置构造柱,而6度乙类建筑只要求局部墙体的交接处设置构造柱。(2)圈梁设置:7度乙类建筑要求内、外的纵、横墙在屋盖和楼盖处均要设置圈梁,要求高于6度乙类;7度乙类建筑圈梁配筋最小纵筋为4∅12,箍筋最大间距为200,大于6度乙类的圈梁配筋最小纵筋4∅10,箍筋最大间距250。(3)楼梯间设置:7度区建筑各层楼梯间墙体在休息平台要设置钢筋混凝土带或配筋砖带,而6度区没有要求。(4)楼、屋盖构造:采用预制楼板时,7度乙类建筑要求每层板与圈梁有可靠连接,而6度区没有要求。校舍建筑在结构计算和抗震措施两个方面都引起结构上混凝土和钢筋用量的增加,直接影响到7度区校舍建筑在抗震加固的建设费用高于6度区。

另外,不同地区,材料、人工的价格也不尽相同,不同的加固方式造价也存在差异。7度区砖混结构校舍加固改造在造价上比6度区校舍加固多50元/平方米～100元/平方米基本合理。

2.6度以下地区与抗震地区比较

地震基本烈度6度以下地区,校舍的加固改造以结构加固为主,在加固设计时根据相关的结构设计规范,满足建筑结构的可靠度标准,主要进行的是承载能力验算,无需进行抗震验算。由此造成的加固设计方案相差较大,比如非抗震地区建筑构造柱、圈梁的设置没有抗震地区建筑要求那么严格,混凝土构件的混凝土强度、钢筋的最小直径、箍筋的最大间距也相差较大。加固类型的不一致,参照的加固设计标准不一样,工程加固验算的指标不一样,使6度以下地区的校舍加固工程造价相对抗震地区要小很多。

3.浙江省加固改造单方造价

通过对抽样案例的比较分析,我们可以得出,浙江省砖混结构校舍进行整体加固的单方造价如下:

**表2　浙江省砖混结构校舍进行整体加固的单方造价**

| 所在区域的地震基本烈度 | 加固类型 | 加固单方造价(元/平方米) |
| --- | --- | --- |
| 7度 | 抗震加固 | 500～700 |
| 6度 | | 450～600 |
| 6度以下 | 结构加固 | 200～400 |

## 四、结束语

中小学校人口密集，流动量大而且频繁，教学和附属生活设施相对集中，一旦发生地震，由地震灾害以及地震引起次生灾害的危害性要比其他类型建筑大得多。为了避免出现汶川地震众多校舍倒塌出现的惨状，需要全社会更多的关注，投入更多的资源来改善校舍的抗震能力，以保证学生的生命安全。在校舍加固改造上，要结合排查鉴定结果，制定科学合理的加固改造方案，注意对各种加固改造方案的比较，以得到最为有效的加固改造方案。